信息管
U0602004

信息系统基础

（第八版）

拉尔夫·M.斯泰尔　　乔治·W.雷诺兹 / 著
Ralph M.Stair　　　George W.Reynolds

李　焱　马亚丽　张　瑞　王馨晨 等 / 译

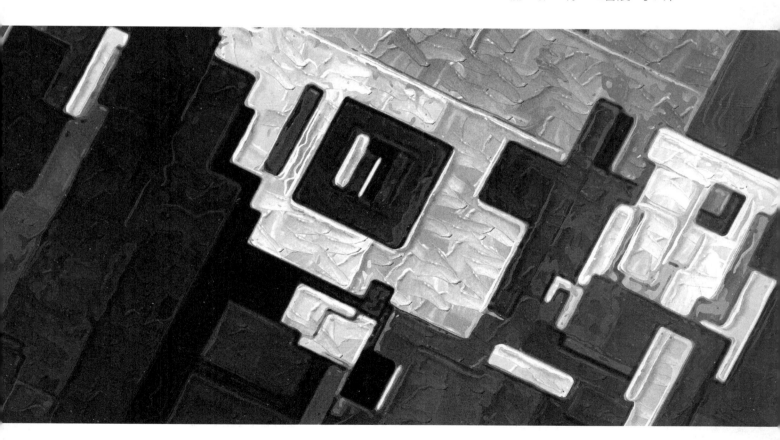

Fundamentals of Information Systems

（Eighth Edition）

中国人民大学出版社
·北京·

图书在版编目（CIP）数据

信息系统基础：第八版/（美）拉尔夫·M. 斯泰尔，
（美）乔治·W. 雷诺兹著；李焱等译. --北京：中国人
民大学出版社，2022.1
（信息管理与信息系统经典译丛）
ISBN 978-7-300-29974-7

Ⅰ.①信… Ⅱ.①拉… ②乔… ③李… Ⅲ.①管理信
息系统 Ⅳ.①C931.6

中国版本图书馆 CIP 数据核字（2021）第 223322 号

信息管理与信息系统经典译丛
信息系统基础（第八版）
拉尔夫·M. 斯泰尔　　　　著
乔治·W. 雷诺兹
李　焱　马亚丽　张　瑞　王馨晨　等　译
Xinxi Xitong Jichu

出版发行	中国人民大学出版社				
社　　址	北京中关村大街 31 号		**邮政编码**	100080	
电　　话	010－62511242（总编室）		010－62511770（质管部）		
	010－82501766（邮购部）		010－62514148（门市部）		
	010－62515195（发行公司）		010－62515275（盗版举报）		
网　　址	http://www.crup.com.cn				
经　　销	新华书店				
印　　刷	三河市恒彩印务有限公司				
规　　格	215 mm×275 mm　16 开本		**版　次**	2022 年 1 月第 1 版	
印　　张	30.25		**印　次**	2022 年 1 月第 1 次印刷	
字　　数	923 000		**定　价**	79.00 元	

译者序

信息、物质与能源被公认为是推动社会发展的三大动力。自信息技术出现以来，信息凭借技术的迅猛发展，一次次开疆拓土，引领人类进入广泛而未知的领域。仅从管理的视角来看，信息系统正在以摧枯拉朽的势头，更彻底地推动人类生活方式、组织商业模式的裂变式更迭。处于后信息时代的新一代学生，在有限的时间中，无法从头掌握图灵、冯·诺依曼、香农等计算先驱们所构建的宏大理论体系，而这些深刻的理论内涵却依托在每个时代的前沿应用中闪烁着它们璀璨的智慧光芒。我们需要一些好的信息系统教材，架设起理论与实践之间的桥梁，高瞻远瞩又脚踏实地地构建学生管理信息的技能，并培养学生对信息系统及信息技术领域的憧憬感和好奇心。

本书作者拉尔夫·斯泰尔和乔治·雷诺兹，凭借扎实的 IS 理论研究经历和丰富的 IS 实践经验，通力合作，巧妙而不着痕迹地将理论与实践结合起来，从基础实用的目的出发，为所有首次学习信息系统课程的商科学生提供了易学好用的教材和材料。

本教材结构简洁，层次清晰。作者提取信息系统原理中最有价值的内容，将教学内容、方法和思路精简为九章内容。采用模块化的内容构建方式，将信息系统的基本理论、应用实践及所带来的伦理问题、社会问题融合在每一章中，这种构造方式强调并遵循了信息技术服务于管理应用的本质规律。教材从"是什么""为什么""如何运用"的角度分析了信息系统、计算机软件与硬件、数据库系统及应用、通信与网络、电子商务、移动商务与企业系统、管理信息系统与决策技术系统、知识管理系统与专用信息系统、系统开发、计算机对个人及社会的影响等内容。

如今，信息系统已经成为对所有领域都至关重要的教育内容。从材料采购到成品销售、从工序安排到决策分析、从人员招聘到知识分享，所有业务功能都需要信息系统。从营销管理到人力资源管理、从产品设计与开发到生产与制造管理、从财务管理到资本运作，不管将来从事什么职业，即使是独自创业，学生都需要了解信息系统能做什么、不能做什么，什么样的信息系统能够帮助学生更高效地完成工作。教材把信息技术、系统应用、组织与管理三者融合起来，始终展现出经典理论与前沿运用中令人激动的内容，可以让学生对信息系统的发展沿革有所把握，让其对在当今伟大的时代，信息系统的未来有所认识，更使其对个人未来的职业生涯充满信心，为学生在未来的岗位上提高组织绩效、取得个人成功提供技术支持和保障。

教材每章后复习内容的设置独具匠心，从点到线再到面逐层推进，遵循认知过程循序渐进的规律，推动全章知识体系的反复巩固。"自我评估与测试"部分配备填空、选择及判断题型并提供参考答案，覆盖了每章的基本知识点。"知识回顾"部分提炼简述型问题，勾勒全章的核心知识体系。"问题讨论"部分提供开放性问题，着手训练和培养学生的个人知识综合思考能力。以上三部分很好地涵盖了每章的核心基础知识点，

1

有利于知识结构的构建和专业体系的巩固与内化。"问题解决""团队活动""网络练习""职业训练"部分，从个体到合作，从个人信息管理能力提升到团队合作能力训练，逐步推进并强化学生理论与实践结合的过程，从解决固定问题到延伸知识再到探索创新，最终将所学落脚到个人的职业规划中去。"案例研究"部分提供真实的案例、开放的问题、贴合各章节的重点与难点，鼓励批判性思考，将知识学习推向深入理解的阶段，实现知识的内隐和沉淀，为更广泛地运用信息系统知识解决具体管理问题培育思维土壤，开拓行为空间。

其中尤其有特色的是"团队活动"部分。其实用性强，实现了拉动式学习，使用自主发掘案例的方式，引起主动学习的兴趣，从不同角度和层次训练、培养并发挥学生的个性化能力。其引导性强，以所提问题为核心，引发不同的人进行不同的思考，既巩固了理论体系，又结合了现实应用，在小组讨论的过程中，构建知识传递的融合场，有助于知识的有效转移，更有利于创意与创新的形成。

本书框架清晰、内容丰富、视野开阔、案例生动、分析透彻，紧密跟踪信息技术的前沿，涵盖了很多新兴的技术和术语，注重理论联系实际，突出信息系统的实际应用。本书没有局限于信息系统的开发工具与实施等技术层面，而是从管理的角度阐述了当今信息技术发展的前沿领域及实际应用，是刚刚迈入信息系统知识殿堂的初学者的最佳读本。同时，对已经具备信息系统知识的读者，本书也是进行知识梳理与回顾的极佳参考书。本书既适合于讲授，也适合于讨论与自学，对商科类学生广泛掌握 IS 理论、技术及应用的前沿及趋势，具有引领性的作用，实用性强。本书能够很好地满足本科阶段学生信息管理技能培养的需求，可以用作 MBA、EMBA 学生管理信息系统课程的教材，也可以作为经理人培训等各类工商管理培训项目的参考书。

本书的翻译是在多位译者的共同努力下完成的，其中李焱负责前言以及第 5、7 章的翻译，并完成全书译文的校审与统稿工作，以保证全书的一致性、贯通性；王馨晨完成了第 3、4 章的翻译工作；马亚丽完成了第 1、2 章的翻译工作；张瑞完成了第 6、8 章的翻译工作；王文瑞完成了第 9 章的翻译工作。这里对所有译者表示诚挚的感谢，同时感谢兰州财经大学电子商务实验室及兰州财经大学信息工程学院的相关老师和同学，感谢他们给予的支持与帮助。非常感谢本书责任编辑的认真把关，诚挚感谢中国人民大学出版社的李丽娜老师和其他编辑，谢谢他们对本书的选择和提供的各种帮助。

准确再现原书风格，译出表达顺畅的中文教程，是我们的目标，但由于水平限制，译文中的错漏在所难免，热诚欢迎读者指正，我们将不断改进。

感谢大家！

李焱

2020 年 5 月 18 日

兰州财经大学信息工程学院

前　言

　　《信息系统基础》（第八版）的出版令人深感欣慰。以前的版本使用了简明的文字介绍信息，成功地满足了读者需求。在这些成功经验的基础上，我们听取了采用者和审稿人的反馈，采纳了许多建议并完善出版了此版。希望读者满意。

　　与之前的版本一样，第八版的总体目标是开发一个优秀的文本，遵循最佳教材《信息系统原理》（*Principles of Information Systems*）中的教学思路和方法（即避免繁文缛节，内容精简），从《信息系统原理》中提取最有价值的材料，将其浓缩成九章内容。所以，我们的最新版《信息系统原理》是构建《信息系统基础》（第八版）的基础。

　　我们一直主张信息系统（IS）教育对几乎所有领域的就业都至关重要。如今，信息系统用于从通信到订单处理，再到决策数据分析的业务流程。几乎所有业务功能都使用信息系统，从营销和人力资源到产品开发和制造，再到会计和财务，不管将来从事什么职业，即使是一个企业家，也需要了解信息系统能做什么、不能做什么，并且能够利用它们来帮助你完成工作。企业会要求你提出信息系统的新用途，参与设计采用信息系统解决业务问题的方案。你将面临确定和评估 IS 选项的挑战，想要成功，你就必须能够从业务和组织需求的角度查看信息系统。为了让你的解决方案被接受，你必须确定并处理它们对同事的影响。基于这些原因，信息系统课程对当今高科技世界的学生来说是必不可少的。

　　《信息系统基础》（第八版）延续了前几版的传统和方法。我们的主要目标是为所有第一次学习信息系统课程的商科学生提供最好的教材和材料。我们希望读者学会使用信息系统，以确保在当前或未来的岗位上取得个人成功，并提高组织的成功率。通过访谈、问卷、焦点小组调查等方法，我们从当前以及以往的采用者、该领域的其他教学工作者那里获得反馈，辅助我们开发出最高质量的教材，帮助读者实现教学及学习目标。

　　《信息系统基础》（第八版）是信息系统课程的入门级教材，专门为信息系统类的入门课程编写。本书提供了有关信息系统的基本概念，而这些概念是每个商科学生必须掌握的。本书在涉及大量的计算机和信息系统概念的同时，强调了系统中管理能力的构建，以满足业务和组织的需要。

本书的编写方法

　　《信息系统基础》（第八版）提供了计算机的传统概念，并将信息系统的概念放在如何满足业务和组织需求的背景下介绍。本教材与其他计算机教材的不同之处在于，从管理的角度出发介绍信息系统，因此，它不仅吸引了管理信息系统专业的学生，也吸引了其他领域的学生。本教材不过分强调技术，重点讨论信息系统在组织中的作用，以及管理者、技术专家想要获得成功所必须掌握的关键的信息系统准则。信息系统准则是以一种可理解的、相关的和有趣的方式结合在一起并呈现出来的。此外，本文概述了整个信息系统学科，为读者学习其高级课程提供坚实的基础，如编程、系统分析和设计、项目管理、数据库管理、数据通信、网站设计和开发、电子和移动商务、决策支持和情报学等课程。因此，它既满足了一般业务管理者的需要，也满足了那些渴望成为信息系统专业人士的人们的需要。

第八版保留了前几版中为学生和教师提供的许多优势，即受读者欢迎的总体构想、整体框架和教学法。在保持以市场为主导来编写教材的基本观点不变的前提下，明确强调经典准则，广泛吸纳商业、组织、技术和社会变革带来的新准则。

准则的重要性

让学生接触基本的信息系统准则是非常有价值的，即使是对那些除了入门课程以外没有参加过任何信息系统类相关课程的学生来说也是如此。如今，商业的大多数功能领域都依赖于信息系统，因此，了解信息系统准则有助于学生对其他许多课程的学习。此外，向学生介绍信息系统的基础知识有助于未来企业管理者、企业家成功地使用信息系统，避免经常导致严重后果的事故。此外，向学生介绍入门级的信息系统概念能引起学生的兴趣，使他们未来选择信息系统作为研究方向。

作者团队

本书的作者拉尔夫·斯泰尔（Ralph Stair）和乔治·雷诺兹（George Reynolds）分别拥有数十年的学术经历和商业经验。拉尔夫·斯泰尔在佛罗里达州立大学教学期间撰写了许多著作和文章，为本书带来了多年的写作、教学经验和学术研究方法。乔治·雷诺兹有丰富的信息系统实践及商业经历，他在政府、非营利性组织和信息系统商业企业中工作了超过30年，撰写了20余篇有关信息系统的文章，并在辛辛那提大学、芒特圣约瑟夫大学和斯特雷耶大学教授信息系统入门课程。斯泰尔和雷诺兹为学生们提供了坚实的基础概念和丰富的实践经验。

本书的目标

由于《信息系统基础》（第八版）是为商科专业的学生编写的，所以，我们认为，不仅要对商业领域的信息系统提出一个现实的观点，而且要向学生提供助其成为组织中高效商业领袖的技能，这一点尤为重要。因此，《信息系统基础》（第八版）有三个主要目标：

1. 提供一套核心的信息系统准则，使学生能更高效地工作，从执行者逐步走向管理者、决策者和组织领导人。

2. 为学生深入剖析组织中信息系统专业人员所面临的挑战和不断变化的职能角色，以便学生能够更好地理解这类关键职位的作用。

3. 展示信息系统学科作为一个有吸引力的专业领域的价值，以便学生可以将其作为一种未来可能的职业方向。

信息系统准则

《信息系统基础》（第八版）虽然全面，但不能涵盖迅速变化的信息系统学科的方方面面。作者也认识到了这一点，因此，本书为学生提供了大量信息系统的准则，作为指导他们在学习和工作环境中使用信息系统的基本核心。把准则视为基本真理或规则，不管情况如何，都保持不变。那么，再艰难的决策也拥有了强有力的指导依据。在每一章的开头都强调了一套信息系统的准则，将这些准则用于解决现实世界的问题，从分析章首的"花絮"到解释章内的众多实例，再到评估章末的重磅案例，都让人印象深刻。《信息系统基础》（第八版）的最终目标是通过向学生灌输有助于指导其决策和行动的准则，培养出高效、慎思和实干导向的学生。

信息系统学科概述

《信息系统基础》（第八版）不仅提供了传统的计算机概念，还构建了一个广泛的信息系统专业知识框架，包括：商业应用技术、成功实施信息系统所面临的挑战、信息系统普遍采纳的必要性以及信息系统领域中可能出现的潜在伦理道德问题与社会问题，这个知识框架为学生提供了坚实的学科基础。除了为商科学生提供服务外，本书也提供了整个信息系统学科的概述，能为信息系统专业人员在未来学科快速变化的情况下，学习信息系统高级课程、从事职业工作打下坚实的基础。

信息系统专业人员角色的转换

随着业务和信息系统学科的变化，信息系统专业人员的角色也发生了变化。曾经被视为技术专家的信息系统专业人员如今作为本组织所有职能领域的内部顾问，了解所有职能领域的需求，并有能力将信息系统的力量带入整个组织。他们必须从全球的角度来看待问题，包括整个企业以及它所处的更广泛的行业和商业环境。

如今，IS专业人员的职责范围不仅限于其雇主，还包括员工、供应商、客户、竞争对手、监管机构和其他实体的整个互联网络，无论这些实体位于何处。这种广泛的责任范围带来了一个新的挑战：如何帮助一个组织在高度关联、高度竞争的全球环境中生存。面对这一挑战，信息系统专业人员在构造业务和确保其成功方面起着关键作用。为了生存，企业必须通过创新的产品和服务、有竞争力的价格以及不断提高的产品和服务质量，努力获得最高水平的客户满意度和忠诚度。信息系统专业人员在帮助组织实现其总体成本和质量目标方面发挥着关键作用，因此在组织的持续发展中发挥着重要作用。信息系统工作者的角色的这种新的二元性——一个以通才的视角运用专家技能的专业人员，在《信息系统基础》（第八版）中得以反映。

信息系统学科的研究领域

面对经济放缓和外包的持续影响，商业管理、计算机和信息科学仍然入选2014年《普林斯顿评论》（*Princeton Review*）十大热门专业。2014年《美国新闻与世界报道》（*U. S. News & World Report*）的一项研究将软件开发人员、计算机系统分析师和网络开发人员三项列入"2014年最佳工作"的前十名。美国劳工统计局预测，信息安全分析师将是2013年至2022年期间增长最快的职业之一。显然，对熟练技术和精通业务的信息系统专业人员来说，长期的工作发展前景是不错的。到2022年，这类人员的就业增长率预计将高于所有职业的平均水平。许多学校的信息系统专业毕业生是所有商科毕业生中收入最高的。

从事信息系统方面的工作可能是令人兴奋的、具有挑战性的和有价值的！更重要的是，这显示了该学科是一个吸引人的、有价值的研究领域，并且表示信息系统专业的毕业生不再是技术隐士。今天比以往任何时候都需要由信息系统专业人员来协调信息系统与组织目标，确保信息系统投资在业务层面的合理性。吸引聪明和有兴趣的学生加入信息系统学科是我们的不懈责任的一部分。本书自始至终着力强调信息系统专业人员所面临的诸多机遇和挑战。

第八版更新的内容

用户反馈希望本书的内容能与组织不断变化的 IS 需求及能力更紧密地保持一致，基于此我们对本书进行了如下修改。

- 增加了各章的开篇【花絮】栏目。所有章节开头的小短文都是重新编写的，并继续从国家和跨国组织的角度预览该章涵盖的问题。信息系统的全球化方面仍然是本文的主题，教师可以以这些短文为基础，展开生动有趣的课堂讨论。
- 更新了所有特殊且有趣的【信息系统——实践篇】栏目。这些栏目高度关注当前头条新闻中凸现的话题和趋势，展示了信息系统在各种职业领域中的广泛应用。所有栏目都更新了最新的可用信息，提出了新的**问题讨论**和**批判性思考**。这些栏目的内容可以用作课堂讨论的基础素材，也可以作为个人或团队练习的附加案例。
- 更新了所有【问题——伦理与社会】栏目。这些栏目聚焦于当今专业人员面临的伦理问题，说明 IS 专业人员如何面对和应对伦理困境。所有栏目都更新了可用的最新信息，提出了新的**问题讨论**和**批判性思考**。这些栏目的内容可以用作课堂讨论的基础，也可以作为个人或团队练习的附加案例。
- 更新了所有【案例研究】栏目。本书每章的结尾都有两个案例，为学生和导师提供了丰富的实践资料。案例探讨该章的概念或现实组织所面临的问题。案例可以作为个人或小组作业，也可以作为课堂讨论的基础。同样，所有案例都更新了可用的最新信息，提出了新的**问题讨论**和**批判性思考**。
- 更新了章末的【小结】部分，使其与学习目标相关。本书每章开篇提供了关于本章的详细摘要，摘要的内容根据具体需要进行了更新，并将学习目标与相关的 IS 准则相对应。
- 更新了章末的问题与练习。更新了超过一半的章末练习（自我评估与测试、知识回顾、问题讨论、问题解决、团队活动、网络练习和职业训练）。
- 大量修改更新了每章的内容。本书新增了大量信息系统相关主题的最新信息，包括 340 多个组织与个人实例，用以解释所提出的原则。此外，还努力对原图和人物进行更新，增加了 110 多个新的图片与照片。大量更改无法详述，对于所有更改按章进行总结，列表如下。

章目	新增企业案例	新增图片	最显著的新主题及扩充的主题
1 组织中的 信息系统	39	22	• 数字数据量每两年翻一番所产生的巨大影响 • 第五代无线通信 • 信息素养 • 创新类型 • 使用组织变更模型来改进信息系统的成功实施 • 使用内部收益率（IRR）和净现值（NPV）对项目进行财务评估

续表

章目	新增企业案例	新增图片	最显著的新主题及扩充的主题
2 硬件与软件	45	18	● 解决存储需求日益增长的新方案 ● 基础设施即服务 ● 建设节能数据中心 ● 移动操作系统 ● 云计算服务 ● 软件许可证的类型
3 数据库系统 及其应用	31	9	● 大数据、Hadoop 和 NoSQL 数据库 ● 内存式数据库 ● SQL 数据库的 ACID 属性
4 通信与网络	38	9	● 网络拓扑 ● 城市 Wi-Fi 网络和 5G 无线通信的未来 ● 软件定义网络 ● 云计算 ● Web 服务和 Web 设计框架 ● 组织内社交网络
5 电子商务、移动 商务与企业系统	42	6	● 电子商务的全球增长 ● 电子商务面临的问题和挑战 ● 一级供应商、二级供应商和二级 ERP 供应商的出现 ● 产品生命周期管理策略与管理系统 ● 克服实施企业系统的挑战
6 管理信息系统和 决策支持系统	33	8	● 结构化、半结构化和非结构化决策 ● 营销管理信息系统支持的活动 ● 决策方法包括德尔菲法、头脑风暴法、团队共识法、名义群体法和多轮投票法
7 知识管理系统与 专用信息系统	35	11	● 实践社区 ● 辅助技术系统 ● 信息学
8 系统开发	26	12	● JAD 方法与功能分解 ● 项目指导委员会和项目发起人 ● 克服变革阻力和成功引入制度所需的领导力 ● 原型法、敏捷法、移动应用程序、终端用户开发 ● 避免项目失败的技巧
9 计算机对个人和 社会的影响	53	15	● 智能手机的黑客。 ● 使用计算机追回赃物，监控罪犯，评估犯罪风险。 ● 目前的战略和工具，以防止计算机犯罪，包括身份盗窃。

致谢

　　写作内容涵盖范围如此大的教材需要一个强大的团队付出努力。我们要感谢圣智学习出版公司全体同仁的奉献精神和辛勤工作。感谢我们的产品总监 Joe Sabatino 对这项工作的全面领导和指导。特别感谢我们的内容开发助理 Anne Merrill，感谢她在监督和整合本文及其辅助材料的所有组件方面所做的努力。许多功劳都归功于软件资源出版部的 Lisa Ruffolo，她孜孜不倦地编辑文本并跟踪各种修订和更改。我们要感谢所有幕后工作人员，包括美术指导、内容研究、书籍印刷制作和许可证申请有关人员 Arul Joseph Raj、Jennifer Feltri-George 和 Jennifer Ziegler，他们是我们的内容项目经理团队，在整个制作过程中指导文本并使我们保持在正轨上。

我们还要感谢魔法机器人制作公司（Evil Cyborg Productions）的 Kristen Maxwell 制作的概念剪辑视频，幽默地将本书提出的许多关键术语刻画得栩栩如生。

我特别要感谢 Naomi Freidman 在编写和修改"花絮""信息系统——实践篇"、"问题——伦理与社会"，以及本版"案例研究"方面的杰出工作。

我们非常感谢高级营销经理 Eric La Scola 和圣智学习出版公司的销售团队，他们在本书的营销方面做出了杰出的努力，并为我们的读者提供服务，这一切都是有价值的。

我们的承诺

我们致力于倾听教材采纳者和读者的意见，以便开发出能满足大家需求的创造性的解决方案。伴随 IS 领域的不断发展，我们强烈期待您的参与，帮助我们提供最新、最相关的信息。

我们欢迎您的意见和反馈。如果您对《信息系统基础》（第八版）有任何疑问或意见，请通过您当地的客户代表与我们联系。

目　录

1

第 1 部分
客观看待信息系统

组织中的信息系统

准则	学习目标
● 了解信息系统对个人、组织及社会的潜在影响，具备将这些知识运用到工作中的能力，以取得个人事业的成功、组织目标的实现、社会生活质量的提高。	● 明确业务信息系统的基本类型，讨论谁使用信息系统、如何使用以及信息系统提供了哪些好处。
● 信息系统的采纳与使用必须深思熟虑、谨慎小心，这样才能使全球的工业、商业和社会体系获得巨大利益。	● 明确在全球市场取得成功必须克服的关键问题和挑战。 ● 明确与信息系统相关的重大利益以及主要问题。
● 信息系统必须在得到组织内的接纳与认可并能良好运行后实施，这样才能支持其基本业务目标和战略目标。	● 定义术语"价值链"，描述信息系统在组织供应链中的作用。 ● 识别并简要描述两种组织变革模型，它们可用来提高将新信息系统成功引入组织的可能性。
● 由于信息系统非常重要，系统的改进或更换必须能确保有助于企业降低成本、增加利润、改进服务、提高竞争优势。	● 定义术语"竞争优势"，找出导致企业寻求竞争优势的因素。 ● 描述评估信息系统项目财务吸引力的三种方法。
● 信息系统工作者在业务和技术的交叉点发挥作用，负责设计、构建和实现解决方案，使组织能够有效地利用信息系统。	● 定义信息系统工作者在组织中的角色、功能和岗位的类型。

【花絮】 全球经济中的信息系统——加拿大，威尔森

1918 年，威廉·F. 威尔森（William F. Willson）在加拿大安大略省伊利堡的一艘渡轮上开设了威尔森国际（Willson International）的第一个办事处，代理纽约布法罗的货物进出口业务。此后，威尔森国际一直致力于不断寻求方法，持续改进业务流程，提升产品和服务的价值。

移动货物在世界各个角落

首席执行官彼得·威尔森（Peter Willson）解释说："当人们谈论你已经运作了大约100年时，他们担心的是你没有创新、没有与时俱进、没有关注正在发生的事情，并且反应迟钝。"

公司在很大程度上依赖信息技术来消除这种担忧。自从20世纪80年代个人电脑首次面世以来，威尔森就一直密切关注着技术的发展。威尔森扩展业务，开始提供国际货运代理服务。1990年，蒂姆·伯顿（Tim Burton）发明了万维网，威尔森便推出了第一个电子报单处理系统，并使用该系统向海关发送信息。2005年，威尔森推出了第一个客户门户网站，如今该网站允许客户上传货运信息，以便发送到美国海关和边境保护局或加拿大边境服务局。

2008年，威尔森收购了一家物流公司，以增加货车运输、仓储和配送服务。然而，这一增长需要创新和重新设计业务流程。

信息技术副总裁Arik Kalinisky解释说："海关要求在卡车过境前两小时提供有关货物的所有信息，但有时我们只能在过境前两小时零五分才能收到客户提供的信息。这意味着我们只有五分钟的时间来处理信息并将其发送给海关。"

但许多依赖威尔森新业务的客户仍然在使用传真，这无法满足信息快速传递的要求，因此威尔森雇用了一支小团队（导入分析员）将传真中的关键数据手动输入数据库。威尔森必须向客户发送装运文件的一份纸质副本，并保存一份离线副本。

Kalinisky回忆说："我们12个分店的每个分店都有三四台传真机，每台机子都在夜以继日地吐纸。"

之后，威尔森部署了Microsoft Office SharePoint服务器，这是一个用于内联网内容管理的Web应用程序平台。该平台可以把收到的传真转换成电子文件，工作效率提高了25%。新平台使威尔森实现了过程自动化，消除了离线存储数百万份纸质文档的需要，降低了成本，减少了错误。

该公司随后开发了一个将各个部门信息系统连接起来的内联网解决方案，目前，导入分析员、事件处理程序和来自其他部门的雇员可以更容易地使用威尔森的在线系统进行协作。威尔森还发布了一个能自动生成发票和电子邮件确认的eBilling解决方案。

通过这些持续不断的改进，威尔森达到了改进客户服务的最终目标，并证明了一个九十多年的老公司仍然可以创新。

阅读本章时，请考虑以下问题：
- 威尔森是如何利用信息系统实现持续改进的？
- 什么挑战迫使威尔森重新设计其业务流程？
- 威尔森是如何被客户的纸质通信所束缚的？

为什么要学习组织中的信息系统？

几乎每一个可以想象到的职业都使用信息系统。企业家和小企业主使用信息系统联系世界各地的客户。销售代表使用信息系统宣传产品、与客户沟通、分析销售趋势。管理者利用信息系统进行数百万美元的决策，比如，是建立一个制造工厂还是研究一种抗癌药物。财务顾问利用信息系统向客户提供建议，帮助他们为子女的教育和退休储蓄。从一家小型音乐商店到一家大型跨国公司，任何规模的企业都离不开执行会计和财务业务的信息系统。无论你的大学专业或选择的职业是什么，信息系统都是帮助你实现职业目标不可或缺的工具。了解信息系统可以帮助你获得第一份工作、获得晋升，并推动你的事业发展。

为什么要学习组织中的信息系统？从中能获得什么？学习信息系统将有助于你实现你的目标。让我们从探索信息系统基础知识开始。

人们和组织每天都在使用信息。使用的组件通常称为信息系统。**信息系统**（information system，IS）是一组相互关联的组件，用于收集、操作、存储和传播数据与信息，并提供满足目标的反馈机制。它是帮助组织实现其目标的反馈机制，例如增加利润或改善客户服务。本书强调信息系统的好处，包括速度、准确性、增加收入和降低成本。例如，科尔斯百货（Kohl's）认为，在竞争激烈且瞬息万变的零售市场中，信息系统的有效使用具有战略意义，有助于推动销售、满足客户需求并做出关键的商业决策。如图 1-1 所示。公司一直在努力招聘最有才华的信息系统专家，以保持公司在竞争中的领先地位。[1]

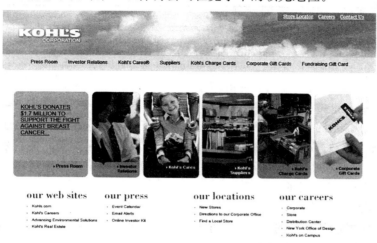

图 1-1　信息系统无处不在

www. kohlscorporation. com

注：科尔斯百货提供产品和服务，信息系统对其进行销售跟踪，以确定受欢迎的商品。该信息系统协调供应商和库存，以便科尔斯百货能够提供足够的客户想要购买的商品。

今天，我们生活在信息经济中。信息本身就是价值，商业通常涉及信息交换，而不是有形商品。基于计算机的系统不断被用来创建、存储和传输信息。利用信息系统，投资者可以做出数百万美元的决策，金融机构可以通过电子方式在世界各地转移数十亿美元，制造商可以比以往更快地采购供应品并更快地分销商品。计算机和信息系统将继续改变企业和我们的生活方式。要为这些创新做好准备，就需要熟悉基本的信息概念。

> **信息系统（IS）**：一组相互关联的组件，用于收集、操作、存储和传播数据与信息，并提供满足目标的反馈机制。

信息的概念

信息是本书的核心概念。这个词出现在书名、本节和几乎每一章中。要在任何业务领域成为一名有效率的经理，你必须知道信息是组织最有价值的资源之一。然而，这个术语经常与数据混淆。

数据、信息和知识

数据（data）由原始事实组成，如员工人数、每周工作总小时数、库存零件号或生产线上生产的单位数。如表 1-1 所示，不同类型的数据可以表示不同的事实。**信息**（information）是一组经过处理和加工的数据集合，具有超出个别事实价值的附加价值。销售经理可能希望汇总单个销售数据以查看当月的总销售额；通过向客户提供信息来帮助公司增加收入和利润。例如，社会购物网站 Kaboodle 将购物者和销售者通过电子设备结合在一起，这样他们在线购物时就可以分享信息并提出建议。信息的自由交换刺激了销售，有助于确保购物者获得更好的价值。[2]

表 1-1　数据类型

数据	含义
字母数字数据	数字、字母和其他字符
图像数据	图形图像和图片
音频数据	声音、噪音或音调
视频数据	移动图像或图片

数据代表现实世界。例如，医院和医疗机构维护患者医疗数据，这些数据代表了具有特定健康状况的实际患者。然而，代表原始事实的数据除了存在之外再无价值。如今，医院和其他医疗机构正在投资数百万美元开发医疗记录程序，以存储和使用每年产生的大量医疗数据。医疗记录系统可以用来生成与健康相关的关键信息，从而可以节省资金和挽救生命。

此外，对大多数组织来说，整合来自不同来源的信息是一项重要的能力。Expedia 公司旗下的 CruiseShipCenter 是一家提供邮轮度假和服务的公司，它依靠每月 60 次的电子邮件营销活动来吸引超过 100 万的消费者。它收集、整合并分析每个联系人的消费行为数据，以最大化与未来客户互动的潜在收入。公司的互动营销经理 Dave Mossop 说："我们想找到一种能更好地理解我们现有数据的方法。通过数据整合与分析，我们对客户的利益有了全面的了解，并能够应用这些见解在适当的时间将相关内容与适当的人员进行匹配。这大大增加了公司网站的访问量，并对销售转化产生了积极影响。"[3]

这里有另一种方法来理解数据和信息之间的差异，将数据看作铁路模型套件中的一条铁路轨道，每一条轨道作为一个单独的物体都具有有限的原本价值。但是，如果定义了轨道之间的关系，它们就会获得更大价值。以某种方式排列这些铁轨，铁路布局便会出现（如图 1-2a 所示）。数据和信息的工作方式是一样的。可以建立规则和关系，将数据组织成有用的、有价值的信息。

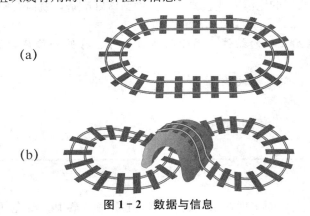

图 1-2　数据与信息

注：定义和组织数据之间的关系可以产生信息。

信息类型的创建取决于现有数据之间定义的关系。例如，可以重新排列轨道以形成不同的布局。增加新的或不同的数据意味着可以重新定义关系并创建新信息。例如，在轨道上增加新部件可以大大地增加价值，提升最终产品的多样性和趣味性。现在可以创建一个更详细的铁路布局（如图 1-2（b）所示）。同样，销售经理可以将特定的产品数据添加到销售数据中，以创建按产品线组织的每月销售信息。经理可以利用这些信息来确定哪些产品线最受欢迎、盈利能力最强。

将数据转换为信息是一个**过程**（process），也可以是为取得规定的结果而执行的一组逻辑相关的任务。定义数据与数据之间的关系以创建有用的信息的过程需要知识。**知识**（knowledge）是对一组信息的认识和理解，以及使信息有助于支持特定任务或作出决定的方式。拥有知识意味着理解信息中的关系。例如，建立一个铁路布局所需的知识，包括了解布局所需的空间、轨道上运行的列车数量以及它们的运行速度。将数据转换为信息的过程中也会用到知识，包括根据事实与特定任务的相关性来选择或拒绝事实。因此，还可以将信息看作知识应用过程中变得更加有用的数据。知识工作者（knowledge workers，KW）是创造、使用和传播知识的人，通常是科学、工程、商业和其他领域的专业人员。知识管理是一种战略，通过这种战略，一个组织坚决而系统地收集、组织、储存、分析和分享它的集体知识和经验，目标是通过释放组织最佳思维的集体价值，以更有效的方式处理问题。

在某些情况下，人们用大脑或手工方式组织并处理数据，在其他情况下，人们使用计算机。在使用计算机进行数据处理的情况下，如何将数据转换成有用或有价值的结果要比知道数据从何而来、如何处理更为重要。这个转换过程如图 1-3 所示。

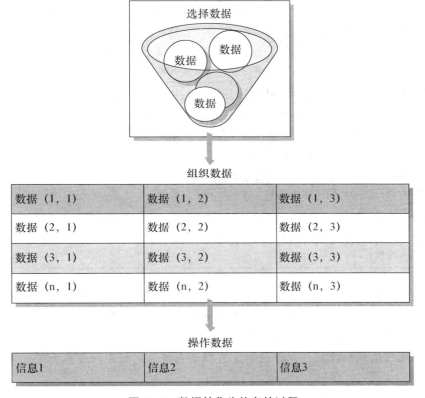

图 1-3　数据转化为信息的过程

注：将数据转换为信息，首先要选择数据，然后组织数据，最后操作数据。

▣ 有价值信息的特征

信息的价值与它如何帮助决策者实现组织目标直接相关，有价值的信息可以帮助组织中的人员更有效地执行任务。许多企业认为报告基于正确、高质量的信息，但遗憾的是，这并不总是事实。最近对英国数据管理现状的一项研究发现，一般组织认为其总数据（信息来源）的 17% 是不准确的。这种缺乏质量的数据产生了严重的后果，近三分之一（29％）的受访者称，数据质量差导致潜在新客户流失，四分之一（26％）的受访者认为这降低了客户满意度。[4]

表1-2列出了许多通常与有价值信息相关的特征。对于信息价值的要求，在不同特征上可能有很大的不同，这取决于信息的应用场景和决策类型。例如，对于市场情报数据，有些不准确和不完整是可以接受的，但及时性是至关重要的。市场情报数据可能会提醒你，竞争对手即将大幅降价，与得知降价的具体细节和时间相比，没有提前得到足够的警告，启动并制定应对计划显得更加重要。另外，准确性和完整性对于用于管理公司资产（如现金、存货和设备）的会计数据至关重要。

表1-2　有价值信息的特征

特征	定义
便捷性	授权用户能方便地获取信息，以便他们能够以适当的格式且在适当的时间获取信息，以满足他们的需要。
准确性	信息准确无误。在某些情况下，由于将不准确的数据输入转换过程，因此会生成不准确的结果。这通常被称为无用数据入、无用数据出（garbage in, garbage out, GIGO）。
完整性	完整的信息包含所有重要的事实。例如，未能包括所有重要成本的投资报告是不完整的。
经济性	信息的产生也应该是相对经济的。决策者必须始终平衡信息的价值和生产信息的成本。
灵活性	灵活的信息可以用于多种目的。例如，关于某一特定零件库存量的信息，销售代表可用来确定销售是否能达成，生产经理可以用来确定是否需要更多库存，财务主管可以用来确定公司的库存投资总价值。
相关性	相关的信息对决策者很重要。显示木材价格可能下降的信息可能与计算机芯片制造商无关。
可靠性	用户信任可靠的信息。在许多情况下，信息的可靠性取决于数据收集方法的可靠性。在其他情况下，可靠性取决于信息的来源。来自未知来源的关于油价可能上涨的信息可能是谣言，不可靠。
安全性	信息应该是安全的，不被未经授权的用户访问。
简单性	信息应该是简单的，而不是复杂的。过度复杂而详细的信息没有必要。事实上，过多的信息会导致信息过载，从而使决策者拥有过多的信息而无法确定什么是真正重要的。
及时性	信息需要及时提供。知道上周的天气状况对决定今天穿什么外套没有帮助。
可检验性	信息应该是可核实的。这意味着你可以检查它以确保它是正确的，可以通过从多个来源获得相同信息的方法来检查信息的正确性。

数据： 由原始事实组成，如员工人数、每周工作总小时数、库存零件号或销售订单。

信息： 一组经过处理和加工的数据集合，具有超出个别事实价值的附加价值。

过程： 为取得规定的结果而执行的一组逻辑相关的任务。

知识： 对一组信息的认识和理解，以及使信息有助于支持特定任务或作出决定的方式。

什么是信息系统

如前所述，信息系统（IS）是一组相互关联的元素或组件，它们收集（输入）、操作（处理）、存储和传播（输出）数据与信息，并提供满足目标的纠正反应（反馈机制）。如图1-4所示。反馈机制是帮助组织实现其目标（如增加利润或改善客户服务）的机制。

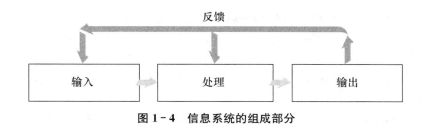

图 1-4　信息系统的组成部分

注：反馈对系统的成功运行至关重要。

输入

在信息系统中，**输入**（input）是收集和捕获原始数据的活动。例如，生成工资单时，在计算或打印工资单之前，必须收集每个员工工作的小时数。在大学的评分系统中，教师必须先提交学生成绩，然后才能编制成绩汇总并发送给学生。

处理

在信息系统中，**处理**（processing）是指将数据转换成有用的输出。处理过程包括计算、比较、替代等措施，以及存储数据以备将来使用。在业务环境中，将数据处理为有用的信息至关重要。

处理可以手动完成，也可以在计算机辅助下完成。在工资单应用程序中，每个员工工作的小时数必须转换为净工资或实得工资。其他输入通常包括员工 ID 号、员工所在部门，处理过程首先包括将工作小时数乘以员工的小时工资率，以获得总工资。如果每周工作时间超过 40 小时，加班费也需要包括在内。然后从总工资中减去扣除额（例如，联邦及州的税收、保险或储蓄计划的缴款），计算净工资。

执行完这些计算和比较之后的结果通常会被存储。存储包括保存可供将来使用的数据、信息和输出，下面来讨论输出。

输出

在信息系统中，**输出**（output）涉及有用信息的产生，通常采用文档和报告的形式。输出包括雇员的工资、也包括经理的报告，还包括提供给股东、银行、政府机构和其他团体的信息。有时候，一个系统的输出可以成为另一个系统的输入。例如，销售订单系统的输出可以作为客户计费系统的输入。如果输出不准确或不及时，有可能导致组织工作流程的重大中断。例如，整个系统的计算机故障迫使西南航空公司在一个晚上停飞了大约 250 个航班，计算机故障削弱了航空公司办理登机手续、打印登机牌和监控每架飞机重量的能力。[5]

反馈

在信息系统中，**反馈**（feedback）是系统中用于更改输入或处理活动的信息。例如，错误或问题可能导致需要更正输入数据或更改进程。以工资单为例，当一个雇员的工作时数 40 被错误地输入为 400 时，就需要进行反馈。幸运的是，大多数信息系统都有校验机制以确保数据在一定范围内。对于工作小时数的范围可以设置在 0 到 100 之间，因为员工一周工作时间不太可能超过 100 小时。数据输入时信息系统会确定"400"

超出范围，并提供反馈，反馈信息被用于提醒检查输入数据，并更正为"40"，如果错误未被发现，会导致净工资非常高。福特汽车公司使用信息系统，根据工厂的运营反馈数据提高生产效率，减少停机时间。该系统收集有关生产率和设备故障率的数据，确定影响生产率的瓶颈操作，制定消除这些瓶颈的维护计划。解决问题的办法包括：对工人进行培训并配备必要的工具、提供所需的瓶颈设施。即使问题真的发生，生产停机时间也将保持在最低限度。[6]

除了反馈，计算机系统还可以预测未来事件以避免出现问题。这个概念通常被称为**预测**（forecasting），预测可以用来估计未来的销售，并在短缺发生之前订购更多库存。预测还用于预报飓风强度和登陆地点（如图1-5所示）、未来股市价值和政治选举的获胜者。

图 1-5 预测

© iStockphoto.com/EdStock

注：预报系统可以帮助气象学家预测飓风的强度和路径。

输入：收集和捕获原始数据的活动。

处理：把数据转换成有用的输出。

输出：涉及有用信息的产生，通常采用文件和报告的形式。

反馈：系统中用于更改输入或处理活动的信息。

预测：预测未来事件以避免出现问题。

计算机信息系统

如前所述，信息系统可以是手动的或计算机化的。**基于计算机的信息系统**（computer-based information system，CBIS）是可以收集、操作、存储数据并将数据处理成信息的一组硬件、软件、数据库、通信、人员和流程。越来越多的公司将基于计算机的信息系统纳入其产品和服务，富达投资（Fidelity Investments）和大多数投资公司一样，为其客户提供了一系列功能强大的投资工具和大量在线研究。[7]汽车配备先进的导航系统，不仅可以引导用户到达目的地，还可以结合最新的天气和交通状况，帮助用户避免拥挤和交通延误。数码相机、手机、音乐播放器和其他设备都依赖CBIS为用户提供最新和最强大的功能。

CBIS的组件如图1-6所示。**信息技术**（information technology，IT）是指硬件、软件、数据库和电信。

企业的**技术基础设施**（technology infrastructure）包括所有为收集、操作、存储数据并将数据加工转换成信息而配置的硬件、软件、数据库、通信、人员和流程。技术基础设施是一组共享的资源，它是构成每个CBIS的基础。

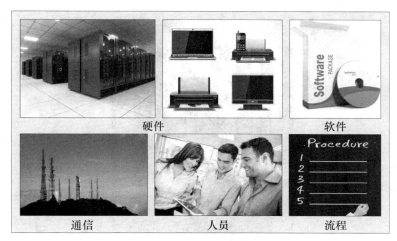

图 1-6 CBIS 的组成

© Dukes/Shutterstock. com，© noolwlee/Shutterstock. com，© Andresr/Shutterstock. com，© Sashkin/Shutterstock. com，© NasonovVasil-iy/Shutterstock. com，© Dusit/Shutterstock. com

注：硬件、软件、通信、人员和流程是企业技术基础设施的一部分。

硬件

硬件（hardware）包括用于执行输入、处理、存储和输出活动的计算机设备。输入设备包括键盘、鼠标和其他指针设备、自动扫描设备以及能够读取磁性油墨字符的设备。处理设备包括含有中央处理单元和主存储器的计算机芯片，芯片设计的发展使其速度更快、功耗更少和存储容量更大，这意味着计算机可以更高效地运行。例如，英特尔的哈斯韦尔（Haswell）芯片能在使用最小功率延长电池寿命的同时显著提高计算性能，这些功能对笔记本电脑用户至关重要。[8]

处理器的速度还决定了计算机执行任务的速度。2013 年 6 月，超级计算机"天河二号"以每秒 33.86 千万亿次浮点运算①（33.86×10^{15} 次浮点运算）的速度运行，被评为世界上速度最快的计算系统。它由中国国防科技大学研发，耗资 1 亿美元。负责"天河二号"项目的副主任李楠说，像设计新汽车这样复杂的项目过去需要 2～3 年的时间，如果使用强大的超级计算机，则只需要 3 个月。[9] 速度和成本的另一极端产品是树莓派（Raspberry Pi）迷你电脑，它的大小与信用卡差不多，没有显示器或键盘，价格低于 50 美元。[10]

输出设备类型多样，包括打印机、显示器。一些触摸屏能够执行函数或完成程序，比如连接到互联网、运行新的游戏或文字处理应用程序。大量专用硬件设备也已开发出来，例如，计算机化事件数据记录器（event data recorders，EDR）现在正被安置在车辆上，像飞机的黑匣子一样，记录车速、可能的发动机故障、驾驶员状态等。

不同类型的个人电脑都有各自的优缺点，但许多人还是会因为移动性高、功能强和成本低而更加喜欢平板电脑。如图 1-7 所示。平板电脑销售量增长及台式机和笔记本电脑销售量下降充分说明了这一点。2013年，全球平板电脑出货量超过笔记本电脑出货量。预计这一趋势还会继续下去，因此到 2017 年，预计平

① petaflops，每秒千万亿次浮点运算。——译者注

板电脑将占全球平板电脑市场总量的近 75%。[11] 包括苹果 iPad、三星 Galaxy 等在内的新型、先进的平板电脑可以随时随地为用户提供计算和通信服务。[12] 此外，数以万计的应用程序被设计成在平板电脑上运行，这些应用程序包括游戏、支持多种用途的专用应用程序以及个人应用程序（如文字处理、电子表格、演示和图形）。

图 1-7 平板电脑

硬件包括用于执行输入、处理和输出活动的计算机设备。计算机行业的趋势是生产更小、更快和更具移动性的硬件，如平板电脑。

■ 软件

软件（software）由控制计算机操作的计算机程序组成，主要有两类。一类是系统软件，例如 Microsoft Windows，用来协调基本的计算机操作，如启动系统、控制资源访问、管理计算机内存和文件。另一类是应用程序软件，例如 Microsoft Excel，支持完成特定任务，包括编辑文本文档、创建图形和游戏运行。从小型手持计算机到大型超级计算机，所有类型的计算机都需要系统软件和应用软件。例如，谷歌的安卓（Android）操作系统是一种主要用于智能手机和平板电脑等触摸屏移动设备的操作系统。如图 1-8 所示。截至 2013 年 7 月，在安卓操作系统下运行的设备可以使用 777 094 个应用程序。[13] 尽管大多数软件可以从 CD 或 DVD 上安装，但今天越来越多的软件包可以通过互联网下载。

■ 数据库

数据库（database）是有组织的事实和信息的集合，通常由两个或多个相关的数据文件组成。一个组织的数据库可以包含客户、员工、库存、竞争对手的销售、在线购买等方面的事实和信息。

图 1-8　运行安卓系统的智能手机

注：安卓是一个主要为智能手机和平板电脑等触摸屏移动设备设计的操作系统。

　　Carfax 拥有一个庞大的车辆历史数据库，其中有 110 多亿条车辆记录可供买家和卖家访问。数据来自北美 75 000 多个机构和部门，如美国和加拿大的机动车机构、机动车服务和维修机构、保险公司和警察局等。每年有数百万消费者和 3 万多家经销商使用 Carfax 的信息帮助他们放心地买卖汽车。[14]

　　科学家估计，2011 年全世界共产生了 1.8 泽字节（zettabytes，ZB①）的数字数据，而且数据量每两年翻一番。[15] 如图 1-9 所示。一 ZB 是 10^{21} 个字符的数据，相当于地球上每一个男人、女人和孩子连续 100 年在推特上创建的数字信息量。[16] 数字数据的增长意味着数据库存储需求的巨大增长，这将需要更多的存储设备、

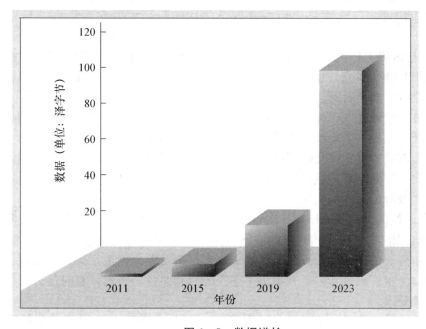

图 1-9　数据增长

注：预计数字数据量每两年翻一番。

---

①　ZB，泽字节，1ZB = 2^{40} GB。——译者注

更多的空间放置额外的存储设备以及需要额外的电力来操作它们。最大的问题是，企业将如何满足不断增长的数据存储需求？对于任何一个组织来说，另一个重要的问题是如何保证一个庞大的数据库的安全，不受外界个人和团体的窥探。

通信、网络和互联网

通信（telecommunication）是通信信号的电子传输，使组织能够通过有效的计算机网络执行其处理和任务。通信可以通过有线、无线和卫星进行传输。美联社（Associated Press）是 20 世纪 20 年代最早的通信用户之一，它在美国发送超过 10.3 万英里的有线新闻，在大洋彼岸发送超过 1 万英里的有线新闻。在这些早期的新闻采访中，记者们争先恐后地打电话报告他们的采访，而摄像师们拍摄镜头并赶回工作室编辑成视频影片，这些世界上正在发生的事情可能需要几个小时甚至几天才能传到公众面前。卫星通信网络消除了新闻报道的延迟，使人们能够在新闻发生时现场观看。新闻车可以迅速部署到几乎世界上任何地方，以报道突发新闻事件，这些新闻车装备有音频和视频发射器及天线，可以精确地瞄准电信卫星，覆盖整个地球。记者和摄像师可以立即编辑和传送他们的录像，他们的信号从新闻车传送到卫星，然后从卫星再传回到地球广播网络控制室，实现现场报道。[17]

今天，全世界各种规模的人和组织都在使用通信产品。有了它们，人们可以在家里或旅行时工作。这种工作方式，通常被称为"远程工作"或"远程办公"，居住在英国的人可以将工作发送到美国、中国或任何具有通信能力的地方。通信产品还能使从事一个项目的人员组成的虚拟团队能够在位于不同地点的情况下见面和交流。

网络（network）将建筑物内、全国或世界各地的计算机和设备连接起来，以实现电子通信。无线传输网络允许使用移动设备，如智能手机和便携式计算机。三星和其他电信公司正在开发 5G 无线通信，到 2020 年代初传输速度有可能比目前快 100 倍。日益增长的数据和视频高速传输需求需要 5G 技术的支持。[18]

互联网（Internet）是世界上最大的计算机网络，由数千个相互连接的网络组成，所有这些网络都可以自由交换信息。人们利用互联网研究信息、买卖产品与服务、安排旅行、进行投资、完成银行业务、下载音乐和视频、阅读书籍、收听广播节目等。

许多组织的工作人员在**云计算**（cloud computing）环境中工作，其中软件和数据存储在由互联网公司提供的"云"上；计算和处理在另一个组织的硬件上运行，软件和数据都很容易访问。如图 1-10 所示。这代表数据存储、访问和传输方式的重大变化，同时引发了许多安全问题。非组织内员工使用云服务（例如，使用文件共享网站将大型文档传输给客户或供应商）是一个重大风险。信息系统和业务经理应向员工提供一份经过验证的云服务列表，以避免潜在的问题。

脸谱网（Facebook）、领英（LinkedIn）、Pinterest 和谷歌等互联网网站已成为与朋友和同事建立联系的热门场所。人们还可以使用推特（Twitter）互相发送长达 140 个字符的短消息。互联网也催生了公民新闻，在公民新闻中，目睹有新闻价值事件的个人将自己的观点和评论发布到网上，供他人阅读。波士顿马拉松爆炸案发生后，市民记者们公布了大量新闻，并拍摄了事件的独有照片。当然，有时候公民新闻会报告错误的信息，包括错误地指控嫌疑人。[20]

互联网使用的增加并非没有风险。有些人担心使用量的增加会导致一些问题，包括隐私和安全性的丧失，犯罪分子通过互联网入侵一个组织的数据以获取公司和客户的敏感信息。

万维网（World Wide Web，WWW）是互联网上链接到包含文本、图形、视频和声音的文档的网络。有关文档的信息和对文档的访问是由成千上万台被称为 Web 服务器的特殊计算机控制和提供的。Web 是互联网上提供的众多服务之一，提供了对数百万文档的访问。新的互联网技术和日益增长的互联网通信与协作统称为 Web 2.0。

图 1 - 10　云计算

注：通过云计算，软件和数据存储由互联网（"云"）提供，计算和处理在另一个组织的硬件上运行，软件和数据都很容易访问。

　　目前，组织内部正利用创建互联网的技术来创建**内联网**（intranet），支持组织内的人员交换信息并完成项目工作。Accorda 是一家研发神经治疗的生物技术公司，经过几个月的员工需求调研后，公司发布了 Synapse 内联网。据企业数字战略与创新部高级主管 Mike Russo 表示，员工有三大需求：快速获取工作资源、协作和娱乐。Russo 的团队构建了全新的内联网，其中包括了社交工具，比如一个非常类似于推特的工具。[21]

　　外联网（extranet）是一种基于 Web 技术的网络，允许选定的外部人员（如业务伙伴和客户）访问公司内联网的授权资源。许多人每天都在使用外联网，却没有意识到它可以跟踪发货、向供应商订购产品或从其他公司获得客户帮助。联邦快递（Federal Express，FedEx）是第一家通过企业外联网授权客户在方便的时候为自己服务的大型公司之一。联邦快递的一个基本理念是，它向客户提供的有关其服务的信息比服务本身更重要。[22] 客户可以访问联邦快递外联网，以获得全方位的运输、计费和跟踪服务。如图 1 - 11 所示。

人员

　　吉姆·柯林斯（Jim Collins）在他的《从优秀到卓越》一书中说："那些建立伟大公司的人明白，对任何伟大的公司来说，限制增长的最终因素不是市场、技术、竞争或产品。最重要的一件事是：有能力得到并留住足够多的合适人选。"[23] 因此，在计算机信息系统中，人是最重要的元素也就不足为奇了。

　　好的制度可以让普通人创造不一般的成就，还可以提高工作满意度和工人生产效率。[24] 信息系统人员包括管理、运行、规划和维护系统的所有人员，包括管理信息系统部门的首席信息官（chief information officer，CIO）。如图 1 - 12 所示。最终用户是直接与信息系统一起工作以获得结果的人，他们包括财务主管、营销代表和制造业经营者。

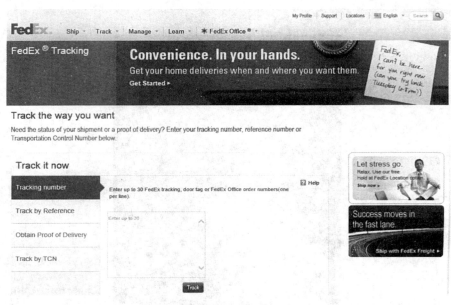

图 1-11　外联网

www.fedex.com
注：当登录联邦快递网站（www.FedEx.com）来检查包裹的状态时，使用的是外联网。

图 1-12　首席信息官

© Monkey Business Images/Shutterstock.com
注：首席信息官管理信息系统部门，包括管理、运行、规划和维护基于计算机的信息系统的所有人员。

流程

　　流程（procedure）定义了实现特定最终结果所需遵循的步骤，例如输入客户订单、支付供应商发票或请求当前库存报告。好的流程描述了如何达到预期的最终结果、由谁做、什么时候做，以及在发生错误时该做什么。当员工受到良好的培训并遵循有效的流程时，就可以更快地完成工作、降低成本，更好地利用人力资源，并使员工能够适应变化。当流程具有良好的文档记录时，还可以大大降低培训成本、缩短学习曲线。[25]

16

现在，我们已经对基于计算机的信息系统进行了一般性的研究，下面将简要地介绍当今商业中最常用的类型，这些类型在第 3 部分有详细介绍。

基于计算机的信息系统（CBIS）：可以收集、操作、存储数据并将数据处理成信息的一组硬件、软件、数据库、通信、人员和流程。

技术基础设施：所有为收集、操作、存储数据并将数据加工转换成信息而配置的硬件、软件、数据库、通信、人员和流程。

硬件：用于执行输入、处理、存储和输出活动的计算机设备。

软件：控制计算机操作的计算机程序。

数据库：有组织的事实和信息的集合，通常由两个或多个相关的数据文件组成。

通信：通信信号的电子传输，使组织能够通过有效的计算机网络执行其处理和任务。

网络：将建筑物内、全国或世界各地的计算机和设备连接起来，以实现电子通信。

互联网：世界上最大的计算机网络，由数千个相互连接的网络组成，所有这些网络都可以自由交换信息。

云计算：一种计算环境，其中软件和数据存储在由互联网公司提供的"云"上；计算和处理在另一个组织的硬件上运行，软件和数据都很容易访问。

万维网（WWW 或 Web）：互联网上链接到包含文本、图形视频和声音的文档的网络。

内联网：一种基于 Web 技术的内联网络，支持组织内的人员交换信息并完成项目工作。

外联网：一种基于 Web 技术的网络，允许选定的外部人员（如业务伙伴和客户）访问公司内联网的授权资源。

流程：使用 CBIS 的策略、政策、方法和规则。

商业信息系统

商业组织中使用的最常见的信息系统是为电子商务和移动商务、交易处理、管理信息和决策支持而设计的系统。而另外一些组织使用的特殊用途的信息系统，如虚拟现实，则并不是每个组织都必须使用的。尽管这些系统在本章的部分小节中进行了讨论，并在后面分别进行详细的解释，但它们通常集成在一个产品中并由一个软件包整合交付。如图 1-13 所示。例如，一些商业信息系统处理事务、传递信息、支持决策。图 1-14 显示了本节讨论的重要商业信息系统发展的简单时间轴。除了拥有完整的商业信息系统（包括硬件、软件、数据库、通信和互联网功能），公司还可以从其他公司租用商业信息系统。亚马逊云服务允许个人和公司付费使用商业信息系统。避免了购买昂贵设备和设施的巨额开支。

■ 电子交易和移动交易

电子交易（mobile commerce，e-commerce）[①] 是指公司与公司（business-to-business，B2B）、公司与消

---

① e-commerce 与 e-business 通常都被翻译为"电子商务"。前者是指 service，是顾客与服务提供者或销售商之间的商务关系，重在交易；而后者是指一种更宽泛的商业关系，除了包含 service 外，还包括产品生产商与原料生产商之间以及销售商、产品生产商和原料生产商与政府部门之间的关系，重在"业务"。因后文有 e-business 的内容，为了区分，故在此将 e-commerce 译为"电子交易"。——译者注

知识管理和专用
信息系统
管理信息系统与
决策支持系统
企业系统
电子商务和移动商务

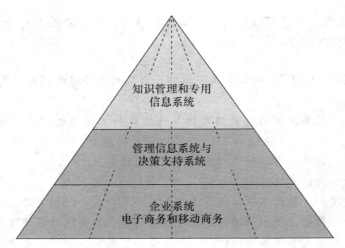

图 1-13　商业信息系统的分类

注：商业信息系统通常集成在一个产品中，并且可以由同一个软件包整合交付。

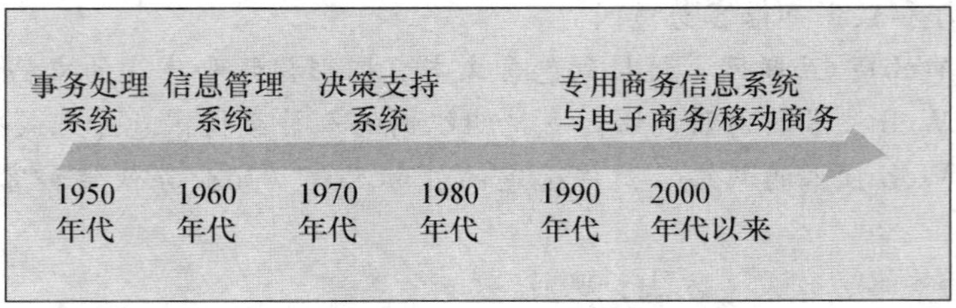

事务处理系统
信息管理系统
决策支持系统
专用商务信息系统与电子商务/移动商务
1950年代
1960年代
1970年代
1980年代
1990年代
2000年代以来

图 1-14　商业信息系统发展的时间轴

注：商业信息系统是 20 世纪 50 年代引入的，此后的几十年里发生了巨大变化。

费者（business-to-consumer，B2C）、消费者与其他消费者（consumer-to-consumer，C2C）、企业与公共部门以及消费者与公共部门之间以电子方式进行的任何商业交易。电子交易为各种规模的企业提供了在全球范围内以低成本营销和销售的机会，使它们能够进入全球市场。美国红十字会花了数月时间重新设计内部流程，并将其中许多流程转换为电子商务系统，以提高其效率，帮助更多人更快地完成工作。新的电子交易平台使红十字会能够更好地支持地方章程、更快地招募志愿者和献血者，并已开始测试变更为电子交易平台后带来的捐赠总收入的增加。

移动交易（mobile commerce，m-commerce）是使用移动、无线设备下订单和开展业务。移动商务依赖于无线通信，管理者和公司成员可以通过无线通信，使用手持计算机、便携式电话、连接到网络的笔记本电脑和其他移动设备来下订单和开展业务。

认识到需要改善移动购物体验的两个零售商是丝芙兰（Sephora）和亚马逊。化妆品零售商丝芙兰已经为移动购物者开发了两个应用程序，一个用于智能手机购物（如图 1-15 所示），另一个用于平板电脑购物。每个应用程序都为消费者提供完全不同的体验。2012 年假期期间，丝芙兰手机订单增长了 167%，这一策略似乎得到了回报。亚马逊 2012 年的手机销售额约为 40 亿美元，约占总销售额的 8%。该公司正在努力使其移动购物应用程序变得更加快速和简单，它的目标是加速购买过程，使消费者从决定购买某物到完成购买的时间缩短到 30 秒。[27]

电子交易为简化业务环节提供了许多便利。图 1-16 简单列示了电子交易简化从办公用品公司购买新办公家具的过程。在手工系统中，公司职员购买超过一定数量的商品必须获得批准。该请求首先提交给采购部门，采购部门生成正式的采购订单，据此从批准的供应商处采购货物。企业对企业的电子交易使整个过程自动化，员工直接访问供应商的网站，在目录中找到商品，然后按公司规定的价格订购所需商品。如果需要管理层批准，系统则会自动通知经理。随着电子交易系统使用的普及，公司会逐步淘汰其传统系统。由此产生的电子交易的增长正在创造许多新的商业机会。

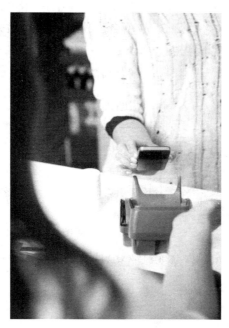

图 1 - 15　移动交易

© Tyler Olson/Shutterstock.com
注：有了移动交易，人们可以随时随地使用智能手机支付商品和服务的费用。

下达采购订单的传统流程

下达采购订单的电子商务流程

图 1 - 16　电子交易

注：电子商务大大简化了采购流程。

除了电子交易之外，商业信息系统还利用通信和互联网来执行许多相关任务。例如，电子采购（e-procurement）需要利用信息系统和互联网获取零部件和耗材。**电子商务**（e-business）超越了电子交易和电子采购，它利用信息系统和互联网来执行所有与业务有关的任务和职能，如会计、财务、营销、制造和人力资源管理。电子商务还包括与客户、供应商、战略合作伙伴及利益相关者合作。与传统的企业战略相比，电子商务战略具有灵活性和适应性。如图 1-17 所示。

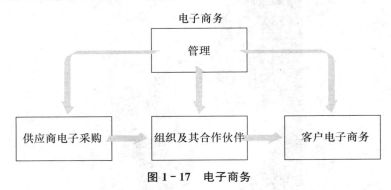

图 1-17 电子商务

注：电子商务不仅仅是电子交易，还包括使用信息系统和互联网来执行所有与业务相关的任务和功能，如会计、财务、营销、制造和人力资源活动。

企业系统

处理日常事务的企业系统经过多年的发展，为各种规模的企业提供了重要的解决方案。传统的事务处理系统目前仍在使用，但越来越多的公司转向企业资源规划系统。

事务处理系统

从 20 世纪 50 年代起，计算机就被用于执行常见的商业应用程序，许多早期的系统都是通过自动化日常的劳动密集型商业交易来降低成本的。**交易**（transaction）是任何与业务相关的事务，如向员工付款、对客户销售、向供应商付款。处理商业交易是为大多数组织开发的最基础的计算机应用程序。**事务处理系统**（transaction processing system，TPS）是执行和记录业务交易的人员、过程、软件、数据库、设备的有组织的集合。如果了解事务处理系统，就能了解基本的业务操作和功能。

工资系统是第一批计算机化的业务系统之一。工资系统的主要输入是每周员工工作的小时数和员工工资率，主要输出包括工资单。早期的工资系统生成了州和联邦机构（如国税局）要求的员工工资单和相关报告。其他常用应用程序包括销售订单管理、客户账单管理和客户关系管理以及库存控制系统。航空公司和旅行社使用在线交易预订系统，方便旅客自己选择并预订航班。使用该系统，乘客可以自选目的地与航班日期、比较备用航班的日期与成本、预订座位，并生成电子机票。该系统是航空公司使用的一整套事务处理系统的核心。如图 1-18 所示。

企业资源规划

企业资源规划系统（enterprise resource planning system，ERP 系统）是一套集成程序，用于管理整个多站点全球组织的重要业务操作。一个 ERP 系统可以用一套统一的程序来代替许多应用程序，使系统更易用、更有效。如今，可以通过手机和移动设备使用 ERP 系统并从中获得及时的报告。

尽管 ERP 系统的范围可能因公司而异，但大多数 ERP 系统都集成了制造和财务模块，许多 ERP 系统集成采购模块来订购所需的物品。除了这些核心业务流程外，一些 ERP 系统还可以支持客户服务、人力资源、销售分销等功能。实施 ERP 系统的主要好处有简化改进现有的工作流程，增加及时获取决策数据的机会。

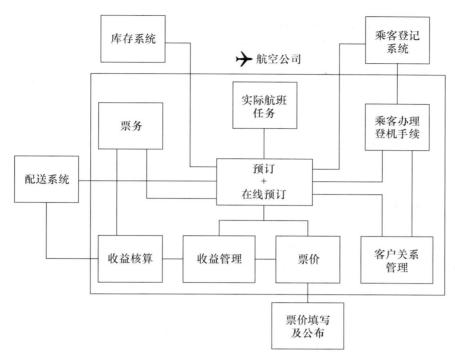

图 1 - 18　综合事务处理系统

注：在线预订系统是航空公司使用的一系列信息系统的核心。

 信息系统——实践篇

有了企业资源规划系统，小公司开始腾飞

你可能无法将清洗洗手间与高科技软件联系起来。这意味着你通常不会想到室内清洁商务服务公司（CIBS）。

CIBS（Clean Interiors Business Services）最初是清洁室内公司（Clean Interiors）的一个业务部门，提供全套洗手间清洁和病虫害防治服务。CIBS 成立于 20 多年前的英国，现在是一家屡获殊荣的清洁和卫生服务提供商。

在早期，CIBS 的管理人员使用电子表格、纸质文件和小型商业软件的组合来安排服务。然而，随着公司的发展，经理们对这种方法进行了重新评估，总经理朱莉娅·库林斯基（Julia Kulinski）解释说："由于数据分散在电子表格和纸质文件中，我们很难获得完整的客户视图，而我们需要这些视图为他们提供适当的服务。例如，当客户就错误或与服务相关的其他问题再次打来电话时，服务代表找不到该客户第一次打电话时所解决的问题是什么。"

还有其他一些问题影响了公司的收入和花费。开发票是一个手工过程，因此工作人员通常每月只准备和发送一次发票，而基于纸面记录的发票经常出现错误。管理层只有到无法纠正时，才会意识到成本超支。此外，采用基于绩效的薪酬方法（这是一项业务目标）来激励员工是不现实的。最后，也是最重要的一点，CIBS 无法成长。

CIBS 评估了它的选择现状，选择了德国 SAP 公司的一款集成 ERP 系统。虽然 ERP 的大多数用户都是大型组织，但也有较小的公司使用 ERP 系统。CIBS 拥有 200 名员工，是一家中型公司。它也希望获得 ERP

系统提供的好处，包括一个单独的共享数据库来存储信息、协调运作。正如库林斯基所说，如果不是这样，他们将无法成长："为了实现业务规模化，我们需要一个集中的数据库、自动化流程和实时报告。"小公司和大公司一样，同样需要这些。

事实上，与大公司相比，小公司使用 ERP 的增长速度更快。阿尔伯特·彭（Albert Pang）在一篇名为《应用程序运行世界》（*Apps Run the World*）的博客中说，所有为百人以下的组织提供 ERP 系统的供应商的总收入以每年 5.6% 的速度增长，为 5 000 名或更大规模公司服务的 ERP 供应商的收入增长率则下降为每年 2.4%。原因是早期的 ERP 系统需要昂贵的硬件，只有最大的组织才能负担得起。

如今，不仅硬件价格大幅下降，而且许多 ERP 供应商都在向云计算进军。这意味着许多比 CIBS 还要小的公司可以通过供应商"租用"硬件，并通过个人电脑访问 ERP 软件。企业最终只需每月支付 10 美元就可以获得基于云计算的 ERP 服务。

库林斯基坚持认为，采用 ERP 软件解决了 CIBS 公司的业务问题，并帮助公司成长。她这样评价公司的财务效益："从成本来看，SAP 软件的运行成本，对我们来说，仅相当于一名全职员工；而从为企业创造的价值来看，没有哪个员工能像 SAP 软件一样，为企业创造这么大的价值。"

归根结底，为企业提供价值是信息系统的目的。

问题讨论

1. 本案例基于 SAP 的客户和 SAP 的部分资料。当然，其他软件公司也提供 ERP 软件。在小公司领域，最大的两家供应商是甲骨文和微软。比较其 ERP 产品的特点。

2. SAP 的 ERP 系统为 CIBS 提供了哪些优势？

批判性思考

1. 列出 CIBS 公司早期使用电子表格和纸质系统时遇到的五个问题。根据它们对 CIBS 的重要程度进行排序。说明排名的正确性。如果你不同意库林斯基将限制增长潜力排在第一位，请解释原因。

2. 考虑一下由一两个人管理的电子商务网站所面临的挑战。如此小的企业该如何使用 ERP 产品？

资料来源：CIBS Web site, *www.ci-bs.co.uk*, and subsidiaries' Web sites, *www.cibshygiene.com* and *www.cibsfacilities.com*, accessed January 17, 2012; SAP, "CIBS: Enabling Growth and Exceptional Service Quality with SAP Software," *http://download.sap.com/uk/download.epd?context=A8700D6A2BB022BCF7C1BA6D4FFF4D1837ACD9F06DE9B34FF8945FE34BEA4AE61EA46CBB6C5EA8DAE21568331B293774E37074837BC3CE5D*, March 2011, downloaded January 16, 2012; Pang, A., "Infor's Daring Move to Buy Lawson, Shake Up ERP MidMarket," *Apps Run the World blog*, *www.appsruntheworld.com/blogs/?p=370*, March 13, 2011, accessed January 17, 2012; Gaskin, James E., How Small Is Too Small a Company for ERP Software? Inside-ERP, May 9, 2013, *www.inside-erp.com/articles/inside-erp-blog/how-small-is-too-small-a-company-for-erp-software-55821*, accessed July 22, 2013.

▣ 管理信息系统和决策支持系统

有效的 TPS 或 ERP 带来的巨大好处不仅包括降低业务成本、减少所需人员，也证明了系统在计算机设备、程序、专业人员和用品方面的相关成本支出是合理的。公司很快就会意识到，使用存储在这些系统中的数据能帮助管理者做出更好的决策，无论是在人力资源管理、营销还是其他管理方面。满足管理者和决策者的需要仍然是开发信息系统的一个主要因素。

管理信息系统

管理信息系统（management information systems，MIS）是一个由人员、程序、软件、数据库和设备组成的有组织的集合，向管理者和决策者提供常规信息。MIS 支持组织的制造、营销、生产、财务和其他业务领域，并共享一个公共数据库。MIS 使用来自 TPS 或 ERP 的数据和信息生成常规的标准报告。如图 1-19 所示。

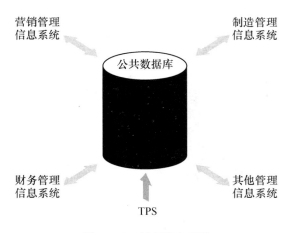

图 1－19   管理信息系统

注：职能管理信息系统从组织的事务处理系统中提取数据。

决策支持系统

决策支持系统（decision support system，DSS）是支持特定问题决策的人员、过程、软件、数据库和设备的有组织的集合。决策支持系统的重点是做出有效的决策。管理信息系统帮助组织"正确地做事"，而决策支持系统则帮助管理者"做正确的事"。

赛百味公司（Subway）使用 DSS 来评估各种新方案，如实施捆绑式餐饮优惠或价格促销。DSS 能够预测新方案对收入、利润和市场份额的影响，它还可以帮助设计出收益最大的方案。赛百味特许经营广告基金信托公司的总裁兼首席执行官说："它有助于我们最大限度地推出创意并承担风险，我们可以在推出任何令人兴奋但又有风险的创意之前对其进行测试，并迅速推出有效的创意。"[28]

决策支持系统包括用于支持决策者或用户的模型集合（模型库）、用于协助决策的事实和信息集合（数据库）以及帮助决策者和其他用户与决策支持系统交互的系统和过程（用户界面或对话管理器）。如图 1－20 所示。通常使用数据库管理系统（database management system，DBMS）来管理数据库，使用模型管理系统（model management system，MMS）来管理模型库。并非所有决策支持系统都需要完全具备这些组件。

作为决策支持系统的重要补充，还有许多其他系统使用同样的方法来支持团队和高管。群体支持系统（group support system）包括刚才描述的 DSS 元素和被称为群件（groupware）的软件，以帮助团队做出有效的决策。高管支持系统（executive support system），也称为高管信息系统，帮助包括公司总裁、副总裁和董事会成员在内的高层管理人员做出更好的决策。

■ 专用商业信息系统

除了 ERP、MIS 和 DSS 之外，组织通常还依赖于专门的系统。**知识管理系统**（knowledge management system）是一个将人员、流程、软件、数据库和设备组织在一起的集合，用于存储和检索知识、改进协作、定位知识源、捕获和使用知识，或者以其他方式增强知识管理过程，如图 1－21 所示。咨询公司经常使用知识管理系统来获取和提供咨询顾问的集体知识，这使得每个顾问都更有价值，避免了为不同客户解决类似问题而"重新发明车轮"[①]。

---

① "re-inventing the wheel"："重新发明车轮"，指做别人做过的事情，寓意多此一举。——译者注

图 1-20　DSS 的基本要素

注：DSS 通常包括模型库、数据库和用户界面。

人工智能

　　除了知识管理，公司还使用其他类型的专门系统。有些是基于**人工智能**（artificial intelligence）的概念，即计算机系统具有人类智能特征的一个领域。人工智能可以让电脑在游戏中击败人类冠军，帮助医生进行医学诊断，让汽车在无人驾驶的情况下行驶数百英里。

　　人工智能领域包括几个子领域（如图 1-22 所示），这些子领域将在以后章节中讨论。

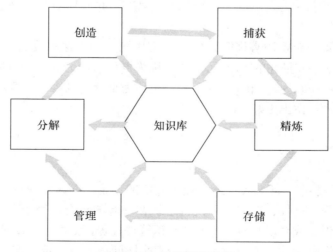

图 1-21　知识管理流程

注：管理知识意味着一个组织可以获取并保留专门知识以备将来使用。

机器人学

机器人学（robotics）是人工智能的一个领域，在这个领域中，机器接管复杂、危险、常规或无聊的任务，例如焊接汽车框架或在仓库中移动产品托盘。工业正转向使用机器人来提高产量和质量，同时减少浪费、降低成本。在交付客户授权其使用之前，所有北美的福特卡车都要经过一系列繁重而持久的测试。出于健康和安全方面的考虑，人类驾驶测试员每天只能测试某些规范的项目。为了加速测试、降低成本、提高安全性，福特用一个机器人控制模块取代了人类驾驶测试员，在更危险的测试环境中控制车辆的转向、加速和制动。车辆的位置由中央控制室的摄像头监控，GPS 精确性误差不超过正负 1 英寸，这使得福特每天的测试次数比人类驾驶测试员要多得多。[29]

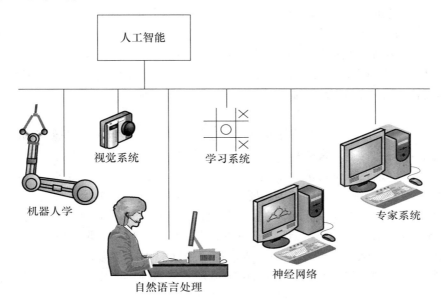

图 1-22　人工智能的主要分支

注：人工智能领域包含几个分支，包括机器人学和学习系统。

视觉系统

视觉系统（vision systems）允许机器人和其他设备"看到"、存储和处理视觉图像。研究人员已经开发出一种视觉蛇形机器人，它提供了一种方法来观察人类无法接近或辐射污染的发电厂区域。这条"蛇"首先用在了奥地利的一个核电站测试中，它可以在通过管道或越过管道时扭动和转动，并向控制端提供视频。[30]

自然语言系统

自然语言处理（natural language processing）涉及计算机对自然语言的理解、分析、处理和/或生成。它包括三个主要的应用领域：（1）从一种语言到另一种语言的语音或文本的机器翻译；（2）使人能够使用自然语言与计算机交互的对话系统；（3）将非结构化文本转换成结构化数据的信息提取，以便进行灵活的搜索和浏览。自然语言处理为人类如何与计算机交互以及我们如何访问以电子形式提供的大量可用数据开辟了令人兴奋的新可能性。[31]

学习系统

学习系统（learning systems）允许计算机从过去的错误或经验中学习，例如玩游戏或做商业决策。沃森（Watson）是一个具有自然语言处理和学习能力的人工智能计算机系统，在 2011 年击败了《危险边缘》（*Jeopardy*）节目的两位前冠军，首次展示了它的强大实力。现在沃森正在学习为医生提供肺癌患者的循证治疗方案。为了做到这一点，沃森从 1 500 个病人身上获得了大量关于肺癌的信息，包括医生记录、实验室结果和临床研究。此外，沃森还吸收了 42 种医学期刊和肿瘤学研究领域临床试验的 200 多万页文本。[32]

神经网络

神经网络允许计算机识别并对模式或趋势采取行动。一些成功的股票期权和期货交易者使用神经网络来发现趋势并提高其投资的盈利能力。泰勒大学（Taylor University）机构研究主任、副注册官埃德温·韦尔奇（Edwin Welch）正在研究如何使用神经网络，试图找出一年级之后的大学生的退学模式或趋势。[33]

专家系统

专家系统（expert system）使计算机能够像专家一样在特定领域提出建议和发挥作用，有助于提高新用户的表现。专家系统的独特价值在于，它允许组织获取、使用专家和专家的智慧。因此，当一位人类专家去世、退休或离职去做另一份工作时，多年的经验和具体技能并不会完全丧失。专家系统的**知识库**（knowledge base）包含为获得价值或适当结果而必须遵循的数据、规则、流程和关系的集合。日本航空公司为其 100 架宽体飞机和 2 200 名机组人员开发了调度专家系统。与旧的手工流程相比，专家系统在更短的时间内提供了更好的日程安排，而旧的手工流程需要 25 个人 20 天才能完成。[34]

虚拟现实与多媒体

虚拟现实（virtual reality）是一个由硬件和软件创建的人工三维环境，通过感官刺激（主要是视觉和听觉，但有时通过触觉、味觉和嗅觉）来体验，个人可以在其中进行交互以影响环境中发生的事情。虚拟现实技术长期以来一直被军方用来训练飞行员。学生可能在 Xbox 360 或 Wii 等游戏机上接触过虚拟现实。捷豹路虎与英国四所顶尖大学建立了一个为期五年、投入 1 000 万英镑的合作项目，以开发新的先进虚拟现实工具，使制造商能够在更短的时间内以较低的成本完成先进的车辆设计，从而减轻生产物理原型的需求压力。[35]

增强现实（augmented reality）是虚拟现实的一种形式，它可以将数字数据叠加到真实的照片或图像上。Wikitude 是一个基于手机的增强现实应用程序，能够将许多动态内容源覆盖到智能手机摄像机捕获的图像上。见图 1 - 23。例如，可以将手机摄像头指向城市街道，并请求在图像上显示任何餐厅的位置，然后可以请求将地址、电话、方向甚至评论覆盖在手机显示的图像上。[36]

图 1 - 23　Wikitude 应用程序

www.wikitude.com

注：可以使用 Wikitude 将显示在智能手机上的图像与更新的内容（如餐厅或中转站的位置）叠加在一起。

各种各样的输入设备，如头盔式显示器、数据手套、操纵杆和手持魔杖，允许用户在虚拟环境中导航并与虚拟对象交互。定向声音、触觉和力反馈装置、语音识别等技术丰富了沉浸式体验。因为多个人可以在同一个环境中分享和互动，虚拟现实可以成为一个强大的交流、娱乐和学习的媒介。

多媒体是虚拟现实的自然延伸。它包括照片和图像、声音的处理以及特殊的 3D 效果。3D 技术一旦可以被大量用于电影，它就可以被企业用来设计产品，如摩托车、喷气发动机和桥梁。例如，Autodesk 制作了令人兴奋的 3D 软件，企业可以用它来设计大型摩天大楼和其他建筑。这个软件也可以被好莱坞的动画师用来开发动作片和动画电影。

电子交易：公司与公司（企业对企业）、公司与消费者（企业对消费者）、消费者与其他消费者（消费者对消费者）、企业与公共部门以及消费者与公共部门之间以电子方式进行的任何商业交易。

移动交易：使用移动设备、无线设备下订单和开展业务。

电子商务：使用信息系统和互联网来执行所有与业务相关的任务和功能。

交易：任何与业务相关的事务，如向员工付款、对客户销售、向供应商付款。

事务处理系统（TPS）：执行和记录业务交易的人员、过程、软件、数据库、设备的有组织的集合。

企业资源规划（ERP）系统：一套集成程序，用于管理整个多站点全球组织的重要业务操作。

管理信息系统（MIS）：一个由人员、程序、软件、数据库和设备组成的有组织的集合，向管理者和决策者提供常规信息。

决策支持系统（DSS）：支持特定问题决策的人员、过程、软件、数据库和设备的有组织的集合。

人工智能（AI）：计算机系统具有人类智能特征的一个领域。

专家系统：使计算机能够像专家一样在特定领域提出建议和发挥作用的系统。

知识库：为获得价值或适当结果而必须遵循的数据、规则、流程和关系的集合。

虚拟现实：一种由硬件和软件创建的人工三维环境，通过感官刺激（主要是视觉和听觉，但有时通过触觉、味觉和嗅觉）来体验，个人可以在其中进行交互以影响环境中发生的事情。

系统开发

系统开发（system development）是指创建或修改信息系统的活动。系统开发项目的范围从小到大，涉及核科学研究和视频游戏开发等多个领域。开发系统的原因是多样的，包括降低现存系统的成本和复杂度、满足由组织变革引起的新的业务需求（例如合并、并购或成立新部门）、满足政府的新要求、改进或提供新的客户服务、利用新技术的发展以取代个人电脑（比如智能手机和平板电脑的使用范围不断扩大）。在未来几年里，预计系统开发人员将专注于分析应用于大量业务数据的项目，利用云计算，并为其业务和组织开发更多的移动应用程序。[37]

系统可以由公司员工自己开发，也可以由公司雇用外部组织（外包）来执行部分或全部系统开发项目。外包使公司能够专注于其最擅长的工作，并将软件开发委托给具有世界级开发能力的公司。无论是谁来开发系统，在整个系统开发过程中，项目组都必须不断努力获得高层管理者和系统使用者的支持。项目团队必须专注于开发一个能够实现重要业务目标的系统。

改进系统开发项目结果的一种策略是将其分为几个步骤，每个步骤都有一个明确的目标和一组要完成的任务。如图 1 - 24 所示。下面总结这些步骤。

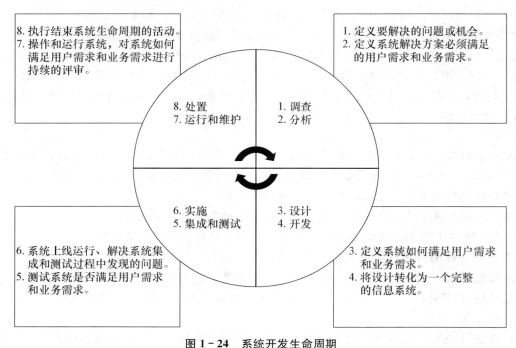

图 1 - 24　系统开发生命周期

注：系统开发涉及几个定义明确的阶段。

调查、分析和设计

系统开发的第一步是系统调查、分析和设计。系统调查的目的是明确了解待解决问题的具体情况并确定解决问题的时机。问题的范围是什么？谁受到影响？如何受到影响？这种情况多久发生一次？当一个组织了解了需要解决的问题之后，随之要明确的是"这个问题值得解决吗？"，鉴于各组织的人力、财力有限，这个问题值得认真考虑。如果决定继续解决这个问题，下一步就是系统分析，包括研究现有的系统，发现其长处和弱点，并采访那些将使用新系统的用户，以确定系统必须做什么来满足他们的需要和组织的需要。这称为定义系统需求。系统设计决定了新系统必须如何工作、需要哪些输入，以及必须产生哪些输出来满足系统分析期间定义的业务需求。

开发、集成和测试、实施、运行和维护以及处置

系统开发阶段需要将系统设计转换为可运行的信息系统。主要任务包括获取和安装系统所需的硬件和软件、编写代码并完成软件程序测试、创建数据库并加载数据、完成程序初始化。集成和测试阶段是将系统的所有组件集成在一起，检验系统作为一个整体对用户和业务需求的满足情况。测试由项目组的技术人员和经过培训的最终用户共同完成。实施阶段性的任务是将新系统安装到实际的生产计算环境中，在其中运行，解决集成和测试中发现的所有问题。运行和维护阶段涉及系统的持续运行，识别由于错误产生的需求或由新用户新业务产生的需求，并对系统进行必要的更改。处置阶段涉及系统使用寿命结束时的活动，通常要求从系统数据库中提取数据并转换为新格式，以便在替换系统中使用。公司经常雇用外部公司来完成其开发、集成和测试、实施以及运行和维护工作。

系统开发：创建或修改信息系统的活动

组织和信息系统

　　组织（organization）是为实现一系列目标而建立的人员和其他资源的正式集合。

　　一个组织周而复始地使用资金、人员、材料、机器和其他设备、数据、信息和决策。如图 1 - 25 所示，资源（如材料、人员和资金）作为环境对组织系统的输入，经过转换机制，然后输出到环境中。转换后的产出通常是商品或服务，其相对价值高于投入。组织通过附加价值或价值增值来提高绩效并实现其目标。

　　向利益相关者客户、供应商、合作伙伴、股东及员工提供价值是所有组织的首要目标。价值链首先由迈克尔·波特（Michael Porter）在 1985 年《哈佛商业评论》（*Harvard Business Review*）的一篇题为《信息如何为你提供竞争优势》（How Information Gives You Competitive Advantage）的文章中提出，揭示了企业如何令其产品和服务增值。**价值链**（value chain）是一个组织为将投入转化为产出而进行的一系列（链接的）活动，目的是增加投入的价值。一个组织可能有许多价值链，不同行业的不同组织将有不同的价值链。

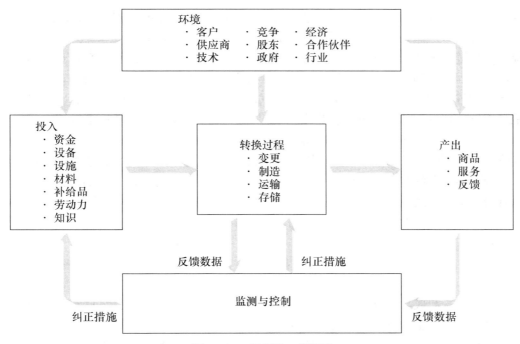

图 1 - 25　组织的一般模型

注：信息系统支持组织过程的自动化部分并在其中工作。

　　在制造型组织中，供应链是一个关键的价值链，其主要活动包括入站物流、运营、出站物流、营销与销售以及服务。如图 1 - 26 所示。这些主要活动与产品或服务的创建和/或交付直接相关。支持活动的四个主要领域包括：技术基础设施、人力资源管理、会计和财务以及采购（技术基础设施不仅包括研究和开发，还包括信息系统硬件、软件和网络）。

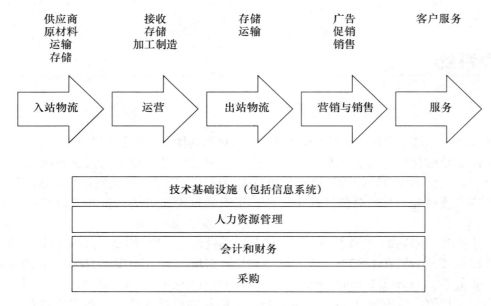

图1-26　供应链

注：制造业供应链的主要活动和支持活动是创造和交付产品与服务。

价值链的概念对于那些不生产产品的公司来说同样重要，例如报税员、餐馆、图书出版商、法律公司和其他服务提供商。他们为产品和服务增加了大量价值，保证了公司的成功。

信息系统在供应链管理活动和其他组织活动中扮演什么角色？传统的信息系统观点认为，组织利用信息系统来控制和监测过程，并确保有效性和效率。在这一观点中，信息系统处于供应链管理的外部，是用来监视或控制供应链管理过程的。然而，一个更现代的观点认为，信息系统往往是如此密切地参与其中，以至于它们本身就是供应链管理过程的一部分。从这个角度来看，信息系统在这个过程中扮演着不可或缺的角色，无论是提供输入、帮助产品转换，还是生产输出。

科尔斯（Coles）是澳大利亚第二大连锁超市。它通过采用先进的分析方法改进消费者需求预测系统，改善了供应链。系统使用复杂的客户忠诚度分析工具深度理解客户的购买模式，以规划有效的营销计划。科尔斯还采取了强有力的措施，改善了与3 000多家供应商的在线数据交换和协作。所有这些措施在很大程度上减少了科尔斯客户对商品缺货的头号投诉，同时为改进库存管理和改善供应商关系铺平了道路。[38]

创新

创新是任何组织成长和成功的催化剂。它可以创造和维持利润，为竞争对手创造新的挑战，为客户提供附加值。在当今高度竞争的全球环境中，创新和变革是绝对必要的，否则组织将面临失去竞争力甚至是被淘汰的风险。许多著作和研究成果提出了创新的分类方法。这一领域的领先研究者克莱顿·克里斯滕森（Clayton Christensen）提出了一个简单的分类，即认为创新有两种类型：持续性创新和颠覆性创新。[39]

持续性创新（sustaining innovation）带来对现有产品、服务和运营方式的改进。这些创新很重要，因为它们能够使组织不断增加利润、降低成本并获得市场份额。宝洁公司（Procter & Gamble）已投入数亿美元对其领先的洗衣粉汰渍（Tide）进行持续创新，汰渍于1946年首次推出。这些创新使汰渍的变白、变亮功效成为可能，使汰渍既能在冷水中工作，又能在热水中工作，创造了浓缩汰渍，降低了包装和配送成本，增加了香味汰渍，使衣服闻起来更清新。这些创新使汰渍作为一个领先的洗涤剂保持了超过 45 亿美元的年销售额。

颠覆性创新（disruptive innovation）最初带来的绩效水平低于市场所接受的水平。然而，随着时间的推移，颠覆性创新得到了改进，以提供一些新的性能特征，并在新的市场中对用户更有吸引力。随着它不断改进并开始提供更高水平的性能，它最终取代了以前的产品或做事方式。手机是颠覆性创新的一个很好的例子。第一款商用手持手机重 2.5 磅，电池续航时间不到 30 分钟，价格超过 3 000 美元，音质极差。[40] 相比之下，如今无处不在的手机重量是原来的十分之一，成本是原来的十五分之一，电池续航时间是原来的 25 倍，不仅可以打电话，还可以充当摄像头、录像机和手持电脑以及运行应用程序并接入互联网。

创新扩散理论

创新扩散理论（diffusion of innovation theory）是由 E. M. 罗杰斯（E. M. Rogers）提出的一种理论，用来解释一个新的想法或产品如何得到认可并通过一个组织的特定群体或子集扩散（或传播）。这一理论的一个关键点是，对于目标群体的所有成员来说，采用任何创新都不是立即发生的；相反，这是一个漫长的过程，有些人比其他人会更快地接受创新。如图 1 - 27 所示。罗杰斯定义了五类采用者，如表 1 - 3 所示，每一类对待创新都有不同的态度。在向目标人群推广创新时，重要的是了解目标人群有助于还是会阻碍创新采纳，然后应用适当的策略。这一理论适用于新信息系统的规划部署与实施。

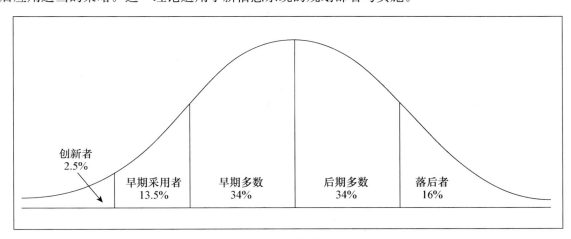

图 1 - 27　创新扩散

注：对于目标人群中的所有成员来说，采用任何创新都不是立即发生的；而是一个漫长的过程，有些人比其他人会更快地接受创新。
资料来源：Everett Rogers, *Diffusion of Innovations*.

表 1 - 3　五类创新采纳者

采用者类别	特征	使用策略
创新者	敢于冒险，总是第一个尝试新产品和新创意	只需向他们提供新系统的访问权限
早期采用者	其他人倾听和追随的意见领袖，能意识到变革的必要性	帮助他们开始
早期多数	倾听并跟随早期采用者	向他们提供系统有效性和成功案例的证据
后期多数	对变化和新思想持怀疑态度	向他们提供有多少人尝试过或成功使用过的数据
落后者	非常保守，对变革高度怀疑	让他们的同龄人展示这种变化带来的帮助，由已采纳者给他们施加压力

组织变革

马克·吐温（Mark Twain）说："这不是我的进步，而是我不喜欢的变化。"**组织变革**（organizational change）负责制定使组织获得成功的变革计划，负责实施变革。变革可以由内部因素引起，例如由各级员工发起的变革，也可以由外部因素引起，例如由竞争对手、股东、联邦和州法律、社区法规、自然事件（如飓风）和一般经济条件造成的变化。当两个或多个组织合并时，也会发生组织变革。当组织合并时，整合它们的信息系统对未来的成功至关重要。

莱维特钻石模型是一个有助于成功实施变革的组织变革模型。**莱维特钻石模型**（Leavitt's diamond）提出，每个组织系统都由四个主要部分组成：人员、任务、结构和技术。这四个组成部分之间有相互作用，因此任何一个组成部分的变化都需要另外三个组成部分做出相应的变化。所以，要成功地实施一个新的信息系统，必须对受新系统影响的人员、结构和任务进行适当的更改。如图1-28所示。

> **组织：** 为实现一系列目标而建立的人员和其他资源的正式集合。

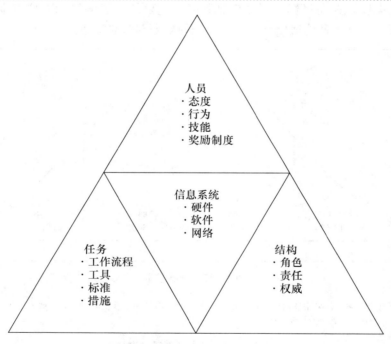

图1-28 莱维特钻石模型

注：技术、人员、任务或结构的任何变化都需要其他三个要素的改变。

> **价值链：** 一个组织为将投入转化为产出而进行的一系列（链接的）活动，目的是增加投入的价值。
> **创新扩散理论：** 由E.M.罗杰斯提出的一种理论，用来解释一个新的想法或产品如何得到认可并通过一个组织的特定群体或子集扩散（或传播）。
> **组织变革：** 营利组织和非营利组织如何计划、实施和处理变革。
> **莱维特钻石模型：** 一种理论，认为每个组织系统都由四个主要部分组成：人员、任务、结构和技术，四个组成部分之间有相互作用，因此任何一个组成部分的变化都需要另外三个组成部分做出相应的变化。

竞争优势

竞争优势（competitive advantage）是一个公司在竞争中获得的重要且理想的长期利益，可以带来更高质量的产品、更好的客户服务和更低的成本。许多公司认为它们的信息系统人员是与市场上其他公司竞争的关键武器，特别是当它们的员工接受过移动设备、互联网应用程序、社交网络和协作工具开发和使用方面的培训时更是如此。获得竞争优势的公司通常强调组织目标和信息系统目标的一致性。换言之，这些组织确保其信息系统部门完全支持组织更广泛的目标和战略。

◻ 导致企业寻求竞争优势的因素

许多因素可以导致获得竞争优势。著名的管理理论家迈克尔·波特（Michael Porter）提出了一个现在被广泛接受的竞争力模型，也被称为**五力模型**（five-forces model）。这五种力量包括：（1）现有竞争者之间的竞争；（2）新进入者的威胁；（3）替代品及服务的威胁；（4）买方的议价能力；（5）供应商的议价能力。在任何情况下，这些力量结合得越多，企业就越需要寻求竞争优势，而且这种优势的结果也就越具有突变性。

现有竞争者之间的竞争

通常，高竞争性行业的特点是进入或离开该行业的固定成本高，产品差异化程度低，竞争对手众多。为了获得比竞争对手更大的优势，公司不断地分析自己如何使用资源和资产。这种基于资源的观点是一种获取和控制资产或资源的方法，可以帮助公司获得竞争优势。例如，一家运输公司可能会决定投资于射频技术，以便在产品从一个位置移动到另一个位置时对其进行标记和跟踪。

新进入者的威胁

当一个行业的进入和退出成本较低，并且启动和维护一个企业所需的技术普遍可用时，就会出现此类威胁。例如，一个小餐馆容易受到新进入者的威胁。经营小餐馆不需要几百万美元的启动资金，大批量的食品采购也不会大幅降低成本，食品加工和准备设备也很容易得到。当此类威胁很大时，寻求并保持竞争优势以劝阻新市场进入者的愿望通常会很高。如图 1-29 所示。

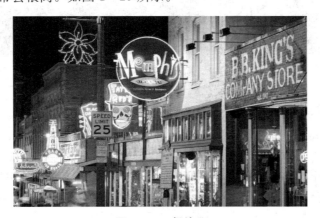

图 1-29 餐饮业

© Natalia Bratslaysky/Shutterstock.com

注：在餐饮业，由于进入成本低，竞争激烈，因此，进入市场的小餐馆可能对现有的餐馆造成威胁。

替代品及服务的威胁

提供一种产品或服务的公司会受到提供类似产品或服务的其他公司的威胁。消费者越能从类似产品和服务中获得需求满足，企业就越需要建立竞争优势。以摄影业为例，当数码相机变得流行时，传统的摄影公司不得不做出回应，试图保持竞争力和盈利能力。

买方和供应商的议价能力

大客户对公司的影响倾向性很大，如果客户威胁要转向竞争对手时，这种影响会显著增加。当客户有很大的议价能力时，公司就需要增加竞争优势来留住客户。同样，当供应商的议价能力较强时，企业也需要提高自身的竞争优势，以保持自己的议价地位。供应商也可以帮助企业获得竞争优势。在某些情况下，供应商会与公司结成战略联盟，最终成为公司的一部分。

竞争优势战略规划

要想具有竞争力，公司必须是快速、敏捷、灵活、创新、多产、经济和以客户为导向的。它还必须使其 IS 战略与其业务战略和目标保持一致。考虑到前面提到的五种市场力量，波特等人提出了一些战略，以获得竞争优势，包括成本领先、差异化、利基战略、改变产业结构、创造新产品与服务，以及改进现有的产品线和服务。

● **成本领先。** 使产品和服务的成本尽可能低。沃尔玛、开市客（Costco）和其他折扣零售商多年来一直采用这种策略。如图 1-30 所示。成本领先通常是通过与供应商积极谈判降低原材料成本、提高生产和制造过程的效率、降低仓储和运输成本来实现的。有些公司在生产产品或完成服务时使用外包来降低成本。

图 1-30 开市客采用成本领先战略

© iStockphoto. com/slobo
注：开市客和其他折扣零售商采用成本领先战略，提供价格尽可能低的产品和服务。

● **差异化。** 提供与众不同的产品和服务。这一战略可以包括生产多种产品，为客户提供更多选择，或提供更高质量的产品和服务。有些汽车公司生产不同的车型，使用相同的基本零部件，给客户更多选择。有些汽车公司通过提高质量和安全感，以使其产品与众不同，并吸引愿意为这些功能支付更高价格的消费者。试图使自己的产品与众不同的公司往往会努力发现和消除由他人生产和交付的假冒产品。

● **利基战略。** 只向一个小的利基市场①提供产品与服务。例如，保时捷不生产便宜的经济型汽车，它只

---

① 利基市场（niche market）是指在较大的细分市场中具有相似兴趣与需求的一小群顾客所占有的市场空间，通常被大企业忽略；利基战略（niche strategy）指企业通过专业化经营来占领利基市场，从而最大限度地获取收益的战略。——译者注

生产高性能跑车和 SUV。如图 1 - 31 所示。劳力士只生产高质量、昂贵的手表，而不生产便宜的塑料手表。

● **改变产业结构**。使企业所在行业发生转变，使之对公司或组织更有利。西南航空等低票价航空公司的引入彻底改变了航空业，使得传统航空公司难以获得高利润率。如图 1 - 32 所示。建立战略联盟也可以改变产业结构。**战略联盟**（strategic alliance），也称为**战略伙伴关系**（strategic partnership），是两个或多个公司之间的协议，涉及联合生产和分销产品与服务。

图 1 - 31　保时捷实施利基战略

© Darren Brody/Shutterstock. com
注：保时捷是一家具有利基战略的公司的范例，它只生产高性能跑车和 SUV。

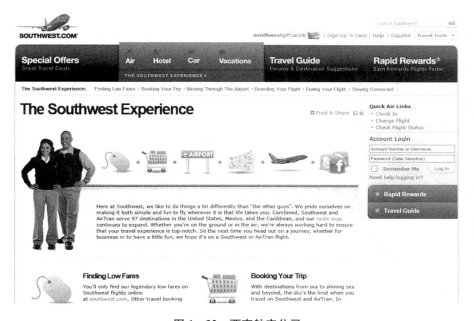

图 1 - 32　西南航空公司

www. southwest. com
注：西南航空等低票价航空公司改变了航空业的结构。

● **创造新产品与服务**。定期或频繁地引进新产品与服务。这种战略总是有助于公司获得竞争优势，特别是在计算机行业和其他高科技企业。如果一个组织不能每隔几个月就推出新的产品和服务，公司就会很快停滞不前，失去市场份额，并出现下滑。保持领先地位的公司不断开发新产品和服务。例如，苹果电脑

（Apple Computer）将 iPod、iPhone 和 iPad 作为新产品不断推陈出新。

- **改进现有的产品线和服务**。对现有的产品线和服务进行切实的和易感知的改进。家用产品的制造商总是在广告中宣传新的和改进的产品。有时候，这种改进比较明显，容易被察觉；在大多数情况下，这种改进只是对现有产品做出的一些小改动，例如减少早餐麦片中的糖含量。
- **创新**。创新是另一种竞争战略。位于圣迭戈的自然选择公司（Natural Selection）利用一种称为进化计算（evolutionary computation）的优化技术，对南加州高速公路的最优匝道长度进行了建模计算。其软件能够使用实时收集的传感器信息快速适配，避免事故的发生。[41]
- **其他战略**。一些公司寻求销售额的强劲增长，希望从长远来看，通过增加销售额（growth in sales）来增加利润。率先上市（first to market）是另一种竞争战略。例如，苹果电脑公司是最早提供完整且易于使用的个人电脑的公司之一。一些公司提供定制化（customized）的产品和服务以获得竞争优势。例如，戴尔为消费者生产定制的个人电脑。雇用最优秀的人才（hire the best people）是竞争战略的另一个例子。这种战略认定，最优秀的员工将决定向市场交付的最佳产品和服务，以及交付这些产品和服务的最佳方法。拥有能够随着环境和条件的变化而迅速变化的敏捷（agile）信息系统是信息系统成功和公司拥有竞争优势的关键。公司也可以将这些战略中的一个或多个结合起来。例如，除了定制，戴尔还试图提供低成本的计算机（成本领先）和一流的服务（差异化）。

> **竞争优势**：一个公司在竞争中获得的重要且理想的长期利益。
>
> **五力模型**：一个被广泛接受的模型，它确定了五个关键因素可以导致竞争优势的实现，包括（1）现有竞争者之间的竞争，（2）新进入者的威胁，（3）替代品及服务的威胁，（4）买方的议价能力，（5）供应商的议价能力。
>
> **战略联盟**（或战略伙伴关系）：两个或多个公司之间的协议，涉及联合生产和分销产品与服务。

信息系统项目财务评价

大多数组织都有一整套预投资的项目组合，包括信息系统的选型项目。为了确定一个特定的信息系统项目是否值得进行，组织需要进行财务分析。稍后将讨论两种不同的财务分析方法。首先，需要了解两种方法中都用到的**现金流**（cash flow）的概念，以及其中一种方法中使用的货币时间价值。

与特定项目相关的现金流需要考虑与该项目相关的所有的现金增减。部分收支如表 1-4 所示。

表 1-4　与项目有关的现金收入与支出示例

类型	示例（并非详尽无遗）
现金流收入	所有新的收入，如额外产生的销售收入和其他非以往方法下收取的收入，这还将包括由于加快现金收入、加快现金回收过程、缩短新品上市所需时间而导致的现金周转加速 与项目相关的所有成本节约，如减少员工工资、设备租赁费和外包费 与所有资本支出相关的折旧产生的减税
现金流支出	购买设备、软件或办公场所所需的所有资本投资 所有的持续运营成本，如设备租赁费、软件运行费用、办公场所支出、使用费用或支持系统所需的额外人员以及人员培训费用 设备和软件的所有持续维护费用

货币的时间价值（time value of money）是对今天一美元比将来一美元具有更高价值的事实的考虑。为什么？因为如果今天有一美元，就可以投资它并从中获得回报。用这笔钱可以获得的回报率是公司的机会成本。假设公司的机会成本是 6%，如果该公司今天有额外的 100 万美元，它可以投资，这样在一年内它将有 100 万×（1+0.06）美元（即 106 万美元）。在两年内，它将拥有 100 万×（1.06）×（1.06）美元（即 112.4 万美元）。因此，未来赚取的美元价值必须进行折现，以确定它们在当前的美元价值。三年后将收到的 100 万美元，以今天的美元计算其价值为 100 万/$(1.06)^3$ 美元（即 839 619 美元）。

对一个预投资的信息系统项目进行财务分析的两种方法包括计算投资回收期和内部收益率。

投资回收期

投资回收期（payback period）是指收回投资初始成本所需的年限。投资回收期越短，项目就越有吸引力。通常认为投资回收期应在三年或三年以内。假设一个信息系统项目需要 15 万美元的初始投资，并且它在五年的运作中分别产生 2.5 万美元、5 万美元、7.5 万美元、10 万美元和 10 万美元以上的净收益。项目的回收期为三年。

这种评估方法有两个问题。首先，未考虑货币的时间价值。其次，不考虑回收期以外的现金流（本例中为第四年和第五年的收益）。再考虑一个项目，初始投资 15 万美元，五年分别产生 0 美元、0 美元、15 万美元、0 美元、0 美元的净收益。投资回收期同样是三年，就不像第一个项目那样具有财务吸引力。

内部收益率

投资的**内部收益率**（internal rate of return）是使项目产生的所有税后现金流（收益和成本）的净现值等于零的收益率。内部收益率越高，从财务角度来看，项目越有吸引力。大多数组织为评估项目设定了"门槛率"。如果该项目没有超过最低门槛，从财务角度来看是不可接受的。

确定内部收益率的公式如下。

$$净现值 = \sum_{n=0}^{N} C_n / (1+r)^n = 0$$

式中，N 是有现金流量估计的期间总数；

C_n 是 n 期的税后净现金流；

r 是内部收益率；

$C_n/(1+r)^n$ 表示第 n 年净现金流量（C_n）的现值。

可以在线找到内部收益率的计算器。一些电子表格程序（例如，Excel "公式"选项卡上财务组中的内部收益率（IRR）公式）也可以计算内部收益率。另外，较贵的计算器也有这个功能。内部收益率现金流量模型如表 1-5 所示。

表 1-5　计算投资回收期和内部收益率的现金流量模型

	年数					
	1	2	3	4	5	总计
初始资本投资（美元）	−2.00					−2.00
现金支出						
持续经营成本（美元）		−0.95	−0.75	−0.75	−0.75	−3.20

续表

	年数					
	1	2	3	4	5	总计
日常维护费用（美元）		−0.20	−0.20	−0.20	−0.20	−0.80
总支出（美元）		−1.15	−0.95	−0.95	−0.95	−4.00
现金收入						0.00
新增收入（美元）		1.00	1.25	1.35	1.45	5.05
项目节省（美元）		0.50	0.75	0.75	0.75	2.75
总收入（美元）		1.50	2.00	2.10	2.20	7.80
税前现金流（美元）	−2.00	0.35	1.05	1.15	1.25	3.80
累计现金流（美元）	−2.00	−1.65	−0.60	0.55	1.80	
收入变动						
折旧费（美元）		−0.45	−0.40	−0.35	−0.30	−1.50
总成本（美元）		−1.15	−0.95	−0.95	−0.95	−4.00
总收益（美元）		1.25	1.75	2.00	2.25	7.25
收入变动净额（美元）		−0.35	0.40	0.70	1.00	1.75
净所得税（假设税率为40%）（美元）		−0.14	0.16	0.28	0.40	0.70
税后现金流（美元）	−2.00	0.49	0.89	0.87	0.85	3.10
货币时间价值的贴现系数（假设货币成本为6%）	1	1.06	$(1.06)^2$	$(1.06)^3$	$(1.06)^4$	
贴现现金流（税后）（美元）	−2.00	0.46	0.79	0.73	0.67	0.66
财务分析：						
投资回收期（年）	4.5					
净现值（美元）	0.54					
内部收益率	19%					

　　不管有什么困难，组织必须尝试评估预投资的新信息系统带来的价值，以评估它们对组织未来利润的贡献。这将确保将稀缺的人力资源、现金和其他资源专用于最适当的项目。

> **现金流**：考虑与项目相关的所有现金的收入与支出。
> **货币的时间价值**：对今天一美元比将来一美元具有更高价值的事实的考虑。
> **投资回收期**：收回投资初始成本所需的年限。
> **内部收益率**：使项目产生的所有税后现金流（收益和成本）的净现值等于零的收益率。

信息系统的全球性挑战

　　亚马逊、可口可乐、脸谱网、谷歌、惠普、IBM、百事可乐、宝洁、联合利华以及其他几十家大公司有什么共同点？它们都在研究如何以及从何处吸引下一个十亿客户。这十亿新客户不会来自西方或发达市场。他们将来自新兴市场，在文化、教育、收入、语言和生活方式等方面与前十亿大不相同。[42] 今天，在全球市场取得成功势在必行。然而，全球机遇带来了许多障碍和问题，包括面对文化和语言的挑战。

　　威富（VF）公司是一家面临全球挑战的公司的一个很好的例子，威富是世界上最大的服装制造公司，年收入达 110 亿美元，来自 Wrangler、Lee、North Face、Vans、Timberland 和 Eagle Creek 等 30 多个品牌。这些品牌通过 47 000 家零售商在 150 多个国家销售，其中包括威富自己拥有和经营的 1 100 多家零售店。它的许多品牌都是通过互联网直接卖给消费者的。它每年在 1 900 多家工厂生产约 4.5 亿件产品，并在全球雇用约 57 000 名员工。[43] 由于持续的全球运营和扩张对其未来的成功至关重要，威富正在努力克服许多全球性问题，包括：

- **文化挑战：** 中国人参与户外活动的传统不强，因此 North Face 品牌正试图打造这样的习惯。该品牌在中国的大部分营销预算都投资在户外活动上，以鼓励消费者走向户外，亲身体验品牌精神。其中一项活动是征集人员参加攀登中国传奇的哈巴雪山探险队的比赛，历史上只有 500 人完成这项壮举。[44]
- **时间和距离的挑战：** 威富正致力于缩短新产品上市所需的交付周期，方法是将产品设计师和供应链专家聚集在一起，以共同的实验精神实现面对面的合作，并构建新的沟通工具，使每个人都能更容易地合作。[45]
- **州、地区和国家法律：** 乌兹别克斯坦是世界上最大的棉花出口国之一，允许使用童工。威富承诺确保不使用童工生产产品。[46]

　　威富需要在具有诸多挑战的全球竞争环境中确定采纳信息系统的类型。例如，威富致力于开发新的人力资本管理系统和流程，以便能够建立一个由内部和外部候选人组成的全球人才库，以填补关键职位、支持业务扩张、简化招聘流程并提高新员工的素质。[47] 它还实施了信息系统，通过确定哪些客户在哪些商店购物来支持销售发展，并使用这些数据做出有关产品布局的相关决策。[48] 此类举措有助于威富继续向全球扩张并取得成功。

商业和社会中的信息系统

　　信息系统的发展为商业和社会带来了巨大的利益，包括利润的增加、商品和服务的改善以及生活质量的提高。事实上，信息系统已经成为我们生活中必不可少的部分，很难想象没有它们的生活。然而，除了这些积极的方面外，还存在着一些问题和困扰，包括计算机浪费和错误、计算机犯罪、隐私问题、工作环境问题以及一系列道德问题。

 问题——伦理与社会

脸谱网存在用户隐私问题

　　2012 年圣诞节，兰迪·扎克伯格（Randi Zuckerberg）在自己的私人脸谱网页面上发布了一张家人的照片。遗憾的是，脸谱网上的隐私设置甚至会让公司高管感到困惑。脸谱网创始人马克·扎克伯格（Mark Zuckerberg）的妹妹、前脸谱网高管兰迪很快发现自己的照片被泄露给了公众，并被推到了数千人的微博上。兰迪指责了第一个在推特上发布这张照片的 VOX Media 的市场总监查理·施韦泽（Callie Schweitzer）："不确定你从哪里得到这张照片，我只在脸谱网上发给朋友，你把它转载到推特上真是太不好玩了。"

这一事件发生在脸谱网发布新的隐私控制措施11天后，该措施旨在帮助脸谱网用户了解谁能够看到他们发布的内容，一个新的快捷工具栏允许用户控制"谁能看到我的东西"而不必翻开新的一页。新版本还提供了产品指导，解释了用户隐藏在时间表中的内容为什么仍然显示在新闻提要和其他页面上。显然，这些控制措施还不足以保护兰迪·扎克伯格的隐私。

事实上，脸谱网自推出以来，一直存在着无法解决用户隐私的问题。2011年底，脸谱网通过联邦贸易委员会（Federal Trade Commission，FTC）解决了指控脸谱网自2009年以来在隐私问题上欺骗客户的诉讼。（联邦贸易委员会监管从消费者那里获取信用卡信息的公司。）脸谱网声称不会与广告商分享个人信息，只会向第三方应用程序提供正常运行所需的信息，任何人都无法从已删除的账户中访问照片或视频，也许与兰迪·扎克伯格的经历最相关的是，发布在个人好友列表上的信息将保持隐私。联邦贸易委员会发现，该公司没有交付任何索赔。作为和解的一部分，脸谱网同意停止这些做法，直到它有更好的免责声明和退出程序。马克·扎克伯格也发表声明说，在过去的18个月里，脸谱网推出了20种新工具来解决这些以及其他与隐私相关的问题。

不过，到2012年8月，美国联邦贸易委员会已经对脸谱网的隐私做法展开了新的调查。脸谱网与广告分析公司Datalogix合作，Datalogix收集用户购物地点和购买内容等信用卡购买信息。脸谱网用户在未被告知的情况下，被纳入了Datalogix公司的广告研究。此外，如果脸谱网用户确实知道他们的私人数据的使用情况，那么他们只能通过访问Datalogix主页选择退出研究。

脸谱网的子公司也出现了隐私问题。2012年9月，脸谱网收购了照片墙软件（Instagram），这是一款社交媒体应用程序，用户可以将照片上传到照片墙的网站进行长期存储和共享，该产品拥有1亿用户群。2012年12月17日，照片墙发布了一份隐私声明，声称有权出售在其网站上发布的所有照片，而不对用户进行赔偿。该公司还声称，它可以出售与照片相关的任何其他元数据，如用户名、性别、地址、手机号码和电子邮件地址等所有用户在建立账户时必须提供的信息。照片墙要求不同意声明的用户在几周内删除自己的账户。新政策将对2013年1月19日之后访问其账户的所有用户生效。

这一宣布引起了公众的强烈不满。2012年12月18日，照片墙联合创始人凯文·西斯特罗姆（Kevin Systrom）澄清称，尽管有上述声明，但公司目前没有出售用户照片的计划。他解释说，公司将重新起草隐私声明。与此同时，由于照片墙在隐私方面的失误，雅虎网络相册（Flickr）等竞争对手占据了更大的市场份额。

脸谱网是与朋友和家人进行沟通和重建联系的强大社交工具。它提供的服务是如此宝贵，以至于用户继续蜂拥而至。然而，随着每一步的进步，脸谱网在保护用户隐私方面似乎都在倒退一两步。无论是在联邦贸易委员会的监管下，还是在市场竞争中，毫无疑问，脸谱网都需要面对公司的决定带来的影响。

尽管兰迪·扎克伯格可能会指责查理·施韦泽在网络礼仪方面表现欠佳，但在脸谱网的10亿用户中，很可能大多数人更愿意依赖社交媒体礼仪之外的某种机制来保护他们的照片和私人信息。

问题讨论

1. 你认为脸谱网或者粗心、不知情的用户应该为脸谱网的隐私问题负责吗？解释一下。

2. 脸谱网应该采取哪些额外措施来保护用户隐私？脸谱网用户需要采取哪些额外措施来维护足够的隐私？

批判性思考

1. 描述一个会导致你停止使用脸谱网的严重隐私问题。

2. 为拥有大约50名成员的学生音乐组织制定隐私政策。此网站存储成员的联系信息以及有关其音乐培训、能力和兴趣的信息。组织外的哪些人可能希望使用这些信息，并且会将其用于什么目的？组织是否应该允许他们使用这些信息？

资料来源：Schwartz，Terri，"Randi Zuckerberg's Family Photo Leaks Because of Confusing Facebook Settings，" *Zap2it*，December 27，2012，*http：//blog. zap2it. com/pop2it/2012/12/randi-zuckerbergs-family-photo-leaks-because-of-confusing-facebook-settings. html*；Donston-Miller，Debra，"Facebook's New Privacy Policies：The Good News，" *InformationWeek*，December 14，2012，*www. informationweek. com/thebrainyard/news/social_networking_consumer/240144443/facebooks-new-pri-vacy-policies-the-good-news*；Claburn，Thomas，"Facebook Settles FTC Charges，Admits Mistakes，" *InformationWeek*，November 29，2011，*www. informationweek. com/security/privacy/facebook-settles-ftc-charges-admits-mist/232200385*；Goldman，Jeff，"Privacy Concerns Raised Over Facebook-Datalogix Partnership，" *eSecurity Planet*，September 25，2012，*www. esecurityplanet. com/network-security/privacy-concerns-raised-over-facebook-datalogix-partnership. html*；Arthur，Charles，"Facebook Forces Instagram Users to Allow It to Sell Their Uploaded Photos，" *The Guardian*，December 18，2012，*www. guardian. co. uk/tech-nology/2012/dec/18/facebook-instagram-sell-uploaded-photos*；"Humbled Instagram Backs Down on Controversial Changes to Serve User Photos as Ads，" *Independent. ie*，December 21，2012，*www. independent. ie/business/technology/humbled-insta-gram-backs-down-on-controversial-changes-to-serve-user-photos-as-ads-3333391. html*.

信息系统职业

今天，如果没有基于计算机的信息系统，大多数组织无法有效地运作或参与竞争。事实上，企业通常将其生产力的提高、卓越的客户服务或市场上的竞争优势归因于其信息系统。信息系统工作者在业务和技术的交叉点上发挥作用，设计和构建解决方案，使组织能够有效地利用信息技术。

成功的信息系统工作者必须享受在一个快速、动态的环境中工作，在这种环境中，底层技术总是在变化，他们必须能适应限期完成工作的要求和解决意外的挑战。他们需要有良好的沟通技巧，时常在业务需求和基于技术的解决方案之间充当翻译。他们必须具备扎实的分析和决策技能，能够将不明确的业务问题和机遇转化为有效的基于技术的解决方案。他们必须培养有效的团队和领导技能，并善于实施组织变革。最后，而且非常重要的是，他们需要做好准备，在迅速变化的领域中从事终身学习。

一些专家认为，对从事信息系统工作的人员来说，很重要的具体技术技能包括以下内容，本书各章都对此分别进行了讨论：

- 智能手机、平板电脑和其他移动设备的移动应用程序
- 程序和应用程序开发
- 服务台和技术支持
- 项目管理
- 网络化
- 商业智能
- 安全
- 网络 2.0
- 数据中心
- 电信

技术是美国经济增长最快的领域之一，信息系统专业人员需求量很大。国际计算机学会（Association for Computing Machinery）预测，从 2012 年到 2020 年，每年将新增 15 万个计算岗位。与此同时，美国信息系统工作人员的失业率明显低于整体失业率（3.3%，而 2012 年第四季度整体失业率为 7.8%）。这一领域职业生涯的一个缺点是，随着对技术依赖的增加，组织对其信息系统工作人员的期望越来越高。根据《计算

机世界》（*Computer World*）对信息系统工作人员的调查，68％的受访者表示，在过去一年中，他们感受到了更大的提高生产力的压力，75％的人感受到了承担新任务的压力。在这些人中，只有12％的人报告说，他们的工资已经调整，能够反映增加的工作量。[49]

美国劳工统计局网站（www.bls.gov）公布了增长最快的职业名单。图1-33标出了劳工统计局（Bureau of Labor Statistics，BLS）预测2013年增长最快的职位和具有1~5年工作经验的这些职位人员的平均工资。[50]

信息系统方面的机会也提供给外国人，美国的H-1B和L-1签证计划旨在允许外国技术人员进入美国。然而，这些项目的数量有限，但需求量通常很大。L-1签证计划通常用于跨国公司的公司内部转移，H-1B签证计划可用于新员工。每年提供的H-1B签证数量可能是政治性的，也可能是有争议的，一些人担心这项计划正被滥用，以较低成本的外国工人取代高薪的美国工人。事实上，一些人认为，企业假装在寻找美国工人，实际上却在寻找成本更低的外国工人。不过，也有人认为，H-1B计划和类似计划对美国经济及其竞争力是无价的。2011年H-1B外国雇员申请获批前五名的国家是：印度58％，中国9％，加拿大4％，菲律宾3％，韩国3％。[51]

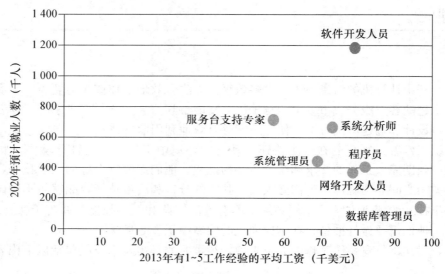

图1-33 选择信息系统职位的职业前景

注：这张图显示了2013年IS职位的平均薪酬，据BLS预测，IS职位将是近期增长最快的职位之一。

IS中的角色、职能和职位

信息系统专业人员可以在信息系统部门工作，也可以在传统信息系统部门以外的部门工作，如网络开发人员、计算机程序员、系统分析师、计算机操作员和许多其他职位。除了技术技能外，信息系统专业人员还需要具备书面表达和口头交流技能、对组织及其运作方式的理解能力以及与他人及团队合作的能力。在每一章结尾的职业练习可以帮助你探索感兴趣的信息系统职业领域的有关职位。

大多数大中型组织通过信息系统部门管理信息系统资源。在小型企业中，一个或多个人员可以在外包服务的支持下管理信息资源。如图1-34所示，典型的IS部门具有三个主要职能：系统操作、系统开发和系统支持。

IS 职位的典型头衔和职能

图 1-34 所示的组织结构图是一般的大中型组织中 IS 部门的简化模型。以下各节简要介绍这些角色。小公司通常把这些职位合并成较少的正式职位。

首席信息官

首席信息官（chief information officer，CIO）的职责是应用信息系统部门的设备和人员来帮助组织实现其目标。首席信息官还需了解财务、会计和投资回报的重要性。他们通过监控公司严格遵守相关的法律法规，帮助公司避免触发道德挑战。CIO 属于高层决策者反映了这样一个事实：信息是组织最重要的资源之一。一个好的 CIO 通常是一个有远见的人，他领导和指导信息系统部门，帮助组织实现其目标。CIO 需要同时具备技术、商务和个人技能。

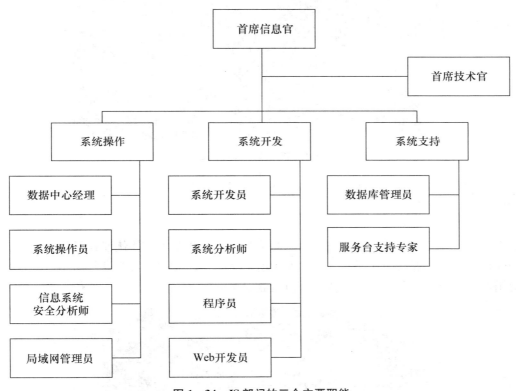

图 1-34　IS 部门的三个主要职能

注：这些功能——操作、开发和支持——中的每一个都包含几个不同的 IS 角色。

高级信息系统经理

一个大型组织可能会有多个人受雇于高级信息系统管理层，他们的职位包括信息系统副总裁、信息系统经理和首席技术官（chief technology officer，CTO）。所有这些人的中心角色都是与组织的其他领域进行沟通，以确定不断变化的业务需求。信息系统组织之外的管理者可能是信息咨询或指导委员会的成员，该委员会帮助首席信息官和其他信息系统管理者就信息系统的使用做出决策。他们可以共同决定哪些信息系统将支持企业目标。例如，首席技术官通常在首席信息官手下工作，专门负责网络以及相关设备与技术。

运营人员

运营人员负责 IS 硬件的日常运行，处理组织的信息系统工作负载。进行容量规划，以扩展和升级设备，满足不断变化的业务需求。持续寻找降低总成本、提高组织计算可靠性的方法。负责保护公司的信息系统和数据不受未经授权的访问。运营人员包括数据中心经理、系统运营商、信息系统安全分析师和局域网管理部门。

开发人员

开发人员负责实施支持本组织现有和未来业务需求所需的新信息系统。重要的是，随着组织需求的发展和变化，他们必须修改现有的信息系统。他们一直在寻找利用信息系统提高公司竞争力的方法。开发人员包括软件开发人员、系统分析师、程序员和 Web 开发人员。如图 1-35 所示。

图 1-35　Web 开发人员

注：网站开发人员创建和维护公司网站。

支持人员

支持人员为使用公司信息系统和服务完成工作的员工、客户和业务合作伙伴提供客户服务。他们对来自这些成员的询问作出回应，并试图在问题发生之前主动消除问题。他们经常开发并向用户提供培训，使用户能够更好地使用信息系统服务和设备。支持人员包括数据库管理员和服务台支持专家。如图 1-36 所示。

图 1-36　服务台人员

注：服务台人员回答计算机用户有关硬件、软件、网络或其他与信息系统相关的问题或需求的询问。

认证

通常情况下，能扮演某职能角色的员工已经完成了某种形式的认证。**认证**（certification）是一个测试技能和知识的过程，由认证机构认可个人有能力完成特定的任务或工作。认证通常涉及特定的、供应商提供的或供应商认可的课程。流行的认证计划包括微软认证系统工程师、认证信息系统安全专业人员（Certified Information System Security Professional，CISSP）、甲骨文认证专业人员、思科认证安全专业人员（Cisco Certified Security Professional，CCSP）等。从软件、数据库或网络公司获得认证可能会为新的职业发展机会打开大门，或带来加薪。一些证书会带来更大程度的加薪，然而，并非所有认证都能提供这种财务激励。

■ 技术型组织中的 IS 职位

除了在非技术领域组织的信息系统部门工作外，信息系统人员还可以为大型软件、硬件或系统服务公司工作，如埃森哲（Accenture）、戴尔、谷歌、IBM、英特尔、惠普、微软等。这样的职业使个人能够在技术的前沿工作，这可能是一份具有挑战并令人兴奋的工作。相关的职业机会包括计算机培训、计算机和计算机设备销售、计算机维修和维护等。

随着一些计算机公司减少了对客户的服务，新的公司正在形成以满足需求。这些公司以"与极客交谈"和"极客团队"等命名，帮助人们和组织解决计算机供应商不再解决的与计算机相关的问题。

■ 团队合作

大多数职业都涉及在项目团队中工作，项目团队可以由前面讨论的许多职位和角色组成。因此，对信息系统专业人员来说，拥有良好的沟通技巧和与他人合作的能力总是很好的。许多学院和大学都开设了信息系统和相关领域的课程，要求学生在项目团队中工作。本书的每一章的末尾都有"团队活动"，需要团队合作来完成一个项目。你可能需要完成这些面向团队的任务中的一个或多个。

■ 在 IS 领域找工作

在信息系统领域找工作的传统方法包括参加校内招聘会，以及教授、朋友和家庭成员推荐。许多学院和大学都有很好的项目来帮助学生填写简历、参加面试。制作一份在线简历对找到一份好工作至关重要。许多公司只接受在线简历，并使用软件搜索用于筛选求职者的关键词和技能。因此，拥有正确的关键词和技能可能意味着能否获得工作面试的区别。目前，一些企业的招聘人员开始积极搜索或招聘员工，而不是筛选成千上万的在线简历或在网站上发布工作需求。[52] 相反，这些企业的招聘人员会自己在互联网上搜索，并到专业的招聘网站（如 www. linkedin. com、www. branchout. com 等）查询。[53] 其他公司雇用大学生帮助它们向学生推销产品和服务。[54] 除了获得报酬外，学生还可以获得宝贵的职业经验。在某些情况下，它可以帮助大学生在毕业后找到工作。越来越多的首席信息官正积极参与为其信息系统部门招聘员工。[55] 在过去，许多首席信息官依靠公司的人力资源（HR）部门来填补关键的 IS 职位。

利用互联网和其他非传统资源寻找 IS 工作的学生有更多机会找到工作。很多网站，比如 Monster、Career Builders、Indeed、Simply Hired、Snagged a Job、TheLadders. com、LinkedIn. com、Computerjobs. com 发布了基于网络的职位和更多传统职位需求。大多数大公司都会在公司网站上列出职位需求。这些网站允许潜在的求职者浏览工作机会、地点、薪水、福利和其他因素。此外，一些网站允许求职者发布简历。许多人使用脸谱网等社交网站来帮助获得工作机会。企业招聘人员还利用互联网或网络日志（博客）收集现有求职者的信息或找到新的求职者。如图 1-37 所示。

图 1 - 37　查找 IS 工作

© iStockphoto. com/skynesher

注：与 IS 中的其他领域一样，许多顶级管理工作，如网站系统开发人员和网络程序员，都与互联网相关。

　　此外，许多专业组织和用户群体可以提供就业协助，保持现有的就业机会，并寻求新的职业机会。这些团体包括国际计算机协会（ACM：www. acm. org）、信息技术专业人员协会（AITP：www. aitp. org）、苹果用户团体（www. apple. com/usergroups）和世界各地的 Linux 用户团体。

　　目前，使用推特在广告/公共关系、咨询、消费品、教育和其他行业发布招聘广告的公司超过 150 家。信息系统行业的一些组织，包括谷歌（@googlejobs）、英特尔（@jobsatIntel）、微软（@Microsoft_Jobs）和 YahooEngRecruiter，也使用推特发布招聘启事。[56]

　　辞职或被解雇的人经常通过以前工作中的同事或商业合作伙伴的非正式网络的帮助来找到新工作。

　　学生需要审查和编辑在社交媒体网站上发布的关于他们的信息，因为雇主经常在互联网上搜索潜在雇员的信息，然后做出招聘决定。2012 年的一项调查发现，92％的受访者在招聘时使用或计划使用脸谱网、领英或推特等社交媒体。[57]这种做法在雇用警察或 911 调度员等执法职位时更为常用，这样，面试官就可以检查所有关于非法、可疑活动的可能的帮派关系、照片或讨论。[58]

　　认证：测试技能和知识的过程，由认证机构出具声明，确认个人有能力完成特定任务。

小结

　　准则：了解信息系统对个人、组织及社会的潜在影响，具备将这些知识运用于工作的能力，以成就个人事业的成功、组织目标的实现、社会生活质量的提高。

　　信息系统（IS）是一组相互关联的元素或组件，它们收集（输入）、操作（处理）、存储和传播（输出）数据与信息。输入是捕获和收集新数据，处理是将数据转换为有用输出的活动，而输出涉及产生有用信息。反馈是用于对输入或处理活动进行调整或更改的输出。

　　基于计算机的信息系统（computer-based information system，CBIS）的组成部分包括硬件、软件、数据库、通信、人员和流程。

组织使用的 CBIS 类型可分为四个基本组：（1）电子商务和移动商务；（2）交易处理和企业系统；（3）管理信息系统和决策支持系统；（4）专用业务信息系统。

电子商务涉及公司与公司（企业对企业）、公司与消费者（企业对消费者）、企业与公共部门以及消费者与公共部门等各方之间以电子方式执行的所有商业交易。电子商务为小企业提供在全球范围内以低成本营销和销售的机会，从而使它们能够从创业初期就进入全球市场。移动商务依赖于无线网络系统随时随地计算的能力。

最基本的系统是事务处理系统（TPS）。交易是任何与业务有关的事务。TPS 处理组织内每天发生的大量业务事务。企业资源规划（ERP）系统是一套集成的程序，可以管理整个多站点全球组织的重要业务操作。

管理信息系统（MIS）利用来自 TPS 的信息生成对管理决策有用的信息。决策支持系统（DSS）是支持特定问题决策的人员、过程、软件、数据库和设备的有组织的集合。与 MIS 的区别在于，DSS 用于支持用户，强调决策、决策所使用的方法、系统组件、决策的速度和输出的形式与格式。

专用商业信息系统包括知识管理、人工智能（AI）、虚拟现实系统和多媒体系统。知识管理系统是一个将人员、流程、软件、数据库和设备组织在一起的集合，用于创建、存储、共享和使用组织的知识和经验。人工智能包括一系列具有人类智能特征的计算机系统。虚拟现实是一个由硬件和软件创建的人工三维环境，通过我们的感官来体验，在这个环境中个体可以相互作用，影响环境中发生的事情。增强现实是一种较新的虚拟现实形式，具有将数字数据叠加到真实照片或图像上的能力。多媒体是虚拟现实的自然延伸，它包括照片和图像、声音的处理以及特殊的 3D 效果。

准则：信息系统的采纳与使用必须深思熟虑、谨慎小心，这样才能使全球的工业、商业和社会体系获得巨大利益。

系统开发包括创建或修改现有业务系统。此过程的主要步骤及其目标包括调查（清楚了解问题所在）、系统分析（了解当前系统并确定最终用户和组织的需求）、系统设计（确定系统必须如何工作才能满足这些需求）、系统开发（将设计转换为可运行的信息系统）、集成和测试（将系统的所有组件连接起来，检验系统作为一个整体对用户和业务需求的满足情况）、实施（将新系统安装到实际的生产计算环境中，在其中运行）、运行和维护（在系统的持续运行中，识别问题并做出必要的更改）以及处置（系统使用寿命结束时的活动）。

有效的信息系统可以对公司战略和组织成功产生重大影响。由于信息系统的存在，全球的企业正享受着更好的安全和服务、更高的效能和效率、更低的开支、更好的决策和控制，能够帮助企业实现这些利益的个人在未来很长一段时间内都是不可能被忽视的。

准则：信息系统必须在得到组织内的接纳与认可并能良好运行后实施，这样才能支持其基本业务目标和战略目标。

组织是具有输入、转换、输出、反馈数据（用于监视和控制）的系统。组织影响其所在的环境并受环境的影响。

增值过程在成为组织最终产出的过程中增加了组合输入的相对价值。价值链是一个组织为将投入转化为产出而进行的一系列活动，其目的是增加投入的价值。

供应链是一个关键的价值链，其主要活动包括入站物流、运营、出站物流、营销与销售以及服务。

信息系统改变了工作的性质和组织本身的结构。它们经常紧密地参与价值链的活动，成为增值过程本身的一部分。创新是任何组织成长和成功的催化剂，创新可以分为持续性创新和颠覆性创新。

组织变革是指组织如何成功地计划和实施变革。有效地引入变更的能力对于任何信息系统项目的成功都是至关重要的。

莱维特钻石模型建议，要成功实施新的信息系统，必须对受新系统影响的人员、结构和任务进行适当的更改。

创新扩散理论解释了一个新的想法或产品如何通过一个特定的群体或组织的子集获得接受和扩散。这一理论的一个关键点是，对所有人来说，采用任何创新都不是一蹴而就的，而是一个漫长的过程，有些人比其他人更快地接受和实施创新，有些则比较慢。组织使用信息系统来支持它们的目标。

准则：由于信息系统非常重要，故系统的改进或更换必须能确保有助于企业降低成本、增加利润、改进服务、提高竞争优势。

竞争优势是一家公司在竞争中获得的重要且理想的长期利益，可以带来更高质量的产品、更好的客户服务和更低的成本。波特的五力模型涵盖了主导公司寻求竞争优势的因素：现有竞争者之间的竞争、新进入者的威胁、替代产品和服务的威胁、买方的议价能力以及供应商的议价能力。考虑这些因素并获得竞争优势的战略包括成本领先、差异化、利基战略、改变产业结构、创造新产品和服务、改进现有的产品线和服务以及其他战略。

财务分析是为了确定一个特定的信息系统项目是否值得做。两种常用的方法包括计算投资回收期和内部收益率以及计算净现值。

准则：信息系统工作者在业务和技术的交叉点发挥作用，负责设计、构建和实现解决方案，使组织能够有效地利用信息系统。

成功的信息系统工作者需要具备各种个人特征和技能，包括在压力下工作良好、良好的沟通技能、扎实的分析和决策技能、有效的团队和领导能力，以及善于实施组织变革。

技术是美国经济增长最快的领域之一，美国对信息系统工作者有着强烈的需求。

IS 部门有三个主要职能：系统操作、系统开发和系统支持。

典型的系统操作角色包括数据中心经理、系统操作员、信息系统安全分析师和局域网管理员。

典型的系统开发角色包括软件开发者、系统分析师、程序员和 Web 开发员。

典型的系统支持角色包括服务台支持专家和数据库管理员。

除了在技术领域以外的组织中为信息系统部门工作外，信息系统人员还可以为大型软件、硬件或系统服务公司工作。相关的职业机会包括计算机培训、计算机和计算机设备销售以及计算机维修和维护。

关键术语

人工智能（AI）	内联网
现金流	知识
认证	知识库
云计算	莱维特钻石模型
竞争优势	管理信息系统（MIS）
基于计算机的信息系统（CBIS）	移动交易
数据	网络
数据库	组织
决策支持系统（DSS）	组织变革
创新扩散理论	输出
电子商务	投资回收期
电子交易	流程

过程	处理
企业资源规划（ERP）系统	软件
专家系统	战略联盟（或战略伙伴关系）
外联网	系统开发
反馈	技术基础设施
五力模型	通信
预测	货币的时间价值
硬件	交易
信息	事务处理系统（TPS）
信息系统（IS）	价值链
输入	虚拟现实
内部收益率	万维网（WWW 或 Web）
互联网	

第 1 章：自我评估与测试

了解信息系统对个人、组织及社会的潜在影响，具备将这些知识运用于工作的能力，以成就个人事业的成功、组织目标的实现、社会生活质量的提高。

1. 高质量的信息在可访问性、准确性、完整性和及时性等不同属性方面可能有不同的价值，这取决于决策环境和决策类型。对或错？

2. 信息的_____与它如何帮助决策者实现组织目标直接相关。

3. 软件的两种类型是_____。

a. 事务处理系统和管理信息系统　　　　b. 移动和固定

c. 批处理和联机处理　　　　　　　　　d. 操作系统和应用程序

4. 预计 2013 年全球笔记本电脑出货量将超过平板电脑。对或错？

5. _____是用于创建、存储、共享和使用组织经验和知识的人员、过程、软件、数据库和设备的有组织的集合。

a. TPS　　　　　b. MIS　　　　　c. DSS　　　　　d. KM（知识管理）

6. _____是一种基于 Web 技术的网络，允许选定的外部人员（如业务合作伙伴和客户）访问公司内联网的授权资源。

信息系统的采纳与使用必须深思熟虑、谨慎小心，这样才能使全球的工业、商业和社会体系获得巨大利益。

7. 在系统开发过程_____阶段，系统必须完成什么工作，需要什么输入，必须产生什么输出来满足定义的业务需求已经确定。

a. 调查　　　　　b. 分析　　　　　c. 设计　　　　　d. 建设

8. 信息系统不仅带来了许多好处，也带来了许多难题和问题。对或错？

信息系统必须在得到组织内的接纳与认可并能良好运行后实施，这样才能支持其基本业务目标和战略目标。

9. 持续创新导致现有产品、服务和运营方式的增强。对或错？

10. _____是一种组织变革模型，它提出每个组织系统都由四个主要部分组成：人员、任务、结构和技术。

    a. 技术接受模式   b. 创新扩散理论

    c. 莱维特钻石模型   d. 勒温组织变革模型

由于信息系统非常重要，故系统的改进或更换必须能确保有助于企业降低成本、增加利润、改进服务、提高竞争优势。

11. _____不是波特带领公司寻求竞争优势的五种力量之一。

    a. 竞争对手之间的竞争   b. 新进入者的威胁

    c. 政府管制的威胁   d. 替代品及服务的威胁

12. 财务分析的回收方法不考虑资金的时间价值。对或错？

信息系统工作者在业务和技术的交叉点发挥作用，负责设计、构建和实现解决方案，使组织能够有效地利用信息系统。

13. 典型的信息系统组织分为三个功能，包括系统操作、系统开发和系统_____。

14. _____是一个测试技能和知识的过程，由认证机构认可个人有能力执行特定任务或工作。

第1章：自我评估与测试答案

1. 对
2. 价值
3. d
4. 错
5. d
6. 外联网
7. b
8. 对
9. 对
10. c
11. c
12. 对
13. 支持
14. 认证

知识回顾

1. 说明高质量信息的六个属性。
2. 数据与信息有何不同？知识和信息有何不同？
3. 什么是知识管理？如何使用？
4. 识别所有基于计算机的信息系统的五个基本组件。
5. 区分决策支持系统和专家系统。
6. 内联网和外联网有什么区别？
7. 什么是移动商务？给出两个使用移动商务的例子。
8. 确定系统开发过程的步骤并说明每个步骤的目标。
9. 确定并简要讨论与信息系统相关的几个全球挑战。
10. 价值链和供应链有什么区别？

11. 什么是技术扩散？
12. 组织为获得竞争优势所采用的一般战略有哪些？
13. 列出并描述热门求职网站。
14. 描述 CIO 的职责。

问题讨论

1. 为什么学习信息系统对你很重要？你希望从这门课程中学到哪些有价值的内容？

2. 描述一下你可能如何在你感兴趣的职业领域使用信息系统。

3. 软件的两种基本类型是什么？举几个你在学校或家里使用的软件的例子。

4. 据说全球的数字数据量每两年翻一番。讨论与数据快速增长相关的一些含义和问题。

5. 你学校的哪些信息系统是最难处理的？描述一个"理想"的系统来代替这个系统。概述实施这个"理想"系统所需的步骤。学生在这项工作中可能扮演什么角色？

6. 对于你选择的行业，请描述如何使用 CBIS 来降低成本或增加利润。

7. 用你的想象力和创造力来描述虚拟现实如何帮助学生在最具挑战性的课程中学习。

8. 如果有一个专家系统能帮助你在生活的某个方面做决定，那会是什么呢？你认为有可能开发这样一个系统吗？并说明理由。

9. 说明在信息系统职业生涯中取得成功所需的几个个人特征。你认为你具备这些特征吗？

10. 经理要求你提供意见，说明如何提高成功采用公司财务部门成员使用的新信息系统的可能性。你会怎么说？

11. 公司要求你参与制定战略计划。具体来说，你的任务是使用波特的五力模型分析竞争市场。利用你对一个曾为之工作或有兴趣为之工作的企业的知识来准备你的分析。

12. 根据你在讨论问题 11 中所做的分析，以波特的战略为指导，说明你的组织可以采取哪些战略来应对这些挑战？信息系统在这些战略中可以发挥什么作用？

13. 描述利用互联网找工作的利弊。

14. 假设你是一个负责更换你所在组织 IS 部门现有 CIO 的委员会的主席。你希望新的 CIO 具备哪些特征？你将如何确定合格的候选人？

问题解决

1. 准备一个数据盘（如 USB 驱动器）和一个备份盘，用于本课程中要完成的问题解决和其他基于计算机的作业。为课本的每一章创建一个文件夹（应该有 9 个文件夹）。完成问题解决并使用计算机完成其他工作后，请将每个章节的作业保存在相应的文件夹中。

2. 使用数据库或电子表格程序，开发一个表格，列出五个常用的求职网站。该表应包括有关使用网站的所有成本、所有要求（如工资和工作类型）、重要功能、优点和缺点的列。

3. 创建一个表，列出 10 个或更多可能的职业领域、年薪和简短的工作描述，并按从 1（不喜欢）到 10（最喜欢）的顺序对职业领域的喜欢程度进行评分，打印结果。根据年薪从高到低对表格进行排序，并打印结果表格。对表按从最喜欢的到最不喜欢的顺序排序并打印结果。

团队活动

1. 在开始团队活动之前，需要一个团队！班级成员可以自行选择自己的小组，也可以由导师将成员分配给小组。小组成立、成员见面并互相介绍自己后，记录每个成员的名字、籍贯、专业、电子邮件地址和电话号码。寻找每个团队成员的一件趣事。给团队取一个名字。把每个团队成员的信息存入一个数据库或电子表格，给每个团队成员和导师提供副本。

2. 与小组的其他成员一起，使用文字处理软件编写团队成员、每个团队成员所学课程以及每个团队成员的预期毕业日期的摘要。通过电子邮件将报告发送给导师。

3. 与你的团队一起，研究一家取得竞争优势的公司。写一份简短的报告，描述公司是如何获得竞争优势的。

网络练习

1. 在这本书中，你将看到互联网如何向个人和组织提供大量信息。我们将强调万维网，或者简单地说，万维网是互联网的重要组成部分。此文发布者的网址是 www.course.com。你可以通过浏览器（如 Internet Explorer 或 Firefox）访问互联网。使用互联网浏览器，转到此发布者的网站，你发现了什么？试着获取这本书的信息，你可能会被要求编写一份报告或向你的导师发送一封电子邮件，说说你的发现。

2. 在网络上进行调研，找出平板电脑与笔记本电脑或台式电脑至少三年的全球销售数据。使用图形程序来说明销售数字。针对你的发现写一个简短的总结。

3. 使用互联网搜索你认为产品质量优良或较差的公司的信息。你可以使用一个搜索引擎，比如谷歌，或者使用你的学院或大学的数据库。写一份简短的报告描述你的发现。什么导致了更高质量的产品？一个信息系统如何帮助一家公司生产更高质量的产品？

职业训练

1. 在每一章末尾的职业训练中，你将探讨这一章中的材料如何帮助你在大学专业或选择的职业中脱颖而出。写一份对你最有吸引力的职业报告。对另外两个你感兴趣的职业也写出报告。

2. 对你敬佩的企业家进行调查，写一篇简短的个人创业经历。必须克服哪些挑战？个人在成功之前是否失败过？

3. 请访问美国劳工统计局网站（www.bls.gov），该网站公布了增长最快的职业列表。撰写一份报告，确定增长最快的五个职业。对你最有吸引力的三个职业的增长机会是什么？

案例 1　坎贝尔汤罐头利用科技接触年轻一代

从你的祖父母还在上学的时候起，汤和罐装汤就已经存在。存在这么久的时间了，关于如何改善汤品的味道，还有什么是没有说过的？还有什么是没有做过的呢？

当然，汤料公司仍有改进的空间。例如，祖辈们不在乎少用盐，但现代人在乎。同时，还存在其他可能不涉及产品本身的改进机会，例如，改进生产和分销的业务流程。信息系统可以极大地改进业务流程。一家公司今天面临的挑战是寻找这些改进的机会，这些机会与十年或二十年前高管们所关注的不同。

坎贝尔汤罐头（Campbell's Soup）的高级副总裁兼首席信息官 Joseph Spagnoletti 是必须找出如何改进公司业务流程的人。他的挑战是寻找改进机会并加以利用。Spagnoletti 需要选择最有效的软件应用程序来管理基本的业务流程，如维护产品质量、履行订单和发货。

Spagnoletti 说：“我们的目标是以最快的速度、最低的成本、最低的风险获得最好的结果。”为了实现这一目标，首席信息官采用云服务，让企业在硬件购买和维护上花费更少。2013 年，他将用于维护公司后台硬件和软件的开支削减了 80%。后台软件由不与客户交互的应用程序组成，如会计和库存管理。他把节省下来的资金投资于消费者和创新。

另一个主要的举措是众包。众包工具可以通过社交媒体、网络和移动技术发掘网站访问者群体的贡献。例如，Spagnoletti 与区域代理 LLC 公司签订合同，该公司为大约 24 万名消费者分配任务。这些任务包括检查产品价格、在智能手机上拍摄产品展示照片、回答市场调查问题，以及其他公司通常需要区域代理执行的服务。Spagnoletti 希望据此降低成本，提高公司对客户需求的理解。

Spagnoletti 还投资于有趣的众包营销活动。他与市场部合作发起了“黑客厨房”（Hack the Kitchen）竞赛，该竞赛邀请计算机程序员为网络或移动工具编写代码，帮助消费者在网上找到好的食谱。获胜者获得 25 000 美元和 25 000 美元的公司项目合同。坎贝尔公司希望通过吸引广大的在线公众，提供创新的在线服务，从而提升自己的形象。

自 2011 年担任公司 CEO 以来，Demose Morrison 扭转了销售下滑的局面，并在 2012 年第四季度实现了 9% 的销售增长。Morrison 推出了一种名为“Campbell's Go”的新汤系列和“Campbell's Chunky”的新品种。她还责成 Spagnoletti 不仅要维护基本业务流程所需的信息系统，还要开发吸引年轻一代消费者的数字技术。显然，坎贝尔公司认为信息系统对其未来至关重要。

问题讨论

1. 在 2008 年 8 月被任命为坎贝尔的 CIO 之前，Spagnoletti 获得了计算机科学的本科学位，并且一直从事信息系统领域的工作。考虑到他目前的职责，你认为他的职业道路是否仍然适合那些现在的想成为首席信息官的人？

2. 坎贝尔公司是如何利用众包的？你认为这些举措有助于公司吸引年轻消费者吗？为什么？

批判性思考

1. 坎贝尔公司是一家大公司。较小的组织应该如何使用云工具？考虑三种类型的组织：一所拥有 2 000 名学生的大学，一个拥有 25 万人口的城市的警察局，以及同一地区由 5 家汽车经销商组成的家族连锁店。

2. Spagnoletti 已经将资源从后台系统上转移到市场营销计划上。在评论这一选择时，他说：“如果你的战略明确，并且你了解你的后台所面临的风险与机遇，那么很容易做出这些转变，而且很明显”。Spagnoletti 在承担什么风险？

资料来源：Campbell's Web site, "Executive Team: Joseph C. Spagnoletti," 2011, *www. campbellsoupcompany. com/bio_spagnoletti. asp*, accessed November 30, 2011; Clint Boulton, Campbell's CIO Uses IT to Soup Up Sales, CIO Journal, *The Wall Street Journal*, January 18, 2013, *http://blogs. wsj. com/cio/2013/01/18/campbells-cio-uses-it-to-soup-up-sales/*, accessed July 22, 2013; Field Agent LLC Web site, *https://www. fieldagent. net/overview/*, accessed July 22, 2013.

案例2　德国国际旅游联盟公司利用信息系统获得竞争优势

一个企业要想成功，就需要一种超越竞争对手的优势：竞争优势。创造竞争优势的很大一部分是有效地使用信息系统，这意味着企业不能简单地购买计算机并期望良好的结果。正如 Oscar Berg 在他的博客"内容经济"中所说，"创造竞争优势的是我们如何使用技术，如何让技术影响我们的实践和行为……如果技术经过精心选择和应用，它们将有助于创造竞争优势。"

本章讨论了定义竞争情况的五种力量：一个行业中现有竞争者之间的竞争、新进入者的威胁、替代品及服务的威胁、一个公司与供应商和买方的关系。企业利用这些力量来实现可持续的竞争优势（这是其他人无法立即复制的），以消除创新者可能拥有的边缘优势。

国际旅游联盟集团股份有限公司（TUI Deutschland GmbH）是德国领先的旅游运营商。有针对性的定价策略在旅游市场中至关重要，定制价格以适应客户偏好和习惯的旅游公司能获得竞争优势。对于像 TUI 这样的大型旅行社来说，制定最优价格并不容易。每个季节，负责特定旅游业务的员工必须为每个目的地制定大约 10 万种价格。影响酒店客房最终价格的因素包括设施、房间类型、到达日期和预期需求。

公司的商业智能主管 Matthias Wunderlich 解释说："过去，决策过程并不明晰，因为定价决策所需的信息隐藏在不同的地方，所以系统中有太多漏洞。其结果是定价过程复杂、费力、耗时，有时甚至前后矛盾。"

Wunderlich 的团队开发了一个新的信息系统，使这个过程更加有效。该系统首次用于去往西班牙特内里费岛（Tenerife）的旅游项目中，系统收集历史预订数据，向定价专家系统提供相关信息。由定价专家系统确定到目的地的期望距离，说明其他影响因素的指标，并为每个指标指定参数，再由系统对各种相关组合进行计算，直至达到最佳结果。系统预测了在每个季节的每个时间点，哪一类客户将推动对特定住宿的需求，从学校假期为家庭提供的沿海酒店到淡季为高级客户提供一流便利设施的豪华酒店。

Wunderlich 解释说："例如，我们必须确保一家四星级酒店在特定日期总是比同一客户群中的五星级酒店便宜。有了新的解决方案，这是有保证的，不需要费时费力的手动过程来确保正确完成。"

因为新的定价过程是基于客户数据的，故反映了客户的需求和习惯。定价专家系统可以设定对客户有吸引力的价格，同时仍能获得期望的利润。

Wunderlich 说："传统的定价方法已经不适合今天的旅游市场。过去几乎不可能以灵活和客户至上的方式定价。一切都变了。定价专家系统实际上成为特定客户群中的'专家'，并确切地知道某个客户准备为某个旅行社支付的费用。这会增加利润，但不会以牺牲客户利益为代价。"

问题讨论

1. 在本案例所讨论的五种竞争力量中，你认为 TUI 的系统会影响哪些？

2. TUI 的新信息系统是否为客户提供了更公平的定价？为什么？

批判性思考

1. 你使用过哪些在线旅游网站？你认为它们能很好地利用数据吗？为什么？

2. 一家书店给顾客一张卡片，顾客每买一本书就要打卡一次。打卡 10 次，他们就可以得到自己选择的免费平装本。这种低技术含量的系统利用了顾客的力量：通过向顾客承诺未来的利益，即使另一家商店以更低的价格出售书籍，也会降低他们更换供应商的动机。一家书店如何利用技术使这种忠诚计划更有效地留住顾客？

资料来源：Berg, Oscar, "Creating Competitive Advantage with Social Software," The Content Economy (blog), *www. the-contenteconomy. com/2011/06/creating-competitive-advantage-with. html*, June 9, 2011, accessed November 6, 2011; IBM: "Getting the Price Right," IBM Success Stories, *www-01. ibm. com/software/success/cssdb. nsf/CS/STRD-8MQLX4*, October 31，2011，accessed November 6，2011；IBM："Netezza Mediamath—A Nucleus ROI Case Study," IBM Success Stories, *www-01. ibm. com/software/success/cssdb. nsf/CS/JHUN-8N748A*，October 31，2011，accessed November 6，2011；Porter, Michael E.，"How Competitive Forces Shape Strategy," Harvard Business Review, *http://hbr. org/1979/03/how-competitive-forces-shape-strategy/ar/1*（free registration required to read beyond the first page），March/April 1979；accessed November 6，2011.

参考文献

【花絮】资料来源："Celebrating 90＋ Years," Willson International Web site，*www. willsonintl. com/celebrating-90-years. aspx*，accessed August 11，2013；Willson International Web site，*www. willsonintl. com*，accessed August 11，2013；"Willson International，Logistics Firm Gains Competitive Edge with Business-Critical Process Automation," Microsoft Case Study Web site，June 19，2013，*www. microsoft. com/casestudies/Microsoft-Sharepoint-Designer-2010/Willson-International/Logistics-Firm-Gains- Competitive-Edge-with- Business-Critical-Process-Automation/710000002771*，accessed August 11，2013.

1. "Kohl's Careers," *www. kohlscareers. com/corporate/informationsystems/about*，accessed July 1，2013.

2. "What Is Kaboodle?" *www. kaboodle. com/zd/help/getStarted. html*，accessed July 2，2013.

3. "Expedia CruiseShipCenters Increases Website Inquiries by 65 Percent with Lyris," February 19，2013，*www. lyris. com/us-en/company/news/2013/expedia-cruiseshipcenters-increases-website-inquiries-by-65-percent-with-lyris-us-en*.

4. "One-third of Businesses Say Poor Data Quality Leads to Loss of Potential New Customers," Experian，February 19，2013，*http://press. experian. com/United-Kingdom/Press-Release/one-third-of-businesses-say-poor-data-quality-leads-to-the-loss-of-potential-new-customers. aspx*.

5. Neuman，Scott，"Southwest Resumes Flights after Computer Glitch," NPR，June 22，2013，*www. npr. org/blogs/thetwo-way/2013/06/22/194551371/southwest-airlines-computer-outage-causes-delays-cancellations*.

6. Kassab，Chris Rahai，"New Maintenance Operating System Improves Plant Performance," Ford Online，May 21，2013，*www. at. ford. com/news/cn/Pages/New%20Maintenance%20Operating%20System%20Improves%20 Plant%20Performance. aspx*.

7. "Trading at Fidelity," *www. fidelity. com/trading/overview*，accessed July 5，2013.

8. King，Ian and Bass，Dina，"Intel Pushes Haswell Chips at Computex Fighting PC Slump," Bloomberg，June 4，2013，*www. bloomberg. com/news/2013-06-03/intel-pushes-haswell-chips-at-computex-fighting-pc-slump. html*.

9. Clark，Don，"Massive System in China Named World's Fastest Computer," WSJ Blogs，June 17，2013，*http://blogs. wsj. com/digits/2013/06/17/massive-system-in-china-named-worlds-fastest-computer*.

10. Thibodeau，Patrick，"Different and Cheap，New ＄25 Raspberry Pi is Selling," Computerworld，April 3，2013，*www. computerworld. com/s/article/9238082/Different_and_cheap_new_25_Raspberry_Pi_is_selling*.

11. Poeter，Damon，"NPD：Tablets to Overtake Laptops in 2013," PC Magazine，January 8，2013，*www. pcmag. com/article2/0,2817,2414022,00. asp*.

12. "Grudi Associates Reports That Powerful New Tablet Computers and Mobile Computing Are Repla-

cing PCs in Businesses," Streetline, June 28, 2013, *www. streetinsider. com/Press+Releases/Grudi+Associates+Reports+That+Powerful+New+Tablet+Computers+and+Mobile+Computing+Are+Replacing+PCs+in+Businesses/8457945. html.*

13. "Number of Available Android Applications," AppBrain, *www. appbrain. com/stats/number-of-android-apps*, accessed July 6, 2013.

14. "Carfax Database Surpasses Eleven Billion Records," Market Watch, The Wall Street Journal, February 10, 2013, *www. marketwatch. com/story/carfax-database-surpasses-eleven-billion-records-2013-02-10.*

15. Roe, Charles, "The Growth of Unstructured Data: What to Do with All Those Zettabytes?" Dataversity, March 15, 2012, *www. dataversity. net/the-growth-of-unstructured-data-what-are-we-going-to-do-with-all-those-zettabytes.*

16. McNamara, Paul, "How Big Is a Zettabyte?" Tech World, May 11, 2010, *http://features. techworld. com/storage/3222999/how-big-is-a-zettabyte.*

17. "ESA Telecommunications and Integrated Applications," *http://telecom. esa. int/telecom/www/object/index. cfm ? fobjectid=32069*, accessed July 7, 2013.

18. Goldstein, Phil, "Samsung's New '5G' Tech 'Several Hundred Times Faster' Than LTE Advanced," Fierce Wireless, May 13, 2013, *www. fiercewireless. com/story/samsungs-new-5g-tech-several-hundred-times-faster-lte-advanced/2013-05-13.*

19. Reynolds, George W., Ethics in Information Technology, 5th edition, Boston: Cengage Learning, 2014.

20. Knoblich, Trevor, "Can Citizen Reporting Move Beyond Crises Reporting?" PBS, May 13, 2013, *www. pbs. org/idealab/2013/05/can-citizen-journalism-move-beyond-crisis-reporting127.*

21. Wilson, Matt, "The Top 10 Intranets of 2013," Healthcare Information News, February 1, 2013, *www. healthcare communication. com/Main/Articles/The_top_10_intranets_of_2013_10286. aspx #.*

22. Hills, Melanie, "Intranets and Extranets Offer Some Competitive Advantages," Dallas Business Journal, April 19, 1998, *www. bizjournals. com/dallas/stories/1998/04/20/smallb4. html ? page=all.*

23. Collins, Jim, Good to Great: Why Some Companies Make the Leap and Others Don't, New York: Harper Business, 2001.

24. Carroll, Ron, "People Are the Most Important System Component," The Systems Thinker Blog, *www. boxtheorygold. com/blog/bid/12164/People-Are-the-Most-Important-System-Component*, accessed July 25, 2013.

25. White paper from COMPOSE, "5 Reasons Every Company Needs Good Standard Operating Procedures," Virtual Strategy Magazine, June 27, 2013, *www. virtual-strategy. com/2013/06/27/5-reasons-every-company-needs-good-standard-operating-procedures-newest-whitepaper-compro.*

26. "Internet Retailer 2013 eCommerce Success Stories and Trends," Commerce Brain, June 15, 2013, *http://commercebrain. com/2013/06/15/internet-retailer-2013-ecommerce-success-stories-and-trends/# ! prettyPhoto.*

27. Ibid.

28. "APT Test and Learn Restaurants," *www. predictive technologies. com/industries/restaurants. aspx ? gclid=COPNrf-sbgCFcOh4AodRwUAZQ*, accessed July 15, 2013.

29. "Ford Using Robots for Tougher Testing," Robotics Trends, June 18, 2013, *www. roboticstrends. com/industry_manufacturing/article/ford_using_robots_for_tough_testing.*

30. Carroll, James, "Robot Snakes Inspect Nuclear Power Plant," Vision Systems Design, July 2013,

www. vision-systems. com/articles/2013/07/robot-snakes-inspect-nuclear-power-plant. html.

31. Collins, Michael, "Natural Language Processing," Columbia University, *https://www. coursera. org/course/nlangp*, accessed July 13, 2013.

32. "IBM Watson Hard At Work: New Breakthroughs Transform Quality Care for Patients," IBM, February 8, 2013, *www-03. ibm. com/press/us/en/pressrelease/40335. wss.*

33. Henschen, Doug, "To Avoid Nasty Surprises, Higher Ed Turns to Prediction," InformationWeek, January 28, 2013, *www. informationweek. com/education/data-management/to-avoid-nasty-surprises-higher-ed-turns/240146949? queryText=neuralnetwork.*

34. "Airline Scheduling Case Study," *http://theiqx. com/aviation/JAL_Scheduling_ES_Case_Study. php*, accessed July 13, 2013.

35. Knowles, Victoria, "Virtual Reality to Improve Freight Design," Freight International News, July 6, 2013, *www. freight-int. com/news/virtual-reality-to-improve-freight-design. html.*

36. Wikitude, *www. wikitude. com*, accessed July 13, 2013.

37. "Gartner Executive Program Survey of More Than 2000 CIOs Shows Digital Technologies Are Top Priorities in 2013," Gartner Newsroom, January 16, 2013, *www. gartner. com/newsroom/id/2304615.*

38. Braue, David, "Coles Supply-Chain Revamp Means Stocks Are Down Down, Down," ZDNet, August 15, 2013, *www. zdnet. com/coles-supply-chain-revamp-means-stockouts-are-down-down-down-7000019419.*

39. Christensen, Clayton, "Disruptive Innovation," *www. claytonchristensen. com/key-concepts*, accessed September 19, 2013.

40. Buck, Stephanie, "Cell-ebration! 40 Years of Cellphone History," Mashable, April 3, 2013, *http://mashable. com/2013/04/03/anniversary-of-cellphone.*

41. "Industrial Optimization-Process Optimization," *www. natural-selection. com/app_industry. html*, accessed October 8, 2013.

42. Veremis, Marco, "The Next Billion Customers: Emerging Markets Need Services from Brands and Carriers," Media Post, May 30, 2031, *www. mediapost. com/publications/article/201341/the-next-billion-customers-emerging-markets-need. html#axzz2ZKsqfpxA.*

43. "About VF," *www. vfc. com/about*, accessed July 16, 2013.

44. Ibid.

45. Ibid.

46. Ibid.

47. "VF Unifies Global Talent Management for Strategic Business Results," *www. knowledgeinfusion. com/assets/documents/uploads/KI_VF_CaseStudy. pdf*, accessed July 17, 2013.

48. "VF Corporation Increases Profitability and Stays Ahead of the Competition with Customer Analytics," *www. alteryx. com/resources/vf-corporation*, accessed July 17, 2013.

49. Brandel, Mary, "IT Gets Its Grove Back," Computer world, April 8, 2013, *www. computerworld. com/s/article/9237985/IT_gets_its_groove_back? taxonomyId=14&pageNumber=2.*

50. "Computerworld's Smart Salary Tool," Computerworld, *www. computerworld. com/s/salary-survey/tool/2013*, accessed September 12, 2013.

51. U. S. Citizenship and Immigration Services, U. S. Department of Homeland Security, "Characteristics of H-1B Specialty Occupation Workers," March 12, 2012, *www. uscis. gov/USCIS/Resources/Reports%20and%20Studies/H-1B/h1b-fy-11-characteristics. pdf.*

52. Light, Joe, "Recruiters Rethink Online Playbook," The Wall Street Journal, January 18, 2011, p. B7.

53. Berfield, Susan, "Dueling Your Facebook Friends for a New Job," Bloomberg Businessweek, March 7, 2011.

54. Rosman, Katherine, "Here, Tweeting Is a Class Requirement," The Wall Street Journal, March 9, 2011, p. D1.

55. Lamoreaux, Kristen, "Rethinking the Talent Search," CIO, May 1, 2011, p. 30.

56. "Which Employers Post Jobs on Twitter [140 Accounts]," The Undercover Recruiter, *http://theundercoverrecruiter.com/list-employers-posting-jobs-twitter*, accessed September 11, 2013.

57. Smith, Darrell, "Job Front: Social Media Expected to Play Bigger Role in Hiring," Sacramento Bee, February 4, 2013, *www.sacbee.com/2013/02/04/5162867/job-front-social-media-expected.html*.

58. Valdes, Manuel and McFarland, Shannon, "Job Seekers'Facebook Passwords Asked for During U.S. Interviews," Huffington Post, March 20, 2012, *www.huffingtonpost.com/2012/03/20/facebook-passwords-job-seekers_n_1366577.html*.

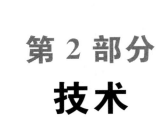

第 2 部分
技术

硬件与软件

准则	学习目标
● 必须仔细选择计算机硬件，以满足本组织及其辅助信息系统不断变化的需要。	● 识别并讨论计算机系统中基本硬件组件的作用。 ● 识别并讨论各类单用户和多用户计算机系统的特点与使用方法。
● 计算机硬件行业和用户正在实施绿色计算理念下的产品与设计以及现代数据中心。	● 定义术语绿色计算，并确定其主要目标。 ● 确定已被广泛采用的绿色计算的好处。 ● 确定在实现数据中心时必须考虑的一些挑战和取舍。
● 系统软件和应用软件对于帮助个人和组织实现其目标至关重要。	● 识别并简要描述两种基本软件的功能。 ● 概述操作系统的作用，并确定主流操作系统的主要功能。
● 组织使用现成的应用软件来满足常见的业务需求，使用私有应用软件来满足独特的业务需求并提供竞争优势。	● 讨论应用程序如何支持个人、工作组和企业业务目标。 ● 确定开发应用软件的三种基本方法，并讨论每种方法的优缺点。
● 组织应考虑到编程人员的技能和经验，选择一种功能特性适合具体任务的编程语言。	● 概述编程语言的总体演变和重要性，并明确区分编程语言的代次。
● 软件行业不断发生变化，用户需要了解最新的趋势和问题，以便在业务和个人生活中发挥作用。	● 确定几个对组织和个人有影响的关键软件的问题和趋势。

【花絮】 全球经济中的信息系统——日本，富士通

几十年来，只有政府和大型研究机构使用超级计算机，这是处理速度最快、性能最强大的计算机。超级计算机以其最广泛和快速的计算能力，支持了量子力学、分子模拟、气候等科学领域的研究。即使在今天，大多数超级计算机也被用于科学研究。例如，富士通（Fujitsu）是一家总部位于日本的 IT 和跨国通信公司，也是超级计算机的主要制造商之一。2013 年，富士通宣布启动两个超级计算机项目：一个是用于智利射电望远镜的 ACA Correlator；另一个是以日本雷神命名的超级计算机 Raijin，它将运行复杂的天气和气候模型。Raijin 有能力在一个小时内完成 70 亿人使用计算机进行 20 年的计算量。同年，政府资助的其他研究机构也订购了超级计算机。

超级计算机不再只用于研究

然而，在富士通 2013 年发布的公告中，有一条消息称，长期从事相机生产的佳能（Canon）将购买富士通超级计算机，佳能目前是激光打印机、复印机和纸张管理系统的主要跨国供应商。这一事件非同寻常，以至于不少 IT 分析师都开始关注此事。佳能会用超级计算机做什么？

事实证明，佳能将使用这台超级计算机作为其开发"无原型设计"计划的一部分。原型是一种新产品的物理模型，需要花费大量时间和金钱来构建。然而，建立一个原型是必要的，这样，公司就可以检查一个产品是否能够按照设计者的预期方式运行而不会出现故障。在高科技的世界里，这些原型已经变得越来越小，越来越复杂，使得建造一个原型的过程更加具有挑战性。通过使用富士通的超级计算机，用虚拟样机和分析模拟代替物理样机，佳能将获得竞争优势——一种更快、更好、更便宜的新产品开发方法。佳能不仅选择了超级计算机，还选择了富士通"K"电脑的更新版本，直到最近，这台电脑仍然是世界上速度最快的超级计算机，而且功耗仍然相对较低。选择"K"电脑有助于佳能履行其环保生产的承诺。

佳能并不是第一家购买超级计算机的公司。事实上，2004 年 IBM 向制药公司百时美施贵宝（Bristol-Myers Squibb）出售了一台超级计算机；这样的超级计算机每台价值 10 亿美元，没有多少公司能负担得起。2012 年，随着超级计算机的价格降至每台 5 亿元，其销量猛增了 30%。包括贝宝（PayPal）、宝洁（Procter&Gamble）在内的公司都购买了自己的超级计算机，富士通的超级计算机"K"能够削减佳能的开发成本。随着价格的持续下降，其他公司无疑会想方设法利用超级计算机获得战略优势。

阅读本章时，请考虑以下问题：

- 佳能从购买超级计算机中获得的主要竞争优势是什么？
- 我们使用硬件（如超级计算机）的方式在改变吗？如果是，是什么？
- 随着时间的推移，硬件成本的降低对其在企业界的普及有什么影响？

为什么要学习硬件与软件？

组织投资计算机硬件和软件，用以提高员工的工作效率、增加收入、降低成本并提供更好的客户服务。那些不持续投资的组织可能会被过时的硬件和软件所束缚，这些硬件和软件功能有限，使企业无法从最先进的技术中获益。因此，过时的硬件和软件可能会使组织处于竞争劣势。管理者，不管他们的职业领域和教育背景如何，都应该对他们的业务需求有足够的了解，以便能够向那些推荐硬件和软件以满足这些需求的人提出切中要害的问题。在可能没有信息系统专家的小型组织中尤其需要如此。业务经理和 IT 经理之间需要合作和信息共享，以便进行明智的 IT 投资，从而产生真正的业务成果。市场部、销售部和人力资源部的经理通常帮助 IS 专家评估采购软硬件的时机，并评估各种选项和功能。尤其是财务和会计部门的经理必须在关注价格底线、防止超支的同时，愿意在商业条件允许的情况下投资计算机硬件和软件。

今天对技术的使用必须实用并产生真正的商业效益，正如佳能、百时美施贵宝、贝宝和宝洁在使用超级计算机时所显示的那样。采用信息技术和提供额外的处理能力可以提高员工生产力、扩大商业机会，并允许更多的灵活性。本章讨论基于计算机的信息系统（CBIS）的硬件和软件组件。回想一下，硬件是指执行计算机的输入、处理、存储和输出活动的计算机的物理组件。软件由控制计算机操作的计算机程序组成。在做硬件和软件采购等相关决策时，业务部门首先需要考虑的应该是硬件和软件如何支持信息系统的目标和组织的目标。

计算机系统：整合技术力量

　　参与选择公司计算机硬件的人员必须清楚地了解当前和未来的业务需求，以便能够做出明智的收购决策。请考虑以下应用业务知识的示例，以便在获取硬件方面做出正确的决策：

　　● 西澳大利亚的班伯里市决定将其服务器、存储系统、网络和相关软件从多个供应商升级到单个硬件供应商。其目标是降低未来的硬件更换成本、降低能耗，并减少管理用于维持城市信息系统的多种设备所需的工作量。[1]

　　● Jason De Vos 为诸如实时流媒体 Lollaplooza、ACL Fest 和 JazzFest 音乐节等项目进行视频编辑。他的工作必须是最高质量的，并且需要在非常短的时间内完成，往往只有几个小时。基于这些需求，Jason 使用功能强大的工作站，这些工作站必须是值得信赖的，能够在最短的时间内完成视频编辑所需的大量处理。[2]

　　如以上的例子所示，选择正确的计算机硬件需要了解其与信息系统的关系以及组织当前和未来的需求。

硬件组件

　　计算机系统硬件部件包括执行输入、处理、数据存储和输出功能的设备。如图 2-1 所示。

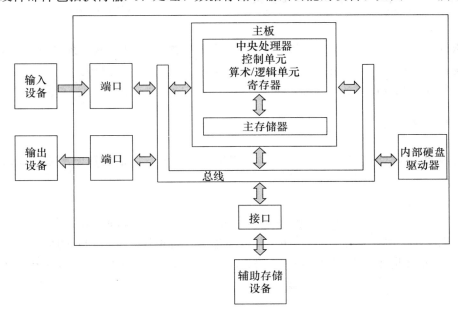

图 2-1　硬件组件

　　注：这些组件包括输入设备、输出设备、端口、总线、主存储器和辅助存储器以及中央处理器（CPU）。控制单元、算术/逻辑单元（ALU）和寄存器存储区构成 CPU。

处理（组织和操作）数据的能力是计算机系统的一个重要方面，在计算机系统中，处理是通过一个或多个中央处理单元和主存储器之间的相互作用来完成的。每个**中央处理单元**（central processing unit，CPU）由三个相关元件组成：算术/逻辑单元、控制单元和存储寄存器。**算术/逻辑单元**（arithmetic/logic unit，ALU）执行数学计算并进行逻辑比较；**控制单元**（control unit）依次访问程序指令，对其进行解码，并协调进出 ALU、主存储器、甚至辅助存储器和各种输出设备的数据流；**寄存器**（registers）是一种高速存储区，用于在 CPU 执行前、执行中和执行后临时保存少量程序指令和数据。**总线**（bus）是一组物理连接（如电缆和印刷电路①），可由多个硬件组件共享，以便它们相互通信。**主存储**（primary storage），也称为**主存储器**（main memory）或**内存**，保存程序指令和数据，与 CPU 密切相关。

了解了基本的硬件组件及其工作方式，接下来进一步了解处理能力、速度和容量。这三个属性决定了硬件设备的能力。

> **中央处理器（CPU）**：计算机的一部分，由三个相关元件组成：算术/逻辑单元、控制单元和存储寄存器区。
>
> **算术/逻辑单元（ALU）**：CPU 中执行数学计算并进行逻辑比较的部分。
>
> **控制单元**：CPU 的一部分，依次访问程序指令，对其进行解码，并协调进出 ALU、主存储器、甚至辅助存储器和各种输出设备的数据流。
>
> **寄存器**：高速存储区，用于在 CPU 执行前、执行中和执行后临时保存少量程序指令和数据。
>
> **总线**：一组物理连接（如电缆和印刷电路），可由多个硬件组件共享，以便它们相互通信。
>
> **主存储（主存储器，内存）**：保存程序指令和数据，与 CPU 密切相关。

处理和存储设备：处理能力、速度和容量

负责处理的组件——CPU 和内存——被封装在同一个盒子或机柜中，称为**系统单元**（system unit）。所有其他计算机系统设备，如显示器和键盘，直接或间接地连接到系统单元外壳中。如前所述，实现 IS 目标和组织目标应是选择处理和存储设备时首要的考虑因素。本节中将研究设备的这些重要特性。

▪ 处理的特性和功能

因为高效的处理和及时的输出是很重要的，所以组织使用各种方法来衡量处理速度。这些措施包括完成一个机器周期所需的时间、时钟频率和其他。

时钟频率

每个 CPU 以预定速率产生一系列电子脉冲（称为**时钟频率**（clock speed）），从而影响机器的时间周期。控制单元根据电子周期或 CPU "时钟"的脉冲执行一条指令。每条指令所需的时间至少与脉冲之间的间隔相同。脉冲间隔越短，每条指令的执行速度就越快。个人电脑的时钟频率是在数百**千兆赫兹**（gigahertz，GHz）或每秒数十亿个周期的范围内测量的。

---

① 印刷电路指电路生产过程中采用照相制版技术，即把拍摄下来的图片底版蚀刻在铜版或锌版上，用这种铜版或锌版进行印刷，比传统的电路板有了显著进展。——译者注

内存的特性和功能

内存位于物理上靠近 CPU 的位置（为了减少访问时间），为 CPU 提供一个工作存储区，用于存储程序指令和数据。内存的主要特点是它能快速地向 CPU 提供数据和指令。

存储容量

与 CPU 一样，存储设备也包含数千个印在硅片上的电路。每个电路要么导电（开），要么不导电（关）。数据作为接通或断开电路状态的组合存储在内存中。通常用 8 个位表示一个字符，如一个字母 A。8 个位一起构成 1 个**字节**（byte，B）。在大多数情况下，存储容量是以字节为单位计算的，1 个字节相当于数据的一个字符。美国国会图书馆拥有超过 1.26 亿件藏品和 530 英里的书架，其内容需要大约 20PB 的数字存储空间。存储在太字节大小的硬盘上的 1 个尧字节的数据量，在现实世界中需要 100 亿个城市块大小的数据中心，这些数据中心的面积相当于特拉华州和罗得岛州的大小。表 2-1 列出了测量计算机存储容量的单位。

表 2-1 计算机存储单元

名称	缩写	字节数
字节（Byte）	B	1
千字节（Kilobyte）	KB	1 000
兆字节（Megabyte）	MB	$1\ 000^2$
吉字节（Gigabyte）	GB	$1\ 000^3$
太字节（Terabyte）	TB	$1\ 000^4$
拍字节（Petabyte）	PB	$1\ 000^5$
艾字节（Exabyte）	EB	$1\ 000^6$
泽字节（Zettabyte）	ZB	$1\ 000^7$
尧字节（Yottabyte）	YB	$1\ 000^8$

存储类型

可用的存储器有以下几种。指令或数据可以临时存储在**随机存取存储器**（random access memory，RAM）中。RAM 具有临时性和易失性，如果电流被切断或中断（如闪电或附近机器产生的电涌、断电或电噪声），RAM 芯片的内容就会丢失。RAM 芯片直接安装在计算机的主电路板上，或安装在插入计算机主电路板的外围卡上。这些 RAM 芯片由数百万个对电流变化敏感的开关组成。

只读存储器（read-only memory，ROM）是另一种类型的存储器，是非易失性的。在 ROM 中，电路状态的组合是固定的，因此如果断电，其内容不会丢失。ROM 为固定不变的数据与指令提供永久性存储，例如计算机制造商提供的程序和数据，包括告诉计算机在打开电源时如何启动的指令。

多处理

多处理（multiprocessing）有多种形式，包括同时执行两条或多条指令。

多核微处理器

多核微处理器（multicore microprocessor）将两个或多个独立的处理器组合成一台计算机，以便它们分担工作负载并提高处理能力。双核处理器就像一条四车道的高速公路，它可以处理两倍于两车道的汽车，而不会使每辆车的行驶速度提高两倍。此外，双核处理器使人们能够同时执行多个任务，如玩游戏和刻录 CD。AMD 和英特尔正在多核处理器市场争夺领导地位，两家公司都提供 4 核、6 核和 8 核 CPU 芯片，可用于制造功能强大的个人电脑。苹果重新设计了基于一个 12 核 Intel Xeon E5 CPU 芯片的 Mac Pro 电脑。[3]

在选择 CPU 时，组织必须平衡处理速度与能源需求、规模和成本之间的关系。具有更高时钟频率和更短机器循环时间的 CPU 需要更多能量来散发 CPU 产生的热量，并且比较慢的 CPU 体积更大、成本更高。

芯片设计者和制造商正在他们的新设计中探索各种方法，以避免发热问题。ARM 是一家计算机芯片设计公司，其节能芯片架构广泛应用于智能手机和平板电脑。英特尔预计，开始生产基于新的 3D 技术的计算机处理器芯片将使芯片功耗减半，使芯片成为快速增长的智能手机和平板电脑市场的理想选择。

并行计算

另一种多处理形式，称为**并行处理**（parallel processing），通过连接多个处理器同时或并行操作来加快处理速度。并行计算最常用的方法包括建模、模拟和分析大量数据。例如，并行计算在医学上被用来开发新的成像系统，能够在更短的时间内以更高的精度完成超声扫描，使医生能够为患者提供更好、更及时的诊断。工程师不必为新产品建立物理模型，而是可以创建虚拟模型，并使用并行计算来测试产品的工作方式，然后根据需要更改设计元素和材料。蓝水（Blue Waters）超级计算机是世界上最强大的计算机之一，每秒可进行 1 万亿次计算，其峰值速度比普通笔记本电脑快 300 多万倍。这台计算机是一个**大规模并行处理系统**（massively parallel processing system）的例子，它使用 26 000 多个处理器协同工作，支持从预测复杂生物系统行为到模拟宇宙演化的科学和工程研究项目。[4]

网格计算

网格计算（grid computing）是使用一组计算机，通常由多个个体或组织拥有，以协调的方式解决一个共同的问题。网格计算是一种低成本的并行处理方法，它可以包括数十台、数百台甚至数千台计算机，这些计算机共同运行来解决非常大的并行处理问题。网格计算成功的关键是一个充当网格领导者和流量监视器的中心服务器。此控制服务器将计算任务划分为子任务，并将工作分配给网格上具有（或至少暂时具有）剩余处理能力的计算机。中心服务器还监视处理过程，如果网格成员未能完成子任务，则服务器将重新启动或重新分配任务。当所有子任务完成时，控制服务器将结果合并并前进到下一个任务，直到整个作业完成。

国际社区网格（World Community Grid）是一个正在进行的项目，致力于建设世界上最大的公共计算网格，以造福人类。这项工作由 IBM 资助和运营，包括 450 多个组织和近 70 000 个注册用户。参与者下载并在其计算机上安装一个小程序，以便在计算机空闲期间，从国际社区网格的服务器请求数据，对这些数据执行计算，并将结果发送回服务器。在国际社区网格上运行的项目包括分析艾滋病、癌症、清洁水、疟疾和水稻作物产量的各个方面，并确定有开发前景的太阳能化合物。[5,6]

时钟频率：以预定速率产生的一系统电子脉冲，从而影响机器的时间周期。

千兆赫兹（GHz）：每秒数十亿个周期，是时钟频率的测量单位。

字节（B）：8 个位代表一个字符的数据。

随机存取存储器（RAM）：一种能临时储存指令或数据的存储器。

只读存储器（ROM）：一种非易失性的存储器。

多处理：同时执行两条或多条指令。

多核微处理器：将两个或多个独立的处理器组合成一台计算机，以便它们分担工作负载和提高处理能力。

并行处理：在多个处理器上同时执行同一任务以更快地获得结果。

大规模并行处理系统：多处理的一种形式，通过将成百上千个处理器同时或并行地连接起来，使每个处理器都有自己的总线、内存、磁盘、操作系统副本和应用程序，从而加快处理速度。

网格计算：使用一组计算机，通常由多个个体或组织拥有，以协调的方式解决一个共同的问题。

辅助存储器和输入输出设备

内存是决定计算机系统整体性能的一个重要因素。然而，内存只为 CPU 处理所需的数据和指令提供少量的存储区域，计算机系统需要比内存更持久地存储大量数据、指令和信息。辅助存储器，也称为**永久存储器**（permanent storage），用于此目的。

与内存相比，辅助存储器具有非易失性、更大容量和更经济的优点。大多数形式的辅助存储器比内存便宜得多。如表 2-2 所示，随着时间的推移，每 GB 存储的成本继续下降。然而，由于使用辅助存储器涉及机电过程，因此它比主存储器慢得多。选择辅助存储介质和设备需要了解它们的主要特征：访问方法、容量和可移植性。

表 2-2　各种储存形式的成本比较

数据存储类型	每 GB 成本（美元）			
	2006	2009	2011	2013
1 TB 台式机外部硬盘	DNA	0.12	0.09	0.10
25 GB 可重写蓝光光盘	DNA	0.44	0.11	0.30
500 GB 便携式硬盘	DNA	0.23	0.15	0.12
72 GB DAT 72 数据盒带	0.77	0.21	0.24	0.26
504.7 GB DVD+R 光盘	5.32	0.09	0.31	0.07
8 GB 闪存驱动器	99.99	2.50	2.48	1.25
9.1 GB 一次写入、多次读取光盘	10.51	9.99	8.12	7.14
2 GB DDR2 SDRAM 计算机内存升级	138.46	25.00	15.95	8.00

资料来源：Office Depot Web site, *www.officedepot.com*, February 5, 2006, December 2009, October 2011, and October 2013；DNA＝data not available.

访问方法

数据和信息访问可以是顺序的，也可以是直接的。**顺序访问**（sequential access）是指数据必须按存储顺序访问。例如，顺序访问的库存数据可以按零件号存储，如 100、101 和 102。如果要检索零件号 125 的信息，则需要读取并跳过与零件 001 到 124 相关的所有数据。

直接访问（direct access）意味着可以直接检索数据，而不必按顺序传递其他数据。通过直接访问，可以直接访问所需的数据，例如零件号 125，而无须读取零件 001 到 124。因此，直接访问通常比顺序访问快。用于顺序访问辅助存储数据的设备称为**顺序访问存储设备**（sequential access storage devices，SASD）；用于直接访问辅助存储数据的设备称为**直接访问存储设备**（direct access storage devices，DASD）。

辅助存储设备

辅助存储设备最常见的形式是磁性、光学和固态。其中一些媒体（磁带）只允许顺序访问，而其他媒体

（磁盘和光盘）则提供直接和顺序访问。

磁带

一种常见的辅助存储介质是**磁带**（magnetic tape）。磁带是涂有氧化铁的聚酯薄膜，磁带的一部分被磁化以表示位。磁带是一种顺序存取的存储介质。虽然访问速度较慢，但磁带通常比磁盘存储便宜。磁带通常用于备份磁盘驱动器和存储非现场数据，以便在发生灾难时进行恢复。随着技术的改进，磁带存储设备拥有了更大的容量和更快的传输速度。大型的、笨重的磁带机已被直径为几毫米的小得多的盒式磁带设备取代，这些设备占用的地面空间小得多，可以将数百个盒式磁带存储在一个小区域内。超过 380PB 的磁带存储支持前面提到的蓝水超级计算机。[7] 如图 2-2 所示。

磁盘

硬盘驱动器（hard disk drive，HDD）是一种直接存取的存储设备，用于存储和检索涂有磁性材料的快速旋转磁盘上的数据。如图 2-3 所示。与磁带一样，**磁盘**（magnetic disks）使用小磁化区表示位。磁盘是支持快速数据检索的直接存取的存储设备，是需要快速响应客户请求的公司使用的磁盘。例如，如果经理需要有关客户信用记录或特定航班上的座位可用性的信息，而数据存储在直接访问存储的设备上，就可以迅速得到信息。

图 2-2 自动磁带备份系统

注：美国国家大气研究中心（National Center for Atmospheric Research）使用一个机器人磁带备份系统来备份超级计算机，该计算机解决了世界上计算最密集的气候建模问题。

图 2-3 硬盘

注：硬盘驱动器提供对存储数据的直接访问。读/写磁头可以直接移动到所需数据块的位置，与磁带相比，大大减少了访问时间。

与其他计算机系统组件一样，辅助存储介质所需的访问方法、存储容量和可移植性由信息系统的目标决定。信用卡公司信息系统的一个目标可能是快速检索存储的客户数据以批准客户购买。在这种情况下，快速访问方法至关重要。在其他情况下，如为可口可乐销售团队配备袖珍个人电脑，可移植性和存储容量可能是选择和使用辅助存储媒体和设备的主要考虑因素。

IBM 最近建立了一个庞大的数据存储库，由 20 万个传统硬盘组成，它们共同提供 120PB 的存储容量，足以容纳备份所需的 1 500 亿个页面的 60 个拷贝。一个未透露姓名的客户正在使用带有超级计算机的存储设备对真实世界的事件进行详细的模拟，如天气预报、石油工业的地震处理以及基因组或蛋白质的分子研究。[8]

独立/廉价磁盘冗余阵列

公司的数据存储需求正在迅速增长。今天的存储配置通常需要数百 GB。然而，将一个组织的数据放到网上涉及一个严重的商业风险，即关键数据的丢失可能会使一个公司倒闭。问题是，硬盘存储设备中最关键的机械部件——磁盘驱动器、风扇和读/写磁头都可能会出现故障。因此，企业现在要求它们的数据存储设备具有容错性，也就是说，如果一个或多个关键组件出现故障，它们可以继续保持很少或没有性能损失。

独立/廉价磁盘冗余阵列（redundant array of independent/inexpensive disks，RAID）是一种存储数据的方法，该方法从现有数据中生成额外的数据位，使系统能够创建一个"重构映射"，以便如果硬盘驱动器出现故障，系统可以重建丢失的数据。利用这种方法，可以使用一种称为条带（striping）的技术将数据分割并存储在不同的物理磁盘驱动器上，以均匀地分布数据。RAID 技术已经应用到存储系统中，以提高系统性能和可靠性。

RAID 可以通过多种方式实现。RAID 1[①] 子系统可以在硬盘上复制数据。这个过程称为**磁盘镜像**（disk mirroring），它提供了一个精确的拷贝，在数据丢失时可以完全保护用户。但是，要保留当前备份的完整副本，组织需要将其存储容量增加一倍。其他 RAID 方法的成本更低，因为它们只复制部分数据，从而使存储管理器能够最大限度地减少为保护数据而必须购买的额外磁盘空间。

新墨西哥州银城吉拉地区医疗中心的病人到放射科进行 X 光、超声波、计算机辅助测试扫描和核磁共振成像。这些扫描包括存储在 80 张双面 DVD 上的约 600GB 的数据。医疗中心从 DVD 升级到 RAID 存储设备，为放射科医生提供对全套医疗图像的快速访问。RAID 还提供了额外的备份功能，以减少丢失任何映像的风险。[9]

虚拟磁带

虚拟磁带（virtual tape）是一种用于存储不太经常需要的数据的存储技术，因此它看起来完全存储在盒式磁带上，尽管有些部件实际上可能位于速度更快的硬盘上。与虚拟磁带系统关联的软件有时称为**虚拟磁带服务器**（virtual tape server）。虚拟磁带可以与复杂的存储管理系统一起使用，随着人们使用数据的频率降低，虚拟磁带可以将数据移动到速度较慢但成本较低的存储介质中。虚拟磁带技术可以缩短数据访问时间，降低总成本，并减少磁带操作所消耗的占地面积。

存储区域网络

存储区域网络（storage area network，SAN）是一种高速专用网络，它将不同类型的数据存储设备（如硬盘驱动器、磁带、固态辅助存储设备）集成到一个存储系统中，并将其接入整个组织的计算资源，如图 2-4 所示。SAN 可以提供重要功能，如磁盘镜像、数据备份和恢复、数据归档、从一个存储设备到另一个存储设备的数据迁移，以及在连接到网络的计算设备之间共享数据。

---

① RAID 分为不同的等级，以满足不同数据应用的需求。D. A. Patterson 等的论文中定义了 RAID 1-RAID 5 原始 RAID 等级，1988 年以来又扩展了 RAID 0 和 RAID 6。近年来，存储厂商不断推出诸如 RAID 7、RAID 10/01、RAID 50、RAID 53、RAID 100 等 RAID 等级，但这些并无统一的标准。目前业界公认的标准是 RAID 0-RAID 5，除 RAID 2 外的四个等级被定为工业标准，而在实际应用领域中使用最多的 RAID 等级是 RAID 0、RAID 1、RAID 3、RAID 5、RAID 6 和 RAID 10。——译者注

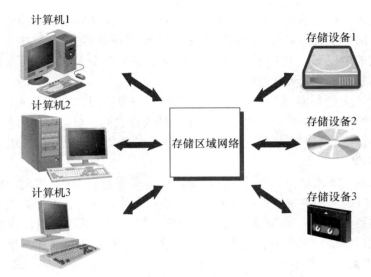

图 2-4　存储区域网络

注：SAN 通过网络在数据存储设备和计算机之间提供高速连接。

使用 SAN，组织可以集中管理存储的人员、策略、过程和实践等数据，并且可以在整个企业中一致地应用这些数据实践。这种集中化消除了不同系统管理员、用户对数据的不一致处理，提供了高效率和低成本的数据存储实践。

露华浓（Revlon）是全球六大洲 100 多个国家的美容产品制造商和销售商。该公司以简单、标准的方式实现了 SAN 以满足其数据存储需求。与其他存储解决方案相比，SAN 帮助露华浓缩短了交付项目的时间，并将硬件投资成本降低了 7 000 多万美元。[10]

光盘

一种常见的光盘是**光盘只读存储器**（compact disc read-only memory，CD-ROM），其数据存储容量为 740MB。数据记录在 CD-ROM 上后，就不能再修改了，光盘是"只读的"。CD 刻录机是 CD 录制机的非正式名称，是一种可以将数据记录到 CD 上的设备。**可刻录光盘**（CD-recordable，CD-R）和**可重写光盘**（CD-rewriteable，CD-RW）是两种最常见的可以刻录 CD 的驱动器，实现数据的一次（针对 CD-R）或重复（针对 CD-RW）写入。可重写光盘（CD-RW）技术允许 PC 用户备份 CD 上的数据。

数字视频光盘（digital video disc，DVD）是一种直径为 5 英寸的 CD-ROM，具有存储大约 135 分钟数字视频或若干 GB 数据的能力。存储软件程序、视频游戏和电影是其常见用途。

DVD 已取代可刻录和可重写的 CD 光盘（CD-R 和 CD-RW）成为共享电影和照片的首选格式。一张 CD 可以容纳大约 740MB 的数据，而单面 DVD 的容量为 4.7GB，双面 DVD 的容量为 9.4GB。DVD 可在一次性刻录光盘（DVD-R 和 DVD+R）或可重写光盘（DVD-RW、DVD+RW 和 DVD-RAM）上进行刻录。并非所有类型的可重写 DVD 都与其他类型的设备兼容。

基于蓝光激光技术的蓝光高清视频光盘格式存储的数据量至少是现在 DVD 的三倍。这种新格式的主要用途是在家庭娱乐设备中存储高清视频，尽管这种格式也可以存储计算机数据。

全息多功能光盘（HVD）是一种仍处于发展阶段的先进光盘技术，它存储的数据甚至比蓝光光盘系统还要多。HVD 的大小和形状与普通 DVD 相同，但可以容纳 1TB（或更多）的信息。

固态硬盘

固态硬盘（SSD）将数据存储在存储芯片中，而不是存储在磁性或光学介质中。与磁性数据存储设备相比，这些存储芯片需要更少的电源，提供更快的数据访问。此外，固态硬盘的活动部件少，因此没有硬盘脆弱，这些因素使得固态硬盘成为便携式计算机的首选。目前固态硬盘有两个缺点：一是每 GB 的数据存储成本很高（与硬盘相比大约是 5∶1），二是与当前硬盘相比容量较低。固态硬盘技术是一种快速发展的技术，未来的改进将降低成本、提高容量。

通用串行总线（USB）闪存驱动器是常用的固态硬盘的一个例子。如图 2-5 所示。USB 闪存驱动器在计算机外部，可移动、可重写。大多数闪存重量不到一盎司，可以提供广泛的存储容量。三星目前已宣布推出容量从 120GB 到 1 000GB 的固态存储驱动器。[11]

图 2-5 闪存驱动器

© Zyphyrus/Shutterstock.com

注：闪存驱动器是固态存储设备。

存储即服务

存储即服务（storage as a service）是一种数据存储模型，其中数据存储服务提供商将空间出租给个人和组织。用户通过互联网访问租用的数据存储设施。这样的服务使用户能够存储和备份自己的数据，而无须投入大量资金来创建和维护自己的数据存储基础设施。企业还可以选择按使用付费服务，即在服务提供商（如惠普或 IBM）或客户场所的大型存储设备上租用空间，只需支付使用的存储量。这种方法对于存储需求波动很大的组织来说是明智的，例如那些参与新药测试或软件开发的组织。

如今，个人和组织要求能够使用智能手机、平板电脑或笔记本电脑等各种支持互联网的设备从任何地方访问数据、文档、数据库、演示文稿和电子表格。为了满足这一需求，出现了许多基于云的存储服务，包括亚马逊的弹性计算云、苹果 iCloud、Dropbox、谷歌硬盘、微软 SkyDrive 和 Mozy。这些服务以每年每千兆字节 2 美元或更低的价格提供数据存储。然而，一些存储服务无法与某些计算设备上的操作系统协同工作，因此在订阅之前应确保该服务能与消费者的智能手机、平板电脑及其他设备兼容。[12] 亚马逊的简单存储服务允许上传、存储和下载几乎任何高达 5GB 的文件或对象。服务订阅者的数据存储在多个数据中心的冗余服务器上。订阅者可以选择将其数据标记为私有数据或标记为公开访问。用户还可以选择在存储之前加密数据。

Mozy 的一位客户的笔记本电脑被盗，该客户之所以能向警方提供小偷的照片，是因为 Mozy 在笔记本电脑被盗后继续备份数据，包括小偷的照片和文件。这位客户从在线存储网站上访问了这些照片，警方据此抓获了小偷并追回了笔记本电脑。[13]

辅助存储的总体趋势是使用直接访问方法、更高的容量和更高的可移植性。在选择特定类型的存储时，应考虑企业和个人用户的需求。一般来说，具备存储大量数据和信息并且快速访问这些数据和信息的能力可以提高组织效能和效率。

输入设备

数据输入设备有多种形式，它们的范围从捕获特定类型数据的专用设备到更通用的输入设备。本章后面将讨论一些特殊用途的数据输入和输入设备。首先，我们关注用于输入一般类型数据的设备，包括用于个人计算机的文本、音频、图像和视频。

通用个人计算机输入设备

键盘和计算机鼠标是最常用的录入和输入数据的设备，如字符、文本和基本命令。一些公司生产的键盘比标准键盘更舒适，更容易调整，使用速度更快。这些符合人体工程学的键盘，比如分体式键盘，是为了避免因数小时的打字而造成的手腕和手部伤害而设计的。其他键盘包括触摸板，可以在触摸板上输入草图，同时仍使用键输入文本。其他创新是无线鼠标和键盘，它们可以使物理桌面不受干扰。如图2-6所示。

使用计算机鼠标指向并单击屏幕上的符号、图标、菜单和命令。计算机会采取一些响应操作，例如将数据输入计算机系统。

图 2-6 绘图板和集成键盘

注：绘图板和集成键盘可以代替传统的键盘和鼠标进行输入。

语音识别技术

利用**语音识别技术**（speech-recognition technology），计算机可以将人类的语音解读为提供数据或指令的替代方法。最基本的系统被设计成用于支持固定主题的有限对话。例如，保险供应商可能会使用语音识别系统来支持对其计费部门的呼叫。对话的范围是非常有限的，并且引导调用者做出一些可能的和非常明显的响应。例如，一个典型的提示是"你想查询你的月账单还是付款？"更先进的系统可以识别连续的语音并将其转换为文本，就像闭路字幕电视直播一样，有时在关键词不能正确转换为文本时会产生有趣的结果。

英国顶级律师事务所之一 Maxwell Winward，利用语音识别技术将律师口述直接转换成文本，消除了工作流程瓶颈，让工作人员能承担更广泛的工作。[14]

运动传感输入设备

主要的视频游戏制造商任天堂（Nintendo）、微软和 PlayStation 已经推出了基于运动感应输入设备的游戏控制器，这些制造商希望它们的运动感应输入设备能将它们的用户群体扩大到普通玩家之外，以增加它们的市场份额。同时，这种输入设备在业务信息系统的操作中也被证明是有用的。

数码相机

数码相机（digital camera）以数字形式记录、存储图像和视频，因此在拍照时，图像以电子方式存储在相机中。可以直接将图像下载到计算机上，也可以使用闪存卡传输图像，然后编辑和打印图像，将其发送到其他位置，或粘贴到其他应用程序中。例如，可以下载由数码相机捕获的项目团队的照片，然后将其发布到网站上或粘贴到项目状态报告中。数码相机在照片质量和功能上已经超越了专业摄影师使用的胶卷相机，如变焦、闪光灯、曝光控制、特殊效果，甚至视频捕捉功能。使用正确的软件，可以在照片中添加声音和笔迹。许多电脑、智能手机甚至移动电话都配备了数码相机，使用户可以拨打视频电话，拍摄照片和视频。

佳能、卡西欧（Casio）、尼康（Nikon）、奥林巴斯（Olympus）、松下（Panasonic）、宾得（Pentax）、索尼（Sony）等相机制造商提供全功能、高分辨率的数码相机型号，价格从 150 美元到 3 500 美元不等。一些制造商提供的袖珍摄像机价格不到 100 美元。

扫描设备

扫描设备捕获图像和字符数据。页面扫描仪就像复印机，可以将页面放入扫描仪，或者将其面朝下放置在扫描仪的玻璃板上，然后进行扫描。使用手持扫描仪，可以手动移动或滚动要扫描的图像上的扫描设备。页面和手持扫描仪都可以将单色或彩色图片、表单、文本和其他图像转换为机器可读的数字。考虑到美国企业每天大约产生 10 亿张纸张，许多公司正在寻找扫描设备来帮助它们管理文档，并降低使用和处理纸张的高成本。

NeatReceipt 文件系统是一款小巧的便携式扫描仪和相关软件，使用户能够扫描名片并将其转换为数字联系人。NeatReceipt 还可以扫描收据，将其转换为对供应商和金额的记录，以用于纳税准备。[15]

光学数据读取器

还可以使用一种称为光学数据读取器（optical data reader）的特殊扫描设备来扫描文档。光学数据读取器分为两类：光学标记识别（OMR）和光学字符识别（OCR）。用户可以使用 OMR 阅读器进行评分测试和用于其他目的，例如扫描表单。有了这项技术，可以用铅笔在 OMR 纸上勾选单选框或复选框，这也被称为"标记感表单"。OMR 系统用于标准化测试，包括 SAT 和 GMAT 测试，并记录选举中的投票。相比之下，大多数 OCR 阅读器使用反射光来识别和扫描各种机器生成的字符。通过特殊的软件，OCR 阅读器还可以将手写或打印的文档转换成数字数据。输入数据后，可以通过计算机网络将其共享、修改和分发给成百上千的人。

传统上，必须使用一个特殊的 OCR 扫描仪来创建要转换的字符的图像，然后使用昂贵的 OCR 软件将该图像转换成文本。现在可以在安卓智能手机或平板电脑中使用摄像头完成这一过程。一旦图像存储在相机或平板电脑上，就可以使用安卓版的谷歌硬盘应用程序将图像复制到谷歌硬盘中，谷歌的软件和服务器可以免费进行 OCR 转换。

磁墨字符识别（MICR）设备

20 世纪 50 年代，银行业被支票、贷款申请、银行对账单等淹没了。其结果是磁墨字符识别（MICR）得到发展，这是一个快速读取银行数据的系统。利用 MICR，数据被放置在支票或其他使用特殊的磁性墨水生成的表单的底部。使用特殊字符集，人和计算机可以读取这种墨水打印的数据。如图 2-7 所示。

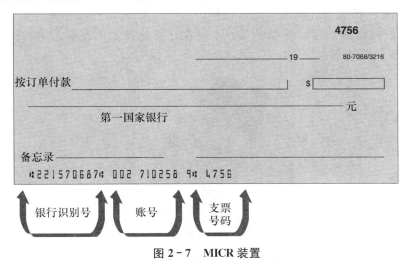

图 2-7　MICR 装置

注：磁墨字符识别技术是用特殊的磁墨在支票或其他表单的底部对数据进行编码，这种特殊的磁墨可以被人和计算机读取。例如，看看银行支票的底部。

磁条卡

磁条卡（magnetic stripe card）通过改变卡中带微小铁基颗粒的磁性来存储有限数据。磁条是通过在终端物理刷卡读取的。因此，这种卡被称为接触式卡。

磁条技术在美国信用卡行业得到了广泛的应用，在信用卡背面的磁条上编码的数据是通过刷卡经过磁头来读取的。为了保护消费者，美国企业投资了大量的计算机网络来验证和处理这些数据。销售点（POS）终端的软件会自动拨打存储的电话号码，呼叫收单机构。收单机构是一个向商户收集信用认证请求并向商户提供支付担保的机构。当收单机构收到信用卡认证请求时，它通过读取磁条上记录的卡号、到期日和信用卡限额来检查交易的有效性。如果一切都检查出来，授权就被允许了。遗憾的是，磁条并不是存储敏感消费者信息的真正安全的场所，很容易获得能够读、写、删除或更改条带上的数据的硬件和软件。

智能卡

为了更好地保护消费者，避免建立和操作昂贵的计算机网络，大多数欧洲国家使用智能卡技术。**智能卡**（smart cards）嵌入了包含消费者和账户的关键数据的计算机芯片，持卡人必须输入其密码（芯片和密码）或签名（芯片和签名）才能批准每笔交易。智能卡需要不同于磁条卡的终端。授权所需的所有信息都包含在芯片中或在销售点捕获。使用智能卡，商家无须通过网络发送数据即可获得授权。[16]

尽管信用卡欺诈在美国是一个问题，但信用卡发卡机构不能强迫商户投资智能卡所需的新终端。因此，这项技术在美国的应用是滞后的。有几十家美国信用卡发卡机构采用了这项技术，其中包括美国运通、美国银行、大通、花旗银行和美国合众银行的精选信用卡；然而，只有少数美国商户能够接受这些信用卡。[17]

非接触式支付卡

非接触式支付卡（contactless payment cards）包含一个嵌入式芯片和天线，使消费者能够简单地将卡保持在靠近终端的位置，以传输支付所需的数据。一般来说，购买低于 25 美元的商品不需要签名或输入密码，交易速度比传统的信用卡、借记卡甚至现金支付要快。非接触式支付卡的理想使用情况是，消费者需要快速支付、不妨碍他人排队，如登上某种公共交通工具时。据估计，英国有超过 3 200 万人使用非接触式支付卡。[18]，能轻易从非接触式支付卡上扫描详细信息的工具价格不超过 75 美元，这令一些观察家非常担心。[19] 美国运通快捷支付、移动快捷卡、万事达信用卡和维萨支付卡是美国使用的非接触式支付卡。

销售点设备

销售点设备（point-of-sale（POS）devices）是用于捕获数据的终端。它们经常用于零售业务，将销售信息输入计算机系统。然后 POS 设备计算总费用，包括税金。POS 设备使用各种类型的输入和输出设备，如键盘、条形码阅读器、扫描设备、打印机和屏幕。企业在计算机技术上花费的大部分资金涉及 POS 设备。图 2-8 显示了手持 POS 终端设备。

图 2-8　手持 POS 终端设备

注：使用无线手持 POS 设备，餐厅员工可以在餐桌旁接受订单和付款。

餐馆、酒吧和零售店正在从使用传统的收银机和昂贵的信用卡终端转向使用更简单的设备，这些设备可以插入智能手机和平板电脑。例如，一种称为方形展台的设备包括一个内置读卡器，该读卡器连接到 iPad 和一个集线器设备，该集线器设备连接在现金抽屉、收据打印机和扫描仪等的附件上。有了这个设备，一个小型零售商就可以拥有一个现金收银机，它可以跟踪库存，提供即时的销售分析，其花费就是 iPad 的成本和价值 450 美元的方形展台、打印机、现金抽屉。与标准的收银机系统相比，这是一种成本更低、体积更小的解决方案。贝宝和高朋（Groupon）也提供类似设备。[20]

条码扫描器

条形码扫描器使用激光扫描器读取条形码标签并将数据传送到计算机。这种输入形式广泛应用于商店结账和仓库库存控制。条形码也用于医院，护士扫描病人的腕带，然后扫描即将给药的药物上的条形码，以防止药物分发错误。

有几家公司已经开发出了将手机摄像头转换成条形码阅读器的应用程序。用户可以扫描在印刷广告、包装或标签上找到的代码以启动网站，只需单击几下就可以购买物品。

射频识别

射频识别（radio frequency identification，RFID）是一种利用带有天线的微芯片向接收器广播其唯一标识符和位置的技术。RFID 系统的目的是通过称为标签（如图 2-9 所示）的移动设备传输数据，标签由 RFID 读取器读取，并根据计算机程序的需要进行处理。RFID 的一个流行应用是在零售商品上放置微芯片，并安装店内阅读器，跟踪货架上的库存，以确定应何时进货。RFID 标签芯片包括一种特殊形式的 EPROM 存储器，用于保存关于标签所附着物品的数据。当项目状态改变时，射频信号可以更新此存储器。标签传输的数据可以提供标识、位置和产品的其他详细信息，例如制造日期、零售价格、颜色或购买日期。

Lone Pine Construction 建筑公司拥有数百件设备、工具和一支施工车队。为了跟踪这些资产，该公司指派了一名经理花费几个月的时间来识别所有资产，将每项资产的相关数据加载到数据库中，并在关键资产上放置 RFID 标签。现在，管理人员可以访问各种工作地点，并快速清点资产，以确保没有遗漏。这些措施节省了数千美元，该公司已决定增加该系统所涵盖的资产数量。[21]

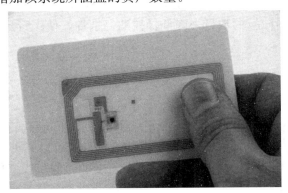

图 2-9　RFID 标签

© iStockphoto.com/albin
注：与目前用于标识物品的条形码标签相比，RFID 标签较小。

笔输入设备

通过使用笔输入设备触摸屏幕，可以激活命令或使计算机执行任务、输入手写笔记以及绘制对象和图形。如图 2-10 所示。笔输入需要特殊的软硬件。例如，手写识别软件将屏幕上的手写转换为文本。如果不喜欢使用键盘，笔输入就特别有吸引力。笔输入成功与否取决于笔迹能被以多高的准确度、多大的成本读取并翻译成数字形式。

图 2-10 使用笔输入设备

© iStockphoto. com/small frog
注：使用直接装在数字键盘上的笔输入设备，图形设计师可以精确地编辑照片和图形。

触摸屏

屏幕技术的进步使显示屏可以作为输入和输出设备。通过接触按压触摸屏的某些部分，可以启动程序或触发其他类型的操作。触摸屏可以消除对键盘的需求，从而节省空间并增加便携性。加油站经常使用触摸屏，让顾客选择汽油等级并要求开收据，再比如在影印机上选择选项、在快餐店输入顾客选择、在信息中心查找当地饮食机构、在游乐园为顾客提供指引。

泰雷兹集团（Thales Group）是一家法国跨国公司，也是飞机驾驶舱的主要制造商。公司的驾驶舱创新负责人 Denis Bonnet 大力倡导飞行员使用触摸屏控制来代替目前使用按钮、轨迹球和键盘执行飞行任务。目标是通过减少按钮和控制面板的数量来降低操控的复杂性，使飞行员交互更加直观，能更持续专注于飞行。[22]

输出设备

计算机系统为组织的各级决策者提供输出，使他们能够解决商业问题或利用竞争机会。此外，一个计算机系统的输出可以为另一个计算机系统提供输入。所需的输出形式可以是可视的、音频的，甚至是数字的。无论输出的内容或形式如何，输出设备的设计都是为了在正确的时间以正确的格式向正确的人提供正确的信息。

显示器

显示器是用来显示计算机输出的一种设备，因为早期的显示器使用阴极射线管（CRT）来显示图像，所以有时被称为 CRT。阴极射线管产生一个或多个电子束，当光束击中屏幕内部覆盖的磷光化合物（磷光体）时，屏幕上一个被称为像素的点亮起。**像素**（pixel）是照片或图像上的一个彩色点或显示屏上的一个光点，有两种状态：打开或关闭。电子束扫过屏幕，当荧光粉开始褪色时，它会被击中并再次亮起。

显示屏是用来显示计算机输出的设备。今天，各种平板显示屏比早期计算机的传统阴极射线管轻得多，也薄得多。表 2-3 比较了平板显示屏的类型。

表 2-3　各类平板显示器

类型	说明	显著特征
液晶显示器（LCD）	使用几层带电的液晶放在由荧光灯从后面照亮的透明板之间来产生光和图像。	观察角度往往比等离子显示器差。
发光二极管显示器（LED）	使用发光二极管（LED）作为屏幕背光而不是荧光灯的 LCD 显示器。	比液晶显示器提供更好的对比度和更低的能耗。
有机发光二极管显示器（OLED）	通过电流刺激有机化合物产生明亮、清晰的图像。	不采用背光，比 LCD 和 LED 显示屏具有更好的对比度和更低的功耗。
等离子体显示器	利用电来激发气体原子，点亮屏幕上相应的磷光体，从而发出光和颜色。	在黑暗的环境中表现良好，在光线充足的房间中表现不佳。

随着当今显示屏的广泛选择，价格和整体质量可能会有很大的不同。屏幕图像的质量在很大程度上取决于用于创建屏幕图像的水平和垂直像素的数量。显示设备上显示的图像由一百万或更多像素组成。分辨率是显示中包含的像素总数，像素越多，图像越清晰、锐利。常见的分辨率是 2 040 水平像素×1 536 垂直像素。显示器的尺寸也会影响观看的质量，相同的像素分辨率水平下，小屏幕比大屏幕上更清晰，大屏幕上相同数量的像素分布在更大的区域上。

由于大多数用户每次开机时长达数小时，因此在决定购买哪种显示器时，电源的使用是一个重要因素。虽然不同型号的显示器的电源使用情况有所不同，但 LCD 显示器的功耗通常比等离子屏幕低 35%～50%，OLED 显示器的功耗甚至比 LCD 显示器还要低。

打印机和绘图仪

硬拷贝指打印机等设备输出的纸张。不同的打印机速度、功能和能力不同。有的打印机可以设置为使用特殊纸质表单，如空白支票表单、发票表单等。较新的打印机允许组织使用全彩色标准纸张和数据输入为每个客户创建定制的打印输出。

打印机的速度通常由每分钟打印的页数（printed per minute，ppm）来衡量。与显示屏一样，打印机输出的质量或清晰度取决于每英寸打印的点数（dots printed per inch，dpi）。600 dpi 打印机比 300 dpi 打印机打印得更清楚。使用打印机的日常成本是必须定期更换的喷墨或激光墨盒，激光打印机每几千页必须更换一次，喷墨打印机每 500～1 000 页必须更换一次。图 2-11 是一款喷墨打印机。

图 2-11　多功能喷墨打印机

© iStockphoto. com/Demo
注：惠普一体化 6310 喷墨打印机提供打印、扫描和复印功能。

3D 打印机在"制造"多少产品方面取得了重大突破，如图 2-12 所示。三维打印技术将存储在计算机上的实物对象的三维模型发送到三维打印机，以使用塑料长丝或合成粉末链创建对象。长丝以不同颜色的线轴形式出现，并通过一个加热的挤出机进行输送，挤出机在几个方向上移动，使各层相互重叠，直到物体被创造出来。3D 打印机具有多种功能，包括构建对象的速度和构建对象的大小。市场上销售的高质量的 3D 打印机系统有 Cubify CubeX 和 Cubify Cube。[23]

图 2-12　3D 打印机

RICH SUGG/MCT/Landov
注：3D 打印技术使人们能够打印从日常用品到房屋的各种物品。

3D 打印通常被航空公司、汽车制造商和其他设计密集型公司使用。在工程设计的概念阶段，当原型的确切尺寸和材料强度不重要时，它尤其有价值。一些建筑设计公司正使用 3D 打印机创建项目的全彩模型，以向客户展示。eBay 发布了一款名为 eBay Exact 的新 iPhone 应用程序，允许用户浏览和购买可定制的按需打印商品（主要是珠宝和配件）。这些产品的价格在 9～350 美元之间，可以使用移动应用程序进行配置和订购。eBay 的 3D 打印合作伙伴将在两周内直接生产产品并运送给消费者。[24] 目前，生物医学工程师正在探索一种称为生物打印的流程，即使用 3D 打印机打印实际的人体细胞，以构建人体部件和器官。[25]

绘图仪（plotters）是一种用于一般设计工作的硬拷贝输出设备。企业通常使用这些设备在纸上或透明胶片上生成建筑物或新产品的纸质或醋酸纤维蓝图、示意图和图纸。标准的绘图宽度是 24 英寸和 36 英寸，长度可以是从几英寸到几英尺的任意长度。

 信息系统——实践篇

在 Organovo 公司[①]打印肝脏

在加利福尼亚州的圣迭戈，一台浓缩咖啡机大小的设备将一种乳白色的糊状物喷入六个装有非透明黏液的培养皿中，以不可思议的速度，在每个培养皿里形成三个六边形，这些六边形很快就变成指甲大小的蜂巢。蜂巢是组织，几乎与人类肝组织相同。该设备是一台 3D 打印机，Organovo 公司计划使用该设备将人体细胞转化为人体器官进行移植。

Organovo 公司成立于 2007 年，但其创始人在大学期间就开始了他们的初创工作。2003 年，托马斯·博

---

①　Organovo 是一家 3D 生物打印领域的龙头企业，成立于 2007 年，总部位于美国圣迭戈。——译者注

兰（Thomas Boland）博士首次申请了喷墨打印活细胞的专利。2004 年至 2005 年间，国家科学基金会（National Science Foundation，NSF）授予由加博·福加斯（Gabor Forgacs）教授领导的研究团队 500 万美元，这个团队曾经开发并申请了第一个生物打印平台的专利。2008 年，Organovo 筹集了 300 万美元的启动资金，足以在圣迭戈建立实验室。最后，2010 年，Organovo 公司开发了第一个全细胞血管，3D 打印技术证明，只有人体细胞才能创造出人类组织和最终的人体器官。

与其他制造设备不同，3D 打印机通过调整输入打印机的蓝图，具有定制产品的独特能力。因此，这种昂贵的硬件正在进入定制重要部件的行业。例如，诺基亚（Nokia）正在为其 3D 打印机用户提供一份蓝图，用户可以对其进行调整以设计自己的手机壳。创新型定制可能创造包绕现有假肢的专用覆盖物，并根据剩余腿部的 3D 扫描来模拟原始腿的形状。为了创造人体组织和器官，科学家们建立了高度定制的人工支架来暂时将细胞接种，直到它们强壮到足以单独站立。

大众科学杂志对这种技术在未来移植的潜力大加赞扬，而同时 Organovo 公司在药剂学领域已经有了更大的市场机会。公司用了 12 年且平均每年花费 12 亿美元来研发和测试一种新药。公司必须先对细胞进行测试，然后对动物进行测试，最后对人类进行测试。器官组织可用于测试，并可能产生更可靠的预测。事实上，2012 年，Organovo 公司与辉瑞公司（Pfizer）和联合治疗公司（United Therapeutics）这两大制药公司合作，对组织和身体部位的 3D 打印进行研究。如今，Organovo 公司可以创造肝组织，也在创造肾脏和心脏细胞。

问题讨论

1. 为什么使用 3D 打印机对人体器官的制造至关重要？

2. 3D 打印技术在医疗保健和其他行业还有哪些潜在用途？

批判性思考题

1. Organovo 公司提供的技术有什么竞争优势？

2. Organovo 公司现在是一家私营公司，但它所拥有的专利的大部分研究是由美国政府通过 NSF 和国家卫生研究院资助的。Organovo 公司及其投资者应该是这项研究的唯一财务受益人吗？为什么？

资料来源：Organovo Web site, *www. organovo. com/company/history*, accessed August 25, 2012; "Nokia backs 3D printing for mobile phone cases," *BBC*, January 18, 2013, *www. bbc. co. uk/news/technology-21084430*, accessed August 25, 2013; Bespoke Innovations Web site, *www. bespokeinnovations. com/content/what-fairing*, accessed August 25, 2013; Leckart, Steven, "How 3D Printing Body Parts Will Revolutionize Medicine," *Popular Science*, August 6, 2013, *www. popsci. com/science/article/2013-07/how-3D-printingbody-parts-will-revolutionize-medicine*, accessed August 25, 2013; Stoffel, Brian, "How Big Is Organovo's Market Opportunity?" *The Motley Fool*, August 23, 2013, *www. fool. com/investing/general/2013/08/23/how-big-is-organovos-market-opportunity*. aspx, accessed August 21, 2013.

电子书

与传统印刷书籍相当的数字媒体称为电子书（e-book，electronic book 的缩写）。古腾堡在线图书目录项目（The Project Gutenberg Online Book Catalog）列出了超过 3.6 万本免费电子书和超过 10 万本可用电子书。电子书可以从古腾堡项目（www. gutenberg. org）以及许多其他网站下载到个人电脑或专用硬件设备即电子书阅读器上。这种设备的价格从 100 美元到 450 美元不等，下载畅销书和新版本的费用大约为 10 美元。电子书阅读器可以存储成千上万的书。目前最流行的亚马逊 Kindle、Kobo Aura 和 Barnes & Noble Nook 都是受欢迎的电子阅读器，它们的电子纸显示屏看起来像印刷的页面，或者明亮的液晶显示屏，但在明亮的阳光下很难阅读。[26] 电子书的重量不到四分之三磅，大约有半英寸厚，配备 5～8 英寸的显示屏。因此，这些阅读器和大多数平装书一样小巧，用一只手就可以很容易地拿着。最新的电子书阅读器以 1 600 万颜色和高分辨率显示内容。如图 2-13 所示。在许多电子阅读器上，视力差的读者可以放大文本的尺寸。

图 2 - 13　Kindle 电子书阅读器

Amazon. com，Inc.
注：Kindle 使用的电子纸显示屏看起来与打印页面类似。

顺序访问：数据必须按存储顺序存取的一种检索方法。

直接访问：一种检索方法，在这种方法中，不需要经过其他存储单元中的数据，就可以直接检索数据。

顺序访问存储设备（SASD）：用于顺序访问辅助存储数据的设备。

直接访问存储设备（DASD）：用于直接访问辅助存储数据的设备。

磁带：一种顺序的辅助存储介质，现在主要用于发生灾难时存储关键组织数据的备份。

硬盘驱动器（HDD）：一种直接存取的存储设备，用于存储和检索涂有磁性材料的快速旋转磁盘上的数据。

磁盘：一种直接存取的存储器，其位由磁化区表示。

独立/廉价磁盘冗余阵列（RAID）：一种存储数据的方法，该方法从现有数据中生成额外的数据位，使系统能够创建一个"重构映射"，以便如果硬盘驱动器出现故障，系统可以重建丢失的数据。

磁盘镜像：一种存储数据的过程，它提供了一个精确的拷贝，在数据丢失时可以完全保护用户。

虚拟磁带：用于存储不太经常需要的数据的一种存储设备，尽管它的某些部分实际上可能位于速度更快的硬盘上，但它看起来完全存储在盒式磁带上。

存储区域网络（SAN）：一种高速专用网络，将不同类型的数据存储设备（如硬盘驱动器、磁带、固态辅助存储设备）集成到一个存储系统中，并将其接入整个组织的计算资源。

光盘只读存储器（CD-ROM）：一种常用的光盘形式，一旦数据被记录下来，就不能对其进行修改。

数字视频光盘（DVD）：一种用于存储软件程序、视频游戏和电影的存储介质。

存储即服务：一种数据存储模型，其中数据存储服务提供商将空间出租给个人和组织。

语音识别技术：识别人类语音的输入设备。

数码相机：一种与电脑配合使用的输入设备，以数字形式记录、储存图像和视频。

磁条卡：一种通过改变卡中带微小铁基颗粒的磁性来存储有限数据的卡。

智能卡：嵌入计算机芯片的信用卡，包含消费者和账户的关键数据；持卡人必须输入其密码（芯片和密码）或签名（芯片和签名）才能批准每笔交易。

非接触式支付卡：一种带有嵌入式芯片的卡，只需将其放在终端附近即可传输数据；无须输入 PIN 码。

销售点（POS）设备：用于将数据输入计算机系统的终端。

射频识别（RFID）：一种利用带有天线的微芯片向接收器广播其唯一标识符和位置的技术。

像素：照片或图像上的一个彩色点或显示屏上的一个光点。

计算机系统的类型

计算机系统可以是台式机或便携式计算机，也可以是需要安置在大房间里的大型超级计算机。我们更详细地研究一下计算机系统的类型。表 2-4 显示了各类计算机系统的一般能力范围。

表 2-4　计算机系统类型

单用户计算机			
便携式计算机			
因素	手持式	笔记本电脑	笔记本/超极本	平板电脑
成本（美元）	150～3 000	300～1 200	300～800	350～700
重量（磅）	<0.5	<7	<3	<2
屏幕尺寸（英寸）	2～4	<17	<13	<13
典型用途	数据收集，组织个人数据	提高工人生产率	具备运行几乎所有业务应用程序的处理能力	在联系人处捕获数据、阅读电子邮件、上网、阅读电子书、查看照片、玩游戏、听音乐和观看视频文件
非便携式计算机			
因素	精简型客户机	台式机	简易型台式机	工作站
成本（美元）	200～500	500～2 500	150～350	1 500～9 500
重量（磅）	<3	20～30	<5	<20～35
典型用途	通过互联网输入数据、访问应用程序	提高工人生产率	用小型、低成本、低能耗的计算机取代台式机	运行工程、CAD 和软件开发
多用户计算机			
因素	服务器	大型计算机	超级计算机
成本（美元）	>500	>75 000	>250 000
重量（磅）	>25	>100	>100
典型用途	执行网络和互联网应用程序	为大型组织执行计算任务并提供大量数据存储	运行科学应用程序；执行密集的数字运算

◻ 便携式计算机

许多计算机制造商提供各种各样的**便携式计算机**（portable computers），这些计算机体积小，便于携带。便携式计算机包括手持式计算机、笔记本电脑、超极本和平板电脑。

手持式计算机（handheld computer）是一种小巧的计算设备，其体积小到可以一只手轻松地拿着，通常包括一个带有触笔或触摸屏输入的显示屏以及一个小型键盘或数字键盘。大多数可以通过无线网络与台式机通信，有些甚至增加了一个内置的 GPS 接收器，其软件可以将定位数据集成到设备上运行的应用程序中。例如，如果单击电子通信簿中的某个条目，设备将显示当前位置的地图和方向。这样的电脑也可以安装在汽车上作为导航系统。手持式计算机的缺点之一是，相对于体积而言，它需要很大的功率。

手持式电脑经常充当销售点设备，可以捕捉信用卡数据。坚固耐用的手提电脑被设计成满足水滴、振动、湿度、灰尘、浸水、海拔和极端温度方面的苛刻军事标准。这款掌上电脑的价格可能高达 3 000 美元。

笔记本电脑

笔记本电脑（laptop computer）是为移动用户设计的个人电脑，体积小、重量轻，可以舒适地放在用户的膝盖上。笔记本电脑使用各种平板技术，生产出具有良好分辨率的轻薄显示屏。就计算能力而言，笔记本电脑可以与大多数台式电脑相媲美，因为它们配备了强大的 CPU 以及大容量的主内存和磁盘存储。这种电脑在学生和移动工作者中非常流行，他们在旅行、会议和上课时都带着笔记本电脑。许多个人电脑用户现在更喜欢笔记本电脑，而不是台式机，因为它便于携带，能耗低，对空间的要求小。

超极本电脑

许多便携式电脑比一般的笔记本电脑要小，有各种各样的名字，包括笔记本和更小的超极本。最新的笔记本电脑配备了一个自然用户界面，并具备语音控制集成和触摸屏、高清晰显示屏、系统始终开启且始终连接、全天电池寿命以及足以运行大多数商业应用程序和游戏的处理能力。

平板电脑

平板电脑（tablet computers）是一种便携式、轻量级的个人电脑，可以配备键盘，也可以不配备键盘，就像写字夹板一样的携带设备，可以用于办公室、家庭或工厂的地板。借助内置的手写识别软件，可以使用手写笔直接在屏幕上输入文本。其他的输入方法包括屏幕键盘和语音识别。只支持通过手写笔输入的平板电脑被称为触摸电脑（slate computers）。可旋转平板电脑（convertible tablet PC）配有一个旋转屏幕，可以用作传统笔记本电脑或笔式平板电脑。大多数新平板电脑配有一个用于视频会议的前置摄像头和用于拍摄照片和视频的第二个摄像头。

平板电脑尤其受到学生和游戏玩家的欢迎。由于其具有多功能性，它们也经常用于医疗、零售、保险和制造行业。

苹果 iPad 是一款平板电脑，能够运行与老款苹果 iPhone 和 iPod Touch 设备相同的软件，拥有超过一百万个应用程序。它还运行专门为 iPad 开发的软件。该设备有一个 9.7 英寸的屏幕和一个屏幕键盘，重 1.5 磅，支持通过无线网络进行互联网接入。

许多电脑公司提供平板电脑来与苹果的 iPad 竞争，包括黑莓（BlackBerry）的 Playbook、惠普的 TouchPad、亚马逊的 Kindle Fire、戴尔的 Streak、索尼的 Tablet S 和 Tablet P、东芝的 Thrive、三星的 Galaxy Tab 和 Galaxy Note（如图 2-14 所示）、摩托罗拉的 Xoom 以及印度 Quad 公司低价的（不到 75 美元）Aakash 和 Ubislate。

图 2 - 14　平板电脑

注：三星 Galaxy Note 10.1 安卓平板电脑拥有一个大触摸屏和一个四核处理器。

非便携式单用户计算机

非便携式单用户计算机包括精简型客户机、台式计算机、简易型台式计算机和工作站。

精简型客户机（thin client）是一种低成本、集中管理的计算机，没有用于数据存储的内部或外部连接驱动器。这些计算机的功能有限，只能执行基本的应用程序，因此就其包含的客户端应用程序而言，它们仍然是"瘦"的。作为精简型计算机，它们不具备典型台式计算机的存储容量或计算能力，也不需要发挥它们的作用。如果没有硬盘，它们就不会感染病毒或遭遇硬盘崩溃。与个人计算机不同，精简型客户机在需要时从网络下载数据和软件，从而使软件应用程序的支持、分发和更新变得更容易、成本更低。精简型客户机在云计算环境中运行良好，使用户能够访问云内可用的计算和数据资源。

在美国，超过 6 500 万人观看珠宝类电视节目，还有数百万人访问其网站（www. jtv. com）。因为这种大体量的亮相，该公司已成为全球最大的珠宝零售商之一，其 300 个呼叫中心代表每年处理 600 多万个电话，它使用精简型客户端计算机访问信息以响应客户查询和下订单。[27]

台式计算机（desktop computers）是单用户的计算机系统，用途广泛。台式计算机以其大小命名，可以为大多数业务计算任务提供足够的计算能力、内存和存储空间。苹果 iMac 是 1998 年首次推出的 Macintosh 台式电脑系列，所有的组件（包括 CPU、磁盘驱动器等）都可以放在显示屏后面。Mac Pro 是一款小型圆柱形计算机，基于 Intel Xeon E5 芯片组，具有多达 12 核的处理能力和两个强大的 GPU 芯片。如图 2 - 15 所示。

简易计算机（nettop computer）是一种便宜（不到 600 美元）的台式计算机，比传统的台式计算机更小、更轻、耗电更少。简易计算机用于执行基本的处理任务，例如交换电子邮件、上网和访问基于 Web 的应用程序。它还可用于家庭影院，如看视频、看图片、听音乐和玩游戏。与上网本不同的是，简易计算机的设计不是便携式的，它们有的附带屏幕，有的没有（附带屏幕的简易计算机被称为一体式）。没有附带屏幕的简易计算机可以连接到现有的监视器，甚至电视屏幕上，它还可能包括一个光驱（CD/DVD）。

工作站（workstations）比个人电脑更强大，但仍然小到可以放在桌面上。它们用于支持工程和技术用户，这些用户执行繁重的数学计算、计算机辅助设计（computer-assisted design，CAD）、视频编辑和其他需要高端处理器的应用程序。这些用户需要非常强大的 CPU、大量的主内存和非常高分辨率的图形显示。工作站通常比普通的台式计算机贵。一些计算机制造商正在生产与台式工作站功能一样强大的笔记本电脑。

图 2-15 Mac Pro 台式计算机

CHRISTOPH DERNBACH/DPA/LANDOV
注：Mac Pro 台式机很小，呈圆柱形。

多用户计算机系统

多用户计算机旨在支持规模从一个只有两三名工人的小部门到拥有数万名员工和数百万客户的大型组织的工作组。多用户系统包括服务器、大型计算机和超级计算机。

服务器（server）是许多用户用来执行特定任务的计算机，例如运行网络或互联网应用程序。虽然几乎任何一台计算机都可以运行服务器操作系统和服务器应用程序，但服务器通常具有使其更适合在多用户环境中操作的特殊功能。这些功能包括更大的内存和外存容量、更快且更高效的通信能力以及可靠的备份能力。Web 服务器处理互联网流量和通信，企业服务器存储并提供对满足整个组织需要的程序的访问，文件服务器存储和协调程序与数据文件。服务器系统由多用户计算机组成，包括超级计算机、大型机和其他服务器。通常，一个组织会在同一个房间中放置大量服务器，在那里可以控制对机器的访问，授权的支持人员可以更容易地管理和维护服务器。这种设施被称为**服务器农场**（server farm），苹果、谷歌、微软、美国政府和许多其他组织已经在土地和电力都很便宜的农村小社区建立了价值数十亿美元的服务器农场。[28]

片式服务器（blade server）包含许多计算机主板，包括一个或多个处理器、计算机内存、计算机存储器和计算机网络连接。这些都在一个机箱中共享一个公共电源和空气冷却源。通过将多个片式服务器放置到一个机箱中，然后在一个机架中安装多个机箱，片式服务器比基于大型机或单个服务器农场的传统系统更强大，但成本更低。此外，与传统服务器农场相比，片式服务器需要的物理空间要少得多。

大型计算机（mainframe computer）是一种大型的、功能强大的计算机，由数十个甚至数百个通过网络连接到该计算机的并发用户共享。大型计算机必须位于一个数据中心，该数据中心配有暖通空调（HVAC）

设备，用于控制温度、湿度和灰尘水平。此外，大多数大型机都保存在一个安全的数据中心，对机房的访问受限。建造和维护一个带有 HVAC 系统的控制访问室，拥有并能操作一台大型机，会使企业成本增加几十万美元。

近 50 年来，大型计算机一直是企业计算的主力。它们可以同时支持数百个用户，并且可以处理公司的所有核心功能。大型计算机提供数据处理能力和数据存储能力，使银行和经纪公司能够提供新的移动服务，信用卡公司能够发现身份盗窃，政府机构能够更好地为公民服务。事实上，全球前 100 家银行中有 96 家、前 25 家零售商中有 23 家、全球最大的 10 家保险公司中有 9 家都选择使用 IBM 大型计算机。大型计算机每天处理 300 亿笔商业交易，包括信用卡交易、电信公司的账单、股票交易、汇款和 ERP 系统的交易。[29]

超级计算机（supercomputers）是最强大的计算机，具有最快的处理速度和最高的性能。它们是专门为需要广泛、快速的计算能力的应用而设计的专用机器。最初，超级计算机主要由政府机构用于执行天气预报、地震模拟、气候建模、核研究、物质和宇宙起源的研究、武器的研制和试验所需的高速数字运算。它们现在更广泛地用于生命科学和药物及新材料的制造。例如，宝洁公司使用超级计算机来研究和开发其许多领先的商业品牌，如汰渍和帮宝适，以帮助开发更多肥皂水洗涤剂和提高尿布质量。贝宝（PayPal）则使用超级计算机来跟踪其客户及支付情况。[30]

截至 2013 年 6 月，最快的超级计算机是中国国防科技大学建造的"天河二号"计算机。如图 2 - 16 所示。估计其耗资约 30 亿美元，预计将用于红绿灯控制、地震预测、新药开发、汽车设计和电影特效制作。[31]

图 2 - 16 世界上最快的计算机

LONG HONGTAO/Xinhua/Landov
注：超级计算机"天河二号"的运算速度可达每秒 33.86 千兆次，是目前世界上运算速度最快的计算机。

便携式计算机：体积小，便于携带的计算机。

手持式计算机：一种小型的计算设备，其体积小到可以一只手轻松地拿着，通常包括一个带有触笔或触摸屏输入的显示屏以及一个小型键盘或数字键盘。

笔记本电脑：为移动用户设计的个人电脑，体积小、重量轻，可以舒适地放在用户的膝盖上。

平板电脑：一种便携式、轻量级的个人电脑，没有键盘，就像写字夹板一样的携带设备，可以用于办公室、家庭或工厂的地板。

> **精简型客户机**：一种低成本、集中管理的计算机，具有有限的基本功能，没有额外的驱动器（如 CD 或 DVD 驱动器）或扩展插槽。
>
> **台式计算机**：一种相对小型、廉价、单用户的计算机系统，用途广泛。
>
> **简易计算机**：一种便宜的台式计算机，比传统的台式计算机更小、更轻、耗电更少。
>
> **工作站**：一种功能更强大的个人计算机，用于数学计算、计算机辅助设计和其他高端处理，但仍小到可以放在桌面上。
>
> **服务器**：许多用户用来执行特定任务的计算机，如运行网络或互联网应用程序。
>
> **片式服务器**：包含许多计算机主板，包括一个或多个处理器、计算机内存、计算机存储器和计算机网络连接。
>
> **大型计算机**：一种大型的、功能强大的计算机，通常由数百个通过终端连接到计算机的并发用户共享。
>
> **超级计算机**：处理速度最快、功能最强大的计算机系统。

数据中心

数据中心（data center）是一种可控制气候和门禁的建筑物或建筑物群，里面装有计算机硬件，提供一个组织的数据和信息服务。超额计算能力需求的快速增长正在导致新的及现有的数据中心的增长。Rackspace 是一个主要的云计算服务提供商，它以每月超过 1 500 台的速度向其数据中心添加新的服务器。[32] 苹果、脸谱网、AT&T、Rackspace 和 IT 服务公司 Wipro 都在一年内花费数亿美元建立了公司的新数据中心。

增加新数据中心支出背后的一个驱动力是，组织正在将它们的数据中心从许多分散位置整合到几个位置。整合的目标是降低持续的运营成本，减少在公用事业、财产税和劳动力方面的支出。通用汽车（General Motors）最近将 23 个数据中心的位置合并为两个，降低了其运营成本和能源使用。[33] 总体而言，据高德纳咨询公司（Gartner）估计，2013 年数据中心的支出将达到 1 430 亿美元。[34]

企业和技术供应商正在努力开发运行效率更高、处理和冷却所需能源更少的数据中心。例如，微软在弗吉尼亚州博伊顿的一个模块化数据中心园区投资近 10 亿美元。这个最先进的数据中心采用了预制的、类似容器的数据中心模块，称为 IT-PACS，每个模块都能容纳数千台服务器。单个模块位完全暴露于元件板上，为服务器、数据存储设备和内部其他设备提供防风雨保护。模块内的服务器通过由水和风扇驱动的系统有效制冷，所需的能量比空调机组少得多。这种数据中心设计方法使微软能够以更快、更低的初始成本和更低的持续运营成本部署额外的计算能力。[35] 谷歌、戴尔、惠普和其他公司采用了类似的模块化数据中心方法。[36] 如图 2-17 所示。

为了进一步降低运营成本，各组织正在将其数据中心设在气候温和、能源价格和土地成本较低的地区。对于美国而言，通常指南部和西北部的农村地区。苹果 10 亿美元的数据中心、谷歌 6 亿美元的数据中心和脸谱网 4.5 亿美元的数据中心都位于北卡罗来纳州的农村地区。[37]

在规划新的数据中心时，化解灾难（如飓风、地震、恐怖主义袭击或战争）的影响并快速恢复服务的能力是一个关键问题。因此，大型服务机构信息系统的数据中心往往分布在国家的不同地区甚至不同国家的多个地点，以确保发生灾难时持续运作。如果数据中心受到灾难的影响，可以将该中心的工作负载重定向到一个或多个未受影响的分布式数据中心。IBM 是分布式数据中心的一个极端例子。自 2009 以来，IBM 在巴西、墨西哥、哥斯达黎加、智利、哥伦比亚、秘鲁和乌拉圭开设了 9 个数据中心，以确保为其拉丁美洲客户昼夜服务。在全球范围内，IBM 拥有 400 多个广泛分布的数据中心，以满足其客户的需求。[38] 除了分布策略外，大多数数据中心还实施了某种形式的备用发电机或不间断电源，以防本地电源供应商出现故障。

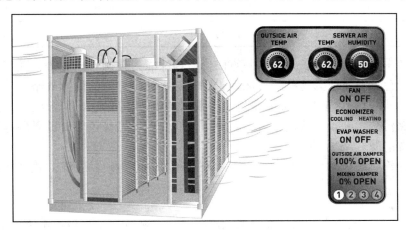

图 2-17 模块化数据中心

注：模块化数据中心中的每个模块都有一个服务器，该服务器由水和风扇有效制冷，所需的能量比空调机组少得多。

> **数据中心：** 一种可控制气候和门禁的建筑物或建筑物群，里面装有计算机硬件，提供一个组织的数据和信息服务。

绿色计算

计算机硬件和手机等电子设备包含数百甚至数千个组件。这些成分组件又由许多不同的材料组成，包括一些已知对人类和环境有潜在危害的材料，如铍、镉、铅、汞、溴化阻燃剂（BFR）、硒以及聚氯乙烯。[39] 在供应链和制造过程的所有步骤中，制造人员和供应商都有接触这些不健康的原材料的风险。当使用设计不良或制造不当的设备时，这些产品的用户也可能接触到这些材料。回收或销毁这些设备时也必须小心，以免污染环境。

绿色计算（green computing）涉及高效和环保的信息系统相关产品的设计、制造、操作和处置，包括所有类型的计算机、打印机和打印机材料，如墨盒和碳粉。商业组织认识到，从公共关系、员工安全和整个社区的角度来看，走绿色道路符合它们的最大利益。它们还认识到，绿色计算为其在信息系统设备的生命周期内大幅降低总成本提供了机会。绿色计算有三个目标：减少有害物质的使用，允许公司降低与电力相关的成本，使计算机和与计算机相关的设备能够得到安全处理或回收。

电子产品环境评估工具（electronic product environmental assessment tool，EPEAT）是一个使购买者能够基于 51 个环境标准来评估、比较和选择电子产品的系统。根据满足 EPEAT 中指标的数量，产品可以分为铜、银和金三个等级，见表 2-5。[40] 购买计算机、打印机、扫描仪的个人和购买多功能设备的组织可以使用 EPEAT 网站（www. EPEAT. net）根据环境属性筛选制造商和型号。[41]

表 2-5　EPEAT 产品等级

等级	必须满足的所需标准数	必须满足的可选条件数
铜	共 23 个	无
银	共 23 个	至少 50%
金	共 23 个	至少 75%

　　苹果、戴尔和惠普等电脑制造商长期以来一直以价格和性能为基础展开竞争。随着在这两方面制造商之间的差距缩小，支持绿色计算正成为这些公司区别于竞争对手的一种新的商业战略。苹果声称拥有"最环保的笔记本电脑"，并在去除有毒化学品方面取得进展。戴尔的新口号是成为"地球上最环保的科技公司"。惠普强调了其长期的环保传统，并正在改进包装以减少材料的使用。惠普还敦促世界各地的电脑用户在一天结束时关闭电脑，以节省能源，减少碳排放。

　　现在来谈谈有效计算机系统的另一个关键组成部分——软件。与硬件一样，软件在相对较短的时间内实现了巨大的技术飞跃。

> **绿色计算**：一个有关信息系统相关产品的高效环保设计、制造、操作和处理的项目。
>
> **电子产品环境评估工具（EPEAT）**：一个使购买者能够基于 51 个环境标准来评估、比较和选择电子产品的系统。

软件概述

　　软件由控制计算机硬件工作的计算机程序组成。**计算机程序**（computer programs）是计算机的一系列指令。程序的文档描述帮助用户操作计算机系统的程序功能。程序在屏幕上或联机显示一些文档，而其他表单则显示在外部资源（如打印的手册）中。软件有两种基本类型：系统软件和应用软件。

　　软件的有效使用对个人和组织有着深远的影响。它可以在利润和损失之间，在财务健康和破产之间产生差异。如图 2-18 所示，公司认识到这一影响，在软件上的支出高于在计算机硬件或信息系统其他领域的支出。这与计算机首次出现的时候大不相同：软件是免费赠送的，客户只为硬件付费。如今，软件支出实际上超过了硬件支出。[42]

　　系统软件是设计用来协调硬件和整个计算机系统中各种程序的活动和功能的一组程序。系统软件是为特定的 CPU 和硬件类别而设计的。应用软件由帮助用户解决特定计算问题的程序组成。软件应用程序数以百万计，仅在安卓和 iPhone 智能手机上运行的应用程序就超过 160 万个。[43] 在大多数情况下，应用程序软件在进入计算机的主内存并运行之前，会驻留在计算机的硬盘上。应用软件也可以存储在 CD、DVD 上，甚至可以存储在插入 USB 端口的闪存或钥匙链存储设备上。越来越多的应用软件可以在网上使用。有时称为富网络应用程序（rich Internet application，RIA），Web 交付的软件应用程序将 Web 服务器和 PC 的硬件资源结合起来，通过 Web 浏览器界面交付有价值的软件服务。在企业决定获取应用软件的最佳方法之前，应该仔细分析自己的目标以及当前和未来的需求。

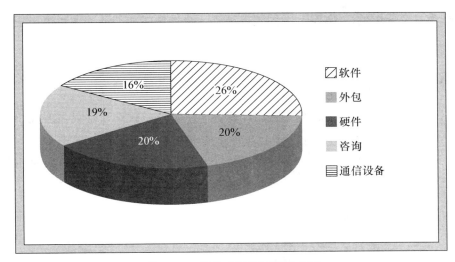

图 2－18　软件支出超过硬件支出

注：自 20 世纪 50 年代以来，企业在软件方面的支出大大高于硬件。

支持个人、群体和组织的目标

每个组织都依赖个人、群体对整个组织的贡献来实现业务目标。为了帮助他们实现这些目标，组织为他们提供了特定的应用软件和信息系统。对信息系统的许多潜在用途进行分类的一种有用方法是，确定特定组织所处理的问题和面对的机会的"影响范围"。对大多数公司来说，影响范围分为个人、工作组和企业三类。表 2－6 显示了各种软件如何支持这三个领域。

表 2－6　支持个人、工作组和企业的软件

软件	个人	工作组	企业
系统软件	智能手机、平板电脑、个人电脑和工作站操作系统	网络操作系统	服务器和大型机操作系统
应用软件	文字处理、电子表格、数据库和图形软件	电子邮件、组调度、共享工作和协作软件	总账系统、订单录入系统、工资单系统和人力资源系统

在个人影响范围（personal sphere of influence）内运行的信息系统服务于个人用户的需求。这些信息系统使用户能够提高个人效能、增加可完成的工作量和质量。这种软件通常被称为个人生产力软件（personal productivity software）。例如，Clear 是一个用户友好的 iPhone 和 Mac 待办事项列表应用程序[44]，Bump 允许通过 Wi-Fi 网络与附近的移动设备交换联系人和其他内容。[45]

一个工作组（workgroup）是两个或两个以上为实现共同目标而共同工作的人。工作组可以是一个大型的、正式的、永久性的组织实体，例如一个部门，也可以是为完成一个特定项目而组成的临时小组。在工作组影响范围（workgroup sphere of influence）内运行的信息系统支持工作组实现共同目标。这些应用程序的用户必须能够成功地进行通信、交互和协作。例如，SignNow 是一个免费的应用程序，它可以打印文档，然后对文档进行签名、扫描、格式化，并将其发送到审批链上的下一个人，从而加快重要文档的审批过程。[46] Cooper 是一个项目管理应用程序，允许创建项目计划，向项目添加人力资源，然后让他们登录并更新其任务的状态。[47]

在企业影响范围（enterprise sphere of influence）内运行的信息系统支持企业与其环境的交互。企业的外部环境包括客户、供应商、股东、竞争对手、特殊投资者团体、金融界和政府机构。例如，许多企业使用

IBM Cognos 软件作为一个集中的基于 Web 的系统，员工、合作伙伴和利益相关者可以报告和分析企业财务数据。

■ 安装和删除软件

在使用任何类型的软件之前，必须将其安装在计算机上。安装新软件通常只需要几个安装步骤。个人电脑的软件通常来自 CD 或从网上下载。如果可能，最好使用操作系统附带的添加/删除软件实用程序或某些实用程序软件（如 Norton System Works 和 McAfee QuickClean）的一部分删除软件。这将有助于确保删除所有不需要的软件元素。

> **计算机程序**：计算机的一系列指令。

系统软件

控制计算机硬件的运行是系统软件最关键的功能之一。系统软件也具备支持应用程序解决问题的能力。系统软件包括操作系统和实用程序两类。

■ 操作系统

操作系统（operating system，OS）是一组控制计算机硬件并充当与应用程序的接口的计算机程序。如图 2-19 所示。操作系统可以控制一台或多台计算机，也可以允许多个用户与一台计算机交互。

操作系统、计算机和用户的各种组合包括：

- **面向一个用户的单台计算机**。该系统通常用于个人电脑、平板电脑或一次支持一个用户的智能手机。适用于此类设备的操作系统包括 Microsoft Windows、Mac OS X 和 Google Android。

- **同时面向多个用户的单台计算机**。这类系统是典型的大型服务器或大型计算机，可以支持数百或数千人，所有人同时使用计算机。支持这类系统的操作系统包括 UNIX、z/OS 和 HP UX。

- **面向多个用户的多台计算机**。此类系统是典型的网络计算机，例如连接了几台计算机的家庭网络或连接了数百台计算机以支持许多用户的大型计算机网络，有时这些计算机位于世界各地。大多数 PC 操作系统兼作网络操作系统。网络服务器操作系统包括 Red Hat Linux、Windows Server 和 Mac OS X Server。

- **专用计算机**。这类系统是许多具有特殊功能的计算机的典型代表，例如控制精密军用飞机、航天飞机、数码相机或家用电器的计算机。适用于此类设备的操作系统包括 Windows Embedded、Symbian 和 Linux 的一些专业版。

操作系统通常存储在磁盘上，在整个计算机系统的运行中起着核心作用。计算机系统开始或"启动"后，部分操作系统将根据需要传输到内存中。还可以从 CD、DVD 甚至插入 USB 端口的拇指驱动器启动计算机。包含部分或全部操作系统的存储设备通常称为"救援磁盘"，当主硬盘出现问题时，可以用其启动计算机。

组成操作系统的程序集执行多种活动，包括：

- 执行通用计算机硬件功能

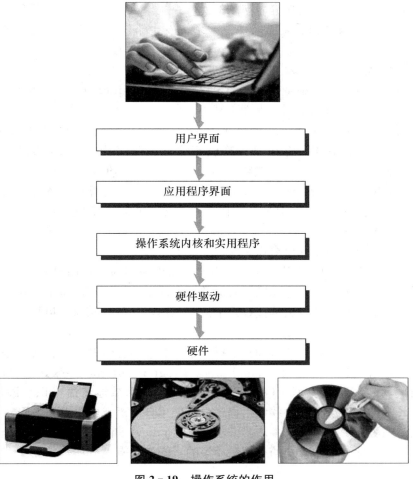

图 2 - 19 操作系统的作用

注：操作系统的作用是充当应用软件和硬件之间的接口。

- 提供用户界面和输入/输出管理
- 提供一定程度的硬件独立性
- 管理系统内存
- 管理处理任务
- 有时提供联网能力
- 控制对系统资源的访问
- 管理文件

常见硬件功能

所有应用程序都必须执行某些与硬件相关的任务，例如：

- 从键盘或其他输入设备获取输入
- 从磁盘检索数据
- 在磁盘上存储数据
- 在显示器或打印机上显示信息

每个任务都需要一组详细的说明。操作系统将一个基本请求转换成硬件所需的一组详细指令。实际上，操作系统充当了应用程序和硬件之间的中介。典型的操作系统执行数百个这样的任务，将每个任务转换为硬件的一个或多个指令。当输入或输出设备需要注意、系统发生错误、系统中发生异常时，操作系统会通知用户。

用户界面和输入/输出管理

任何操作系统最重要的功能之一都是提供一个**用户界面**（user interface），允许人们访问并与计算机系统交互。大型机和最早的个人计算机系统用户界面是基于命令的。

基于命令的用户界面（command-based user interface）要求用户向计算机提供文本命令以执行基本活动。例如，命令 ERASE 00TAXRTN 将导致计算机删除或删除名为 00TAXRTN 的文件。RENAME 和 COPY 是用于重命名文件和将文件从一个位置复制到另一个位置的其他命令示例。

图形用户界面（graphical user interface，GUI）显示人们用来向计算机系统发送命令的图片（称为图标（icons））和菜单。许多人发现 GUI 更容易使用，因为用户可以直观地掌握其功能。如今，使用最广泛的图形用户界面是 Microsoft Windows。顾名思义，Windows 是基于窗口的系统，或者是一部分专用于特定应用程序的显示屏幕，屏幕可以同时显示几个窗口。

今天的移动设备和一些个人电脑使用的触摸式用户界面也被称为自然用户界面（natural user interface，NUI）或多点触摸界面。视觉界面使用计算机上的摄像机来确定一个人在屏幕上的位置，并执行适当的命令或操作。一些公司也在试验连接人脑（大脑接口）上的传感器，这种传感器可以检测脑电波，从而控制计算机。视觉和大脑界面对残疾人非常有帮助。

语音识别也可用于一些操作系统。微软和其他操作系统制造商已经开发了语音命令计算机控制软件。微软使用一种叫作语音应用程序接口（Speech Application Program Interface，SAPI）的特殊编程语言，将语音命令与计算机执行的特定操作相关联。OpenEars 让用户可以简单地将语音识别添加到 iPhone、iPad 或 iPod 中。Siri 是苹果 iOS 操作系统上的一款应用程序，它使用自然语言用户界面来回答问题。

操作系统开发人员在更改用户界面时必须非常小心。Windows 8 的触摸界面与传统的鼠标驱动的点击式用户界面相比有了很大的变化，用户最初的反应是冷淡的，抱怨没有"开始"按钮来显示程序、文件夹和图标的弹出菜单。

硬件独立性

应用程序要正常运行，需要通过定义的**应用程序接口**（application program interface，API）从操作系统请求服务。程序员可以使用 API 创建应用程序软件，而不必了解操作系统的内部工作原理。它提供了一个软件到软件的界面，而不是最终用户界面。

内存管理

操作系统还控制如何访问内存并最大化可用内存和存储。最新的操作系统比旧的操作系统更好地管理内存。许多操作系统的内存管理特性使计算机能够有效地执行程序指令并加快处理速度。提高旧计算机性能的一种方法是升级到新的操作系统并增加内存量。

大多数操作系统都支持虚拟内存，虚拟内存在硬盘上分配空间以补充 RAM 的即时、功能性存储容量。虚拟内存通过在内存和一个或多个磁盘设备之间交换程序或程序的一部分来工作，这一概念称为分页。此过程减少 CPU 空闲时间，并增加在给定时间范围内可以运行的作业数。

处理任务

操作系统使用以下五种基本任务管理技术来增加在给定时间内可以完成的处理量。

● **多用户管理**：允许两个或多个用户在同一台计算机上同时运行程序。有些操作系统允许成百上千的并发用户。计算机平稳地处理越来越多并发用户的能力称为可伸缩性。

● **多处理管理**：支持在多个 CPU 上运行程序。

● **多任务管理**：允许多个程序同时运行。

- **多线程管理**：允许一个程序的不同线程同时运行。线程是应用程序中独立于其他线程的一组指令。例如，在电子表格程序中，打开工作簿的线程与对一列数字求和的线程是分开的。
- **实时管理**：即时响应输入。为此，如果操作系统任务计划程序确定需要立即运行另一个优先级更高的任务，则它可以在执行任务的任何时间停止任何任务。这些系统可用于控制喷气发动机的运行、安全气囊的展开、防抱死制动系统的运行以及其他实时操作。

并非所有操作系统都采用这些技术。例如，我们最熟悉的通用操作系统（如 Windows、Mac OS 和 Linux）就无法支持实时处理。

网络能力

大多数操作系统都具有联网功能，这样计算机就可以在网络中连接起来发送和接收数据，并共享计算资源。大型服务器计算机的操作系统是专门为计算机网络环境设计的。

访问系统资源和安全性

由于计算机通常处理可以通过网络访问的敏感数据，因此操作系统需要提供高级别的安全性，以防止未经授权访问用户的数据和程序。通常，操作系统建立一个登录过程，要求用户输入标识码（如用户名）和匹配的密码。操作系统还能控制用户可以访问哪些系统资源。当用户成功登录系统时，操作系统只允许访问已被用户清除的系统部分。操作系统记录谁在使用系统以及使用多长时间，并报告任何试图违反安全性的行为。

文件管理

操作系统管理文件，以确保辅助存储中的文件在需要时可用，并防止未经授权的用户访问这些文件。许多计算机支持多个用户将文件存储在位于中心位置的磁盘或磁带驱动器上。操作系统会跟踪每个文件的存储位置以及谁可以访问它们。

主流操作系统

早期的操作系统非常基础。然而，今天已经开发出了更先进的操作系统，融合了复杂的功能和令人印象深刻的图形效果。表 2-7 按影响范围对一些当前操作系统进行了分类。

微软 PC 操作系统

20 世纪 80 年代曾经很小的微软公司开发 PC-DOS 和 MS-DOS 来支持 IBM 个人电脑，此后，个人电脑操作系统稳步发展。PC-DOS 和 MS-DOS 有命令驱动的接口，很难学习和使用。每一个新版本的操作系统都提高了易用性、处理能力、可靠性和支持新计算机硬件设备的能力。

表 2-7　服务于三个影响范围的操作系统

个人	工作组	企业
Microsoft Windows	Microsoft Windows Server	Microsoft Windows Server
Mac OS X，Mac OS X iPhone	Mac OS X Server	
Linux	Linux	Linux
Google Android，Chrome OS		
HP webOS		
	UNIX	UNIX
	IBM i and z/OS	IBM i and z/OS
	HP-UX	HP-UX

MS-DOS 使用命令驱动界面，很难学习和使用。之后 MS-DOS 让位给了 Windows，Windows 为日常用户打开了 PC 市场。Windows 经过了几个版本的发展，包括 Windows 1.01、2.03、3.0 和 3.1；Windows 95、98 和 Windows Me；Windows NT、Windows 2000、Windows XP、Windows Vista、Windows 7 和 Windows 8。

Windows 7 对触摸屏和上网本有着强大的支持，开创了移动计算设备的新时代。Windows 7 的配置专为 32 位或 64 位处理器设计。建议使用较新计算机的用户安装 64 位的版本，如果计算机能够支持，将能体验更快的处理器性能。使用 64 位版本计算机的最大优点之一是能够访问 4GB 以上的物理内存（RAM），而 32 位的计算机无法对其进行寻址。对于访问大型数据库的服务器和计算机来说，4GB 的限制可能是一个严重的问题。

微软 Windows 8 包括一个触摸界面和许多面向消费市场的新功能，"Start" 屏幕显示彩色应用程序 "块" 来代替图标。Windows 8 可用于许多平台，包括智能手机、平板电脑、PC 和服务器。许多智能手机和移动设备制造商计划在它们的设备中使用 Windows。如图 2-20 所示。

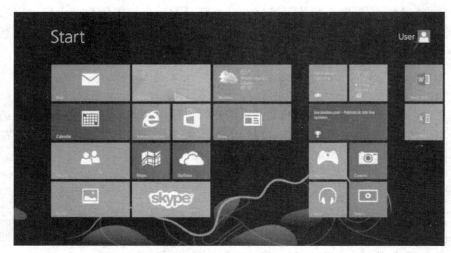

图 2-20　Microsoft Windows 8

微软产品截屏，经微软公司许可。
注：Windows 8 使用的是 "Start" 屏幕而不是 "Start" 菜单。

Windows 9 将能够在智能手机、平板电脑和台式电脑上运行。[48]

苹果电脑操作系统

2001 年 7 月，Mac OS X 作为一个全新的基于 UNIX 操作系统的 Mac 操作系统被发布。它包括一个新的用户界面，为用户提供了一个新的视觉外观，包括发光元素和半透明元素，如按钮、滚动条、窗口和流体动画，以增强用户体验。

自第一次发布以来，苹果已经多次升级 OS X。OS X 10.9 Mavericks 是苹果最新的操作系统，如图 2-21 所示。它提供了启动 iBooks 应用程序的功能，可以将已下载到 iPad、iPhone 或 iPod Touch 的书籍显示在个人图书馆中。动态、书签和最近的搜索将自动传递到所有 iOS 设备。可以在多个屏幕上打开多个显示器，并使用省电技术，使得在电源耗尽前的浏览时长达一小时以上。

由于 Mac OS X 运行在英特尔处理器上，因此 Mac 用户可以将其计算机设置为同时运行 Windows 和 Mac OS X，并选择在启动计算机时要使用的平台。这种安排称为双启动（dual booting）。虽然 Macs 支持双启动到 Windows，但实际情况有时不是这样。苹果不允许 OS X 在苹果以外的任何机器上运行。不过，Windows PC 可以使用 Linux 和其他操作系统进行双启动。

图 2 - 21　Mac OS X Mavericks

Mac OS Mavericks
注：Mavericks 将苹果移动设备的许多功能整合到其桌面操作系统中。

Linux 系统

Linux 是莱纳斯·托瓦兹（Linus Torvalds）1991 年在芬兰留学时开发的一个操作系统，它是在 GNU 通用公共许可（GNU General Public License）下发布的，其源代码对每个人都是免费的。因此，它被称为开源操作系统。

个人和组织可以使用开源 Linux 代码创建自己的 Linux 发行版（风格）。这种发行版由 Linux 内核（操作系统的核心）组成，它控制硬件、管理文件、分离进程，并与其他软件一起执行其他基本功能。由这个软件定义终端界面和用户使用的命令，生成用户看到的图形用户界面，并提供其他有用的实用程序。Linux 分发服务器获取这些程序的所有代码，并将其组合到一个可以安装在计算机上的操作系统中。分发服务器还可以添加自己最后的润色，例如桌面的外观、显示的颜色方案和字符集以及操作系统中包含的浏览器和其他可选软件。通常，分发是"优化"的，以便在特定环境（例如台式计算机、服务器或电视有线电视盒控制器）中执行。

目前已经创建了 100 多个 Linux 发行版。[49] 许多发行版都可以免费下载。最广泛使用的三个发行版分别来自软件公司 RedHat、SUSE 和 Canonical。尽管 Linux 内核是免费软件，但 Red Hat 和 SUSE 都生产付费版的操作系统，2012 年它们通过分发该软件和为该软件提供服务，获得了数亿美元的收入。[50] OpenSUSE 是由 SUSE 赞助的发行版。如图 2 - 22 所示。

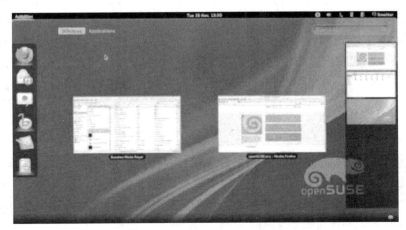

图 2 - 22　OpenSUSE 操作系统

Courtesy of openSUSE. org
注：OpenSUSE 是 Linux 的一个发行版，可以免费下载。

谷歌

多年来，谷歌已经从提供流行的搜索引擎（Google）扩展到应用软件（Google Docs）、电子邮件（Gmail）、移动操作系统（Android）、网络浏览器（Chrome）以及最近的 PC 操作系统（Chrome OS）。Android 操作系统的各种版本都被命名为美味的名字，比如姜饼（Gingerbread）、果冻豆（Jelly Bean）和冰淇淋三明治（Ice Cream Sandwich）。据估计，到 2013 年年中，全球 Android 用户数量超过 10 亿。[51]

Chrome OS 是一个基于 Linux 的操作系统，用于上网本和简易计算机，主要用于访问基于网络的信息和服务的笔记本和台式机，如电子邮件、Web 浏览、社交网络和 Google 在线应用程序。这个操作系统是为在廉价的低功耗计算机上运行而设计的。个人电脑的 Chrome 操作系统旨在快速启动，并通过互联网快速访问应用程序。一个名为 Chrome OS 的开源版本于 2009 年底发布，由于它是开源软件，故开发人员可以自定义源代码以在不同的平台上运行，并结合独特的功能。

工作组操作系统

为了跟上用户的需求，未来的技术必须支持网络使用、数据存储需求和数据处理速度的惊人的增长速度。通信和数据处理能力的快速增长推动了计算机科学和物理学的发展。运行满足工作组这些业务需求的服务器则需要强大而复杂的操作系统。

Windows 服务器

微软设计的 Windows 服务器执行一系列对网站和企业 Web 应用程序至关重要的任务。例如，Microsoft Windows Server 可以用来协调大型数据中心的许多服务器。它提供的好处包括强大的 Web 服务器管理系统、允许各种操作系统在单个服务器上运行的虚拟化工具、高级安全功能和强大的管理支持。Windows Home Server 允许个人将多台 PC、存储设备、打印机和其他设备连接到家庭网络中。它提供了一种方便的方式来存储和管理照片、视频、音乐和其他数字内容。它还提供备份和数据恢复功能。

UNIX 系统

UNIX 是一个强大的操作系统，最初由 AT&T 为小型计算机开发。小型计算机是比 PC 大、比大型机小的服务器的前身。UNIX 可以用于许多计算机系统类型和平台，包括工作站、服务器和大型机。UNIX 还使得在计算机之间移动程序和数据或连接大型机和工作站以共享资源变得更加容易。UNIX 有许多变体，包括来自惠普的 HP/UX、来自 IBM 的 AIX 和来自 Oracle 的 Solaris。与 Linux 和 Windows 服务器相比，UNIX 平台（能够运行 UNIX 操作系统的计算机加上操作系统本身）被认为是一个高成本的平台。

Oracle 主要是一家数据库管理软件公司，2010 年收购了 Sun。Sun 产品包括服务器硬件、Solaris 操作系统和 Java 编程语言。Oracle 现在提供所谓的通用工程系统，包括运行在 Solaris 操作系统下的 Sun 服务器上的 Oracle 和 Sun 软件的组合。[52] KASIKORNBANK 是一家泰国金融机构，提供多种金融服务，在全国设有 897 个分支机构、10 个海外办事处。该银行将其不同的安全系统整合运行在 Solaris 操作系统下的 Sun 服务器上。[53]

红帽 Linux

红帽软件（Red Hat Software）提供了红帽企业（Red Hat Enterprise）Linux 服务器，这是一个非常高效地为 Web 页面提供服务的操作系统，可以管理多个服务器的群集。SUSE 和 Red Hat 等发行版已经证明 Linux 是一个非常稳定和高效的操作系统。红帽企业虚拟化软件（RHEV）为服务器和桌面计算机提供虚拟化功能，使硬件能够运行多个操作系统。如图 2-23 所示。

Mac OS X 服务器

Mac OS X 服务器是第一个来自苹果电脑的现代服务器操作系统，它基于 UNIX 操作系统。最新的版本是 OS X Mavericks Server，它支持 64 位处理以及一些服务器功能和特性，允许轻松管理网络和互联网服务，如电子邮件、网站托管、日历管理与共享、Wiki 和播客。

HP-UX

HP-UX 是惠普推出的一款基于 UNIX 的强大操作系统，旨在处理各种业务任务，包括在线事务处理和 Web 应用程序。它支持惠普最强大的计算机以及那些设计用于运行英特尔安腾处理器的计算机。

肯尼亚妇女金融信托基金（Kenya Woman Finance Trust，KWFT）只为非洲妇女服务，是肯尼亚主要的接受存款小额信贷机构。它以低收入妇女为切入点和联系点，通过提供创新的储蓄和信贷产品来减轻贫困。最初，KWFT 仅限于提供贷款，但随着业务的增长，KWFT 采取行动，获得了接受存款小额信贷（Deposit Taking Microfinance，DTM）的许可，以提供与储蓄相关的金融服务。一个关键步骤是对其信息系统基础设施进行重大升级。KWFT 收购了 Temenos T24 核心银行软件和 HP Integrity Superdome 2 服务器，该服务器旨在运行组织的关键任务应用程序。服务器使用 HP-UX 操作系统运行，并为 KWFT 提供处理能力和可靠性，以便每天处理 3 万多个小事务。[54]

图 2－23　红帽 Linux

www.redhat.com

注：红帽企业虚拟化软件（RHEV）为服务器和桌面计算机提供虚拟化功能。

企业操作系统

大型机，通常被称为"大铁"，提供计算和存储能力，以满足海量数据处理需求，并为许多用户提供可用性高、功能强大的安全性高和可扩展性强的系统。此外，一系列可以在大型机环境中运行的应用软件已被广泛开发，用户可以购买到解决企业任何业务问题的软件。大型机的操作系统有 IBM 的 z/OS、惠普的 HP-UX 和 Linux。z/OS 是 IBM 的第一个 64 位企业操作系统，能够处理非常繁重的工作负载，包括服务数千个并发用户和运行组织的关键应用程序。（z 代表零停机时间。）IBM i 操作系统提供了一个高度可伸缩和防病毒的软件集合，它集成了关系数据库、安全管理、Web 服务、网络和存储管理功能。

移动操作系统

智能手机现在采用成熟的个人电脑操作系统，如谷歌安卓（Google Android）、苹果 iOS（Apple iOS）和微软 Windows Phone（Microsoft Windows），它们决定了手机的功能和可以运行的应用程序。这些操作系统有软件开发工具包，允许开发人员设计数以千计的应用程序，提供无数的移动服务。

表 2-8 列出了截至 2013 年第二季度在全球智能手机和平板电脑市场所占份额居前 4 名的移动操作系统。

表 2-8 2013 年第二季度智能手机操作系统发货量对比

智能手机操作系统	2013 年第二季度全球销售市场份额	预计 2013 年年中申请总数	新应用程序数量的估计增长量
谷歌安卓	79.3%	>1 000 000	800/天
苹果 iOS	13.2%	900 000	600/天
微软 Windows Phone	3.7%	145 000	130/天
黑莓有限公司，黑莓	2.9%	120 000	无

资料来源：Etherington, Darrell, "Android Nears 80% Market Share In Global Smartphone Shipments, As iOS And BlackBerry Share Slides, Per IDC," Tech Crunch, August 7, 2013, *http://techcrunch.com/2013/08/07/android-nears-80-market-share-in-global-smartphone-shipments-as-ios-and-blackberry-share-slides-per-idc*；Cunningham, Andrew, "One Developer Makes Over 47 000 of BlackBerry 10's 120 000 Apps," Ars Technica, August 21, 2013, *http://arstechnica.com/gadgets/2013/08/one-developer-makes-over-47000-of-blackberry-10s-120000-apps*；Rowinski, Dan, ReadWrite, January 08, 2013, Google Play Will Beat Apple App Store to 1 000 000 Apps, *http://readwrite.com/2013/01/08/google-play-to-hit-1-million-apps-before-apple-app-store#awesm=~okUaRI5V5A0WOR.*

表 2-9 列出了 2013 年第一季度销量排名前四的平板电脑操作系统。

表 2-9 2013 年第一季度平板电脑操作系统全球市场份额

平板电脑操作系统	全球市场份额
安卓	56.5%
iOS	39.6%
Windows	3.3%
其他	0.3%

资料来源：Kovach, Steve, "Android Now Ahead Of Apple's iOS in Tablet Market Share," *www.businessinsider.com/android-ahead-of-ios-tablet-market-share-2013-5#ixzz2kfajQMiW*, accessed May 1, 2013.

嵌入式操作系统

嵌入式系统是一种计算机系统（包括某种处理器），它被植入并专用于控制另一个设备。嵌入式系统控制着许多现在常用的设备，包括电视电缆盒、手机、数字手表、数码相机、MP3 播放器、计算器、微波炉、洗衣机和红绿灯。典型的汽车包含许多嵌入式系统，用于控制防抱死制动、安全气囊展开、燃油喷射、主动悬架装置、变速箱控制和巡航控制。GPS 装置使用嵌入式系统帮助人们在城镇或更偏远的地区找到路。如图 2-24 所示。

一些嵌入式系统包括专门的操作系统。例如，2010 年惠普购买了一个早期的智能手机制造商 Palm 以及其备受尊敬的 Palm webOS 操作系统，用于运行 Pre 和 Pixi 智能手机。智能手机在市场上遭遇失败，2013 年初，LG 从惠普收购了所有与 webOS 相关的资产。它计划在智能电视中使用该软件，使用户能够观看流媒体电影、电视和 YouTube 视频以及连接社交网络、玩游戏、获取新闻和下载应用程序。[55]

下面几节将介绍一些更流行的嵌入式系统的操作系统。

嵌入式 Windows

嵌入式 Windows 是微软操作系统的一个系列，包含在小型计算机设备中或嵌入小型计算机设备中。小型嵌入式 Windows 包括多个版本，为电视机顶盒、自动化工业机器、媒体播放器、医疗设备、数码相机、PDA、GPS 接收器、ATM、游戏设备和诸如收银机之类的商业设备提供计算能力。微软视窗嵌入式汽车（Microsoft Windows Embedded Automotive）帮助制造商为驱动程序提供与他人保持联系、娱乐和获取信息所需的一切。驾驶员还可以监控车辆性能、筛选维修问题，并允许远程跟踪汽车的位置。语音识别、触摸界面和免提技术使驾驶员能够专注于道路并掌握周围环境。福特同步系统采用仪表盘内显示和无线网络技术，将汽车系统与手机和便携式媒体播放器连接起来。如图 2-25 所示。

图 2-24　GPS 设备使用嵌入式操作系统

注：GPS 设备使用嵌入式系统从卫星获取信息，在地图上显示当前位置，并指引到达目的地。

图 2-25　微软汽车和福特同步

注：福特同步（Ford Sync）系统是在微软汽车操作系统上开发的，它允许司机将手机和媒体设备无线连接到汽车系统。

基于 Linux 的专用系统

由于嵌入式系统通常是为特定设备中的特定目的而设计的，因此它们通常是由制造商专用或定制的。例如，Nintendo Wii 使用的是基于 Linux 内核定制设计的操作系统。Linux 是嵌入式系统的一个流行选择，因为它是免费的和高度可配置的。它已经在许多嵌入式系统中使用，包括电子书阅读器、ATM、手机、网络设备和媒体播放器。

> 用户界面：操作系统中允许人们访问和指挥计算机系统的元素。
> 基于命令的用户界面：一种用户界面，要求用户向计算机提供文本命令以执行基本活动。
> 图形用户界面（GUI）：显示人们用来向计算机系统发送命令的图片（图标）和菜单的界面。
> 应用程序接口（API）：允许应用程序使用操作系统的接口。

实用程序

实用程序[①]（utility programs）帮助执行各种任务。例如，一些实用程序合并数据集并对其排序，跟踪正在运行的计算机作业，在数据文件通过网络存储或传输之前对其进行压缩（从而节省空间和时间），并执行其他重要任务。

正如定期调整汽车引擎它就会运行得最好，电脑也需要定期维护，以确保最佳性能。随着时间的推移，计算机的性能会随着系统错误的发生、文件杂乱的硬盘和安全漏洞的出现而下降。Sysinternals 套件是一种流行的个人计算机实用程序，通过修复注册表和硬盘上的错误来维护 Windows 系统的性能，保护系统和隐私，优化缓慢的系统进程。[56] 图 2-26 显示了 Sysinternals 的窗口，总结了故障排除实用程序可以在 PC 上执行的任务。Sysinternals 套件包括用于文件、磁盘、网络、安全和系统信息的实用程序。

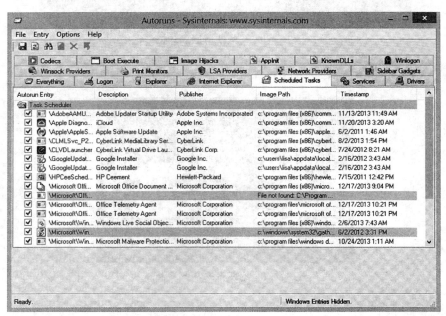

图 2-26　Sysinternals 套件

微软产品截屏，经微软公司许可。
注：Sysinternals 套件是一组实用程序，用于对 Windows 系统进行故障排除和维护。

---

① 实用程序是在编程中执行公共服务功能的程序，用来对系统进行配置和维护，如 Windows 自带的磁盘整理软件。而应用程序是直接为用户完成某特定功能所设计的程序。——译者注

虽然许多 PC 实用程序都安装在计算机上，但也可以单独购买实用程序。表 2 - 10 提供了一些常见实用程序类型的示例。

表 2 - 10　实用程序示例

个人	工作组	企业
压缩数据以减少硬盘空间的软件	维护对共享文档所做更改的存档的软件	通过将数据从磁盘复制到磁带来存档数据库内容的软件
帮助确定要删除哪些文件以释放磁盘空间的软件	监控小组活动以确定参与程度的软件	监视网络流量和服务器负载的软件
个人电脑防病毒和反间谍软件	报告用户登录尝试失败的软件	报告特定计算机作业状态的软件

中间件

中间件（middleware）是一种允许不同系统进行数据通信和交换的软件。中间件通常适用于企业在兼并、收购或扩张后存在不同类型的信息系统，并希望这些系统共享数据、进行交互的情况。中间件还可以作为互联网和私有企业系统之间的接口。例如，中间件可用于将企业网站上客户的信息请求传输到大型计算机的传统数据库，并将结果返回给互联网客户。

使用中间件连接不同的系统已经发展成为一种开发软件和系统的方法，称为 SOA。**面向服务的体系结构**（service-oriented architecture，SOA）使用模块化的应用程序服务，允许用户与系统交互，也允许系统相互交互。用 SOA 开发的系统是灵活的，对于需要系统扩展和发展的企业来说是理想的。SOA 模块可以用于多种情况，可以减少开发时间。由于 SOA 模块是使用编程标准设计的，因此它们可以与其他模块交互，而且刚性定制设计的中间件不需要连接系统。

> **实用程序**：帮助计算机系统进行维护或解决问题的程序。
> **中间件**：允许不同系统进行数据通信和交换的软件。
> **面向服务的体系结构（SOA）**：一种开发软件和系统的模块化方法，允许用户与系统交互，也允许系统相互交互。

应用软件

应用软件具有应用计算机的能力，使个人、工作组和整个企业有能力解决问题和执行特定任务。应用程序与系统软件交互，系统软件指导计算机硬件执行必要的任务。

许多软件选项的可用性使用户能够选择最能满足个人、工作组或企业需求的软件。例如，宝洁这样的大型跨国公司选择了 SAP 企业资源规划软件，该软件具有多种选项、功能，以及满足其复杂的全球会计需求的功能。与此同时，小区的面包店发现 Intuit 的 Quicken 能很好地满足其简单的会计需求。

在采用新应用程序时要谨慎，因为软件最初发布时有时会存在固有的问题。例如，联邦政府为使人们能够申请《平价医疗法案》（Affordable Care Act）提供的新医疗方案，推出了基于网络的应用程序，但其设计欠佳，无法处理大量初始申请，导致许多用户沮丧地放弃了该网站。

本书中讨论的大多数计算机化商务工作和活动都涉及应用软件。下面先来研究应用软件的类型和功能。

应用软件的类型和功能

解锁任何计算机系统潜力的关键是应用软件。一个公司可以为一个特定应用开发一个独一无二的程序，称为**私有软件**（proprietary software）或购买和使用现有的软件程序，有时称为**现成软件**（off-the-shelf software）；也可以修改一些现成的程序，将现成的和定制的方法结合起来。表 2 - 11 总结了私有软件和现成软件的相对优缺点。

表 2 - 11　私有软件和现成软件的比较

私有软件		现成软件	
优势	缺点	优势	缺点
可以从功能、报告等方面得到所需的信息。	开发所需功能可能需要很长时间和大量资源。	初始成本较低，因为软件公司可以将开发成本分散到许多客户身上。	一个组织可能需要为那些不需要也从未使用过的特性付费。
参与开发可以控制结果。	内部系统开发人员可能很难提供所需水平的持续支持和维护，因为他们有继续进行其他新项目的压力。	该软件很可能满足基本的业务需求，可以在购买之前分析现有的功能和软件包的性能。	该软件可能缺少重要的功能，因此需要将来进行修改或自定义。这种缺失可能非常昂贵，因为用户还必须使用软件的未来版本。
可以修改可能需要的功能，以抵消竞争对手的主动性或满足新的供应商或客户需求。	尚未开发的软件的特性和性能带来了更大的潜在风险。	这个软件包很可能是高质量的，因为许多客户公司已经测试了这个软件，并帮助识别了它的错误。	软件可能与当前的工作流程和数据标准不匹配。

许多公司使用现成软件来支持业务流程。选择现成软件的关键问题包括以下几个方面。首先，软件能在你选择的操作系统和硬件上运行吗？其次，软件是否满足已定义的基本业务需求？再次，软件制造商在财务上是否有偿付能力和可靠性？最后，购买、安装和维护软件的总成本是否比预期的业务收益更高？

罗德岛州税务局选择了一个现成的综合税务系统，为国家目前管理的 56 项税费提供广泛的处理和管理功能。该软件是足够灵活的，它可以修改程序以处理未来可能批准的新税收计划。该系统使税务局能够更快速有效地运作，为国家创造额外收入，并为税务从业人员、纳税人和其他利益相关者创造有用的新的在线工具。[57]

许多组织中的工作人员在云计算环境中工作，其中软件、数据存储和其他服务由互联网（"云"）提供；服务在另一个组织的计算机硬件上运行，并且软件和数据都很容易访问。向公众提供服务的公共云服务提供商包括亚马逊弹性云（EC2）、IBM 的蓝云（Blue Cloud）、太阳云（Sun cloud）、谷歌 AppEngine 和 Windows Azure 服务平台。公共云用户可以实现相当大的成本节约，因为非常高的初始硬件、应用程序和带宽成本由服务提供商支付，并作为相对较小的月费或阅读费传递给用户。此外，根据用户对服务的需求，可以容易地增大或减小所使用的服务量。

软件即服务（Software as a Service，SaaS）允许企业订阅 Web 交付的应用程序软件。在大多数情况下，公司按月支付服务费或按次支付使用费。SaaS 支持许多业务活动。SaaS 供应商包括甲骨文、SAP、Net Suite、Salesforce 和谷歌。通用电气航空使用 SaaS 软件 Salesforce 与商业客户沟通并管理销售机会。最初，它使用 Salesforce 为每个人提供对客户数据的访问，但最终它促成了销售和营销人员之间的某种程度的协作，从而改变了日常业务。[58]

　　然而，云计算和 SaaS 涉及一些风险。例如，敏感信息可能会以多种方式被泄露，包括员工或计算机黑客未经授权的访问；主机可能无法保持其计算机和网络的正常运行并在必要时保持一致；或者灾难可能会使主机的数据中心瘫痪，使一个组织暂时停业。另外，SaaS 方法也很难与现有软件集成。

◨ 个人应用软件

　　在学校、家庭和工作中，数以百计的计算机应用程序可以帮助个人。个人应用软件的特点见表 2-12。除了这些通用程序外，成千上万的其他个人电脑应用程序还执行专门的任务：帮助纳税、塑身、减肥、获取医疗建议、撰写遗嘱和其他法律文件、修理计算机、修理汽车、作曲、编辑图片和视频。这类软件通常称为用户软件（user software）或个人生产力软件（personal productivity software），包括支持个人需求的通用工具和程序。

表 2-12　个人应用软件示例

软件类型	解释	软件实例
文字处理	创建、编辑和打印文本文档	Microsoft Word Google Docs Apple Pages OpenOffice Writer
电子表格	为统计、财务、逻辑、数据库、图形以及日期和时间计算提供一系列内置功能	Microsoft Excel IBM Lotus 1-2-3 Google Spreadsheet Apple Numbers OpenOffice Calc
数据库	存储、操作和检索数据	Microsoft Access IBM Lotus Approach Borland dBASE Google Base OpenOffice Base
图形	绘制图形、插图和图画	Adobe Illustrator Adobe FreeHand Microsoft PowerPoint OpenOffice Impress
项目管理	根据计划时间，计划、安排、分配和控制完成一个项目所需的人力和资源（金钱，时间和技术）	Microsoft Project Symantec On Target Scitor Project Scheduler Symantec Time Line
财务管理	提供收入和支出的跟踪和报告，以监控和计划预算（有些软件具有投资组合管理功能）	Intuit Quicken
桌面发布（DTP）	与个人计算机和高分辨率打印机一起使用，以创建高质量的打印输出，包括文本和图形；可以布局各种样式的页面；其他程序的艺术作品和文本文件也可以集成到已发布的页面中	QuarkXpress Microsoft Publisher Adobe InDesign Corel Ventura Publisher Apple Pages

文字处理软件

　　如果要写报告、信件或学期论文，文字处理应用程序是必不可少的。今天使用的大多数个人电脑都安装了文字处理应用程序。此类应用程序可用于创建、编辑和打印文档。大多数都有很多功能，包括拼写检查、创建表格、插入公式、创建图形等。本书就是用个人电脑输入文字处理应用程序的。

一组人可以使用文字处理程序来协作完成一个项目。例如，本书的作者和编辑使用 Microsoft Word 的追踪修订（Track Changes）和审阅（Review）特性来跟踪和更改章节文件。使用这些功能，可以添加注释或对文档进行修订，以便同事可以审阅并接受或拒绝该修订。

电子表格分析软件

人们使用电子表格来编制预算、预测利润、分析保险计划、汇总所得税数据和分析投资。当涉及数字和计算时，应考虑电子表格。电子表格的功能包括图形、有限的数据库功能、统计分析、内置的业务功能，等等。如图 2-27 所示。业务功能包括折旧计算、现值计算、内部收益率计算、贷款月供计算等。优化是许多电子表格程序的另一个强大特性。优化（optimization）功能允许电子表格最大化或最小化一定数量的约束。例如，一个生产椅子和桌子的小型家具制造商可能想要最大化其利润。约束可能是木材的有限供应、可以组装椅子和桌子的有限工人数量或者是可能需要的各种有限硬件固件数量。通过使用优化功能，如 Microsoft Excel 中的求解器（Solver）功能，在考虑劳动力和材料限制的同时，确定要生产多少椅子和桌子，以实现利润最大化。

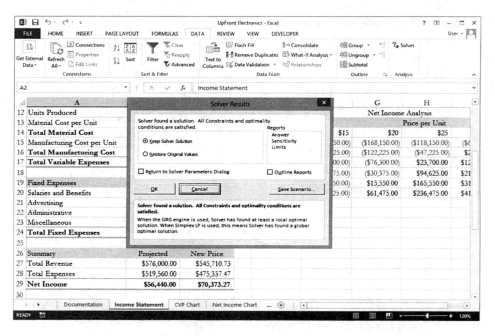

图 2-27　电子表格程序

微软产品截屏，经微软公司许可。
注：当需要计算时，请考虑使用电子表格程序，如 Microsoft Excel。

数据库应用软件

数据库应用软件是存储、操作和检索数据的理想选择。当需要操作大量数据并生成报表和文档时，这些应用程序尤其有用。数据库操作包括合并、编辑和排序数据。数据库应用软件的用途是多种多样的。可以记录收藏的 CD、公寓里的物品、税务记录和费用。学生俱乐部可以使用数据库存储姓名、地址、电话号码和已付会费。在商业中，数据库应用软件可以帮助处理销售订单、控制库存、订购新的供应品、向客户发送信件和向员工支付工资。数据库管理系统可用于跟踪订单、产品和客户，分析以往数据来预测未来几天的天气，以及总结医学研究结果。数据库也可以是另一个应用程序的前端。例如，可以使用数据库应用软件输入和存储所得税信息，然后将存储的结果导出到其他应用程序中，例如电子表格或纳税准备应用程序。

图形处理软件

如今的图形处理软件很容易开发出有吸引力的图形、插图和图画。图形软件可用于开发广告宣传册、公告和全彩演示文稿。如果你被要求在学校或工作场所做演讲，你就可以在演讲时使用图形软件来制作和显示幻灯片。图形软件可以用来帮助你做演示、绘图或进行说明。如图 2-28 所示。大多数图形演示软件都附带了许多剪贴画，如会议、医疗设备、电信设备、娱乐等的绘图和照片。

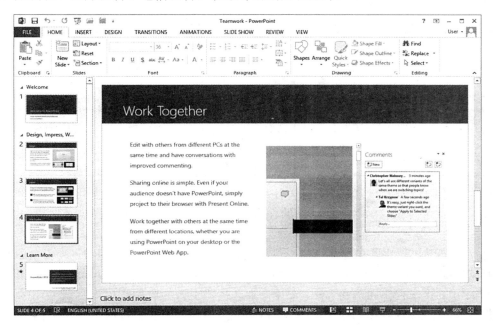

图 2-28　图形演示软件

微软产品截屏，经微软公司许可。
注：图形演示软件，如 Microsoft PowerPoint，可以帮助你在学校或工作场所制作演示文稿。

个人信息管理器

个人信息管理器（personal information managers，PIM）帮助个人、团体和组织存储有用的信息，例如要完成的任务列表或名称和地址列表。它们通常会提供一个约会日历和做笔记的地方。此外，PIM 中的信息可以进行链接。例如，可以将约会与出现在日历中的销售经理链接起来，并将有关销售经理的信息链接到通信簿中。单击日历中的约会，通信簿中有关销售经理的信息将自动打开并显示在计算机屏幕上。Microsoft Outlook 就是一款 PIM 软件。

门户网站通过允许用户从一个页面访问日历、待办事项列表、电子邮件、社交网络、联系人和其他信息来支持 PIM。

一些 PIM 允许安排和协调小组会议。如果计算机或手持设备已连接到网络，则可以上传 PIM 数据，并使用网络上相同的 PIM 软件将其与其他设备的日历和计划进行协调。还可以使用一些 PIM 来协调电子邮件以邀请其他人参加会议。当用户收到邀请时，单击某个链接或按钮可以自动添加来宾列表。

软件套件和集成软件包

软件套件（software suite）是打包在一起的程序集合。软件套件可以包括字处理器、电子表格、数据库管理系统、图形软件、通信工具、笔记管理软件等。有些套件支持网页、笔记和语音识别的开发，因此，套件中的应用程序可以接受语音命令和录音。软件套件有许多优势。软件被设计成类似的工作方式，这样，在学习了一个应用程序的基础知识之后，其他应用程序就很容易学习和使用了。购买捆绑套件经济而有效，这些程序的售价通常比它们各自的价格低很多。

Microsoft Office、Corel WordPerfect Office、Lotus SmartSuite 和 ApacheOpenOffice 是个人计算机用户常用的通用软件套件的示例。这些软件套件包括电子表格程序、文字处理器、数据库程序和图形显示软件。所有这些软件都可以共用文档、数据和图表。见表 2 - 13。换句话说，可以先创建一个电子表格，然后将该电子表格剪切并粘贴到使用字处理应用程序创建的文档中。Forrester Research 报告说，80％的企业客户使用某个版本的 Microsoft Office。最新版本是 Office 2013。

表 2 - 13　领先软件套件的主要组件

个人生产力软件	Microsoft Office	IBM Lotus Symphony	Corel WordPer-fect Office	Apache Open Office	Apple iWork	Google Apps
文字处理	Word	Documents	WordPerfect	Writer	Pages	Docs
电子表格	Excel	Spreadsheets	Quattro Pro	Calc	Numbers	Spreadsheet
图形演示	PowerPoint	Presentations	Presentations	Impress and Draw	Keynote	Presentation
数据库	Access			Base		Base

一些公司提供基于网络的生产力软件套件，使用时只需要在设备上安装一个网络浏览器，而不需要安装在硬件上。谷歌、Zoho 和 Thinkfree 提供免费的在线文字处理器、电子表格、演示文稿以及其他不需要在 PC 上安装的软件。

在观察到这一趋势后，微软用一些流行的 Office 应用程序的在线版本做出回应。Microsoft Office 365 使用云计算通过互联网提供基本的软件套件功能。可以访问 Microsoft Word、Outlook、Excel、Exchange 来传递信息、访问 SharePoint 来合作和访问 Lync 来开会。这些基于云的应用程序根据所使用的功能，每个用户的订单成本为每月 10 美元。Word、Excel、PowerPoint 和 OneNote 的联机版本与微软的桌面办公套件紧密集成，以便在计算机和协作者之间轻松共享文档。

FHI 360 是一家致力于计划生育、生殖健康和艾滋病毒/艾滋病的非营利全球健康和发展组织。[59] FHI 360 选择 Microsoft Office 365 作为其生产力软件解决方案，因为 Microsoft Office 365 的服务支持许多非营利组织本地托管的应用程序，其他文档和资源由微软存储在异地。此模型使 FHI 360 能够根据 1996 年《健康保险可移植性和责任法案》（Health Insurance Portability and Accountability Act，HIPAA）的规定，在自己的硬件上而不是在云中存储敏感的患者数据。Office 365 还使 FHI 360 能够进行电子邮件的发送、即时消息的传递、网络会议的召开、文档共享和协作。此外，Office 365 的视频会议和即时通信能力每年为 FHI 360 节省约 2 万美元。[60]

组织的大部分软件支出都用于应用软件，如图 2 - 29 所示。[61]

▣ 工作组应用软件

工作组应用软件旨在支持团队合作，无论人们是在同一地点还是分散在世界各地。这种支持可以通过称为群件（groupware）的软件来实现，群件可以帮助人们有效地协同工作。例如，Microsoft Exchange Server 具有群件和电子邮件功能。这种方法也被称为协作软件（collaborative software），它允许一个管理团队处理同一个生产问题，让他们通过连接的计算机系统分享想法和工作。

工作组软件包括组调度软件、电子邮件和其他使人们能够分享想法的软件。例如 Lotus Notes 和 Domino 是 IBM 的工作组软件。基于网络的软件是工作组使用的理想选择。由于文档存储在 Web 服务器上，任何具

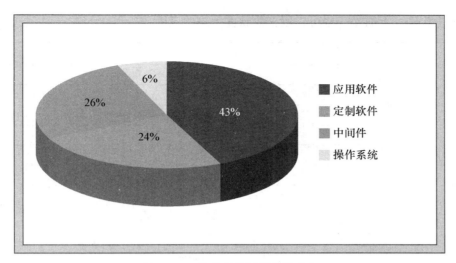

图 2 - 29　按软件类型划分的支出

注：在所有的软件类型中，企业在应用软件上的花费最多。

有互联网连接的人都可以轻松访问它们。谷歌在其在线应用程序中提供了一些选项，允许用户与其他指定用户或网络上的所有人共享文档、电子表格、演示文稿、日历和笔记。这种共享使得多人可以方便地投寄文档，而无须考虑软件兼容性或存储。谷歌还提供了一个创建基于 Web 的表单和调查的工具。当受邀方填写表格时，数据会存储在谷歌电子表格中。如图 2 - 30 所示。

图 2 - 30　IBM Lotus Notes 社会版

Courtesy of IBM Corporation
注：IBM Lotus Notes 社会版是工作组软件。

企业应用软件

有利于整个组织的软件，即企业应用软件，可以是专门为企业开发的，也可以购买现成的。一些软件供应商，如 SAP，专门为企业开发软件。许多组织正转向支持供应链管理（从供应商到客户的成品运输及原材料流动）的集成企业软件。下面是一些可以用企业软件解决的应用。

应付账款	开发票
应收账款	制造控制
航空业运营	订单录入
自动出纳系统	工资单
现金流量分析	接收
支票处理	餐厅管理
信用卡和收费卡管理	零售业务
分配控制	销售订单
固定资产会计	储蓄和定期存款
总账	航运
人力资源管理	股票和债券管理
库存控制	税收筹划

  企业再也不能使用非集成的信息系统来应对市场变化了，这些信息系统是基于对以往的业务交易的延迟处理、使用相互冲突的数据模型及过时的技术。沃尔玛和其他许多公司都有复杂的信息系统，可以加快处理速度、协调商店与其主要办公室之间的通信。许多公司正转向企业资源规划（ERP）系统，这是一套集成的程序，用于管理公司在整个多站点、全球组织中的重要业务操作。因此，ERP系统必须能够支持许多不同的法律规范、语言和货币。尽管范围因供应商而异，但大多数ERP系统提供集成软件以支持制造和财务。除了这些核心业务流程之外，一些ERP系统还可以支持诸如人力资源、销售和分销等业务功能。实施ERP软件的主要好处包括消除低效的系统、采用改进后简化的工作流程、改进对数据的访问以供业务决策、使技术供应商和设备标准化、实现供应链管理。相比之下，小企业通常不需要复杂的企业应用软件。它们依靠 Intuit 速记（Intuit QuickBooks）和 Microsoft Office 小企业会计（Microsoft Office Small Business Accounting）等软件进行账务处理和记录。

  据调查，成本是选择企业软件最为关注的问题。其他因素包括：安装和管理企业软件存在的困难、集成企业软件与其他软件的能力。越来越多的企业应用软件出现在智能手机和移动设备上。在一项调查中，超过80%的受访者认为，拥有可用于智能手机和移动设备的企业应用软件是选择企业软件的重要因素。

 ## 问题——伦理与社会

数字软件系统可以提高核电站的安全性

  核电站的安全性一直是核电站设计中的重要考虑因素。2011年3月，福岛核电站在经历了创纪录的海啸后发生故障，安全问题更是重中之重。与以前的方法相比，使用软件控制发电厂具有提高安全性的潜力。

  奥科尼（Oconee）核电站位于南卡罗来纳州塞内卡附近的科奥尼湖东岸，属于杜克能源公司（Duke Energy），于1973年投产。进入21世纪后，它的旧模拟控制系统开始老化。20世纪90年代，核电站发生了轻微的控制故障，但没有人员受伤，也没有辐射泄漏。在20世纪90年代末和21世纪初，系统的某些部分增加了数字控制，以处理最严重的问题，但很明显，奥科尼的整个控制结构需要更换。

  反应堆保护系统（reactor protection system，RPS）的目的是通过监测反应堆堆芯的输入来保护核电站核燃料的完整性。为了完成这一监测，应用软件必须检查整个反应堆中的传感器。如果超过任何安全操作值，软件会采取措施，如注入冷却水或通过插入控制棒关闭反应堆。

在审查 RPS 应用后，杜克能源选择了来自法国阿海珐集团①（Areva of France）的 Teleperm XS（TXS）系统，因为 TXS 被设计为使现有的模拟仪器和控制系统现代化，同时也因为其设计包括确保可靠性的特征。TXS 在 11 个国家获得许可证，并已在美国以外的其他核反应堆中使用，从而向杜克保证，奥科尼不会成为试验场。TXS 包括三个功能系统：

- **保护系统**：监控安全参数，在引发事件时启用自动保护和保护措施
- **监督系统**：监督堆芯、棒控和反应堆冷却剂系统，并采取措施保护反应堆阈值不被突破
- **优先级和执行器控制系统**：管理操作和安全系统执行器的控制和监控

奥科尼核电站的 1 号反应堆、3 号反应堆和 2 号反应堆分别在 2011 年、2012 年和 2013 年成为美国第一个转换为全数字控制的核电站。这些转换是在各反应堆计划的换料停堆期间进行的。

核电行业已经认识到这次仪表和控制系统升级的重要性。2012 年，核能研究所授予杜克能源公司"至尊奖"行业实践奖。在颁奖典礼上，奥科尼的副总裁 Preston Gillespie 说："回首十年前我们公司的领导者所做出的决定，他们的愿景是安装一个安全的数字系统，我非常尊重这些领导者的决定。他们知道这会很难，他们知道成本会很高，他们知道必须找到合适的合作伙伴，他们知道必须通过许可程序。他们知道，所有这些都会使核电站安全可靠地运行。正是因为这一愿景，该行业的其他部门现在正开拓道路，以利用他们的劳动成果。"

相关科学家联盟的核安全项目负责人 David Lochbaum 说："如果随着时间的推移，这种转换提高了安全性和可靠性，其他核电站可能会在负担得起的情况下，尽快效仿奥科尼的做法。如果进展顺利的话，你可能会看到很多人在排队等待。如果进展不顺利，他们将等待杜克能源公司解决这些问题。"

问题讨论

1. 杜克能源公司的新反应堆保护系统（RPS）软件有哪些功能？
2. 杜克能源公司选择了针对奥科尼的现成软件，而不是编写定制软件（或者让软件开发公司为其编写）。讨论这两种方法在这种情况下的利弊。你认为杜克能源公司做出了正确的选择吗？为什么？

批判性思考

1. 从模拟系统到数字系统的转变有什么好处？对杜克来说，RPS 的数字升级有什么好处？
2. 计算机越来越多地被用于影响人类生活的控制系统，除了核电站，还包括客机、电梯和医疗设备的控制与管理。为这些系统编写软件的程序员应该获得许可证、认证，还是必须通过标准化的官方考试？

资料来源：Areva Web site, *www. areva. com*, accessed May 31, 2012; Collins, J., "S. C. Nuke Plant First in U. S. to Go Digital," Herald-Sun (Durham, N. C.), *www. heraldsun. com/view/full_story/13488870/article-S-C-nuke-plant-first-in-U-S-to-go-digital*, May 29, 2011; Staff, "Oconee Nuclear Station Projects Honored with Three Awards by the Nuclear Energy Institute," Duke Energy, *www. duke-energy. com/news/releases/2012052301. asp*, May 23, 2012; Hashemian, H., "USA's First Fully Digital Station," Nuclear Engineering International, *www. neimagazine. com/story. asp ? storyCode = 2058654*, January 21, 2011; Staff, "Duke Energy Employees Win Top Nuclear Industry Award for Improving Safety With Digital Milestone," Nuclear Energy Institute, *www. nei. org/newsandevents/newsreleases/duke-energy-employees-win-top-nuclear-industry-award-for-improving-safety-with-digital-milestone*, May 23, 2012.

信息系统、决策支持系统和专用系统

信息系统、决策支持系统和专用系统软件在每个行业中都会用到。例如，许多学校和学院使用 Blackboard 或其他学习管理软件来组织课堂材料和成绩，基因研究人员正使用软件来可视化和分析人类基因组，

---

① 法国一家核工业公司，全球 500 强企业，在核能源建设领域全球首屈一指。——译者注

音乐主管使用决策支持软件来帮助挑选下一首热门歌曲。

普拉亚湖只在导致淡水聚集在得克萨斯州西部、俄克拉荷马州、新墨西哥州、内布拉斯加州、科罗拉多州和堪萨斯州部分地区平坦的洼地中的春季暴雨后出现。草原是候鸟和水禽的重要栖息地。普拉亚湖决策支持系统供自然资源专业人士、土地管理者和开发商使用，使他们能够就其集体行动如何影响普拉亚湖及其相关野生动物做出更好的决策。[62]

但这些系统是如何开发和建造的呢？答案是通过编程语言，下面讨论。

▣ 编程语言

操作系统和应用软件都是用一种叫作编程语言的编码方案编写的。编程语言的主要功能是向计算机系统提供指令，使其能够执行处理活动。IS 专业人员使用编程语言，**编程语言**（programming languages）是一组关键字、符号和规则，用于构造人们用来向计算机传达指令的语句。编程包括将用户想要完成的任务转换成计算机能够理解和执行的指令。人们希望在解决问题的过程中有效地利用信息处理的能力，这推动了成千上万种编程语言的发展，但如今只有几十种语言被广泛使用。表 2-14 提供了各代编程语言的概述。

表 2-14　编程语言的演变

代次	语言	大约的开发时代	示例语句或操作
一代	机器语言	1940 年代	00010101
二代	汇编语言	1950 年代	MVC
三代	高级语言	1960 年代	READ SALES
四代	查询语言和数据库语言	1970 年代	PRINT EMPLOYEE NUMBER IF GROSS PAY>1 000

虽然许多编程语言用于编写新的业务应用程序，但在现有业务应用程序中，COBOL 编写的代码行比任何其他编程语言都要多。今天，程序员经常使用可视化和面向对象的语言。未来，他们可能会在更大程度上使用人工智能语言。一般来说，与老一代语言相比，这些语言更易于非编程人员使用。

> **私有软件**：为特定应用而设计的，由使用它的公司、组织或个人拥有的软件。
> **现成软件**：软件供应商为满足企业、组织或个人的共同需求而大量生产的软件。
> **软件即服务（SaaS）**：允许企业订阅 Web 交付的应用程序软件的服务。
> **软件套件**：打包在一起的程序集合。
> **编程语言**：一组关键字、符号和规则，用于构造人们用来向计算机传达指令的语句。

软件面临的问题和趋势

由于软件是当今计算机系统的重要组成部分，所以软件缺陷、软件许可和全球软件支持等问题受到了越来越多的关注。

软件缺陷

软件缺陷是计算机程序中的缺陷，它使程序不能按用户期望的那样运行。有些软件缺陷很明显，导致程序意外终止。有的则不易察觉，它会允许错误潜伏在你的工作中。

奈特资本美洲有限责任公司（Knight Capital Americas LLC）在其股票订单自动路由系统的操作中遇到了重大软件错误。在 45 分钟的时间里，该系统错误地执行了 400 万笔交易，涉及 154 只股票，交易量超过 3.97 亿股。当奈特停止发送订单时，该公司已经建立了 80 只股票的净多头仓位，价值约 3.5 亿美元，而 74 只股票的净空头仓位约为 31.5 亿美元。当一切都解决时，奈特因为这些不必要的仓位损失了 4.6 亿美元。[63] 在这场灾难性的交易失误之后，公司于 2012 年 12 月被 Getco 有限责任公司收购，组建 KCG 控股公司（KCG Holdings）。[64]

下面总结了减少软件错误影响的技巧：

- 注册所有软件，以便接收错误警报、修复和修补程序。
- 查看手册或自述文件，了解已知问题的解决方案。
- 访问制造商网站的支持区域以获取补丁程序。
- 安装最新的软件更新。
- 在报告错误之前，请确保可以重新创建错误发生的环境。
- 在可以重新修复缺陷之后，请致电制造商的技术支持热线。
- 考虑在购买最新版本的软件之前等待供应商发现并删除错误。许多学校和企业会等到第一个带有补丁的主要版本发布后才购买软件。

版权与许可

大多数公司都积极地注册和保护它们的软件源代码不受竞争对手和其他掠夺者以及诉讼的侵害。因此，大多数软件产品使用版权或许可条款，受到法律保护。这些条款可能有所不同。在某些情况下，用户可以在一台或两台计算机上无限量地使用软件。这一规定适合于许多为个人计算机开发的应用软件。在其他情况下，用户要为使用付费，使用的软件越多，支付的费用就越多。这种规定适用于安装在网络上或大型计算机上的软件。大多数保护措施都会阻止用户复制软件并将其提供给其他人。现在一些软件要求用户在完全使用之前进行注册或激活。这一要求是软件公司防止其产品非法分销的另一种方式。

软件升级

软件公司定期修改它们的程序。软件升级带来的好处千差万别，有些人称之为好处，有些人则称之为缺点。决定是否升级到新版本的软件对于在软件上有大量投资的公司和人员来说是一个挑战。最新版本发布时是否应该购买？有些用户并不总是获取最新的软件升级或版本，除非其中包含显著的改进或功能。制定升级策略对许多企业都很重要。例如，美国运通已经在全球范围内对其软件升级过程进行了标准化，以使更新软件的安装更快速、更高效，标准化过程也有助于该公司确保更新软件更加稳定，错误和问题更少。

全球软件支持

大型的全球性公司很容易说服供应商向它们出售软件许可证，即使在其公司最遥远的前哨基地。但是，这些相同的供应商是否能够为所有地区的软件客户提供足够的支持？本地操作团队是否能提供足够的支持，是构建全公司标准化系统时面临的最大挑战之一。在东欧和拉丁美洲等技术增长较慢的市场，可能根本没有官方的供应商。相反，像 Sybase、IBM 和惠普这样的大型供应商通常会将软件支持外包给本地供应商。

一种在北美获得认可的方法是将全球软件支持外包给一个或多个第三方分销商。用户公司仍然可以直接与软件供应商协商其许可证，但随后它将全球软件支持合同交给第三方供应商。供应商充当软件销售公司和用户之间的中间人，通常提供分发、支持和发票。

在当今的计算机系统中，软件的作用越来越重要，无论人们和组织采取什么方法来获取软件，每个人都必须意识到当前的行业趋势：知情的用户是明智的消费者。

小结

准则：必须仔细选择计算机硬件，以满足本组织及其辅助信息系统不断变化的需要。

硬件是指计算机的物理部件，它执行计算机的输入、处理、存储和输出活动。处理是通过中央处理器（CPU）和存储器之间的相互作用来执行的。主存储器为要处理的程序指令和数据提供工作存储，并将它们提供给 CPU。CPU 和存储器一起处理数据和执行指令。

使用多个处理单元的处理称为多处理。多核处理器将两个或多个独立的处理器组合成一台计算机，这样它们就可以分担工作负载并提高处理能力。并行处理涉及将多个处理器连接起来共同解决复杂问题。网格计算是一组计算机的使用，通常由多个个人或组织拥有，以协调的方式解决一个共同的问题。网格计算是一种低成本的并行处理方法。

计算机系统可以将大量数据和指令存储在辅助存储器中，辅助存储器的易失性较小，容量大于存储器。存储介质可以是顺序存取，也可以是直接存取。常用的辅助存储形式包括磁带、磁盘、光盘存储和固态存储设备。独立/廉价磁盘冗余阵列（RAID）是一种存储数据的方法，使系统在发生硬件故障时能更容易地恢复数据。存储区域网络（SAN）使用计算机服务器、分布式存储设备和网络来提供快速高效的存储。固态存储设备将数据存储在存储芯片中，而不是存储在磁性或光学介质中。存储即服务是一种数据存储模型，其中数据存储提供商将空间出租给个人或组织。

输入和输出设备允许用户向计算机提供数据和指令以进行处理，并允许随后的存储和输出。这些设备是用户界面的一部分，通过它，人类可以与计算机系统进行交互。输入和输出设备差别很大，但它们在速度和功能上有共同的特点。

键盘和电脑鼠标是最常用的数据输入设备。语音识别技术使计算机能够将人类的语音解释为提供数据和指令的替代手段。数码相机以数字形式记录和存储图像或视频。磁条卡存储有限数量的数据，并且可以通过在终端物理地点刷卡来读取。芯片和密码卡采用计算机芯片，通过射频与读卡器通信，不需要在终端刷卡。射频识别（RFID）技术采用一种称为标签的微芯片来传输由 RFID 阅读器读取的数据。传输的数据可以包括诸如物资标识号、位置信息或关于所标记物资的其他细节等事实。

输出设备提供不同形式的信息，从硬拷贝到声音到数字格式。显示屏是标准输出设备，显示质量由大小、可显示的颜色数和分辨率决定。其他输出设备包括打印机、绘图仪和电子书。

便携式单用户计算机包括手持计算机、笔记本电脑、超级笔记本电脑和平板电脑。非便携式单用户计算机包括精简型客户端、台式计算机、简易型台式机和工作站。多用户计算机系统包括服务器、主机和超级计算机。

准则：计算机硬件行业和用户正在实施绿色计算理念下的产品与设计以及现代数据中心。

绿色计算是指对信息系统相关产品进行高效、环保的设计、制造、运行和处置。

商业组织认识到，从公共关系、员工安全和整个社区的角度来看，走绿色之路符合它们的最大利益。它们还认识到，绿色计算提供了一个机会，可以在其信息系统设备的整个生命周期内大幅度降低总成本。

绿色计算有三个目标：减少有害物质的使用，使公司能够降低与电力相关的成本，并使信息系统产品能够得以安全处理或回收。

对额外计算和数据存储容量的需求增加，以及从多个数据中心到几个数据中心的整合，刺激了数据中心的快速增长。各组织正在尝试用多种策略来降低数据中心运营的持续成本。

准则：系统软件和应用软件对于帮助个人和组织实现其目标至关重要。

软件由控制计算机硬件工作的程序组成。软件分为系统软件和应用软件两大类。系统软件是在硬件和应用软件之间交互的程序的集合。

操作系统（OS）是一组控制计算机硬件以支持用户计算需求的计算机程序。操作系统将应用程序中的指令转换为硬件所需的指令集，此中介角色允许硬件独立。操作系统还管理内存，包括通过将逻辑请求转换为物理位置并将数据放在最佳存储空间（可能是虚拟内存）中来控制存储访问和使用。

操作系统通过多任务和分时来管理分配计算机资源的任务。通过多任务处理，用户可以一次运行多个应用程序，计算机能够平稳地处理越来越多的并发用户的能力称为可伸缩性，这是处理大量用户的系统的关键特性。

操作系统还提供一个用户界面，允许用户访问和命令计算机。基于命令的用户界面需要文本命令来发送指令，图形用户界面（GUI）使用图标和菜单，比如 Windows。

软件应用程序通过定义的应用程序接口（API）请求服务来使用 OS。程序员可以使用 API 创建应用程序软件，而无须了解操作系统的内部工作原理。API 还提供一定程度的硬件独立性，因此底层硬件可以更改，而不必重写软件应用程序。

多年来，许多流行的操作系统被开发出来，包括微软 Windows、Mac OS X 和 Linux。根据服务器类型的不同，企业中的操作系统也有多种选择。UNIX 是一个功能强大的操作系统，可以在许多计算机系统类型和平台上使用，从工作站到大型机系统。Linux 是一个操作系统的内核，其源代码对每个人都是免费的。谷歌安卓、苹果 iOS 和微软 Windows Phone 是支持移动通信和消费设备的流行操作系统。当操作系统存储在设备中的固态存储器中时，它被称为嵌入式操作系统，或者简称为嵌入式系统。

准则：组织使用现成应用软件来满足常见的业务需求，使用私有应用软件来满足独特的业务需求并提供竞争优势。

应用软件可以是私有的，也可以是现成的，使人们能够解决问题和执行特定的任务。

应用软件利用计算机的能力来解决问题和执行特定的任务。对信息系统的许多潜在用途进行分类的一种有用方法是，确定特定组织所处理的问题和面对的机会的"影响范围"。对大多数公司来说，影响范围分为个人、工作组和企业。

用户软件或个人生产力软件，包括通用程序，使用户能够提高他们的个人效能，提高质量和可完成的工作量。帮助团队协同工作的软件通常称为工作组应用程序软件，包括组调度软件、电子邮件和其他使人们能够分享想法的软件。也可以开发或购买有利于整个组织的企业软件。许多组织正转向企业资源规划软件，这是一组集成的程序，用于管理公司在整个多站点全球组织中的重要业务操作。

获取应用软件的三种方法是建立私有的应用软件、购买现成的现有程序、使用定制和现成的应用软件的组合。建立私有软件（内部或合同）具有以下优点：组织获得更贴近其需求的软件；通过参与开发，组织对结果有进一步的控制；组织在改变方面有更大的灵活性。缺点包括：开发时间可能更长、成本更高，内部人员难以持续提供支持和维护，软件功能无法按预期工作或出现其他性能问题的风险更大。

购买现成软件有许多优点，如初始成本较低、软件无法按预期工作的风险较低、软件的质量可能高于私有软件。一些缺点是组织可能会为不需要的功能付费，软件可能缺少需要高价定制的重要功能，系统可能需要流程重组。

一些组织已经采取了第三种定制软件包的方法。这种方法通常兼具以上的优点和缺点，必须谨慎管理。

SaaS 和最近的 Web 开发技术已经导致了一种新的计算模式，称为云计算。云计算是指在互联网（云）上，而不是在本地计算机上使用计算资源，包括软件和数据存储。使用云计算时，不必在自己的计算机上安装、存储和运行软件，而是访问存储在 Web 服务器上并从 Web 服务器交付的软件。

尽管数以百计的计算机应用程序可以在学校、家庭和工作中帮助人们，但主要的应用程序是文字处理、电子表格分析、数据库、图形和在线服务。Microsoft Office、IBM Lotus Symphony、Corel Word Perfect Office、Apache OpenOffice、Apple iWork 和 Google Apps 等软件套件提供了一系列功能强大的程序。

准则：组织应考虑到编程人员的技能和经验，选择一种功能特性适合具体任务的编程语言。

所有软件程序都是用被称为编程语言的编码方案编写的，这些编码方案向计算机提供执行某些处理活动的指令。编程语言包括机器语言、汇编语言、高级语言、查询语言和数据库语言、自然语言和智能语言。

自 20 世纪 50 年代初开始发展以来，编程语言已经发生了变化。第一代计算机是用机器语言编写的；第二代语言是汇编语言；第三代由许多高级编程语言组成，它们使用类似于英语的语句和命令；第四代语言包括数据库语言和 SQL 等查询语言。

用户经常使用第四代和更高级的编程语言来开发自己的简单程序。

准则：软件行业不断发生变化，用户需要了解最新的趋势和问题，以便在业务和个人生活中发挥作用。

软件缺陷、软件许可和版权、软件升级和全球软件支持都是重要的软件问题和趋势。

软件缺陷是计算机程序中的一个缺陷，它使程序无法按预期的方式运行。软件缺陷是常见的，甚至在商业软件的关键部分也是如此。

软件升级是软件制造商增加收入的重要来源，可以为软件用户提供有用的新功能及质量的改进。

全球软件支持是大型全球公司整合全公司标准化系统时的重要考虑因素。一个常见的解决方案是将全球支持外包给一个或多个第三方软件分销商。

关键术语

应用程序接口（API）	直接访问
算术/逻辑单元（ALU）	直接访问存储设备（DASD）
片式服务器	磁盘镜像
总线	电子产品环境评估工具（EPEAT）
字节（B）	千兆赫兹（GHz）
中央处理器（CPU）	图形用户界面（GUI）
时钟频率	绿色计算
基于命令的用户界面	网格计算
光盘只读存储器（CD-ROM）	手持式计算机
计算机程序	硬盘驱动器（HDD）
非接触式支付卡	笔记本电脑
控制单元	磁盘
数据中心	磁条卡
台式计算机	磁带
数码相机	大型计算机
数字视频光盘（DVD）	大规模并行处理系统

中间件

多核微处理器

多处理

简易计算机

现成软件

并行处理

像素

销售点（POS）设备

便携式计算机

主存储器

编程语言

私有软件

射频识别（RFID）

随机存取存储器（RAM）

只读存储器（ROM）

独立/廉价磁盘冗余阵列（RAID）

缓存器

顺序访问

顺序访问存储设备（SASD）

服务器

面向服务的体系结构（SOA）

智能卡

软件即服务（SaaS）

软件套件

语音识别技术

存储区域网络（SAN）

存储即服务

超级计算机

平板电脑

精简型客户机

用户界面

实用程序

虚拟磁带

工作站

第 2 章：自我评估与测试

必须仔细选择计算机硬件，以满足本组织及其辅助信息系统不断变化的需要。

1. 在做硬件选型决策时，业务人员需要首要考虑的应该是硬件如何支持信息系统的_____和组织的目标。

2. 与传统的复杂指令集处理器相比，ARM 处理器的一个优点是_____。

a. 它们不需要大型散热器和风扇来除去多余的热量

b. 它们的重量较轻

c. 它们更节能

d. 以上都是

3. 固态存储设备比磁性数据存储设备需要更少的电源，提供更快的数据访问。对或错？

计算机硬件行业和用户正在实施绿色计算理念下的产品与设计以及现代数据中心。

4. 绿色计算是为了保护环境；这个项目没有真正的商业利益。对或错？

5. IS 设备的处置和回收操作必须小心，以避免_____的不安全暴露。

系统和应用软件对于帮助个人和组织实现其目标至关重要。

6. 以下哪个操作系统是由命令驱动的？

a. XP   b. Mavericks   c. MS DOS   d. Windows 7

7. 计算机智能到可以使用语音或移动用户界面的程度还需要很多年。对或错？

组织使用现成应用软件来满足常见的业务需求，使用私有应用软件来满足独特的业务需求并提供竞争优势。

8. 这种软件能让用户提高个人效率，增加他们能做的工作的数量并提高质量，被称为_____。

a. 个人生产力软件　　　b. 操作系统软件　　　c. 实用软件　　　　d. 图形软件

9. 哪种类型的应用软件具有优化功能？

a. 电子表格　　　　　　　　　　　　b. 文字处理程序

c. 个人信息管理计划　　　　　　　　d. 演示图形程序

10. _____软件是为特定应用而设计的一种软件，由使用它的公司、组织或个人拥有。

组织应考虑到编程人员的技能和经验，选择一种功能特性适合具体任务的编程语言。

11. 终极用户将永远无法掌握编程的复杂性、无法创建自己的应用程序。对或错？

软件行业不断发生变化，用户需要了解最新的趋势和问题，以便在业务和个人生活中发挥作用。

12. 将全球支持外包给一个或多个第三方软件分销商是全球软件支持的常见解决方案。对或错？

第 2 章：自我评估与测试答案

1. 目标
2. c
3. 对
4. 错
5. 危险品
6. c

7. 错
8. a
9. a
10. 私有
11. 错
12. 对

知识回顾

1. 绿色计算的三个目标是什么？
2. 识别 RAM 和 ROM 的两个基本特性是什么？
3. 什么是 RFID 技术？给出 RFID 技术的应用实例。
4. 什么是片式服务器？使用片式服务器的两个好处是什么？
5. 描述控制单元和算术逻辑单元的作用。
6. 什么是固态存储技术？它有什么好处？
7. 识别并简要描述各类便携式单用户计算机。
8. 什么是 EPEAT？如何使用？
9. 举三个智能手机操作系统的例子。
10. 什么是软件即服务（SaaS）？它为满足组织的软件需求提供了哪些优势？
11. 什么是应用程序编程接口？
12. 识别并简要描述操作系统中使用的五种基本任务管理技术。
13. Linux 发行商扮演什么角色？
14. 使用 64 位计算机最大的优点是什么？
15. 什么是嵌入式系统？举三个该系统的例子。
16. 什么是云计算？云计算的优缺点是什么？

17. 描述工作组应用软件的概念，并给出三个例子。
18. 什么是中间件？

问题讨论

1. 讨论业务经理在帮助确定组织所需的计算机硬件方面的作用。
2. 从软件用户的角度简要讨论软件频繁升级的优缺点。从软件制造商的角度看又如何？
3. 大学的计算机实验室安装精简型客户机而不是标准台式个人计算机的优势是什么？有什么缺点吗？
4. 什么是 3D 打印？确定三个你认为可以使用 3D 打印创建的对象。
5. 你想要一台平板电脑还是智能手机？为什么？
6. 你要买一台个人电脑，哪些操作系统功能对你很重要？你会选择什么操作系统，为什么？
7. 采用软件即服务（SaaS）有哪些优点和缺点？你可以采取什么预防措施来降低使用风险？
8. 你被要求为视力有限的人开发一个用户界面，而这些人无法识别电脑屏幕上的形状。描述你推荐的用户界面。
9. 确定信息系统的三个影响范围，并简要讨论每个范围的软件需求。
10. 确定获取应用软件的两个基本来源。讨论每个来源的优缺点。
11. 大型机的操作系统与笔记本电脑的操作系统有什么不同？它们在哪些方面相似？
12. 描述三个你最可能使用的个人生产力软件包。你会选择使用哪些个人生产力软件包？
13. 简要说明并行计算、网格计算和云计算之间的区别。

问题解决

1. 做些调查，找出过去五六年中智能手机、平板电脑、笔记本电脑和台式电脑的全球总销量。使用绘图软件绘制显示这些销售数字的图表。总结你的发现。
2. 夏威夷大学 IT 管理学教授、电子表格软件缺陷实践权威 Ray Panko 表示："电子表格即使经过精心开发，也会在 1％或更多的公式单元格中存在错误。"这意味着大型电子表格可能包含数十个未检测到的错误。[65] 请概述一些可以采取的措施，以确保大型电子表格作出关键业务决策时的准确性。
3. 想象一下，假如你打算买一部智能手机来提高你的沟通能力和组织能力。你需要它执行什么任务？你会在这个设备中寻找什么功能？调查电话商店或消费类电子产品商店，确定以低于 155 美元的价格最接近你需求的特定设备和制造商。将智能手机规格输入 Excel 电子表格，然后剪切并粘贴到定义需求的文档中。将文档通过电子邮件发送给你的导师。
4. 制作一个六张幻灯片的演示文稿，比较私有软件和现成软件的优缺点。

团队活动

1. 和一两个同学一起参观数据中心或服务器农场。参观后，画一个简单的图表来显示不同硬件设备的位置。给每个设备标上标签。讨论电源备份、电涌保护和暖通空调的必要性。在参观访问之前，请务必获得相应公司的许可。

2. 和一两个同学一起去一家零售店，那里用射频识别芯片来追踪存货。采访参与库存控制的员工，记录他们对这项技术优势和劣势的评价。

3. 三、四个同学组成一个小组。从商业期刊上找到文章，在互联网上搜索，并采访改进现成软件包的相关人员。找出这个策略的三个最大的优点和缺点。把你的结果汇编成课堂报告或书面报告。

网络练习

1. 各国的制造商正在竞争开发速度最快的超级计算机。在网上做研究，找出三台目前速度最快的超级计算机并了解它们是如何被使用的。写一份简短的报告，总结你的发现。

2. 在网上做些调查，了解苹果公司为什么决定停止在 EPEAT 注册产品，然后又撤销了这个决定，写一份一页的报告总结你的发现。

3. 使用 Web 查找来自不同供应商的四个不同个人生产力软件套件的多个评论和报告。在字处理文档中创建一个表，以显示竞争套件提供的应用程序。对于每一套件，用一段话总结其优缺点。最后说明你会选择哪一套件及选择的原因。

职业训练

1. 研究从事计算机硬件销售的可能性。你认为哪一个销售领域对年轻的大学毕业生来说最有前途，大型机、超级计算机还是大容量存储设备？为什么？从事计算机硬件销售有哪些优势和劣势？

2. 确定三个特定的智能手机应用程序，这将极大地帮助你当前的或下一个工作。（应用程序可能已经存在，或者你可以识别你希望存在的应用程序）。请描述每个应用程序的具体特性以及如何使用它们。

3. 你所在的公司年销售额为 5 000 万美元，雇用了 500 名工人。公司计划购买 100 台新的便携式电脑。首席财务官要求你领导一个项目团队，负责定义用户的计算机硬件需求，并为满足这些需求推荐最具成本效益的解决方案。你会选择谁（角色、部门）、选择多少人作为团队成员？你将如何定义用户需求？你认为只有一种便携式计算机能满足每个人的需求吗？你是否应该根据不同类别的最终用户的需求定义多台便携式计算机？你可以定义哪些业务理由来证明大约 10 万美元的支出是合理的？

案例研究

案例 1　凯萨医疗机构实施电子健康记录系统

凯萨医疗机构（Kaiser Permanente，KP）是一个综合医疗机构，成立于 1945 年。该公司经营着美国某项最大的非营利健康计划项目，拥有超过 900 万的健康计划订户。机构由凯萨医疗医院（包括 37 家医院）和医疗集团组成，共有 611 个医疗办公室。公司拥有近 17.6 万名员工，其中包括 17 157 名医生。其 2012 年的营业收入接近 510 亿美元。

凯萨所使用的综合健康信息系统为 HealthConnect。在过去的十年中，HealthConnect 在电子健康记录（HER）的实现方面一直处于领先地位，电子健康记录是计算机可读的个人健康相关信息记录。2003 年，凯萨宣布将在三年内与 Epic Systems Corporation 合作，建立一套集成系统，以支持电子病历、计算机化医嘱录入、日程安排和计费以及临床决策支持，估计费用为 18 亿美元。这个决定是凯萨在临床自动化项目上几次失败尝试之后做出的。随着项目范围的扩大，该项目最终发展成一项为期 7 年、耗资 42 亿美元的工作。培训和生产力损失占了项目成本的 50% 以上，因为凯萨不得不在培训期间缩短医生在诊所的工作时间，被迫临时聘用医生来处理工作。

2010 年凯萨宣布，它已经在所有医院和诊所全面实施了 EHR 应用程序，最终，它可以开始从自己的努力中获益。

HealthConnect 系统将凯萨计划订户与其医疗保健提供商和个人医疗保健信息连接起来。该系统使用 EHR 来协调医生办公室、医院、测试实验室和药房之间的病人护理。EHR 旨在确保患者及其医疗保健提供者都能访问最新、最准确和最完整的患者数据。现在该系统及其数据可以通过智能手机和个人电脑被访问。2012 年，超过 8 800 万用户登录该系统。

医院、诊所和私人办公室的医生和护士在 EHR 系统中记录治疗信息。医生将诊断输入系统后，他或她可能会收到一条系统消息，指示有一个"最佳实践医嘱集"可用于治疗该疾病。当医生输入医嘱时，会收到基于患者已经服用的其他药物的潜在过敏反应或药物不良反应警报。医生也会收到关于实验室测试结果如何影响医嘱的自动通知。

HealthConnect 还提供支持条形码的功能，用于安全用药。在这种给药系统管理下，护士首先扫描病人的条形码识别腕带。护士接下来扫描药物容器上的条形码，以识别特定的药物和剂量。系统验证此药物和剂量是否已为该患者订购。如果不匹配，护士就会收到声音警告信号。

凯萨发现，使用全面的 EHR 可以提高健康计划订阅者对医疗服务系统的满意度。此外，HealthConnect 允许医疗计划订阅者承担更多管理自己医疗保健的责任。凯萨订阅者可以通过 kp. org 网站访问 HealthConnect。在这里，他们可以在线查看大部分个人健康记录，包括实验室结果、用药史和治疗总结。患者可以输入自己的血压和血糖仪读数。

他们还可以安全地向医疗服务提供商发送电子邮件，从而减少患者等待与医生交谈的时间和办公室就诊次数（在每家医院实施 EHR 后的一年半内，门诊就诊次数平均下降了 8%）。患者每个月都会通过这个系统的组件向医生和医疗团队发送超过 100 万封电子邮件。2011 年，实验室测试结果的在线查看超过 2 900 万次。此外，每月约有 82.7 万张处方被重新填写，每月有 23 万份预约。

HealthConnect 使医生能够在效率、质量、安全和服务等多个方面与同事进行绩效对比。医院也可以相互参照不良事件和并发症等措施。可以确定"最佳"做法，医生和医院可以相互借鉴这些最佳做法，以进一步提高整体护理质量。随着 EHR 系统的进一步完善，凯萨可能会找到新的方法以从其系统中获益，从而提高效率和医疗质量。

凯萨从 2003 年开始着手实施 EHR 系统，到 2010 年终于完成实施，在这个过程中，公司尝试了几种不同的方法，遇到了很多问题，花费了数百万美元。它刚刚开始从这一努力中获益。对于许多其他组织来说，看到类似的好处可能需要时间、更多的系统增强和额外的支出。

问题讨论

1. 凯萨最初尝试实施 EHR 系统时遇到了什么麻烦？凯萨的经验具有典型的行业领先性吗？如果是，其他公司应该怎么做？

2. 与凯萨相关的研究人员利用患者记录数据库，在预防百日咳、确定年轻女孩 HPV 疫苗接种与性活动之间的关系、改进癌症检测方法、避免使用避孕药的妇女出血、降低胆固醇等领域取得了许多有价值的发现。你认为这些有价值的数据应该给予与凯萨无关的研究人员吗？是否应该向研究人员收取访问这些数据的费用，以帮助抵消升级系统的持续成本？

批判性思考题

1. 凯萨从其 EHR 系统中获得了什么战略优势？

2. 你认为 HealthConnect 系统对凯萨用户最大的好处是什么？你是否能识别与凯萨医疗保健计划订阅者使用该系统相关的任何潜在风险或道德问题？你如何从医生或护士的角度回答这些问题？

资料来源：Kaiser Permanente, "About Kaiser Permanente," *http://xnet.kp.org/newscenter/aboutkp/fastfacts.html*, accessed August 27, 2013; Versel, Neil, "As EHR Installation Nears Completion, Kaiser Recommends 'Big Bang,'" FierceEMR, July 30, 2009, *www.fierceemr.com/story/ehr-installation-nears-completionkaiser-recommends-big-bang/2009-07-30*; Anderson, Howard, J., "Kaiser's Long and Winding Road," Health Data Management, August 1, 2009, *www.healthdatamanagement.com/issues/2009_69/-38718-1.html*; Kaiser Permanente, "Kaiser Permanente HealthConnect ® Electronic Health Record," *http://xnet.kp.org/newscenter/aboutkp/healthconnect/index.htm*, accessed April 18, 2013; Anderson, Howard, J., "Kaiser's Long and Winding Road," Health Data Management, August 1, 2009, *www.healthdatamanagement.com/issues/2009_69/-38718-1.html*; Kaiser Permanente "Kaiser Permanente HealthConnect ® Electronic Health Record," *http://xnet.kp.org/newscenter/aboutkp/healthconnect/index.html*, accessed April 13, 2013; Kaiser Permanente, "Kaiser Permanente HealthConnect ® Electronic Health Record," *http://xnet.kp.org/newscenter/aboutkp/healthconnect/index.html*, accessed April 18, 2013; Anderson, Howard, J., "Kaiser's Long and Winding Road," Health Data Management, August 1, 2009, *www.healthdatamanagement.com/issues/2009_69/-38718-1.html*; Anderson, Howard, J., "Kaiser's Long and Winding Road," Health Data Management, August 1, 2009, *www.healthdatamanagement.com/issues/2009_69/-38718-1.html*; Kaiser Permanente, "Kaiser Permanente HealthConnect ® Electronic Health Record," *http://xnet.kp.org/newscenter/aboutkp/healthconnect/index.html*, accessed April 13, 2013; Sarasohn-Kahn, Jane, "The Story of Kaiser Permanente's EHR," Health Populi, September 15, 2010, *http://healthpopuli.com/2010/09/15/the-story-of-kaiser-permanentes-ehr*.

案例2 把电脑送入云端

自从 20 世纪 40 年代现代电子计算机发明以来，计算机的发展趋势是在提高性能的同时减小计算机的体积。这一趋势的逻辑终点是完全消除实体计算机。虽然这在商业上不太可能发生，但公司已经找到了使其中央计算机消失的方法。

当然，中央计算机仍然存在，但是如果你查看商业办公室，跟随桌面电缆或无线路由器穿过墙壁和大厅，你可能找不到中央计算机。相反，在越来越多的组织中，你会发现"进入云"的信号。这句话指的是云计算，它通过互联网提供计算服务和数据库访问，可以从世界任何地方访问，而不是从特定位置的特定计算机访问。

德国金融服务公司——德意志银行（DB）决定将其电脑送入云端。正如其全球技术工程集团的 Alistair McLaurin 所说，该银行"希望创造一些完全不同的东西"，以"挑战关于集中提供的 IT 服务可能是什么以及它必须花费多少的假设"。DB 创建了一个由虚拟机（VM）完成计算的系统：由软件管理的真正计算机的"切片"在各个方面都像一台完整的计算机，但它们与许多其他 VM 共享一台真正的计算机的硬件。虚拟机是一次运行多个程序这一熟悉概念的扩展。在虚拟机中，一次运行多个操作系统，每个操作系统与其他操作系统完全隔离。其结果是大大节省了硬件成本以及随之而来的一切，如空间和电力。通过将托管虚拟机的计算机放在云中，DB 将自己从特定实体位置的约束中解放出来。因此，数据库可以优化整个公司对这些虚拟计算机的使用。

虚拟方法的另一个优点是，需要新计算机的人不必购买。相反，他们可以在公司已经拥有的真正的计算机中使用虚拟计算机；这样的虚拟机比新系统更容易建立。事实上，"如果用户是一名永久雇员，他只想要一台新的虚拟机供自己使用，那么可以访问一个网站，选择一个操作系统（Windows、Solaris 或 Linux），然后单击三个按钮来完成这项工作。新的虚拟机将在一小时内准备就绪并可供使用。"

开放数据中心联盟最近评选德意志银行为战胜云挑战的大奖得主，具体的获奖依据是德意志银行基于云的系统管理用户身份的方式。当用户请求虚拟机时，系统已经知道谁必须批准该请求（如果有）、应在何处计费以及应允许谁管理该计算机。基于云的系统意味着用户不必担心虚拟机是如何创建的，这使得使用它们更加实用。由于虚拟机比新的台式机便宜，因此，数据库管理部门希望鼓励员工使用虚拟机。消除采用虚拟机的障碍非常重要，这也是他们设计基于云的系统来管理用户身份的原因。

目前，程序员和其他系统开发人员使用德意志银行的云系统进行应用程序开发和测试。如果开发人员正在使用运行 Solaris 的计算机，并且希望在 Windows 7 或 Windows Vista 下测试应用程序，那么开发人员可以使用虚拟机快速高效地进行测试。下一步，云系统将被用于德意志银行产品应用程序，除了那些需要100％正常运行的应用程序（例如操作 ATM 网络的应用程序）。之后呢？谁知道呢？

问题讨论

1. 德意志银行管理身份的方式有何创新之处？
2. 还有哪些类型的公司可以利用这种创新来降低 IT 成本？

批判性思考

1. 云计算对你们学校有用吗？对于一个特定的小企业你能想到什么基于云的应用吗？
2. 云计算的位置独立性如何帮助德意志银行或任何其他组织？

资料来源：King，L.，"Deutsche Bank Completes Cloud Computing Overhaul," Computerworld UK，*www.itworld.com/it-managementstrategy/229793/deutschebank-completes-cloud-computing-overhaul*，December 2，2011；McLaurin，A.，"Identity Management in the New Hybrid Cloud World," Deutsche Bank's entry in the Open Data Center Alliance 2011 Conquering the Cloud Challenge，downloaded December 19，2011，from *www.opendatacenteralliance.org/contest*；Morgan，G.，"Deutsche Bank Lifts the Hood on Cloud Transition," *Computing*，*www.computing.co.uk/ctg/news/2128892/deutsche-bank-liftshood-cloud-transition*，November 30，2011。

参考文献

【花絮】资料来源：Fujitsu and NAOJ Begin Operation of Supercomputer for ALMA，Press Release，Fujitsu Web site，March 14，2013，*www.fujitsu.com/global/news/pr/archives/month/2013/20130314-01.html*；"Fujitsu PRIMERGY Computational Power at Australian National University Takes High Capability Australian Research to the World Stage," Press Release，Fujitsu Web site，July 31，2013，*www.fujitsu.com/au/news/pr/archives/2013/20130731-01.html*；Fujitsu Press Release Archives，*www.fujitsu.com/global/news/pr/archives/*；"Fujitsu Receives Order for New Supercomputer System from Canon," Press Release，Fujitsu Web site，August 6，2013，*www.fujitsu.com/global/news/pr/archives/month/2013/20130806-01.html*；IBM Sells Opteron Supercomputer to Drug Company，*Geek.com*，January 15，2004，*www.geek.com/chips/ibm-sells-opteron-supercomputer-to-drug-company-555169/*；Gohring，Nancy，"Own Your Own Cray Supercomputer for a Mere ＄500 000," *CNNMoneyTech*，May 7，2013，*http://money.cnn.com/2013/05/07/technology/enterprise/cray-supercomputer/index.html*。

1. "City of Bunbury Selects IBM PureSystems to Take the Lead with Government Cloud," *IBM News Room*，April 2，2013，*www-03.ibm.com/press/us/en/pressrelease/40730.wss*。

2. De Vos，Jason，"Video Editors Choose Dell for Performance over Apple Mac Pro," *Studio Daily*，January 1，2013，*www.studiodaily.com/2013/01/video-editors-choose-dell-for-performance-over-apple-mac-pro*。

3. Cooper，Daniel，"Apple Announces New Mac Pro with Cylindrical Design，12-core Intel Xeon E5 CPU，Flash Storage，Thunderbolt 2.0 and Support for Up to Three 4K Displays," *Engadget*，June 10，2013，*www.engadget.com/2013/06/10/apple-mac-pro-2013-redesign*。

4. "About Blue Waters," *Blue Waters Sustained Petascale Computing*，*https://bluewaters.ncsa.illi-*

nois. edu/blue-waters，accessed August 10，2013.

5. Mearian，Lucas，"Harvard Global Grid Computing Project Will Help Create Printable Solar Cells，" *Computerworld*，April 16，2013，*www. computerworld. com/s/article/9238429/Harvard _global _grid _ computing_project_will_help_create_printable_solar_cells*.

6. "Statistics by Project，" *World Community Grid*，*www. worldcommunitygrid. org/stat/view-Projects. do*，accessed August 9，2013.

7. "Tape Systems Are Down but not Out，" Emerging Tech blog，*GCN*，January 28，2013，*http:// gcn. com/blogs/emerging-tech/2013/01/tape-storage-systems-are-down-but-not-out. aspx*.

8. Simonite，Tom，"IBM Builds Biggest Data Drive Ever，" *MIT Technology Review*，August 25，2011，*www. technologyreview. com/news/425237/ibm-builds-biggest-data-drive-ever*.

9. "Out with the Old，in with the New：Gila Regional Medical Center Moves Radiology Departments Imaging Library to ATA boy2 RAID Array，" *www. rad-direct. com/Success_Story_GRMC. htm*，accessed August 10，2013.

10. "IT Simplicity Drives Business Agility at Revlon，" *NetApp* Web site，*www. netapp. com/us/ media/ds-3411-0213. pdf*，accessed September 13，2013.

11. "Samsung Unveils New Solid State Drives at Its Annual SSD Global Summit，" *Samsung Press Release*，July 18，2013，*www. samsung. com/global/business/semiconductor/news-events/press-releases/detail? newsId＝12961*.

12. Vaughan-Nichols，Stephen J. ，"The Top 10 Personal Cloud-Storage Services，" *Networking*，February 25，2013，*www. zdnet. com/the-top-10-personal-cloud-storage-services-7000011729*.

13. "I Found My Stolen Laptop，" *http：//mozy. ie/home/reviews*，accessed August 14，2013.

14. *BigHand* Web site，"Maxwell Winward Deploys BigHand Speech Recognition to Improve Fee-Earners'Self-Sufficiency and Broaden the Scope of Secretarial Support，" May 30，2012，*www. bighand. com/digitaldictation/BHforBlackBerry10_658. html*.

15. France，Jasmine，"NeatReceipts，" *PC World*，April 30，2013，*www. pcworld. com/article/ 2035998/neatreceipts-scanner-makes-filing-a-snap. html*.

16. "US Credit Cards with Smart Chip Technology，" *The Points Guy*，May 30，2013，*http://thepointsguy. com/2013/05/us-credit-cards-with-smart-chips*.

17. Ibid.

18. Britten，Nick，"Your Contactless Card Could Be Hacked by Mobile Phone，" *Telegraph*，June 3，2013，*www. telegraph. co. uk/finance/personalfinance/borrowing/creditcards/10095303/Your-contactless-card-could-be-hacked-by-mobile-phone. html*.

19. "Contactless Debit and Credit Cards：What Are the Risks?" *The Week*，May 30，2013，*www. theweek. co. uk/prosper/53317/contactless-cards-what-are-risks*.

20. Flores，Adolfo，"Technology Taking Swipe at Old Point-of-Sale Devices，" *The Spokesman Review*，June 20，2013，*www. spokesman. com/stories/2013/jun/20/technology-taking-swipe-at-old-point-of-sale*.

21. Five，Dave，"RFID Solution for Asset Tracking—Lone Pine Construction，" *Silent Partner Tech*，June 28,2013,*www. silentpartnertech. com/news-and-articles/success-stories/lone-pine-construction*.

22. Clark，Nicola，"Touch Screens Are Tested for Piloting Passenger Jets，" *New York Times*，July 5，2013，*www. nytimes. com/2013/07/06/technology/passenger-jets-testing-touchscreen-technology. html? pagewanted ＝ all&_r＝0&pagewanted＝print*.

23. "2013 Best 3D Printer Reviews and Comparisons," *http://3d-printers.toptenreviews.com*, accessed August 19，2013.

24. Perez，Sarah，"eBay Is Latest to Join 3D Printing Craze With New App for Customizable Goods，eBay Exact," *Tech Crunch*，July 12，2013，*http://techcrunch.com/2013/07/12/ebay-is-latest-to-join-3d-printing-craze-with-new-app-for-customizable-goods-ebay-exact*.

25. Leckart，Steven，"How 3D Printing Body Parts Will Revolutionize Medicine," *Popular Science*，August 6，2013，*www.popsci.com/science/article/2013-07/how-3-d-printing-body-parts-will-revolutionize-medicine*.

26. "Ebook Readers," *PC Magazine*，*www.pcmag.com/reviews/ebook-readers*，accessed August 19，2013.

27. "Wyse TV Jewelry Case Study," *www.wyse.com/solutions/industries/retail*，accessed August 27，2013.

28. Miller，Rich，"The Billion Dollar Data Centers," *Data Center Knowledge*，April 29，2013，*www.datacenterknowledge.com/archives/2013/04/29/the-billion-dollar-data-centers*.

29. Barker，Colin，"With the World Embracing Cloud Computing，Who Needs Mainframes?" *ZDNet*，July 4，2013，*www.zdnet.com/with-the-world-embracing-cloud-computing-who-needs-mainframes- 7000017087*.

30. Gohring，Nancy，"Own Your Own Cray Supercomputer for a Mere ＄500，000," *CNN Money Tech*，May 7，2013，*http://money.cnn.com/2013/05/07/technology/enterprise/cray-supercomputer/index.html*.

31. Chen，Stephen，"World's Fastest Supercomputer，Tianhe-2，Might Get Very Little Use," *South China Morning Post*，August 22，2013，*www.scmp.com/news/china/article/1264529/worlds-fastest-computer-tianhe-2-might-get-very-little-use*.

32. Miller，Rich，"Rackspace Adding 50 Servers Per Day," *Data Center Knowledge*，August 12，2013，*www.data centerknowledge.com/archives/2013/08/12/rackspace-adding-servers-per-day/*.

33. "GM's Latest Michigan Data Center Gets Leed Gold," *Data Center Dynamics*，September 13，2013，*www.datacenterdynamics.com/focus/archive/2013/09/gms-latest-michigan-data-center-gets-leed-gold*.

34. Charles，Arthur，"Technology Firms to Spend ＄150 Billion on Building New Data Centres," *The Guardian*，August 23，2013，*www.theguardian.com/business/2013/aug/23/spending-on-data-centres-reaches-150-billion-dollars*.

35. Miller，Rich，"Microsoft's ＄1 Billion Data Center," *Data Center Knowledge*，January 21，2013，*www.datacenterknowledge.com/archives/2013/01/31/microsofts-1-billion-roofless-data-center/ginia*.

36. Morthen，Ben，"Data Centers Boom," *Wall Street Journal*，April 11，2011，p. B6.

37. Thibodeau，P.，"Rural N. C. Becomes Popular IT Location," *Computerworld*，June 20，2011，p. 2.

38. "IBM Opens New Cloud Data Center in Peru to Meet Demand for Big Data Analytics," *IBM News Room*，August 22，2013，*www-03.ibm.com/press/us/en/pressrelease/41809.wss*.

39. Wells，Brad，"What Truly Makes a Computer 'Green'?" OnEarth（blog），September 8，2008，*www.onearth.org/node/658*.

40. "EPEAT Environmental Criteria," *www.epeat.net/resources/criteria-discussion*，accessed August 19，2013.

41. "EPEAT Recognizing Environmental Performance," *Ricoh* Web site，*www.ricoh-usa.com/about/epeat*，accessed June 20，2013.

42. Devery, Quinn, "2012 Breakdown of Global IT Services, Software, and Hardware," August 8, 2013, *www. paranet. com/blog/bid/151090/2012-Breakdown-of-Global-IT-Services-Software-and-Hardware-Spending.*

43. McCracken, Harry, "Who's Winning, iOS or Android? All the Numbers, All in One Place," April 16, 2013, *http://techland. time. com/2013/04/16/ios-vs-android/.*

44. "7 Productivity Apps to Help You Get It All Done-Fast," *Huffington Post*, July 11, 2013, *www. huffingtonpost. com/2013/07/11/productivity-apps-10-ipho_n_3560671. html.*

45. "The18 Best Productivity Apps in the World," *Business Insider*, September 8, 2012, *www. businessinsider. com/best-productivity-apps-2012-9#bump-for-sharing-stuff-between-phones-3.*

46. "8 Apps for Improving Work Productivity," January 13, 2013, Mac Life, *www. maclife. com/article/gallery/8_apps_boosting_work_productivity.*

47. "Cooper Project Management Software," *www. copperproject. com/? gclid=CJn00ZCLlroCFRCg4Aod nF4AFQ*, accessed October 14, 2013.

48. Anthony, Sebastian, "Windows 9 Will Unify the Smartphone, Tablet, Desktop, and Console, But Is It Too Little, Too Late?" *Extreme Tech*, October 8, 2013, *www. extremetech. com/computing/ 168168-windows-9-will-unify-the-smartphone-tablet-desktop-and-console-but-is-it-too-little-too-late.*

49. Linux Definition, *linfo. org/linuxdef. html*, accessed October 21, 2013.

50. "Linux Profitability (Red Hat, SUSE, and Canonical)," *http://zoumpis. wordpress. com/2013/ 06/06/linux-profitability-red-hat-suse-canonical/*, accessed October 14, 2013.

51. Dediu, Horace, "Where Are the Android Users?" *Asymco*, *August 11*, 2013, *www. asymco. com/ 2013/03/11/where-are-the-android-users/.*

52. Furrier, John and Vellente, Dave, "Analysis: Is Sun Better Off After Acquiring Sun?" *Forbes*, July 9, 2013, *www. forbes. com/sites/siliconangle/2013/07/09/analysis-is-oracle-better-off-after-sun-acquisition/.*

53. "KASIKORNBANK—Secure on Solaris 10 and Sun Fire V20z Servers," *Oracle*, *www. oracle. com/ technetwork/server-storage/solaris10/overview/success-stories-more-jsp-141517. html#hpcvl*, accessed October 15, 2013.

54. "HP case study: KWFT Empowers Kenyan Women with HP Superdome 2," *http://h20195. www2. hp. com/v2/GetDocument. aspx? docname=4AA4-7130ENW&cc=us&lc=en*, accessed October 17, 2013.

55. Pepitone, Julianne, "HP Sells Off the Last Scraps of Palm: WebOS," *CNN Money*, February 25, 2013, *http://money. cnn. com/2013/02/25/technology/hp-sells-webos-lg/.*

56. "Windows Sysinternals," *http://technet. microsoft. com/en-us/sysinternals/bb545021. aspx*, accessed March 27, 2014.

57. "Revenue Solutions, Inc., and the State of Rhode Island Division of Taxation Partner to Implement a Commercial-off-the-Shelf (COTS) Integrated Tax System (ITS)," *Revenue Solutions, Inc.*, July 18, 2013, *www. revenuesolutionsinc. com/news/2013/07-18-13. html.*

58. "Collaboration Helps GE Aviation Bring Its Best Inventions to Life," *www. salesforce. com/customers/stories/ge. jsp*, accessed October 26, 2013.

59. FHI 360, *www. who. int/workforcealliance/members_partners/member_list/fhi/en/*, accessed November 2, 2013.

60. Endler, Michael, "Microsoft Office 365 Steps On Google Enterprise Ambitions," *Information Week*, May 14, 2013, *www. informationweek. com/software/productivity-applications/microsoft-of-*

fice-365-steps-on-google-ent/240154836.

61. Lunden，Ingrid，"Forrester：$2.1 Trillion Will Go into IT Spend in 2013；Apps and the U. S. Lead the Charge," *Tech Crunch*，July 15，2013，*http：//techcrunch. com/2013/07/15/forrester-2-1-trillion-will-go-into-it-spend-in-2013-apps-and-the-u-s-lead-the-charge/*.

62. "Playa Lakes Decision Support System," *Environmental Protection Agency*，*water. epa. gov/type/wetlands/playa. cfm*，accessed November 2，2013.

63. Gibbs，Mark，"Knight Capital Fined a Measly $12M for a Software Bug that Cost $460M," *Network World*，October 23，2013，*www. networkworld. com/community/blog/knight-capital-fined-measly-12m-software-bug-cost-460m*.

64. Ecker，Elizabeth，"Knight Capital Group Completes Merger with Getco," *Reverse Mortgage*，July 1，2013，*http：//reversemortgagedaily. com/2013/07/01/knight-capital-group-completes-merger-with-getco/*.

65. Olshan，Jeremy，"88% of Spreadsheets Have Errors," *MarketWatch*，April 20，2013，*www. marketwatch. com/story/88-of-spreadsheets-have-errors-2013-04-17*.

准则	学习目标
● 数据管理和建模是组织数据和信息的关键环节。	● 定义数据管理常用概念和术语，突显数据库方法在数据管理方面的优势。 ● 描述逻辑数据库和物理数据库设计注意事项以及关系数据库模型。
● 精心设计和管理良好的数据库是支持决策制定最有价值的工具。	● 识别所有 DBMS 执行的常见功能，并识别常见的 DBMS。
● 数据库应用程序的数量和类型将继续发展，并产生实际的业务效益。	● 识别并简要讨论商业智能、数据挖掘和其他数据库应用程序。

【花絮】 全球经济中的信息系统——丹麦，威卢克斯集团

威卢克斯集团（VELUX）是世界上最大的国际建筑材料制造商之一。威卢克斯集团总部位于丹麦，在全球 11 个国家/地区的制造工厂中拥有约 10 000 名员工，在欧洲、美洲、亚洲和澳大利亚近 40 个国家/地区设有销售办事处。集团如此成功，以至于在许多国家，带窗户的平屋顶被简称为威卢克斯（velux）。

因此，威卢克斯集团早期就采用信息系统技术来支持商业智能，这并不足为奇。商业智能（BI）包括及时收集和分析数据，以支持有效的商业战略、战术和运营的发展。2000 年，威卢克斯集团求助于信息技术部门，开始引入商业智能系统。信息技术团队成功地生成了财务报告，但却很少有人使用这个系统。

实现下一代商业智能

威卢克斯集团的经历并非个例。当时，商业智能系统开发通常留给信息技术部门，这些部门不需要提供给管理人员（系统用户）报告。到 2005 年，威卢克斯的高管开始参与商业智能系统构建，决定商业智能系统应该提供什么数据和分析。公司范围内的用户数量增加到了 800 人。但是，许多中层经理仍然不倚重商业智能报告。

因此，2011 年，威卢克斯集团进行了一次彻底调查，以找出很多经理不使用商业智能报告的原因。在开发和采用新的 SAP 商业智能技术之前，创建了一个团队来探索其最终用户的需求。威卢克斯集团发现，许多潜在用户并不了解现有数据，而那些了解数据的用户通常很少使用标准报告，他们更需要定制分析。因此，一些业务部门和子公司购买自己的专属系统，产生额外成本。威卢克斯集团意识到，必须开发一种用户界面友好，并且集成、节能、高效的系统。该系统能够及时存取大量迅速增长的内部和外部数据。

2013 年，威卢克斯集团推出了新的 SAP 商业智能系统。商业智能用户的数量正在从 800 个扩展到 4 000 个。SAP 团队还与用户合作，以确保他们拥有使用新工具所需的分析技能。新系统不是简单地生成预算和财务目标，而是利用模拟模型使管理人员能够以细化方式计划要生产的产品的数量和价格。

威卢克斯集团的努力代表了新一代商业智能的开发，其中公司正在学习如何根据决策流程中较低级别的广大用户的需求来量身定制其系统。希望在降低成本的同时扩展商业智能的优势。

阅读本章时，请考虑以下问题：

- 所有业务部门都要参与数据管理、数据建模和业务信息系统的开发和采用，为什么这一点很重要？
- 企业如何使用数据库中的信息来提高效率？

为什么要了解数据库系统及其应用程序？

每天有大量数据被计算机捕获以供处理。所有这些数据都流向何处并且如何使用？这些数据对工作有何帮助？在本章中，将学习能够帮助你最有效地利用信息的数据库系统和应用程序。如果将来你成为一名市场营销经理，则可以通过调查客户的网络习惯和过去的购买行为来获取大量关于现有和潜在客户的数据。这些信息可以帮助销售产品和服务。如果将来你成为一名企业律师，则可以从复杂的法律数据库中查阅过去的案例和法律意见。这些信息可以帮助赢得案件的胜利，并合法保护企业组织。如果将来你成为一名人力资源（HR）经理，则可以使用数据库和应用程序来分析加薪、员工保险福利和退休金对公司长期成本的影响。无论你在学校的学习领域是什么，使用数据库系统和应用程序都可能成为工作的关键部分。在阅读本章时，将看到如何使用数据库和应用程序来提取和分析有价值的信息，以帮助你成功。本章首先介绍数据库管理系统的基本概念。

数据库是精心设计、组织和认真管理的数据集合。与信息系统的其他组件一样，数据库应帮助组织实现其目标。数据库通过数据为管理者和决策者提供及时、准确的相关信息，从而帮助企业组织取得成功。数据库还可以帮助公司分析信息，以降低成本、增加利润、增加新客户、跟踪过去的业务活动，并开拓新的市场机会。

数据库管理系统（database management system，DBMS）由一组程序组成，能够操纵数据库，并在数据库及其用户和其他应用程序之间提供接口。企业通常从数据库公司购买 DBMS，该系统提供对数据资源的单点管理和控制，这对维护数据的完整性和安全性至关重要。例如，现在甲骨文公司的 DBMS 包括了防火墙，用以帮助保护其客户的数据库。[1] 数据库、DBMS 和使用数据的应用程序构成了数据库环境。

随着企业组织处理的信息量迅速增加，数据库和 DBMS 对组织变得越来越重要。事实上，尽管当今许多企业组织都拥有数十个数据库，但由于缺乏良好的数据管理，几乎没有人能找到正确和相关的信息为重要业务提供准确的决策。[2]

> **数据库管理系统（DBMS）**：由一组程序构成，能够操纵数据库，并在数据库及其用户和其他应用程序之间提供接口。

数据管理

如果没有数据、缺乏处理数据的能力，企业组织就无法成功地完成大多数业务活动。无法支付员工工资、发送账单、订购新库存或生成信息来帮助经理决策。如前文所述，数据是由原始事实组成的，比如员工人数和销售数字。为了将数据转换成有用的信息，首先必须以有意义的方式组织数据。

数据层次

数据通常按层次结构组织，该层次结构从计算机使用的最小数据块（一位）开始，然后逐步通过层次结构到达数据库。一位（一个二进制信号）表示电路是接通或断开。位可以被组织成称为字节（bytes）的单位。一个字节通常是8位。每个字节代表一个**字符**（character），这是大多数信息的基本组成部分。字符可以是大写字母（A，B，C，…，Z），小写字母（a，b，c，…，z），数字（0，1，2，…，9），或特殊符号（.，!，+，−，/，…）。

将字符组合在一起形成一个字段。**字段**（field）通常是描述业务对象（如雇员、位置或卡车）或活动（如销售）的某个方面的名称、数字或字符组合。除了输入之外，数据库还可以从其他字段中计算字段。计算字段（computed fields）包括总数、平均值、最大值和最小值。与一个对象、活动或个体相关的所有数据字段的集合称为**记录**（record）。通过将相关对象、活动或个体特征的描述组合起来，记录可以提供对其的完整描述。例如，员工记录是关于一名员工的多个字段的集合。一个字段是员工的"姓名"，另一个字段是"地址"，其他字段则包含"电话号码""薪资水平""迄今为止的收入"等。相关记录的集合是一个**文件**（file），例如，员工文件是所有公司员工记录的集合。同样，库存清单文件是特定公司或组织的所有库存清单记录的集合。有些数据库软件将文件称为表。

数据层次结构的最高级别是数据库（database），它是集成的，也是相关文件的集合。位、字符、字段、记录、文件和数据库构成了**数据的层次结构**（hierarchy of data）。如图3-1所示。字符组合成字段，字段组合成记录，记录组合成文件，文件组合成数据库。数据库不仅存储所有这些级别的数据，而且存储它们之间的关系。

数据实体、属性和键

实体、属性和键是重要的数据库概念。**实体**（entity）是数据得以汇聚、存放和维持的事物（对象）、地方或人。具体的实体如员工、产品和工厂。大多数企业会将数据以实体为集合进行组织和存储。

属性（attribute）是实体的特征。例如，员工编号、姓氏、名字、雇用日期和部门编号是员工的属性。如图3-2所示。库存编号、产品说明、现有单位数量以及库存物品在仓库中的位置是库存物品的属性。客户编号、姓名、地址、电话号码、信用等级和联系人是客户的属性。通常选择属性来反映实体的相关特征，如员工或客户。属性的特定值又称为**数据项**（data item），能在描述实体的记录字段中找到。

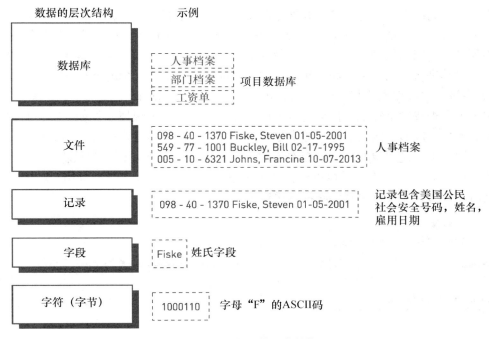

图 3-1　数据的层次结构

注：位、字符、字段、记录、文件和数据库构成了数据的层次结构。

员工编号	姓氏	名字	雇用时间	部门编号
005-10-6321	Johns	Francine	10-07-2013	257
549-77-1001	Buckley	Bill	02-17-1995	632
098-40-1370	Fiske	Steven	01-05-2001	598

元组（记录）

主键

属性（字段）

图 3-2　键和属性

注：关键字段是员工编号。属性包括姓氏、名字、雇用日期和部门编号。

许多企业组织都会创建属性数据库，并输入数据项来存储运行其日常操作所需的数据，如示例。

● 德国政府建立了签证警报数据库，供世界各地的移民官员审查签证申请时使用。移民局、警察局和检察院将有关签证逾期逗留、签证欺诈、非法雇用和刑事犯罪的信息上传到数据库。当地警察和移民局可以请求访问数据库以核实当地移民程序的信息，如签证延期和驱逐出境程序。[3]

● 无线网络供应商正在使用智能手机唯一的识别号建立数据库，以防止被盗智能手机在其网络被激活或提供服务。[4]

● 位于英国的客户分析公司 Dunnhumby 正在建立将单个消费者的电视收看数据与他们的超市采购数据结合在一起的数据库。然后，公司可以与负责媒体采购的品牌营销人员合作，根据实际消费者采购数据做出电视广告购买决策。[5]

● 中联重科是中国领先的建筑设备和工业机械制造商，业务遍及六大洲的 80 个国家。中联重科数据库使公司能够对售后分包商的绩效进行排名，并确定需要在何处改进服务，以避免客户流失。[6]

如前所述，关于特定对象的字段集合是一条记录。**主键**（primary key）是唯一标识记录的字段或字段集。所有记录必须具有不同的主键。对于员工记录（如图 3-2 所示），员工编号是主键的一个示例。主键用于区分记录，以便对其进行访问、组织和操作。主键可以确保文件中的每个记录都是唯一的。例如，eBay 将"商品编号"作为主键，以确保出价与正确的商品相关联。如图 3-3 所示。

使用次关键字组合查找满足特定条件集的特定记录可能更容易、更快捷。例如，客户打电话给邮购公司订购衣服。订单业务员可以通过输入主键（通常是客户编号）轻松访问客户的邮件和账单信息，但是如果客户不知道正确的主键，可以使用像姓氏这样的次关键字。在这种情况下，订单职员输入姓氏，例如 Adams。如果几个客户的姓是 Adams，那么职员可以检查其他字段，例如地址、名字等，以查找到正确的客户记录。找到正确的记录后，就可以完成订单并将衣物运送给客户。

图 3-3　主键

www.ebay.com
注：eBay 将商品编号作为主键，以跟踪其数据库中的每个商品。

数据库管理方法

信息系统曾经引用包含相关数据的特定文件。例如，薪资系统将使用薪资文件。每个不同的操作系统都使用专属于该系统的数据文件。这种数据管理方法称为**传统数据管理方法**（traditional approach to data management）。

如今，大多数企业组织使用**数据库数据管理方法**（database approach to data management），其中多个信息系统共享一组相关数据。数据库提供了共享数据和信息资源的能力。例如，联邦数据库通常将 DNA 测试结果作为认定罪犯的属性。这些信息可以与全国各地的执法人员共享。通常，将不同但相关的数据库链接起来以满足企业范围的需求。例如，美国药物连锁销售企业沃尔格林公司的许多零售店为顾客提供店内医疗诊所。沃尔格林使用电子健康记录数据库来存储所有商店中患者的信息。数据库提供有关客户与诊所和药房的交流信息。

要使用数据库数据管理方法，需要额外的软件，即数据库管理系统（DBMS）。如前所述，DBMS 由一组程序组成，这些程序可以用作数据库和数据库用户之间的接口。通常，该软件充当应用程序和数据库本身之间的缓冲区。图 3-4 说明了数据库数据管理方法。

字符：大多数信息的基本组成部分，由大写字母、小写字母、数字或特殊符号组成。

字段：通常是描述业务对象或活动的某个方面的名称、数字或字符组合。

记录：与一个对象、活动或个体相关的所有数据字段的集合。

文件：相关记录的集合。

数据层次结构：位、字符、字段、记录、文件和数据库。

实体：数据得以汇聚、存放和维持的事物、地方或人。

属性：实体的特征。

数据项：属性的特定值。

主键：是唯一标识记录的字段或字段集。

传统数据管理方法：每个不同操作系统都使用专属于该系统的数据文件的数据管理方法。

数据库数据管理方法：多个信息系统共享一组相关数据的数据管理方法。

数据建模和数据库特征

因为当今的企业必须跟踪和分析大量数据，所以必须保持数据的组织良好，以便能够有效地使用它们。数据库应该设计为存储与业务相关的所有数据，并提供快速访问和轻松修改的功能。此外，它必须反映企业组织的业务流程。在建立数据库时，企业组织必须仔细考虑以下问题：

- **内容**。应该收集哪些数据，代价是什么？
- **访问**。什么时候应该向哪些用户提供什么数据？
- **逻辑结构**。如何安排数据使其对用户有意义？
- **物理组织**。数据的物理位置应该在哪里？

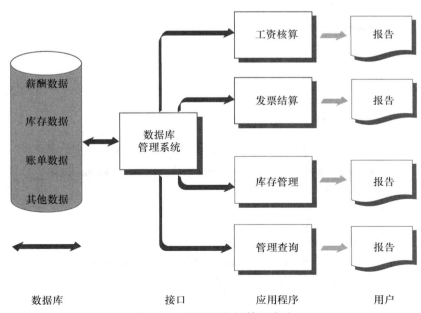

图 3-4 数据库数据管理方法

注：在数据管理的数据库方法中，多个信息系统共享一组相关数据。

数据建模

在组织数据库时，主要的考虑因素包括确定要收集哪些数据、数据源是什么、谁有权访问、用户想如何使用数据库，以及如何监控数据库性能。例如，哈里森学院为印第安纳州和俄亥俄州 12 个校区的 5 000 名学生提供服务，并在 Harrison.edu 网站上提供在线服务。学院使用来自惠普、戴尔、F5 网络和思科的网络和存储设备。该学院使用了数据库监控工具，以深入了解其数据库应用程序的状态以及运行这些应用程序的硬件。在数据中心停电期间，监控工具帮助信息技术支持人员快速确定哪些服务器已恢复联机状态，并及时采取措施重启服务器，而不会造成服务的重大损失。[7]

数据库设计人员用来显示数据之间逻辑关系的工具之一是数据模型。**数据模型**（data model）是数据实体及其关系图。数据建模通常包括理解特定的业务问题，并分析交付解决方案所需的数据和信息。在整个组织级别完成实体及其间关系图的绘制的过程被称为企业数据建模。**企业数据建模**（enterprise data modeling）是一种方法，该方法首先在战略级别调查组织的常规数据和信息需求，然后检查组织内职能区域和部门更具体的数据和信息需求。目前已经开发了多种模型来帮助管理人员和数据库设计人员分析数据和信息需求。实体关系图就是这种数据模型的例子。

实体关系图（entity-relationship diagrams，ER）使用基本图形符号来显示数据组织和数据之间的关系。换句话说，ER 图显示了表（实体）中的数据项以及它们之间的关系。

ER 图有助于确保正确构建数据库中数据实体之间的关系，以使基于此数据库开发的任何应用程序均与业务运营和用户需求保持一致。此外，ER 图可以作为数据库使用后的参考文档。如果对数据库进行更改，则 ER 图可以帮助更改设计。图 3-5 显示了订单数据库的 ER 关系图。在这个数据库设计中，一个销售人员为多个客户服务。这是一对多关系的示例，由图 3-5 中所示的一对多符号表示，即鸭掌模型（crow's-foot）。ER 图还显示，每个客户都可以下订单，每个订单包含一对多的订单项，并且多个订单项可以指定相同的产品（多对一关系）。该数据库也可以具有一对一的关系。例如，一个订单生成一张发票。

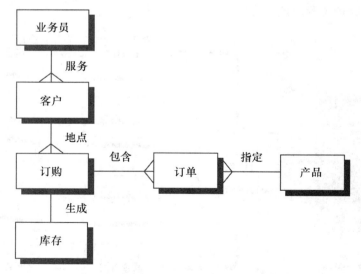

图 3-5　客户订单数据库的实体-关系（ER）图

注：ER 图的开发有助于确保应用程序的逻辑结构与数据库中的数据关系一致。

关系数据库模型

尽管许多组织开始使用新的非关系模型来满足它们的一些业务需求，但是关系数据库模型仍旧取得了巨大成功，并且在当今的商业世界中处于主导地位。**关系模型**（relational model）是一种简单有效的方法，可以将数据组织到称为关系的二维表集合中。表中的每一行代表一个实体，每一列代表该实体的属性。如图 3-6 所示。

基于关系模型的数据库包括 Oracle、IBM DB2、Microsoft SQL Server、Microsoft Access、MySQL 和 Sybase。根据市场研究公司 Gartner 的数据，甲骨文软件系统有限公司在 2012 年全球关系 DBMS 市场份额中占有 48% 的份额。这比它的四个最接近的竞争对手（IBM 公司、微软公司、SAP 公司和天睿公司）加起来的市场份额还要大。

每个属性都可以被限制在一个称为**域**（domain）的允许值范围内。特定属性的域指出可以在关系表的每一列中放置哪些值。诸如性别之类的属性的域可以限定为两个字符 M（男性）或 F（女性）。如果有人试图在性别字段中输入"1"，数据将不被接受。再如，薪资范围不包括负数。通过这种方式，定义域可以提高数据的准确性。

数据表 1：项目表

项目编号	项目描述	部门编号
155	工资单	257
498	小工具	632
226	销售手册	598

数据表 2：部门表

部门编号	部门名称	经理社会安全号码
257	财务部	005-10-6321
632	生产部	549-77-1001
598	市场部	098-40-1370

数据表 3：经理表

社会安全号码	姓氏	名字	雇用日期	部门编号
005-10-6321	Johns	Francine	10-07-2013	257
549-77-1001	Buckley	Bill	02-17-1995	632
098-40-1370	Fiske	Steven	01-05-2001	598

图 3-6 关系数据库模型

注：在关系模型中，数据被放置在二维表或关系中。只要它们共享至少一个公共元素，就可以将这些关系链接起来，以提供有用的输出信息。

操作数据

将数据输入关系数据库后，用户可以对数据进行查询和分析。基本的数据操作包括选择、投影和连接。**选择**（selecting）是筛选满足特定条件的行，并过滤其他行。假设人力资源经理想要使用一个雇员表，其中包含公司正在执行的所有项目的项目编号、项目描述和部门编号。经理可能希望找到项目 226（销售手册项目）的部门编号。使用选择，经理可以筛选出项目 226 的行，过滤除此以外的所有行，并查看完成销售手册项目的部门编号为 598。

　　投影（projecting）是筛选满足特定条件的列，并过滤表中的其他列。例如，部门表包含负责项目经理的部门编号、部门名称和社会安全号码（SSN）。销售经理可能希望创建一个新表，其中只包含负责销售手册项目经理的部门编号和社会安全号码。销售经理可以使用投影来过滤部门名称列，并创建一个只包含部门编号和社会安全号码的新表。

　　连接（joining）是合并两个或多个表。例如，可以组合项目表和部门表，为负责项目的经理创建一个新表，其中包含项目编号、项目描述、部门编号、部门名称和社会安全号码。

　　只要表至少共享一个公共数据属性，就可以将关系数据库中的表链接起来，以提供有用的信息和报告。**链接**（linking）是通过公共数据属性将两个或多个表组合在一起，形成只有唯一数据属性的新表，是关系数据库具有高度灵活性和强大功能的关键之一。假设公司总裁希望找出销售手册项目经理的姓名以及经理在公司工作的时间。假设公司有经理表、部门表和项目表，如图 3-6 所示。图 3-7 是简化的 ER 图，显示了这三张表之间的关系。

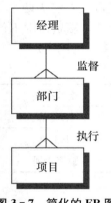

图 3-7　简化的 ER 图

　　注：该图显示了经理表、部门表和项目表之间的关系。

　　注意项目表旁边的鸭掌符号。此符号表示一个部门可以有多个项目。总裁可能通过个人计算机对数据库进行查询。DBMS 将从项目描述开始，搜索"项目表"以查找项目的部门编号。然后，将使用部门编号在"部门表"中搜索经理的社会安全号码。部门编号也在"部门表"中，它是将"项目表"与"部门表"连接起来的公共属性。DBMS 使用经理的社会安全号码来搜索"经理表"，查找经理的雇用日期。经理的社会安全号码是"部门表"和"经理表"之间的公共元素。最后的结果是，经理的姓氏和雇用日期被提交给总裁，作为对询问的响应。如图 3-8 所示。

　　关系数据库的主要优点之一是允许表之间进行连接，如图 3-8 所示。这种连接减少了数据冗余，并允许数据进行更合理的组织。连接到经理的社会安全号码只需在"经理表"中存储一次，因此无须将其多次存储在"项目表"中。

　　目前使用最广泛的是关系数据库模型。因其以表的形式组织数据，因此比其他方法更容易控制、更灵活、更直观。如图 3-9 所示，可以使用关系 DBMS（如 Microsoft Access）以行和列的形式存储数据。在该图中，Access 数据库顶部的超链接可用于创建、编辑和操作数据库。连接关系表的能力还允许用户以新的方式关联数据，且不必重新定义复杂的关系。由于关系模型的优点，许多公司将其用于大型企业数据库，如营销和会计数据库。

■ 数据清洗

　　用于决策的数据必须准确、完整、经济、灵活、可靠、简单、及时、有意义、可验证、可访问和安全。

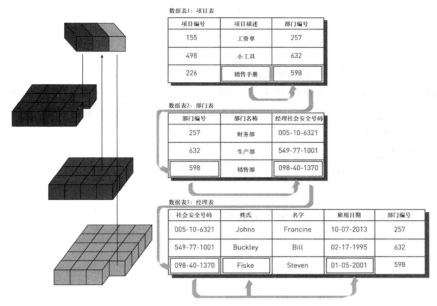

图 3－8　链接数据表以回答查询

注：为了查找从事销售手册项目的经理的姓名和雇用日期，总裁需要三个表：项目表、部门表和经理表。项目描述（销售手册）在"项目表"中指向部门编号（598），该部门编号在"部门表"中指向经理的社会安全号码（098－40－1370），该号码指向"经理表"中的经理姓氏（Fiske）和雇用日期（01－05－2001）。

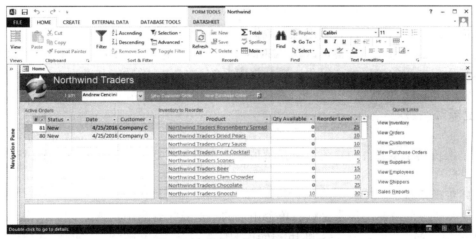

图 3－9　构建和修改关系数据库

微软产品截屏，经微软公司许可。
注：关系数据库提供了许多工具、技巧和快捷方式来简化创建和修改数据库的过程。

数据清洗（data cleansing），也称为**数据清洁**（data cleaning）或**数据清理**（data scrubbing），是检测后纠正或删除数据库中不完整、不正确、不准确、不相关记录的过程。其目标是提高决策中使用的数据的质量。"坏数据"可能是由用户数据输入错误或数据传输、存储过程中的数据损坏造成的。数据清洗不同于数据验证，数据清洗还包括识别"坏数据"和拒绝"坏数据"的输入。

数据清洗解决方案之一是通过将数据与经过验证的数据集交叉核对来识别和纠正数据。例如，可以对照美国邮政编码数据库交叉检查组织数据库中的街道编号、街道名称、城市、州和邮政编码条目。数据清洗还可能涉及数据标准化，例如将各种可能的缩写（St.、St、st.、st）转换为标准名称（Street）。

数据增强通过添加相关信息来增加数据库中的数据，例如使用给定记录的邮政编码信息来追加县代码或人口普查区域代码。

> **数据模型**：数据实体及其关系图。
>
> **企业数据建模**：在整个组织级别进行的数据建模。
>
> **实体关系（ER）图**：使用基本图形符号来显示数据组织和数据之间关系的数据模型。
>
> **关系模型**：一种简单有效的方法，可以将数据组织到称为关系的二维表集合中。
>
> **域**：数据属性允许值的范围。
>
> **选择**：筛选满足特定条件的行数据进行操作。
>
> **投影**：筛选满足特定条件的列数据进行操作。
>
> **连接**：合并两个或多个表以进行数据操作。
>
> **链接**：能够通过公共数据属性将两个或多个表组合在一起，形成只有唯一数据属性的新表。
>
> **数据清洗（数据清洁或数据清理）**：检测后纠正或删除数据库中不完整、不正确、不准确、不相关记录的过程。

数据库管理系统

创建和实现恰当的系统的数据库，可以确保数据库支持业务活动及企业目标。但是，实际中我们如何创建、实现、使用和更新数据库呢？答案可以在 DBMS 中找到。如前所述，DBMS 是用作数据库与应用程序之间，以及数据库与用户之间的接口的一组程序。数据库系统具有广泛的功能和类型。

■ 数据库类型概述

DBMS 可以是廉价的小型软件包，也可以是价值数十万美元的复杂系统。以下章节讨论一些常用的可供选择的方法。参见图 3 - 10 的示例。

单用户数据库管理系统

安装在个人计算机上的数据库通常是针对单个用户的。这意味着当用户 A 访问数据库时，用户 B 必须等待，直到用户 A 完成。Microsoft Access 和 InfoPath、IBM Lotus Approach、Personal Oracle 和 DB Everyplace 都被设计为支持单用户实施。

多用户数据库管理系统

大中小型企业需要多用户数据库管理系统才能通过网络在整个组织中共享信息。这些功能强大、价格昂贵的系统允许数十或数百人同时访问同一数据库系统。多用户数据库系统的常见供应商包括甲骨文、微软、Sybase 和 IBM。许多单用户数据库都可以通过网络实现多用户支持，尽管它们通常受有限用户数量的限制，例如 Microsoft Access。

平面文件

平面文件是一个简单的数据库程序，其记录之间没有任何关系。平面文件数据库通常用于存储和操作单个表或文件。许多电子表格和文字处理程序都具有平面文件功能。这些软件包可以对记录进行排序，并进行简单的计算和比较。Microsoft OneNote 旨在让人们将见解、想法和笔记放到一个平面文件中。与 OneNote

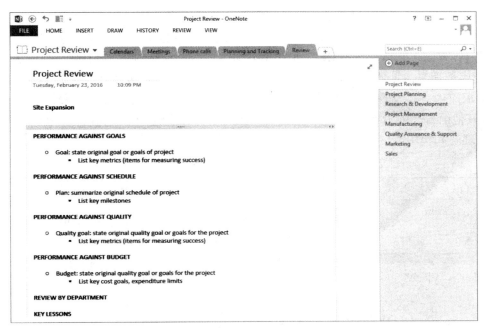

图 3 - 10　微软电子记事本

微软产品截屏，经微软公司许可。

注：微软电子记事本允许收集任何类型的信息，然后检索、复制和粘贴这些信息到其他应用程序，如文字处理和电子表格程序。

类似，印象笔记（Evernote）是一个免费的在线数据库服务，可以存储笔记和其他信息，包括照片、语音备忘录或手写笔记。印象笔记可以在计算机、智能手机、平板电脑和其他移动设备上使用。

财捷集团（Intuit，Inc.）为中小型组织提供财务管理软件。其中最受欢迎的领先产品之一是 Quick-Books 财务软件，拥有超过 400 万的活跃用户。财捷集团持续与客户会面，以更好地了解他们的需求。交流讨论能够发觉更多需求，这些需求包括增强功能、改进性能和优质报告能力。财捷集团技术团队提出的解决方案是将现有的平面文件数据库管理系统转换为关系数据库管理系统。财捷集团架构师 Siddharth Ram 说："我们意识到，通过迁移到真正的关系数据库，可以为客户增强 QuickBooks 财务软件的功能和价值。[9]

SQL 数据库

SQL 是一种特殊用途的编程语言，用于访问和处理存储在关系数据库中的数据。最初是由 D. 唐纳德（Donald D）定义的。IBM 研究中心的钱柏林（Chamberlin）和雷蒙·博伊斯（Raymond Boyce）在其论文《SEQUEL：一种结构化的英语查询语言》（1974 年 5 月，ACM SIGFIDET 会议论文集）中进行了描述。他们的研究基于埃德加·科德（Edgar F. Codd）在 1970 年发表的开创性论文《大型共享数据库的数据关系模型》中描述的关系数据库模型。

SQL 数据库遵循 ACID 属性，即原子性（atomicity）、一致性（consistency）、隔离性（isolation）、持久性（durability），这是在科德完成后不久由吉姆·格雷（Jim Gray）定义的。这些属性保证了数据库事务的可靠处理，确保了数据库中数据的完整性。从根本上说，这些属性意味着数据被分解为原子值（员工编号，姓氏，名字，地址 1，地址 2，城市，等等），数据在整个数据库中保持一致，与其他事务隔离，直到当前事务完成为止，且持久可靠，即数据永远都不会丢失。[10]

SQL 数据库通过锁定数据库记录来依靠并发控制功能，用以确保其他事务在第一个事务成功或失败之前不会修改数据库。因此，100％符合 ACID 的 SQL 数据库可能会受到性能缓慢的影响。

1986 年，美国国家标准协会（ANSI）采用 SQL 作为关系数据库的标准查询语言。自从 ANSI 接受 SQL 以来，人们越来越有兴趣使 SQL 成为大型机和个人计算机上关系数据库的组成部分。SQL 具有许多内置函数，比如平均值（AVG）、最大值（MAX）、最小值（MIN）等。SQL 命令的示例见表 3-1。

SQL 允许程序员学习一种功能强大的查询语言，并将其用于从 PC 到大型主机的各种系统上。参见图 3-11。程序员和数据库用户也发现 SQL 很有价值，因为 SQL 语句可以嵌入许多编程语言，比如广泛使用的 C++、Java 和其他语言。因为 SQL 使用标准化和简化的过程来检索、存储和操作数据，所以常用的数据库查询语言很容易理解和使用。

表 3-1　SQL 命令的示例

SQL 命令	描述
SELECT ClientName, Debt FROM Client WHERE Debt>1 000	该查询是从名为 Client 的数据表中（FROM Client）查找欠公司超过 1 000 美元（WHERE Debt>1 000）的客户名称（ClientName）以及金额（Debt）。
SELECT ClientName, ClientNum, Order-Num FROM Client, Order WHERE Client. ClientNum＝Order. ClientNum	此命令是连接命令的示例，合并了来自两个表的数据：客户表和订单表（FROM Client, Order）。该命令使用客户名称、客户编号和订单编号（SELECT ClientName, ClientNum, OrderNum）创建了一个新表。这两个表都包含客户编号，使它们可以连接在一起。此功能在 WHERE 子句中展示，该子句中声明客户表中的客户编号与订单表中的客户编号相同（WHERE Client. ClientNum＝Order. ClientNum）。
GRANT INSERT ON Client to Guthrie	此命令是授权命令的示例。允许 Bob Guthrie 向客户表插入新值或行。

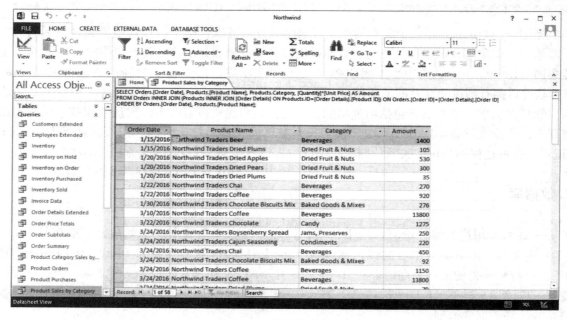

图 3-11　结构化查询语言

微软产品截屏，经微软公司许可。
注：结构化查询语言（SQL）已经成为大多数关系数据库的组成部分，如 Microsoft Access 2013 中的此示例所示。

NoSQL 数据库

NoSQL 数据库（NoSQL database）旨在以不严格执行与关系数据库模型相关联的原子条件的方式来存

储和检索数据。NoSQL 数据库的目标是提供更快的性能和更大的可伸缩性。NoSQL 数据库缺乏强大的数据一致性，因此无法确保数据库某一部分的数据更新立即传播到数据库的所有其他部分。NoSQL 数据库在处理超大型数据库和实时 Web 应用程序方面占有重要地位，并且应用在不断增长。

NoSQL 数据库将数据存储为高度优化的键值存储，其中数据存储在简单的两列表中，一列保留为主键，另一列用于存放数据值。NoSQL 数据库具有高度可伸缩性，这意味着大型数据库可以分布在运行相同 No-SQL DBMS 的数百、数千甚至数万台服务器上。数据库的这种分布提高了系统的正常运行时间，因为即使一台或两台服务器出现故障，数据库仍然可以处理几乎所有事务。（扩展传统的 SQL 数据库要复杂得多。）脸谱网雇用了数千台运行 NoSQL 数据库开源分布式系统 Cassandra 的服务器，每秒能处理数百万次查询，并确保全天候运行。

亚马逊使用 Dynamo DB NoSQL 数据库来跟踪每日数百万的销售交易。该数据库采用最终一致的方法来处理事务，以提高速度并增加系统正常运行时间。[11]

Hadoop 是一个开源软件框架，其中包括几个软件模块，这些模块提供了存储和处理超大数据集的方法。多年来，雅虎一直使用 Hadoop 来更好地个性化其访问者看到的广告和文章。现在许多流行的 Web 站点和服务（eBay、Etsy、推特和 Yelp 等）都使用 Hadoop。[12] Hadoop 将数据分成子集，并将子集分布到不同的服务器上进行处理。Hadoop MapReduce 软件模块是一个编程模型，旨在通过将工作划分为一组独立的任务来并行处理大量数据。这种方法创建了一个非常强大的计算环境，即使个别服务器出现故障，该环境也允许应用程序继续运行。

■ 可视化、音频和其他数据库系统

除了原始数据，组织还发现需要以有组织的方式存储大量视频和音频信号。例如，信用卡公司使用扫描仪将发票的图片输入图像数据库。图像可以存储在数据库中，然后根据客户名称进行排序、打印，并与月结单一起发送给客户。医师还使用图像数据库存储 X 射线并将其传输到主治医院以外的诊所。金融服务、保险公司和政府分支机构正在使用图像数据库来存储重要的记录并代替纸质文件。制药公司通常需要分析许多来自实验室的视频图像。可视化数据库可以存储在某些对象关系数据库或专用数据库系统中。许多关系数据库也可以存储图像。

除了可视化、音频和虚拟数据库之外，其他特殊用途的数据库系统还可以满足特定的业务需求。例如，空间数据库提供基于位置的服务，企业和公共部门的网站在其中嵌入位置，并映射到其 Web 应用程序和操作系统中。天然气、电力、管道和供水机构使用空间数据库来支持关键任务应用程序，如移动资产维护、停机管理、网络维护和危机管理。如图 3 - 12 所示。零售商使用空间分析和地图可视化技术，根据客户人口统计分析来决定在何处开设新商店以及在何处部署销售人员。公路机构、铁路、公共运输和交付服务使用空间技术跟踪和维护资产，制定交付和运输计划，优化路线以减少运输时间和成本。警察、消防、土地管理、国土安全、公共工程和城市规划等政府机构利用空间数据库来改善规划和运营。[13]

■ 数据库功能

使用数据库可以提供数据库的用户视图、添加和修改数据、存储和检索数据，以及操作数据并生成报告。下面详细讨论这些内容。

提供用户视图

因为 DBMS 负责对数据库的访问，所以安装和使用大型数据库的第一个步骤是"告诉" DBMS 数据的逻辑和物理结构以及每个用户数据之间的关系。这种描述称为**模式**（schema），模式以原理图的外形展示。大型数据库系统通常使用模式来定义表以及与个人或用户相关联的其他数据库功能，例如 Oracle。模式可以是数据库的一部分，也可以是单独的模式文件。DBMS 可以引用一个模式，通过关联以找到与请求数据相关的另一段数据。

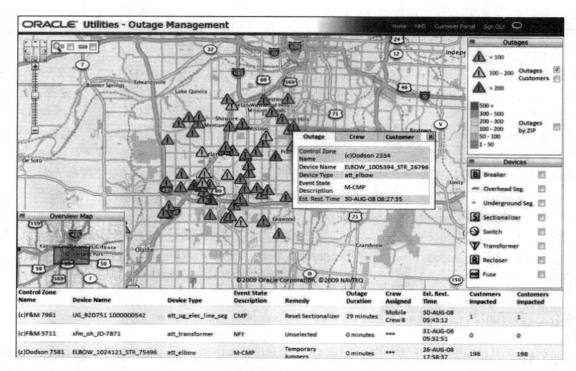

图 3 - 12　空间数据技术

注：天然气、电力、管道和水务代理将 Oracle Spatial Network 数据模型用于实时、关键任务网络应用，如移动资产维护、停机管理、网络维护和危机管理。

创建和修改数据库

模式通过数据定义语言进入 DBMS（通常由数据库人员执行）。**数据定义语言**（data definition language，DDL）是用于定义和描述特定数据库中数据和关系的指令以及命令的集合。DDL 使数据库的创建者可以描述模式中包含的数据和关系。通常，DDL 描述数据库中的逻辑访问路径和逻辑记录。图 3 - 13 显示了用于开发通用模式 DDL 的简化示例。图 3 - 13 中字母 X 的使用显示了应该在何处输入关于数据库的具体信息。文件描述、区域描述、记录描述和集合描述是 DDL 在本例中定义和使用的术语。还可以使用其他术语和命令，具体取决于所使用的 DBMS。

创建数据库的另一个重要步骤是建立**数据字典**（data dictionary），即对数据库中使用的所有数据的详细描述。数据字典包含以下信息：

- 数据项的名称
- 可用于描述项目的别名或其他名称
- 可使用的值范围
- 数据类型（例如字母数字或数字）
- 项目所需的存储空间
- 负责更新该数据的人员以及可以访问它的各种用户的注释
- 使用数据项的报告列表

```
SCHEMA DESCRIPTION
SCHEMA NAME IS XXXX
AUTHOR        XXXX
DATE          XXXX
FILE DESCRIPTION
     FILE NAME IS XXXX
        ASSIGN XXXX
     FILE NAME IS XXXX
        ASSIGN XXXX
AREA DESCRIPTION
     AREA NAME IS XXXX
RECORD DESCRIPTION
     RECORD NAME IS XXXX
     RECORD ID IS XXXX
     LOCATION MODE IS XXXX
     WITHIN XXXX AREA FROM XXXX THRU XXXX
SET DESCRIPTION
     SET NAME IS XXXX
     ORDER IS XXXX
     MODE IS XXXX
     MEMBER IS XXXX
     .
     .
     .
```

图 3 - 13　数据定义语言

注：使用数据定义语言定义模式。

　　数据字典还可以包括数据流的描述、记录的组织方式以及数据处理需求。图 3 - 14 显示了一个典型的数据字典条目。

　　例如，数据字典中有关库存物料零件号的信息可以包括以下内容：

- 生成数据字典条目人员的姓名（D. Bordwell）
- 条目生成日期（August 4，2016）
- 批准该条目人员的姓名（J. Edwards）
- 批准日期（October 13，2016）
- 版本号（3.1）
- 条目使用的页数（1）

```
              NORTHWESTERN MANUFACTURING

PREPARED BY:        D. BORDWELL
DATE:               04 AUGUST 2016
APPROVED BY:        J. EDWARDS
DATE:               13 OCTOBER 2016
VERSION:            3.1
PAGE:               1 OF 1

DATA ELEMENT NAME:  PARTNO
DESCRIPTION:        INVENTORY PART NUMBER
OTHER NAMES:        PTNO
VALUE RANGE:        100 TO 5000
DATA TYPE:          NUMERIC
POSITIONS:          4 POSITIONS OR COLUMNS
```

图 3 - 14　数据字典条目

注：数据字典提供数据库中使用的所有数据的详细描述。

- 零件名称（PARTNO）
- 可能使用的其他零件名称（PTNO）
- 量值范围（零件号可取 1 000 至 5 000）
- 数据类型（数值型）
- 存储需求（零件号要求 4 位或 4 列）

数据字典在维护一个高效的数据库方面很有价值，该数据库可以存储可靠的信息而没有冗余，并且在需要时可以轻松地修改数据库。数据字典还可以帮助需要详细描述存储在数据库中数据元素的计算机和系统程序员来创建代码以访问数据。

遵守数据字典中定义的标准还可以轻松地实现数据在各个组织之间的共享。例如，美国能源部（DOE）开发了术语数据字典，以提供用于评估能源数据的标准化方法。建筑能源数据交换规范（Building Energy Data Exchange Specification，BEDES）提供了关键数据元素的通用语言，包括数据格式、有效范围和定义，这些语言将改善承包商、软件供应商、金融公司、公用事业公司和公共事业委员会之间的通信。遵守这些数据标准将使信息易于共享和汇总，而无须进行大量的数据清洗和转换。所有利益相关者都可以使用此标准数据集来回答与商业和住宅建筑节能以及财务绩效相关的主要问题。[14]

存储和检索数据

DBMS 的一项功能是成为应用程序和数据库之间的接口。当应用程序需要数据时，通过 DBMS 请求数据。假设要计算新车的总价格，定价程序需要有关发动机配件的价格数据，比如六缸而不是标准的四缸。应用程序从 DBMS 请求此数据。这样，应用程序遵循逻辑访问路径。接下来，DBMS 与各类型系统程序一起访问存储设备，例如磁盘驱动器和固态存储设备（SSD），数据存储在这些设备中。当 DBMS 进入该存储设备检索数据时，它会遵循一条路径到达存储该选项价格的物理位置（物理访问路径）。在定价示例中，DBMS 可能会转到磁盘驱动器来检索六缸发动机的价格数据。这种关系如图 3 - 15 所示。

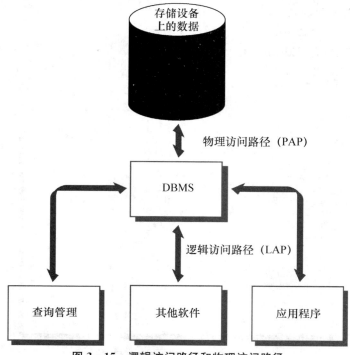

图 3 - 15　逻辑访问路径和物理访问路径

注：当应用程序从 DBMS 请求数据时，它遵循对数据的逻辑访问路径。当 DBMS 检索数据时，它遵循对数据的物理访问路径。

如果用户希望从数据库获取信息，则使用相同的过程。首先，用户从 DBMS 请求数据。例如，用户可能会给出命令，例如 "LIST ALL OPTIONS FOR WHICH PRICE IS GREATER THAN ＄200"（列出价格大于 200 美元的所有选项）。这是逻辑访问路径（logical access path，LAP）。然后，DBMS 可能会转到磁盘的期权价格部分，以获取用户的信息。这是物理访问路径（physical access path，PAP）。

试图同时访问同一记录的两个以上人员或程序可能会出现并发问题。例如，库存控制程序可能试图将某产品的库存水平降低 10 个单位，因为这 10 个单位刚刚发送给客户。与此同时，由于刚收到库存，采购计划可能试图将该产品的库存水平增加 200 个单位。如果没有适当的数据库控制，其中一个更新可能不能正确执行，从而导致产品的库存水平不准确。**并发控制**（concurrency control）可以用来避免此类潜在问题。一种方法是，如果记录正在被另一个程序更新或使用，则锁定所有其他应用程序对该记录的访问。

操作数据并生成报告

安装 DBMS 之后，员工、管理人员和其他授权用户可以使用它来查看报告并获取重要信息。公司可以使用 DBMS 来管理此需求。有些数据库使用**示例查询**（Query by Example，QBE），这是开发数据库查询或请求的视图方法。与 Windows 和其他 GUI 操作系统一样，你可以通过打开窗口并单击所需的数据或功能来执行查询，以及完成其他数据库任务。如图 3-16 所示。

在其他情况下，可以在编程语言中使用数据库命令。例如，可以在简单的程序中使用 C＋＋命令，这些程序将访问或操作数据库中的某些数据。这是 DBMS 查询的另一个示例：

SELECT ＊ FROM EMPLOYEE WHERE JOB_CLASSIFICATION＝"C2"

星号（＊）告诉程序包括 EMPLOYEE 表中的所有列。通常，用于操作数据库的命令是**数据操作语言**（data manipulation language，DML）的一部分。DBMS 提供的这种特定语言允许管理人员和其他数据库用户访问和修改数据、进行查询和生成报告。同样，应用程序在访问存储在磁盘等设备上的数据之前，会遍历模式和 DBMS。

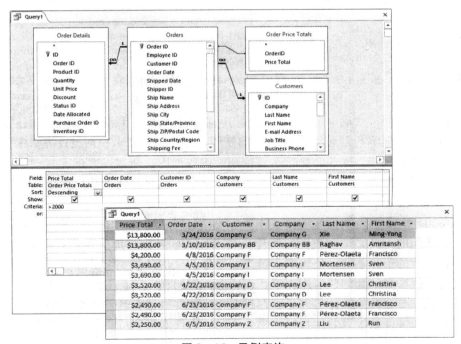

图 3-16 示例查询

微软产品截屏，经微软公司许可。
注：有些数据库使用示例查询（QBE）来生成报告和信息。

建立数据库并加载数据后，可以生成所需的报告、文档和其他输出。如图 3-17 所示。这些输出形式一般包括屏幕显示或硬拷贝打印输出。数据库程序的输出控制功能允许用户选择要显示在报表中的记录和字段。还可以通过操作数据库字段专门为报表进行计算。格式化控件和组织选项（例如报表标题）可以帮助用户灵活创建自定义报表，是方便且功能强大的信息处理工具。

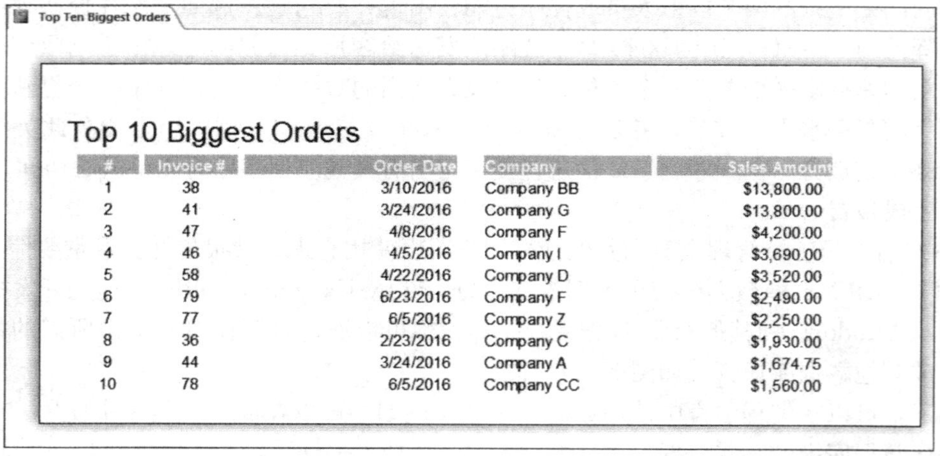

图 3-17　数据库输出

微软产品截屏，经微软公司许可。
注：数据库应用程序提供了复杂的格式和组织选项，以恰当的格式生成合适的信息。

DBMS 可以生成各种各样的文档、报告和其他输出，以帮助组织实现其目标。最常见的报告选择并组织数据以显示关于公司运营某些方面的摘要信息。例如，会计报告通常会汇总财务数据，如当期账目和往期账目。许多公司的日常运营决策以定期状态报告为依据，该报告显示特定订单完成和交付进度。

☐ 数据库管理

数据库管理员（database administrators，DBA）是技术熟练且训练有素的信息技术专业人员，他们与用户进行讨论以确定其数据需求；应用数据库编程语言设计并创建一套数据库来满足这些需求；测试和评估数据库；实施改进以提高其性能；并确保防止未经授权访问数据。数据库系统需要熟练的数据库管理员，需要对组织的基本业务有清晰的理解，精通所选 DBMS 的使用，并与新兴技术和新设计方法保持同步。数据库管理员的角色是计划、设计、创建、操作、保护、监控和维护数据库。通常，数据库管理员拥有计算机科学或管理信息系统的学位，并且接受过特定数据库产品的在职培训，或对一系列数据库产品有更丰富的经验。如图 3-18 所示。

数据库管理员与用户一起确定数据库的内容，准确地确定感兴趣的实体，以及关于这些实体要记录的属性。因此，信息技术之外的人员必须对数据库管理员会做什么以及数据库管理员存在的重要意义有所理解。数据库管理员在开发有效的信息系统，使组织、员工和管理者从信息系统中受益的过程中发挥关键作用。

数据库管理员还与程序员一起构建应用程序，以确保他们的程序符合 DBMS 标准和约定。在数据库构建并运行之后，数据库管理员会监控操作日志是否存在安全违规。数据库性能也受到监控，以确保系统的响应时间满足用户的需求，并保证系统有效运行。如果有问题，数据库管理员会在问题严重之前尝试纠正它。

数据库管理员的主要职责是保护数据库免受攻击或其他形式的故障。数据库管理员使用安全软件、预防措施和冗余系统来确保数据的安全性和可访问性。尽管数据库管理员尽了最大努力，但数据库安全漏洞仍然很常见。有人被指控在长达一年的时间中，对美国政府的多个数据库实施了侵入式攻击。美国陆军、美国导弹防御局、美国国家航空航天局、环境保护局等机构的数据库中大量军事数据和个人身份信息被盗。黑客的动机是破坏美国政府的基础设施和正常运作。[15]

图 3 - 18　数据库管理员

© iStockphoto. com/OJO Images
注：数据库管理员（DBA）的角色是计划、设计、创建、操作、保护、监控和维护数据库。

　　一些企业组织还创建了称为**数据管理员**（data administrator）的职位，这是一个非技术但很重要的职位，数据管理员遵循定义和实施一致的原则来解决各种数据问题，包括设置适用于组织中所有数据库的数据标准和数据定义。例如，数据管理员将确保在所有公司数据库中定义和统一处理"客户"之类的术语。数据管理员还与业务经理一起确定谁应该读取或更新对某些数据库以及这些数据库中选定属性的访问权限。然后将此信息传递给数据库管理员进行实现。数据管理员可以是向高层管理者负责的高级职位。

◼ 主流的管理库管理系统

　　如表 3 - 2 所示，许多流行的 DBMS 可以满足个人、工作组和企业的广泛需求。完整的 DBMS 市场涵盖了从非技术人员到训练有素的专业程序员所使用的软件，并且可以在从平板电脑到超级计算机的所有类型的计算机上运行。整个市场每年为 IBM、甲骨文和微软等公司带来数十亿美元的收入。

表 3 - 2　流行的数据库管理系统

开源的关系 数据库管理系统	用于个人和工作组的 关系数据库管理系统	用于工作组和企业的 关系数据库管理系统	NoSQL 数据库管理系统
MySQL	Microsoft Access	Oracle	Mongo DB
PostgreSQL	IBM Lotus Approach	IBM DB2	Cassandra
MariaDB	Google Base	Sybase	Redis
SQL Lite	OpenOffice Base	Teradata	CouchDB
		Microsoft SQL Server	
		Progress OpenEdge	

　　像其他软件产品一样，许多开源数据库系统也是可用的。Couchbase 的 CouchDB 是一个开源数据库系统，由热门网络游戏 FarmVille 的美国社交游戏开发商 Zynga 开发，每月处理 2.5 亿访客。

　　数据库即服务（Database as a Service，DaaS 或 Database 2.0）类似于软件即服务（Software as a Service，SaaS）。使用 DaaS，数据库存储在服务提供者的服务器上，并由客户机通过网络（通常是互联网）访问数据库，而数据库管理由服务提供者处理。十多家公司正在向 DaaS 方向发展，包括亚马逊、Database.com、谷歌、云平台 Heroku、IBM、财捷、微软、MyOwnDB、甲骨文和 Trackvia。

　　亚马逊关系数据库服务（Amazon Relational Database Service，Amazon RDS）是一种数据库服务，允许组织在云中设置和操作自己选择的 MySQL、Microsoft SQL、Oracle 或 PostgreSQL 关系数据库。该服务自动备份数据库并根据用户定义的保留期存储这些备份。Fairfax Media 是澳大利亚和新西兰的主要传媒公司，出版该地区最大的一些报纸和杂志。公司使用 Amazon RDS 来避免自购和维护数据库软件及计算机硬件的成本。管理人员还认为，DaaS 环境使其能够更快地将新产品推向市场，更好地应对客户偏好的变化。[16]

■ 与其他软件一起使用数据库

　　DBMS 通常与其他软件和互联网一起使用。DBMS 可以充当前端应用程序或后端应用程序。前端应用程序是人们直接交互的应用程序。市场研究人员经常使用数据库作为统计分析程序的前端。研究人员将市场调查问卷的结果输入数据库。然后，这些数据被转移到一个统计分析程序中进行分析，例如确定新产品的潜力或广告活动的有效性。后端应用程序与其他程序或应用程序进行交互；它仅与人或用户进行间接交互。当人们从网站请求信息时，该网站可以与提供所需信息的数据库（后端）进行交互。例如，用户可以连接到大学网站，以查明大学图书馆是否有所需阅读的书。然后，该站点与包含图书馆书籍和文章目录的数据库进行交互，以确定所需的书籍是否可用。如图 3-19 所示。

图 3-19　国会图书馆网站

www.loc.gov
注：国会图书馆（LOC）提供对其数据库的网络访问，其中包括对 LOC 馆藏书籍和数字媒体的参考。

NoSQL 数据库：为了提供更快的性能和更大的可伸缩性，以不严格执行与关系数据库模型相关联的原子条件的方式来存储和检索数据的数据库。

模式：对整个数据库的描述。

数据定义语言（DDL）：用于定义和描述特定数据库中数据和关系的指令以及命令的集合。

数据字典：对数据库中使用的所有数据的详细描述。

并发控制：处理两个以上用户或应用程序需要同时访问同一记录情况的方法。

数据操作语言（DML）：DBMS 提供的一种特定语言，它允许用户访问和修改数据、进行查询和生成报告。

数据库管理员（DBA）：技术熟练且训练有素的信息技术专业人员，他们与用户进行讨论以确定其数据需求；应用数据库编程语言设计并创建一套数据库以满足这些需求；测试和评估数据库；实施改进以提高其性能；并确保防止未经授权访问数据。

数据管理员：非技术职位，遵循定义和实施一致的原则解决各种数据问题。

数据库应用程序

数据库已被证明是企业组织极其宝贵的资产。数据库的存在催生了许多数据库应用程序，包括大数据、数据仓库和数据集市，以及商业智能。现在将讨论这些主题。

大数据

大数据（big data）是一个术语，用于描述庞大（TB 或更多）而复杂（从传感器数据到社交媒体数据）的数据集合，传统数据管理软件、硬件和分析过程无法处理它们。计算机技术分析师 Doug Laney 将体积、速度和多样这三个特征与大数据联系起来[17]：

- **体积**。2012 年，IBM 估计存在于数字世界的数据量为 27 泽字节 ZB。[18]
- **速度**。目前我们接收数据的速度超过了每秒 5 万亿比特。[19] 这个速度将加快，因此从现在到 2020 年，数字数据量预计每两年翻一番。[20] 表 3-3 仅列出了大量数据的几个生成器。

表 3-3　大数据生成器

来源	生成的数据量
欧洲核子研究组织的大型强子粒子加速器	每秒 40TB 数据
民用飞机发动机	每天超过 1PB（拍字节）的传感器数据
手机	全球有超过 50 亿人在打电话，交换短信和访问网站
优兔	每分钟上传 48 小时视频
脸谱网	每天上传 100TB
推特	每天发送 5 亿条推特
无线射频标签	条码生成数据量的 100 倍

- **多样**。今天的数据有多种格式。有些数据是计算机科学家所称的结构化数据，其格式是预先知道的，

并且非常适合传统数据库。结构化数据的一个示例是定义明确的业务交易，用于更新包含客户、产品、库存、财务和员工数据的公司数据库。然而，组织必须处理的大多数数据是非结构化数据，这意味着它不是以任何预定义的方式组织的。[21] 非结构化数据的来源包括文字处理文档、社交媒体、电子邮件、监控视频、电话信息和科学研究。例如，图 3-20 显示了欧洲核子研究中心（CERN）的大型强子对撞机（LHC）隧道。LHC 每秒产生 40TB 的数据用于科学分析。[22]

图 3-20　大型强子对撞机（LHC）

Vladimir Simicek/isifa/Getty Images
注：欧洲核子研究中心的大型强子对撞机每秒产生 40TB 的数据，每年总计数十 PB。数据由连接 35 个国家的 140 个计算中心的网格网络进行分析，并提供给寻求解答物理学中复杂问题的科学家。

大数据的挑战

个人、组织乃至社会本身都必须找到应对这种不断增长的数据海啸的方法，否则他们将被信息过载所麻痹。挑战是多方面的——如何选择要存储的数据子集、存储在何处以及如何存储数据、如何找到与当前决策相关的数据块，以及如何从相关数据中获取价值。乐观主义者认为，我们可以克服这些挑战，更多的数据将导致更准确的分析和更好的决策，而这些分析和决策将导致深思熟虑的行动来改善情况。一些组织通过结合大数据和高性能分析取得了良好的结果，如表 3-4 所示。

表 3-4　大数据与分析应用

企业组织	如何使用和分析大数据
苹果	为了更好地了解其产品组中的客户
美国大陆航空	确定每个传单的生命周期价值并作出影响单个客户的决定
迪士尼	为了更好地了解客户，从而可以改善他们的入园体验，并使员工能够以更加个性化的方式与访客互动
谷歌趋势	分析谷歌网站部分搜索，以帮助营销人员识别搜索趋势并进行相应的广告或营销
哈拉（Harrah）的故事	了解赌徒一天之内能承受多少损失，第二天将不再回来
Polkomtel（波兰无线通信提供商）	为减少信用评分费用，加快新客户的审批流程并调整收款业务
沃尔玛	使供应商能够优化它们在商店中分配到的货架空间

然而，并非所有人都对大数据应用感到满意。有些人担心隐私，因为公司收集了大量可以与其他组织共享的个人数据。借助这些数据，组织可以在人们不知情或未征得其同意的情况下，开发广泛的人员档案。大

数据也带来了安全隐患。企业组织能够保护大数据免受竞争对手和恶意黑客的侵害吗？一些专家认为，个人和组织可能会对收集和存储大数据的公司发起责任诉讼。尽管存在这些潜在的不利因素，但许多公司仍在争相进入大数据领域，投入对新应用程序的开发，以利用大数据潜在的信息宝藏。

内存数据库

内存数据库（in-memory database，IMDB）是将整个数据库存储在随机存取存储器（RAM）中的 DBMS。与传统 DBMS 一样，此方法提供的数据访问速度比将数据存储在某种形式的辅助存储（例如硬盘或闪存）上的速度快 10 万倍。内存数据库是分析大数据和其他具有挑战性的数据处理应用程序的推动者。由于随机存取存储器容量的增加和成本的相应降低，内存数据库变得可行。此外，内存数据库在可处理对数据的并行请求的多个多核 CPU 上的性能最佳，从而进一步加快了对大量数据的访问和处理速度。[23] 此外，随着 64 位处理器的出现，可以直接寻址更大数量的主存储器。表 3-5 中显示了内存数据库的主要供应商。

表 3-5　IMDB 供应商

数据库软件制造商	产品名称	主要客户
Altibase 数据库	HDB（层次数据库）	亿创理财公司，中国电信
甲骨文	Times Ten	洛克希德·马丁公司，威瑞森无线公司
德国 SAP 软件公司	高性能分析设备（HANA）	eBay，高露洁
Software AG 系统软件供应商	Terracotta Big Memory	AdJuggler

与世界上任何其他邮政服务相比，美国联合包裹运送服务公司（USP）将更多邮件发送到更大地理区域中的更多地址。它的 522 000 名员工处理了 1 600 亿封邮件，这些邮件被发送到全国每个州、市、镇和自治区超过 1.52 亿个家庭、企业和邮筒。[24] 内存数据库处理使 USP 能够优化信件和包裹从发送者到接收者的路由，提供当日送达，并迅速确定邮件是否具有正确的邮资。USP 的数据管理服务经理 Dan Houston Jr. 和 USPS 的产品信息专家 Scot Atkins 表示："内存数据库的主要优势在于，能够在查看大量数据的同时，提供非常快速、近乎实时的答案。"[25]

 问题——伦理与社会

美国国家安全局处理大数据

2013 年 6 月 5 日，英国《卫报》（The Guardian）的格伦·格林沃尔德（Glen Greenwald）透露，美国最大的情报组织美国国家安全局（NSA）已获得一项秘密法庭命令，迫使威瑞森移交美国境内以及美国与其他国家、地区之间每天进行的所有通话的电话号码、通话位置、时长和时间数据。《卫报》公布了秘密法庭命令的副本，以及奥巴马政府对侵犯他人隐私的辩护。第二天，《华盛顿邮报》（The Washington Post）披露了一则更大的新闻：美国和英国情报机构一直在与美国九家主要互联网公司秘密合作，开展代号为"棱镜"（PRISM）的行动。自 2007 年以来，美国国家安全局一直在收集来自微软、雅虎、谷歌、脸谱网、PalTalk、美国在线、Skype、YouTube 和苹果的数据。这些出版物提出的一个疑问是，美国政府是如何设法不让公民知道这些项目的。

关于美国国家安全局运作的另一个最大的谜团是，该机构如何能够收集和分析如此大量的数据。2007 年，没有数据库能够存储如此大量的非结构化数据。事实证明，美国国家安全局已经开发了自己的大型开源数据库 Accumulo。Accumulo 运行在美国国家安全局数据中心的数千台服务器上，每台服务器都能够以各种格式访问数十 PB 的数据。

一旦收集到这些数据，美国国家安全局就会对这些数据进行图表分析，以找出恐怖分子嫌疑人曾与谁有过接触、何时与这些人有过接触、接触的频率，以及他们及其联系人的位置。这些信息可以用来确定嫌疑人是否与已知的特工或组织有联系。此外，美国国家安全局可以执行模式识别程序，就像公司根据特定个人过去访问过的网站，将在线广告定位到特定个人一样。例如，美国国家安全局可以运行一个程序，找出在特定时间谁在给也门打电话，挂断电话，然后在几小时内接到另一个也门电话号码的呼叫。

第二种分析的担忧是，政府在没有正当理由的情况下针对个人，因此违反了《第四修正案》。此外，许多人和组织认为收集这些数据损害了个人的隐私权。

信息技术专家提出的另一个问题是，美国国家安全局如何能够在如此少的预算下存储如此大量的数据。政府只有 2 000 万美元来存储标准数据，以及聊天、Skype 电话、视频和其他繁重的非结构化数据。雅虎每年花费 1 亿美元用于数百 PB 数据的存储。这个问题的一个答案可能在于，即当威瑞森向美国国家安全局移交国内外的通话数据时，棱镜计划只关注国外通信流量。因此，与只收集国内通信数据相比，美国国家安全局需要存储的非结构化数据较少。然而，这一知识不太可能安抚隐私倡导者，他们过去一直致力于限制政府对个人隐私的侵犯，未来无疑还会继续这样做。

问题讨论

1. 国家安全局收集的是什么类型的数据？
2. 美国国家安全局是否应该被允许收集这些数据？优点和缺点是什么？

批判性思考

1. 美国国家安全局对其收集的数据进行了哪些分析？
2. 美国国家安全局应该被允许进行这些类型的分析吗？为什么？

资料来源：Greenwald, Glenn, "NSA Collecting Phone Records of Millions of Verizon Customers Daily," *The Guardian*, June 5, 2013; Gellman, Barton and Poitras, Laura, "U. S., British Intelligence Mining Data from Nine U. S. Internet Companies in Broad Secret Program," *The Washington Post*, June 6, 2013; Harris, Derrick, "Under the Covers of the NSA's Big Data Effort," Gigaom, June 7, 2013, *http://gigaom.com/2013/06/07/under-the-covers-of-the-nsas-big-data-effort/*; Harris, Derrick, "Here's How the NSA Analyzes All that Call Data," Gigaom, June 6, 2013, *http://gigaom.com/2013/06/06/heres-how-the-nsa-analyzes-all-that-call-data/*.

数据仓库和数据集市

做出合理业务决策所需的原始数据存储在各种位置和格式中。这些数据最初由事务处理系统捕获、存储和管理，该系统旨在支持组织的日常操作。数十年来，企业组织已经通过在线事务处理（OLTP）系统收集运营、销售和财务数据。数据可用于数据仓库、数据集市和数据挖掘来支持决策制定。

数据仓库

数据仓库（data warehouse）是一个大型数据库，它从企业的许多来源收集业务信息，涵盖公司流程、产品和客户的所有方面。数据仓库允许管理人员进行深入研究以获取更多详细信息，或汇总以获取详细数据并生成汇总或摘要报告。其主要目的是以创新的方式关联信息，并帮助经理和行政人员做出更好的决策。数据仓库存储从操作系统和外部数据源提取的历史数据。如图 3 - 21 所示。

数据仓库用于决策，因此数据的质量对于避免错误的结论至关重要。例如，重复或丢失的信息将产生不正确或误导性的统计信息（"无用输入，无用输出"）。由于可能存在的数据不一致和庞大的数据量，数据质量被认为是数据仓库中的最大问题之一。

数据仓库不断地刷新来自各种来源的大量数据，因此某些数据源包含"脏数据"的可能性很高。ETL（提取、转换、加载）过程从各种数据源获取数据，编辑并将其转换为数据仓库中使用的表单，然后将这些数据加载到数据仓库中。此过程对于确保数据仓库中的数据质量至关重要。

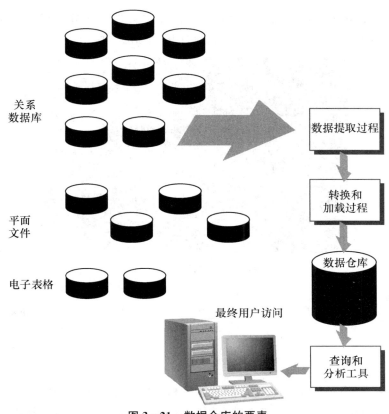

图 3 - 21 数据仓库的要素

注：数据仓库可以帮助经理和主管以创新的方式关联信息并做出更好的决策。

● **提取（extract）**。数据仓库的源数据来自许多源和系统。数据可以表示为各种形式，例如关系数据库、平面文件或其他格式。此过程的目标是从所有不同的数据源提取源数据，并将其转换为适合处理的单一格式。在提取步骤中，未能满足预期模式或值的数据可能会被拒绝进行进一步处理（例如，净销售额字段中的空白或非数字数据，即产品代码超出了定义的有效代码范围）。

● **转换（transform）**。在此阶段，将一系列规则或算法应用于提取的数据，以导出将存储在数据仓库中的数据。可以进行的常见转换是将客户的街道地址、城市、州和邮政编码转换为企业组织指定的销售区域或政府人口普查区。此外，通常还会汇总数据以减少创建预期报告所需的处理时间。例如，总销售额可以按商店或销售区域累计。

● **加载（load）**。在此阶段，提取和转换的数据被装载到数据仓库中。在加载数据到数据仓库时，将创建新的索引，并根据数据库模式中定义的约束检查数据以确保其质量。因此，大型数据仓库的数据加载阶段可能需要几天的时间。

有大量的软件工具可以支持这些 ETL 任务，包括 Ab Initio、IBM InfoSphere Datastage、Oracle Data Integrator 和 SAP Data Integrator。如图 3 - 22 所示。目前还有一些开源的 ETL 工具，包括 Apatar、Clover ETL、Pentaho 和 Talend。困难在于，ETL 的大部分工作必须由底层的专有程序来完成，这些程序很难编写和维护。

数据集市

数据集市（data mart）是数据仓库的一个子集。数据集市将数据仓库的概念——从事务处理系统收集的销售、库存和其他重要业务数据的在线分析——带到中小型企业和大型公司的部门。数据集市不是将所有企业数据存储在一个单一的数据库中，而是包含公司业务的单个方面（例如，财务、库存或人员）的数据子集。实际上，数据集市中的特定区域可能包含比数据仓库更详细的数据。

图 3 - 22　数据仓库工具

注：数据仓库可以使用诸如 Oracle 的仓库管理软件之类的工具，从唯一来源（例如 RFID 标签扫描）中获取数据。

商业智能

商业智能（business intelligence，BI）是广泛的技术和应用程序，使组织能够转换从信息系统获得的大部分结构化数据，以执行分析、生成信息和改进组织的决策。[26]BI 技术包括数据挖掘、在线分析处理、预测分析、数据可视化和竞争情报。BI 的主要供应商有 IBM Cognos、Information Builders、微软、Micro Strategy、甲骨文、SAP 和 SAS。

数据挖掘

数据挖掘（data mining）是一个信息分析过程，涉及数据仓库中模式和关系的自动发现。就像金矿开采一样，数据挖掘会筛选堆积如山的数据，找到其中有价值的信息。例如，美国中西部的一家杂货连锁店使用数据挖掘来分析其客户的购买方式。数据挖掘显示，当男人在周四买尿布时，他们也倾向于买啤酒。这家食品杂货连锁店利用这一新发现的信息来增加收入，方法是把啤酒柜挪到离尿布柜更近的地方，或者确保啤酒和尿布在周四全价出售。[27]

加州田园超市（Sprouts Farmers Market）利用数据挖掘来查看来自多个来源的零售数据，以深入了解业务绩效。整个组织的人员可以使用智能手机和平板电脑等各种设备深入研究数据。[28]杨森制药（Janssen Pharmaceutical）在社交媒体上挖掘了关于阿普唑仑（Xanax）的讨论和患者评论。阿普唑仑是一种用于治疗焦虑和恐慌障碍的药物。此方法可以细分客户见解、改进广告效果和塑造品牌，并发现新的患者关注点。[29]三星的最新电视跟踪过去六个月中电视观众在有线电视、卫星和优质点播服务上的观看情况，然后应用数据挖掘技术为他们提供个性化的观看建议。[30]

在线分析处理（OLAP）

在线分析处理（online analytical processing，OLAP）允许用户从多个角度探索数据，从而实现了一种称为"切片和切块"的分析风格。在线分析处理数据库支持前面讨论的商业智能，并经过优化以提供有用的报告和分析。领先的在线处理分析数据库供应商包括微软、IBM Cognos、SAP、Business Objects、MicroStrategy、Applix、Infor 和甲骨文。

与提供自底向上、发现驱动分析的数据挖掘不同，在线分析处理提供自顶向下、查询驱动的数据分析。数据挖掘不需要任何假设，而是根据发现的模式识别事实和结论，而在线分析处理需要对用户发起的理论进行重复测试。在线分析处理或多维分析需要大量的人类智慧，通过与数据库的交互来查找数据库中的信息。数据挖掘工具的用户不需要弄清楚要问什么问题；相反，方法是"这是数据；告诉我出现了什么有趣的模式"。例如，信用卡公司客户数据库中的数据挖掘工具可以根据历史信息构建欺诈活动的概要。然后，可以将此配置文件应用于所有传入的交易数据，以识别并阻止欺诈行为，否则可能无法检测到欺诈行为。Verafin 软件公司为金融机构开发了数据挖掘软件，该软件可以分析交易并检测金融犯罪。如图 3 - 23 所示。

图 3 - 23　数据挖掘软件

verafin. com
注：为了履行帮助机构打击欺诈的使命，Verifin 开发了数据挖掘软件来分析交易和检测金融犯罪。

表 3 - 6 对 OLAP 与数据挖掘进行了比较。

表 3 - 6　OLAP 与数据挖掘比较

特性	OLAP	数据挖掘
目的	支持数据分析和决策	支持数据分析和决策
支持的分析类型	自顶向下，查询驱动的数据分析	自底向上，发现驱动的数据分析
对用户技能的要求	必须非常了解数据及其业务环境	必须信任数据挖掘工具以发现有效和有价值的假设

预测分析

　　预测分析（predictive analysis）是数据挖掘的一种形式，将历史数据与对未来条件的假设结合起来，用以预测事件的结果，例如未来产品的销售情况或客户拖欠贷款的可能性。预测分析中的关键因素是**预测因子**（predictor），即用于预测个人未来行为的一个或多个变量。例如，人寿保险公司在签发寿险保单时可能会考虑潜在的预期寿命预测因子，如年龄、性别和健康记录。

　　FICO 评分是一种应用广泛的基于预测分析的信用评分模型。信用报告机构如益博睿（Experian）、依可菲（Equifax）和环联信贷（TransUnion）根据消费者的信用记录计算他们的 FICO 分数。该分数提供了对消费者偿还贷款可能性的预测，并被银行和其他金融机构用来做出贷款决策。FICO 分数较高的消费者可能会获得更高的抵押贷款或汽车贷款利率，以及更高的信用额度。

数据可视化

深入了解数据的最佳方法之一是利用数据可视化技术，该技术有助于快速得出结论并查看数据之间的关系。大数据分析带来了更多挑战，试图使数据变得有意义。可以使用 Excel、SAS 可视化分析和其他软件来准备图表和图形，以便更容易查看趋势和模式，并确定进一步分析的机会。经常使用折线图、柱状图、散点图、气泡图和饼状图。

社交媒体网络正在产生大量数据，先进的组织正在利用这些数据，通过更好地了解客户需求和品牌体验来获得竞争优势。**社会图分析**（social graph analysis）是一种数据可视化技术，将数据表示为网络，其中顶点是各个数据点（社交网络用户），而边是它们之间的连接。[31] 脸谱网正在分析具有数十亿个节点和数万亿个边的社交图。社会图分析还被用于欺诈检测、影响分析、情绪监测、市场细分、参与优化、体验优化以及其他必须快速识别复杂行为模式的应用程序中。图 3-24 显示了数百万条社交媒体数据，表明了数百万人之间的联系。

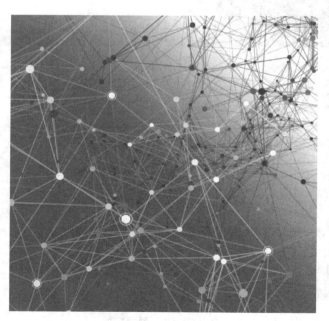

图 3-24 社会图分析

注：数据表示为网络，其中顶点是各个数据点（社交网络用户），而边是它们之间的连接。

关键绩效指标（key performance indicators，KPI）评估实现组织目标进度并反映组织关键成功因素的可量化指标。它们因组织而异，也因所属部门的不同而不同。制造业 KPI 包括准时交货的百分比和每 100 个订单的客户投诉数量。

商业智能**仪表盘**（dashboard）是显示组织的关键绩效指标当前状态的数据可视化工具。可以定制仪表盘，以显示针对单个点或部门的指标。图 3-25 是一个仪表盘示例，突出显示了供应链关键绩效指标。

竞争情报

竞争情报（competitive intelligence）是商业情报的一个方面，包括关于竞争对手的信息，以及影响战略、战术和运营方式的知识。竞争情报是公司快速、恰当地观察不断变化的市场，并做出适当反应能力的关键部分。竞争情报不是间谍活动，不会使用非法手段收集信息。事实上，几乎所有竞争情报专业人员需要的信息都可以通过审查已发表的信息源、进行采访以及使用其他法律和道德方法来收集。使用各种分析工具，熟练的竞争情报专业人员可以通过演绎来填补已经收集的信息的空白。例如，Omgili 是一个搜索引擎，它只关注互联网留言板，并允许用户在讨论板上找到与他们的兴趣相关的主题。

富尔德公司（Fuld & Company）是一家竞争情报领域的研究和咨询公司。英国一家领先的银行聘请富尔德公司调查可能威胁其市场地位的新进入者和非传统商业模式。根据研究的结果，该客户迅速采取行动，改变了方向，并就关键战略威胁对其高管进行了培训。[32]

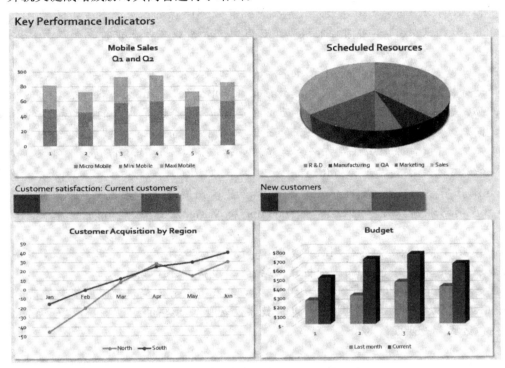

图 3-25　关键绩效指标仪表盘

© naddi/Shutterstock. com
注：此仪表盘突出显示销售、资源、客户和预算的关键绩效指标（KPI）的当前状态。

反情报（counterintelligence）描述的是组织为保护信息不被"敌对"情报收集者所获取而采取的办法。最有效的反情报措施之一是定义与公司有关的"商业秘密"信息，并控制其传播。

 信息系统——实践篇

Brandwatch：将商业智能应用于社交媒体数据，以做出广告决策

社交网络在职业体育中很重要。大约有 530 万人在推特上关注美国国家橄榄球联盟（NFL），约有 850 万人在脸谱网页面上"点赞"。2012 年美国国家橄榄球联盟冠军赛中纽约巨人队和新英格兰爱国者队之间的第 46 届超级碗比赛，吸引了大约 1 亿电视观众观看。在比赛期间，人们发布了 7 366 400 条关于它的推文。其中，324 221 人提到了一个或多个广告客户。随着社交媒体受到如此广泛的关注，广告商们将社交媒体作为衡量它们的钱是否花得值的一个指标也就不足为奇了。

除了庞大的数据量，社交媒体的数据也是非结构化的。这使得社交媒体活动直接进入了"大数据"范畴。广告商能从中学到什么？

如果按每条推文的成本来衡量广告效果，瑞典高级时装连锁店 H&M 做得最好。根据分析网络大数据的公司 Brandwatch 的数据，H&M 的 30 秒商业广告在 17 190 条推文中被提及，费用为 350 万美元，即每条推文 204 美元。百事可乐的推文数量排名第二，为 28 996 条。该公司推出了两个这样的广告，每条推文的广告费用为 253 美元，排名第二。关于商业广告的 10 条推特广告中百威（Budweiser）是花费最高的品牌（估计总计 3 500 万美元），但只有 13 910 条推文，每条的成本为 2 265 美元。

这些调查结果是否意味着百威浪费了钱？不一定。也许喝啤酒的人在推特上发布的消息要比高级时尚顾客或喝可乐的人少。进行同类比较更有用。可口可乐的广告支出是百事可乐的一半，但推特发文量仅为百事的一半多一点（17 334 条）。与此类似，大众汽车公司拥有 20 818 条推文，价值 700 万美元的播出时间，即每条推文价值 336 美元。现代汽车用同样的成本发布了 4 325 条推文，在推特上制造轰动效应的效率要低得多。

推文可以隐藏情绪。词语的使用方式会影响其含义，但当大量文字信息被接收，并在不同的广告商之间进行比较时，情绪分析的结果是有意义的。大多数推文都是中立的，而且大多数广告客户的推文都是正面的多于负面的。例如，百事的正面推文是 7%，负面推文是 2%，其余的是中立的。推特上的负面情绪过高表明公司存在一定问题。斯凯奇的推文有 11% 是负面的，只有 4% 是正面的。数据没有说明原因，但它们建议斯凯奇应该调查原因。（这可能因为斯凯奇的广告拍摄地据称是一个虐待狗的地方，因此引发了抗议。如果是这个原因，可能就不会影响到鞋子的销售。）

Brandwatch 流程始于收集数据。Brandwatch 监控博客、微博（如推特）、社交网站（如脸谱网）、图片网站（如雅虎网络相册）、视频网站（如 YouTube 和 Vimeo）、论坛和新闻网站。客户可以选择想要监视的站点。

然后，Brandwatch 清理数据。它会删除重复项，消除导航文本和广告，将品牌提及的对象与该词的实际使用分开（例如，Apple 不一定是苹果），分析该网站标注日期，以便跟踪趋势。

第三步是数据分析，包括情绪分析。结合日期信息，数据分析可以提供随时间变化的情绪趋势。

最后，Brandwatch 以多种方式呈现数据，包括数字仪表盘。最终的结果是洞察广告活动成功的原因，而这可能是其他任何方式都无法获得的。

问题讨论

1. Brandwatch 可以创建一个推特活跃度随时间变化的图表。可以在该图上显示商业广告的播出时间。该广告主可以用这些信息做什么？

2. Brandwatch 对小公司和大公司的帮助一样吗？为什么？

批判性思考

1. 在数据清理完成后，为数据库存储与超级碗广告相关的推文信息所需的表绘制实体关系图。列出数据库必须为每个实体存储的属性。

2. 你认为情绪分析的准确性如何？它是如何执行的？

资料来源：Brandwatch Web site, *www.brandwatch.com*, accessed May 16, 2012; Staff, "Visualizing Big Social Media Data," Brandwatch, *www.brandwatch.com/wp-content/uploads/brandwatch/The-Brandwatch-Super-Bowl-2012*.pdf, March 14, 2012; Staff, "Brandwatch Superbowl 2012," *Brandwatch, labs.brandwatch.com/superbowl*, accessed May 16, 2012; Horovitz, B., "Even without Kardashian, Skechers Ad Stirs Controversy," *USA Today, www.usatoday.com/money/advertising/story/2012-01-11/kim-kardashian-skechers-super-bowl-ad/52506236/1*, January 12, 2012; Tofel, K., "Super Bowl 46 Mobility by the Numbers," *gigaom.com/mobile/super-bowl-46-mobility-by-the-numbers*, February 5, 2012.

大数据：用于描述庞大而复杂的数据集合的术语，传统数据管理软件、硬件和分析流程无法处理它们。

内存数据库（IMDB）：将整个数据库存储在随机存取存储器（RAM）中的 DBMS。

数据仓库：一个大型数据库，它从企业的许多来源收集业务信息，涵盖公司流程、产品和客户的所有方面，以支持管理决策。

数据集市：数据仓库的一个子集，供大型公司中的部门和中小型企业用来支持决策制定。

商业智能（BI）：广泛的技术和应用程序，使组织能够转换从信息系统获得的大部分结构化数据，以执行分析、生成信息并改进组织的决策制定。

数据挖掘：在数据仓库中自动发现模式和关系的信息分析工具。

在线分析处理（OLAP）：一种允许用户从多个角度探索数据的分析形式，实现了称为"切片和切块"的分析风格。

预测分析（也称为预测分析学）：数据挖掘的一种形式，将历史数据与对未来条件的假设结合起来，用以预测事件的结果，例如未来产品的销售情况或客户拖欠贷款的可能性。

社会图分析：一种数据可视化技术，将数据表示为网络，其中顶点是各个数据点（社交网络用户），而边是它们之间的连接。

关键绩效指标（KPI）：评估实现组织目标进度并反映组织关键成功因素的可量化指标。

仪表盘：显示组织的关键绩效指标（KPI）当前状态的数据可视化工具。

竞争情报：商业情报的一个方面，包括关于竞争对手的信息，以及影响战略、战术和经营方式的知识。

反情报：组织为保护信息不被"敌对"情报收集者所获取而采取的办法。

小结

准则：数据管理和建模是组织数据和信息的关键环节。

数据是企业拥有的最有价值的资源之一。它被组织成一个层次结构，从最小的元素构建到最大的元素。最小的元素是位，即二进制数字。字节（字母或数字等字符）由 8 位组成。一组字符，如名称或数字，称为字段（对象）。相关字段的集合是一条记录；相关记录的集合称为文件。位于层次结构顶部的数据库是记录和文件的集成集合。

实体是事物的通用类，使得数据得以汇聚、存放和维持。属性是实体的特征。属性的特定值（称为数据项）可以在描述实体的记录字段中找到。主键唯一地标识一条记录，而辅助键是记录中的一个字段，不能唯一地标识该记录。

在构建数据库时，组织必须考虑数据库的内容、访问、逻辑结构和物理组织。数据模型是数据库设计人员用来显示数据之间的逻辑结构和关系的工具之一。数据模型是实体及其关系的映射或关系图。企业数据建模涉及分析整个组织的数据和信息需求。实体关系（ER）图可用于显示组织中实体之间的关系。

关系模型将数据放置在二维表中。表可以通过公共数据元素链接，这些数据元素用于在查询数据库时访问数据。每一行代表一条记录，每一列代表一个属性（或字段）。这些属性的允许值称为域。基本的数据操作包括选择、投影和连接。关系模型比其他模型更容易控制、更灵活、更直观，因为它以表的形式组织数据。

数据清洗是检测、纠正或删除数据库中不完整、不正确、不准确或不相关的记录的过程。其目标是提高决策中使用的数据的质量。

157

准则：精心设计和管理良好的数据库是支持决策制定的极有价值的工具。

DBMS 是用作数据库及其用户和其他应用程序之间接口的程序。当应用程序从数据库请求数据时，它遵循逻辑访问路径。数据的实际检索遵循物理访问路径。可以用同样的方式考虑记录：逻辑记录是记录包含的内容；物理记录是记录存储在存储设备上的位置。模式用于描述整个数据库、其记录类型及其与 DBMS 的关系。

有单用户和多用户 DBMS，还有平面文件、SQL 数据库、NoSQL 数据库，以及可视化、音频和其他数据库系统。

DBMS 提供四个基本功能：提供用户视图、创建和修改数据库、存储和检索数据、操作数据和生成报告。模式通过数据定义语言输入计算机，数据定义语言描述特定数据库中的数据和关系。数据库管理中使用的另一个工具是数据字典，其中包含数据库中所有数据的详细说明。

安装 DBMS 之后，可以通过数据操作语言访问、修改和查询数据库。查询语言是一种更专门的数据操作语言，最常见的是结构化查询语言（SQL）。如今，结构化查询语言被用在几个流行的数据库程序包中，可以安装在个人计算机和大型机上。

数据库管理员（DBA）负责计划、设计、创建、操作、保护、监控和维护数据库。数据管理员是非技术职位，遵循定义和实施一致的原则解决各种数据问题，包括设置适用于组织中所有数据库的数据标准和数据定义。选择 DBMS 首先要分析组织的信息需求。数据库的重要特征包括数据库的大小、并发用户数量、数据库性能、DBMS 与其他系统集成能力、DBMS 功能、供应商的需求以及 DBMS 的成本。

许多流行的 DBMS 都可以满足个人、工作组和企业的广泛需求。

数据库即服务（DaaS）是一种新型的数据库服务，客户租用服务提供商站点上的数据库。在 DaaS 中，数据库存储在服务提供商的服务器上，客户机通过网络（通常是互联网）访问数据库。在 DaaS 中，数据库管理由服务提供者提供。

准则：数据库应用程序的数量和类型将继续发展，并产生实际的业务效益。

大数据是用来描述庞大而复杂的数据集合的术语，传统数据管理软件、硬件和分析过程无法处理它们。

内存数据库是将整个数据库存储在随机存取存储器中，以提高存储和检索速度的 DBMS。

传统在线事务处理（OLTP）系统可以非常快速、可靠和有效地将数据放入数据库，但它们不支持当今企业和组织所需的数据分析类型。为了满足这一需求，组织正在建立专门设计用于支持管理决策的数据仓库。

提取、转换和加载流程从各种数据源获取数据，进行编辑并将其转换为数据仓库中使用的表单，然后将数据加载到仓库中。

数据集市是数据仓库的子集，通常用于特定目的或功能业务领域。

商业智能是广泛的技术和应用程序，它使组织能够转换从信息系统获得的大部分结构化数据，以执行分析、生成信息和改善组织的决策制定。

数据挖掘可以自动发现数据仓库中的模式和关系，是一种生成有关数据的假设的实用方法，该假设可用于预测未来的行为。

在线分析处理（OLAP）允许用户从多个角度研究数据，从而启用一种称为"切片和切块"的分析样式。

预测分析是数据挖掘的一种形式，它将历史数据与对未来状况的假设结合起来，以预测事件的结果。

数据可视化采用各种技术，如社交图分析和仪表盘，以帮助决策者查看数据之间的关系，并快速得出结论。

竞争情报是商业情报的一个方面，仅限于有关竞争对手的信息，以及信息影响战略、战术和运营的方式的信息。竞争情报不是间谍活动，不会使用非法手段收集信息。反情报描述了组织为保护信息不被"敌对"情报收集者获取而采取的办法。

关键术语

属性	企业数据建模
大数据	实体
商业智能（BI）	实体关系（ER）图
字符	字段
竞争情报	文件
并发控制	数据层次结构
反情报	内存数据库
仪表盘	连接
数据管理员	关键绩效指标（KPI）
数据清洗（数据清洁或数据清理）	链接
数据定义语言（DDL）	NoSQL 数据库
数据字典	在线分析处理（OLAP）
数据项	预测分析（也称为预测分析学）
数据操作语言（DML）	主键
数据集市	投影
数据挖掘	记录
数据模型	关系模型
数据仓库	模式
数据库管理员（DBA）	选择
数据库数据管理方法	社交图分析
数据库管理系统（DBMS）	传统数据管理方法
域	

第 3 章：自我评估与测试

数据管理和建模是组织数据和信息的关键环节。

1. ＿＿＿＿＿＿＿是技术熟练且训练有素的信息技术专业人员，他们与用户进行讨论以确定其数据需求；应用数据库编程语言设计并创建一套数据库来满足这些需求；测试和评估数据库；实施改进以提高其性能；并确保防止未经授权访问数据。

2. 所有与一个对象、活动或个体相关的数据字段的集合称为＿＿＿＿＿＿＿。

a. 属性　　　　　　　b. 字节　　　　　　　c. 记录　　　　　　　d. 列

3. 多条记录可以具有相同的主键。对或错？

4. ＿＿＿＿＿＿＿是一个或一组字段，用于唯一地标识数据库记录。

a. 属性　　　　　　　b. 数据项　　　　　　c. 键　　　　　　　　d. 主键

5. _____是实体及其关系图。

   a. 数据库   b. 数据模型

   c. 数据实体   d. DBMS

6. _____是一种简单但非常有用的方法，可以将数据组织到称为关系的二维表集合中。

精心设计和管理良好的数据库是支持决策制定的极有价值的工具。

7. _____涉及过滤表中的列。

   a. 投影   b. 连接

   c. 选择   d. 链接

8. 因为 DBMS 负责提供对数据库的访问，所以安装和使用数据库的第一步是告诉 DBMS 数据的逻辑和物理结构以及数据库中数据之间的关系。整个数据库的这种描述称为_____。

9. _____是一种用于访问和操作存储在关系数据库中数据的专用编程语言。

10. SQL 数据库符合 ACID 属性，以确保可靠地处理数据库事务并确保数据库中数据的完整性。对或错？

11. _____是用于定义和描述特定数据库中的数据和关系的指令和命令的集合。

   a. 数据操作语言   b. 模式

   c. 数据模型   d. 数据定义语言

12. _____是一个非技术性的重要职位，遵循定义和实施一致的原则，解决各种数据问题，包括设置适用于组织中所有数据库的数据标准和数据定义。

   a. 数据库管理员   b. 系统分析师

   c. 程序员   d. 数据管理员

13. 数据库管理的趋势被称为"数据库即服务"，将存储和管理数据库的责任交给服务提供商。对或错？

数据库应用程序的数量和类型将继续发展，并产生实际的业务效益。

14. _____是用于描述庞大而复杂的数据集合的术语，传统数据管理软件、硬件和分析过程无法处理它们。

15. 内存数据库（IMDB）是将整个数据库存储在_____中的 DBMS。

   a. 随机存取存储器   b. 只读存储器

   c. 分布式服务器   d. 虚拟内存

16. _____是一个数据库，其中包含企业中许多来源的业务信息，涵盖公司流程、产品和客户的所有方面。

17. 在数据仓库中自动发现模式和关系的信息分析过程称为_____。

   a. 数据集市   b. 数据挖掘

   c. 预测分析   d. 商业智能

18. _____允许用户从多个角度探索数据，从而实现一种称为"切片和切块"的分析风格。

   a. 数据挖掘   b. 在线分析处理（OLAP）

   c. 预测分析   d. 以上都不是

19. _____是一种数据挖掘形式，将历史数据与对未来条件的假设结合起来，以预测事件的结果。

20. _____是一种数据可视化技术，其中数据表示为网络，顶点是单个数据点（社交网络用户），而边是它们之间的连接。

第 3 章：自我评价测试答案

1. 数据库管理员
2. c
3. 错
4. d
5. b
6. 关系模型
7. a
8. 模式
9. SQL
10. 对

11. d
12. d
13. 对
14. 大数据
15. a
16. 数据仓库
17. b
18. b
19. 预测分析
20. 社交图分析

知识回顾

1. 识别从位到数据库的数据层次结构中的所有组件。

2. 数据属性和数据项之间的区别是什么？

3. 主键的用途是什么？哪些字段可能是航空公司预订系统中的主键，用于识别特定航空公司特定日期特定航班上的特定座位？

4. 什么是企业数据建模？

5. 什么是实体关系模型，其目的是什么？

6. 什么是数据清洗？

7. 什么是 SQL？如何使用它？

8. SQL 数据库和 NoSQL 数据库之间的本质区别是什么？

9. 什么是数据库即服务（DaaS）？使用 DaaS 方法的优点和缺点是什么？

10. Hadoop 是什么？

11. 什么是模式，如何使用？

12. 什么是并发控制？为什么它很重要？

13. 什么是内存数据库处理？它提供了什么优势？

14. 投影和连接的区别是什么？

15. 什么是大数据？确定与大数据相关的三个特征。

16. 什么是数据仓库？它与用于支持 OLTP 的传统数据库有何不同？

17. DBMS 的"前端"和"后端"是什么意思？

18. 互联网和数据库之间是什么关系？

19. 什么是数据挖掘？什么是 OLAP？它们有何不同？

20. 什么是商业智能？确定五种特定的商业智能技术。

21. 什么是预测分析？请给出一个应用示例。

问题讨论

1. 在构建数据库时，组织必须仔细考虑这些主题：内容、访问、逻辑结构和物理结构。详细说明这些要点。

2. 概述企业组织在将数据添加到数据仓库之前可能要采取的特定步骤，以执行数据清洗，确保其客户数据库的准确性和完整性。如何判断数据足够准确？

3. 简要描述 SQL 数据库必须符合的 ACID 属性。确定与 ACID 一致性相关的一个优点和一个缺点。

4. 简要描述 NoSQL 数据库的运行方式。

5. 识别并简要描述与大数据相关的一些挑战和问题。

6. 识别并简要描述 ETL 流程中的步骤。ETL 流程的目标是什么？

7. 你作为一家大型跨国消费品包装公司（如宝洁或联合利华）的信息技术副总裁，必须做一个演讲才能说服董事会投资 2 500 万美元来建立一个最先进的竞争情报组织，其中包括人员、数据收集服务和软件工具。你需要提出哪些重点投资？你认为董事会可能会提出哪些问题？

8. 大型跨国消费品包装公司可能会采用哪些反情报策略？确定至少三项可以采取的具体措施。

9. 豪华车经销商想要在当地地理区域中找到潜在的未来客户。哪些关键数据可能有助于做出此确定？这些数据有哪些可能的来源？如何使用数据挖掘来实现这一目标？

10. 列出有关你的数据存在的数据库列表。如何捕获每个数据库中的数据？谁更新每个数据库以及更新频率？你是否可以要求从每个数据库中打印出数据记录的内容？你有什么数据隐私忧虑？

11. 如果你是 iTunes 商店的数据库管理员，你会如何使用预测分析来确定明年哪些歌手和电影的销量最高？

12. 窃取并盗用个人的身份信息仍然是消费者和企业面临的问题。假设你是公司的数据库管理员，该公司拥有可以从网络访问的大型数据库。你将采取哪些步骤来防止其他人从公司数据库中窃取个人信息？

13. 你已被雇用为一家类似于 Netflix 的公司建立数据库，该公司通过互联网租借电影。描述你将为该应用程序推荐哪种类型的 DBMS。

问题解决

1. 为数字音乐播放器或 CD 收藏夹中的音乐开发简单的数据模型。数据模型包括三个表：歌曲、艺术家和歌曲所获得的奖励。对于每个表，应该获取哪些属性？数据库中表的主键和外键是什么？使用关系数据库管理系统为十几首歌曲和歌手创建此数据库。

2. 在线视频电影租赁商店正在使用关系数据库存储电影信息以回答客户问题。数据库中的每个条目都包含以下项目：电影编号（主键），电影标题，制作年份，电影类型，MPAA 评分，主演♯1，主演♯2。电影类型为喜剧、家庭剧、戏剧、恐怖片、科幻片和西方电影。MPAA 评级为 G、PG、PG-13、R、NC-17 和 NR（未评级）。使用单用户数据库管理系统来构建数据输入屏幕以输入此数据。建立一个至少包含 10 个条目的小型数据库。

3. 为了改善对客户的服务，在线视频租赁商店的工作人员已提议在上一练习中考虑数据库的更改列表。从该列表中选择两个数据库更改，然后在输入屏幕修改数据以捕获和存储此新信息。建议的更改如下：

a. 为了帮助客户找到最新发行的电影，请添加电影的首次发行日期。

b. 添加导演的姓名。

c. 根据租借数量，将客户评级提高为一星级、二星级、三星级或四星级。

d. 添加奥斯卡金像奖提名数。

4. 使用图形工具软件为互联网书店的数据库应用程序开发一个实体关系图，学生从销售人员那里购买教科书，并收到购买的发票。使用图 3.5 作为指导。

团队活动

1. 已选择你和你的团队代表学生为你的学校定义新的学生数据库的用户要求。你将采取什么措施来确保完全确定学生的报告需求和学生的数据隐私问题？你还可以寻求其他哪些资源来帮助定义这些要求？

2. 由三个或四个同学组成团队，采访来自三个已实施客户数据库的不同组织的经理。每个数据库中包含哪些数据实体和数据属性？每个公司选择了哪种 DBMS 来实现其数据库，为什么？它们如何访问数据库进行分析？它们是否接受过任何查询或报告工具方面的培训？它们喜欢数据库什么，可以改进什么？它们是否使用数据挖掘或 OLAP 技术？权衡获得的信息，确定哪个公司实施了最佳客户数据库。

3. 想象一下，你和你的同学是一个研究团队，在预测分析的基础上开发了一个系统，以识别由于学习成绩不佳，无法完成学习课程而可能退学的"高风险"学生。为你的讲师准备一份简短的报告，以解决这些问题：

a. 需要提供每个学生的哪些数据？

b. 可以从哪里获得这些数据？

c. 首先为该应用程序设计数据库。使用本章中有关设计数据库的资料，为该提议的数据库绘制关系表的逻辑结构。在设计过程中，要包括你认为该数据库必需的数据属性，并在表中显示主键。保证字段和表尽可能最小，以最小化所需的磁盘驱动器存储空间。用简单的范例数据填写数据库中的表，用于演示（可以填写 10 条记录）。设计完成后，请使用关系 DBMS 实施。

网络练习

1. 使用网络搜索引擎查找有关社交图分析的信息。确定至少三个使用此技术分析大数据并讨论其发现的组织。

2. 做研究以找到三种不同的数据量增长速率估算值。讨论为什么这些估算值会有差异。

职业训练

1. 做一些研究，找出竞争情报领域中可以提供哪些职业机会。确定提供竞争情报课程的大学与学院，以及发放的证书。预计此类职位的数量将增长多少？典型的薪资水平是多少？

2. 如何使用商业智能（BI）来更好地完成工作？举例说明商业智能如何给你带来竞争优势。

案例研究

案例1 Medihelp：将传统数据库转变为商业智能

Medihelp 是南非第三大健康保险公司。该项目覆盖约 22 万人，计划每人每月 R828～R2 700①（约合 80～260 美元）不等。Medihelp 需要一种更好的方式来访问和分析有关客户、理赔和第三方提供商的数据，以便监视其保险产品的有效性并根据需要微调和创建新产品。

Medihelp 的问题在于其数据已存储在传统数据库中。如本章所述，传统数据库并非旨在支持决策制定。它们在决策所使用的信息检索类型方面效率不高。基于现有数据库的报告生成，花费时间过长，令人无法接受。完全无法运行基于完整数据库内容的报告。这种低效率降低了 Medihelp 做出明智的商业决策的能力。

例如，Medihelp 的索赔文件大约有 5 500 万行。每行包含约 35 个描述医疗状况、治疗项目和付款的数据值。每行与拥有 1 500 万行历史成员数据的表中的某一行相关联，该历史成员数据包含另外 15 个左右的数据值，用于描述成员及其基本情况。对于索赔处理，要求快速有效地访问单个索赔数据，并不需要像决策支持部门要求的那样，将数千行的数据结合在一起。

"登录我们的［传统］数据库……它没有为我们提供做出最佳商业决策所需的信息。"Medihelp 商业智能高级经理 Jan Steyl 解释说："我们需要一个专用的高性能数据仓库。"

在研究了几种选择之后，Medihelp 初步选择了 Sybase IQ 作为其数据仓库的基础。Medihelp 与 Sybase 在南非的子公司 B. I. Practice 合作，Medihelp 进行了概念验证，以确认 Sybase IQ 可以以可接受的成本提供所需的性能。此过程涉及将表的子集从操作数据库加载到 Sybase IQ 中，执行仅使用该数据子集的查询，并评估结果。

使用了专门为查询设计的数据库后，查询性能得到了极大的提高。平均响应时间减少了 71.5%。临时查询（未提前编程到数据库系统中的查询）的平均响应时间减少了 74.1%。查询的响应时间减少了 92.8%。

Medihelp 客户关系高级经理 Theo Els 喜欢这个新系统。"健康保险公司向雇主群体提供数据。这些人口统计资料和索赔简介对于寻求了解员工健康风险的雇主群体至关重要……这些风险可能会对企业生产力产生影响。经纪人和医疗保健顾问还在年度客户审查中使用此信息，以确保员工获得最合适的保险……数据仓库必须以易于理解的格式提供准确的信息。"

Medihelp 数据仓库的最大受益者是其产品开发团队。团队使用数据仓库中的数据按福利代码、条件、区域、年龄组和其他因素来了解索赔趋势。Medihelp 还使用其数据仓库来确定特定产品的收益将产生什么样的财务影响，从而使销售人员以适当的价格为南非的特定目标市场提供正确的产品。

问题讨论

1. Medihelp 对传统数据库的使用如何限制它对数据的处理？

2. Medihelp 的 Salesforce 现在如何使用公司数据仓库中的信息？

批判性思考

1. B. I. Practice 如何提高 Medihelp 员工运行查询的效率？

---

① R：南非兰特，南非的货币符号。——译者注

2. 新的查询系统如何帮助 Medihelp 为公司做出更好的决策？Medihelp 是否也使用该系统来帮助其客户做出更好的决定？如果是，如何执行？

资料来源："Medihelp Recognized by Computerworld as 2011 Honors Laureate," *www. bipractice. co. za/index. php？option＝com_content&view＝article&id＝65：medihelp-recognised-by-computerworld-as-a-2011-honors-laureate&catid＝2：binews&Itemid＝8*；"Medihelp Customer Case Study," Success Stories, Sybase Web site, *www. sybase. com/detail？id＝1095243*，accessed November 18，2013.

案例 2　哈拿旅游：通过增强安全性赢得客户信任

哈拿旅游（HanaTour International Service）是韩国最大的海外旅行服务和机票提供商。哈拿旅游在韩国雇用了近 2 500 名员工，并在韩国以外的旅行社为全球 26 个地区的客户提供旅行信息。

预订旅行的哈拿旅游客户会向公司提供个人详细信息，包括其地址、联系电话、出生日期、护照号码和付款信息。这些详细信息以及他们的航空公司、旅游预订和旅行路线都存储在哈拿旅游的数据库中。此信息的机密性质意味着哈拿旅游必须采取适当的安全措施以保护数据库免遭未经授权的访问。

除了这些市场要求之外，哈拿旅游还必须遵守韩国的《电子通信隐私法》。该法案要求行业采取措施保护个人信息的隐私。因此，保护客户数据不仅是成功交易的要求，而且是法律要求。

为了提高数据库安全性，哈拿旅游在数据库中以及在传输期间都添加了数据加密。该公司还基于个人授权和分配的任务实施了访问控制。为阻止黑客攻击，即使黑客获得了顶级管理员权限，哈拿旅游也会阻止数据库访问。他们创建了数据库访问的审计跟踪，以发现可疑活动，以便可以立即采取措施。他们还发布了报告以显示对安全要求的遵守情况，并使用审计信息来制定进一步的安全计划。

与大多数中小型公司一样，哈拿旅游不需要此安全升级所需的永久性全职技能。哈拿旅游采用聘请专家的方式，而不是先雇用和培训员工来解决短期需求，然后解除雇佣关系或为他们寻找其他工作。哈拿旅游与韩国数据库咨询公司 Wizbase 合作。哈拿旅游以前就曾与 Wizbase 合作，因此它不必花时间解释有关哈拿旅游业务运作方式的基本信息。

这些行动的最终结果是使未经授权的人员更难以查看哈拿旅游客户提供的任何个人信息。这对哈拿旅游有帮助吗？哈拿旅游 IT 部门主管 Kim Jin-hwan 表示："我们的业务基于服务。我们不希望在客户的假期中出任何事情，这会给他们带来不便。丢失的数据或系统的任何中断都会影响我们提供最佳服务的能力。我们升级了数据库，以提高性能并利用新的安全功能，这将最大限度地减少丢失机密客户数据的风险，并通过控制非法访问来增强我们的数据库和系统。"

问题讨论

1. Kim 先生说，从用户方面来说，哈拿旅游升级到了新版本的数据库管理软件，这是因为它改进了安全性能。提高安全性的商业优势是什么？

2. 哈拿旅游如何使用从审核中收集的数据来提高其数据的安全性？

批判性思考

1. 哈拿旅游之所以选择 Wizbase 作为其实施的合作伙伴，部分原因是该公司以前的经验。许多中小型公司由于缺乏专业知识而需要外包安全任务。这会带来额外的安全风险吗？为什么？

2. 将大学数据库中有关学生的数据视为一张大表，每个学生一行，每个数据元素一列。将数据分为主要类别，例如联系数据、医疗数据、财务数据、学术数据等。哪一组用户可以按工作类别访问所有类别？在这一个组中，谁应该只能访问一行，谁应该可以访问多行而不是所有行，谁应该有权访问表的所有行？是否应该允许任何人只读数据但不能更改？

资料来源：Forrester Research，"Formulate a Database Security Strategy to Ensure Investments Will Actually Prevent Data Breaches and Satisfy Regulatory Requirements," *www. oracle. com/us/corporate/analystreports/infrastructure/forrester-thlp-db-security-1445564. pdf*，July 13，2011；HanaTour Web site, *www. hanatour. com*，accessed May 8，2012；Staff，"HanaTour International Service Tightens Customer Data Security by Introducing Data Encryption，Access Control，and Audit Solutions，” *Oracle*，*www. oracle. com/us/corporate/customers/customersearch/hanatour-intl-1-database-cs-1521219. html*，accessed February 13，2012.

参考文献

【花絮】资料来源：Reinhardt，Anders，"SAP：VELUX 100％ BI strategy-100％ technology-100％ business value，" presentation by Anders Reinhardt，head of global business intelligence for VELUS，in Oslo，Norway，June 11，2013；Elliott，Timo，"VELUX：A New Business Intelligence Strategy to Meet New Needs，" Business Analytics，June 18，2013. The VELUX Group Web site.

1. "Oracle Audit Vault and Database Firewall，" Oracle，*www. oracle. com/us/products/database/security/audit-vault-database-firewall/overview/index. html*，accessed November 7，2013.

2. Auditore，Peter，and Everitt，George，"The Anatomy of Big Data，" Sand Hill，September 11，2012，*http://sandhill. com/article/the-anatomy-of-big-data*.

3. "New Government Database Tracks Immigration Violations，" June 21，2013，*www. fragomen. com/germany-06-21-2013*.

4. "Letter from Kris Monteith，Acting Bureau Chief Consumer and Governmental Affairs Bureau，" July 1，2013，*http://files. ctia. org/pdf/130701 _-_ FILED _ CTIA _ July _ 1st _ Stolen _ Phones _ Status _ Report. pdf*.

5. Neff，Jack，"Dunnhumby：Time to Ditch the Demographic，" Advertising Age，February 11，2013，*http://adage. com/article/news/dunnhumby-time-ditch-demographic/239689*.

6. "Zoomlion Combines Quality，Efficiency and Global Value with SAP and IBM，" IBM Alliance Solutions，November 24，2013，*www-01. ibm. com/software/success/cssdb. nsf/CS/STRD -9CRFMA ? OpenDocument&Site=default&cty=en_us*.

7. "Harrison College Replaces Whats Up Gold with Server & Application Monitor for More Robust Application Monitoring，" *http://web. swcdn. net/creative/pdf/casestudies/1211 _sam _harrison_college _cs. pdf*，accessed November 10，2013.

8. "Oracle is ＃1 in the RDBMS Market Share Worldwide for 2012，" *www. oracle. com/us/corporate/features/number-one-database/index. html*，accessed November 10，2013.

9. "Intuit，Inc. ，" *www. sybase. com/detail ? id=1061721*，accessed November 11，2013.

10. Proffitt，Brian，"FoundationDB's NoSQL Breakthrough Challenges Relational Database Dominance，" Read Write，March 8，2013，*http://readwrite. com/2013/03/08/foundationdbs-nosql-breakthrough-challenges-relational-database-dominance # awesm=~oncfIkqw3jiMOJ*.

11. Ibid.

12. Harris，Derrick，"The History of Hadoop from 4 Nodes to the Future of Data，" Gigaom，March 4，2013，*http://gigaom. com/2013/03/04/the-history-of-hadoop-from-4-nodes-to-the-future-of-data/2/*.

13. Palmer，Carol，Steinger，Jim，Lopez，Xavier，Ihm，Jean，"Oracle Database 12c：An Introduction to Oracle's Location Technologies，" Oracle Corporation，June 2013，*http://download. oracle. com/otndocs/products/spatial/pdf/12c/oraspatialandgraph_12c_wp_intro_to_location_technologies. pdf*.

14. Golden，Matt，"New DOE Effort to Standardize the Energy Efficiency Data Dictionary，" EDF

Blogs, August 8, 2013, $http://blogs. edf. org/energyexchange/2013/08/08/new-doe-effort-to-stand-ardize-the-energy-efficiency-data-dictionary$.

15. Goodin, Dan, "Database Hacking Spree on US Army, NASA, and Others Costs Gov't Millions," ars technica, Oct 28, 2013, $http://arstechnica. com/security/2013/10/database-hacking-spree-on-us-ar-my-nasa-and-others-cost-gov-millions$.

16. "AWS Case Study: Fairfax Media," $http://aws. amazon. com/solutions/case-studies/fairfax-media$, accessed November 20, 2013.

17. Laney, Doug, "3D Data Management: Controlling Data Volume, Velocity, and Variety," META Group, February 6, 2001, $http://blogs. gartner. com/doug-laney/files/2012/01/ad949-3D-Data-Man-agement-Controlling-Data-Volume-Velocity-and-Variety. pdf$.

18. Karr, Douglas, "Infographic: Big Data Brings Marketing Big Numbers," Marketing Tech Blog, May 9, 2012, $www. marketingtechblog. com/ibm-big-data-marketing$.

19. "Seminars About Long Term Thinking," $http://longnow. org/seminars/02013/mar/19/no-time-there-digital-universe-and-why-things-appear-be-speeding$, accessed November 8, 2013.

20. Rosenbaum, Steven, "Is It Possible to Analyze Digital Data If It's Growing Exponentially?" Fast Company, January 13, 2013, $www. fastcompany. com/3005128/it-possible-analyze-digital-data-if-its-growing-exponentially$.

21. Ibid.

22. "The Large Hadron Collider," $http://home. web. cern. ch/topics/large-hadron-collider$, accessed April 7, 2014.

23. Brocke, Jan vom, "In-Memory Database Business Value," Business Innovation, July 25, 2013.

24. "About the United States Postal Service," $http://about. usps. com/who-we-are/postal-facts/wel-come. htm # H1$, accessed November 9, 2013.

25. Moore, John, "In-Memory Technology Speeds Up Data Analytics," CIO, June 26, 2013, $www. cio. com/article/735379/In_Memory_Technology_Speeds_Up_Data_Analytics$.

26. De La Hera, Maria, "Business Intelligence, The Key to Company Success," ezinarticles, November 16, 2013, $http://ezinearticles. com/? Business-Intelligence,-The-Key-To-Company-Success&id=8125069$.

27. Palace, Bill, "Data Mining—What Is Data Mining?" $www. anderson. ucla. edu/faculty/jason. frand/teacher/technologies/palace/datamining. htm$, accessed November 21, 2013.

28. Berthiaume, Dan, "Sprouts Rolls Out Manthan BI Solution," Chain Store Age, $www. chainstore-age. com/article/sprouts-rolls-out-manthan-bi-solution$, accessed November 21, 2013.

29. "Chatmine Success Stories Janssen Pharmaceuticals", $www. chatmine. com/success-stories$, accessed November 21, 2013.

30. Ungerleider, Neal, "Samsung's New TVs Data-Mine Viewing Habits," Fast Company, March 30, 2013, $www. fastcompany. com/3007270/most-innovative-companies-2013/samsungs-new-tvs-data-mine-viewing-habits$.

31. Auditore, Peter, and Everitt, George, "The Anatomy of Big Data," Sand Hill, September 11, 2012, $http://sandhill. com/article/the-anatomy-of-big-data$.

32. Financial Services Practice Client Success Stories, $www. fuld. com/services/case-studies$, accessed November 22, 2013.

通信与网络

准则	学习目标
● 通信系统有许多基本组件，必须仔细选择，并有效地协同工作，以使人们能够实现个人和组织的目标。	● 确定和描述通信系统的基本组成部分。 ● 确定几种网络类型，并描述每种类型的使用和限制。 ● 列出需要两个或更多计算机系统的组织的三种基本处理方法，并讨论它们的基本特征。
● 互联网为传递和访问信息与服务提供了关键的基础设施。	● 简述互联网的运作方式，包括连接互联网的方法及互联网服务供应商的角色。
● 万维网最初是作为一个文档管理系统开发的，现在已经发展成为一个主要的新闻和信息来源，一个不可或缺的商业渠道，一个受欢迎的社交、娱乐和交流中心。	● 描述万维网及其工作原理。 ● 解释标记语言、Web 浏览器和 Web 服务器的使用。 ● 确定并简要描述万维网创建软件应用程序的过程。
● 互联网和万维网为查找信息、交流、协作、社交、处理业务、购物以及娱乐提供了大量资源。	● 列出并描述网络上的几个信息源。 ● 描述在网上查找信息的方法。 ● 列出并描述在线交流的几种形式，以及每种形式在便利性和有效性上的优缺点。 ● 解释 Web 2.0 并提供 Web 2.0 站点的示例。 ● 列出并描述网络媒体和娱乐的来源。 ● 解释如何使用网络资源来支持购物和旅游。 ● 简要说明并描述两个有用的互联网工具。
● 受欢迎的互联网和万维网技术已经通过内联网和外联网的形式应用于商业网络。	● 解释内联网和外联网如何使用互联网和万维网技术，并描述两者的不同之处。

全球经济中的信息系统——瑞典，威斯特摩

2013 年 12 月 1 日，一个星期天的凌晨，火车工程师 William Rockfeller 败给了律师所谓的"公路催眠"。在哈莱姆河和哈德逊河交汇处的一个急转弯处，Rockfeller 因为打盹，没有让哈德逊线列车减速。拐弯处的速度限制是每小时 30 英里。而火车以每小时 82 英里的速度脱轨，造成 4 人死亡，数十人受伤。举国震惊，一些人开始疑问，为什么当火车超过限速时，没有发出警报，提醒控制室或唤醒工程师呢？

致力于减少铁路事故

在世界各地——埃及、智利、南非、日本和许多其他国家——有数百人死于铁路事故或在铁路事故中受伤。为了减少脱轨和碰撞事故，铁路行业一直在寻找负担得起的应对策略。一些公司正越来越多地转向新的以太网技术，这是一系列计算机网络技术，指定了在局域网中使用的通信媒体和信令。

总部位于瑞典的全球工业数据通信公司威斯特摩（Westermo）处于这些技术开发的前沿。位于轨道和车厢内的电子设备将有关列车速度、位置、状态、轨道移位器和闸门的信息输入发送到位于车站的控制室。车站通常位于远离这些设备的位置，控制室必须同时接收和分析大量数据，并且通过快速、可靠的系统发送数据。

之前，此通信是通过模拟设备进行的。与数字设备不同，模拟设备通过表示物理量的信号进行通信，这些物理量在长距离传输时不断变化并不断衰减。然而，威斯特摩的以太网解决方案提供了沿电缆传输的100 兆比特的数字信号数据流。它的以太网交换机坚固耐用，金属外壳使这些交换机能够承受极端温度和暂时的电源故障。该公司使用快速网络拓扑重构（Fast Reconfiguration of Networks Topology，FRNT）来克服网络连接和交换机故障。

意大利第二大铁路公司北米兰铁路（Ferrovie Nord Milano）近期在沿光缆的 32 个车站应用了威斯特摩公司的以太网解决方案，这种方案支持更快的通信速度，比电话线昂贵。而且，威斯特摩的技术也可以在旧铜线上运行以太网。马萨诸塞州湾通勤铁路为波士顿市内及周围 500 英里的区域提供服务，在伍斯特郡地区 35 年前安装的铜线网络上使用了威斯特摩以太网扩展，这些设备可以物理扩展以太网，使其超出标准 330 英尺的限制，改建后网络可以进行长距离传输，数据传输速率高达 15.3 兆比特。

以太网是帮助拥有高速铁路公司的企业收集和解释数据的关键，这样它们就可以提高效率，降低成本，提高安全性。尽管纽约的铁路系统在 2013 年 12 月没有一个适当的系统来防止悲剧脱轨，但威斯特摩等公司仍在开发解决方案，世界各地的铁路公司将能够利用这些方案来预防此类事故。

阅读本章时，请考虑以下问题：
- 通信在连接企业组织和发展全球经济方面起什么作用？
- 个人如何利用互联网和网络来提高生活质量以及企业如何提高利润？

为什么要学习通信和网络？

今天的决策者需要随时随地访问数据。必须能够建立快速、可靠的连接来交换消息、上传下载数据和软件、将业务交易传送到处理器、连接到数据库和网络服务，并将输出发送到任何需要的地方。无论你未来选择何种专业或职业领域，你都将需要通信和网络提供的通信能力，包括互联网、内联网和外联网，特别是工作涉及供应链。在所有业务功能中，供应链管理使用通信和网络最多，因为有效的供应链需要进货物流、仓库和存储、生产、成品存储、出货物流环节工人之间的合作和沟通，最重要的是与客户、供应商和托运人之间的合作和沟通。许多供应链组织利用万维网以具有竞争力的价格购买原材料、部件和供应品。供应链的所有成员必须有效地合作，以增加客户感知的价值，因此合作伙伴必须进行良好的沟通。人力资源、财务、产品研发、市场营销和销售等岗位的其他员工也必须使用通信技术与组织内外的人进行沟通。要想成功地成为这些组织的成员，就必须能够利用这些技术提供的功能。本章从讨论有效沟通的重要性开始。

在当今高速发展的全球商业世界中，企业组织需要保持始终在线、始终连接的计算，以实现与出差的员工以及关键业务伙伴和客户的网络连接。有远见的组织努力通过使用通信系统来增加收入，减少投放市场的时间，并支持与供应商、客户和业务伙伴的协作。以下是一些企业组织利用通信和网络来发展的例子：
- 波兰领先的信息系统组织瓦斯卡有限公司（Wasko s.a.）设计并实现了一个大型计算中心，以服务于由西里西亚工业大学、玛丽亚·斯克洛道夫斯卡-居里纪念癌症中心、西里西亚医科大学和西里西亚大学组成的生物制药联盟。集群由 105 个刀片服务器和一个大型数据存储系统组成，通过一个能够以 10 Gb/s 的速度传输数据的通信主干网相互连接。这个系统被用来支持科学家寻找有效治疗癌症的方法。计算中心的设计目的是执行极速计算，并提供安全和备份，以防止数据丢失。[1]

● 通过通信和网络可以获得丰富的教育资源，并获得认证或在线学位。康奈尔大学、卡内基梅隆大学、哈佛大学、麻省理工学院、加州大学洛杉矶分校和耶鲁大学等著名教育机构都提供广泛的在线课程。许多教育机构如大型在线公开课程 Coursera、ed2Go 和可汗学院都提供继续教育、认证项目和专业发展课程。凤凰城大学和斯特雷耶大学等学校允许学生获得在线学位。

● 美国存储中心是一家自助存储运营商，在 12 个州拥有 70 多家场所。它是仓储行业中第一家为租户提供电子现金交易服务的公司。这项服务在就近支付（PayNearMe）网络上运行，并允许租户在全国 10 000 个零售网点中的任何一个支付租金。租户在付款的同时向收银员提交一份有条形码的就近支付薪资证明，他们的账户马上就会被记入贷方。[2]

● 拥有 110 万平方英尺展览空间的新奥尔良欧内斯特·N. 莫瑞尔会议中心是美国第六大会议中心，并且每年举办的会议和贸易展览数量始终保持在前十名。会议中心安装了无线网络来提供高密度、便携式 Wi-Fi 连接解决方案，支持大范围的语音、视频和数据访问，同时为成千上万的用户提供服务。[3]

通信概述

通信是指通过电话、无线电、电视等通信手段，对通信信号进行电子传输。通信正使商业模式产生深远的变化，因为其减少了时间和距离的障碍。这不仅改变了商业运作的方式，也改变了商业本身的性质。由于网络之间相互连接，信息传输更加自由，一个竞争激烈的市场需要所有企业组织提供优质的质量和服务。

图 4-1 显示了通信的一般模型。该模型从发送单元（1）开始，例如发送消息的人、计算机系统、终端或其他设备。发送单元将信号（2）发送到可以执行许多任务的调制解调器（3），任务包括将信号转换为另

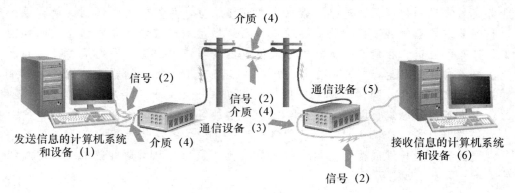

图 4-1　通信系统的组成部分

注：通信设备在计算机系统和传输媒体之间传递信号。

一种形式或从一种类型转换为另一种类型。然后调制解调器通过介质（4）发送信号。**通信介质**（tele-communications medium）是承载电子信号以支持发送和接收设备之间通信的一切物质。连接到接收设备（6）的另一个调制解调器（5）接收信号。这个过程可以逆转，接收单元（6）可以向原始发送单元（1）发送另一条消息。通信的一个重要特性是信息传输的速度，以比特/秒（bps）为单位。常见的速度范围是每秒数千比特（Kbps）到每秒百万比特（Mbps）甚至是每秒数十亿比特（Gbps）。

通信技术的进步使我们能够与世界上几乎任何地方的客户和同事进行快速通信。通信还减少了传输能够驱动和完成业务操作的信息所需的时间。如图 4-2 所示。

图 4-2　通信增加协作

© Tyler Olson/Shutterstock. com
注：通信技术使商人能够与来自偏远地区的同事和客户进行交流。

信道带宽

通信专业人员在为企业推荐传输媒体时，会考虑通信路径或信道的容量。**信道带宽**（channel bandwidth）指的是数据交换的速率，通常以比特/秒（bps）为单位——带宽越宽，同一时间可以交换的信息就越多。**宽带通信**（Broadband communications）是一个相对术语，通常指的是能够快速交换数据的通信系统。例如，对于无线网络，宽带允许以大于 1.5 Mbps 的速率发送数据。总的来说，今天的组织需要更多的带宽来提高传输速度，以执行其日常功能。

传输媒介

在设计通信系统时，所选择的传输媒介取决于要交换的信息量、交换数据的速度、对数据隐私的关注程度、用户是固定的还是移动的，以及许多其他业务需求。传输介质可分为两大类：有线传输介质和无线传输介质，有线传输介质也称为制导传输介质，通信信号沿着固体介质引导，无线传输介质则是通信信号以电磁辐射的某种形式通过电波传播。

制导传输介质类型

有许多不同的制导传输介质类型。表 4-1 汇总了物理介质形态下的制导传输介质类型。常见的制导传输介质类型如图 4-3 所示。

10 千兆以太网是在全双工模式下，在第 5 类或第 6 类双绞线上以 100 亿 bps 的速度传输数据的标准。10

千兆以太网电缆可用于连接计算机组的高速链路，或将存储在大型计算机的大型数据库中的数据转移到独立的存储设备上。

表 4-1　制导传输介质类型

传输介质类型	描述	优点	缺点
双绞线	双绞铜线，分非屏蔽双绞线和屏蔽双绞线	用于电话服务；广泛使用	传输速度和距离有限
同轴电缆	由绝缘材料隔离的铜线导体组成	比双绞线损耗小、数据传输更快	比双绞线昂贵
光纤	保护层内许多极薄的玻璃丝捆绑在一起；利用光束传输信号	电缆直径远小于同轴电缆；信号失真小，传输速率高	购买和安装费用昂贵

双绞线　同轴电缆　光纤

图 4-3　制导传输介质类型

Galushko Sergey/Shutterstock.com，© Krasowit/Shutterstock.com，© Flegere/Shutterstock.co
注：常见的传输介质有双绞线、同轴电缆和光纤。

日本 Chi-X 公司为投资者提供了交易在东京上市的股票的另一个场所。其目标是吸引新的国际投资者，进而增加日本的整体市场容量，降低交易成本，提高投资绩效。[4] 公司安装了 10Gbps 的以太网适配器来升级网络，为客户提供最小的事务处理延迟。Chi-X 全球股权交易所日本首席技术官 Samson Yuen 表示："我们对升级至 10GbE（千兆以太网）感到兴奋，因为它将从第一天起为所有参与者带来更高的交易效率并增强功能。""展望未来，日本 Chi-X 公司致力于技术投资，以降低交易成本，并为我们的客户带来更高的交易效率。"[5]

无线技术

无线通信与互联网相结合，彻底改变了人们收集和分享信息、团队协作、听音乐、看视频，以及在旅途中与家人和同事保持联系的方式和地点。有了无线网络，咖啡店可以变成我们的客厅，球场的露天看台可以变成我们的办公室。无线通信提供的自由性和许多其他优势正促使许多企业组织考虑构建全无线环境。

如表 4-2 所示，无线通信包括微波、无线电和红外线三种频率范围内的传播。

表 4-2　无线通信的频率范围

技术	描述	优点	缺点
无线电频率	在 3KHz～300 MHz 之间	支持移动用户；降低成本	信号极易被拦截
微波-地面和卫星频率	高频无线通信号（30MHz 至 300GHz）通过大气和太空发送（通常包括通信卫星）	避免花费成本和精力来铺设电缆或电线；能够高速传输	发送方和接收方之间的视线通路必须畅通；信号极易被拦截
红外线频率	在 300GHz 到 400THz 频率范围内的信号通过空气以光波的形式发送	允许移动、移除和安装设备，而且不需要昂贵的线路	发送方和接收方之间的视线通路必须畅通；传输只在短距离有效

下面讨论一些更为广泛使用的无线通信技术。

近场通信（near field communication，NFC）是一种专为手机和信用卡设计的短距离无线连接技术。有了 NFC，消费者可以在离 NFC 销售点终端几英寸的范围内刷信用卡或者手机付款。世界最大锁具制造商阿萨-阿布洛伊公司（Assa Abloy AB）是全球领先的开门解决方案提供商，拥有超过 37 000 名员工，总部位于瑞典。该公司正在尝试使用近场通信技术，让黑莓智能手机用户通过门禁读卡器刷卡进入室内、家中，或者打开车库门。

总部位于法国的商店电子系统在法国各地的电子零售连锁店部署了数百万个近场通信标签。消费者可以使用近场通信手机查看产品信息，包括过敏源和营养数据，以及产品来源和制造链的信息。如图 4-4 所示。顾客还可以通过忠诚计划获得积分、查看营销信息、分享内容，并通过社交媒体与品牌互动。[6]

图 4-4　启用近场通信的货架标签

ADAM HUNGER/Reuters/Landov
注：消费者可以使用近场通信手机查看产品信息，包括价格、过敏源和营养数据。

蓝牙（bluetooth）是一种无线通信规范，规范了手机、计算机、打印机和其他电子设备如何在 10～30 英尺的距离内以大约 2Mbps 的速度相互连接，并允许用户的多功能设备同步台式电脑的信息，能够发送或接收传真、打印。总之，它协调所有移动和固定的电脑设备。蓝牙技术是以 10 世纪丹麦国王哈洛德·布美塔特（Harald Blatand）的名字命名的，他的英文名为 Harold Bluetooth。他将交战中分属不同派系的挪威、瑞典和丹麦统一了起来，正如以他命名的技术，蓝牙的设计是允许不同设备（如计算机、手机和其他电子设备）之间的协作。

卡西欧 G-Shock 手表的蓝牙功能可以让手表和手机连接起来。例如，可以在手表上控制手机的音乐播放器，在手机上控制手表的计时功能。

超宽带（ultra wideband，UWB）通信涉及仅持续 50～1 000 皮秒的极短的电磁脉冲的传输（一皮秒是万亿分之一或百万分之一秒）。这些脉冲能够在 10～50 米的相对短的距离内支持 480～1 320Mbps 的数据传输速率。[7]与其他通信方法相比较，超宽带有许多优势，包括高吞吐率，传输隐蔽性强且保密性好，不容易被发现和拦截，抗干扰性强，对当前通信服务也无干扰。

潜在的超宽带应用包括将打印机和其他无线设备连接到台式电脑，或实现完全无线的家庭多媒体网络。医疗器械制造商正在将超宽带技术用于制作内窥镜、喉镜和超声波传感器视频。[8]

Wi-Fi 是国际 Wi-Fi 联盟组织旗下的一个无线通信技术品牌，该联盟由大约 300 家技术公司组成，包括美国电话电报公司（AT&T）、戴尔、微软、诺基亚和高通。该联盟旨在提高基于 IEEE 802.11 系列通信标准的无线局域网产品的互操作性。IEEE 是电气和电子工程师协会的缩写，这是一个非营利组织，也是领先的标准制定组织之一。表4-3总结了该标准的几种变体。

表4-3　IEEE 802.11 无线局域网标准

无线网络协议	每个数据流的最大数据速率	注解
IEEE 802.11a	54 Mbps	在 5GHz 下传输，因此与 802.11b 和 802.11g 不兼容
IEEE 802.11b	11 Mbps	第一个被广泛接受的无线网络标准，传输速率为 2.4 GHz；使用该协议的设备偶尔会受到微波炉、无绳电话和蓝牙设备的干扰
IEEE 802.11g	54 Mbps	使用该协议的设备传输速率为 2.4 GHz，偶尔会受到微波炉、无绳电话和蓝牙设备的干扰
IEEE 802.11n	300 Mbps	采用多输入多输出（MIMO）技术，在 802.11a/b/g 中，允许多个数据流在同一信道上使用相同带宽传输
IEEE 802.11ac	400 Mbps 至 1.3 Gbps	新兴的 802.11 标准，提供更高的数据传输速度和更稳定的连接。它可以在 2.4 GHz 或 5 GHz 下传输

　　在 Wi-Fi 无线网络中，用户的电脑、智能手机或其他移动设备都有一个无线适配器，可以将数据转换成无线通信号，然后通过天线传输。无线接入点由一个带有天线的发射机组成，接收信号并解码。然后接入点通过有线连接将信息发送给互联网。如图4-5所示。当接收数据时，无线接入点从互联网获取信息，将其转换成无线通信号，并将其发送给设备的无线适配器。这些设备通常带有内置的无线发射器和软件，可以提醒用户 Wi-Fi 网络的存在。一个或多个相互连接的无线接入点覆盖的区域称为"热点"。当前 Wi-Fi 接入点的最大范围是室外约 300 英尺，而干墙建筑物内的最大距离为 100 英尺。事实证明，Wi-Fi 非常受欢迎，机场、咖啡店、大学校园、图书馆和餐馆等地方都出现了热点。

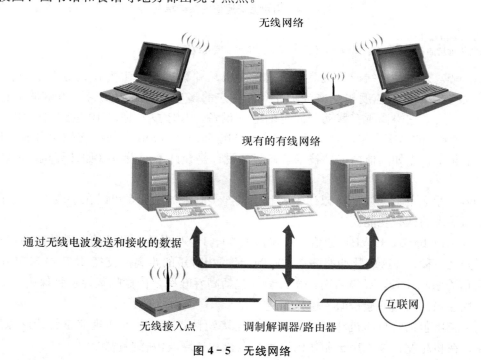

图4-5　无线网络

　　注：在 Wi-Fi 网络中，用户的计算机、智能手机或移动设备具有无线适配器，可以将数据转换成无线通信号，然后通过天线传输。

　　酒店提供的免费 Wi-Fi 服务在商务旅行者中非常受欢迎。许多酒店提供免费 Wi-Fi，包括最佳西方国际酒店（Best Western）、卡尔森酒店集团（Carlson Rezidor）、精选国际酒店（Choice hotels）、希尔顿酒店（Hilton）、凯悦酒店集团（Hyatt）、假日酒店（Holiday Inn）、喜达屋酒店（Starwood）、四季酒店度假村（The Four Seasons hotels and Resorts）和温德姆酒店（Wyndham hotels）。[9]与此同时，美国数百个城市已经安装了市政 Wi-Fi 网络，供抄表员和其他市政工作人员使用，并为市民和游客提供互联网接入服务。

微波传输

微波是通过空气传送的高频（300MH 至 300GHz）信号。地面（对地）微波是通过视线设备传输的，因此发射器和接收器之间的视线必须畅通。通常，微波站是串联放置的，一个站接收信号，将其放大，然后将其重新传输到下一个微波传输塔。这样的基站可以相隔大约 30 英里，直到地球的曲率使基站不可能彼此"看到"。微波信号可以同时传送数千个频道。由于它们是视线传输设备，因此经常将微波天线放置在相对较高的位置，例如山脉、塔楼或高层建筑。

通信卫星也在微波频率范围内运行。如图 4 - 6 所示。卫星从地面站接收信号，放大相对微弱的信号，然后以不同的频率重新广播。卫星通信的优点是卫星可以在较大的地理区域内接收和广播。诸如地球的曲率、山脉和其他阻碍微波传输的结构等问题使卫星成为有吸引力的选择。地球同步、近地轨道和小型移动卫星站是最常见的卫星通信形式。

地球同步卫星（geostationary satellite）在地球上方大约 22 300 英里处的赤道上绕地球公转，因此它看起来是静止的。美国国家气象局依靠地球同步环境业务卫星（GOES）计划获取气象图像和定量数据，以支持天气预报、严重风暴跟踪和气象研究。

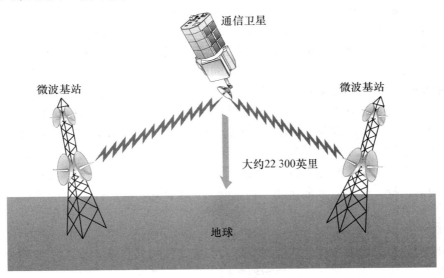

图 4 - 6 卫星传播

注：通信卫星是中继站，它接收来自一个地球站的信号并向另一个地球站转播。

近地轨道（low earth orbit，LEO）卫星系统使用许多卫星，每颗卫星的高度都在 1 000 英里以下。卫星之间的间隔是使从地球上任何时间的任何点看，至少有一个卫星处于视线范围内。铱星通信公司提供了一个全球通信网络，该网络使用了跨越整个地球 485 英里高度的近地轨道中的 66 颗卫星。呼叫在卫星之间进行路由，以在呼叫参与者之间建立可靠的连接，而不会因地震、海啸或飓风等自然灾害而中断，因为这些自然灾害会破坏地面无线发射塔和基于有线或电缆的网络。[10]Sarah Outen 在试图成为第一位独自划船横渡危险的北太平洋的女性时，遭到了一场热带风暴的袭击，风速达 65 节，海浪高达 15 英尺。两天后，她的船被严重损坏，她不得不用自己的卫星电话呼叫救援队，并与救援队保持联系，救援队花了 30 个小时才找到她。[11]

甚小天线地球站（very small aperture terminal，VSAT）是卫星地面站，其碟形天线的直径小于 3 米。嘉年华公司使用 VSAT 为其 100 艘游轮上的船员和乘客提供通信。商务服务高级副总裁 Richard Ames 表示："在嘉年华，我们最重要的目标是为客人提供良好的体验。对许多客人来说，这意味着即使他们在海中航行，也可以通过电话和互联网保持联系。"[12]

4G 无线通信

无线通信历经四代技术和服务的发展。1G（第一代）无线通信标准起源于 1980 年代，且基于模拟通信。2G（第二代）采用全数字网络，在 1990 年代初取代了 1G 网络。电话通话已加密，手机使用范围有所扩大，并引入了短信服务（SMS）。3G 无线通信支持在移动环境中以 2~4Mbps 的速度支持无线语音和宽带速度数据通信。其他功能包括移动视频、移动电子商务、基于位置的服务、移动游戏以及歌曲的下载和播放。

预计 4G 宽带移动无线将提供更高级的版本，包括增强的多媒体、流畅的流媒体视频、通用访问、跨所有类型设备的可移植性，并最终实现全球漫游。对于智能手机、平板电脑、笔记本电脑和无线热点等移动设备而言，4G 网络的速度将是 3G 网络的 3 至 20 倍。[13]

美国四大无线网络运营商（美国电话电报公司、威瑞森通信、Sprint 通信公司和 T-Mobile）都在基于长期演进（LTE）标准迅速扩展其 4G 网络。长期演进（long term evolution，LTE）是基于分组交换的移动电话无线通信标准，这是与 3G 通信网络中采用的电路交换方法完全不同的方法。运营商必须重新设计其语音通话网络，以转换为 LTE 标准。

长期演进主要得益于移动设备连接互联网的速度，以及在一定时间内可以下载或上传多少数据。长期演进使用户可以通过 Hulu Plus、网飞或 YouTube 等服务，将视频传输到手机上。它还能加快网页浏览速度，大多数网页在几秒钟内就能加载完毕。长期演进支持使用即时通信软件 Skype 或谷歌环聊（Google＋ Hangouts）等服务进行视频通话。长期演进更快的速度也让分享手机上的照片和视频变得又快又容易。

全球微波接入互操作性（worldwide interoperability for microwave access，WiMAX）是基于 IEEE 802.16 无线城域网标准的 4G 替代方案，支持各种类型的通信接入。在很多方面，WiMAX 就像 Wi-Fi 一样运行，只是传输距离更长，传输速度更快。与使用 Wi-Fi 技术时相比，覆盖相同地理区域所需的 WiMAX 基站（发射塔）数量更少。Wi-Fi 的覆盖范围限制为数百英尺，而 WiMAX 由于使用的频率（2~11GHz 和 10~66GHz）的缘故，覆盖范围是 30 英里。

大多数通信专家认为，WiMAX 对于那些无线电话基础设施很少或根本没有无线电话基础设施的发展中国家是一个有吸引力的选择。但是，如前所述，美国的主要运营商已经选择了 4G LTE。

5G 无线通信

自第一个 1G 系统以来，大约每 10 年就会出现新一代的移动通信。5G 是用来确定 4G 之后移动通信标准下一个主要阶段的术语。目前还没有正式定义 5G 移动标准，但一些行业观察人士预测，新的 5G 标准可能会在 2020 年代初推出。5G 可能会带来更高的数据传输速率、更低的功耗、更高的连接可靠性、更少的通话掉线、更广的地理覆盖和更低的基础设施成本。[14]

▨ 无线数据流量的增长

在未来几年，无线数据流量的增长将为创新者创作很多解决网络容量问题和避免用户服务问题的机会。2012 年全球移动数据流量达到 8.1EB（艾字节），一些人预测未来五年数据的复合平均增长率约为 44%（1EB 为 $1\,000^6$ 字节，大小相当于用足够的存储空间来存放 50 000 年的 DVD 品质视频）。[15] 思科公司估计，全球无线数据流量每年平均将以 66% 的较高速度增长，从 2013 年到 2017 年智能手机将代表 27% 的连接设备消耗 68% 的数据。预计视频将占数据总量的三分之二。[16] 尽管 4G LTE 网络的数据承载能力是 3G 网络的 20 倍，但即便是 4G 网络也可能无法跟上如此快的增长速度。

通信介质：承载电子信号以支持发送和接收设备之间通信的一切物质。

信道带宽：数据交换的速率，通常以比特/秒（bps）为单位。

宽带通信：相对术语，通常指的是能够快速交换数据的通信系统。

近场通信（NFC）：一种专为手机和信用卡设计的短距离无线连接技术。

蓝牙：一种无线通信规范，规范了手机、计算机、传真、打印机和其他电子设备如何在 10～30 英尺的距离内以 2Mbps 的速度相互连接。

超宽带（UWB）：一种利用极短的电磁脉冲进行短距离通信的技术，脉冲持续时间仅为 50～1 000 皮秒，可在几兆赫的无线电频率范围内传输。

Wi-Fi：国际 Wi-Fi 联盟组织旗下的中程无线通信技术品牌。

长期演进（LTE）：基于分组交换的移动电话无线通信标准。

全球微波接入互操作性（WiMAX）：基于 IEEE 802.16 无线城域网标准的 4G 替代方案，支持各种类型的通信接入。

网络与分布式处理

计算机网络（computer network）由连接两个或多个计算机系统或设备所需的通信介质、设备和软件组成。网络上的计算机和设备也称为网络节点。连接后，节点可以共享数据、信息、工作流程，并允许员工在项目上进行协作。如果一个公司有效地利用网络，它就可以成长为一个敏捷、强大、富有创造力的组织，从而获得长期的竞争优势。组织可以使用网络来共享硬件、程序和数据库。网络可以发送和接收信息，以提高组织的效力和效率。它们使地理位置不同的工作组能够共享文档和意见，从而促进团队合作、激发创新思想和新的业务策略。

▢ 网络拓扑

网络拓扑结构（network topology）表示网络的通信链路和硬件设备的排列方式。拓扑是网络的形状或结构，因此网络之间的传输速率、设备之间的距离、信号类型和物理互连可能不同，但它们可能具有相同的拓扑。目前使用的三种最常见的网络拓扑是星型网络、总线网络和网状网络。

在星型网络（star network）中，所有网络设备通过称为集线器节点的单个中心设备相互连接。如图 4-7 所示。许多家庭网络采用星型拓扑结构。星型网络的任何链路故障都只会隔离连接到该链路的设备。但是，如果集线器出现故障，整个网络上的所有设备都无法通信。

在总线网络（bus network）中，所有网络设备都连接到作为共享通信介质的公共主干。如图 4-8 所示。要与网络上的任何其他设备通信，设备需要向通信介质发送广播消息。网络上的所有设备都可以"看到"消息，但实际上只有预期的接收方接收和处理该消息。

网状网络（mesh network）使用多个接入点将一系列相互通信的设备连接起来，从而在大范围内形成网络连接。如图 4-9 所示。通过允许连续连接，在网络节点之间进行路由，即通过从一个节点跳到另一个节点来绕过阻塞的路径，直到建立连接为止。网状网络非常健壮：如果一个节点失败，其他所有节点仍然可以直接或通过一个或多个中间节点相互通信。

图 4 - 7 　星型网络

注：在星型网络中，所有网络设备通过单个中心集线器节点相互连接。

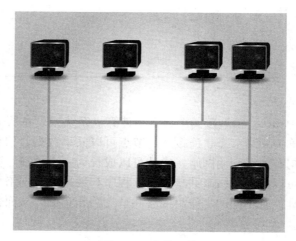

图 4 - 8 　总线网络

注：在总线网络中，所有网络设备都连接到作为共享通信介质的公共主干。

图 4 - 9 　网状网络

注：网状网络使用多个接入点来连接一系列相互通信的设备，从而在大范围内形成网络连接。

位于亚拉巴马州乡村的皮埃蒙特市学区实施了覆盖全市的无线网状网络，使其 1 200 名学生能够访问计算机服务。许多家庭无法负担在家里上网的费用。该网络使所有学生都能访问奥德赛（Odyssey）系统，这是一个基于网络的阅读、语言和数学学习系统。他们还可以参加远程学习和高级选修课程。[17]

网络类型

根据网络上节点之间的物理距离及其提供的通信和服务，网络可以分为个人区域网络、局域网、城域网和广域网。

个人区域网络

个人区域网络（personal area network，PAN）是一种支持信息技术设备与一个人紧密相连的无线网络。使用个人区域网络，无需电缆即可连接笔记本电脑、数码相机和便携式打印机。你可以将数字图像数据从相机下载到笔记本电脑，然后在高质量的打印机上打印，所有这些都是无线的。此外，个人区域网络还可以将放置在身体上的传感器捕捉到的数据传输到智能手机上，作为卡路里跟踪器、心脏监测仪、血糖监测仪和计步器等应用程序的输入。

局域网

局域网（local area network，LAN）是在小区域内，如办公室、家庭或建筑物中的几层楼，连接计算机系统和设备的网络。通常，局域网通过布线连接到办公楼和工厂，如图 4 - 10 所示。虽然局域网经常使用非屏蔽双绞线，但其他介质，包括光纤电缆，也很受欢迎。局域网越来越多地使用某种形式的无线通信。你可以建立局域网来连接个人电脑、笔记本电脑或功能强大的大型机。

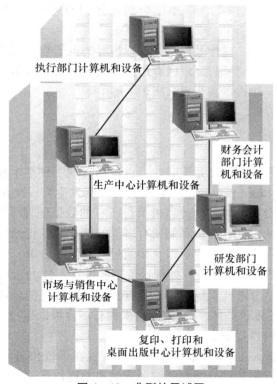

执行部门计算机和设备

财务会计部门计算机和设备

生产中心计算机和设备

研发部门计算机和设备

市场与销售中心计算机和设备

复印、打印和桌面出版中心计算机和设备

图 4 - 10　典型的局域网

注：办公大楼内的所有网络用户都可以连接到彼此的设备上进行快速通信。例如，从事研究和开发的用户可以从其计算机发送文档，然后在位于桌面出版中心的打印机上打印。大多数计算机实验室使用局域网，使用户能够共享使用高速/彩色打印机、绘图仪，以及下载软件应用程序和保存文件。

局域网的一种基本类型是简单的点对点网络，小型企业可以使用它来共享文件和硬件设备，如打印机。在点对点网络中，将每台计算机设置为独立的计算机，但允许其他计算机访问其硬盘上的特定文件或共享其打印机。这些类型的网络没有服务器。相反，每台计算机都连接到下一台计算机。点对点网络的例子包括Windows for Workgroups、Windows NT、Windows 2 000、AppleShare 和 Windows 7 Homegroup。在对等网络中，计算机的性能通常较慢，因为一台计算机实际上正在共享另一台计算机的资源。

随着越来越多的人在家里工作，将家庭计算设备和装备连接到统一网络的趋势正在上升。小型企业也在连接它们的系统和设备。家庭或小型企业都可以连接网络、计算机、打印机、扫描仪和其他设备。例如，在一台计算机上工作的人可以使用另一台计算机硬盘上存储的数据和程序。此外，网络上的多台计算机可以共享一台打印机。为了使家庭和小型企业网络成为现实，许多公司正在提供标准、设备和程序。

城域网

城域网（metropolitan area network，MAN）是一种通信网络，将跨越校园或城市的地理区域内的用户及其计算机连接起来。城域网可以将一个城市里的许多网络重新定义成一个更大的网络，或者把几个局域网连接成一个园区局域网。通常，城域网由用户联盟或向用户出售服务的网络提供商拥有。PIONIER 是波兰的国家研究和教育网络，旨在提供高速互联网访问和进行基于网络的研究。该网络使用光纤传输介质在6 467公里的距离上连接 21 个城域网和 5 个高性能计算中心。[18]

广域网

广域网（wide area network，WAN）是连接较大地理区域的通信网络。广域网可以是私有的或租用的，包括公共（共享用户）网络。当你拨打长途电话或访问互联网时，你正在使用广域网。广域网通常由用户拥有的计算机设备以及各种运营商和服务商提供的数据通信设备和通信链路组成。学校的 100Mbit/s 高速项目是爱尔兰政府的一个项目，旨在将全国 730 所小学全部连接到高速广域网上，并使学生能够在线学习和协作。[19]

广域网通常提供跨越国界的通信，这涉及规范跨国际边界的电子数据流的国家和国际法律，通常称为跨境数据流（transborder dataflow）。一些国家/地区有严格的法律，限制通信和数据库的使用，从而使正常的业务交易（如工资单）变得昂贵、缓慢，甚至无法实现。

■ 基本处理方案

当企业组织需要使用两个或多个计算机系统时，可以选择实现三种基本处理方案之一：集中式、分散式或分布式。使用**集中处理**（centralized processing），所有处理都发生在一个单独的位置或设施中。这种方案提供了最高程度的控制，因为一台集中管理的计算机执行所有的数据处理。Ticketmaster 预订服务就是集中式系统的示例。一台带有数据库的中央计算机存储所有事件的信息，并记录座位购买情况。各售票点的票务人员可以输入订单数据并打印结果，或者客户可以直接通过互联网下订单。

通过**分散处理**（decentralized processing），处理设备被放置在不同的远程位置。每个处理设备都是隔离的，不与任何其他处理设备通信。分散式系统适用于拥有独立运营部门的公司，比如 7-11，它在美国和加拿大的 8 700 家门店都能满足当地的零售条件。[20] 每家商店都拥有一台可以运行 50 多个业务应用程序的计算机，例如收银机操作、汽油泵监控和销售规划。

在**分布式处理**（distributed processing）中，处理设备放置在远程位置，但通过网络相互连接。分布式处理的一个好处是，管理人员可以将数据分配到能够最有效地处理数据的位置。

美国克罗格公司（Kroger）经营着超过 2 424 家超市和多家百货商店，每家都有自己的电脑来支持商店的运作，比如顾客结账和库存管理。这些计算机连接到网络，因此每家商店的计算机收集的销售数据都可以被发送到大型计算机的大型数据存储库中，以便营销分析师和产品供应链经理进行有效分析。

客户机/服务器系统

在**客户机/服务器体系结构**（client/server architecture）中，多个计算机平台专用于某种特殊功能，如数据库管理、打印、通信和程序执行。这些平台称为服务器。网络上的所有计算机都可以访问每台服务器。服务器可以是各种大小的计算机；它们存储应用程序和数据文件，并配备操作系统软件来管理网络活动。当网络上的其他计算机（客户机）请求程序和数据时，服务器将这些程序和数据分发给它们。应用程序服务器保存特定应用软件的程序和数据文件，例如库存数据库。客户端或服务器可以进行处理。

 问题——伦理与社会

肯尼亚通信巨头 Safaricom 反对仇恨言论的行动

2007 年 12 月 30 日，肯尼亚人民屏息以待总统选举结果。许多人确信，挑战者莱拉·奥廷加已将现任总统姆瓦伊·齐贝吉赶下台。选举结果难分胜负。三天后，当肯尼亚官员宣布齐贝吉获胜时，齐贝吉所在的政党和两位总统候选人各自的派系支持者之间爆发了暴力冲突。冲突造成 1 200 人死亡，50 多万人流离失所。在随后的调查中，官员们发现，在选举前和暴乱期间，通过博客和手机短信发表的仇恨言论十分猖獗。

与许多发达的欧洲和北美国家不同，移动电话在非洲的互联网和通信技术领域中占主导地位。预付费和按需付费计划约占所有移动计划的 99%，而移动电话为那些无法负担笔记本电脑和互联网服务费用的人提供互联网访问。随着肯尼亚即将迎来 2013 年 3 月全国大选，许多人担心可能会再次爆发暴力冲突。Safaricom 是东非领先的通信公司，也是领先的移动网络提供商，为消除其网络传播的仇恨言论迈出了根本性的一步。该公司向其客户发布了客户指南，允许他们大量发送来自政治候选人和政党的短信，但对短信内容进行审查，并保留了拒绝发送攻击某个政党或派系成员短信的权利。

该客户指南规定，发送者、政党代表或政治候选人必须表明身份，并提供注册文件或身份证号码。这条信息只能用肯尼亚的两种官方语言之一发送，即斯瓦希里语或英语。内容不能使用侮辱性或亵渎性语言，煽动人们使用暴力，嘲笑特定群体的成员，或者攻击个人、他们的家庭或他们的派系。在制定这些制度的过程中，Safaricom 必须在肯尼亚新宪法中的仇恨言论条款、隐私权和客户期望之间仔细权衡。由于 Safaricom 只拦截批量短信，而不是点对点短信，所以隐私权不是问题。营利性公司、政党和其他企业组织需要付费才能发送大量短信。因为这些信息不属于个人通信，所以不受隐私法的约束。但是，Safaricom 后来注意到，来自肯尼亚以外地区的短信数量有所增加，在选举的最后几天，100 多名选民收到的短信被屏蔽。

Safaricom 总共拒绝了 18 项请求，其中 13 项请求被修改、重新提交并获得批准。由于其内容的原因，只有一项请求被阻止。最初的报告指出，Safaricom 只排除了众多选择中的一种：许多人仍然通过点对点短信收到含有仇恨言论的信息，还有一些人在脸谱网等社交媒体网站上发布仇恨言论。

尽管如此，2013 年 3 月的肯尼亚选举还是发生了一次袭击，造成 6 名警察死亡。与 2007 年相比，这次选举对于民主政党和那些支持和平变革的人来说是一次巨大的成功，这在一定程度上要归功于 Safaricom 和其他组织，它们努力制止仇恨言论和煽动性行为的传播。

问题讨论

1. Safaricom 在 2013 年大选期间采取了哪些措施来防止仇恨言论？Safaricom 的行为是否遵守道德规范？为什么？

2. 这些措施有效吗？为什么？

批判性思考

1. 选举前几个月发生了暴力事件。Safaricom 和其他组织是否应该采取更多措施来制止仇恨言论？如果是，应采取什么措施？

2. 是应允许 Safaricom 拦截和审查点对点消息，还是隐私权应该凌驾于制止仇恨犯罪的需要之上？

资料来源："Kenya Election Violence：ICC Names Suspects," BBC，December 15，2010；Purdon，Lucy，"Corporate Responses to Hate Speech in the 2013 Kenyan Presidential Elections," Case Study Number 1；November 2013，Institution for Human Rights and Business；Okutoyi，Elly，"Safaricom Spearheads Fight Against Campaign Hate Speech with Tough New Rules," humanipo，Home to African Tech，June 18，2012.

客户机是指从网络服务器发送请求服务消息的任意计算机（通常是用户的个人计算机）。客户端可以同时与多个服务器通信。例如，个人计算机上的用户发起请求来提取驻留在网络某处数据库中的数据。数据请求服务器拦截请求，并确定数据驻留在哪个数据库服务器上。然后服务器将用户的请求格式化为数据库服务器能够理解的消息。接收到消息后，数据库服务器提取并格式化请求的数据，并且将结果发送给客户机。数据库服务器仅发送满足特定查询的数据，而不是整个文件。与文件服务器方法一样，当下载的数据位于用户的计算机上时，可以通过在用户的个人计算机上运行的程序对其进行分析、操作、格式化和显示。

通信硬件

网络需要各种通信硬件设备来进行操作，包括调制解调器、多路复用器、前端处理器、专用分支交换机、用户级交换机、网桥、路由器和网关，如表4-4所述。

表4-4 通用通信设备

设备	功能
调制解调器	将数据从数字形式（存储在计算机中）转换为可以通过普通电话线传输的模拟信号。
传真调制解调器	传真设备，使企业可以通过标准电话线传输文本、图表、照片和其他数字文件。传真调制解调器是一种非常流行的设备，它将传真和调制解调器结合在一起，为用户提供了一个强大的通信工具。
多路复用器	允许在单个通信介质上同时发送多个通信信号，从而节省昂贵的长途通信成本。
交换机	一种管理建筑物内部和外部语音和数据传输线路的通信系统。在专用小交换机系统中，交换专用小交换机可用来将数百条内部电话线连接到几条电话公司的线路上。
前端处理器	管理与为许多人服务的计算机系统之间通信的专用计算机。
用户级交换机	使用网络上每个传入消息中的物理设备地址来确定应该将消息转发到哪个输出端口，以到达同一网络上的另一个设备。
网桥	将一个局域网连接到使用相同通信协议的另一个局域网。
路由器	通过称为路由的过程，将数据包跨两个或多个不同的网络转发到其目的地。通常，互联网服务提供商（ISP）在用户家中安装路由器，将互联网服务提供商的网络与用户家中的网络连接起来。
网关	作为另一个网络入口的网络设备。

通信软件

网络操作系统（network operating system，NOS）是控制网络上的计算机系统和设备并允许它们彼此通信的系统软件。网络操作系统在网络上执行的功能类似于操作系统软件在计算机上执行的功能，例如内存和任务管理以及硬件的协调。当需要网络设备（如打印机、绘图仪和磁盘驱动器）时，网络操作系统确保正确使用这些资源。Novell NetWare、Windows 2000、Windows 2003 和 Windows 2008 是常见的网络操作系统。

渣打银行在全球 68 个国家/地区的 1 700 多家分支机构和网点中拥有 89 000 名员工。其 90％ 的收入和利润来自亚洲、非洲和中东的业务。[21] 对任何银行来说，业务处理功能和通信系统的可用性都是至关重要的。渣打银行在 Junos 网络操作系统下构建了一个由交换机和网关组成的通信基础设施，以降低管理其网络的成本和复杂性，并提供充分的冗余性。[22]

由于公司使用网络与客户、业务伙伴和员工沟通，网络中断或性能下降可能意味着业务损失。网络管理包括广泛的技术和流程，可监控网络并帮助识别和解决问题，以免造成严重影响。

软件工具和实用工具可用于管理网络。管理人员可以使用**网络管理软件**（network-management software），监控联网的个人计算机和共享硬件（如打印机）的使用情况，扫描病毒并确保符合软件许可。网络管理软件还简化了网络上的计算机更新文件和程序的过程，管理员可以通过通信服务器进行更新，而不必单独访问每台计算机。此外，网络管理软件保护软件不被非法复制、修改或下载。还可以定位通信错误和潜在的网络问题。网络管理软件的许多优点包括：用于日常任务（如安装新软件）的时间更少，对问题的响应更快，以及整体网络控制性更强。

银行使用一种特殊形式的网络管理软件来监视其自动柜员机（ATM）的性能。状态消息可以通过网络发送到中央监控位置，以通知支持人员有关诸如现金不足、收据纸量不足、读卡器问题和打印机卡纸等情况的信息。收到状态消息后，可以派遣服务提供商或分支机构的员工来修复自动柜员机问题。

今天，大多数组织使用网络管理软件来确保它们的网络保持正常运行，并且每个网络组件和应用程序都运行良好。该软件使信息系统工作人员能够在故障和性能问题影响客户和服务之前识别并解决它们。最新的网络管理技术甚至包括自动修复功能：由网络管理系统识别问题，通知信息系统经理，并在信息系统部门之外的任何人注意到问题之前自动纠正问题。

科威尔集团（Covell Group）是圣迭戈的一家小型信息技术咨询公司，主要为中小型公司提供服务器和网站监控。该公司使用网络监控软件来监视传感器和远程探测器，以跟踪中央处理器、磁盘空间和视窗服务。持续的监控使公司能够检测到通信线路是否出现故障，或者是否在夜间出现了电源故障，以便在下一个工作日开始前使一切就绪。[23]

软件定义网络

在当今的网络环境中，每个网络设备必须单独配置，通常通过手动键盘输入。对于任何大小的网络，这都是劳动密集型且容易出错的工作，因此很难更改网络以满足组织的需求。**软件定义网络**（software defined networking，SDN）是一种新兴的网络方法，允许网络管理员通过控制器来管理网络，而不需要对所有网络设备进行物理访问。这种方法自动化了配置和策略管理等任务，并使网络能够动态响应应用程序需求。作为软件定义网络应用的先驱，谷歌对其优势非常满意，因此计划扩展目前基于软件定义网络的国际数据中心网络，并使用相同的能力建设其他新网络。[24]

计算机网络：连接两个或多个计算机系统或设备所需的通信介质、设备和软件。

网络拓扑结构：网络的形状或结构，表示网络的通信链路和硬件设备的排列方式。

星型网络：所有网络设备通过称为集线器节点的单个中心设备相互连接的网络。

总线网络：所有网络设备都连接到作为共享通信介质的公共主干上的网络。

网状网络：使用多个接入点将一系列相互通信的设备连接起来，从而在大范围内形成网络连接的网络。

个人区域网络（PAN）：一种支持信息技术设备与一个人紧密相连的网络。

> **局域网（LAN）**：在一个小区域内，如办公室、家庭或建筑物中的几层楼，连接计算机系统和设备的网络。
> **城域网（MAN）**：将跨越校园或城市的地理区域内的用户及其计算机连接起来的通信网络。
> **广域网（WAN）**：连接大的地理区域的通信网络。
> **集中处理**：所有处理都发生在一个单独的位置或设施中的处理方法。
> **分散处理**：处理设备被放置在不同的远程位置的处理方法。
> **分布式处理**：处理设备放置在远程位置，但通过网络相互连接的处理方法。
> **客户机/服务器体系结构**：多个计算机平台专用于某种特殊功能的计算方法，如数据库管理、打印、通信和程序执行。
> **网络操作系统（NOS）**：控制网络上的计算机系统和设备并允许它们彼此通信的系统软件。
> **网络管理软件**：使网络桌面上的管理人员能够监控个人计算机和共享硬件（例如打印机）的使用情况，扫描病毒并确保符合软件许可的软件。
> **软件定义网络（SDN）**：一种新兴的网络方法，允许网络管理员通过控制器对网络进行可编程的中央控制，而不需要对所有网络设备进行物理访问。

互联网的使用和功能

互联网发展迅速，如图 4-11 所示，其范围具有国际性，用户遍及包括南极洲在内的所有大陆。虽然美国的互联网普及率很高，但它并不是网络人口最大的构成部分。在所有使用互联网的人中，亚洲国家的公民约占 45%，欧洲约占 22%，北美约占 11%。到目前为止，中国拥有最多的互联网用户，有 5.38 亿，比紧随其后的三个国家（美国 2.45 亿，印度 1.37 亿，日本 1.01 亿）的用户总和还多。[25] 如图 4-12 所示。互联网为个人、企业和国家提供了全球经济机会。

一方面，互联网和社交媒体网站已经成为了解世界大事、抗议组织和政府行为、敦促他人支持自己喜欢的事业或候选人的重要新渠道。例如，一些人认为巴拉克·奥巴马对互联网和社交媒体的有效使用为他在 2008 年和 2012 年总统选举中击败对手提供了明显优势。[26] 在另一个例子中，叙利亚反对派利用互联网交流国内事件，并与世界各地的其他人建立有用联系。[27]

另一方面，**互联网审查**（Internet censorship），即控制或禁止互联网上的信息发布或访问，是一个日益严重的问题。例如，伊斯坦布尔的防暴警察使用高压水枪驱散反对一项法律草案的抗议者，该草案将赋予政府对土耳其互联网服务提供商的新权力。[28]

互联网的前身是**阿帕网**（ARPANET），这是美国国防部在 1969 年启动的一个项目。阿帕网既是可靠网络的实验，也是联系国防部和军事研究承包商的一种手段，其中包括许多从事军方资助研究的大学。ARPA 是高级研究计划局（Advanced Research Projects Agency）的缩写，是国防部负责拨款的部门。该机构现在被称为美国国防部高级研究计划局（DARPA），增加的 D 代表国防部。阿帕网是非常成功的，全国的每一所大学都想使用它。这种野火式的蔓延使得阿帕网难以管理，特别是其数量庞大且迅速增长的大学网站。因此，阿帕网被分成两个网络：一个是 MILNET，包括所有的军事站点；另一个是新的更小的 ARPANET，包括所有的非军事站点。通过使用**互联网协议**（Internet Protocol，IP），这两个网络仍然保持连接，这使得流量可以根据需要从一个网络路由到另一个网络。所有连接到互联网的网络都使用 IP，因此它们都可以交换消息。

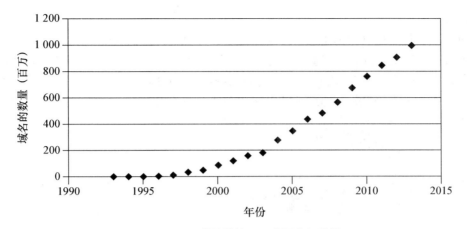

图 4-11 互联网增长：互联网主机数量

注：全球互联网主机的数量预计将持续增长。

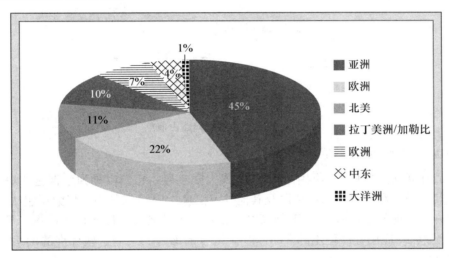

亚洲
欧洲
北美
拉丁美洲/加勒比
欧洲
中东
大洋洲

图 4-12 互联网用户分布

注：中国的互联网用户数量超过了紧随其后的三个国家的总和。

　　为了加快互联网接入速度，由 100 多所大学联合成的大学高等互联网开发公司（UCAID）正在研究一种更快的替代互联网，称为 Internet2（I2）。Internet2 提供了更快的互联网速度（10Gbps 甚至更高）的潜力。其目标是实现与任何人在任何地方不受约束地协作。[29] National LambdaRail（NLR）是一个跨国家、高速（10Gbps）的光纤网络，致力于研究高速网络应用。[30] NLR 提供了"独特的国家网络基础架构"，以促进网络研究和下一代基于网络的科学、工程和医学应用。这种新型高速光纤网络将满足科学家不断增长的收集、传输和分析大量科学数据的需求。

互联网是如何运作的

　　在互联网成立之初，世界各地的主要通信公司都同意连接其网络，以便所有网络上的用户都可以通过互联网共享信息。这些大型通信公司被称为网络服务提供商（NSP）。例如威瑞森公司、美国 Sprint 移动通信公司、英国通信和美国电话电报公司。构成这些网络的电缆、路由器、交换站、通信塔和卫星是互联网流量的硬件。这些和其他国家网络服务提供商的组合硬件，横跨全球的陆上和海底的光纤电缆，构成了**互联网主**

干（Internet backbone）。

　　互联网把数据从一台计算机（称为主机）传送到另一台计算机。如图 4 - 13 所示。如果接收计算机位于第一台计算机直接连接的网络上，则它可以直接发送消息。如果接收方和发送方计算机未直接连接到同一网络，则发送方计算机会将消息中继到可以转发该消息的另一台计算机。该消息通常通过一个或多个路由器发送以到达目的地。一条信息从互联网的一部分到另一部分的过程中要经过十几台或更多的路由器，这种情况并不罕见。

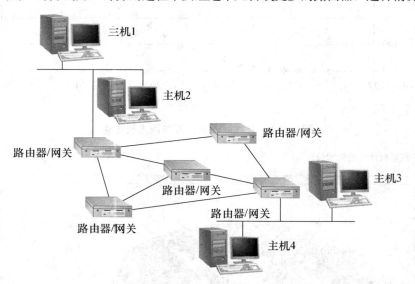

图 4 - 13　通过互联网路由消息

注：数据通过互联网从一台主机传送到另一台三机。

　　连接在一起形成互联网的各种通信网络的工作方式大同小异，它们以称为数据包的块的形式传递数据，每个数据块都包含其发送者和接收者的地址以及其他技术信息。IP 协议是用于将数据包从一个主机传递到另一个主机的规则。许多其他的通信协议与 IP 协议结合使用。最著名的是传输控制协议（TCP）。许多人使用 TCP/IP 作为大多数互联网应用程序使用的 TCP 和 IP 组合的缩写。遵循这些标准的网络连接到互联网主干之后，就成为全球互联网社区的一部分。

　　互联网上的每台计算机都有一个分配的地址，称为 IP 地址，用于在互联网上对其进行标识。**IP 地址**（IP address）是一组 64 位的数字，用于标识互联网上的一台计算机。64 位数字通常被分成 4 个字节并转换成十进制数；例如，69.32.133.11。互联网正在迁移到互联网协议版本 6（IPv6）上，该版本使用 128 位地址来提供更多的设备，但是预计此更改将耗费数年。截至 2013 年年中，使用 IPv6 的互联网流量很小，但仍在增长，据谷歌报道，其流量中只有 1.37% 是通过 IPv6 传入的。[31]

　　由于人们更喜欢使用文字而不是数字，因此创建了一个称为域名系统（DNS）的系统。域名（例如 www.cengage.com）使用 DNS 映射到 IP 地址（例如 69.32.133.11）。如果你在 Web 浏览器中键入 www.cengage.com 或 69.32.133.11，你将访问同一网站。为了给更多的网址腾出空间，正在努力增加可用域名的数量。

　　统一资源定位符（uniform resource locator，URL）是一个 Web 地址，它使用映射到 IP 地址的字母和单词以及主机上的位置来指定网页的确切位置。URL 为那些在互联网上提供信息的人提供了一种标准方法来指定互联网资源（如服务器和文档）的位置。请思考 URL，http://www.cengage.com/coursetechnology。

　　"http" 指定访问方法，并告诉你的软件使用超文本传输协议访问文件。这是与互联网交互的主要方法。在许多情况下，你无须在 URL 中包含 "http:// "，因为它是默认协议。地址的 "www" 部分有时（但并非总是）表示该地址与万维网服务关联。URL "www.cengage.com" 是标识互联网主机站点的域名。域名的地址部分"/ coursetechnology"指定了主机站点上的确切位置。

　　域名必须遵守严格的规则。它们至少有两个部分,每个部分之间用点(句点)分隔。对于某些互联网地址,域名的最右边部分是国家/地区代码,例如 au 表示澳大利亚,ca 表示加拿大,dk 表示丹麦,fr 表示法国,de 表示德国,jp 表示日本。许多互联网地址都有一个表示附属类别的代码,例如用于商务网站的 com 和教育网站的 edu。表 4-5 介绍了一些常用类别。域名的最左侧部分标识主机网络或主机提供商,这可能是大学或企业的名称。美国以外的其他国家/地区使用的顶级域名隶属关系与表中所述的不同。

表 4-5　美国顶级域名从属关系

隶属关系 ID	隶属关系	主机数量
com	商业网站	112 259 193
edu	高等教育网站	7 500
gov	政府网站	2 174
net	网络站点	15 221 763
org	非营利性组织网址	10 395 604

资料来源:Whois Source Domain Counts & Internet Statistics (January 7,2014),*www. whois. sc/internet-statistics.*

　　互联网名称和数字地址分配机构(ICANN)负责管理 IP 地址和互联网域名。其主要关注的问题之一是确保每个域名只代表一个个体或实体,即合法注册的个体或实体。例如,如果你的老师想使用 www. cengage. com 作为课程网站,他/她会发现域名已经由圣智学习出版公司(CENGAGE Learning)注册,并且不可用。ICANN 使用被称为认证域名注册商的公司来处理域名注册业务。例如,你可以访问 www. namebeach. com,一个经过认证的注册商,以了解特定的名称是否已经注册。如果没有,可以每年花 9 美元注册这个名字。一旦这样做,只要你支付年费,ICANN 就不允许任何人使用该域名。

访问互联网

　　可以通过多种方式连接互联网。如图 4-14 所示。你选择哪种访问方式取决于组织或系统的大小和功能。

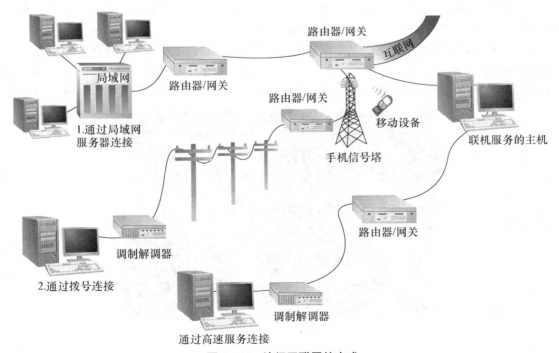

图 4-14　访问互联网的方式

注:用户可以通过多种方式访问互联网,包括使用局域网服务器、电话线、高速服务或无线网络。

通过局域网服务器接入互联网

此方式由管理局域网（LAN）的企业和组织使用。通过使用路由器将局域网上的服务器连接到互联网，局域网上的所有用户都可以访问互联网。业务局域网服务器通常以非常快的数据速率连接到互联网，有时达到数百 Mbps。此外，你还可以在几十个局域网用户之间分担该服务的较高成本，以便让每个用户承担合理的成本。

通过互联网服务提供商接入互联网

无法通过局域网服务器直接连接到互联网的公司和住宅必须通过互联网服务提供商访问互联网。**互联网服务提供商**（Internet service provider，ISP）是为用户提供互联网访问的任何组织。从为学生和教师提供互联网服务的大学，到小型互联网企业，再到美国电话电报公司和康卡斯特（Comcast）等大型通信巨头，数以千计的组织充当着互联网服务提供商的角色。要通过互联网服务提供商连接到互联网，你必须在服务提供商拥有一个账户（通常为其付费），以及支持通过 TCP/IP 连接的软件（如浏览器）和设备（如计算机或智能手机）。

也许互联网服务提供商提供的最便宜但最慢的连接是拨号连接。拨号连接使用调制解调器和标准电话线"拨号"并连接到 ISP 服务器。拨号上网被认为是最慢的连接方式，因为它受到传统电话线 56Kbps 的限制。拨号连接还会占用电话线，因此不能进行语音通话。尽管拨号上网最初是在家上网的唯一方式，但它正迅速被高速服务所取代。

一些"高速"互联网服务可用于家庭和企业。它们包括来自有线电视公司的电缆调制解调器连接、电话公司的 DSL 连接和卫星电视公司的卫星连接。

除了通过电话线和电视电缆等有线系统连接到互联网外，通过蜂窝网络和 Wi-Fi 网络运行的无线互联网也已变得普遍。咖啡店、机场、酒店和其他地方有成千上万的公共 Wi-Fi 服务，或免费提供互联网接入，或按小时收费，或按月付费。Wi-Fi 甚至正进入航空领域，通过访问电子邮件和公司网络，商务旅客可以在空中旅行期间提高工作效率。

手机运营商也为手机、笔记本和平板电脑提供互联网接入。新的 4G 移动电话服务可以与家庭和工作中使用的有线高速连接相媲美。美国 Sprint 通信移动公司、威瑞森通信、美国电话电报公司和其他一些受欢迎的运营商正在努力从大的城市地区开始为用户提供 4G 服务。

当苹果推出 iPhone 时，它的口号之一是"口袋里的互联网"。iPhone 证明了手机互联网服务的受欢迎程度和潜力。许多其他智能手机紧随 iPhone 之后，在所有蜂窝网络上提供类似服务。最近，iPhone 将视频通话变得时尚，而 iPad 和其他平板电脑则可以随时随地访问更大屏幕上所有类型的互联网服务。如图 4－15 所示。

图 4－15　无线连接

注：iPad 通过蜂窝网络或 Wi-Fi 网络连接到互联网。

云计算

云计算（cloud computing）是指以互联网服务的形式提供软件和存储，并通过 Web 浏览器进行访问的计算环境。如图 4-16 所示。例如，谷歌和雅虎会存储许多用户的电子邮件以及日历、联系人和待办事项列表。苹果计算机公司开发了一项名为苹果云（iCloud）的服务，允许人们在其服务器上存储文件、音乐、照片、应用程序和其他内容。[32] 脸谱网提供社交互动，并可以存储个人照片，雅虎网络相册（Flickr）和其他十几个照片网站也是如此。美国流媒体音乐服务商 Pandora 提供音乐，Hulu 和 YouTube 提供电影。谷歌文档（Google Docs）、Zoho、37signals、Flypaper、Adobe Buzzword 和其他软件提供了网络交付的生产力和信息管理软件。微软的 Office 365 办公软件产品在更大程度上强调了云计算。Office 365 与其他在线软件套件（如开源办公软件 Apache Open Office、谷歌应用程序和 NeoOffice）竞争。[33] 你可以通过任何具有云计算功能的互联网连接设备上获得通信、联系人、照片、文档、音乐和媒体。

图 4-16 云计算

© Helder Almeida/Shutterstock.com
注：云计算使用通过网络交付的应用程序和资源。

云计算为企业提供了许多优势。通过将业务信息系统外包到云，企业可以节省系统设计、安装和维护费用。例如，纽约证券交易所（NYSE）开始提供云计算应用程序，让客户为他们在泛欧证券交易所（Euronext，包括欧洲股票、债券和其他投资市场）上使用的服务和数据付费。

云计算可以有几种部署方法。到目前为止讨论的都是公共云服务。公共云（public cloud）是指向公众提供云服务的服务提供商，无论是使用谷歌日历的个人还是使用企业云计算厂商 Salesforce.com 应用程序的公司。在私有云（private cloud）部署中，云技术是在私有网络范围内使用的。

自 1992 年以来，学院网络和它的合作大学完全通过远程教育为寻求学位或专业证书的个人提供了无障碍的教育计划。学院网络选择了网络和通信服务提供商 EarthLink 来提供一个带有专用服务器的定制私有云。与转换为专用网络相比减少了计算机硬件和软件所需的资金，提高了系统的可用性，避免了停机，并重新分配了宝贵的信息技术资源，而 EarthLink 利用资源负责解决所有系统问题。[34]

互联网审查：控制或禁止在互联网上的信息发布或访问。

阿帕网（ARPANET）：美国国防部（DoD）在 1969 年启动的一个项目，既是对可靠网络的实验，也是联系国防部和军事研究承包商的一种手段，包括许多从事军方资助研究的大学。

互联网协议（IP）：使计算机能够根据需要将通信流量从一个网络路由到另一个网络的通信标准。

互联网主干：互联网高速、远程通信链路之一。

IP 地址：一组 64 位的数字，用来标识互联网上的一台计算机。

统一资源定位符（URL）：一个 Web 地址，该地址使用映射到 IP 地址的字母和单词以及主机上的位置来指定网页的确切位置。

互联网服务提供商（ISP）：为用户提供互联网访问的任何组织。

云计算：以互联网服务的形式提供软件和存储，并通过 Web 浏览器进行访问的计算环境。

万维网

万维网是由位于日内瓦的欧洲核子研究中心的计算机科学家蒂姆·伯纳斯-李（Tim Berners-Lee）开发的。他最初设想的是一个内部文档管理系统。从这个不起眼的想法开始，网络已经发展成为新闻和信息的主要来源，不可或缺的商业渠道，以及受欢迎的社交、娱乐和交流中心。

■ 网络是如何运作的

虽然互联网（Internet）和网站（Web）这两个术语在技术上经常可以互换使用，但从技术上讲，二者不同。互联网是网站赖以存在的基础设施。互联网由计算机、网络硬件（例如路由器和光纤电缆）、软件以及 TCP/IP 协议组成。另一方面，**网站**（Web）由服务器和客户端软件、超文本传输协议（http）、标准和标记语言组成，它们组合在一起在互联网上传递信息和服务。

网站的设计目的是使信息易于查找和组织。它连接了数十亿的文档，这些文档现在被称为网页，存储在世界各地数百万台服务器上。它们通过**超链接**（hyperlinks）相互连接，超链接是指网站页面上突出显示的文本或图形，单击后将打开包含相关内容的新网站页面。通过使用超链接，用户可以在各网站服务器上存储的网页之间跳转，从而产生与一台大型计算机交互的错觉。由于在网站上可以获得大量的信息和各种各样的媒体，网站已经成为当今世界上最流行的信息获取方式。

简而言之，网站是使用客户机/服务器模型的基于超链接的系统。它将世界各地的互联网资源组织成一系列链接的文件，称为页面，使用称为**网站浏览器**（Web browser）的网站客户端软件访问和查看。谷歌浏览器（Chrome）、火狐浏览器（Mozilla Firefox）、微软网页浏览器（Internet Explorer）、苹果浏览器（Apple Safari）和挪威 Opera Software SAS 公司的 Opera 浏览器都是流行的网站浏览器。如图 4-17 所示。在一个网站域下访问的有关一个特定主题的页面集合成一个 Web 站点。网站最初的设计目的是支持页面上格式化的文本和图片。它已经发展为支持更多类型的信息和通信，包括用户交互、动画和视频。浏览器插件帮助向标准网站提供附加功能。动画软件 Adobe Flash 和媒体播放软件 Real Player 都是浏览器插件的例子。

超文本标记语言（Hypertext Markup Language，HTML）是网页的标准页面描述语言。超文本标记语言是由万维网联盟（World Wide Web Consotium，简称"W3C"）定义，并经过多次修订而发展起来的。

图 4 - 17　谷歌浏览器

Courtesy of Google
注：像谷歌 Chrome 这样的网站浏览器可以让你访问互联网资源，如电子邮件和其他在线应用程序。

目前常用的是第五版 HTML。超文本标记语言告诉浏览器如何显示字体特征、段落格式、页面布局、图像位置、超链接和网页内容。超文本标记语言使用标记，这些标记是告诉浏览器如何格式化文本或图形的代码：例如，作为标题、列表或正文文本。网站创建者通过在一个或多个单词之前和之后放置 HTML 标记来"标记"页面。例如，要让浏览器将句子作为标题，将<h1>标记放在句子的开头，再将</h1>标记放在句子的末尾。在浏览器中查看此页面时，该句子显示为标题。超文本标记语言还提供了标签，用于将存储在文件中的对象（例如照片、图片、音频和电影）导入网站页面。简而言之，网页由三个部分组成：文本、标签和对文件的引用。文字是网页内容，标签是用于标记单词显示方式的代码，文件引用将照片和媒体插入网页中的特定位置。所有 HTML 标记均括在一组尖括号<>内，例如<h2>。结束标记中带有正斜杠，例如</b>用于结束加粗。考虑以下文本和标签：

```
<html>
<head>
<title>Table of Contents</title>
<link href = "style. css" rel = "stylesheet" type = "text/css" />
</head>
<body style = "background - color：#333333">
<div id = "container">
<p><img src = "header. png" width = "602" height = "78" /></p>
<h1 align = center>Principles of Information Systems</h1>
<ol>
<li>An Overview</li>
<li>Information Technology Concepts</li>
<li>Business Information Systems</li>
<li>Systems Development</li>
```

```
<li>Information Systems in Business and Society</li>
</ol>
</div>
</body>
</html>
```

　　<html>标记将其标识为 HTML 文档。HTML 文档分为两部分：<head>和<body>。<body>包含在网站浏览器窗口中可见的所有内容，<head>包含相关信息，例如要放置在浏览器标题栏上的<title>。页面的背景色在<body>标记中使用十六进制代码指定。标题"Principles of Information Systems"被标识为具有<h1>标记的最大 1 级标题，通常以 16～18 点的字体位于页面中心。<ol>标记表示有序列表，而<li>标记表示列表项。生成的网页如图 4-18 所示。

　　HTML 与另一种称为 CSS 的标记语言紧密结合，CSS 代表层叠样式表，已成为设计网站页面组的流行工具。CSS 使用特殊的 HTML 标签为各种页面元素以及这些元素在网站页面上的布局方式全局地定义字体特征。不必为整个文档中每次出现的元素指定字体，而是可以一次指定格式并将其应用于所有出现的格式。CSS 样式通常在单独的文件中定义，然后可以应用于网站上的许多页面。在前面的示例代码中，你可能已经注意到<link>标记，该标记引用了外部样式表文件 style. css。

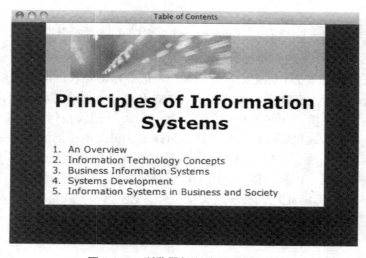

图 4-18　浏览器解释的 HTML 代码

注：苹果 Mac 电脑上的火狐浏览器解释的示例 HTML 代码。

　　可扩展标记语言（Extensible Markup Language，XML）是用于包含结构化信息（包括单词和图片）的网站文档的标记语言。可扩展标记语言没有预定义的标签集。例如，对于超文本标记语言，<h1>标记始终表示第一级标题。内容和格式包含在同一 HTML 文档中。XML 网站文档包含网页的内容。内容的格式包含在样式表中。可扩展标记语言的一些典型说明如下：

```
<book>
<chapter>Hardware</chapter>
<topic>Input Devices</topic>
<topic>Processing and Storage Devices</topic>
<topic>Output Devices</topic>
</book>
```

　　层叠样式表（Cascading Style Sheet，CSS）是一个 HTML 文件或其一部分，用于定义网页中内容的视觉外观。使用 CSS 很方便，因为你只需要定义一次页面外观的技术细节，而不必在每个 HTML 标签中都定义一次。例如，前面的 XML 内容的视觉外观可以包含在下面的样式表中。该样式表指定章节标题"Hardware"以大 Arial 字体（18 磅）显示在网页上。"Hardware"也将以蓝色粗体显示。"Input Devices"标题将以较小的 Arial 字体（12 磅）和斜体红色文本显示。

```
chapter：(font-size：18pt; color：blue; font-weight：bold;
display：block; font-family：Arial;
margin-top：10pt; margin-left：5pt)
topic：(font-size：12pt; color：red; font-style：italic;
display：block; font-family：Arial;
margin-left：12pt)
```

　　XML 在组织网站内容并使数据易于查找方面非常有用。许多网站使用 CSS 定义网页的设计和布局，使用 XML 定义内容，并使用 HTML 将内容（XML）与设计（CSS）结合在一起。如图 4 - 19 所示。这种网站设计的模块化方法使你可以在不影响网页内容的情况下更改外观设计，也可以在不影响外观设计的情况下更改网页内容。

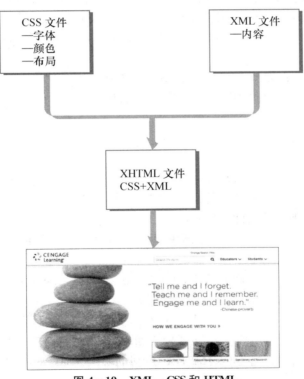

图 4 - 19　XML、CSS 和 HTML

　　注：如今的网站是使用 XML 定义内容、使用 CSS 定义视觉样式以及使用 HTML 将所有内容组合在一起创建的。

▣ 网络编程语言

　　网站上提供的许多服务都是使用程序和脚本提供的。网络程序可能像单击菜单时会展开一样简单，也可能像成熟的电子表格应用程序一样复杂。网络应用程序可以在网站服务器上运行，将处理结果传递给用户，也可以直接在客户端即用户的个人计算机上运行。这两个类别通常称为服务器端和客户端软件。

JavaScript 是客户端应用程序的一种流行的编程语言。使用 JavaScript，可以创建响应用户操作的交互式网页。JavaScript 可用于验证网站表单中的数据输入，以幻灯片形式显示照片，在网页中嵌入简单的计算机游戏以及提供货币换算计算器。**Java** 是太阳计算机系统（中国）有限公司的一种基于 C＋＋编程语言的面向对象的编程语言，该语言允许将 applet 网页小程序嵌入 HTML 文档中。当用户单击 HTML 页面的适当部分以从网站服务器检索小程序时，该小程序将下载到开始执行的客户端工作站上。与其他程序不同，Java 软件可以在任何类型的计算机上运行。它可以用于开发客户端或服务器端应用程序。程序员使用 Java 使网页生动起来，添加醒目的图形、动画和实时更新。

Web 服务

Web 服务由标准和工具组成，这些标准和工具可简化与网站之间的通信，并有望彻底改变我们为商业和个人目的开发和使用网络的方式。包括亚马逊、eBay 和谷歌在内的互联网公司现在都在使用 Web 服务。

例如，亚马逊已经开发了亚马逊 Web 服务（AWS），以使其庞大的在线目录内容可供其他网站或软件应用程序使用。爱彼迎（Airbnb）是一个在线市场，房屋业主和旅行者可以进行互动，在 192 个国家的近 25 000 个城市租用独特的度假空间。爱彼迎开始运营后不久，便将其云计算功能迁移到 AWS，后者分配传入流量以确保高可用性和快速响应时间。AWS 还允许爱彼迎存储备份和静态文件，包括 10TB 的用户图片，并监控其所有服务器资源。[35]

Web 服务的关键是 XML。正如 HTML 被开发为将网站内容格式化为 Web 页面的标准一样，在 Web 页面内 XML 被用于描述数据，并在 Web 服务应用程序之间传输数据。

开发 Web 内容和应用程序

创建网站有很多选择。可以雇用某人来设计和构建网站，也可以自己完成。如果自己创建，则可以使用在线服务来创建网页，使用网页创建软件工具或使用纯文本编辑器来创建站点。今天的 Web 开发应用程序允许开发人员使用类似于文字处理器的软件来创建网站。该软件包括允许开发人员直接使用 HTML 代码或使用自动生成的代码的功能。Web 开发软件还可以帮助设计人员跟踪网站中的所有文件以及连接这些文件的超链接。

用于创建网页和管理网站的流行工具包括 Adobe Dreamweaver、RapidWeaver（适用于苹果 Mac 开发人员）、Microsoft Expression Web 和 Nvu。如图 4-20 所示。

正如下一节所述，许多产品使开发 Web 内容和互连 Web 服务变得容易。例如，微软提供了一个名为 .NET 的开发和 Web 服务平台，该平台允许开发人员使用各种编程语言来创建和运行程序，包括用于 Web 的程序。.NET 平台还包括丰富的编程代码库，以帮助构建 XML Web 应用程序。其他流行的 Web 开发平台包括 JavaServer Pages、Microsoft ASP 和 Adobe ColdFusion。

创建网页后，下一步是将内容放置或发布在网站服务器上。流行的发布选项包括使用 ISP、免费站点和网络托管。网络托管服务在其网站服务器上为没有资金、时间或技能来管理自己网站的个人及企业提供空间。根据服务的不同，网络主机每月可以收取 15 美元或更多的费用。一些 Web 托管站点包括域名注册、Web 创作软件以及网站的活动报告和监控。一些 ISP 还提供有限的 Web 空间，通常为 1～6MB，作为其月租费用的一部分。如果需要更多磁盘空间，则将收取额外费用。免费托管网站所提供的空间有限。作为回报，免费托管站点通常要求用户查看广告或同意其他条款和条件。

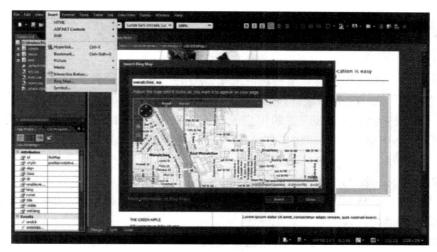

图 4 - 20　创建网页

微软产品截屏，经微软公司许可。
注：Microsoft Expression Web 使网站设计几乎与使用文字处理器一样容易。

　　一些网站开发人员正在创建程序和进程，以将两个或多个服务组合成一个新的服务，称为混搭（mashup）。混搭的名称原是指将两首或更多嘻哈歌曲混入一首歌曲的过程。诸如谷歌地图（Google Maps）之类的地图应用程序提供了工具包，可将它们与其他网络应用程序结合使用。例如，谷歌地图可与推特一起使用，以显示发布各种推文的位置；同样，结合了雅虎网络相册（Flickr）的谷歌地图可叠加特定地理位置的照片。

> 　　**网站**：由服务器和客户端软件、超文本传输协议（http）、标准和标记语言组成，它们组合在一起在互联网上提供信息和服务。
> 　　**超链接**：网站页面上突出显示的文本或图形，单击后可打开包含相关内容的新网站页面。
> 　　**网站浏览器**：网站客户端软件（例如 Internet Explorer、Firefox、Chrome 和 Safari）用于查看网站页面。
> 　　**超文本标记语言**（HTML）：网页的标准页面描述语言。
> 　　**HTML 标记**：告诉网站浏览器如何将文本格式化为标题、列表或正文文本的代码，以及是否应该插入图像、声音和其他元素。
> 　　**可扩展标记语言**（XML）：旨在 Web 上传输和存储数据的标记语言。
> 　　**层叠样式表**（Cascading Style Sheet，CSS）：一种标记语言，用于定义 Web 页面或一组页面的视觉设计。
> 　　**Java**：是太阳计算机系统（中国）有限公司（Sun Microsystems）开发的一种基于 C＋＋编程语言的面向对象的编程语言，该语言允许将 applet 网页小程序嵌入 HTML 文档中。

互联网和网络应用

　　可用的互联网和网络应用程序的类型非常广泛且正在不断扩展。世界各地的个人和组织都依赖互联网和网络应用程序。企业家可以使用互联网创办在线公司并蓬勃发展。Joshua Opperman 和 Nell Garcia 被《创业邦》（*Entrepreneur*）杂志评选为 2013 年度获奖企业家。Opperman 开发了一个在线市场，用于出售失恋者丢弃的结婚戒指。Garcia 通过互联网研讨会成功地将其蛋糕制作技巧推向了大众。[36] 美国视频生产制造公司 Altitude Digital 通过使用类似于 eBay 的竞标平台将在线内容发行商与广告商匹配起来，今年的目标收入是 2 000 万美元。[37]

报业不得不应对来自互联网媒体的竞争、新闻纸张价格的上涨、大量分类广告的流失以及发行量的迅速下降。为了应对这些挑战，美国 1 380 家日报以及加拿大和英国的许多报纸中有超过三分之一采用了数字支付计划。根据这一策略，经常访问报纸网站的用户最终被要求每月支付 10～20 美元的数字订阅费，否则会失去对该网站的访问权限；访问频率较低的用户每月被允许免费阅读数量有限的文章，以及通过搜索、链接和社交媒体参考找到的文章。[38]

互联网广告一直是许多组织的重要收入来源。但是，互联网公司必须谨慎对待广告的投放方式。例如，谷歌、职业社交网站领英（LinkedIn）和雅虎被指控拦截发送给其邮件服务用户的电子邮件，并利用这些通信为用户量身定制广告以增加收入。[39]

脸谱网等社交媒体网站在所有互联网广告中占了很大比例。事实上，约 93% 的营销人员使用社交媒体开展业务。[40] 毫无疑问，像脸谱网这样的社交媒体网站和更新的网络方法已经越来越流行。

■ Web 2.0 和社交网络

多年来，网站已经从用户只获取信息的单向资源演变为用户获取和贡献信息的双向资源。以 YouTube、维基百科（Wikipedia）和脸谱网等网站为例。网站在支持完整的软件应用程序（如谷歌文档）方面的能力在增强，并且本身也正在成为一个计算平台。网络的使用和感知方式的两个主要趋势已使人们、企业和组织使用网络的方式产生了巨大的变化，从而产生了向 Web 2.0 范式的转变。

社交网络

最初的网络 Web 1.0 为精通技术的开发人员、雇用他们发布信息供公众查看的企业和组织提供了一个平台。像 YouTube 和雅虎网络相册这样的网站允许用户与其他人、团体和世界共享视频和照片。像推特这样的微博客网站允许人们全天发布想法供朋友阅读。如图 4-21 所示。

图 4-21　雅虎网络相册（Flickr）

www.flickr.com
注：雅虎网络相册允许用户与世界各地的其他人分享照片。

社交网站为用户提供了基于网络的工具，用户可以通过这些工具与网络上的人共享关于自己的信息，并查找其他成员、与其他成员见面和交谈。这些特点可以在《社交网络》（*The Social Network*）中看到，这是一部关于脸谱网的起步和成长的热门电影。谷歌正在测试谷歌＋，一个可以与脸谱网等社交网站竞争的社交网站。领英是为专业人士设计的，帮助会员建立和维护有价值的专业联系。美国社交网站平台 Ning 为网络用户提供工具，让他们创建自己专门用于某个主题或兴趣的社交网络。

社交网络在寻找老朋友、与现在的朋友保持联系以及结交新朋友方面变得非常流行。除了他们的个人价值，这些网络还为企业提供了大量的消费者信息和机会。一些企业在工作场所加入了社交网络功能。

在商业中使用社交媒体被称为企业 2.0（Enterprise 2.0）。企业 2.0 应用程序，如美国客户关系管理（CRM）软件服务提供商 Salesforce 的 Chatter 应用软件、Jive Software 的 Engage 和企业内部通信平台 Yammer，使员工能够创建业务维基、支持社交网络、写博客，并创建社交书签来快速查找信息。泰科（Tyco）是一家专业的消防安全公司。该公司最近进行了一次重大重组，从一家控股集团公司转型为一家在 50 个国家拥有逾 6.9 万名员工的联合全球企业。泰科依靠企业内部通信平台 Yammer 而不是电子邮件来教育员工旧的泰科和新的泰科之间的区别，并提高全公司员工的敬业度。[41]

然而，并不是每个人都喜欢社交网站。雇主可能会利用社交网站获取你的个人信息。有些人担心，在未经其知情或同意的情况下，其隐私将受到侵犯或其个人信息将被使用。

丰富型互联网应用程序

丰富的互联网应用程序引入了功能强大的网络交付应用程序（如谷歌文档、照片编辑和拼贴画制作软件工具 Adobe Photoshop Express、Xcerion Web 操作系统和微软在线办公工具 Office Web Apps），已经将网站从一个在线库提升为一个计算平台。许多传统上通过安装在个人计算机上的软件提供的计算机活动现在可以在 Web 浏览器中使用丰富型互联网应用程序来执行，而不需要安装任何软件。**丰富型互联网应用程序**（rich internet application，RIA）是一种软件，它具有传统应用程序的功能和复杂性，但在网络浏览器中运行，不需要本地安装。如图 4-22 所示。丰富型互联网应用程序是不断改进为网站设计的编程语言和平台的结果。

图 4-22　丰富型互联网应用程序

Adobe 产品截屏，经 Adobe 公司许可。

注：Adobe Photoshop Creative Cloud（CC）是面向图形设计师和其他媒体专业人士的丰富型互联网应用程序。

大多数丰富型互联网应用程序通过强调协作的好处来利用在线的优势。微软和谷歌都支持在线文档共享和协作编辑。美国网络应用公司 37signals 提供在线项目管理、联系人管理、日历和群组聊天应用程序。微软的门户站点 SharePoint 为企业提供了协作的工作空间和社会计算工具，允许不同地点的人们一起从事项目工作。

网络信息来源

网络已经超越报纸和电视，成为最受欢迎的每日新闻来源。它已经成为人们获取新闻或面临挑战与问题时的首选。

新闻

网络是一种强大的工具，可让你随时了解本地、州、国家和全球新闻。它具有丰富的专题报道，并具备对主题进行深入分析的能力。HTML 标准支持文本和照片。视频（有时称为网络直播）和音频是通过插件技术和播客在浏览器中提供的。如图 4-23 所示。

图 4-23　在线新闻

© iStockphoto. com/Empato

注：在线新闻有文本、音频和视频格式，提供了深入报道的能力。

随着传统的新闻来源向网络转移，在线公司开始出现新的信息源。新闻网站谷歌、雅虎，美国掘客新闻公司（Digg）和美国社交新闻网站 Newsvine 从各种新闻来源提供流行的或有趣的故事。在一种被称为社会新闻或公民新闻的趋势中，普通公民比以往任何时候都更多地参与报道新闻。网络社区正在利用新闻技术并使用大量在线工具从每个人的角度报道新闻。尽管社会新闻提供了其他地方无法获得的重要新闻，但其来源可能不如主流媒体的来源可靠。有时很难从舆论中辨别出新闻来。

教育和培训

作为共享信息的工具和所有主题信息的主要信息存储库，网络非常适合教育和培训。交互网络技术的发展进一步支持了教师和学生之间以及学生之间的重要教育关系。如图 4-24 所示。

如今，各级学校都提供在线教育和培训。例如，可汗学院提供经济学、数学、货币银行学、生物学、化学、历史和许多其他学科的在线培训和学习。[42] 英国可再生能源公司 NPower 帮助非营利组织、学校和个人发展信息系统技能。该非营利组织通过为期 22 周的培训计划为数百名处于不利地位的年轻人提供培训，并寄予了希望，该计划可能会获得微软和思科等公司的认证。[43] 在线培训计划可以通过个人电脑、平板电脑和智能手机进行。高中生和大学生也开始使用这些设备来阅读电子课本，而不是携带沉重的纸质课本去上课。

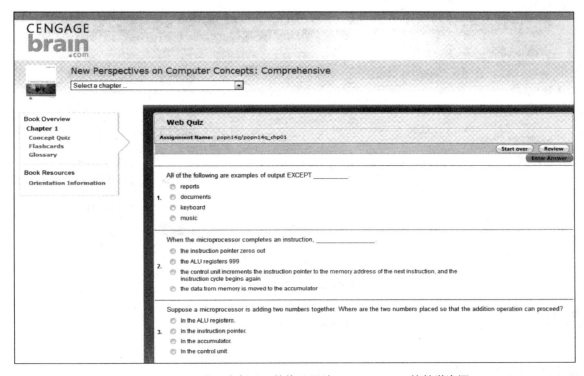

图 4 - 24   圣智学习出版公司的旗下网站 Cengage Brain 的教学资源

注：互联网支持从学前教育到终身学习的教育。

教育支持型产品，如美国 Blackboard 公司的数位教学平台，为班级成员提供了一个集成的网络环境，包括虚拟聊天；组建发布问题和评论的讨论组；获取课程大纲和议程、学生成绩和班级公告；以及与课堂相关材料的链接。在网上上课而不开实际的课堂会议被称为远程教育（distance education）。

除了传统的教育，全球最大的在线教育商 Skillsoft 等公司还通过网络提供专业的职业技能培训。求职者经常使用这些服务来获得专业的业务或技术培训。博物馆、图书馆、私人企业、政府机构和许多其他类型的组织和个人在网上以免费或收费方式提供教育材料。想想在线知识资源网站 eHow，这个网站宣称教你"完成任何事情！"美国第三方国际认证机构思递波公司（Certiport）提供技术认证的培训和测试，例如针对微软公司和奥多比系统公司（Adobe）的产品。

商业及职位资讯

通过公司的网站和在线社交媒体提供有关公司及其产品的新闻和信息，有助于扩大公司在公众中的知名度，并提高其声誉。在线提供常见产品问题的答案和客户支持可以帮助吸引更多客户。例如，天然食品公司 Kashi 利用其网站来推广健康生活，并开设了一个关于引领自然生活方式、食谱和 Kashi 员工个人故事的博客。该网站帮助建立了一个关于 Kashi 品牌的社区，并提高了人们对 Kashi 理念和产品的认识。[44]

网络也是与工作相关的信息的绝佳来源。寻找第一份工作或寻找有关新工作机会的信息的人们可以在网络上找到大量信息。搜索引擎，例如谷歌或微软必应（Bing）（将在下面讨论），可以作为搜索特定公司或行业的良好起点。例如，你可以在雅虎主页上使用目录来搜索行业和职业。大多数中型和大型公司的网站都列出了空缺职位、薪水、福利以及需要联系以获取更多信息的人员。IBM 网站 www.ibm.com 提供了世界各地 IBM 职位的有关信息。此外，包括 www.linkedin.com（如图 4 - 25 所示）、www.monster.com、www.hotjobs.com 和 www.careerbuilder.com 在内的一些站点专门帮助你查找工作信息甚至在线申请工作。

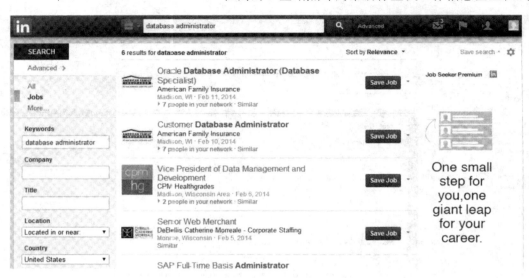

图 4 - 25　领英工作列表

Courtesy of LinkedIn
注：领英和其他几个网站专门帮助人们获得工作信息，甚至在线申请工作。

搜索引擎和网站研究

搜索引擎（search engine）是一种有价值的工具，使用户可以通过指定与感兴趣的主题相关的单词或短语（称为关键字）在网络上查找信息。还可以使用运算符，例如 OR 和 NOT 以获得更精确的搜索结果。表 4 - 6 提供了在谷歌帮助页面（www.google.com/help/cheatsheet.html）列出的在谷歌搜索中使用运算符的示例。

表 4 - 6　在 Google Web 搜索中使用运算符

输入关键字和运算符	搜索引擎解释
夏威夷度假	"度假"和'夏威夷"这两个词
毛伊岛 OR 夏威夷	"毛伊岛"或者"夏威夷"
"对每个人自己"	确切的短语"对每个人自己"
病毒计算机	是"病毒"这个词，不是"计算机"这个词
星球大战前传＋Ⅰ	电影名称"星球大战前传"，包括罗马数字Ⅰ
～汽车贷款	"汽车"一词及其同义词的贷款信息，例如"卡车"和"小汽车"
定义：计算机	网络上"计算机"一词的定义
红蓝	单词"红色"和"蓝色"由一个或多个单词分隔

搜索引擎市场由谷歌主导。其他流行的搜索引擎包括雅虎、微软必应、Ask、Dogpile 和百度。谷歌利用其市场主导地位扩展到其他基于网络的服务，尤其是电子邮件、日程安排、地图、社交网络、基于网络的应

用程序和移动设备软件。谷歌等搜索引擎经常需要修改显示搜索结果的方式，这取决于其他互联网公司的未决诉讼以及政府审查，例如反垄断调查。

为了帮助用户从网络上获得他们想要的信息，大多数搜索引擎使用一种称为蜘蛛（spider）的自动程序来自动搜索网络。这些蜘蛛程序跟踪所有网络链接，试图按主题对每个网页进行分类；每个网页都使用独特的算法进行分析和排序，结果信息存储在数据库中。在雅虎、必应或谷歌上进行关键字搜索，并不对网络搜索，而是搜索存储有关网页信息的数据库。不断地检查和刷新数据库，以便准确地反映网站的当前状态。

 信息系统——实践篇

通过点击流分析提高洞察力

当你访问网站时，点击流是你花费时间在网站上点击的页面序列。点击流分析是分析多个点击流以理解访问者的集体行为的过程。点击流分析的目标通常是为用户优化网站。

例如，点击流分析可能会发现许多用户希望看到公司销售办公室的列表。与其让他们点击"关于我们公司"，然后点击"国际地区"，接着点击他们当地的地区，最后再点击地点列表，公司不如在主页上放一个"销售办公室"的链接。这将把用户直接带到具有区域列表的页面。单击某个区域，它将展开，在同一页面上显示其销售办公室的列表。除了提高访问者对站点的满意度之外，这种对站点设计的更改还减少了站点所有者的网站服务器上的页面服务负载，进而提高了性能，并可能推迟进行昂贵升级的需求。

点击流分析对于依赖网络生存的组织来说至关重要。Greg Linden 解释说："谷歌搜索和微软必应向使用网络搜索的人学习。当人们找到他们想要的东西时，谷歌会注意到。当其他人稍后进行相同的搜索时，谷歌从早期的搜索者那里学习，使新搜索者更容易到达他们想去的地方。"

从点击流中学习可能对在线教育有用。Linden 在讨论代数时指出，"当数百万学生尝试不同的练习时，我们（即我们的计算机）忘记了那些导致不断持续奋斗的途径，记住了那些导致快速掌握的途径，当新学生进来时，我们让他们走上我们以前见过的成功之路。"因此，学生学代数更快、更容易。改进的经验可能会影响他们学习数学的整体态度。

点击流分析的好处不仅限于在线公司。辉瑞美国商业运营副总裁 David Kreutter 在接受麻省理工学院《斯隆管理评论》（*Sloan Management Review*）的采访时，描述了其对辉瑞公司的价值："当医师访问我们的网站时，我们知道他们点击了什么，我们也知道他们想通过点击得到什么。我们有更多的数据来尝试识别模式，可以用预测的方式来进行识别。这正是我们现在努力关注的问题：我们能否在开处方之前及早发现并识别，从而使我们能够更快地适应客户的需求和竞争环境？"

点击流分析可以帮助辉瑞监测其代表拜访医生时发生的情况。Kreutter 继续说："如果我们的策略是按照特定顺序传递特定信息，那么我们可以查看该信息是否以这种方式传递。例如，如果我们知道南佛罗里达的一部分医生有很多老年患者，他们通常会首先想要了解药物之间的相互作用（因为他们的患者正在服用许多药物）。我们可以追踪我们是否按照该策略的规定执行了行为，并且可以跟踪该策略是否产生了我们预期的影响。它可以帮助我们弄清楚，如果没有产生我们希望的影响，我们的策略是否正确，执行是否存在缺陷，或者该策略是否需要从根本上重新考虑。"

问题讨论

1. 考虑格 Greg Linden 的搜索引擎示例，该示例通过观察用户选择点击哪些搜索结果来进行学习。拥有此信息对搜索引擎公司（例如，Linden 示例中的谷歌或微软）有什么好处？

2. 其他公司如何从点击流分析中获益？

批判性思考

1. 有些人担心点击流分析构成了对隐私的侵犯。你同意吗？为什么？

2. 点击流分析如何使用户受益？点击流分析对个人来说是利大于弊吗？

资料来源：Kiron，D. and Shockley，R.，"How Pfizer Uses Tablet PCs and Click-Stream Data to Track Its Strategy," Sloan Management Review, *sloanreview mit. edu/the-magazine/2011-fall/53118/how-pfizer-uses-tablet-pcs-and-click-stream-data-to-track-its-strategy*，August 25 2011；Linden，G.，"Massive-Scale Data Mining for Education," Communications of the ACM，vol. 54，no. 11，November 2011，p. 13；Pfizer Web site，*www. pfizer.com*，accessed June 8，2012.

必应搜索引擎已尝试对其设计进行创新。必应搜索引擎将自己称为决策引擎，因为它试图将搜索结果中无用或相关的信息量最小化。必应搜索引擎中的搜索结果还包括音乐、视频和游戏等媒体。如图 4-26 所示。

图 4-26　微软必应决策引擎

微软产品截屏，经微软公司许可。
注：微软称其搜索引擎是一个决策引擎，以区别于其他搜索软件。

精明的企业主知道从搜索引擎获得的结果是将访问者吸引到特定网站的工具。许多企业投资于搜索引擎优化（SEO），这是一种通过使用可提高网站在搜索结果中排名的技术来吸引网站流量的过程。通常，当用户从网络搜索中获得结果列表时，在搜索结果的首页中列出位置最靠前的链接被点击的概率要大得多。因此，SEO 专业人员尝试使用尽可能多的适当关键词来列出其业务的网站。他们研究搜索引擎使用的算法，然后改变网页内容，以提高网页排名第一的机会。SEO 专业人员使用网站分析软件（Web analytics software）来研究有关其网站访问者的详细统计数据。

除了搜索引擎之外，还可以使用其他网站来研究信息。维基百科是一个在线百科全书，其中有数百万个用户创建和编辑了超过 300 万个英语条目，是可用于研究信息网站的另一个示例。如图 4-27 所示。

在夏威夷语中，wiki 的意思是"快速"，所以"维基百科"提供了快速获取信息的途径。该网站既是开源的，又是开放的，这意味着人们可以随时添加或编辑百科全书中的条目。超过 77 000 名活跃的参与者正在用 285 种语言撰写超过 3 000 万篇文章。除了自我调节之外，维基百科的文章还受到大约 1 400 名管理员的审查。[46] 然而，即使有这么多的管理员，某些条目也可能不准确且带有偏见。

用于内容开发的维基方法被称为众包，它使用许多个体的共同努力来完成某些任务。另一个众包的示例是世界地图 OpenStreetMap. org 项目。OpenStreetMap 使用维基和群众的力量来绘制详细的世界地图。

除了在线目录外，图书馆通常还提供指向公共或私人研究数据库的链接。在线研究数据库使访问者可以搜索数千种期刊、杂志和报纸文章中的信息。信息数据库服务之所以有价值，是因为它们提供了最佳的质量和便利性。它们可以方便地通过网络提供知名来源的全文文章。高校图书馆和公共图书馆通常会订阅许多数据库来支持研究。律商联讯（LexisNexis）学术大全数据库是最受欢迎的私人数据库之一。如图 4-28 所示。

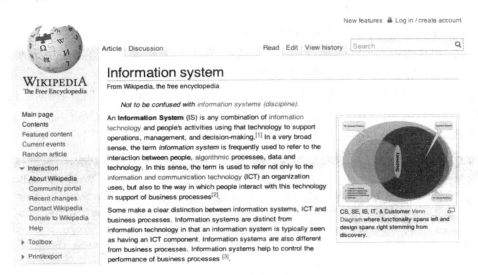

图 4-27　维基百科

en. wikipedia. org
注：维基百科捕获了成千上万专家的知识。

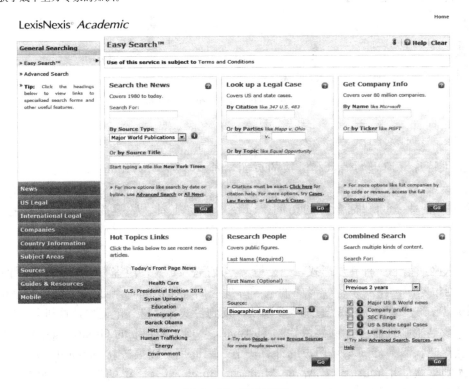

图 4-28　律商联讯

www. lexisnexis. com
注：在律商联讯学术大全数据库中，可以搜索新闻、法律案件、公司信息、人员或类别的组合。

门户网站

　　门户网站（Web portal）是结合有用资讯和链接并充当 Web 入口的 Web 网页。门户通常包括搜索引擎、主题目录、每日标题和其他引人关注的项目。许多人选择 Web 门户作为其浏览器的主页（开始浏览 Web 时打开的第一个页面），因此这两个术语可以互换使用。

　　许多网页被设计成门户网站。雅虎美国在线和 MSN 都是横向门户网站的实例。"横向"指的是这些门户涵盖了广泛的主题。MyYahoo! 允许用户自定义设计网页，从数百种小应用程序中进行选择，这些小应用程序提供信息和服务。如图 4-29 所示。雅虎还与脸谱网集成，这样脸谱网用户可以从门户访问他们的朋友和新闻。

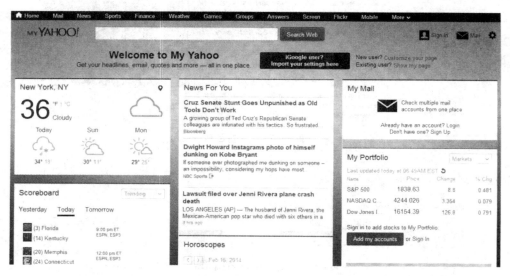

图 4-29　MyYahoo! 个性化门户

myyahoo.com
注：MyYahoo! 个性化门户可以包含自定义设计和小部件。

　　垂直门户是提供特殊兴趣组的信息和链接的页面。例如，www.iVillage.com 上的门户网站专注于女性感兴趣的项目，而 www.AskMen.com 则是男性的垂直门户。许多企业为员工建立了企业门户，以提供对与工作相关的资源（如企业新闻和信息）的访问，以及对业务工具、数据库和通信工具的访问，用以支持协作。

电子邮件

　　电子邮件是互联网通信的一种有用形式，它支持文本通信、HTML 内容和以电子邮件附件的形式共享的文档。电子邮件可以通过基于网站的系统或专用的电子邮件应用程序访问，例如微软 Outlook 和雷鸟邮件客户端（Mozilla Thunderbird）。电子邮件还可以通过企业系统分发到台式计算机、笔记本计算机和智能手机上。

　　许多人使用在线电子邮件服务，例如微软的 Hotmail、MSN 和谷歌的 Gmail。如图 4-30 所示。在线电子邮件服务将消息存储在服务器而不是用户的计算机上，因此用户需要连接到互联网才能查看、发送和管理电子邮件。其他人则喜欢使用 Outlook、Apple Mail 或 Thunderbird 之类的软件，这些软件可以从服务器检索电子邮件并将其发送到用户的个人计算机上。

　　使用黑莓（BlackBerry）等智能手机收发电子邮件的企业用户可以利用一种名为"推送电子邮件"（push email）的技术。如图 4-31 所示。推送式电子邮件使用公司服务器软件，当电子邮件到达公司的电子邮件服务器时，就会将其传输给手机。对于黑莓手机用户来说，电子邮件似乎是直接发送到手机上的。推送电子邮件允许用户查看连接到公司服务器的任何移动或桌面设备上的电子邮件。这种安排允许用户灵活地选择何时、何地以及如何访问和管理电子邮件。

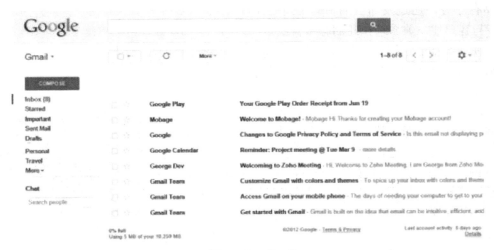

图 4 - 30 Gmail

Courtesy of Google
注：Gmail 是几种免费的在线电子邮件服务之一。

图 4 - 31 黑莓电子邮件

© iStockphoto. com/erictham
注：黑莓用户可以立即访问发送到其企业账户的电子邮件。

即时通信

即时通信（instant messaging）是允许两个或两个以上的人通过互联网进行的实时在线交流。如图 4 - 32 所示。通过即时通信，参与者可以创建好友列表或联系人列表，以便查看哪些联系人当前已登录互联网并可以聊天。如果你向你的网络好友发送信息，你的好友的电脑上会打开一个小对话框，允许你们两人通过键盘聊天。当然聊天通常包括与另一个人交换文本消息，还包括更高级的聊天形式。今天的即时通信软件不仅支持文本消息，而且支持图像、声音、文件和语音通信的共享。流行的即时通信服务包括美国在线即时通信（AIM）、微软 MSN Messenger、谷歌 Talk 和雅虎。

微博、状态更新和新闻订阅

推特是一个 Web 应用程序，它允许用户报告他们一天中正在做的事情。推特被称为微博客服务，它允许用户从手机或网络账户向推特关注者发送短文本更新（最多 140 个字符）。推特不但在个人使用方面取得了巨大成功，而且企业也发现了这项服务的价值。商务人士使用推特与同事保持密切联系，分享他们一天中的位置和活动。企业还发现推特是丰富的消费者情绪来源，可以用来改善营销、客户关系和产品开发。许多企业在推特上都有业务，通过发布公告和联系个人用户，专门安排人员来与客户沟通。独立书店 Village Books 利用推特与客户建立关系，让他们感觉自己是社区的一部分。

推特的流行使得诸如脸谱网、领英和聚友网（MySpace）之类的社交网络也加入了类似推特的新闻源，被称为状态更新。脸谱网用户通过在脸谱网的信息流（News Feed）上发布消息来与朋友分享他们的想法和活动。

会议

一些互联网技术支持实时在线会议。参与者拨打公共电话号码以分享多方电话对话。互联网使参加电话会议的人员可以共享计算机桌面。会议参与者使用思科网迅（WebEx）或会翼通（GoToMeeting）等服务，登录通用软件，通过该软件，他们可以向整个团队播送自己的电脑显示器。这种能力对于文稿演示 PowerPoint、演示软件、培训或文档协作非常有用。参加者通过电话或 PC 麦克风进行口头交流。一些会议软件使用网络摄像头来播放演示者和小组参与者的视频。艾迪生消防区为伊利诺伊州艾迪生的 35 000 名居民提供专业的消防和护理服务。该地区使用会翼通使其员工能够参加培训，并支持首席对首席会议，而无须人员离开指定的办公地点。[47]

远程呈现将视频会议提升到了极致。思科（Cisco）和宝利通（Polycom）等公司的网真系统使用高分辨率视频和音频，并配有高清显示屏，让人感觉与会者就像是围坐在桌边一样。如图 4-33 所示。可以看到人们眨眼睛和呼吸。参与者进入一个网真演播室，坐在一张面对显示屏的桌子前，屏幕上显示着其他位置的参与者。摄像机和麦克风在所有地点收集高质量的视频和音频，并通过高速网络连接进行传输，以提供一个复制实际存在的环境。文档照相机和计算机软件用于与所有参与者共享计算机屏幕和文档的视图。

图 4-32 即时通信

© iStockphoto. com/franckreporter
注：即时通信让你与另一个互联网用户交谈，即时交换信息。

图 4-33 Halo 协作会议室

Courtesy of Polycom
注：Halo 远程呈现系统可以让不同地点的人们聚集在一起，就像他们围坐在桌边一样。

无须以大企业的身份享用视频对话的优势。可以使用免费软件，使具有计算机、网络摄像头和高速互联网连接的任何人都可以轻松使用视频聊天。诸如谷歌语音之类的在线应用程序支持 Web 用户之间的视频连接。如果你想和陌生人进行自发的随机视频聊天，可以使用 www. chatroulette. com 和 Internet Conga Line。像苹果 iChat 和 Skype 这样的软件可提供电脑对电脑的视频聊天，以便用户可以面对面地交谈。除了在计算机上提供文本、音频和视频聊天之外，Skype 还通过连接互联网的电视提供视频电话服务。松下和三星最近通过互联网连接的电视机预装了 Skype 软件。只要在电视上安装了网络摄像头，就可以在沙发上进行视频聊天。

博客和播客

网络日志（Web log），通常称为**博客**（blog），是一个人们可以创建并使用的网站，用来记录他们对各种主题的观察、经验和观点。博客和博主的社区通常被称为博客圈。博客（blogger）是创建博客的人，而写博客（blogging）指的是在博客站点上放置条目的过程。博客就像日记。当人们将信息发布到博客时，信息被放置在博客页面的顶部。博客可以包括外部信息的链接和访问者提交评论的区域。视频内容也可以像博客一样放在互联网上。这通常被称为视频日志或视频博客。

播客是通过互联网进行的音频广播。播客（podcast）的名字源于苹果公司的 iPod 与 broadcast 的结合。播客就像一个音频博客。使用个人电脑、录音软件和麦克风，你可以录制播客节目并把它们放到互联网上。苹果公司的 iTunes 提供了对数万个播客的免费访问，这些播客按主题排序，按关键词搜索。如图 4 - 34 所示。找到播客后，你可以将其下载到个人计算机（Windows 或 Mac）、MP3 播放器（如 iPod）或者任何智能手机或平板电脑上。也可以使用 iTunes 中的 RSS 软件和其他数字音频软件订阅播客。

网络媒体与娱乐

像新闻和信息一样，所有形式的媒体和娱乐都在网上关注着它们的受众。音乐、电影、电视节目集、用户生成的视频、电子书和有声书都可以在线下载、购买或播放。

内容流媒体（content streaming）是一种通过互联网传输大型媒体文件的方法，在下载文件的同时，声音和图片的数据流能够或多或少地持续播放。例如，用户不必等待整个 5MB 的视频剪辑下载后才播放，而是可以在观看流视频时开始播放。当文件的传输可以跟上文件的播放速度时，内容流媒体传输效果最佳。

音乐

互联网和网站使对音乐的访问比以往任何时候都更容易获得，艺术家们通过在线广播、订阅服务和下载服务来传播他们的歌曲。流媒体音乐服务平台 Spotify、Pandora、Napster 和 Grooveshark 只是免费互联网音乐网站的几个示例。其他互联网音乐网站会收取音乐费用。Rhapsody 有大约 800 000 付费听众，Slacker Radio 有大约 300 000 付费听众。如图 4 - 35 所示。互联网音乐甚至有助于莫扎特、贝多芬等人的古典音乐销售。包括脸谱网在内的互联网公司开始在其网站上提供音乐、电影和其他数字内容。例如，脸谱网允许 Spotify 和 Rdio 等在线音乐公司在其网站上发布音乐活动。

苹果的 iTunes 是最早获得成功的在线音乐服务之一。微软、亚马逊、沃尔玛和其他零售商也在网上销售音乐。音乐下载的现行价格是每首歌 0.89~0.99 美元。下载的音乐可能包括数字版权管理（DRM）技术，该技术可以防止或限制用户复制或在多台播放器上播放音乐。播客是在网络上获取音乐的另一种方式。许多独立艺术家通过播客提供他们的音乐样本。Podcast Alley 包括来自未署名艺术家的播客。

1.

   NPR: Science Friday Podcast
   by Ira Flatow

   Science Friday, as heard on NPR, is a weekly discussion of the latest news in science, technology, health, and the environment hosted by Ira Flatow.

   ▶ PLAY

2.

   TEDTalks Podcast
   by Anthony Robbins

   Each year, TED hosts some of the world's most fascinating people: Trusted voices and convention-breaking mavericks, icons and geniuses.

   ▶ PLAY

3.

   Entrepreneurial Thought Leaders Podcast
   by Forrest Glick

   The DFJ Entrepreneurial Thought Leaders Seminar (ETL) is a weekly seminar series on entrepreneurship, co-sponsored by BASES (a student entrepreneurship group), Stanford Technology Ventures Program, and the Department of Management Science and Engineering.

   ▶ PLAY

4. **Mixergy Video Podcast**
   by Andrew Warner

   Interviews with a mix of successful online businesspeople. Andrew Warner asks them to teach ambitious startups how to build companies that leave a legacy...

   ▶ PLAY

5. **Ruby on Rails Podcast**
   by Scott Barron

   The Rails podcast is a super-agile way for you to get the inside scoop on the Rails community.

图 4 - 34　播客

www. learnoutloud. com
注：苹果 iTunes 媒体播放器和其他网站提供对成千上万播客的免费访问。

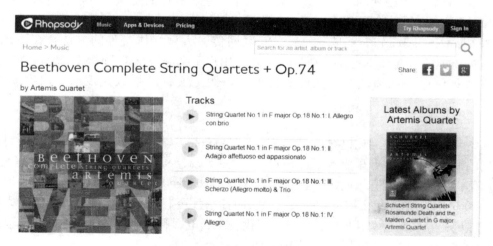

图 4 - 35　Rhapsody

rhapsody. com
注：Rhapsody 通过订阅提供流媒体音乐。

电影、录像和电视

电视和电影正在飞速地向网络发展。Hulu 等网站以及网飞和 Joost 等基于互联网的电视平台提供来自数百家提供商的电视节目，其中包括大多数主流电视网络。如图 4 - 36 所示。沃尔玛收购 Vudu，使这家大型折扣零售商得以成功进军互联网电影业务。电视网络越来越多地使用 iPad 和其他移动应用程序，将电视内容传输到平板电脑和其他移动设备上。其他电视网络也开始向在互联网上观看剧集的观众收费。Roku LT 流媒体盒可以无线连接到你的电视，并通过在线资源（如 Amazon Instant、Crackle、Disney、Hulu、Netflix、Pandora 和 Xfinity TV）播放电视节目和电影。

图 4 - 36　在线影片租赁提供商网飞

注：网飞提供成千上万的在线电影和电视节目。

如果不提到 YouTube，任何关于互联网视频的讨论都是不完整的。YouTube 支持在线分享用户创建的视频。YouTube 上的视频相对较短，涵盖了从无厘头到大学课程的各种类别。如图 4 - 37 所示。据估计，每

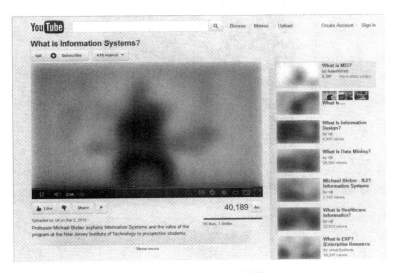

图 4 - 37　YouTube EDU

youtube. com/edu
注：YouTube EDU（教育）提供了来自数百所大学的数千个视频。

分钟有 100 小时的视频被上传到 YouTube 上，YouTube 每个月有超过 60 亿小时的视频被观看。YouTube 吸引的 18～34 岁年龄段的美国成年人比任何有线电视网络都多。[48] 其他视频流媒体网站包括谷歌 Video、雅虎视频、Metacafe 和 AOL 视频。随着越来越多的公司创建并将视频发布到 YouTube 等网站上，一些信息系统部门正在创建一个新的职位——视频内容管理员。

电子书和有声书

电子书是一种以数字形式存储的书，而不是纸质书，通过电子书阅读器软件在显示屏上阅读。电子书的存在已经有很长时间了，几乎和计算机时间一样长。但是，直到 2007 年亚马逊推出电子书阅读设备 Kindle，它们才被更广泛地接受。Kindle 的几个特点吸引了普通大众。第一，它的特色是电子纸（ePaper），一种不像传统显示器那样包含背光的显示器。有些人认为电子纸比背光显示器对眼睛的伤害小。第二，Kindle 轻巧，体积和重量与平装书差不多，但比大多数书都要薄。最后，亚马逊创建了一个庞大的电子书图书馆，用户通过耳语网可以购买并下载到 Kindle 上，耳语网是美国第三大移动运营商 Sprint 免费提供的无线网络。如今，许多电子产品制造商都在提供电子书阅读器。

苹果 iPad 改变了电子书行业，它提供了一种与 Kindle 类似但外形比 Kindle 更大的电子设备。iPad 还包括一个彩色背光显示屏。作为电子书阅读器，iPad 的功能与 Kindle 非常相似；iPad 还提供了电子书以外的数千种应用程序。除了使用 Kindle、iPad 和其他平板设备外，你还可以在网上阅读电子书、下载 PDF 格式的文件，或者在智能手机上阅读。虽然电子书很方便，但一些人指责电子书出版商和发行商合谋提高电子书的价格。

电子书有几十种格式。有些是专有的，比如 Kindle 的 .azw 格式，它只能在 Kindle 上阅读。其他格式是开放的，比如 Open e-book 的 .opf 格式和 .epub 格式，这两种格式都可以在许多不同的设备和软件包上读取，包括三星平板电脑和 iPad。如图 4-38 所示。

图 4-38　iPad 发布

注：iPad 为杂志和书籍提供了一个互动平台。

由于 iPod、iPhone 和其他移动设备的普及，以及诸如 Audible 之类的服务的普及，有声书变得越来越受欢迎。有声书要么由讲述者朗读，没有太多曲折或变化的声音；要么可以由演员朗读，他们为阅读增加了戏剧性的解释。有声书可以被删节（合并和编辑成有声格式），也可以不被删节（从书中逐字逐句阅读）。有声书服务允许你单独购买图书，或者注册成为会员，每月收到一本新书。

网络游戏及娱乐

视频游戏已经成为一个巨大的产业，预计全球年收入将超过 1 000 亿美元。[49]Zynga 是一家快速发展的互联网公司，主要销售虚拟动物和其他虚拟物品供游戏使用，例如 FarmVille。例如，该公司以约 5 美元的价格出售色彩鲜艳的小丑马。Zynga 为那些在出售虚拟物品上花费巨大的用户提供了一个 VIP 俱乐部。一些互联网公司还出售虚拟动物的食物。人们可以喂养和繁殖虚拟动物，并出售它们的后代。由于所有的钱都是通过虚拟动物和宠物食品赚来的，所以全部都可以提起诉讼。互联网游戏市场竞争激烈且不断变化。在谷歌将在线游戏纳入其网站后，脸谱网更新了其在线游戏产品。很多电子游戏都可以在网上买到，其中包括单用户、多用户和大规模多用户游戏。网络为各个年龄段的人提供了各种各样的游戏。

Wii、Xbox 和 PlayStation 等游戏机为在线游戏提供了多人游戏选项。订阅者可以与其他订阅者在 3D 虚拟环境中进行游戏。他们甚至可以使用麦克风耳机互相交谈。微软的 Xbox LIVE 提供的功能允许用户在线跟踪好友，并与具有相同技能水平的其他玩家进行匹配。

在线购物

网上购物方便、轻松且具有成本效益。你通过网络几乎可以买到任何东西，从书籍和衣服到汽车和运动器材。例如，Groupon 为你所在地区或城市中的餐厅、水疗中心、汽车维修店、音乐表演以及几乎所有其他产品或服务提供折扣。如图 4 - 39 所示。2013 年，Groupon 的营收预计将超过 20 亿美元。[50]

图 4 - 39　Groupon

注：Groupon 为你所在地区或城市中的餐厅、水疗中心、汽车维修店、音乐表演和几乎所有其他产品或服务提供折扣。

各种在线公司提供大量不同的服务。Dell. com 和许多其他的计算机零售商提供了工具，允许购物者指定购买计算机系统的各种配件。ResumePlanet. com 为用户制作专业简历。Peapod 或 Amazon Grocery 提供送货上门服务。在线组织提供了大量的线上产品和服务。

网络用户有很多网上购物的选择。电子零售商店（零售商店的在线版本）提供许多本地商店无法提供的产品。杰西潘尼（JCPenney）、塔吉特（Target）、沃尔玛和许多其他公司的零售商店只存有一定比例的库存；其他的库存可以在线获取。为了增加其他便利，许多网站还提供免费送货和取货服务，退换不适合或不符合顾客需求的物品。

就像当地的购物中心一样，网络商家也可以使用一系列商店来满足你的各种需求。网络商城通常与雅虎、美国在线和 MSN 等流行的门户网站结盟。

诸如 www. mySimon. com，www、DealTime. com、www. PriceSCAN. com、www. PriceGrabber. com 和 www. NexTag. com 之类的众多电子零售商网站上提供了产品价格报价，以帮助你查找到最划算的价格。名为 Compare Everywhere 的安卓智能手机和平板电脑应用程序可让用户比较许多零售商提供的商品价格。即使你所在地的实体商店提供了最便宜的价格，在线购物也能保证提供最优惠的交易。

在线票据交换所、网络拍卖和网上市场为企业和个人提供了出售产品和物品的平台。在线票据交换所，例如 www. uBid. com，为制造商清算库存和为消费者寻找好的交易提供了一种方法。过期或积压的物品放在虚拟拍卖页面上，用户对这些物品进行出价。拍卖结束时出价最高的人得到商品，成交价通常不到广告零售价的 50%。进行网络拍卖投标时会收集信用卡号。要牢记的一个规则是，除非你准备以该价格购买，否则不要对某项目出价。

最受欢迎的在线拍卖或交易市场是 www. eBay. com。如图 4－40 所示。eBay 为全球贸易提供了一个公共平台，任何人都可以购买、出售或交易几乎任何东西。它提供了广泛的功能和服务，使会员能够快速便捷地在网站上进行买卖。购买者可以选择以固定价格或拍卖形式购买商品，出价最高者可以赢得产品。

诸如 eBay 这样的拍卖行对买卖双方可能遇到的问题承担有限责任，因为买家或卖家在交易中可能会遇到问题。使用 eBay 的 Pay Pal 服务的交易受到保护。然而，其他的交易可能是有风险的。参与者应明白，拍卖诈骗是互联网上最普遍的诈骗类型。

图 4－40　eBay

www. ebay. com
注：eBay 提供了一个在线市场，任何人都可以在那里购买、出售或交易几乎任何东西。

美国大型免费分类广告网站 Craigslist 是一个在线社区网站。这是一个很受欢迎的从当地个体购买物品的在线网站。许多购物者选择 Craigslist 而不是当地报纸上的分类广告。

企业也受益于在线购物。全球供应管理（GSM）在线服务为企业提供了在全球市场上寻找制造产品所需原材料和供应的最佳交易的方法。电子交易（electronic exchange）提供了特定于行业的网络资源，该资源为制造商、供应商和客户之间的 B2B 电子商务提供便利的集中式平台。你可以在第 5 章中阅读有关此主题的更多信息。

■ 旅行、地理定位和导航

网络对旅游业以及人们对旅行的计划与准备方式带来了深远影响。为了节省时间和金钱，避免在未知的地方旅行会产生的风险，旅行者开始求助于网络。

旅游网站，如 www. travelocity. com、www. expedia. com、www. kayak. com 和 www. priceline. com，可帮助旅行者找到机票、酒店、汽车租赁、度假套餐和游轮的最佳优惠。基于 C2B 商业模式的旅游服务网站 Priceline 提供的方法与其他网站略有不同。它可以根据购物者提出的意愿机票价格，找到可以满足该价格的航空公司。预订机票后，旅行者可以使用这些网站来预订酒店和租车，价格通常是打折的。

地图和地理位置工具是最受欢迎和最成功的网络应用程序之一。例如，MapQuest、谷歌地图和必应地图。如图 4-41 所示。通过为世界各地的城市提供免费的街道地图，这些工具可帮助旅行者找到路。提供你的出发地点和目的地后，这些在线应用程序会生成一张显示最快路线的地图。现在，借助 GPS 技术，这些工具可以检测你的当前位置并提供你所在位置的方向。

谷歌地图还提供广泛的特定于位置的商业信息、卫星图像、最新的交通报告和街景视图。后者是谷歌的员工驾驶配备高科技摄像设备的车辆在世界各个城市的街道上拍摄 360 度图像的结果。这些图像被集成到谷歌地图中，以使用户可以对某个区域进行"街景"浏览，这个区域可以被操作，就好像他们真的在街上走着四处看一样。必应地图（Bing Maps）则更进一步，其提供了高分辨率的航拍照片和街景 3D 照片。

地理信息系统（GIS）提供地图上的地理信息。例如，谷歌地球（Google Earth）提供了查看交通、天气、本地照片和视频、水下特征（如沉船和海洋生物）、当地景点、企业和名胜古迹的选项。谷歌定位（Google+ Location）和优惠券服务 Loopt 等软件可让你在地图上找到你的朋友（在征得朋友许可的情况下），如果有朋友在附近，它们会自动通知你。

地理标记是一种允许使用相关位置标记信息的技术。例如，雅虎网络相册以及一些照片软件和服务允许使用拍摄地点为照片作标签。一旦加上标签，就很容易搜索到在佛罗里达拍摄的照片。地理标签也使得在地图上叠加照片变得很容易，就像谷歌地图和必应地图所做的那样。推特、脸谱网和其他社交网络让用户可以在照片、评论、推文和帖子中添加地理标签。

图 4-41　谷歌地图

Courtesy of Google
注：地图软件，如谷歌地图，提供了时代广场的街景。

地理位置信息确实对隐私和安全构成威胁。许多人宁愿自己的位置不为人知，至少对陌生人如此，对熟人甚至朋友也是如此。近期，犯罪分子利用位置信息来确定人们什么时候离开他们的住所，这样他们就可以入室行窃而不用担心被惊扰。

■ 互联网实用程序

正如网络是在互联网上运行以提供用于传递信息和服务的框架的应用程序一样，其他应用程序也被设计为在互联网上运行以实现其他目的。这些应用程序中的许多都用作访问和维护互联网上的资源。Telnet、SSH 和 FTP 是一些早于网络和 http 且仍然有用的实用程序。

Telnet 是一种网络协议，允许用户通过互联网远程登录网络。Telnet 软件使用命令行界面，该界面允许用户直接在远程服务器上工作。由于 Telnet 没有加密保护，大多数用户都切换到安全外壳协议（Secure Shell，SSH），后者通过更安全的连接提供 Telnet 功能。

文件传输协议（File Transfer Protocol，FTP）是支持主机和远程计算机之间文件传输的协议。如图 4 - 42 所示。使用 FTP，用户可以将文件从一台计算机复制到另一台计算机。例如，本书的作者和编辑使用圣智学习出版公司提供的 FTP 站点，在出版过程中共享和传输重要的文件。例如，章节文件和插图被上传到圣智学习出版公司的 FTP 网站上，并由作者和编辑下载下来进行审阅。与 Telnet 一样，FTP 连接没有加密，因此不安全。许多用户正在切换到 SSH 文件传输协议（SSH File Transfer Protocol，SFTP），以获得更多受保护的文件传输。

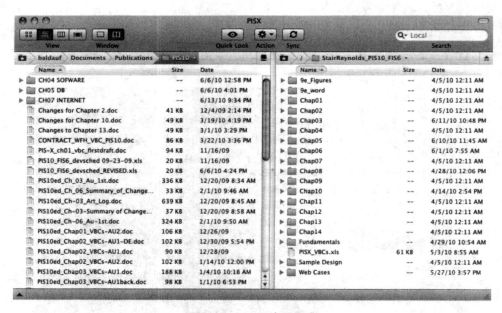

图 4 - 42　FTP 应用程序

Courtesy of PISX
注：FTP 应用程序允许你通过单击文件并将其从一个窗口拖动到另一个窗口以在计算机之间传输文件。

Web 2.0：网站作为一个计算平台，支持软件应用程序和用户之间的信息共享。

丰富型互联网应用程序（RIA）：具有传统应用程序的功能和复杂性，但不需要本地安装并在 Web 浏览器中运行的软件。

搜索引擎：一种有价值的工具，使用户可以通过指定与感兴趣的主题相关的单词或短语（称为关键字）在网络上查找信息。

门户网站：一种结合有用资讯和链接并充当 Web 入口的 Web 页面；门户通常包括搜索引擎、主题目录、每日标题和其他引人关注的项目。许多人选择 Web 门户作为其浏览器的主页（开始浏览 Web 时打开的第一个页面）。

即时通信：一种允许两个或两个以上的人通过互联网进行实时在线交流的方法。

网络日志（博客）：人们可以创建并使用的网站，用来记录他们对各种主题的观察、经验和观点。

内容流媒体：通过互联网传输大型媒体文件的方法，在下载文件的同时，声音和图片的数据流能够或多或少地持续播放。

文件传输协议（FTP）：一种协议，提供主机和远程计算机之间的文件传输过程，允许用户将文件从一台计算机复制到另一台计算机。

内联网和外联网

内联网是使用互联网和万维网标准及设备构建的内部公司网络。企业组织的雇员使用它来获取公司信息。在公司涉足使用公共网站推广产品和服务之后，企业开始抢占网络资源，将其作为一种快速简化组织结构甚至是转变其组织的方式。这些组织内部的专用网络使用互联网和万维网的基础设施和标准。使用内联网具有一个相当大的优势：许多人已经熟悉互联网技术，因此他们不需要培训就可以有效地使用公司内联网。

与其他形式的内部通信（包括传统的计算机设置）相比，内联网是一种廉价却功能强大的替代方案。内联网最明显的优点之一就是能够减少纸张需求。因为网络浏览器可以在任何类型的计算机上运行，所以任何员工都可以查看相同的电子信息。这意味着可以将各种文档（如内部电话簿、程序手册、培训手册和申请表）廉价地转换成网站上的电子表格并不断进行更新。内联网为员工提供了一种简单直观的方法来访问以前难以获得的信息。例如，它是向需要访问快速变化的信息的移动销售团队提供信息的理想解决方案。

越来越多的公司向选定的客户和供应商提供有限的网络访问权限。这种网络被称为外联网，它将公司外部的人联系起来。**外联网**（extranet）是将公司内联网中选定的资源与其客户、供应商或其他业务伙伴联系起来的网络。同样，外联网是围绕网络技术构建的。

外联网的安全性和性能问题与基于网站或基于网络的内联网有所不同。用户身份验证和隐私在外联网中是至关重要的，因此信息是受保护的。当然，网络必须表现良好，才能为客户和供应商提供快速响应。表 4-7 总结了互联网、内联网和外联网用户之间的差异。

表 4-7 互联网、内联网和外联网用户概况

类型	用户	是否需要用户名和密码
互联网	任何人	不需要
内联网	组织内部员工	需要
外联网	业务合作伙伴	需要

安全的内联网和外联网访问应用程序通常需要使用虚拟专用网（virtual private network，VPN），即互联网上两点之间的安全连接。VPN通过将流量封装在IP数据包中并通过互联网发送数据包来传输信息，这种做法称为**网络隧道**（tunneling）。大多数虚拟专用网是由互联网服务提供商建立和运行的。使用虚拟专用网的公司实际上是将它们的网络外包出去，以节省广域网设备和人员的费用。

外联网：基于Web技术的网络，将公司内联网中选定的资源与其客户、供应商或其他业务伙伴联系起来。

网络隧道：VPN将流量封装在IP包中并通过在互联网发送数据包来传输信息的过程。

小结

准则：通信系统有许多基本组件，必须仔细选择，并有效地协同工作，以使人们能够实现个人和组织的目标。

通信是指用于通信的信号的电子传输，包括电话、收音机和电视。通信正在商业上产生深刻的变化，因为它消除了时间和距离的障碍。

通信系统的组成部分包括发送和接收设备、调制解调器、传输媒体和消息。发送单元将信号发送到调制解调器，调制解调器执行许多功能，如将信号转换为另一种形式或从一种类型转换为另一种类型。然后，调制解调器通过介质发送信号，介质是携带电子信号并充当发送设备和接收设备之间接口的一切物体。该信号被连接到接收计算机的另一个调制解调器接收。然后可以颠倒该过程，另一条消息可以从接收单元传递到原始发送单元。该传输介质连接数据通信设备，并将消息从目标源传送到其接收方。

通信介质可分为两大类：制导传输介质，其中通信信号沿固态介质传播；无线介质，其中通信信号通过无线电波发送。制导传输介质包括双绞线电缆、同轴电缆和光纤电缆。无线通信涉及在三个频率范围之一中的通信广播：微波、无线电和红外。

无线通信选项包括近场通信、蓝牙、超宽带、Wi-Fi以及各种3G和4G通信选项。

通信使用各种设备，包括智能手机、调制解调器、多路复用器、PBX、前端处理器、交换机、网桥、路由器和网关。

有效地利用网络可以把一个公司变成一个灵活、强大、有创造力的组织，使其拥有长期的竞争优势。网络允许用户跨组织共享硬件、程序和数据库。它们可以传递和接收信息，以提高组织的有效性和效率。它们使地理上分离的工作组能够共享文档和意见，从而促进团队合作、创新思想和新的业务策略。

网络拓扑表示网络的通信链路和硬件设备的布置方式。目前使用的三种最常见的网络拓扑是星型拓扑、总线拓扑和网状拓扑。

网络上节点与网络提供的通信和服务之间的物理距离决定了它是被称为个人区域网（PAN）、局域网（LAN）、城域网（MAN）还是广域网（WAN）。

跨越国际和全球边界的电子数据流通常被称为跨边界数据流。

当一个组织需要连接两个或多个计算机系统时，它可以遵循以下三种基本数据处理策略之一：集中式、分散式或分布式。

客户机/服务器系统是将用户的计算机（客户机）连接到一台或多台服务器计算机（服务器）的网络。客户机通常是一台个人计算机，它从服务器请求服务，与服务器共享处理任务，并显示结果。

网络操作系统控制网络上的计算机系统和设备，允许它们彼此通信。网络管理软件使管理员能够监视个人计算机和共享硬件的使用，扫描病毒，并确保符合软件许可。

准则：互联网为传递和访问信息以及服务提供了关键的基础设施。

互联网的范围确实是国际化的，用户遍及各大洲。它是世界上最大的计算机网络。实际上，它是一个互联网络的集合，所有网络都可以自由地交换信息。互联网把数据从一台计算机（称为主机）传送到另一台计算机。用于将信息包从一个主机传递到另一个主机的一组约定称为互联网协议（IP）。许多其他协议与 IP 一起使用。最著名的是传输控制协议（TCP）。TCP 被广泛使用，很多人把互联网协议称为 TCP/IP，这是大多数互联网应用程序使用的 TCP 和 IP 的组合。互联网上的每台计算机都有一个指定的 IP 地址，以便于识别。统一资源定位符（URL）是一个网站地址，它使用映射到 IP 地址的字母和单词以及主机上的位置来指定网站页面的确切位置。

人们可以通过几种方式连接到互联网主干：通过一个局域网（其服务器是互联网主机），或者通过拨号连接、高速服务或无线服务。互联网服务提供商是提供互联网接入的任何公司。要使用这种类型的连接，你必须在服务提供商和允许通过 TCP/IP 进行直接连接的软件中拥有一个账户。

云计算是指以互联网服务的形式提供软件和存储，并通过网站浏览器进行访问的计算环境。计算活动越来越多地通过互联网而不是通过安装在个人电脑上的软件进行。云计算为企业提供了许多优势。通过将业务信息系统外包到云，业务可以节省系统设计、安装和维护。只要使用标准的网络浏览器，员工就可以用任何联网的计算机访问公司系统。

准则：万维网最初是作为一个文档管理系统开发的，现在已经发展成为一个主要的新闻和信息来源，一个不可或缺的商业渠道，一个受欢迎的社交、娱乐和交流中心。

网络是数以千万计的服务器的集合，它们作为一个互联网服务，通过超链接技术向全世界数十亿用户提供信息。得益于高速互联网电路和超链接技术，用户可以毫不费力地在网页和服务器之间跳转，产生使用一台大型计算机的错觉。由于网络具有处理多媒体对象和分布式对象之间的超文本链接的能力，因此它正成为互联网上最流行的信息访问方式。

作为一个使用客户端/服务器模型的基于超级链接的系统，网站将全世界的互联网资源组织成一系列链接文件（称为页面），用户可以使用称为网络浏览器的网络客户端软件进行访问和查看。微软网页浏览器（Internet Explorer）、火狐浏览器（Firefox）、谷歌浏览器（Chrome）、挪威 Opera Software SAS 公司的 Opera 浏览器和苹果浏览器（Apple Safari）都是流行的网络浏览器。在一个网站域下访问的大量特定主题的页面集合称为网站。

超文本标记语言（HTML）是网站页面的标准页面描述语言。HTML 标记让浏览器知道如何格式化文本。HTML 还指出应该在何处插入图像、声音和其他元素。一些新的网站标准越来越流行，包括可扩展标记语言（XML）和层叠样式表（CSS）。

网站上提供的许多服务都是通过使用程序和脚本交付的。JavaScript 是一种流行的编程语言，用于开发运行在用户个人计算机上的网络应用程序。Java 面向对象编程语言允许将小程序嵌入 HTML 文档，然后下载到客户机工作站并运行。

网站服务由简化网站之间通信的标准和工具组成。在网页中使用 XML 来描述网络服务应用程序之间的数据传输。

Adobe Dreamweaver、Microsoft Expression Web 和 Nvu 是创建网页和管理的流行工具。

.NET 平台允许开发人员使用各种编程语言来创建和运行程序。

Web 2.0 指的是 Web 作为一个计算平台，它支持软件应用程序和用户之间的信息共享。网站正在从用户查找信息的单向资源转变为用户查找和共享信息的双向资源。网站在支持完整的软件应用程序方面的能力也在增强，并且它本身正成为一个计算平台。

　　丰富型互联网应用程序（RIA）是一种软件，它具有传统应用程序软件的功能和复杂性，但运行在网络浏览器中，不需要本地安装。

　　准则：互联网和万维网为查找信息、交流、协作、社交、处理业务、购物以及娱乐提供了大量资源。

　　互联网和网络的最常见和流行的使用可分为发布信息、帮助用户寻找信息、支持沟通和协作、建立在线社区、提供应用软件、为表达想法和观点提供一个平台、提供所有类型的媒体、为商业提供一个平台、支持旅游和导航。

　　网络已经成为最流行的传播和获取信息的媒介。它是了解地方、州、国家和全球新闻的强大工具。作为共享信息的工具和所有主题信息的主要存储库，Web非常适合教育和培训。博物馆、图书馆、私人企业、政府机构和许多其他类型的组织和个人在网上免费提供教育材料或对提供教育材料收取一定费用。许多企业使用Web浏览器作为企业信息系统的接口。网站如雨后春笋般出现，支持每一个重要的主题和活动。

　　搜索引擎是一个很有价值的工具，它可以让你通过指定某个主题的关键词语（即关键字）来查找Web上的信息。除了搜索引擎，你还可以使用其他的互联网站点来搜索信息。维基百科是另一个可以用来研究信息的网站。还有一些wiki是为特殊目的而设计的。传统的资源从图书馆迁移到诸如在线数据库之类的网站，这也极大地帮助了在线研究。

　　Web门户是一个将有用信息和链接组合在一起的Web页面，它充当Web的入口点——当你开始浏览网站时打开的第一个页面。门户网站通常包括搜索引擎、主题目录、每日标题和其他引人关注的项目。它们可以是一般的，也可以是具体的。

　　互联网和网站为通信和协作提供了许多应用程序。电子邮件是一种非常有用的互联网通信形式，它不仅支持文本通信，还支持HTML内容，并以电子邮件附件的形式共享文档。即时通信是在线的，是两个或两个以上联网的人之间的实时通信。推特被称为微博服务，它允许用户通过手机或网络向推特关注者发送短文本更新（最多140个字符）。有许多支持实时在线会议的互联网技术。互联网使参与电话会议的人员可以共享计算机桌面。会议参与者使用思科网讯或会翼通等服务，登录通用软件，通过该软件，他们可以向整个团队播放自己的电脑显示器。思科和惠普等公司的网真系统使用高分辨率视频和音频，并配有高清显示屏，让人感觉与会者实际上围坐在桌边。

　　YouTube和雅虎网络相册等网站使用户可以与其他人、团体和世界共享视频和照片。诸如推特之类的微博网站允许人们全天发布想法和观点，以供朋友阅读。诸如www.digg.com和www.delicious.com之类的社交书签站点允许用户集中投票以确定在一天的任何给定时间哪些在线新闻故事和网页最有趣。同样，Epinions和许多零售网站都允许消费者表达对产品的意见。社交网站为用户提供了基于网络的工具，以便用户与网站上的人共享有关自己的信息，以及与其他成员进行查找、会见和交谈。

　　网站日志或博客是一个网站，人们可以创建该网站并使用该网站写出他们对各种主题的观察、经验和观点。互联网用户可以使用称为Really Simple Syndication（RSS）的技术来订阅博客。RSS是网络技术的集合，允许用户订阅经常更新的网站内容。使用RSS，用户可以接收博客更新，而无须实际访问博客网站。播客是通过互联网进行的音频广播。

　　像新闻和信息一样，所有形式的媒体和娱乐都在网上关注着其受众。互联网和网络使音乐比以往任何时候都更容易获得，艺术家通过在线广播、订阅服务和下载服务来传播他们的歌曲。随着越来越多的互联网带宽进入更多家庭，流媒体视频和电视正变得司空见惯。电子书已经出现很长一段时间了，几乎和电脑的历史一样久。电子书阅读设备正在获得用户的认可。在线游戏包括许多不同类型的单用户、多用户和大规模多用户游戏。

　　网络用户有很多网上购物的选择。E-tail商店（在线版本的零售商店）提供许多本地商店无法提供的产品。就像用户当地的购物中心一样，网络商城提供了一系列商店，旨在满足用户的各种需求。在线清算所、网络拍卖和市场为企业和个人提供了一个出售产品和个人物品的平台。

网络对旅游业以及人们对旅行的计划与准备方式带来了深远影响。为了节省时间和金钱，避免在未知的地方旅行发生风险，旅行者开始求助于网络。地图和地理定位工具是最受欢迎和最成功的 Web 应用程序。MapQuest、谷歌地图和必应地图就是例子。地理标记是一种允许使用相关位置标记信息的技术。

准则：受欢迎的互联网和万维网技术已经通过内联网和外联网的形式应用于商业网络。

内联网是使用互联网和万维网标准和设备构建的内部公司网络。因为网络浏览器可以在任何类型的计算机上运行，所以任何员工都可以查看相同的电子信息。这意味着各种各样的文件可以在网上转换成电子形式，并可以不断更新。

外联网是将公司内联网中选定的资源与其客户、供应商或其他业务伙伴连接起来的网络。它也是围绕网络技术构建的。外联网的安全性和性能问题与网站或基于网络的内联网的安全性和性能问题是不同的。用户身份验证和隐私是外联网的关键。当然，网络必须表现良好，才能为客户和供应商提供快速响应。

关键术语

阿帕网（ARPANET）	局域网（LAN）
蓝牙	长期演进（LTE）
宽带通信	网状网络
总线网络	城域网（MAN）
层叠样式表（CSS）	近场通信（NFC）
集中处理	网络操作系统（NOS）
信道带宽	网络拓扑结构
客户机/服务器体系结构	网络管理软件
云计算	个人区域网络（PAN）
计算机网络	丰富型互联网应用程序（RIA）
内容流媒体	搜索引擎
分散处理	软件定义网络（SDN）
分布式处理	星型网络
可扩展标记语言（XML）	通信介质
外联网	网络隧道
文件传输协议（FTP）	超宽带（UWB）
HTML 标记	统一资源定位符（URL）
超链接	网站
超文本标记语言（HTML）	Web2.0
即时通信	网站浏览器
互联网主干	网络日志（博客）
互联网审查	门户网站
互联网协议（IP）	Wi-Fi
互联网服务提供商（ISP）	广域网（WAN）
IP 地址	全球微波接入互操作性（WiMAX）
Java	

第4章：自我评估与测试

通信系统有许多基本组件，必须仔细选择，并有效地协同工作，以使人们能够实现个人和组织的目标。

1. 通信系统的基本组成部分是发送和接收设备、调制解调器、传输媒体和_____。

2. 通信介质可分为两大类：

a. 红外线和微波

b. 光纤和电缆

c. 制导和无线

d. 分组交换和电路交换

3. 无线通信涉及三个频率范围之一的通信广播：微波、无线电或_____。

4. _____表示网络的通信链路和硬件设备的布置方式。

a. 通信协议　　　　b. 传播媒体　　　　c. 网络拓扑　　　　d. 以上都不是

互联网为传递和访问信息以及服务提供了关键的基础设施。

5. 互联网上的每台计算机都有一个 URL，以便于识别。对或错？

6. 在互联网上，什么使流量从一个网络流向另一个网络？

a. 互联网协议

b. 阿帕网

c. 统一资源定位器

d. 国际互联网的前身 MILNET

7. 云计算是一种计算环境，其中软件和存储以互联网服务的形式提供，并通过_____进行访问。

a. Web 浏览器

b. 移动计算设备，如智能手机或平板电脑

c. 搜索引擎

d. 虚拟专用网（VPN）

8. _____是为个人和组织提供互联网接入服务的公司。

万维网最初是作为一个文档管理系统开发的，现在已经发展成为一个主要的新闻和信息来源，一个不可或缺的商业渠道，一个受欢迎的社交、娱乐和交流中心。

9. Web 是_____服务器的集合，它们作为一个互联网服务一起工作，通过超链接技术向全世界数十亿用户提供信息。

a. 数十万　　　　b. 数百万　　　　c. 数千万　　　　d. 超过 1 亿

10. 万维网是一个使用_____模型的基于超级链接的系统。

a. 文件/服务器　　　　　　　　b. 电路交换

c. 云计算　　　　　　　　　　d. 客户机/服务器

11. 开发哪种技术是为了方便地指定 Web 站点中 Web 页面的视觉外观？

a. HTML　　　　b. XHTML　　　　c. XML　　　　d. CSS

12. 网页的标准描述语言是什么？

a. 首页语言　　　　　　　　　b. 超媒体语言

c. Java　　　　　　　　　　　d. 超文本标记语言（HTML）

互联网和万维网为查找信息、交流、协作、社交、处理业务、购物以及娱乐提供了大量资源。

13. 像脸谱网和领英这样的网站就是_____网站的例子。

a. 媒体分享　　　　　b. 社交网络　　　　　c. 社交书签　　　　　d. 内容流

14. _____是一个将有用的信息和链接组合在一起的页面，它充当网站的入口点，是用户开始浏览网络时打开的第一个页面。

受欢迎的互联网和万维网技术已经通过内联网和外联网的形式应用于商业网络。

15. _____是一个基于 Web 技术的网络，它将客户、供应商和其他人与公司联系在一起。

16. 内联网是利用互联网和万维网标准及产品构建的内部公司网络。对或错？

第 4 章：自我评估与测试答案

1. 消息或信号
2. c
3. 红外
4. c
5. 错
6. a
7. a
8. 互联网服务提供商（ISP）
9. c
10. d
11. d
12. d
13. b
14. 门户网站
15. 外联网
16. 对

知识回顾

1. 定义"通信介质"一词。说出三种类型的介质。
2. 什么是网络拓扑？识别并简要描述不同的网络拓扑。
3. 什么是通信协议？
4. 无线通信中使用的三个主要频段的名称是什么？
5. 简要描述电路交换和分组交换网络的区别。
6. 确定两个负责制定通信标准的组织。
7. 网桥、路由器、网关和交换机在网络中扮演什么角色？
8. 区分个人区域网络、局域网、城域网和广域网。
9. 什么是网站？它是像互联网一样的另一个网络还是在互联网上运行的服务？
10. MILNET 是什么？
11. HTML 是什么？它是如何工作的？
12. 解释用于标识互联网主机的命名约定。
13. 什么是网络浏览器？
14. 什么是云计算？如何使用它？
15. 简要描述三种连接互联网的方法。每种方法的优点和缺点各是什么？

16. 什么是互联网审查？
17. 什么是点击流数据分析？如何使用它？
18. 什么是播客？
19. 确定四种流行的网络浏览器。
20. 什么是内容流？
21. 什么是 ICANN？ICANN 起什么作用？
22. 什么是 URL，以及如何使用它？
23. 什么是内联网？提供三个使用内联网的例子。
24. 什么是外联网？它与内联网有何不同？

问题讨论

1. 简要讨论集中处理和分散处理的区别。
2. 区分客户机/服务器和文件服务器架构。
3. 与跨边界数据流相关的问题是什么？这个问题如何限制组织的广域网的使用？
4. 区分集中式和分布式数据处理。
5. 当今社交网络已被广泛使用，描述如何在业务环境中使用该技术。在商业环境中使用社交网络有什么缺点或限制？
6. 为什么管理 IP 地址和域名的组织很重要？
7. 使用云计算有哪些好处和风险？
8. 描述一个公司如何使用博客和播客。
9. 确定你熟悉的使用网络开展业务的三家公司。描述它们对网络的使用。
10. Web 2.0 站点的定义有哪些特征？
11. 讨论虚拟专用网络的优缺点。
12. 围绕地理定位技术有哪些社会担忧？
13. 与网站开发相关的一个关键问题是如何让人们访问它。如果你正在开发一个网站，你将如何告知人们有关网站的信息并且使网站足够有趣，以使访客会再次访问并告诉其他人呢？
14. 记录你一周在社交网站上花费的时间。你认为这段时间花得值吗？为什么？
15. 简要总结互联网、公司内联网和外联网在访问和使用方面的不同之处。

问题解决

1. 假设你被聘为通信顾问，帮助软件公司确定 GPS 应用的新思路。使用 PowerPoint 或类似软件来展示你的三个最重要的想法。
2. 在网上做一些调查，找出三个最常访问的非美国社交网站。使用文字处理软件写一份报告，介绍并对比它们的服务。讨论网上分享个人信息的优点和潜在的问题。你认为社交网站收集的哪些信息应该对公众保密？

3. 考虑一下你可能想建立的企业。使用文字处理软件定义企业，介绍其提供的产品或服务、所处的市场位置以及名称。访问 www. godaddy. com，并为你的公司找到尚未使用的适当域名。在线查询价格，以获取有关网站托管的最佳优惠。描述你寻找名字的经历、选择该名字的原因以及注册该名字和托管这个站点将花费多少资金。

团队活动

1. 成立一个小组，确定在你的地区有无线局域网连接的公共场所（如机场、公共图书馆或咖啡馆）。访问两个地点，并写一个简短描述你在每个地点尝试连接互联网的经历。

2. 计划、设置和执行与另一个团队的会议，在该会议中，你们没有见面，而是使用 GoToMeeting 或 WebEx 等网络服务。你在安排和执行会议时遇到了哪些问题？你如何评价会议的有效性？本应该做些什么使会议更有效？

3. 尝试使用搜索引擎百度查找几个主题的信息。写一个简短的总结。

网络练习

1. 在网上做些调查，找出爱德华·斯诺登（Edward Snowden）对美国国家安全局（NSA）的最新爆料。在你看来，他应该被视为爱国者还是叛徒？论证你的观点。

2. 使用互联网，确定三个广泛使用外联网与业务伙伴协作的组织。写一份报告，总结使用外联网的优点和缺点。

3. 利用互联网，调查三所广泛使用在线或远程学习的大学。把你的发现写成报告。

职业训练

1. 确定三个看起来有极好的成长机会的通信组织。做研究以确定当前的职位空缺和填补这些职位所需的资格。这些职位对你有吸引力吗？为什么？

2. 探索专业社交媒体网络领英。利用它的一些功能，在你的工作地点找到以前的同学或同事。使用这样的网站有什么优势？潜在的问题有哪些？

案例研究

案例 1　非洲农村地区触手可及的互联网

在非洲，只有大约 16% 的人口可以使用互联网。相比之下，欧洲约 63% 的人口可以使用互联网。此外，非洲互联网连接还受到带宽低、不可靠和成本高的困扰。克服这种数字鸿沟不是一件容易的事情，因为非洲大陆的海底电缆之间缺乏地面连接，基础设施互联网服务提供商（ISP）需要在不同网络之间交换流量，互联网交换点和"最后一英里"传输系统之间缺乏陆地连接。因此，个人、组织和企业严重依赖移动电话和卫星技术。

SkyVision 已通过定制的基于卫星的虚拟专用网络进入非洲市场和其他新兴市场，以支持经济发展。虚拟专用网络允许公司连接它们的广域网站点来共享数据并支持更有效的协作。通过其卫星系统，SkyVision 能够为最偏远的地区提供可靠的宽带和高速数据服务。

例如，津巴布韦只有 12％ 的农村人口能够使用银行服务。银行根本无法为 65％ 的人口居住的农村地区提供网络服务。SkyVision VPN 将哈拉雷总部与农村分支机构连接起来，使它们能够提供广泛的银行服务，这些服务依赖于核心银行系统、电子邮件、互联网和销售点（POS）服务。SkyVision 卫星和光纤虚拟专用网络技术允许一家尼日利亚银行在从未服务过的农村地区安装并连接 90 个自动取款机站点。在发展中的石油和天然气行业，SkyVision 还建立了公司总部和偏远地区站点之间以及陆上和海上业务之间的可靠连接。

SkyVision 技术也促进了欧洲和非洲之间经济联系的发展。例如，这家农工集团需要将几家非洲私营农工公司联系起来，并将它们与欧洲总部联系起来，建立了可靠、安全的数据共享系统。

尽管取得了这些进展，但分析人士指出，对于许多公司、组织和企业来说，更可靠的连接解决方案的价格高得令人望而却步。因此，许多组织和公司正在继续采取主动行动。2013 年底，谷歌宣布了 Link 项目，这是一项建设光纤网络的计划，可以实现高速互联网连接。该项目总部设在乌干达首都坎帕拉，这是一个人口密集的城市中心，缺乏宽带接入。谷歌希望通过向接入网络的移动电话提供商收费来资助该项目。

这些努力将集中在主要城市，并支持非洲城市的发展。然而，高速地面网络存在许多障碍。非洲政府有时收取高额的许可证费用，并对技术设备课以重税。决策者还需要进行合作，以促进跨境陆地连接和鼓励私人投资。在政府采取这些措施之前，只有像 SkyVision 这样的项目才能接触到偏远的农村地区。

问题讨论

1. 在互联网连接和使用方面，非洲与欧洲和其他发达国家相比处于什么位置？

2. 当公司试图连接位于不同地点的网络时，它们面临哪些技术障碍？像 SkyVision 这样的公司应该如何帮助这些公司？

批判性思考

1. 你认为像 SkyVision 或谷歌这样的创新者会更成功吗？

2. 你认为政府和国际组织在克服非洲城乡的数字鸿沟方面应该发挥什么作用？

资料来源：Donnelly, Caroline, "Google to Improve Internet Access in Africa via Project Link," ITPRO, November 21, 2013; "Lifting Barriers to Internet Connectivity in Africa," AnalysisMason, October 2013; Internet Work Statistics, http://www.internetworldstats.com/, accessed December 26, 2013; SkyVision Case Studies：Agro-Industrial Group; Banking & Finance Solution, Nigeria; Bank in Zimbabwe; Oil & Gas Corporation.

案例 2　战争游戏：现在比以前更加真实

"地球正被入侵。我们唯一的希望在于正在大型多人虚拟模拟器上训练的士兵队伍。"听起来是不是很熟悉？这是广受欢迎的科幻小说《安德的游戏》的情节主线。

该场景的未来性如何？没错，我们尚未受到外来种族的入侵。但是美国军方已经为训练目的开发了大型的多人虚拟在线游戏系统。自 2009 年以来，美国陆军模拟与训练技术中心（STTC）一直与美国国防部（DOD）、美国国土安全部（DHS）和私人承包商合作，创建一个虚拟的在线游戏平台来训练士兵掌握战时所需的战略技能。

目前，美军使用了大量仿真工具和在线应用程序。例如，即将被部署到阿富汗的士兵可能会观看最近一场小规模冲突的详细视频，以学习他们清理敌人部队藏身的建筑物需要的技术。

但是在 2014 年，美国陆军测试了第一款基于头像的多人在线训练游戏，该游戏可模拟阿富汗地面的状况。这个名为 MOSES 的项目，即军事开放模拟器企业战略，模拟了一个 25×25 公里的阿富汗地形，700 名受训人员可以在其中投射自己的化身。士兵们将可以相互交流，并与模拟的阿富汗平民和敌方战斗人员互动，在演习中他们必须进行配合并做出良好选择，例如在收集进行演习所需的信息时，哪些村的长者值得信任。

与其他子弹以直线飞行的游戏环境不同，MOSES 及其前身 EDGE（增强型动态地球社会环境）解决了忽略现实子弹走向的物理原理的问题，创建了逼真的模拟，其中物体和人们的行为就像在现实世界中一样。STTC 主管 Douglas Maxwell 及其政府、私人工程师团队开发了一种基于人工智能和先进的对象计算控制技术的能够灵活创建的虚拟环境。例如，当士兵的化身完成解除简易爆炸装置（IED）的任务时，MOSES 的灵活环境甚至可以捕获到 IED 爆炸造成的实时地形变化情况。

在团队开发 MOSES 的过程中，EDGE 技术已经开发了另一个项目，该项目将在发生恐怖威胁时为联邦、州和地方应急机构以及私营合作伙伴提供服务。这个名为"虚拟训练主动射击响应"的项目是一个在线游戏系统，可以为紧急射击事件对急救人员进行培训。

萨克拉曼多市警察和消防部门是 2013 年率先实施该计划的人。受训人员被安排在一个着火的旅馆内被植入炸弹的场景中。恐怖分子正设法胁迫人质去安全地带。游戏的特色场景是萨克拉曼多市颇受欢迎的酒店的逼真复制，该酒店设有大堂、餐厅和酒吧、宴会厅、27 层客房、一个地下室和两个主要入口。萨克拉曼多市的警察、消防和紧急医疗服务等不同部门的团队必须共同努力以消除威胁。与个人通过计算机生成的模拟场景进行工作不同，该产品改善了不同急救组之间的协作，这是一项宝贵的技能，如果没有实际参与，就很难开发。

研究人员发现，大型多人在线奇幻游戏往往会让人成瘾并导致抑郁，让人逃避解决现实世界的问题。然而，EDGE 指出，开发人员能够制作出这样的游戏，使人们能够获得在现实世界中取得成功所必需的技能。

问题讨论

1. 大型多人游戏的目的是什么？它们将来有什么用途？
2. 与其他培训软件相比，EDGE 开发的项目有什么优势？

批判性思考

1. 大型多人游戏在当今社会中是否有用？为什么？
2. 大型多人游戏所使用的哪些技术可以用于其他方面？

资料来源：Hugh, Lessig, "The New Army: A Newport News Tech Center Uses Gaming and Apps to Train Soldiers," *Daily Press*, January 28, 2012, *http://articles.dailypress.com/2012-01-28/news/dp-nws-high-tech-training-20120128_1_training-exercises-army-s-training-latest-training-tool*; Korolov, Maria, "Army Takes a Flier on OpenSim," *Network World*, March 25, 2013, *www.networkworld.com/news/2013/032513-army-opensim-267405.html?page=3*; Montalbano, Elizabeth, "DOD Explores Virtual Worlds for Military Training," InformationWeek, May 12, 2011, *www.informationweek.com/security/risk-management/dod-explores-virtual-worlds-for-military-training/d/d-id/1097729?*; Pellerin, Cheryl, "Fighting Bombs in Cyberspace Gives Army an 'EDGE,'" American Forces Press Service, U.S. Department of Defense, May 12, 2011, *www.defense.gov/News/NewsArticle.aspx?ID=63924*; Barrie, Allison, Army, "DHS Join Forces for Virtual Training Tech for First responders," *Fox News*, November 21, 2013, *www.foxnews.com/tech/2013/11/21/army-dhs-join-forces-for-virtual-training-tech-for-first-responders/*; "DHS Is Training First Responders to Respond to an Active Shooter," *Government Security News*, November 20, 2013, *www.gsnmagazine.com/node/39069*.

参考文献

【花絮】资料来源："Westermo's Ethernet Switches Reduce the Cost of Traffic Data Collection in Milan," Eternity Sales Web site，*www. eternity-sales. com*，accessed December 15，2013；"Robust Network Solution Using Preexisting Cables," Success Stories，Westermo Web site，*www. westermo. com/web/web_ en_idc_com. nsf/alldocuments/DF212ABC5B1E2364C1257C0B003D2D7A*，accessed December 15，2013；Sanchez，Ray and Patterson，Thom，"Man vs. Machine: Who Should Be at the Wheel?" CNN，December 8，2013，accessed December 15，2013；Xiang Liu，Xiang，Saat，M. Rapik，and Barkan，Christopher P. L. ，"Analysis of Causes of Major Train Derailment and Their Effect on Accident Rates," Transportation Research Record，2012，Illinois Center for Transportation Web site，*http://ict. illinois. edu/railroad/ CEE/pdf/Journal%20Papers/2012/Liu%20et%20al%202012. pdf*，accessed December 15，2013.

1. Hitachi Success Story: Silesian University of Technology: BIO-FARMA Project，*www. hds. com/ assets/pdf/hitachi-success-story-silesian-university-of-technology. pdf*，accessed December 5，2013.

2. "Self-Storage Operator US Storage Centers Implements National PayNearMe Cash-Transaction Network," October 21，2013，*www. insideselfstorage. com/news/2013/10/self-storage-operator-us-storage- centers-implements-national-paynearme-cash-transaction-network. aspx*.

3. "High-Density Wireless Networks Implemented at New Orleans Ernest N. Morial Convention Center," December 2，2013，*www. mccno. com/high-density-wireless-networks-implemented-at-new-orleans- ernest-n-morial-convention-center/# sthash. feWe7mBq. dpuf*.

4. "About Chi-X," *www. chi-x. jp/ABOUTUS. aspx*，accessed January 5，2013.

5. "Chi-X Japan Goes Live with Solarflares 10 Gigabit Ethernet to Accelerate Low Latency Network Performance," *www. solarflare. com/12-03-13-Chi-X-Japan-Goes-Live-with-Solarflares-10-Gigabit-Ether- net-to-Accelerate-Low-Latency-Network-Performance*，accessed January 5，2014.

6. "Retail Chains in France，Other Countries Plan Rollout of NFC-Enabled Shelf Labels," *NFC Times*，June 7，2013，*http://nfctimes. com/news/retail-chains-plan-major-rollout-nfc-enabled-shelf-labels*.

7. Gelke，Hans，"Harnessing Ultra-Wideband for Medical Applications," *Medical Electronic Design*，*www. medicalelectronicsdesign. com/article/harnessing-ultra-wideband-medical-applications*，accessed November 14，2011.

8. Ibid.

9. "Hotel Chatter Annual WiFi Report 2013: Free Hotel WiFi," *www. hotelchatter. com/special/free- WiFi-Hotels-2013*，accessed December 12，2013.

10. "About Iridium Global Network," *http://iridium. com/About/IridiumGlobalNetwork. aspx*，accessed December 12，2013.

11. "Capsized at Sea: The Sarah Outen Story," *http://iridium. com/IridiumConnected/ViewAllSto- ries/CapsizedAt Sea. aspx*，accessed December 12，2013.

12. "Harris CapRock to Provide Communications Services for Carnival Corporation's Global Cruise Line Fleet," *www. harriscaprock. com/press_releases/2013-10-15_Harris_CapRock_to_Provide_Communica- tions_Services_for_Carnival. php*，accessed December 12，2013.

13. "4G LTE," Webopedia，*www. webopedia. com/TERM/4/4G_LTE. html*，accessed December 12，2013.

14. Lawson，Stephen，"5G Will Have to Do More Than Just Speed Up Your Phone，Ericsson Says," PC World，October 17，2013，*www. pcworld. com/article/2055880/5g-will-have-to-do-more-than-send- speed-up-your-phone-ericsson-says. html*.

15. Wood，Rupert，"Analysys Mason: Mobile Data Growth Will Be Strongest Outside Europe and

North America," Fierce Wireless Europe, October 18, 2013, *www. fiercewireless. com/europe/story/analysys-mason-mobile-data-growth-will-be-strongest-outside-europe-and-nort/2013-10-18.*

16. Kelleher, Kevin, "Mobile Growth Is About to Be Staggering," Fortune, February 20, 2013, *http://tech. fortune. cnn. com/2013/02/20/mobile-will-growth-is-about-to-be-staggering/.*

17. Schaffhauser, Dian, "Alabama District Taps Wireless Mesh, Differentiate Instruction as Part of 1-to-1 Initiative," The Journal, October 24, 2013, *www. tropos. com/onladv/adwords/mesh-networks/adgroup1/landing-a. php ? gclid = CMmp8MO3q7sCFRBnOgodNCYAHg.*

18. "PIONIER-Polish Optical Internet", *http://blog. pionier. net. pl/sc2013/pionier/,* accessed January 6, 2014.

19. "Schools 100Mbps Project," *www. heanet. ie/schools/100Mb_project,* accessed December 13, 2013.

20. "About Us," 7-eleven, *http://corp. 7-eleven. com/AboutUs/tabid/73/Default. aspx,* accessed December 13, 2013.

21. Standard Chartered Web site, "Who We Are," *www. sc. com/en/about-us/who-we-are/index. html,* accessed December 14, 2013.

22. Marketwire Web site, "Standard Chartered Bank Adopts Juniper Networks Infrastructure," October 19, 2011, *http://newsroom. juniper. net/press-releases/standard-chartered-bank-adopts-juniper-networks-in-nyse-jnpr-0811554.*

23. "PRTG Network Monitor Helps Small, Family-Owned IT Consulting Business Provide World-Class Reliability," *www. paessler. com/company/casestudies/covell _ group _ uses _ prtg,* accessed December 14, 2013.

24. Le Maistre, Ray, "SDN Works for Us," Light Reading, October 23, 2012, *www. lightreading. com/carrier-sdn/sdn-architectures/google-sdn-works-for-us/d/d-id/699197.*

25. "Internet World Stats," *www. internetworldstats. com/stats3. htm,* accessed January 7, 2014.

26. Alexandrova, Katerina, "Using New Media Effectively: An Analysis of Barack Obama's Election Campaign Aimed at Young Americans," Thesis, New York 2010, *www. academia. edu/1526998/Using_New_Media_Effectively_an_Analysis_of_Barack_Obamas_Election_Campaign_Aimed_at_Young_Americans.*

27. "Electronic Weapons Syria Shows the Way," Strategy-Page, January 13, 2014, *www. strategypage. com/htmw/htecm/articles/20140113. aspx.*

28. "Clashes in Turkey as Internet Censorship Protests Turn Violent," Euronews, January 18, 2014, *www. euronews. com/2014/01/18/clashes-in-turkey-as-internet-censorship-protests-turn-violent/.*

29. "About Internet2: Accelerating Research and Education Through Community Developed Technology," March 2013, *www. internet2. edu/media/medialibrary/2013/09/16/about-internet2-2013. pdf.*

30. "Company Overview of National LamdaRail, Inc. ," Bloomberg BusinessWeek, *http://investing. businessweek. com/research/stocks/private/snapshot. asp ? privcapId = 7804267,* accessed January 7, 2014.

31. Kerner, Michael Sean, "IPv6 in 2013: Where Are We Now?" Internet New. com, June 7, 2013, *www. internetnews. com/infra/ipv6-in-2013-where-are-we-now. html.*

32. "iCloud," *www. apple. com/icloud/,* accessed January 8, 2014.

33. Gregg, Cindy, "List of Cloud or Web-Based Office Software & Apps," *http://office. about. com/od/WebApps/tp/List-Of-Cloud-Office-Software-Suites-And-Apps. htm,* accessed January 8, 2014.

34. "The College Network," *www. slideshare. net/EarthLink Business/private-cloud-case-study-the-*

college-network-earth-link-business，accessed January 9，2014.

35. "AWS Case Study：Airbnb," *http：//aws. amazon. com/solutions/case-studies/airbnb/*，accessed January 10，2014.

36. Schnuer，Jenna，"Meet the Innovative Entrepreneurs Who Won Our Top Awards for 2013," Entrepreneur，December 24，2013，*http：//www. entrepreneur. com/article/230243#ixzz2q6bQD3Vo*.

37. Port，David，"How to Start a Business in 10 Days," Entrepreneur，October 15，2013，*www. entrepreneur. com/article/228659*.

38. Edmonds，Rick，Guskin，Emily，Mitchell，Amy，and Jurkowitz，Mark，"The State of News Media 2013," Pew Research Center，July 18，2013，*http：//stateofthemedia. org/2013/newspapers-stabilizing-but-still-threatened/*.

39. Sandler，Linda，"Yahoo Sued Over Email Scans that Beget Ads," Boston Globe，November 18，2013，*www. bostonglobe. com/business/2013/11/18/yahoo-sued-and-accused-analyzing-mails-target-advertising/7ZN56rFH5ec4zmu7FPb8MI/story. html*.

40. Cooper，Belle Beth，"10 Surprising Social Media Statistics that Might Make You Rethink Your Social Strategy," Buffer，July 16，2013，*http：//blog. bufferapp. com/10-surprising-social-media-statistics-that-will-make-you-rethink-your-strategy*.

41. "Transforming Tyco with Yammer," *https：//about. yammer. com/customers/tyco/*，accessed January 13，2014.

42. "About Khan Academy," *www. khanacademy. org/about*，accessed January 16，2014.

43. "NPower," *www. npower. org/Our-Purpose/Our-Purpose. aspx*，accessed January 16，2014.

44. "Kashi," *kashi. com*，accessed January 16，2014.

45. Briggs，Josh，"How Microsoft Bing Works," How Stuff Works，*http：//computer. howstuffworks. com/internet/basics/microsoft-bing1. htm*，accessed January 16，2014.

46. "About Wikipedia," *http：//en. wikipedia. org/wiki/Wikipedia：About*，accessed January 21，2014.

47. "Addison Fire Saves ＄5k Yearly Using GoToMeeting with HD Faces Videoconferencing," *http：//news. citrixonline. com/wp-content/uploads/2013/07/Addision-Fire-District_G2M_ss. pdf*，accessed January 30，2014.

48. "YouTube Statistics," *www. youtube. com/yt/press/statistics. html*，accessed January 21，2014.

49. Takahashi，Dean，"Mobile Gaming Could Drive Entire Video Game Industry to ＄100 Billion in Revenue by 2017," Gamesbeat，January 14，2014，*http：//venturebeat. com/2014/01/14/mobile-gaming-could-drive-entire-game-industry-to-100b-in-revenue-by-2017/*.

50. Yarrow，Jay and Edwards，Jim，"Groupon Whiffs on Earnings，Stock Crashes…．Then Stages an Amazing Comeback," Business Insider，November 7，2013，*www. businessinsider. com/groupon-q3-earnings-2013-10*.

第 3 部分
商用信息系统

电子商务、移动商务与企业系统

准则	学习目标
● 电子商务和移动商务正在不断发展，为开展业务提供了新的方式，带来了潜在的好处和问题。	● 描述各种形式的电子商务的现状，包括 B2B、B2C、C2C 和移动商务。 ● 介绍常用的电子商务和移动商务应用程序。 ● 明确使用电子商务和移动商务的相关优势。
● 电子商务和移动商务需要仔细规划和集成一些基础技术设施组件。	● 确定电子商务和移动商务必须具备的基础技术设施的关键组件。 ● 讨论支持电子商务和移动商务所需的电子支付系统的关键特性。
● 一个组织必须拥有支持日常活动的信息系统，并帮助公司为其产品和服务增值。	● 确定所有事务处理系统通用的基本活动和业务目标。
● 实现企业系统的组织正在创建一组高度集成的系统，这可以给许多业务带来好处。	● 定义术语企业资源管理系统、客户关系管理和产品生命周期管理系统，并确定它们的功能和效益。

【花絮】 全球经济中的信息系统——印度，Bharti Airtel[①]

当地时间晚上 8 点左右，孟买（Mumbai）有点饿，但他已经太累了，不想做饭或出去吃饭。他拿起手机，点了多米诺比萨饼。毫无问题，不需要现金，甚至不需要信用卡或借记卡，只需要一部手机和一个 Airtel 账户。

Bharti Airtel 是全球四大移动服务提供商之一。该公司总部位于印度新德里，在非洲、亚洲和海峡群岛（位于诺曼底法国海岸外的英吉利海峡）的 20 个国家为超过 3.7 亿用户提供服务。它提供 2G 和 3G 无线服务、移动商务和 Airtel 货币。在印度，该公司还提供固定线路服务、互联网接入和卫星电视、高速 DSL 宽带连接，以及将非洲和南亚与国际长途运营商连接起来的企业服务。

Airtel 公司的资金推动了亚洲和非洲的移动商务

最近，Airtel 在移动行业方面的业务出现了激烈的增长。其消费者，尤其

---

① Bharti Airtel，印度最大的电信运营商。——译者注

是印度的消费者，正蜂拥转向移动商务，出现这种现象的原因非常充分。首先，手机和平板电脑等移动设备明显比电脑便宜。随着移动商务的发展，消费者甚至不需要昂贵的智能手机来浏览这些网站、比较价格和购物。因此，对于大幅增长的低收入消费群体来说，获得移动商务已经变得能够负担。事实上，由于这些设备更便宜，印度政府已经投资并分发手机和平板电脑，并作为国家克服城乡数字鸿沟计划的一部分。其他发展中国家可能会效仿这一做法。此外，Bharti Airtel 率先推出了降低移动费率的策略，以提高支付能力和推动流量使用。

与个人电脑和笔记本电脑不同，移动电话总是在线的。所以，用户不必非要在家、办公室或网吧里购物。此外，移动设备是相对安全的，因为它们还没有受到病毒和恶意攻击的冲击，而 PC 用户必须不断抵御这些攻击。此外，用户还可以随身携带移动设备，从而降低其他用户访问其个人电子信息的风险。

最后，Airtel 货币的日益普及正在推动移动行业的增长。2011 年，Airtel 推出了移动货币服务，允许客户在服务中心进行现金支付或直接从银行或使用信用卡向公司转账。顾客可以在网上购物、支付水电费、预订火车票或电影票，可以使用任何方式转账。Airtel 还与在线供应商达成协议，为 Airtel 提供特别折扣。更有利的是，即使你真的丢失了手机或笔记本电脑，你的 Airtel 货币资金也会受到 PIN 号码的保护，因此至少个人信息是安全的。

阅读本章时，请考虑以下问题：
- 电子商务和移动商务的优势是什么？
- 技术和基础设施创新对全球各地区有何影响？

为什么要学习组织中的信息系统？

电子商务、移动商务以及企业系统已经改变了我们生活和工作的许多领域。其中根本的变化是公司与供应商、客户、政府机构和其他商业伙伴之间的互动方式发生了变化。因此，现在大多数组织已经或正在考虑在互联网上建立业务并实施综合企业系统。为了取得成功，组织中的所有成员都需要参与这项工作。公司期望销售员或营销经理能定义企业的电子商务模式；期望客户服务员工能使用企业系统来提供改进的客户服务；期望人力资源管理者或公共关系经理能为网站提供面向潜在员工和投资者的内容；期望财务分析师能了解如何使用企业系统来获取和报告管理与控制公司运营所需的数据。显然，作为当今组织中的一名员工，你必须了解电子商务和企业系统的潜在作用，如何利用它们带来的机会，以及如何避免它们导致的陷阱。移动商务的出现为这些机遇和挑战增添了令人兴奋的新维度。

本章首先简要概述了电子商务带来的充满活力的世界，并对其各个组成部分进行了定义。

电子商务概论

电子商务（electronic commerce，e-commerce）是指通过计算机网络进行商务活动（如产品或服务的分销、购买、销售、营销和服务）。它包括：公司与公司（企业对企业）、公司与消费者（企业对消费者）、消费者与其他消费者（消费者对消费者）、公共部门与企业（政府对企业）、公共部门与公民（政府对公民）之间以电子方式执行的任何商业交易，以及公共部门与公共部门（政府对政府）的商务活动。传统中纸面的、耗时长的和对客户不方便的商业活动有可能转变为电子商务。

企业对企业电子商务

企业对企业（B2B）电子商务（business-to-business（B2B）e-commerce）是电子商务的一个子集，其中所有参与者都是组织。B2B 电子商务是一个有用的工具，用于连接虚拟供应链中的业务伙伴，以缩短补给时间并降低成本。尽管企业对消费者的市场行为占据了更多新闻头条，但 B2B 市场的规模要大得多，而且增长速度也更快。2013 年，美国境内的 B2B 销售额（不包括 EDI 交易）估计为 5 590 亿美元，是 B2C 商业规模的两倍。[1] 将更多客户转移到网上是 B2B 商业成功的关键。根据甲骨文公司最近的一项调查发现，57％的受访者表示，客户获取量是衡量电子商务成功与否的首要指标，42％的受访者认为客户保持率是首要的。[2]

格兰杰公司（Grainger）是一家 B2B 产品分销商，负责设施维护、维修和运营（属于商务服务中的 MRO 类），提供 120 多万种不同的在线产品。如图 5-1 所示。2013 年，该公司的在线销售额超过 30 亿美元，占总销售额的三分之一。[3] 该公司提供了一套移动应用程序，可以通过智能手机或移动设备在线访问产品并快速查找和订购产品。[4]

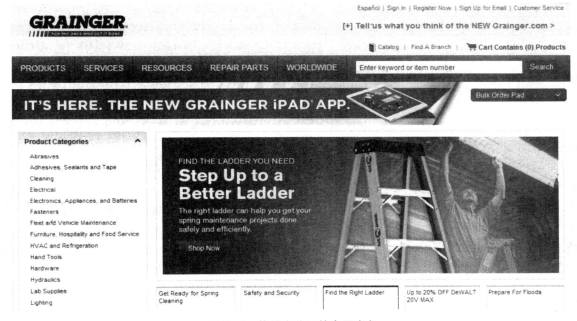

图 5-1　格兰杰公司的电子商务

grainger. com
注：格兰杰公司在线提供 120 万件以上的商品。

企业对消费者电子商务

企业对消费者（B2C）电子商务（business-consumer（B2C）e-commerce）是一种电子商务形式，在这种形式下，客户直接与一个组织打交道，避免中间人。早期的 B2C 先驱者会与一个行业中传统的"实体"零售商竞争，直接向消费者销售产品。例如，1995 年，新贵亚马逊（Amazon. com）挑战了知名书商沃尔顿书店（Waldenbooks）和巴诺书店（Barnes&Noble）。最近弗雷斯特研究公司（Forrester Research Inc.）和互联网零售商调查发现，B2B 的平均订单价值为 491 美元，B2C 的平均订单价值为 147 美元。[5]

表 5-1 显示了 2016 年按世界地区划分的 B2C 销售额估计值。大约 5％的零售总额是由网上购物者花费的。[6]

表 5-1　全球 B2C 电子商务支出预测（十亿美元）

地区/选定国家	2014 年	2016 年	增长率
北美	469	580	24%
美国	442	546	24%
加拿大	28	34	21%
亚洲和大洋洲	502	708	41%
中国	275	440	60%
澳大利亚	28	31	11%
印度	21	30	43%
西欧	326	388	19%
英国	111	133	20%
德国	58	66	12%
西班牙	25	30	25%
中东欧	58	69	19%
俄罗斯	21	25	19%
拉丁美洲	56	70	25%
巴西	24	27	12%
墨西哥	10	13	30%
中东和非洲	34	45	32%
全世界	1 445	1 860	29%

　　B2C 电子商务稳步增长的一个原因是，购物者发现在通过网络购买时，许多商品和服务更便宜，包括股票、书籍、报纸、机票和酒店客房。

　　B2C 电子商务发展的第二个原因是在线 B2C 消费者有能力设计个性化的产品。布克兄弟（Brooks Brothers）提供了这种个性化的一个例子。西服有所谓的"落差"，即西服尺码和裤子尺码之间的差值。美国西服通常有 6 英寸的落差，38R 码的美国西装会有 32 码的裤子。在其新设计的网站上，布克兄弟允许男士将任何尺码的裤子与任何尺码的夹克搭配，这一提议对那些不适合传统夹克和裤子尺码组合的男士尤其有吸引力。[7]

　　持续增长的第三个原因是利用社交媒体网络来推广产品和接触消费者。维拉布拉德利（Vera Bradley）是一家箱包设计公司，生产多种产品，在脸谱网上拥有超过 100 万粉丝。这家公司非常认真地将脸谱网、Flickr 和 YouTube 上的内容交叉发布到 Pinterest 上。当用户访问维拉布拉德利网站时，产品页面上会显示 Pinterest 和其他社交按钮，以便购物者可以与朋友分享他们的喜好。维拉布拉德利是 B2C 零售商的一个例子，它使社交媒体渠道有效地协同工作，以接触更多潜在客户。[8]

　　通过使用 B2C 电子商务直接向消费者销售，消费品的生产者或提供者可以消除中间人与顾客之间的联系。在许多情况下，这会将高成本、低效率挤出供应链，并可能导致企业利润增加，消费者价格下降。消除生产者和消费者之间的中间组织，称为非中介化（disintermediation）。

　　互联网不仅仅是一个下订单的工具，它还使购物者能够比较价格、功能和价值，并查看其他顾客的意见。网络购物者还可以使用购物机器人或访问网站，如 eBayShopping.com、Google Shopping、Shopzilla、PriceGrabber、雅虎购物，或者兴奋地浏览互联网并获取商品、价格和商家的列表。许多 B2C 商家在它们的网站上添加了所谓的"社交商务"功能，通过创建一个区域，购物者可以只看到那些已经被其他购物者审查和列出的产品。沃尔玛（Walmart）实施了 Shopycat 应用程序，该应用程序引用脸谱网上朋友的购物信息，为购物者提供礼品推荐。然后，他或她可以从沃尔玛、其他在线商店或个人网页上搜索来购买这些商品。[9]

　　1992 年美国最高法院的一项裁决称，在线零售商不必在没有实体店的州缴纳销售税，数百万在线购物者不必为其在线购物支付州或地方税。与必须征收销售税的实体店相比，这种取消销售税的做法为在线零售商创造了价格优势。这还导致每年大约 230 亿美元的税收损失，这些税收可以分配给州和地方政府，为其公民提供服务。[10]

消费者对消费者电子商务

消费者对消费者（C2C）电子商务（consumer-to-consumer（C2C）e-commerce）是电子商务的一个子集，涉及消费者之间使用第三方进行电子交易，以促进这一过程。eBay 是 C2C 电子商务网站的一个例子，客户通过该网站买卖商品。eBay 成立于 1995 年，现已成为世界上最受欢迎的网站之一。其他流行的 C2C 网站包括 Bidz.com、Craigslist、eBid、ePier、Ibidfree、Kijiji、Ubid 和 Tradus。C2C 为许多人创造了一个通过在拍卖网站上出售物品谋生的机会。

从事电子商务的公司和个人必须谨慎，其销售不得违反各个县、州或国家法律管辖区的规定。对销售背景的扩展调查发现，网上枪支销售市场的繁荣发展，在美国已经成为一个极具争议的问题。根据现行法律，何时启动背景调查取决于谁在出售枪支。联邦法规要求有资质的经销商进行检查，但谁必须申请该资质的法律定义尚不清楚。由于没有对大多数私人交易进行背景调查的需要，互联网的匿名性使无照卖家能够为武器做广告，法定禁止拥有枪支的人（如已定罪的重罪犯）购买武器。[11]

表 5-2 总结了区分 B2B、B2C 和 C2C 电子商务的关键因素。

表 5-2　B2B、B2C 和 C2C 之间的差异

因素	B2B	B2C	C2C
销售价值	数千或数百万美元	几十或几百美元	几十美元
销售流程长度	几天到几个月	几天到几周	几小时到几天
参与决策的人数	几个人到十几个人	一两个人	一两个人
产品的一致性	通常是统一的产品	更多定制产品	单一产品，独一无二
购买过程的复杂性	极其复杂，在价格、付款和交货选项、数量、质量以及选项和功能方面有很大的谈判余地	相对简单，对价格、付款和交货选择的讨论有限	相对简单，对付款和交货方式的讨论有限；价格可商量
销售动机	由业务决策或需求驱动	由个人消费者的需求或情感驱动	由个人消费者的需求或情感驱动

电子政务

电子政务（e-government）是利用信息和通信技术，简化信息共享，加快以前的纸质流程，改善公民与政府之间的关系。政府对公民（G2C）、政府对企业（G2B）和政府对政府（G2G）都是电子政务的形式，每种形式都有不同的应用。公民可以使用 G2C 申请在线提交他们的州和联邦纳税申报表、更新汽车牌照、购买邮资、申请学生贷款并进行竞选捐款。公民可以通过其 GSA 拍卖网站从美国政府购买物品，该网站为公众提供了以电子方式竞拍各种政府资产的机会。Healthcare.gov 是由美国联邦政府根据《患者保护和平价医疗法案》创建并运营的医疗交换网站，是专门为美国不创建自己的州交易所的 36 个州的居民设计的。[12]

G2B 应用程序支持政府采购办公室从私营企业购买材料和服务，使企业能够对政府合同进行投标，并帮助企业确定它们可以投标的政府合同。Business.gov 允许企业访问有关法律法规的信息，并下载符合联邦企业的要求所需的相关表格。FedBizOpps 是一个网站，政府机构在网站上发布采购通知，为那些想投标政府合同的企业提供一个方便的联系点。

G2G 应用程序支持联邦政府与州或地方政府之间的交易。政府对政府的在线服务是一套网络应用程序，使政府组织能够向社会保障管理部门报告出生/死亡数据、逮捕证信息和国家援助数额等信息。俄勒冈州电子政府为各州政府机构提供电子商务服务。例如，俄勒冈交易支付引擎使机构能够使用高效的互联网支付解决方案，同时遵守全州的政策和程序。[13]

> **电子商务**：在计算机网络上进行的商务活动（如产品或服务的分销、购买、销售、营销和服务）。
> **企业对企业（B2B）电子商务**：电子商务的一个子集，其中所有参与者都是组织。
> **企业对消费者（B2C）电子商务**：是一种电子商务形式，在这种形式下，客户直接与一个组织打交道，避免中间人。
> **消费者对消费者（C2C）电子商务**：电子商务的一个子集，涉及消费者之间使用第三方进行电子交易，以促进这一过程。
> **电子政务**：利用信息和通信技术，简化信息共享，加快以前的纸质流程，改善公民与政府的关系。

移动商务

移动商务（m-commerce）依赖于移动、无线设备（如手机和智能手机）的使用来下单和开展业务。三星、爱立信、摩托罗拉、诺基亚和高通等手机制造商正与 AT&T、T-Mobile、Sprint/Nextel 和威瑞森等通信运营商合作，开发此类无线设备、相关技术和服务。互联网名称与数字地址分配公司（ICANN）创建了一个 .mobi 域名来帮助吸引移动用户上网。位于爱尔兰都柏林的 mTLD 顶级域名有限公司负责管理该域名，并帮助确保 .mobi 的站点和页面能在用户手机上快速、高效、有效地工作。

解析移动商务

北美移动商务市场的成熟要比西欧和日本晚得多，因为在北美许多供应商对网络基础设施的责任比较分散、消费者通常用信用卡支付、许多美国人对移动数据服务并不熟悉。而在大多数西欧国家，通过无线设备进行通信是很普遍的，消费者更愿意使用移动商务。日本消费者普遍热衷于新技术，因此更有可能使用移动技术进行购买。

2016 年，全球使用移动设备购物的移动商务用户增长到 5 亿以上。[14] 在美国，据估计移动商务在 2013 年创造了大约 420 亿美元的收入。2017 年，移动商务的销售额超过 1 130 亿美元。[15] 显然，移动商务是电子商务中一个快速增长的部分。专家指出，不管怎样，必须克服移动浏览器的相对笨拙和安全问题，以确保移动商务的快速增长。

电子商务和移动商务应用

电子商务和移动商务正以创新的方式和令人兴奋的态势得到发展与应用。本节将研究许多 B2B、B2C、

C2C 和 m-commerce 的应用程序。与所有新技术一样，电子商务和移动商务只有为用户提供真正的利益，才能取得成功。从事电子商务和移动商务的公司必须仔细考虑其战略，确保它们提供真正满足客户需求的服务。

零售和批发

电子商务在零售和批发业中得到了广泛的应用。**电子零售**（electronic retailing 或 e-tailing），是企业通过电子店面向消费者直接销售产品或服务，通常是围绕熟悉的电子目录和购物车模式设计的。Office Depot、沃尔玛以及其他许多公司都使用了同样的模式向公司员工销售批发商品。数以万计的电子零售网站出售从汤到坚果的所有商品。

网络购物中心（cybermall）是一个单一的网站，在一个类似于普通购物中心的互联网位置提供许多产品和服务。一个互联网网络商城将多个买家和卖家聚集到一个通过网络浏览器很容易到达的虚拟的地方。例如，国际超级网络商城（www. applaudwomen. com/IntlSuperCyberMallatApplaudWomen. html）提供了150 多家商店的直接链接，这些商店代表了汽车专区、百思买、Foot Locker、Old Navy、Pandora、Wayne Dyer 博士、The Great Courses 和数十个其他在线购物网站等 34 种不同类别的产品。[16]

批发电子商务的一个关键领域是在制造、维修和运营（MRO）商品与服务上的消费，从简单的办公用品到维持制造设施平稳运行所需的关键设备。MRO 采购通常接近制造业公司总收入的 40％，由于过时和繁琐的 MRO 管理流程，公司面临着巨大的内部成本。例如，研究表明，高比例的制造停工往往是由于没有在正确的时间、正确的地点拥有正确的零件造成的。其结果是生产力和生产能力的丧失。用于工厂运营的电子商务软件提供了强大的比较搜索功能，使管理人员能够识别功能相当的商品，帮助他们发现机会，合并采购以节省成本。比较不同的供应商，用更少的供应商整合更多的支出，降低了成本。此外，自动化工作流通常基于行业最佳实践，可以简化流程。

Industrial Parts House 提供超过 100 万件 MRO 零件和用品，所有客户订单的应答率为 99％。它提供 24小时送货服务，在下午 3 点前收到的每一份订单都在同一天发货。[17]

制造业

许多制造商为提高盈利能力和改善客户服务所采取的一种方法是将其供应链运营转移到互联网上。在这里，它们可以形成一个**电子交易所**（electronic exchange），即一个制造商、供应商和竞争对手在这里买卖商品、交易市场信息并运营后台业务（如库存控制）的电子论坛，如图 5 - 2 所示。这种做法大大加快了原材料和成品在企业界所有成员之间的流动，减少了必须维持的库存量。这也导致了更具竞争力的市场和更低的价格。

根据交易所的运营商，公司可以加入以下三种交易所之一。私人交易所由一家公司拥有和经营，所有者使用交易所与已建立的商业伙伴进行专门的交易。沃尔玛的零售环节就是这样一个交易所。财团经营的交易所是由一群传统上相互竞争、具有共同采购需求的公司经营的。例如，Covisint 是为满足三大汽车制造商的需求而开发的。独立交易所对特定市场内的任何买卖双方开放，它们向会员提供服务和一个共同的技术平台，并向任何想使用它们的公司开放，通常是收费的。例如，Tinypass 是一个灵活的电子商务平台，它使内容发布者能够从各种付费模式中选择出售他们的数字媒体产品，无论是文章、电影、博客文章、PDF，还是访问论坛或访问整个网站。[18]

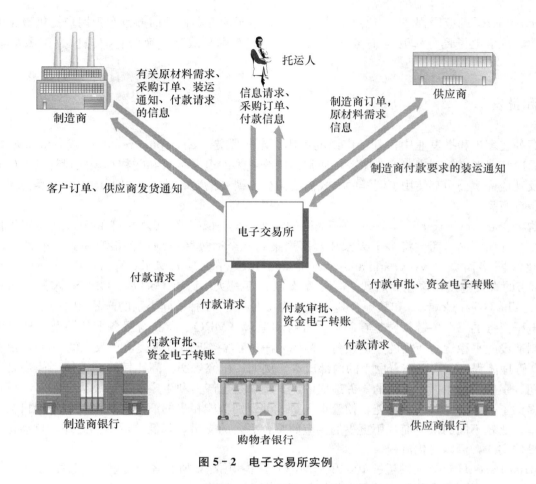

图 5 - 2　电子交易所实例

注：电子交易所是一个电子论坛，制造商、供应商和竞争对手可以在这里买卖商品、交易市场信息和运营后台业务。

　　有几个问题与交易所的使用有关。一是企业不信任竞争对手，担心参与此类交易可能会失去商业机密。供应商担心网络市场会压低商品价格，有利于买家。供应商也可以花大量资金来参与多个交易所。例如，石油行业出现了十多个新的交易所，印刷业有 20 多个在线市场。在特定行业出现明显的赢家之前，供应商或多或少都会被迫与几家或全部供应商签约。另一个问题是政府对交易所参与者的潜在审查，当竞争对手聚集在一起分享信息时，会引发串通问题或反垄断行为。

营销

　　网络的性质使公司能够收集更多关于客户行为和偏好的信息，因为客户及潜在客户会自己收集信息并做出购买决定。由于网络的交互性，以及访问者有的自愿提供，而有的拒绝提供姓名、地址、电子邮件地址、电话号码和人口统计数据，因此对这些数据的分析非常复杂。互联网广告商利用这些数据来确定特定的市场，并以定制的广告信息为目标。这种做法被称为**市场细分**（market segmentation），通常根据人口特征（如年龄、性别、婚姻状况、收入水平和地理位置）将潜在客户群划分为子组并进行定义。过去，B2B 营销人员很难进行市场细分，因为难以获得可靠的数据（地址、财务状况、雇员人数和行业分类代码）。然而，市场营销和媒体信息公司尼尔森（Nielsen）最近开发了其商业事实数据库，其中包括 1 400 多万家美国企业的联系人姓名、地点、地址、员工人数、年销售额以及 SIC 和 NAICS 行业分类码等关键信息。如图 5 - 3 所示。利用这些数据，分析师可以估计每个业务的潜在销售额，并根据所有其他客户和潜在客户对业务进行排名。[19]

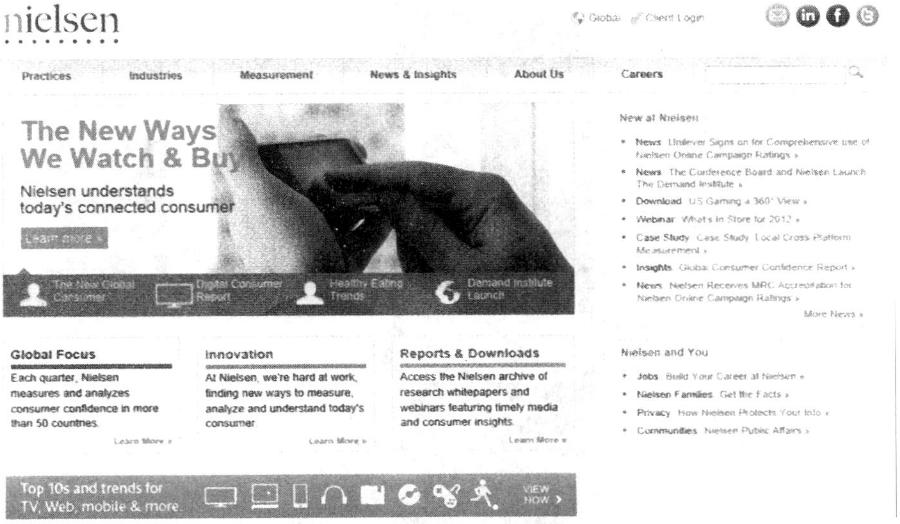

图 5-3　尼尔森营销公司

www. nielsen. com
注：尼尔森（Nielsen）是一家专业的营销公司，它估计和分析消费者如何获取信息、如何使用消费媒体以及购买商品和服务。

广告

移动广告网络将移动广告分发给发布者，如移动网站、应用程序开发人员和移动运营商。移动广告通常以每千人成本（CPM）、每次点击成本（CPC）或每次操作成本（CPA）等方式进行购买，广告商只在客户点击观看广告后或购买产品及服务时支付广告费用。移动广告成功的主要衡量标准是用户访问量、点击率（CTR）和用户行动数，如广告所提示的下载次数。广告商对这些数据非常感兴趣，并以这些指标衡量其广告支出的有效性，以此为依据决定是否会支付额外费用从移动广告网络或者第三方购买数据。

AdMob（谷歌的一部分）是一家移动广告提供商，为移动设备和应用程序（如运行在 Android 和 iPhone 上的应用程序）提供广告显示。有了 AdMob，智能手机应用程序开发人员可以与 100 多万谷歌广告商建立联系，并在他们的应用程序中显示相关广告。当用户参与广告时，应用程序开发人员获利。应用程序开发人员还可以在其他应用程序中发布他们的应用程序，以增加下载量。通过这种方式，应用程序开发人员可以免费分发他们的应用程序，并通过广告商的付款来收回他们的成本。[20]

因为移动商务设备通常只有一个用户，所以它们非常适合访问个人信息和接收特定消费者的目标消息。通过移动商务，企业可以在短时间内，随时随地与个人消费者建立一对一的营销关系，并进行沟通。如图 5-4 所示。

易货

在最近的经济衰退期间，许多人和企业转向以易货作为获取商品和服务的手段。许多网站已经被创建来支持此活动，如表 5-3 所示。企业愿意以易货来减少过剩库存，获得新客户，或者避免为必要的原材料或服务支付现金。手头拮据的顾客发现，易货是支付稀缺美元的一种有吸引力的选择。一般来说，易货交易有税务报告、会计和其他与之相关的记录保存责任。事实上，美国国税局主办了一个易货税中心网站，提供有关税法和易货交易责任的详细信息。

图 5 - 4   既方便又有个性化的移动商务

注：消费者越来越多地使用手机在网上购买商品和进行其他交易。

表 5 - 3   流行的易货网站

软件	供应商
Craiglist. org 网站	提供一个请求按钮，用户可以在交易所请求服务项来确定同意还是不同意以服务交换服务。
Goozez. com 网站	允许用户交换视频游戏和电影。
Swapagift. com 网站	允许用户购买、出售或交换商家礼品卡。
SwapHog. com 网站	易货网站，提供第三方服务，首先接收所有物品，并在完成交易前对其进行检查，以消除欺诈并确保交易成功。
Swapstyle. com 网站	用户可以交换、出售或购买女装、衣服、化妆品和鞋子。
Swaptree. com 网站	用户一对一地交换书籍、CD、DVD 和视频游戏。
TradeAway. com 网站	允许用户交换各种新的或使用过的项目、服务或不动产。

重新定位

网络购物车内物品的抛弃率平均为 67.75%，2011 年的销售额损失超过 90 亿美元。[21] 重新定位是广告商使用的一种技术，通过使用有针对性和个性化的广告将购物者引导回零售商的网站来重新吸引这些购物者。例如，某访问者浏览零售商网站的男装部分，然后离开了该网站，则对该访问者显示该零售商各种男装商品的横幅广告。横幅广告甚至可能会显示访客所看到的确切项目，例如男士休闲裤。重新定位可以进一步增强，包括来自购买相同商品的其他消费者的评论和建议。因此，重新定位可以确保潜在消费者看到他们已经表示感兴趣的产品的相关的、有针对性的广告。

价格比较

越来越多的公司提供手机应用程序，使购物者能够在网上比较产品价格和产品属性。亚马逊的价格审查（Amazon's Price Check）和谷歌的购物者（Google's Shopper）可以让购物者通过简单地扫描产品的条形码或者拍摄书籍、DVD、CD 或视频游戏封面的照片来快速进行价格比较。条形码扫描器允许购物者扫描 UPC

或快速响应码，以执行价格比较并阅读最新评论。[22]

优惠券

2013 年，北美地区发行了 2 870 多亿张独立插入式优惠券，总价值为 4 670 亿美元，每张优惠券平均价值为 1.67 美元。[23] 令人惊讶的是，即使在经济困难时期，对许多人来说，这些优惠券也只有 0.95% 被赎回。[24]

许多制造商和零售商现在直接向消费者的智能手机发送手机优惠券。遗憾的是，收银台使用的标准红色激光扫描仪在没有特殊智能手机应用程序的情况下很难读取智能手机上显示的信息。因此，对于许多购物者来说，当前的技术要求消费者打印优惠券，扫描它，然后将它交给店员，手工输入优惠券上的号码。

全球最大的消费品公司宝洁率先尝试了一种新方法——mobeam，使结账柜台的标准条形码扫描仪能够直接读取移动优惠券。消费者可以接收电子优惠券，在智能手机上对其进行分类和组织，并将其带到商店里直接扫描使用。mobeam 将条形码转换成一束光，可以被典型的条形码扫描仪读取。mobeam 应用程序必须在扫描前加载到智能手机上。[25] 由于优惠券被整合进社交网络，以及智能手机和平板电脑用户、新的移动应用程序和基于位置的交易，预计移动优惠券兑换者的数量将增加。[26] 如图 5-5 所示。

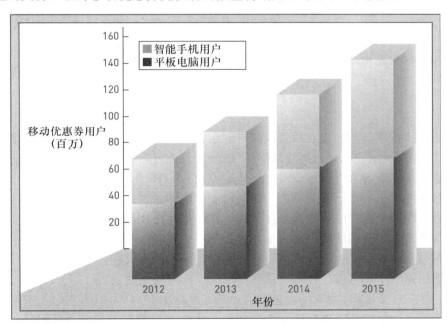

图 5-5　美国手机优惠券用户增长

注：移动优惠券兑换数量正在显著增加。

投资与金融

互联网使投资和金融界发生了革命性的变化。或许这些变化之所以如此显著，是因为这个行业有太多内在的低效率和太多的改进机会。经纪业务比任何其他金融部门都更快地适应了互联网。如图 5-6 所示。在线交易的吸引力使投资者能够快速、彻底地进行研究，然后在几秒钟内以低于全额佣金公司的成本购买任何公司的股票，这使得许多投资者到网络上进行购买。TD Ameritrade 为投资者提供了一个移动交易应用程序，用于监控他们的投资、查看流媒体报价、访问多个聊天室和数据源以便与其他交易员进行实时交流、与 300 多个图表和指标互动、访问 CNBC 的流媒体新闻、从研究和分析师的意见中产生投资想法，并使用他们的苹果、黑莓或安卓移动设备执行交易。[27]

图 5-6　移动投融资

注：投资公司提供移动交易应用程序以支持移动客户。

银行业

　　网上银行客户可以检查其储蓄、支票和贷款账户的余额，在账户之间转账，并支付账单。这些客户体验到支票非手写、追踪当前余额、减少信封和邮票开支的便利。此外，在线支付账单有利于环境保护，因为它可以减少纸张使用量，从而节省木材和减少温室气体的排放。

　　美国所有大银行和许多小银行都支持客户在线支付账单，许多银行支持通过手机或其他无线设备支付账单。银行渴望获得更多在网上支付账单的客户，因为这些客户往往在银行待得更久，现金余额更高，并使用更多的银行产品和服务。为了鼓励使用在线账单支付业务，许多银行已经取消了该项业务所有的相关费用。

　　已经注册手机银行并已在手机上下载应用程序的消费者在进行重大购买之前，可以查看自己的信用卡余额，并且可以避免信用拒绝，还可以将存款转移到支票账户，以避免透支。

　　M-Pesa（M 代表移动，Pesa 代表斯瓦希里的货币）在全球拥有约 2 000 万用户，被许多人认为是世界上最发达的移动支付系统。这项服务由肯尼亚和坦桑尼亚最大的移动网络运营商 Safaricom 和 Vodacom 运营。M-Pesa 允许持有国家身份证或护照的用户使用移动设备轻松存款、取款和转账。它的服务已经从基本的移动汇款计划扩展到贷款产品、储蓄产品、账单支付和工资支付。[28]

电子精品店

　　越来越多的网站为对高端产品、现代服装、运动服、牛仔服装、手提包、珠宝、鞋子和礼品感兴趣的购物者提供个性化的购物咨询。Charm Boutique 和 ShopLaTiDa 等网站成功的关键是服务高端客户的理念和强大的个人客户关系。在线精品店购物者通过回答有关身材、职业、兴趣、首选设计师风格、希望得到帮助的购物领域等问题来完成个人购物风格的定制。购物者会得到一些建议，包括什么风格和设计师最适合，在哪里（网上或实体店）可以找到他们。

　　经典礼品（Quintessentially Gifts）是一种奢侈品的礼物导购服务，其研究人员和风格评论师可以为高端购物者找到最稀有和最精致的礼物。如图 5-7 所示。从麦昆的豪华潜水玩具"水下摩托车"到爱马仕的铂金手提包，无需通常的两年等待期，礼品团队就可以为客户购买。[29]

图 5-7　网上奢侈品礼品

www.quintessentiallygifts.com
注：经典礼品是一个网上购物服务，其特点是售卖不寻常的豪华礼品。

电子商务和移动商务的优势

　　向电子商务或移动商务系统的转移使组织能够降低业务成本、加快货物和信息的流动、提高订单处理和订单履行的准确性并提高客户服务水平。表 5-4 总结了这些优点。现在，本章已经研究了几个电子商务和移动商务应用程序，下面来看看必须具备哪些技术基础设施的关键组件，才能使这一切正常运转。

表 5-4　电子商务与移动商务的优势

优势	说明
提供全球范围的服务	允许制造商以低成本在全球范围内进行采购，并为企业提供机会，从企业刚起步就可以向全球市场销售。
降低成本	在整个订单和交付过程中消除了耗时及劳动密集的步骤，从而可以在同一时间段内完成更多销售并提高准确性。
加速货物和信息的流动	由于已建立的电子连接和通信过程，信息的流动加快了。
提高准确性	使买家能够直接输入自己的产品规格和订单信息，从而消除人工数据输入错误。
改善客户服务	有关交货日期和当前状态的更多详细信息可提高客户忠诚度。

　　电子零售：企业通过电子店面向消费者直接销售产品或服务，通常是围绕熟悉的电子目录和购物车模式设计的。
　　网络购物中心：一个单一的网站，在一个互联网位置提供多种产品和服务。
　　电子交易所：制造商、供应商和竞争对手买卖商品、交易市场信息和运营后台业务的电子论坛。
　　市场细分：用定制的广告信息来识别并指向特定的市场。

电子商务和移动商务的技术基础设施

　　电子商务的成功实施需要对现有业务流程的重大改变和对信息系统技术的大量投资。组织必须仔细选择这些技术组件，并进行集成，以支持与客户、供应商和全球其他业务伙伴的大量交易。在线消费者抱怨网站性能差（例如响应时间慢、客户支持不足和订单丢失），迫使他们放弃一些电子商务网站，转而选择性能更好、更可靠的网站。本节简要概述了技术基础设施的关键组件。如图 5-8 所示。

图 5-8　技术基础设施的关键组件

注：电子商务系统需要特定种类的硬件和软件才能成功。

硬件

一个包含适当软件的 Web 服务器硬件平台是电子商务基础设施的关键组成部分。Web 服务器所需的存储容量和计算能力主要取决于两个方面：必须在服务器上运行的软件和必须处理的电子商务事务量。最成功的电子商务解决方案需要具备高度可扩展性，以便能够不断升级来满足额外的用户流量。

关键的网站性能度量包括响应时间、事务成功率和系统可用性。表 5-5 显示了四家受欢迎的在线零售商一周内的关键指标值。

表 5-5　流行零售网站的关键绩效指标

零售服装公司	响应时间（秒）	成功率	一周内停机时间（小时）
Abercrombie	4.64	98.60％	1
梅西百货（Macy's）	6.81	99.50％	0
西尔斯（Sears）	12.9	99.10％	1
J Crew	7.89	97.70％	1
萨克斯第五大道（Saks Fifth Avenue）	10.59	95.70％	2

资料来源："Keynote Online Retail Transaction Indices," *e-Commerce Times*, *www.ecommercetimes.com/web-performance*，February 15, 2014.

一家新的电子商务公司面临的一个关键决定是自己运营网站还是让别人来做。许多公司认为，使用第三方 Web 服务提供商是满足最初电子商务需求的最佳方式。公司在第三方的计算机系统上租用空间，由第三方提供与互联网的高速连接，从而最大限度地降低电子商务初创企业的初始自付成本。第三方还可以提供受过操作、故障排除和管理 Web 服务器培训的人员。

Web 服务器软件

除了 Web 服务器操作系统之外，每个电子商务网站都必须拥有 Web 服务器软件来执行基本服务，包括安全和标识、网页的检索和发送、网站跟踪、网站开发和网页设计。最广泛使用的两个 Web 服务器软件包是 Apache HTTP 服务器和 Microsoft Internet 信息服务。

电子商务软件

找到或构建主机服务器（包括硬件、操作系统和 Web 服务器软件）后，可以开始调查和安装电子商务软件，以支持五项核心任务：创建和更新产品目录的目录管理，帮助客户选择必要组件和选项的产品配置，可跟踪选择要购买的商品的购物车功能（如图 5-9 所示），电子商务交易处理，以及提供完善网站功能的详细信息的 Web 流量数据分析。

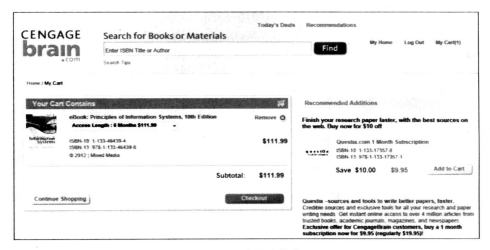

图 5-9 电子购物车

注：电子购物车允许在线购物者查看他们的选择并添加或删除项目。

移动商务软硬件

要使移动商务有效地工作，无线手持设备与其用户之间的接口必须改进到在无线设备上购物几乎与在 PC 上购物一样容易。此外，网络速度必须提高，这样用户才不会感到沮丧。安全性也是一个主要问题，特别是在以下两个方面：对传输本身安全性的信任和对正在与预定当事方进行的交易的信任。加密可以提供安全传输。本章后面将讨论数字证书，它可以确保在预期的当事方之间进行交易的安全性。

可用于移动商务的手持设备具有较多限制，使其使用比较复杂。它们的屏幕很小，可能不超过几平方英寸，只能显示几行文字。它们的输入功能仅限于几个按钮，因此输入数据的过程会很烦琐且容易出错。它们的处理能力和带宽也比通常连接到高速局域网的台式机或笔记本电脑小。它们使用的电池寿命有限。由于上述原因，目前不可能用手持设备直接访问太多网站。Web 开发人员必须重写 Web 应用程序，以便使用手持设备的用户可以访问它们。

为了解决无线设备的局限性，业界已经对其互联网通信进行了标准化方面的努力。无线应用协议（WAP）是在手持无线设备上运行的互联网应用程序的标准规范集。它有效地充当了此类设备的 Web 浏览器。

■ 电子支付系统

电子支付系统是电子商务基础设施的关键组成部分。当前的电子商务技术依赖于用户身份识别和加密来保护商业交易。实际支付方式多种多样，包括电子现金、电子钱包、智能卡、信用卡、收费卡和借记卡。与只提供单一支付方式的商家相比，接受多种支付方式的网站客户转化率更高。

许多组织使用身份验证技术来确认请求访问信息或资产的用户身份。**数字证书**（digital certificate）是嵌入网站的电子邮件或数据的附件，用于验证发件人或网站的身份。**证书颁发机构**（certificate authority，CA）是颁发数字证书的可信第三方组织或公司。CA 负责保证被授予这些唯一证书的人或组织的真实性。因此，数字证书在整个交易过程中创建一个信任链，验证买方和供应商的身份。

安全套接字层

所有网上购物者都担心信用卡号码和银行信息被盗。为了帮助人们防止这种身份盗窃，**安全套接字层**（Secure Sockets Layer，SSL）通信协议被用来保护敏感数据。SSL 通信协议包括握手阶段，握手阶段验证服务器（和客户端，如果需要的话），确定要使用的加密算法和散列算法，并交换加密密钥。在握手阶段之后，可能会传输数据。数据总是加密的，确保交易不会被第三方截获或"嗅探"。尽管 SSL 处理安全电子商务交易的加密部分，但需要数字证书来提供服务器标识。

当发现 Open SSL（SSL 的一种开源实现）中的 Heartbleed 漏洞可能使几乎三分之二的活动网站易于被攻击，从而泄露 Web 服务器上的敏感数据时，电子商务界受到了震动。[30]

电子现金

电子现金（electronic cash）是一种电脑化的、储存的并用作电子商务交易现金的货币。通常，消费者必须通过提供身份信息，在电子现金服务提供商处开立账户。当消费者想要提取电子现金进行购买时，他们可以通过互联网访问服务提供商，并出示身份证明——由证书颁发机构颁发的数字证书或用户名与密码。核实消费者身份后，系统借记消费者账户，并将购买金额记入卖家账户。PayPal、BillMeLater、MoneyZap 和 TeleCheck 是四种流行的电子现金形式。

PayPal 使任何拥有电子邮件地址的个人或企业能够安全、轻松、快速地在线发送和接收付款。要汇款，请输入收件人的电子邮件地址和汇款的金额，可以用信用卡、借记卡或支票账户的资金支付。汇款发出后，收款人会收到一封电子邮件，上面写着："你有现金！"。然后，收款人可以通过单击电子邮件中的链接来收款，该链接会将他们带到 www.paypal.com 网站上。要收到钱，收款人还必须有信用卡或支票账户才能接收转账资金。要申请拍卖资金、为客户开具发票或发送个人账单，需要输入收件人的电子邮件地址和申请的金额。收件人会收到一封电子邮件和如何使用 PayPal 付款的说明。今天，超过 1.4 亿互联网用户使用 PayPal 汇款，约 90% 的 eBay 购物通过 PayPal 进行。[31]

信用卡、收费卡、借记卡和智能卡

许多网上购物者使用信用卡和收费卡进行大部分网上购物。信用卡，如 Visa 或 MasterCard，根据用户的信用记录有一个预设的消费限额，每个月用户可以支付全部或部分欠款，未付金额部分需缴纳利息。美国运通（American Express）的收费卡没有预设的消费限额，而且该卡的全部费用在账单期结束时到期。收费卡不涉及信用额度，也不累积利息费用。美国运通在 2000 年成为第一家提供一次性信用卡号码的公司。花旗银行（Citibank）等其他银行通过为每笔交易提供唯一的号码来保护消费者。借记卡看起来像信用卡，但操作起来像现金或个人支票。信用卡、收费卡和借记卡目前在磁条上存储用户的部分信息。每次刷卡购物时都会读取此信息。所有信用卡用户都受法律保护，不得为欺诈性交易支付超过 50 美元的费用。

智能卡（smart card）是一种信用卡大小的设备，带有嵌入式微芯片，提供电子存储和处理能力。智能卡有多种用途，包括存储用户的财务状况、医疗保险数据、信用卡号码、网络识别码和密码。它们还可以存储用于支出的货币价值。

与传统的信用卡、收费卡和借记卡相比，智能卡能更好地防止误用，因为智能卡信息是加密的。传统的信用卡、收费卡和借记卡都会在卡的正面清楚地显示账号。盗窃者利用你的卡号和伪造的签名就可以购物。智能卡使得信用卡盗窃几乎不可能，因为需要一把钥匙来解锁加密信息，而且没有窃贼可以识别的外部号码，也没有窃贼可以伪造的物理签名。表 5-6 比较了各种支付系统。

表 5-6　支付系统比较

支付系统	说明	优势	缺点
信用卡	根据用户的信用历史记录预置支出限额	每月用户可以支付全部或部分欠款	未付余额通常以高利率累积利息费用
收费卡	看起来像信用卡，但没有预设的消费限额	不涉及信贷额度，也不累积利息费用	信用卡的全部费用在账单期结束时到期
借记卡	看起来像信用卡或自动取款机（ATM）卡	像现金或个人支票一样运作	立即从用户账户余额中扣除款项
智能卡	是一种带有嵌入式微芯片的信用卡设备，能够存储持卡人的信息	与传统的信用卡、收费卡和借记卡相比能更好地防止误用，因为智能卡信息是加密的	在美国没有广泛使用

p 卡

p 卡（p-card），即采购卡，是用于简化传统采购订单和发票付款流程的信用卡。通常发给选定的员工，这些员工必须遵守公司的规则和指导方针，其中可能包括单一购买限制、每月支出限制或商户类别代码限制。由于未经授权购买的风险增加，每个 p 卡持卡人的消费活动都会由独立于持卡人的人员定期审查，以确保遵守采购指南。在 p 卡上的支出已从 2012 年的 1 960 亿美元增加到 2013 年的 2 290 亿美元。[32]

手机支付

使用手机购物和在消费者之间转移资金已经司空见惯。用户可以选择将付款直接链接到银行账户上或将付款添加到电话账单中。其目标是使支付过程尽可能简单和安全，并能通过许多不同的手机服务供应商、在许多不同的手机上工作，而不是通过单一服务商、在单一设备上执行任务。幸运的是，iPhone 和其他智能手机内置的功能使这一切成为可能。

用户可以使用多种服务（例如，Phone Transact iMerchant Pro、Square、RoamPay 和 PayWare Mobile）将信用卡读卡器设备插入手机的耳机插孔以接受信用卡支付。Intuit 的 GoPayment 服务不需要信用卡读卡器，但提供了允许用户输入信用卡号码的软件。

有了 Xipwire，消费者可以给某人发短信，输入一个特殊的密码，在每月的电话账单上购物，完全绕过任何信用卡系统。一款免费的星巴克卡移动应用程序可以在 iPhone、iPod Touch 和一些黑莓智能手机上运行，用户可以将自己的移动设备放在屏幕上的条形码扫描器前，以支付爪哇咖啡的费用。注册客户可以将他们的信用卡信息链接到他们的 Starbucks.com 账户上。

数字证书：嵌入网站的电子邮件或数据的附件，用于验证发件人或网站的身份。

证书颁发机构（CA）：颁发数字证书的可信第三方组织或公司。

安全套接字层（SSL）：在电子商务中用来保护敏感数据的一种通信协议。

电子现金：电脑化的、储存的并用作电子商务交易现金的货币。

智能卡：一种信用卡大小的设备，带有嵌入式微芯片，提供电子存储和处理能力。

p卡（采购卡）：用于简化传统采购订单和发票付款流程的信用卡。

事务处理系统概述

每个组织都有许多**事务处理系统**（transaction processing systems，TPS），它们获取和处理更新组织基本业务操作记录所需的详细数据。这些系统包括订单录入系统、库存控制系统、工资单系统、应付账款系统、应收账款系统和总分类账系统，等等。这些系统的输入包括基本的业务交易，如客户订单、采购订单、收据、考勤卡、发票和客户付款。处理活动包括数据收集、数据编辑、数据校正、数据操作、数据存储和文档生成。处理业务事务的结果是更新组织的记录，以反映上次处理事务时的操作状态。

TPS还通过管理信息系统/决策支持系统（MIS/DSS）和专用信息系统向参与其他业务流程的员工提供数据，帮助他们实现目标。（MIS/DSS系统在第6章中讨论。）事务处理系统是这些系统的基础。如图5-10所示。

图5-10　TPS、MIS/DSS和专用信息系统的比较

注：TPS为MIS、DSS和KM系统提供了有价值的输入。

TPS支持与客户订单、客户账单、员工工资单、采购和应付账款相关的日常操作。TPS直接为管理者和工人提供的决策支持量很小。

TPS使用大量输入数据并输出大量数据，并且使用这些数据更新公司有关订单、销售和客户等方面的正式记录。随着系统从事务处理系统转向管理信息/决策支持和专用信息系统，它们涉及的日常事务越来越少，涉及的决策支持越来越多，输入和输出的数据越来越少，所进行的分析越来越困难和复杂。这些高级系统需要以TPS获取的基本业务及事务数据为基础。

例如，Policy Bazaar是一个提供在线人寿保险产品的印度金融平台。这家公司雇用了800名工人，并且正在迅速发展。Policy Bazaar从使用Excel和基于纸张的工资单处理系统转变为使用完全自动化的工资单交易处理系统，提高了工资单处理的准确性，降低了总成本。同时，公司能够为客户提供自助服务门户，以支持特殊报销和纳税申报业务。[33]

传统的事务处理方法和目标

在**批处理系统**（batch processing systems）中，业务交易在一段时间内累积，并准备作为一个单元或批处理。如图 5 - 11（a）所示，为了满足该系统用户的需求，事务的累积时间是必要的。有的系统需要每天运行，例如，每天为应收账款系统处理发票和客户付款是非常重要的。然而，有些系统则不是这样的，例如，工资系统会受到考勤卡数据的影响，因此，每两周处理一次，以创建支票、更新员工收入记录和分配劳动力成本。批处理系统的基本特征是，事件与相关事务的最终处理以更新组织记录之间存在一定的时间延迟。

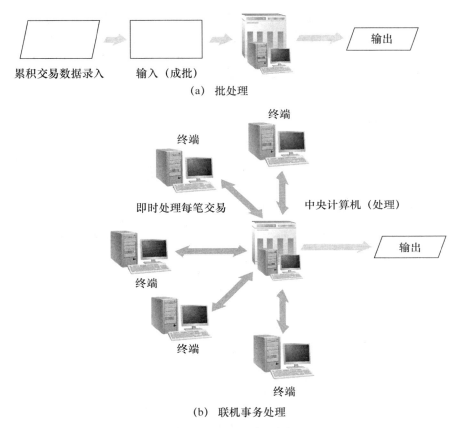

图 5 - 11　批处理与联机事务处理

注：（a）批处理输入并分组处理数据。（b）在联机处理中，事务在发生时即完成。

Spectrum Family Medical 是马里兰州的一家医疗机构，采用批处理计费系统。该机构平均每月接待 1 200 名患者，每两天向医疗保险公司提出一次索赔，每天向患者发出一次账单。[34]

在**联机事务处理**（online transaction processing，OLTP）中，每个事务都会立即处理，而不会延迟将事务累积到一批中。如图 5 - 11（b）所示。因此，在线系统中的数据随时反映当前状态。这种类型的处理对于需要访问当前数据（如航空公司、机票代理和股票投资公司）的企业至关重要。许多公司发现，OLTP 帮助它们提供更快、更高效的服务，这是在客户眼中为他们的活动增加价值的一种方式。越来越多的公司正使用互联网从电子商务应用程序中获取和处理客户订单和发货信息等交易数据。PayPal 在全球拥有超过 1.43 亿个活跃账户，它使用一个庞大的 OLTP 系统每天大约处理 900 万笔支付交易（每秒超过 100 笔支付交易）。[35]

　　组织的具体业务需求和目标确定了最适合公司各种应用的事务处理方法。越来越多的决策需要当前的数据，这促使许多组织在经济可行的情况下，从批处理系统转向在线事务处理系统。例如，威斯康星州卫生服务部（DHS）运行妇女、婴儿和儿童（WIC）计划。WIC 的目标是支持高危孕妇、维持高危孕妇营养、推广母乳喂养、维护产后妇女及其婴幼儿的健康和福祉。DHS 采用批处理系统来管理这个过程，在每天结束时对 WIC 数据进行批处理。这种做法造成了在获取决策及政府报告所需信息时的固有延误。同时，DHS 需要最新的数据来避免双重参与事件，例如客户或护理人员一个月内会多次收到 WIC 的检查要求，超过了一个月检查一次的规定，或同时收到 WIC 检查和商品补充食品计划（CSFP）付款单。DHS 转移到一个在线交易处理系统后，能确保目前所有数据都可用。该系统是基于 Web 的，WIC 工作人员只需要一个 Web 浏览器和安全的互联网访问就可以处理数据。[36]

　　图 5-12 显示了一个典型的制造业组织从一个 TPS 到另一个 TPS 时的关键信息流。TPS 的设计可以使信息从一个系统自动流向另一个系统，无须人工干预或重新输入数据。这样一套系统称为综合信息系统。许多组织的 TPS 所覆盖的部门有限，有些组织则没有实现各个 TPS 之间的集成。在这种情况下，必须打印上游 TPS 的输出，再手动重新输入到下一个 TPS 或其他系统。当然，这会增加所需的工作量，并导致出现处理延迟和错误的可能性。

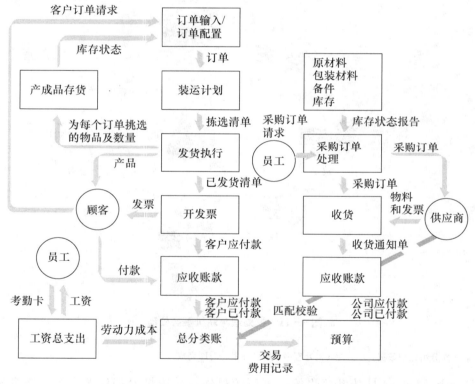

图 5-12　企业 TPS 的集成

注：当事务输入一个系统被处理后，系统会创建流入另一个系统的新事务。

　　由于事务处理的重要性，组织希望其 TPS 能够实现一些特定的目标，包括：
- 处理由事务生成的和关于事务的数据
- 保持高度的准确性和完整性
- 避免处理欺诈性交易
- 生成及时的用户响应和报告

- 提高劳动效率
- 帮助改善客户服务和/或忠诚度

根据组织的具体性质和目标，这些目标中的任何一个都可能比其他目标更重要。通过实现这些目标，TPS 可以支持公司的目标，例如降低成本、提高生产率、提高服务质量和客户满意度，以及运行更有用、更高效的操作。例如，据联邦快递（FedEx）等次日达快递公司预计，它们的 TPS 将扩展客户服务。这些系统可以在从最初取货到最终交货的任何时间找到客户的包裹。这种完善的客户信息使公司能够及时提供信息，支持企业对客户的需求和查询做出更深度的响应。

TPS 通常包括以下类型的系统：

- 订单处理系统（order processing systems）。高效可靠地运行订单处理系统是非常关键的，因此有时这些系统被称为组织的命脉。处理流程从收到客户订单开始。然后检查成品库存，看是否有足够的库存来填写订单。如果有足够的库存，则计划为客户发货以满足客户在所需的收货日期收货的要求。产品提货单在计划当天发出货物的仓库中填写并打印。在仓库中，工人拣选订单所列的所有物品，并为所有物品输入发货标识符和发货数量，以更新成品库存。当订单完成并在途发送时，将创建客户发票，并随货向客户发送一份副本。

- 采购系统（purchasing systems）。支持采购业务功能的传统 TPS 包括库存控制、采购订单处理、收货管理和应付账款处理。员工根据库存控制报告中确定的库存短缺情况发出采购订单请求。采购订单信息流向收货系统和应付账款系统。在收到订购的物品时创建记录。当发票从供应商处到达时，它与原始订单和收货报告进行匹配检验，并检查所有数据是否完整和一致。

- 会计系统（accounting systems）。会计系统必须跟踪所有影响组织现金流的相关数据流。如前所述，订单处理系统为要发货的客户订单生成发票，并随货送达客户。此信息同时发送到应收账款系统以更新客户的账户状态。当客户支付发票时，付款信息同时用于更新客户的账户状态。必要的会计事务被发送到总分类账系统，以跟踪应付金额和已付金额。同样，当采购系统生成采购订单并接收到这些物品时，信息被发送到应付账款系统以管理公司的应付金额。客户欠公司、公司欠供应商或其他人的金额和客户支付给公司的金额等数据都被发送到总账系统，该系统负责记录和报告公司的所有财务交易。

在过去，组织编织了一个大杂烩的系统来完成如图 5-12 所示的事务处理活动。有些系统可能使用内部资源开发的应用程序，有些应用程序可能是由外部承包商开发的，其他应用程序可能是现成的软件包。为了使所有的应用程序能够有效地协同工作，需要对这些多样的软件进行大量的定制和修改，在某些情况下，需要从一个系统打印数据，然后手动将其重新输入到其他系统中。当然，这增加了所需的工作量，并增加了处理延迟和错误的可能性。

许多组织今天采取的方法是从处理图 5-12 所示的大部分或全部事务处理活动的单个或有限数量的软件供应商那里实现一组集成的事务处理系统。数据从一个应用程序自动流向另一个应用程序，无须延迟或重新输入数据。例如，Zoës Kitchen 是一家地中海风格的休闲餐饮连锁店，在亚拉巴马州和邻近各州设有 16 家分店。该公司在其多个地点实施了一套综合系统，以管理食品和劳动力成本，改进现金管理，每周对现金和信用卡进行对账，并简化每周的银行对账。[37]

■ 个体经营者及中小企业的交易处理系统

许多软件包为中小型企业（SME）提供了集成的 TPS 解决方案，其中 SME 指拥有不超过 500 名员工的合法独立企业。面向中小企业的集成交易处理系统通常易于安装和操作，并且通常具有较低的总体拥有成本，初始成本为几百美元到几千美元。这样的解决方案对那些已经放弃现有软件但又负担不起复杂的高端集成系统解决方案的公司具有很大的吸引力。表 5-7 展示了几十种可用的软件解决方案中的一部分。

表 5-7　中小企业综合 TPS 解决方案举例

供应商	软件名称	提供的 TPS 类型	目标客户
AccuFund	AccuFund	财务报告和会计系统	非营利、市政和政府组织
OpenPro	OpenPro	完整的 ERP 解决方案，包括财务、供应链管理、电子商务、客户关系管理和零售 POS 系统	制造商、分销商和零售商
Intuit	QuickBooks	财务报告和会计系统	制造商、专业服务、承包商、非营利组织和零售商
Sage	Timberline	财务报告、会计和运营管理	承包商、房地产开发商和住宅建筑商
Redwing	TurningPoint	财务报告和会计系统	专业服务、银行和零售商

　　QuickBooks 是 Intuit 公司的会计软件，中小企业可以使用它轻松地维护会计记录。在印度，成百上千的公司都是大型外国公司的子公司。通常，QuickBooks 能使这些子公司准确一致地维护其所有账户。用户可以维护客户数据库、记录客户付款明细并跟踪当前余额。该软件使创建供应商数据库、编写货物与服务的支付凭证变得容易。[38]

　　Qvinci. web 允许公司从多个位置收集 QuickBooks 数据，并将这些数据格式化为公司的标准化会计科目表。各种中小企业的财务经理，如 Anytime Fitness、Christian Brothers Automotive、Dairy Queen、Sunoco Oil&Gas、UPS Store 和 Wellness Center，使用 QuickBooks 创建预定义的财务报告。[39]

> **批处理系统**：数据处理的一种形式，其中业务交易在一段时间内累积，并准备作为一个单元或批处理。
>
> **联机事务处理（OLTP）**：数据处理的一种形式，其中每个事务都会立即处理，而不会延迟将事务累积到一批中。

事务处理活动

　　除了具有共同的特征外，所有 TPS 还执行一组共同的基本数据处理活动。TPS 获取和处理描述基本业务事务的数据。这些数据用于更新数据库，并为企业内外的人员生成各种报告。业务数据经过一个**事务处理周期**（transaction processing cycle），包括数据收集、数据编辑、数据更正、数据处理、数据存储和文档生成。如图 5-13 所示。

📊 数据收集

　　捕获和收集完成事务处理所需的所有数据称为**数据收集**（data collection）。在某些情况下，可以手动完成，例如收集手写的销售订单或库存更改。在其他情况下，通过特殊的输入设备（如扫描仪、POS 机设备、终端）自动收集数据。

　　数据收集从一个事务开始（例如，接收一个客户订单），并产生数据作为 TPS 的输入。在数据源捕获数据并用最少的人工和电子或数字形式及时准确地记录数据，以便直接输入计算机。这种方法称为**源数据自动化**（source data automation）。零售商店的自动化设备就是源数据自动化的一个例子，它可以加快结账过程。

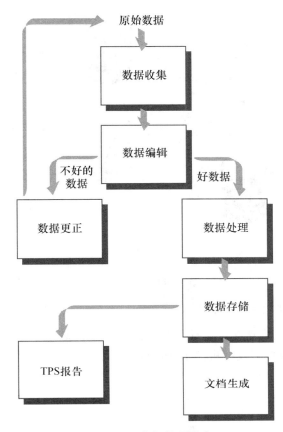

图 5 - 13　事务处理活动

注：事务处理周期包括数据收集、数据编辑、数据更正、数据处理、数据存储和文档生成。

源数据既可以是扫描仪读取的 UPC[①] 代码，也可以是商品接近结账台时接收到的 RFID 信号。使用 UPC 条形码或 RFID 标签比让职员在收银机上手动输入代码更快、更准确，它们可以自动确定每个货品的产品 ID，并从商品数据库中检索其价格。销售点 TPS 使用价格数据来确定客户的账单。商店使用库存数据库和采购数据库记录购买的商品的数量、价格、购买日期和时间。库存数据库生成一个管理报告，通知存储管理器对低于重新订购数量的货品进行重新订购。详细采购数据库可供商店使用，也可出售给市场调研公司或制造商进行详细的销售分析。如图 5 - 14 所示。

许多杂货店把销售点扫描仪和优惠券打印机结合起来。这些系统都是经过编程的，这样每当一个特定的产品（例如一盒谷类食品）通过扫描仪结账时，就会打印出相关的优惠券，也许是一张牛奶优惠券。公司可以通过该系统进行付费促销，如果客户购买了某公司竞争对手品牌的产品，系统就会编程打印该公司的优惠券。这些 TPS 帮助杂货店通过提高重复销售及其他业务带来收入，增加利润。

许多移动 POS 系统在移动设备上运行，如 iPad、iPhone 和 iPod Touch。一些移动 POS 系统附带营销工具，中小企业可以使用这些工具来答谢首次访问的客户，并向最近没有来访的长期客户自动发送电子邮件。中国巴洛克珠宝店的店主实现了一个移动 POS，该 POS 提供报告功能，使店主能准确地看到哪些珠宝最畅销，以及在哪个商店销售最好，以便做出更好的生产和购买决策。[40]

---

① UPC，Universal Product Code，通用商品条码。——译者注

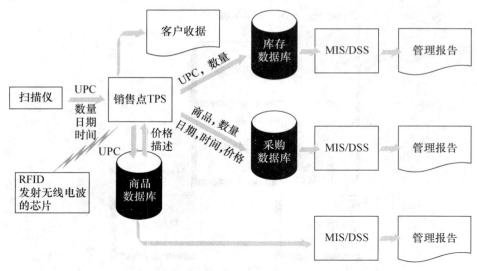

图 5 - 14　销售点 TPS

注：在收银台购物会更新商店的库存数据库及采购数据库。

基于云的 POS 系统提供一系列功能，包括与数字忠诚计划的高度集成、各种会计工具、以及生成礼品卡和优惠券的功能。与更传统的基于收银机的 POS 系统相比，中小企业只需几千美元就可以实施这样一个系统。[41]

数据编辑

处理事务数据的一个重要步骤是检查数据的有效性和完整性，以发现存在的问题，这项任务称为**数据编辑**（data editing）。例如，数量和成本数据必须是数字，名称必须是字母；否则，数据无效。通常，与单个事务相关联的代码是根据包含有效代码的数据库进行编辑的。如果数据库中不存在任何输入（或扫描）的代码，则拒绝该事务。

数据更正

仅仅拒绝无效数据是不够的。系统还应提供错误消息，提醒负责编辑数据的人员。错误消息必须指定问题，以便进行正确的更正。**数据更正**（data correction）涉及重新输入未正确键入或扫描的数据。例如，扫描的 UPC 代码必须与有效 UPC 主表中的代码匹配。如果代码在表中被误读或不存在，则向结账员提供一个指令，以重新进行项目或手动键入信息。

数据处理

TPS 的另一个主要活动是**数据处理**（data processing），即执行与业务事务相关的计算和其他数据转换的过程。数据处理可以包括对数据进行分类、将数据按种类排序、执行计算、汇总结果，以及将数据存储在组织的数据库中以供进一步处理。例如，在工资单 TPS 中，数据处理包括将员工的工作时间乘以小时工资率，加班费、联邦和州税收扣缴额以及扣除额也计算在内。

数据存储

数据存储（data storage）涉及用新事务更新一个或多个数据库。这些数据更新后，可由其他系统进一步处理，以供编制管理报告和决策使用。因此，尽管事务数据库可以被视为事务处理的副产品，但它们几乎对组织中所有其他信息系统和决策过程都有显著的影响。

文档生成

文档生成（document production）包括生成输出记录、文档和报告。这些可以是硬拷贝形成的纸质报告或在计算机屏幕上显示的报告（有时称为软拷贝）。例如，打印的工资单是由工资单 TPS 生成的硬拷贝文档，而发票的未付余额报告可能是由应收账款 TPS 显示的软拷贝报告。通常，如图 5 - 14 所示，一个 TPS 的输出会成为其他系统的输入，这些系统可能会使用更新后的库存数据来创建库存异常报告，这是一种显示库存水平低于再订货点的项目的管理报告。

除了支票和发票等主要文件外，大多数 TPS 还提供其他有用的管理信息，如打印出的报告或显示在屏幕上的报告，可以帮助经理和员工执行各种活动，例如能显示当前库存状态的报告，再如列出从供应商处订购的物品清单，可以帮助收货员在订单到达时检查订单执行的完整性。TPS 还可以生成地方、州和联邦机构要求的报告，如预扣税报表和季度损益表。

> **事务处理周期：** 数据收集、数据编辑、数据更正、数据处理、数据存储、文档生成的过程。
> **数据收集：** 捕获和收集完成事务处理所需的所有数据。
> **源数据自动化：** 在数据源捕获数据，并用最少的人工和电子或数字形式及时准确地记录数据，以便直接输入计算机。
> **数据编辑：** 检查数据的有效性和完整性的过程。
> **数据更正：** 重新输入未正确键入或扫描的数据的过程。
> **数据处理：** 执行与业务事务相关的计算和其他数据转换的过程。
> **数据存储：** 用新事务更新一个或多个数据库的过程。
> **文档生成：** 生成输出记录、文档和报告的过程。

企业资源规划系统

企业系统（enterprise system）是组织的中心系统，确保信息可以在所有业务功能和所有管理层之间共享，以支持业务的运行和管理。企业系统使用所有人都可以共享的包括关键操作和计划数据的通用数据库。如图 5 - 15 所示。这消除了由于不同事务处理系统只支持各自的业务功能或组织中的单一部门而导致的信息不完整和不一致的问题。典型的企业系统包括支持供应链流程（如订单处理、库存管理和采购）的企业资源规划系统，以及支持销售、营销和客户服务相关流程的客户关系管理系统。

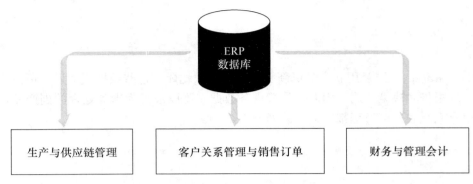

图 5 - 15   企业资源规划系统

注：ERP 集成了业务流程和 ERP 数据库。

企业依靠这些系统在产品供应、分销、销售、市场营销、人力资源、制造、会计和税务等领域执行众多日常活动，以便快速完成工作，同时避免浪费和错误。如果没有这样的系统，记录和处理业务交易就会消耗组织的大量资源。这些已处理事务的集合还形成了对决策非常宝贵的数据仓库。它的最终目标是通过降低成本和改善服务来满足客户并提供竞争优势。

企业资源规划系统概述

ERP 系统是从物料需求计划（MRP）系统发展而来的，MRP 将制造业的生产计划、库存控制和采购业务功能联系在一起。许多组织认识到，它们使用的多个事务处理系统之间缺乏必要的集成，无法协调企业所有业务部门的活动，不能共享有价值的信息，使用成本高于预期，客户服务也不如预期。许多企业正在逐步停用现有的信息系统，转换成新的 ERP 系统。大型组织，特别是《财富》1 000 强的成员，率先接受实施 ERP 系统的挑战。下面列出了它们发现的 ERP 系统的优点和不足。

ERP 系统的优势

全球竞争的加剧对管理人员控制企业总成本、管理产品流提出了新要求，越来越多的客户交互推动了企业级信息的实时访问需求。ERP 系统是来自单一供应商的集成软件，能帮助企业满足这些需求。实施 ERP 系统的主要好处包括改进对数据的访问，以便于业务决策；消除低效或过时的系统，改进工作流程；以及技术标准化。ERP 系统的供应商还为特定的应用和细分市场开发了专门的系统。

改进了对数据的访问，以便于操作决策

ERP 系统使用一个集成的数据库来支持所有的业务功能。这些系统可以从一开始就采用统一数据支持整个企业及业务单位的最佳采购或成本核算决策，而不是从多个业务职能部门收集数据，然后手动协调不同应用程序、不同数据库中的数据。使用 ERP 系统的结果是使组织从外部看是天衣无缝的整体，从内部各资源部署决策者的角度看也是如此。这些数据被集成在一起，促进企业运营决策，提供更多的客户服务和支持，加强企业与客户和供应商之间的关系，创造新的商业机会。

Amrit Feeds 是印度最大的鸡饲料、家禽和乳制品生产商之一，年收入 250 亿卢比（约合 4.09 亿美元）。直到最近，该公司还在印度各地部署了具有不同订单输入方法的独立销售团队，这使得公司很难获取客户当前的需求数据。Amrit 认识到，使用非标准方法和多个集成度差的系统，导致生产计划出现问题，经常出现缺货和销售订单未完成的情况。之后 Amrit 实施了 ERP 系统，包括销售订单功能、需求预测功能和生产计划功能。该系统的成功实施为企业提供了获取高质量数据的途径，提高了企业的关键决策水平。系统实施后该公司的产量增加了 2.5%，成品库存减少了 16%，订单完成率提高了 9%。[42]

消除昂贵、不灵活的遗留系统

ERP 系统的采用使一个组织能够消除几十个甚至几百个独立的系统，并用一套单一的、集成的应用程序来代替它们，以满足整个企业的需要。原有的许多系统已经有几十年的历史了，系统记录文档也很不全面，最初的开发人员也早已离开，使得这些系统在出现故障时极难修复，要使它们适应新的业务需求需要太长时间。它们成为组织周围的一个个锚，阻碍组织前进，不利于组织保持竞争力。而 ERP 系统则有助于使组织的信息管理能力与其业务需求相匹配，并能满足需求的不断发展。

英国国家铁路公司（Network Rail）经营、维护和发展英国的铁路、信号、桥梁、隧道和 17 个关键车站。它还确保所有当前或未来潜在的列车运营商在使用或寻求使用铁路时得到公平对待。该公司使用 ERP 系统来支持订单管理、物流规划和客户交互。该系统曾在几个功能强大的服务器上运行，这种安排使得系统的计算能力很难随着业务需求的增加而增加。于是英国国家铁路公司将 ERP 系统迁移到众多小型服务器上运行。这实现了组织以相对便宜的小增量扩展了系统容量，使系统具备了满足不断变化的业务需求的能力，同时还提高了系统在发生灾难时的可靠性，如果一台服务器出现故障，许多其他服务器可以承担工作负载。[43]

改进工作流程

竞争要求公司的业务流程结构尽可能有效，并以客户为导向。ERP 供应商做了大量研究来定义最佳的业务流程。它们收集同一行业内领先公司的需求，并将其与研究机构和顾问的研究结果结合起来。然后，ERP 系统设计各个功能模块来支持这些最佳实践，这是完成业务流程的最有益且最高效的方法。因此，ERP 系统的实施确保了基于最佳实践的良好工作流程。例如，对于管理客户付款，可以配置 ERP 系统的财务模块，以反映行业领先公司的最有效做法。这种效率的提高确保了日常业务运营遵循最佳的活动链，所有用户都提供了完成每一步所需的信息和工具。

一家综合性石油公司的化学部门建立在成功实施其 ERP 系统的基础上，以获取最佳实践，并执行持续改进计划，以优化其供应链。在第一轮持续改进变革中，项目团队跨业务职能开展工作，以减少供应商数量，改善采购定价和服务。在第二阶段，持续改进团队致力于增加跨职能协作并着力推进内部流程优化。在第三次变革浪潮中，项目团队重新设计和定义了组织角色、工作技能、管理体系以及公司文化和行为，以提高效率，改善客户互动和订单履行。所有这些变化的最终效果是将整个供应链成本降低 12%，并将订单满意度从 76% 提高到 91%。[44]

技术基础设施升级

在实施 ERP 系统时，组织有机会升级其使用的信息技术（包括硬件、操作系统和数据库）。在将这些决策集中化和形式化的同时，该组织可以消除目前使用多种硬件平台、操作系统和数据库的混乱局面，这些硬件平台、操作系统和数据库很可能来自多个供应商。对较少的技术和供应商进行标准化可以降低日常维护和支持成本，并减少必备的基础设施维护人员的培训负担。

杜邦（DuPont）总部位于瑞士日内瓦，被公认为世界上最具创新性的公司之一。它在 70 个国家雇用了 60 000 多名员工，为农业、电子、交通和服装等行业的客户提供各种产品和服务。每个杜邦战略业务部门都有自己的信息系统运营团队和战略，导致了公司所使用的应用程序、技术和供应商纷繁复杂。支持这些不同的技术是费时费力的。为此，杜邦管理团队启动了遗留应用程序迁移计划（LAMP），目的是将业务部门迁移到单一集成 ERP 系统环境中。迁移计划的范围包括法律、公司、业务报告，公司间流程以及价格管理。该项目取得了成功，消除了维护遗留应用程序的成本，使程序更简单、管理更容易、基础设施的成本更低，生产率得到了提高。[45]

领先的 ERP 系统

ERP 系统常用于制造企业、大专院校、专业服务机构、零售商和医疗保健机构。不同类型的组织的业务需求差别很大。此外，一个大型跨国组织的需要与一个小型地方组织的需要大不相同。因此，并不存在哪个来自单一供应商的 ERP 系统解决方案对所有组织都是"最佳"的。为了有助于简化比较，根据目标客户的类型，将 ERP 系统供应商分为一级、二级和三级。[46]

一级供应商的目标客户是拥有多个地理位置和年收入超过 10 亿美元的大型跨国公司。一级 ERP 系统解决方案非常复杂，实施和支持成本高昂。跨多个地点实施可能需要数年时间。一级 ERP 系统供应商主要是甲骨文和 SAP。

二级供应商的目标客户是年收入在 5 000 万美元至 10 亿美元之间的中型公司，这些公司在一个或多个地点开展业务。二级解决方案要简单得多，实施和支持成本也更低。二级 ERP 系统供应商有二十多家，包括甲骨文、SAP、微软、Infor、Epicor 和 Lawson。

三级供应商的目标客户是年收入在 1 000 万美元至 5 000 万美元之间的小型公司，这些公司通常在一个地点运营。三级解决方案比较易于实现和支持，而且成本较低。三级供应商有几十家，包括 ABAS、Bluebee 软件、Cincom 系统、Compiere、ESP 技术、Frontier 软件、GCS 软件、微软、Netsuite、PDS、Plex 和 Syspro。许多一级和二级供应商也为较小的公司提供解决方案。

大型组织是采用 ERP 系统的领导者，因为只有它们才能承担相关的大型硬件和软件成本，并为实施和支持这些系统投入足够的人力资源。大型组织迁移到 ERP 系统大约 10 年后，小型组织开始这样做。小公司根本无力承担实施和支持 ERP 所需的硬件、软件和人员方面的投资。然而，ERP 系统供应商创造了新的 ERP 解决方案，启动成本更低，实施更快、更容易。一些 ERP 系统供应商引入了基于云的解决方案，通过避免购买昂贵的 ERP 软件，避免进行主要硬件升级，进一步降低了启动成本。使用基于云的解决方案，组织可以租用软件并在供应商的硬件上运行。Plex 和 NetSuite 是许多基于云的 ERP 解决方案中的两个，用户可以使用网络浏览器，避免购买和维护高成本的硬件。

作为替代方案，许多组织还可以选择从 Compiere 等供应商那里实施开源 ERP 系统。使用开源软件，组织可以查看和修改源代码，自定义代码以满足组织需要。这样的系统的成本要低得多，而且相对易于按业务需求进行修改。

组织经常需要定制供应商的 ERP 软件，以集成其他业务系统、添加数据字段或更改标准系统中的字段大小，或者满足法规要求。广泛的软件服务组织可以进行系统的开发和维护。

◼ 供应链管理系统

供应链管理（supply chain management，SCM）包括原材料采购、原材料转化为成品、成品入库和交付给客户等所有活动的计划、执行和控制。供应链管理的目标是在降低成本、改善客户服务的同时，降低供应链对库存的总体投资。制造组织的 ERP 系统通常包括供应链管理活动，并管理物料、信息和财务的流动。制造业 ERP 系统遵循一个系统化的过程，即利用 ERP 系统数据库中的信息制定生产计划。

这个过程从销售预测（sales forecasting）开始，延伸出对客户未来需求的估计。这个最初的预测是在一个相当高的水平上，由产品组而不是每个单独的产品项进行估计。销售预测将在未来几个月内持续下去。销售预测可以使用 ERP 软件模块来开发，也可以使用专门的软件和技术通过其他方式生成。许多组织正在转向与主要客户协作的流程，以规划未来的库存水平和生产，而不是依赖于内部生成的销售预测。

 信息系统——实践篇

利用 ERP 系统适应肉类行业的快速增长

Dunbia 成立于 1976 年，是北爱尔兰蒂龙郡莫艾盖什（Moygashel）小村庄的一个连锁肉店，如今是欧洲零售和商业市场的主要红肉制造商之一。自 2001 年以来，Dunbia 在英国迅速收购了一系列竞争对手及相关公司。公司于 2001 年收购了威尔士的 Oriel Jones&Sons，2007 年收购了爱尔兰共和国的 Kepak Preston，2007 年收购了苏格兰的莱茵河 Elgin，2009 年收购了北爱尔兰的 Stevenson's&Co 猪肉工厂，2011 年收购了英格兰的 Heathfield Foods。2013 年和 2014 年，公司又相继收购了威尔士、苏格兰和英格兰的三家公司。同时，Dunbia 也在建造新的工厂进行去骨、香肠生产和肉类包装等业务。2013 年，该公司还对旗下的一家威尔士肉类工厂进行了改造，使其成为世界上同类工厂中最现代化的一家。这一系列收购行为令人印象深刻。

每次新收购，Dunbia 都会使用新的信息系统、工场管理系统和决策制定系统。到 2011 年，Dunbia 发现公司共有五种不同的 ERP 系统。如果使用单一的 ERP 解决方案，能为公司避免大量的许可成本和维护费用，公司决定开发一个 ERP 系统来规范现有的系统，实施最佳实践。

Dunbia 选择在其经营的 10 家工厂中部署了现有的肉类行业一线系统 Emydex。Emydex 系统专为肉类和鱼类行业设计，提供可定制的数据收集和生产管理。接下来，Dunbia 将 Emydex 与微软 Dynamic AX 平台内的其他模块进行集成。微软 ERP 系统（Microsoft Dynamic AX）提供了一系列支持管理与操作流程的模块：财务管理、人力资本管理、生产制造管理、供应链管理、项目管理和会计系统、零售管理、商业智能系统和报告系统。此外，由于 Dunbia 已经使用了许多微软产品，包括其 SQL Server 数据库，这使得新的 ERP 模块的集成能顺利进行。

Dunbia 的 ERP 系统有一个最重要的特点，它适应了公司目前的需求，并能适应未来预期的快速增长。此外，由于五个独立系统之间的不一致，该公司无法充分利用其产生的商业智能。Dunbia 现在正在使用新的 ERP 的商业智能模块来执行集团报告要求。

该公司在 2014 年推出了新系统，从位于威尔士最先进的工厂开始，每隔几个月就在系统中增加一个工厂。这是一个积极的、创新的计划，但也是一个值得冒险且能带来高投资回报的项目。

问题讨论

1. 在 Dunbia 的所有设施中部署一个 ERP 有什么好处？
2. 采用 ERP 系统时，公司应考虑哪些因素？应当如何避免废弃系统？

批判性思考

1. Dunbia 如何利用其新的 ERP 系统来改变其收购公司的工作流程？
2. 当 Dunbia 的员工开始使用新系统时，会面临哪些挑战？

资料来源："Dunbia's £12m Meat Plant Revamp Safeguards 600 Jobs in Llanybydde," BBC，June 7，2013，*www.bbc.com/news/uk-wales-22813800*；"Our History," Dunbia Web site，*www.dunbia.com/Discover-Dunbia/Our-History*；"Dunbia Powering Growth with Columbus Manufacturing," Columbus Food Web site，*www.columbusglobal.com/en-GB/Food/Client-cases/Dunbia*；"New from Microsoft Dynamics AX," Microsoft Web site，*www.microsoft.com/en-us/dynamics/erp-ax-overview.aspx*.

销售和运营计划：将需求和当前库存水平考虑在内，并确定需要生产的特定产品项以及何时满足预测的未来需求。还必须考虑生产能力和所有季节性的需求变化。其结果是生成高水平的生产计划，平衡了市场需求和生产能力。

需求管理：通过确定满足个别产品需求所需的周产量或日产量来改进生产计划。需求管理过程的输出是主生产计划，它是所有成品的生产计划。详细计划使用需求管理定义的主生产计划来制定详细的生产计划，详细说明要首先生产哪个产品以及何时将生产从一个产品切换到另一个产品等细节。一个关键的决定是每个产品的生产运行时间。较长的生产运行时间减少了所需的机器设置数量，从而降低了生产成本。较短的生产周期产生较少的成品库存，降低库存持有成本。

物料需求计划：确定向供应商下达原材料订单的数量和时间。支持计划的生产进度所需的原材料的种类和数量是基于现有原材料清单和物料清单或 BOM 产生的。BOM 是制造每一个产品项目所需的成分的"配方"。要订购的原材料数量还取决于交货期和批量大小。交货期是指从下达原材料订单到原材料到达生产设施所需的时间。批量大小与供应商的装运单位数量以及生产商接收和储存的经济数量有关。例如，一个供应商可能会以 80 000 磅的火车车厢为单位运送某种原材料。生产商可能需要 95 000 磅的原材料，供应商必须决定订购数量是一车还是两车。

采购：利用物料需求计划中的信息，对原材料下达采购订单，并将订单传递给合格的供应商。通常，这些采购订单的发布是有时间限制的，以便原材料及时到达并用于生产，同时使仓库和存储成本降到最低。通常，生产商会允许供应商通过一个外联网获取数据，使它们能够确定供应商需要什么样的原材料，从而最大限度地减少下订单和填写订单的工作量并缩短提前期。

生产：使用详细的时间表来安排生产操作的运行和人员配置的细节。

Kidrobot 是限量版艺术玩具、服装和配件的创造者和零售商。该公司采用了一个全球性的供应链管理系统，灵活地服务于其玩具、服装和配件业务。该系统支持复杂的国内和国际销售分销战略，包含多个分销渠道，包括零售店、批发客户、基于网络的 B2B 和电子商务 B2C。[47]

客户关系管理系统

客户关系管理软件（customer relationship management（CRM）software）集成组织中的销售、营销和服务功能并实现这些功能的自动化。系统的目标是通过各个渠道获取公司与客户每一次联系的数据，并将其存储在 CRM 系统中，以便公司能够真正了解客户的行为。如图 5-16 所示。CRM 软件帮助组织建立一个关于客户的数据库，该数据库充分详细地描述了客户之间的关系，以便管理层、销售人员、客户服务提供商甚至客户能够访问信息，使客户的需求与产品计划和产品相匹配，提醒他们注意服务要求，知道他们还买了什么产品。

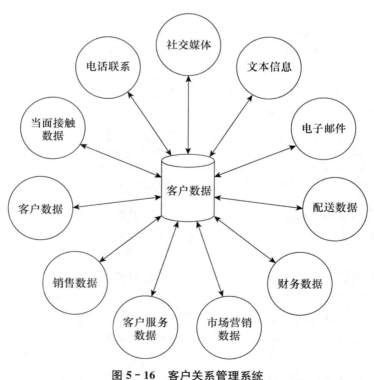

图 5-16　客户关系管理系统

注：CRM 系统提供客户数据的中央存储库供组织使用。

空中动物宠物搬运工（Air Animal Pet Movers）是一家总部位于佛罗里达州坦帕的小公司，负责协调国内外宠物的搬运。宠物主人对宠物的举动感到紧张，并期望在整个过程中得到反应灵敏、周到的服务。公司使用了一个 CRM 系统，该系统不仅跟踪与客户的每一次交互，还更新了其销售和发票流程。客户可以填写一个在线表格，提出有关他们需求的详细信息。此过程生成预计服务列表并新建客户联系记录。然后，系统会捕获完成移动中的每个步骤所需的详细信息，包括航班信息、宠物登机和所需的国际文件。然后，系统提供警报提醒，以确保每个步骤都已完成。[48]

CRM 系统的主要功能包括：

- **联系人管理**：能跟踪每个客户的数据和每条销售线索数据，并允许组织内所有部门访问这些数据。
- **销售管理**：组织和管理有关客户及销售线索的数据，按潜在销售机会确定销售优先顺序，确定适当的下一步行动。
- **客户支持**：能够支持客户服务代表，辅助他们快速、彻底、适当地处理客户请求并解决客户问题，同时收集和存储有关这些交互的数据。
- **营销自动化**：能够捕捉和分析所有客户互动，产生适当的回应，并收集数据，以创建和建立有益和高效的营销活动。
- **分析**：能够分析客户数据，找出增加收入和降低成本的方法，找出公司的"最佳客户"，确定如何留住他们，并找到更多客户。
- **社交网络**：销售人员具备创建和加入脸谱网等社交群体的能力，在社交媒体上与潜在客户建立联系。
- **智能手机访问**：能通过黑莓或苹果 iPhone 等设备访问基于网络的客户关系管理软件。
- **导入联系人数据**：系统具备从各种数据服务提供商（如 Jigsaw）处导入联系人数据的能力，Jigsaw 提供将公司级联系人数据免费下载到 CRM 应用程序中的功能。

莱维耶夫非凡钻石公司（LEVIEV Extraordinary Diamonds）能够独家获得一些世界上最独特的钻石，并通过其在迪拜、伦敦、纽约和新加坡的精品店销售大型、稀有、彩色的钻石。虽然重量（克拉）、纯净度、颜色和切割工艺是决定钻石价值的因素，但独一无二的钻石只有在客户对该品牌有信心时才能售出。实际上，莱维耶夫的首席执行官 Paul Raps 表示："我们与客户的关系是我们业务中最重要的一部分。"为此，莱维耶夫实施了 CRM 系统，以确保这些关系得以形成和维持。它的客户关系管理系统存储了每位客户购买的每一块莱维耶夫宝石和珠宝的照片、客户与公司设计师一起创作的任何物品的照片，以及未来购买的愿望清单。此数据只能由客户及其销售助理访问。CRM 系统不仅可以记录客户的生日和周年纪念日，还可以记录他们在夏季和冬季的度假地点。记录这些信息的目的是帮助销售人员设计必要的活动，维持客户关系并增加业务。[49]

表 5-8 列出了评级最高的 CRM 系统。[50]

表 5-8　最高评级的 CRM 系统（2014 年）

评级	供应商	用户	起始价位
1	Salesforce Sales Cloud	戴尔（Dell） 佩珀医生（Dr. Pepper Snapple）	每个用户每月 5 美元
2	OnContact CRM 7	保诚保险（Prudential） 卡法克斯（Carfax）	每个用户每月 50 美元
3	Sage Software CRM	松下（Panasonic） 洛克希德马丁公司（Lockheed Martin）	每个用户每月 39 美元
4	Prophet CRM	美国电话电报公司（AT&T） 21 世纪（Century 21）	每个用户每月 24 美元

由于移动设备的普及，购物者可以在手机上轻松地比较产品和价格，并立即将自己对某个品牌的体验发布到拥有数十位朋友的微博上。如今，精明的零售商利用它们的 CRM 系统来掌握这些客户在社交网络上的

言论。富国银行（Wells Fargo Bank）利用社交媒体听取客户的意见，然后迅速回应他们的问题和疑问，以提高客户满意度。[51]

现在，大多数 CRM 系统都可以通过智能手机访问，这样员工即使在移动中也可以使用最新的客户信息。然而，在最近的一项调查中，只有不到 25％ 的销售人员使用智能手机访问公司的 CRM 系统。另外 10％ 的销售人员所在公司的 CRM 系统不允许移动访问。[52]

■ 产品生命周期管理系统

产品生命周期管理（product lifecycle management，PLM）是一种企业业务战略，创建产品信息和流程的公共存储库，使用产品与包装的明确信息来支持产品的协同创新、管理、宣传。

 问题——伦理与社会

在线筹款支持对罕见遗传病的研究

普拉德-威利综合征（PWS）是一种罕见的遗传性疾病，大约每 15 000 名儿童中会发生一例。它会导致危及生命的儿童的肥胖和其他疾病，这种疾病的部分原因是大脑确信身体永远处于饥饿状态。过去，PWS 很少受到医学研究人员的关注与支援。普拉德威利研究基金会（FPWR）试图改变这种局面。

2003 年，40 个家庭成立了 FPWR，为研究 PWS 提供资金。2005 年，几个大捐助者为该组织筹集了 10 万美元。创始人们意识到，增加捐款实质上需要改变 FPWR 的运作方式。特别是，基金会必须建立一个在线机构。然而，该组织的信息技术资源很少，财政资源有限，也没有使用网络的经验。

在线捐赠充其量是一个冒险的过程。研究发现，近一半访问慈善机构网站、打算捐款的人没有坚持到底。更重要的是，各个网站之间没有捐款的访客比例有很大的差异。咨询公司 Nomensa 的首席执行官 Simon Norris 建议，"非营利组织应该从成功的电子商务品牌那里学习经验，了解并提供最佳的捐赠体验。"

这种体验的关键是在慈善机构和捐赠者之间建立一种关系。FPWR 的创始人理解这一原则。他们知道，正如你在本章中所学到的，客户关系管理（CRM）系统可以"帮助公司管理客户遇到的所有方面"。用"捐赠者"取代"客户"，来自系统的支持正是基金会需要的：软件管理其捐赠者关系，以加强捐赠者与 FPWR 的连接。

幸运的是，FPWR 可以从许多可用的 CRM 软件包中进行选择，即使 CRM 中的"C"被视为"组成部分"而不是"客户"，当捐赠者参与其中时，这更为合适。不幸的是，CRM 软件包非常丰富，进行软件选型是困难的。FPWR 有限的预算是选择 CRM 包的关键制约因素。当基金会获悉 CiviCRM 是专门为慈善机构设计并免费提供的 CRM 软件时，该系统成为显然的选项。

CiviCRM 是专门为追踪捐赠者而设计的。它可以记录现金、有价物品或服务（实物）以及志愿者的时间贡献。它可以处理一次性礼物、经常性礼物、未来礼物的认捐等，它可以跟踪线下礼物，通过所有渠道提供捐赠者所捐实物的完整图片。该系统还区分了赠款（FPWR 有义务做出部分回报）和捐款（不需要回报）。系统跟踪家庭和工作单位的关系，以表明谁与谁有联系。还允许组织管理志愿者的技能和可利用性，并按不同的标准和优势创建成员级别。

FPWR 的三个人加上一个受雇的开发人员建立了 CiviCRM，FPWR 现在每年通过在线捐赠获得 70 多万美元。

FPWR 利用 CiviCRM 启动了其 OneSmallStep（OSS）研究计划。这项倡议汇集了全球 53 个城市的 500 多个募捐者，为普华永道研究筹集资金。每个城市的开放源码软件组织者都利用 CiviCRM 来建立他们的活动，并招募募捐者，这些募捐者反过来又募集捐款。CiviCRM 处理多种货币、语言和支付处理器，并管理不同国家的捐赠跟踪的合法性要求。

该基金会已经为研究可能疗法的科学家颁发了超过 300 万美元的科研补助金。没有 CiviCRM，这一成就是不可能的。

问题讨论

1. FPWR 是如何利用 CiviCRM 来扩大其捐赠基数的？

2. 你所在的大学肯定会向毕业生募捐。它的捐赠者管理要求与 FPWR 有什么不同？它们有什么相似之处？

批判性思考

1. CiviCRM 与其他 CRM 系统共享哪些功能？哪些功能是独特的？

2. 你认为在支持一家私营企业时，CiviCRM 和 CRM 在设计上有什么区别，比如电信公司或者制药公司？

资料来源：CiviCRM Web site, *civicrm.org*, accessed March 29，2014；Foundation for Prader-Willi Research Web site, *www.fpwr.org*, accessed May 2, 2012；Nomensa Web site, *www.nomensa.com*, accessed April 11，2014；Norris，S. and Potts，J.，"Designing the Perfect Donation Experience," Nomensa Ltd.，*www.nomensa.com/insights/designing-perfect-donation-process-part-1* (requires free registration)，October 2011；Sheridan，A.，"Getting to Know You：CRM for the Charity Sector," Fundraising, *www.civilsociety.co.uk/fundraising/opinion/content/8759/getting_to_know_you_crm_for_the_sector*，April 6，2011.

产品生命周期管理（PLM）软件（product lifecycle management（PLM）software）提供了一种管理与产品生命周期各个阶段相关的数据和过程的方法，这些阶段包括销售和营销、研究和开发、概念开发、产品设计、原型和测试、制造过程设计、生产和组装、产品的交付和安装、服务和支持，以及产品报废和更换。如图 5-17 所示。随着产品在这些阶段的推进，产品数据被生成并分发给制造企业内部和外部的各个部门与

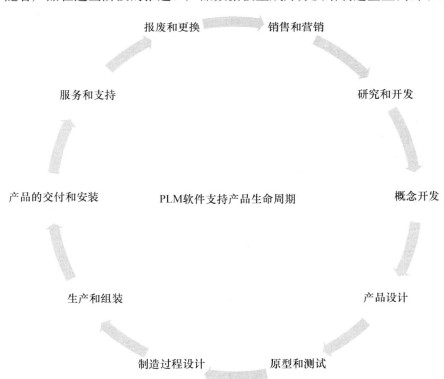

图 5-17 PLM 软件范围

注：使用 PLM 软件，用户可以管理与产品生命周期的各个阶段相关联的数据和过程。

组织。这些数据包括产品设计和工艺文件、物料清单定义、产品属性、产品配方、FDA 和环境合规所需的文件。PLM 软件为配置管理、文档管理、工程变更管理、发布管理以及与供应商和原始设备制造商（OEM）的协作等关键功能提供支持。

PLM 软件及其数据供内部和外部用户使用。内部用户包括工程、运营和制造、采购和获得、制造、营销、质量保证、客户服务、监管和其他。外部用户包括制造商的设计合作伙伴、包装供应商、原材料供应商和合约制造商。这些用户必须相互协作，在产品的整个生命周期中定义、维护、更新和安全地共享产品信息。通常，这些外部用户被要求签署保密协议，以降低与竞争对手共享专有信息的风险。

表 5-9 概述了企业在有效使用 PLM 系统时可以实现的好处。

表 5-9　PLM 系统的优点

优点	实现途径
缩短上市时间	通过灵活的协作环境无缝地连接设计、研发、采购、制造和客户服务 通过改进组织与供应商、合同制造商和 OEM 之间的协作
降低成本	通过使用软件模拟降低原型成本 通过改进流程减少废品和返工 通过标准化减少产品组件的数量
确保遵从法规	通过提供安全的存储库、跟踪和审核跟踪、更改和文档管理控制、工作流和通信，以及提高安全性

Flovel 集团是一家水力发电设备和涡轮机阀门的供应商。其总部和制造厂位于印度北部哈里亚纳邦，相距约 50 公里。该公司的成功战略是在中小型水电项目快速交付产品方面击败竞争对手。为了实施这个战略，公司实施了 PLM 技术。

这使得 Flovel 能够加快向市场发布定制的创新产品的速度；改进产品开发生命周期中所有业务部门之间的协作和信息重用；克服其设计中心和制造工厂之间的物理分离。[53]

根据 Business-Software.com 的 2013 年的报告，表 5-10 列出了一些顶级 PLM 软件产品（按字母顺序排列）。[54]

表 5-10　顶级 PLM 软件产品

供应组织	主要 PLM 软件产品	技术模型	客户
Arena	Cloud PLM	基于云的解决方案	SiriusXM，SunLink 公司
Infor	Optiva	内部解决方案	汉高（Henkel） 西普里斯（Sypris）
Integware	Enovia Collaborative PLM	内部解决方案	康明斯（Cummins） 斯蒂尔凯斯（Steelcase）
PTC	Windchill	SaaS 解决方案	美可设备（Medco Equipment） InterComm
SAP	PLM	内部解决方案	保时捷（Porsche） 阿纳达科石油公司（Anadarko Petroleum）
Siemens	Teamcenter	内部解决方案	宝洁（Procter & Gamble） BAE 系统（BAE Systems）
Softech	ProductCenter PLM	SaaS 解决方案	海沃德泰勒汽车公司（Hayward Tyler Motors） 摩纳液压（Monarch Hydraulics）
Sopheon	Accolade	基于云的解决方案	百事（PepsiCo） 康尼格拉（ConAgra）

克服实施企业系统的挑战

实施一个企业系统，特别是对于一个大型组织来说，是非常具有挑战性的，需要大量的资源、最好的信息系统和业务人员，以及大量的管理支持。尽管如此，许多企业系统实施后还是失败了，要解决企业系统实施的问题，需要昂贵的解决方案。以下是一些主流企业系统实施项目失败的示例：

- 美国空军浪费了 10 亿美元，试图实施一个企业系统，以取代其全球供应链中涉及的 200 多个遗留系统，确保其男性和女性都能得到良好的支持和供给。该系统的范围包括产品生命周期管理、规划和调度、维修和维护以及分销和运输。[55]
- 雅芳在一个新的订单管理系统上花费了超过 1 亿美元，而这个系统从未推出，因为它对正常运营造成了严重破坏。该系统使用起来非常困难，以至于销售代表退出了公司，而不是被迫与"用户不友好"的系统作斗争。[56]
- 加利福尼亚州审计员以 5 000 万美元的价格起诉了企业软件供应商的一项综合工资和福利计划系统。因为在 8 个月的试运行期之后，该软件仍会产生重大错误。[57]

ERP 咨询公司 Panorama 对全球近 200 个 ERP 实施情况进行了评估，结果是，其中一半被认为是失败的。表 5 - 11 列出并说明了成功实施企业系统所面临的最重大的挑战。[58]

以下列表提供了避免企业系统实施失败的许多常见提示：

- 指派一名全职主管来管理项目。
- 任命一名经验丰富的、独立的帮手监督项目实施，并验证系统性能。
- 留出足够的时间从旧的业务方式过渡到新的系统和新的流程。
- 计划花费大量的时间和金钱培训员工；许多项目经理建议为每个员工的培训编列 30～60 天的预算。
- 定义评估项目进度和识别项目相关风险的指标。
- 保持对项目范围的良好定义，并将其纳入基本的业务流程。
- 谨慎修改企业系统软件，使之符合公司的商业惯例。

表 5 - 11　成功实施企业系统面临的挑战

挑战	说明
升级的成本和中断	大多数公司都有其他必须与企业系统集成的系统，如财务分析程序、电子商务操作和其他与供应商、客户、分销商、其他业务伙伴通信的应用程序。这种整合需要更多的努力和时间。
成本和较长的实施周期	企业资源规划的平均实施费用为 550 万美元，平均项目持续时间超过 14 个月。
管理变革的困难	公司通常必须从根本上改变其运作方式，以符合企业工作流程。这些变化对长期工作的员工来说是如此剧烈，以至于他们离开而不是适应变化，导致公司缺少有经验的员工。
软件定制管理	可能需要修改基本企业系统以满足强制性的业务需求。这种修改可能会变得非常昂贵，并进一步延迟实现。
用户对新系统的不满	有效地使用企业系统需要更改工作流程和工作完成方式的详细信息。许多用户最初对这些变化犹豫不决，需要大量的培训和鼓励。

企业软件的托管模式

许多商用软件供应商正在推动中小企业使用托管软件模式。目标是帮助客户从获取和使用新技术中受益，同时避免大量相关的复杂性和高启动成本。Applicor、Intacct、NetSuite、SAP 和 Workday 是提供企业软件托管版本的软件供应商，每个用户每月的成本为 50～200 美元。

这种现收现付的方法对中小型企业很有吸引力，因为它们可以在不进行重大财政投资的情况下试验强大的软件功能。如果软件无法提供价值或以其他方式未达到预期，组织就可以在不进行大量投资的情况下处置软件。此外，使用托管软件模式意味着小企业不需要雇用全职 IT 人员来维护关键业务的应用程序。小型企业可以通过降低硬件成本和与维护适当的计算机环境（如空调、电源和不间断电源）等相关的成本来实现额外的节约。

表 5－12 列出了托管软件的优缺点。

紧身胸衣是一种为了保持和塑造上半身以达到审美或医疗目的而穿的衣服。胸衣故事（Corset Story）是世界上最大的胸衣零售商之一，拥有数百种款式、设计和面料，供要求苛刻的客户从中选择。该公司需要一个 PLM 系统来支持其复杂的产品线开发。它决定实施一个基于云的 PLM 系统，因为基于云的软件部署速度很快。从最初实施到员工接受培训并准备使用该系统支持设计、开发、材料管理、批准和关键路径管理活动（与每个新时装季的产品线开发相关）仅用了五周时间。[59]

表 5－12　托管软件模式的优缺点

优势	缺点
降低总拥有成本	潜在的可用性和可靠性问题
更快的系统启动	潜在的数据安全问题
降低实施风险	集成不同供应商托管产品的潜在问题
系统管理被外包给专家	外包带来的预期节约可能会被管理供应商的费用抵消

企业系统：组织的中心系统，确保信息可以在所有业务功能和所有管理层之间共享，以支持业务的运行和管理。

供应链管理（SCM）：一个包括原材料采购、原材料转化为成品、成品入库和交付给客户等所有活动的计划、执行和控制的系统。

客户关系管理软件（customer relationship management（CRM）software）：集成组织中的销售、营销和服务功能并实现这些功能的自动化。

产品生命周期管理（PLM）：一种企业业务战略，创建产品信息和流程的公共存储库，使用产品与包装的明确信息来支持产品的协同创新、管理、宣传。

产品生命周期管理（PLM）软件：提供了一种管理与产品生命周期各个阶段相关的数据和过程的方法，这些阶段包括销售和营销、研究和开发、概念开发、产品设计、原型和测试、制造过程设计、生产和装配、产品的交付和安装、服务和支持，以及产品报废和更换。

小结

准则：电子商务和移动商务正在不断发展，为开展业务提供了新的方式，带来了潜在的好处和问题。

电子商务是通过网络进行的商务活动。企业对企业（B2B）电子商务允许制造商在全球范围内以低成本采购，并为企业提供向全球市场销售的机会。B2B 电子商务是目前交易规模最大的电子商务类型。企业对消费者（B2C）电子商务使企业能够直接向消费者销售，省去了中间人。在许多情况下，这会将成本和效率从供应链中挤出，并可能导致企业获得更高的利润，消费者得到更低的价格。消费者对消费者（C2C）电子商务是指消费者直接向其他消费者销售商品。网上拍卖是目前 C2C 电子商务的主要方式。电子政务利用信息和通信技术，简化信息共享，加快以前的纸质化进程，改善公民与政府之间的关系。

移动商务是指利用手机和智能手机等无线设备，方便随时随地销售商品或服务。北美的移动商务市场预计将比西欧和日本成熟得晚。尽管一些行业专家预测这一领域会有巨大的增长，但必须克服几个障碍，包括提高无线设备的易用性、解决无线交易的安全性以及提高网络速度。

电子零售（e-tailing）是指企业通过围绕电子目录和购物车模式设计的电子店面，直接向消费者销售商品。

网络商城是指单一的网站，在一个互联网站点上提供许多产品和服务。

制造商正在加入电子交易所，在那里它们可以与竞争对手和供应商合作，利用计算机和网站买卖商品，交易市场信息，并运行后台操作，如库存控制。它们还利用电子商务将客户对产品可用性和价格的查询转移到网上，以提高销售过程的效率。

与使用其他营销方法相比，网络使公司能够收集更多关于客户行为和偏好的信息。这项新技术大大加强了市场细分的可实现性，使公司能够与客户建立更密切的关系。有关客户行为、偏好、需求和购买模式的详细信息允许公司设置价格、协商条款、定制促销、添加产品功能，以及改进与客户的关系。

通过移动商务，企业可以接触到个体消费者，建立一对一的营销关系，并在任何时候进行沟通。

随着最近的经济衰退，许多人和企业已经转向以物易物作为获取商品和服务的手段。已经创建了许多网站来支持此活动。

重新定位是广告商使用的一种技术，用来重新吸引那些没有购物就离开网站的购物者。

越来越多的公司提供手机应用程序，使购物者能够在手机上通过网络比较产品和价格。

许多制造商和零售商现在直接向消费者的智能手机发送手机优惠券。

互联网还彻底改变了投资和金融领域，特别是网上股票交易和网上银行。

互联网也为电子拍卖创造了许多选择，地理上分散的买家和卖家可以在这里走到一起。

移动商务提供了一个独特的机会，可以建立一对一的营销关系，并支持随时随地的沟通。移动商务交易正在许多应用领域中使用，包括移动银行、移动比价、移动广告和移动优惠券。

企业和人们利用电子商务降低交易成本，加快商品和信息的流动，提高客户服务水平，使制造商、供应商和客户之间的行动紧密协调。电子商务还使消费者和公司能够进入全球市场。电子商务为发展中国家提供了巨大的希望，帮助它们进入繁荣的全球市场，从而有助于缩小富国和穷国之间的差距。

准则：电子商务和移动商务需要仔细规划和集成一些基础技术设施组件。

必须选择和集成许多基础设施组件，以支持与客户、供应商和全球其他业务伙伴的大量交易。这些组件包括硬件、Web 服务器软件、安全和标识服务、Web 站点开发工具、电子商务软件和 Web 服务。

电子支付系统是电子商务基础设施的关键组成部分。数字证书是嵌入网页的电子邮件或数据的附件，用于验证发件人或网站的身份。为了帮助防止信用卡号码和银行信息被盗，安全套接字层（SSL）通信协议用于保护所有敏感数据。有几种电子现金替代方案要求买方在电子现金服务提供商那里开立账户，并在付款时出示身份证明。还可以通过信用卡、收费卡、借记卡、p 卡和智能卡进行支付。使用手机购物和在消费者之间转账已经司空见惯。

准则：一个组织必须拥有支持日常活动的信息系统，并帮助公司为其产品和服务增值。

交易处理系统（TPS）是当今企业中大多数信息系统的核心。TPS 是组织的人员、过程、软件、数据库和设备的集合，用于捕获关于影响组织（事务）的事件的基本数据，并使用这些数据更新组织的正式记录。

交易处理系统的方法包括批处理和联机处理。批处理将事务成批收集，这些事务以组的形式定期输入系统。联机事务处理（OLTP）允许在事务发生时实时输入。

组织期望 TPS 能够实现一系列具体的目标，包括处理交易产生的数据和有关交易的数据，保持信息高度的准确性和完整性，编制准确及时的报告和文档，提高劳动效率，帮助提供更多和更深入的服务，以及建立和维护客户忠诚度。

所有测试程序集都执行以下基本活动：数据收集，包括捕获源数据以完成一组事务；数据编辑，检查数据的有效性和完整性；数据更正，包括提供潜在问题的反馈并允许用户更改数据；数据处理，即计算、排序、分类、汇总和存储数据以供进一步处理；数据存储，包括将事务数据放入一个或多个数据库；文档生成，包括输出记录和报告。

传统的 TPS 包括以下类型的系统：订单处理系统、会计系统和采购系统。

支持采购功能的传统 TPS 包括库存控制系统、采购订单处理系统、应付账款系统和收货系统。

许多软件包为中小企业提供集成的交易处理解决方案。

准则：实现企业系统的组织正在创建一组高度集成的系统，这可以给许多业务带来好处。

企业资源规划（ERP）系统通过集成整个企业的活动（包括销售、营销、制造、物流、会计和人员配置）来支持业务流程的高效运行。

企业系统的实施可以带来许多好处，包括为操作决策提供数据访问；消除昂贵的、不灵活的遗留系统；提供改进的工作流程；以及创造升级技术基础设施的机会。

生产和供应链管理过程从销售预测开始，以发展对未来客户需求的估计。系统提供高水平的初始预测，以产品组而不是每一个单独的产品项为基础做出估计。销售和运营计划同时考虑需求和当前库存水平，确定需要生产的特定产品项以及何时满足预测的未来需求。需求管理通过确定满足个别产品需求所需的周产量或日产量来改进生产计划。详细计划使用需求管理流程定义的生产计划来制定详细的生产计划，详细说明要首先生产哪个产品以及何时将生产从一个产品切换到另一个产品等细节。物料需求计划决定了向供应商下原材料订单的数量和时间，采购部利用物料需求计划中的信息对原材料下采购订单，并将采购订单传递给合格的供应商。生产使用详细的时间表来计划生产操作的运行和人员配置的细节。

组织的 ERP 系统包括获取和报告详细会计信息所需的所有业务流程。

准则：实施客户关系管理系统的公司正在建立客户信息源，以改进销售、营销和客户服务。

CRM 帮助组织建立一个有关其客户的数据库，该数据库详细描述了组织与客户的关系，以便管理层、销售人员、客户服务提供商甚至客户本人都可以访问信息以满足客户需求。

准则：实施产品生命周期管理（PLM）系统的公司正在构建一种方法来管理与产品开发、工程设计、生产、支持和制成品处置相关的所有数据。

组织内部用户和外部用户都可以使用 PLM 软件，在产品的整个生命周期中相互协作，定义、维护、更新和安全地共享产品信息。

实施企业系统会面临一些挑战，这些系统成本高昂，而且可能会造成中断，因为必须升级各种其他系统；这些系统会对组织的运作方式造成根本性的改变；它们需要较长的实施时间；基础的 ERP 系统可能需要昂贵和耗时的初始化；用户可能会对系统感到沮丧。

企业系统软件供应商正在尝试托管软件模式，以确定该方法是否能满足客户需求，并产生可观的收入。

关键术语

批处理系统

企业对企业（B2B）电子商务

企业对消费者（B2C）电子商务

证书颁发机构（CA）

消费者对消费者（C2C）电子商务　　　　　　电子交易所
客户关系管理（CRM）软件　　　　　　　　　电子零售
网络购物中心　　　　　　　　　　　　　　　企业系统
数据收集　　　　　　　　　　　　　　　　　市场细分
数据更正　　　　　　　　　　　　　　　　　联机事务处理（OLTP）
数据编辑　　　　　　　　　　　　　　　　　p 卡（采购卡）
数据处理　　　　　　　　　　　　　　　　　产品生命周期管理（PLM）
数据存储　　　　　　　　　　　　　　　　　产品生命周期管理（PLM）软件
数字证书　　　　　　　　　　　　　　　　　安全套接字层（SSL）
文档生成　　　　　　　　　　　　　　　　　智能卡
电子政务　　　　　　　　　　　　　　　　　源数据自动化
电子现金　　　　　　　　　　　　　　　　　供应链管理（SCM）
电子商务　　　　　　　　　　　　　　　　　事务处理周期

第 5 章：自我评估与测试

电子商务和移动商务正在不断发展，为开展业务提供了新的方式，带来了潜在的好处和问题。

1. 美国最大的 B2C 零售商是

a. 亚马逊　　　　　b. Staples　　　　　c. 苹果　　　　　d. 沃尔玛

2. B2C 商务的平均订单量大于 B2B。对或错？

3. _____的总零售额是在线销售的。

a. 2％左右　　　　b. 大约 5％　　　　c. 10％　　　　d. 近 20％

电子商务和移动商务需要仔细规划和集成一些技术基础设施组件。

4. Web 服务器所需的存储容量和计算能力主要取决于_____。

a. 服务器的地理位置和销售不同产品的数量

b. 必须在服务器上运行的软件和电子商务交易量

c. 业务组织的规模及其客户的位置

d. 潜在客户数量和每笔交易的平均美元价值

5. 网站的关键性能指标包括响应时间、事务成功率和系统可用性。对或错？

6. 当使用安全套接字层协议进行电子商务交易时，数据总是_____，以确保交易不受第三方的拦截或"嗅探"。

一个组织必须拥有支持日常活动的信息系统，并帮助公司为其产品和服务增值。

7. 批处理系统的本质特征是在事件发生和相关事务的最终处理之间存在一些_____。

8. 业务数据经历一个数据处理周期，包括数据收集、数据_____、数据更正、数据处理、数据存储和文档生成。

9. 以下哪项不是组织使用事务处理系统的目标？

a. 捕获、处理和更新支持日常业务活动所需的业务数据数据库

b. 确保在发生业务交易时立即处理数据

c. 避免处理欺诈性交易

d. 生成及时的用户响应和报告

实施企业系统的组织正在创建一组高度集成的系统，这可以给许多业务带来好处。

10. ERP 系统中包含的各个应用程序模块旨在支持_____，以最高效、最有效的方式来完成业务流程。

11. _____软件提供了一种管理与产品开发、工程设计、生产、支持和制成品处理相关的所有数据的方法。

12. 企业软件的托管软件模式有助于客户获取、使用新技术并从中获益，同时避免了许多相关的复杂问题和高启动成本。对或错？

13. _____软件帮助公司管理与客户接触的所有方面，包括营销、销售、分销、会计和客户服务。

第 5 章：自我评估与测试答案

1. a
2. 错
3. b
4. b
5. 对
6. 加密的
7. 延迟

8. 编辑
9. b
10. 最佳实践
11. 产品生命周期管理（PLM）
12. 对
13. 客户关系管理（CRM）

知识回顾

1. 简要界定电子商务这一术语，并根据参与交易的各方确定电子商务的五种形式。
2. 美国 B2B 电子商务的美元交易量与 B2C 电子商务的美元交易量相比如何？
3. 什么是电子优惠券？它是如何工作的？电子优惠券有哪些问题？
4. 什么是电子交易所？根据交易所的运营方不同，识别并简要描述三种交易所。
5. 确定在组织内成功实施电子商务所需的技术基础设施的关键组件。
6. 识别并简要描述所有事务处理系统执行的六项基本事务处理活动。
7. 提供一个使用批处理系统处理事务的适当示例。提供一个适当使用联机事务处理的示例。
8. 什么是企业系统？确定并简要讨论三种企业系统的目标。
9. 什么是一级 ERP 系统供应商？
10. 物料需求计划如何支持采购过程？物料需求计划中会出现哪些问题和复杂情况？
11. 确定并简要描述使用 CRM 系统所提供的至少四项关键业务能力。
12. 确定产品生命周期管理范围中包含的基本业务流程。

问题讨论

1. 简要讨论销售移动广告的三种模式。移动广告成功的主要衡量标准是什么？
2. 什么是重新定位？有哪些策略用于重新定位网站访问者？
3. 预计到 2016 年，美国移动商务的规模将仅占 B2C 总销售额的 7% 左右。你认为组织具备移动商务能力对购物者来说重要吗？为什么是或者为什么不？
4. 识别并简要描述你使用过的三个移动商务应用程序。
5. 找出并简要讨论 B2C 电子商务稳步增长的三个原因。
6. 找出三种难以成为成功电子商务组织的商业组织。
7. 确定并简要讨论成功实施企业系统所面临的五个挑战。提供一些克服这些挑战的技巧。
8. 假设你是一家小型自行车销售和修理店的老板，这家店为你所在地区的数百名顾客提供服务。请指出你希望 CRM 系统捕获的客户信息类型。如何利用这些信息提供更好的服务或增加收入？指出应在何处或如何捕获此数据。
9. 简要描述企业软件的软件托管模式，并讨论其对中小企业的主要吸引力。
10. 为什么中小企业迟迟不采用 ERP 软件？什么改变使 ERP 软件对中小企业更有吸引力？
11. 你的朋友被任命为贵公司 PLM 系统实施的项目经理。请提供能帮助确保项目成功的建议？
12. 成功实施 ERP 系统的公司的供应商和客户能看到什么好处？在实施 ERP 的过程中，供应商和客户可能会出现什么问题？
13. 许多组织正转向与其主要供应商的协作过程，以获得它们在设计和规划未来产品修改或新产品方面的投入。解释 PLM 系统如何增强这种过程。制造商在共享产品数据时可能会遇到哪些问题和担忧？

问题解决

1. 假设你是一家大型野营设备和户外家具制造公司的工程部门的新员工。该公司正在考虑实施 PLM 系统，以更好地管理其产品的设计和制造。你已被邀请参加一个会议，分享对如何使用这样一个系统以及哪些功能最重要的看法。你将如何准备这次会议？你会说什么？制作一个包含 3～4 张幻灯片的演示文稿，总结你的想法。

2. 在电子表格程序中，输入制作你喜爱的自制饼干所需的成分和数量。这表示一个简单的物料清单（BOM）。添加一列用以显示每种成分的成本。现在"分解"BOM，显示制作 10 000 个饼干所需的每种原料的数量和成本。

3. 你的冰箱刚刚坏了，必须在一周内更换！使用支持网络的智能手机（或借用朋友的智能手机）进行价格和产品比较，以确定最能满足你需求的制造商和型号，以及交付成本最低的零售商。获取同伴的输入信息，以验证你的选择。写一个简短的经验总结，找出你觉得最有用的网站。

团队活动

1. 与你的团队成员一起，采访一家实施了企业系统（ERP、CRM 或 PLM 系统）的公司的几位业务经理。与他们面谈，记录整个项目的范围、成本和进度。找出为什么组织决定现在实施企业系统。列出他们认为使用系统的主要好处。他们必须克服的最大障碍是什么？在项目被视为成功之前，是否还有其他必须解决的问题？是什么？借鉴到一些事后经验后，他们是否会做些不同的事情使项目更顺利？

2. 作为一个团队，列出一个非营利慈善组织在选择 CRM 系统时应考虑的七个关键标准。讨论每个标准，并指定表示该标准相对重要性的权重值。开发一个简单的电子表格，用于对各种 CRM 备选方案进行评分，以衡量它们在 0～4 的范围内满足这些标准的程度。在网上进行调查研究，确定三个候选 CRM 软件包。根据网站上提供的信息，使用一组指标权重值，对每个备选方案进行评分。你的团队选择了哪款候选 CRM 软件？

网络练习

1. 在网上进行调查研究，找几个讨论企业系统实现的挑战的信息源。它们对什么是最重大的挑战是否达成一致意见？对于克服这些挑战的最有效方法，它们提出了哪些建议？列出五个你认为最重要的挑战和五个克服这些挑战的最有效的策略。

2. 使用网络，确定几个为组织实施企业系统提供咨询服务的软件服务公司。了解它们提供的服务类型，并熟悉几个它们的成功案例。如果你必须选择一家软件服务公司来帮助你的中小企业实施企业系统，你会选择哪一家？为什么？

职业训练

1. 研究确定三个为客户开发和经营电子商务网站的组织。访问它们的网站，寻找它们当前空缺的职位。这些职位与什么职责相关？填补这些职位需要哪些经验和教育要求？这些职位对你有吸引力吗？为什么是或者为什么不？

2. 假设你是一家制造和安装商用太阳能供暖产品公司的销售员。你经常打销售电话给三州地区①的潜在客户。这些销售电话的目的是让客户了解你公司的产品，并让他们考虑购买你公司的产品。请描述你希望在组织的 CRM 系统中使用哪些基本功能来帮助你识别潜在的新客户，并支持你为这些客户做演示。

---

① 美国三州地区的"三州"指：路易斯安那州、亚拉巴马州和密西西比州。——译者注

案例研究

案例 1　从独立应用程序到集成应用程序

YIOULA 集团是巴尔干地区最大的玻璃制造商，年生产玻璃容器 62.5 万多个，餐具 3 万多吨。从 20 世纪 90 年代开始，该公司在希腊通过收购罗马尼亚、保加利亚和乌克兰的其他玻璃制造公司进行扩张。该公司在四个国家拥有七家工厂，约 2 100 名员工，年净销售额约 1.8 亿欧元（约 2.4 亿美元）。

收购获得的增长使得 YIOULA 集团拥有各种令人困惑的信息系统。该集团无法跨工厂比较同一产品的生产成本，无法通过协调所有工厂的采购和财务管理来提高效率，也无法实现继续增长或扩展到新的市场领域。显然，其传统的独立应用程序需要更换。

YIOULA 集团首席信息官 Zacharias Maridakis 在 20 世纪 90 年代曾在美孚石油希腊分公司工作，有过使用集成企业软件的经验，因此，他非常熟悉这种软件的优势。在他的指导下，集团调查了各种软件包。最终选择了 JD Edwards EnterpriseOne，该公司于 2005 年成为甲骨文公司的一部分。这种选择的部分原因是，大多数其他 ERP 系统软件包，包括 Maridakis 曾在美孚石油使用过的 SAP 软件，都主要是为大型组织设计的。而 EnterpriseOne 总是面向中型公司。

由于 YIOULA 集团在使用 EnterpriseOne 方面经验不足，因此它寻求甲骨文合作伙伴 Softecon 的帮助，帮助公司进行软件配置以满足公司的需要，使公司能满足其每个运营地区的法律要求，并管理每个地区的系统实施。对希腊语（以及英语和其他 18 种语言）的支持是甲骨文提供的标准 JD Edwards EnterpriseOne 功能；Softecon 向用户界面添加了集团所需的其他语言。集团还在基本的 EnterpriseOne 软件包中添加了一个专门的成本比较模块。该模块帮助集团选择成本最低的设施来生产产品。

向单一企业系统软件包的转换为 YIOULA 集团带来了预期的收益。从订单到发票、交货和现金收款的速度都加快了。现在财务数据可以在一个账期结束后两周内生成，而不是以前的一个月之后才能生成。所有工厂存货的统一视图使集团能够更有效、更全面地管理存货，并使用即时采购方法。

或许更重要的是，集团现在正准备成长。正如 Maridakis 所说，"甲骨文公司的 JD Edwards EnterpriseOne 是我们在巴尔干地区提升市场领导地位、在乌克兰发展业务，以及开拓新市场时继续提高生产力、生产效率和组织盈利能力的战略的关键推动者。"

问题讨论

1. YIOULA 集团的独立遗留软件给公司造成了哪些问题？

2. 与独立的软件包相比，ERP 系统有什么优势？

批判性思考

1. EnterpriseOne 为 YIOULA 集团填补了哪些短期和长期的需求？

2. YIOULA 集团采用了一个通用的而不是特定于行业的 ERP 系统。通用 ERP 系统和行业专用 ERP 系统的优缺点各是什么？

资料来源："Oracle Corporation," JD Edwards EnterpriseOne Web site, *www. oracle. com/us/products/applications/jd-edwards-enterpriseone/index. html*, accessed April 11, 2014; "YIOULA Group Builds Scalable Platform for Sustained Growth, Profitability, and Market Leadership," Oracle Corporation, *www. oracle. com/us/corporate/customers/jde-oow-2012-booklet-1842754. pdf*, September 2012; Softecon Enterprise Web site (English), *www. softecon. com/site/en*, accessed April 11, 2014; YIOULA Group Web site, *www. yioula. com*, accessed March 29, 2014.

273

案例2　克兰普集团，一百万个备件

克兰普集团（Kramp Group）是欧洲最大的汽车设备、农业和建筑机械配件和零件分销商。这听起来可能没什么特别的，但正如IT经理Robert Varga解释的那样，"现代农业是高度机械化的，若没有拖拉机、收割机和其他机械，就不可能成功地经营农场。如果一个关键部件出现故障，导致我们客户的一台机器无法工作，那么生产效率的损失可能会使他们损失大量资金。我们有超过70万个备件的目录，这些备件可以在一个工作日内从我们的任何一个欧洲仓库运送到离它们最近的经销商处，帮助机器尽快恢复和运行。"

克兰普集团首席执行官Eddie Perdok说："我们相信电子商务的未来和力量。与其他销售渠道相比，互联网带给我们显著的成本优势。"

然而，对克兰普集团的客户来说，使用互联网并不是自动的。集团每天从各种渠道接受超过5万个客户订单。Varga说，在2010年之前，"近40%的客户仍然通过电话订购，这意味着我们的呼叫中心工作人员必须在基本的订单处理上花费大量时间。"为了减少这个数字，集团不得不让它的网上商店更容易使用，但它们现有的由内部开发的库存系统，不具备实现这一目标的灵活性。

克兰普集团求助于IBM和德国软件公司Heiler AG的软件包，以实现其电子商务系统的现代化。集团执行董事会成员Hans Scholten表示，"我们有意为所有套餐选择'同类最佳'的解决方案。这意味着我们为不同的应用程序选择最好的可用软件。"这一理念帮助确定了公司选择的软件包。

该公司从IBM获得了面向客户的WebSphere Commerce系统。该软件的多语言功能非常重要，在整个欧洲范围内运行，像克兰普这样的集团，能够拥有一个可以使用10种语言中任何一种的站点是至关重要的。尽管如此，集团还是不得不将内容翻译成所有语言，因为在2012年，即使是最好的自动翻译软件也无法取代一个熟练的人。当然，它的优势在于不需要开发和支持不同的站点。

克兰普集团还使用Heiler软件的产品信息管理（PIM）解决方案。该软件在WebSphere Commerce的后台目录中管理产品数据。集团希望将其可交付的库存扩展到超过100万件，如果没有PIM，就无法做到这一点。将库存扩大到100万件以上对集团成功实施长尾战略至关重要：每个滞销品可能不会带来太多收入，但所有滞销品的总量足以影响集团的成功。

最后，尽管克兰普集团拥有管理其电子商务系统的内部能力，但它还是求助于CDC软件来帮助整合各个部分。因为整合工作本身需要公司雇用额外的员工，而这些员工在项目完成后就不需要了。

结果是，克兰普集团的新系统上线后，90%的客户选择通过WebSphere Commerce解决方案在线订购产品。因此，公司每笔交易的平均成本显著降低。Varga声称，"我们的呼叫中心员工现在有更多时间帮助客户解决复杂的问题，从而改善客户服务。更好的服务和更低的运营成本正在帮助克兰普集团实现10%～12%的年增长率，因此该解决方案正在为我们业务的成功做出真正的贡献。"

问题讨论

1. 其他类型的电子商务，如B2C，与克兰普集团的B2B电子商务有何不同？

2. 克兰普集团将电子商务视为其呼叫中心业务的补充。因此，在创建当前的IT基础设施时，克兰普集团需要考虑哪些风险？

批判性思考

1. 克兰普集团的"长尾"战略是什么？为什么有效？

2. 使用"长尾"战略可能会使哪些其他类型的企业和行业受益？

资料来源："Kramp Focuses on Long Tail and Efficient Customer Response in its E-Commerce Strategy," Heiler Software AG, *www.heiler.com/international/pdf/Case_Study_Kramp_EN.pdf*, August 11, 2011; "Kramp Group Cuts Transaction Costs and Enhances Customer Service," IBM, *www14.software.ibm.com/webapp/iwm/web/signup.do?source=swg-smartercommerce&S_PKG=500007153&S_CMP=web_ibm_ws_comm_cntrmid_b2b* (free registration required), accessed March 1, 2012; Kramp Group Web site (English), *www.kramp.com/shop/action/start_60_-1*, accessed March 1, 2012; "Aptean Implemented a Flexible System for Order Fulfillment to Manage Distribution of 600,000 Parts Across Europe," Aptean Web site，*www. aptean. com/en/Resource-Library/Customer-Success/Kramp-Group*，accessed February 23，2014. "Grene And Kramp Join Forces To Become Europe's Largest Agro-Wholesaler," Shouw＋Co，August 28，2013，*www. schouw. dk/All-news. 554. aspx ? recordid554＝204*.

<h1>参考文献</h1>

【花絮】资料来源：Dhawan，Sugandh，"10 Reasons Why Mobile Commerce in India May Get Bigger than Online Commerce," iamwire，October 25，2013，*www. iamwire. com/2013/10/10-reasons-mobile-commerce-india-bigger-online-commerce*；Mitra，Moinak and Sachitanand，Rahul，"Mobile Devices Will Redefine How E-Commerce Companies Do Business," *The Economic Times*，December 20，2013，*http:// articles. economictimes. indiatimes. com/2013-12-30/news/45711181_1_airtel-money-pizza-india-bharti-airtel*；Bharti Airtel Web site，*www. airtel. in/about-bharti/about-bharti-airtel*.

1. "Building a World-Class B2B eCommerce Business," *Forrester Research*，January 7，2013.

2. "2013 B2B Commerce Trends," *www. oracle. com/us/products/applications/atg/2013-b2b-commerce-trends-1939002. pdf*，April 2013.

3. "Grainger Reports Record Results for the Year Ended December 31，2013," *http://pressroom. grainger. com/phoenix. zhtml ? c＝194987& p＝irol-newsArticle&ID＝1893406&highlight＝*.

4. Grainger Web site，*www. grainger. com/content/mobile-features ? cm_re＝Section2-_-iPadLaunch_20131122-_-Global*，accessed February 7，2014.

5. Davis，Don，"Signs Point Up for B2B e-Commerce," *Internet Retailer*，November 21，2013，*www. internetre tailer. com/2013/11/21/signs-point-b2b-e-commerce*.

6. "Global B2C E-Commerce Sales & Shares Report 2013," *CNBC*，October 2，2013，*www. cnbc. com/id/101080838*.

7. "Brooks Brothers Is Getting into the Online Custom Business," *Women's Wear Daily*，January 15，2013，*www. fluidretail. com/brooks-brothers-bringing-custom-business-online/*.

8. Sara，"5 B2C Pinteresting Marketing Lessons From Nordstrom，Williams-Sonoma，Barney's，Neiman Marcus & Vera Bradley," *Top Rank Blog*，*www. toprankblog. com/2012/06/5-b2c-marketing-lessons-pinterest/*，accessed February 9，2014.

9. "About Shopycat," *www. facebook. com/Shopycat/info*，accessed February 9，2014.

10. Barnes，Robert，"Supreme Court Declines Case on Making Online Retailers Collect Sales Taxes," *Washington Post*，December 2，2013，*washingtonpost. com/Politics/Supreme-Court-Declines-Case-On-Making-Online-Retailers-Collect-Sales-Taxes/2013/12/02/E430ec8c-55f5-11e3-835d-E7173847c7cc_Story. html*.

11. Luo，Michael，McIntire，Mike，and Palmre，Griff，"Seeking Gun or Selling One，Web Is a Land of Few Rules," *The New York Times*，April 17，2013，*www. nytimes. com/2013/04/17/us/seeking-gun-or-selling-one-web-is-a-land-of-few-rules. html ? pagewanted＝all&_r＝0*.

12. Nussbaum，Alex，"Accenture Wins U.S. Contract for Obamacare Enrollment Website," *Bloomberg*，January 12，2014，*www. bloomberg. com/news/2014-01-12/accenture-wins-u-s-contract-for-obamacare-enrollment-website. html*.

13. "Oregon e-Government Program," *www. oregon. gov/DAS/ETS/EGOV/pages/ecommerce. aspx*，

accessed February 10，2014.

14. "Global B2C e-Commerce Trends Report 2013," *CNBC*，October 2，2013，*www. cnbc. com/ id/101080838*.

15. Jones，Chuck，"Ecommerce Is Growing Nicely While Mcommerce Is on a Tear," *Forbes*，October 2，2013，*www. forbes. com/sites/chuckjones/2013/10/02/ecommerce-is-growing-nicely-while-mcommerce-is-on-a-tear/*.

16. Intl Super Cybermall at Applaud Women，*www. applaudwomen. com/IntlSuperCyberMallatApplaudWomen. html*，accessed February 10，2014.

17. Industrial Parts House，*www. industrialpartshouse. com/about_us*，accessed February 17，2014.

18. "Tinypass in Ruby," *Tinypass Press Releases*，*www. tinypass. com/blog/category/press-releases/*，accessed February 11，2014.

19. "Nielsen Business Point Source and Methodology," *www. claritas. com/MyBestMarkets2/Default. jsp? ID=53&SubID=50&title=yes*，accessed February 11，2014.

20. "Build a Great App Business with Admob," *www. google. com/ads/admob/*，accessed February 11，2014.

21. Walker，Tommy，"Shopping Cart Abandonment：Why It Happens & How to Recover Baskets of Money," *Conversion* XL，July 19，2013，*http://conversionxl. com/shopping-cart-abandonment-how-to-recover-baskets-of-money/#*.

22. "Barcode Scanner," February 4，2014，*https://play. google. com/store/apps/details? id=com. google. zxing. client. android*.

23. "Kantar Media Reports Free Standing Insert (FSI) Coupon Activity Is Up 4.5% in 2013," *Kantar Media*，January 9，2014，*www. kantarmediana. com/marx/press/kantar-media-reports-free-standing-insert-fsi-coupon-activity-45-2013#sthash. az9YixMo. dpuf*.

24. Dunn，Amy，"Coupon Use Plummets，and Some Wonder Whether It's the End of an Era," *News-Observer. com*，March 9，2013，*www. newsobserver. com/2013/03/09/2735590/coupon-use-plummets-and-some-wonder. html#storylink=cpy*.

25. Ownby，Josh，"Mobeam Barcode Technology Could Replace NFC Payment Systems & Revolutionize Mobile Coupons," *Mad Mobile News*，March 9，2013，*http://madmobilenews. com/mobeam-barcode-technology-could-replace-nfc-payment-systems-revolutionize-mobile-coupons-1150/#. Uv0zkK-A3IU*.

26. Donovan，Fred，"Mobile Couponers to Fuel 11% Growth in Digital Coupon Use This Year," *FierceMobileIT*，October 21，2013，*www. fiercemobileit. Com/Story/Mobile-Couponers-Fuel-11ex-Growth-Digital-Coupon-Use-Year/2013-10-21# Ixzz2teth8gu8*.

27. "TD Ameritrade Mobile Trader," *www. tdameritrade. com/tools-and-platforms/mobile-trading/td-ameritrade-mobile-trader. page*，accessed February 14，2014.

28. Perez，Sarah，"How T-Mobile's New Mobile Banking Service Compares with Simple and Amex Serve," *TechCrunch*，January 22，2014，*http://Techcrunch. Com/2014/01/22/How-T-Mobiles-New-Mobile-Banking-Service-Compares-With-Simple-And-Amex-Serve/*.

29. "About Us," Quintessentially Gifts Web site，*www. quintessentiallygifts. com/about-us*，accessed February 14，2014.

30. Orsini，Laureen，"What You Need to Know About Heartbleed，A Really Major Bug That Short-Circuits Web Security," *www. readme. com/author/lauren-orini*，posted April 8，2014.

31. Gil，Paul，"PayPal 101：How PayPal Works 2014," $http://netforbeginners. about. com/od/ ebay101/ss/paypal101. htm$，accessed February 15，2014.

32. "Purchasing Cards：Working to Simplify the Procureto-Pay Process," *Pay Stream Advisers*，$http:// 8c12cf0ca0d6cec91f49-3bebbe33c01fdefb20dab8ed73fa2504. r68. cf2. rackcdn. com/2013\%20Purchasing\% 20Card\%20Report\%20-\%20PayStream\%20Advisors. pdf$.

33. "Payroll Excel to Automation Drives Productivity for Growing Policy Bazaar," $www. payrol- linsights. com/wp-content/uploads/policy-bazaar-case-study. pdf$，accessed March 2，2014.

34. "Spectrum Family Medicine," *eClinical Works*，January 7，2014，$www. eclinicalworks. com/Col- lateral/Documents/English-US/Spectrum\_Family\_Medicine\_CaseStudy\_2014\_January7. pdf$.

35. "About PayPal," $www. paypal-media. com/about$，accessed March 5，2014.

36. "Ciber Case Study：Wisconsin Department of Health Services—WIC," $www. ciber. com/tasks/render/ file/? whitepaper = wisconsin-department-of-health-services-wic-program \& fileID = 2BEF3900-A42E- F37F-92DD52E2C5F22E4A$，accessed March 3，2014.

37. "Customer Success Story：Zoës Goes Chef's Kitchen to Streamline Operations," $www. kianoff. com/casestudies/ZoesKitchen. pdf$，accessed March 6，2014.

38. Chawla，Mehak，"Accounting for SMEs," *Computer Financial Express*，January 18，2013，$http:// computer. financialexpress. com/sections/news-analysis/1117-accounting-for-smes$.

39. "Qvinci Clients," $www. qvinci. com/Clients$，accessed March 8，2014.

40. "Customer Stories：China Baroque," $www. ncrsilver. com/customer-stories. html$，accessed March 8，2014.

41. Miles，Stephanie，"7 Cloud-Based POS Systems for SMBs," *Street Fight*，February 4，2013，$http:// streetfightmag. mag. com/2013/02/04/7-cloud-based-pos-systems-for-smbs/$.

42. "IBM Case Studies：Amrit Feeds Solves Complex Sales Order Forecasting with SAP ERP and IBM Global Business Services," April 17，2013，$www-01. ibm. com/software/success/cssdb. nsf/CS/STRD- 96UKRN ? OpenDocument \& Site = default \& cty = en\_us$.

43. "Network Rail's ERP System is Fit for the Future," *CSC Success Stories*，$http://assets1. csc. com/ uk/downloads/Network\_Rail\_ERP\_case\_study. pdf$，accessed March 8，2014.

44. "Petroleum Company Optimizes Supply Chain," *CSC Success Stories*，$http://www. csc. com/suc- cess\_stories/flxwd/78768-case\_study ? article = http://www. csc. com/management\_consulting/success\_ stories/70174-csc\_drives\_supply\_chain\_optimization\_for\_petroleum\_client. js\# searched = ERP + best practices$，accessed March 12，2014.

45. "DuPont：CSC Creates Single Backbone to Update，Integrate Global Systems," *CSC Case Study*，$www. csc. com/success\_stories/flxwd/78768-case\_study ? article = http://www. csc. com/chemical/success\_ stories/39058-dupont\_csc\_creates\_single\_backbone\_to\_update\_integrate\_global\_systems. js \& searched = erp$，accessed March 12，2014.

46. "Top Ten Enterprise Resource Planning (ERP) Vendors," *Compare Business Products*，$http://re- sources. idgenterprise. com/original/AST-0067016 \_ Top \_ 10 \_ ERP \_ Vendors. pdf$，accessed March 7，2014.

47. "A Supply Chain Management Success Story：Kidrobot," $www. simparel. com/customers/success- stories/kidrobot. html$，accessed March 10，2014.

48. "Air Animal," $http://info. airanimal. com/aw01/? gclid = CKOlmYSVj70CFYc7Ogod7WkAFw$，ac-

cessed March 13，2014.

49．"LEVIEV Success Story," *Salesforce. com*，*www. salesforce. com/customers/stories/leviev. jsp*，accessed March 10，2014.

50．"CRM Software Review 2014," *http://crm-software-review. toptenreviews. com*，accessed March 13，2014，and "2014 Edition Top 40 CRM Software Report," *Business-Software. com*，accessed March 13，2014.

51．"Wells Fargo Bank," Salesforce. com Success Story，*www. salesforce. com/customers/stories/wells-fargo. jsp*，accessed March 14，2014.

52．Chipman，Steve，"2014 Smartphone CRM Access by Salespeople," *CRM Switch*，February 11，2014，*www. crmswitch. com/mobile-crm/2014-crm-smartphone-salesperson-access/*.

53．"Leader in Hydropower Equipment Seeks World-Class Advantage," *www. plm. automation. siemens. com/fr_fr/about_us/success/case_study. cfm? Component = 119952&ComponentTemplate = 1481*，accessed March 16，2014.

54．2013 Edition Top 10 Product Lifecycle Management（PLM）Software Report，Business-Software. com，*http://ptccreo. files. wordpress. com/2013/10/top_10_plm_report. pdf*，accessed March 1，2014.

55．Charette，Robert N.，"The U. S. Air Force Explains Its ＄1 Billion ECCS Bonfire," *IEEE Spectrum*，December 6，2013，*http://spectrum. ieee. org/riskfactor/aerospace/military/the-us-air-force-explains-its-billion-ecss-bonfire*.

56．Kepes，Ben，"UPDATED-Avon's Failed SAP Implementation a Perfect Example of the Enterprise IT Revolution," *Forbes*，December 17，2013，*www. forbes. com/sites/benkepes/2013/12/17/avons-failed-sap-implementation-a-perfect-example-of-enterprise-it-revolution/*.

57．Kanaracus，Chris，"California Sues SAP Over Failed Payroll Software Project," *Computerworld*，November 22，2013，*www. computerworld. com/s/article/9244287/California_sues_SAP_over_failed_payroll_software_project*.

58．Jutras，Cindy，"2011 ERP Solution Study Highlights," *Epicor*，September 2011.

59．"Corset Story Chooses WFX Cloud PLM," *http://1970i. com/corset-story-chooses-wfx-cloud-plm/*，accessed March 15，2014.

第6章

管理信息系统和决策支持系统

准则	学习目标
● 良好的决策和解决问题的能力是开发高效的管理信息系统和决策支持系统的关键。	● 定义决策的各个阶段。 ● 讨论在解决问题的过程中实施与监控的重要性。
● 管理信息系统（MIS）必须在正确的时间以正确的格式提供正确的信息。	● 解释各种 MIS 的用法并描述它们的输入和输出。 ● 讨论业务组织功能领域中的信息系统。
● 决策支持系统（DSS）主要面对非结构化或半结构化问题的决策。	● 列出并讨论 DSS 的重要特性，这些特性使 DSS 有能力成为有效的管理支持工具。 ● 识别并描述 DSS 的基本组成部分。
● 群体决策支持系统（GSS）使用 DSS 的整体方法来改进团队的决策过程。	● 陈述 GSS 的目标，并确定它区别于 DSS 的特征。

【花絮】 全球经济中的信息系统——印度，北阿坎德邦电力有限公司

印度北部的北阿坎德邦位于喜马拉雅山脉山麓，是该国经济增长最快的地区之一，近年来生产总值增长了 10%。随着经济的快速发展、业务的扩展以及农村电网的加入，该州对电力的需求急剧上升。北阿坎德邦电力有限公司（Uttarakhand Power Corporation Ltd.，UPCL）管理着该州 169 万消费者的电力分配。但是，直到最近，该公司仍无法访问评估其电源系统性能所需的数据。它只能依靠外部供应商，通过手动方法跟踪用电量。

公司高级工程师 JMS Rauthan 解释说："过去，我们会派出抄表员手动记录电表数据，并将其转发给私人机构，然后由它们利用这些信息创建账单并将其发送给我们的客户。客户经常会抱怨收费不正确，要求修改账单，这是一个耗时且花费昂贵的过程。"

利用管理信息系统照亮印度

因为公司没有自动跟踪服务中断的系统，从而该公司还缺乏准确定位电网故障的能力。此外，公司没有能力监视电源使用情况以提高电网效率，也无法观察用电高峰来辅助公司检测偷电事件。

最终，公司决定采用 IBM mPower Smart Utility Suite，这是一个用于处理计量现金和客户服务的管理信息系统（MIS）。地理信息系统（GIS）和指标仪表板已集成到系统中。GIS 使公司管理者可以跟踪服务中断和中断情况，以便他们可以安排维修工以解决网格中的薄弱环节并建立更有效的例行维护计划。该系统还读取每个电表的位置并识别有缺陷的电表。技术人员使用手持计算机或终端以电子方式记录电表读数，而不是采用纸上记录。经理们利用这些信息来改善公司的计费系统，从而提高了客户满意度。

为了满足该州不断增长的能源需求，该公司被要求报告收到的客户服务请求数量和地址数量。在实施新的 MIS 之前，公司因未能证明其正在满足不断扩展的服务水平而遭受了重大的财务处罚。目前，服务请求和响应已实现自动化，该公司可以随时向该州的电力监管委员会提交报告，所以避免了此类罚款。

最后，系统会自动计算并报告用电量，当耗电量比平均值上升或下降 10%～15% 时，系统会标记出使用高峰或低谷，并向警戒部门发送电子邮件。然后，该部门的成员将调查潜在的窃电行为。

部署新的 MIS 系统解决了该电力公司的许多问题。现在，公司已准备好开始下一个重大任务：开发水力发电，以支持该州的快速发展对能源日益增长的需求。

阅读本章时，请考虑以下问题：

- 不同行业和组织使用哪种类型的管理信息系统和决策支持系统？
- 它们的目的是什么？如何将它们用于支持创新和发展？

为什么要学习组织中的信息系统？

在本书中，你已经看到了信息系统如何通过使用数据库系统、互联网、电子商务、企业系统和许多其他技术来使组织更加高效。但是，信息系统的真正潜力在于帮助你和你的同事做出更明智的决策。本章介绍如何使用管理信息系统和决策支持系统来削减成本、增加利润以及为公司发现新机会。理财规划师可以使用管理信息系统和决策支持系统为客户找到最佳投资。银行或信用合作社的贷款委员会可以使用决策支持系统来帮助确定谁应该获得贷款。商店经理可以使用决策支持系统来帮助他们决定要订购哪些原材料以及保持多少库存以满足客户需求并增加利润。拥有并经营临时存储公司的企业家可以使用空置报告来帮助确定对新存储单元收取什么价格。每个人都可以成为更好的问题解决者和决策者。本章介绍了信息系统如何提供帮助。它首先概述了决策制定和问题解决。

如"花絮"所示，信息管理和决策支持是当今组织的命脉。借助管理信息系统和决策支持系统，经理和员工可以实时获取有用的信息。事务处理系统和企业系统为组织捕获大量数据。过滤和处理这些数据可以为经理和员工提供强大的支持。管理信息系统和决策支持系统的最终目标是帮助各级经理和行政人员做出更好的决策并解决重要问题，同时，可以增加收入、降低成本并实现公司目标。无论你使用哪种类型的管理信息系统和决策支持系统，其主要目标都应该是帮助你和其他人成为更好的决策者和问题解决者。

决策与问题解决

每个组织都需要有效的决策者。在大多数情况下，战略规划和组织的总体目标为决策制定了方向，从而帮助员工和业务部门实现其目标。通常，信息系统还可以帮助解决问题，帮助人们做出更好的决策并实现公司目标，如在开篇"花絮"中所讨论的。

宝钢是中国领先的钢铁制造商，直到最近，它仍依靠简单的人工方法来支持其与供应链相关的决策。遗憾的是，这些方法既费时又低效，导致关键物品频繁缺货以及库存和生产成本高昂。在六年的时间里，宝钢逐步升级了其决策流程，包括使用具有创造性优化技术的信息系统。新的决策流程提高了工厂的生产率，并减少了能源和资源的消耗。管理层估计，改进的决策可以节省超过 7 600 万美元的总成本。[1]

决策是解决问题的组成部分

解决问题对于任何企业组织都是至关重要的活动。人们普遍认为，解决问题的能力因人而异，其中有些人具有很好的解决问题的能力，而其他人则没有。在业务中，你可以得到的最高赞誉之一就是被同事和员工认可为"真正的问题解决者"。赫伯特·西蒙（Herbert Simon）开发的著名模型将问题解决过程的**决策阶段**（decision-making phase）划分为三个阶段：情报、设计和选择。[2] 这个模型后来被乔治·休伯（George Huber）合并到整个问题解决过程的扩展模型中。[3] 如图 6-1 所示。

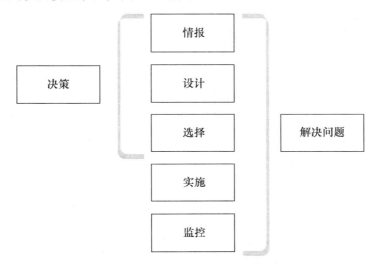

图 6-1　决策与解决问题的关系

注：通过实施和监控来扩大决策的三个阶段（情报、设计和选择），以解决问题。

解决问题过程的第一阶段是**情报阶段**（intelligence stage），在此阶段中，你可以确定并定义潜在的问题或机会，还可以调查资源和环境的约束条件。例如，对于荷兰来说，防洪是一个关键问题，荷兰这个人口稠密的国家中有 50％以上国土位于海平面以下，容易遭受洪灾。天然沙丘、人造堤坝、水坝和水闸都被用来保护荷兰人免受海上风暴的袭击。另外，需要河堤来防止从莱茵河和默兹河流入该国的河水泛滥。出于对卡特里娜飓风袭击后冲毁新奥尔良堤防的困扰，荷兰公共工程和水务局局长委托三角洲委员会来解决相关问题。鉴于上述因素及其他因素，三角洲委员会建议采取措施提高所有堤防地区的防洪水平，并将预算设定为国民生产总值的 1％，即每年约 12 亿欧元至 16 亿欧元，直至 2050 年完成项目实施。该项目收集了历史数据，并生成了新的海水位准预报，用于开发新的洪水风险评估。[4] 这样就完成了该问题的情报阶段，并清楚地界定了该问题：如何将这笔款项分配在 3 500 公里的堤坝上？

在**设计阶段**（design stage），可以开发针对该问题的各种可替代解决方案并评估其可行性。在荷兰的洪灾问题中，开发了一种基于成本效益分析进行洪灾风险评估的新方法，并根据情报阶段收集的历史数据和新的海平面预报进行了多次洪灾风险评估。利用混合整数非线性规划技术，对该国受堤防保护的所有地区进行了优化设计。[5]

在决策的最后阶段，即**选择阶段**（choice stage），需要选择一个行动方案。在荷兰的洪水示例中，分析了各种策略，并决定对荷兰不同地区实施一套经济有效的防洪标准，该标准与现有标准大不相同。新的成本/效益分析表明，提高莱茵河和默兹河以及该国其他两个地区的保护标准是必要且经济的。同时，沿海许多地区现有的合法防洪标准是充分的，无须像最初建议的那样，将荷兰所有易发洪水地区的法定防洪标准提高 10 倍。[6]

解决问题（problem solving）不仅限于决策。它还包括解决方案被付诸实施的**实施阶段**（implementation stage）。这将包括在荷兰洪水示例中对每个堤防进行建议的更改。解决问题过程的最后阶段是**监控阶段**（monitoring stage）。在此阶段，决策者对实施进行评估，以确定是否达到预期结果，并在需要时修改实施方案。例如，如果由于异常高的海平面或其他意外天气状况而发生洪水，或者如果堤防改造的成本比预期的高，则可以对实施方式进行适当的修改。

■ 程序化和非程序化决策

在选择阶段，决策者选择解决方案的影响因素较多。其中之一是决策是否可以程序化。**程序化决策**（programmed decisions）是例行的、重复的决策。通常使用规则、程序或定量方法做出这类决策。例如，当库存水平降至再订货点以下时，确定应该重新订购是一个程序化的决策，因为它遵循一个规则。利用传统的信息系统，程序化决策很容易实现。

卡夫（Kraft）是食品和饮料行业的全球领导者。其饮料、奶酪和冷藏食品类别中受欢迎的品牌几乎在每个北美家庭中都可以找到。它经营着庞大而复杂的供应链，在全球约 72 个国家和地区设有 150 多个制造和加工点。许多卡夫食品都是季节性产品，保质期短。该公司还经常提供新产品和促销活动。这一切要求卡夫公司以高效和低成本的方式管理库存。为此，卡夫公司实施了一套先进的库存管理系统，该系统可以根据预先编程的再订货点和安全库存，通过程序化决策来控制其库存水平。如图 6-2 所示。程序化决策过程提高了预测精度，降低了错误库存的可能性，节约了资金，保留了现金储备。[7]

非程序化决策（nonprogrammed decisions）通常是一次性决策，在许多情况下很难量化。例如，为新员工确定合适的培训计划，决定是否开发新型产品线，权衡安装升级的污染控制系统的好处和坏处。每个决策都包含独有的特征，标准的规则或过程可能不适用于它们。

图 6-2　程序化决策

注：卡夫公司使用嵌入计算机系统的程序化决策来控制库存水平。

结构化、半结构化和非结构化决策

安东尼·戈里（Anthony Gorry）和迈克尔·斯科特·莫顿（Michael Scott Morton）开发的戈里-莫顿框架是目前许多决策支持系统研究的基础。[8] 该框架根据决策的结构程度对决策进行分类。**结构化决策**（structured decisions）指构成决策的变量已知并可以定量测量的决策。**非结构化决策**（unstructured decisions）指影响决策的变量无法定量测量的决策。**半结构化决策**（semistructured decisions）指只能对某些变量进行定量测量的决策。大多数业务决策都是半结构化的。在组织的每个级别（运营、战术和战略）都可以遇到上述三种类型的决策。表 6-1 列出了每种决策类型的示例。

表 6-1　戈里-莫顿框架

	操作控制	管理控制	战略控制
结构化决策	应收账款 订单输入 库存控制	预算分析 短期预测	油轮船队组合 仓库和工厂位置
半结构化决策	生产计划	预算差异分析	并购
非结构化决策	关键路径调度	销售与生产	研究开发计划

戈里和莫顿认为，决策支持系统有助于解决许多非程序化决策问题，这些问题不是常规问题，规则和关系也没有被很好地定义（非结构化或半结构化问题）。这些问题可能包括确定制造工厂的最佳位置，或者是否要重建遭受飓风或龙卷风严重破坏的医院。

优化、满意和启发式

通常，计算机化的决策支持系统可以优化或满足要求。**优化模型**（optimization model）可以找到最佳解决方案，该解决方案将最有效地帮助组织实现其目标。优化模型使用问题约束。例如，制造工厂的有限可用工作小时数就是一个问题约束。

德国南方糖业公司（Südzucker AG）在 11 个欧洲国家/地区拥有 29 个制糖厂和 3 个精炼厂，年产糖超过 500 万吨。食糖被转化为 2 000 多种产品，分发给欧洲成千上万的客户。为了支持其增长计划，该公司开发了一种复杂的模型来分析生产、仓储、运输成本和服务需求。南方糖业公司可以准确地确定将特定糖产品的生产转移到比利时的工厂与在奥地利开设新仓库的财务价值。该模型可以针对给定的一组假设和约束条件（例如人工成本、工厂生产能力和仓储成本）快速生成和评估选项，从而可以确定最佳选项。[9]

某些电子表格程序（例如 Excel）具有优化功能，如图 6-3 所示。优化软件还允许决策者探索各种替代方案。

满意模型（satisficing model）是可以找到问题的较好（但不一定是最好的）解决方案的模型。在对问题进行正确建模以获取最佳决策时，很难使用满足的、复杂的或成本高昂的方法。满意度通常不会考虑所有可能的解决方案，而只会考虑可能产生良好结果的解决方案。

例如，旅行推销员问题是一个经典问题，旨在寻找以下问题的答案：给定一组目的地，允许推销员访问每个目的地并返回起点的最短路径是什么？

该问题的解决方法在货车的路径选择中具有明显的应用价值。它也有实际的应用，以解决其他问题，如在电路板上钻孔、在计算机上调度任务和基因组排序等。事实证明，当目的地数量很多时，没有通用算法可以保证给出此问题的最佳解决方案。对于少数几个目的地，可以通过计算每条往返路线以找到最短路线来轻松解决该问题。但是，随着目的地数量的增加，可能的路线数量呈指数增长，例如，对于 15 个目的地，可能的路线数量超过 870 亿。[10]

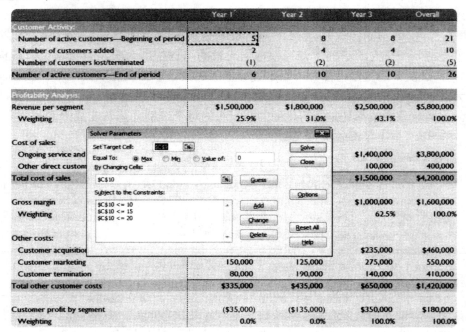

图 6-3 优化软件

微软产品截屏，经微软公司许可。

注：某些电子表格程序（如 Microsoft Excel）具有优化例程。该图显示了求解器，它可以在某些约束条件下找到最佳解决方案。

美国联合包裹运送服务公司（UPS）依赖于一种名为 ORION（道路集成优化和导航）的路线优化工具为其 55 000 位驾驶员中的每一位推荐一条送货路线，他们每天进行约 1 600 万次送货。该工具必须将承诺的交付时间纳入其计算中。尽管 ORION 不可能优化每条路线，但它必须开发出接近最佳路线的解决方案。这是因为，假如每个司机每天只多开一英里，UPS 每年的成本将增加 3 000 万美元。[11]

启发式（Heuristics），也称为"经验法则"，是被普遍接受的能很好地解决某问题的准则或程序，经验表明它通常会导致一个好的解决方案。这些经验法则策略缩短了决策时间，使人们不必不断考虑采取什么行动。虽然启发式在许多情况下是有用的，但它们也可能导致偏见和过于强调过去。

棒球队经理使用的一种启发式方法是，将最有可能上垒的击球手排在先发阵容的最前面，其后是能让他们得分的强力击球手。一个组织可能用来管理其资产的启发式例子是"不允许应付账款总额超出手头现金的50％以上。"

ESET 是一家位于斯洛伐克的计算机安全公司，致力于开发针对网络威胁的领先安全解决方案。其产品提供了使用高级启发式技术检测未知恶意软件（例如病毒、蠕虫或特洛伊木马）的功能。这种方法可以在程序中查找某些典型应用程序中找不到的指令或命令，从而能够检测到以前未经检查的新恶意软件中潜在的恶意功能。[12]

■ 管理信息系统和决策支持系统的效益

本章和下一章讨论的管理信息系统和决策支持系统将帮助个人、团体和组织做出更好的决策、解决问题并实现目标。这些系统包括管理信息系统、决策支持系统、群体决策支持系统、高管支持系统、知识管理系统和各种专用系统。如图 6-4 所示,这些系统的效益是对系统性能提高与交付成本的权衡。从性能到效益箭头旁边的加号(+)表示,性能的提高对效益有正面影响。从成本到效益的负号(-)表示成本增加对效益有负面影响。

　　这些系统的性能通常与决策质量、问题复杂性和决策速度有关。决策质量可以导致更高的效率、更高的生产力,以及许多其他好处。问题的复杂性取决于问题解决和实现的难度。提高了决策的速度,从而会更快地实施解决方案。使用这些系统的成本是信息技术组件的支出,包括硬件、软件、数据库、内联网和互联网、人员和程序。这些系统实际上如何为使用它们的个人、团体和组织带来好处呢?这取决于系统本身。我们从传统的管理信息系统开始讨论。

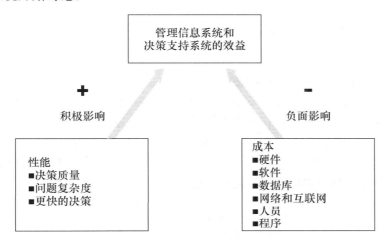

图 6-4　管理信息系统和决策支持系统的效益

注:与使用管理信息系统和决策支持系统的成本相比,其好处是提高了管理信息系统和决策支持系统的性能。

　　决策阶段:解决问题的第一部分,包括三个阶段:情报、设计和选择。

　　情报阶段:决策的第一阶段,在此阶段中,你可以确定并定义潜在的问题或机会。

　　设计阶段:决策的第二阶段,在该阶段中,可以开发针对该问题的各种可替代解决方案并评估其可行性。

　　选择阶段:决策的第三阶段,需要选择一个行动方案。

　　解决问题:决策之外的过程,包括实施阶段。

　　实施阶段:解决问题的一个阶段,在此阶段解决方案被付诸实施。

　　监控阶段:解决问题过程的最后阶段,在此阶段,决策者对实施进行评估。

　　程序化决策:使用规则、程序或定量方法做出的决策。

　　非程序化决策:处理特殊或异常情况的决策。

　　结构化决策:构成决策的变量已知并可以定量测量的决策。

　　非结构化决策:影响决策的变量无法定量测量的决策。

　　半结构化决策:只能对某些变量进行定量测量的决策。

　　优化模型:一种寻找最佳解决方案的过程,它将最有效地帮助组织实现其目标。

　　满意模型:一种可以找到问题的较好(但不一定是最好的)解决方案的模型。

　　启发式:被普遍接受的能很好地解决某问题的准则或程序。

管理信息系统概述

管理信息系统是人员、过程、数据库和设备的集合，可为管理人员和决策者提供有助于实现组织目标的信息。MIS通常可以在正确的时间以正确的格式向正确的人员提供正确的信息，从而使公司和其他组织具有竞争优势。

▣ 解析管理信息系统

MIS的主要目的是通过使管理人员了解组织的常规操作来帮助组织实现其目标，以便他们可以更有效地计划、组织和控制。MIS的重要作用是在正确的时间以正确的格式向正确的人提供正确的信息。简而言之，MIS可以为管理人员提供信息，通常是在报告中提供信息，以支持有效的决策制定并提供有关日常运营的反馈。图6-5显示了MIS在组织信息流中的作用。注意，业务交易数据可以通过传统方法、通过互联网、通过将客户和供应商连接到公司的ERP或事务处理系统的外部网进入组织。MIS的使用涵盖了所有管理级别。也就是说，它们为整个组织的员工提供支持并被员工使用。

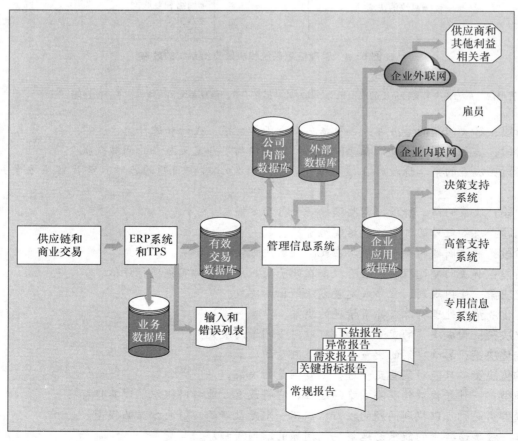

图6-5 管理信息的来源

注：MIS只是管理信息的众多来源之一。决策支持系统、高管支持系统和专用系统均有助于决策制定。

管理信息系统的输入

如图 6-5 所示，进入 MIS 的数据来自组织内部和组织外部，包括公司的供应链。管理信息系统最重要的内部数据源是组织内各种 TPS 和 ERP 系统以及相关数据库。外部数据源包括客户、供应商、竞争对手和股东，提供还没有被 TPS 和企业系统以及其他数据源（如互联网）获取的外部数据。公司还使用数据仓库和数据集市来存储可以跨组织使用的有价值的业务信息。

管理信息系统的输出

大多数 MIS 的输出是分发给经理的报告集合。许多 MIS 报告是使用组织内数据库中的数据生成的。这些报告可以为每个用户量身定制，并且可以及时交付。

Aarogyasri 医疗保健信托基金是印度安得拉邦的一个非营利项目。它为数以百万计的低收入家庭提供医疗保险，这些家庭通过初级保健中心和医疗所与 340 多家网络医院相连。该基金会与塔塔咨询服务公司（Tata Consultancy Service）合作，创建了一个重要的患者、医院和保险信息数据库，以提供服务并监控运营情况。网络医院内数以百计的医生和工作人员以及来自第三方保险公司的 1 000 多名用户使用报告软件工具来访问该数据库并提供信息，以做出更明智，更快速的决策。[13] 许多报告系统还可以创建**执行仪表板**（executive dashboard），用于显示关于特定时间点的流程状态的一组关键性能指标的图表，以使管理人员能够做出更好的实时决策。例如，如图 6-6 所示的仪表板可以为病床管理者提供床位可用性和出院状态的实时视图，包括：

- 已占用床位数和系统内的可用床位数
- 重要床位和遥测床位的可用量
- 观察患者数
- 住院时间统计与离院滞留（从患者接到出院通知单到实际出院）统计
- 医院服务表现与床位周转相关数据统计，如环境服务：周转统计、床位清洁周期、末尾床位周转、常规周转

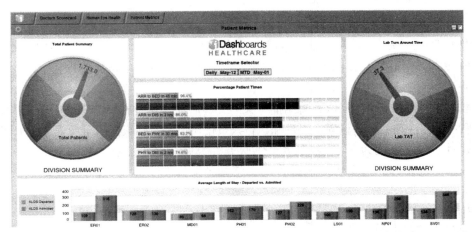

图 6-6　执行仪表板

www.idashboards.com

注：报表软件工具可以创建执行人员仪表板，这些仪表板可以显示一组有关关键节点流程状态的关键性能指标。

管理报告可以来自各种公司数据库、数据仓库和其他来源。这些报告除了执行仪表板外，还包括常规报告、关键指标报告、需求报告、异常报告和下钻报告。如图6-7所示。

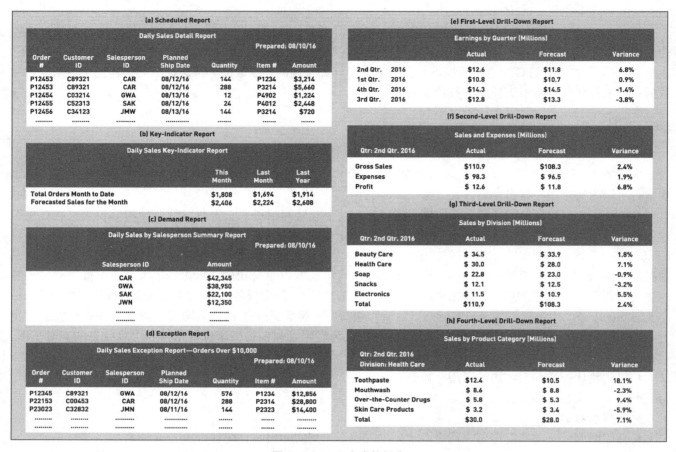

图6-7 MIS生成的报告

注：报告的类型为（a）常规报告，（b）关键指标报告，（c）需求报告，（d）异常报告，（e）～（h）下钻报告。

常规报告

定期生成**常规报告**（scheduled reports），例如每天、每周或每月。例如，生产经理可能会使用每周计划报表来列出总薪资成本，以监控和控制人工和工作成本；其他计划报表可帮助经理控制客户信用、监控销售代表的绩效和检查库存水平等。

关键指标报告（key-indicator report）总结前一天的关键活动，通常在每个工作日开始时提供。这些报告可以汇总库存水平、生产活动和销售量等。经理和执行人员使用关键指标报告对重要业务采取快速纠正措施。

北卡罗来纳州社区大学系统为80万名学生提供服务。根据前一年汇总的数据，每年，该系统都会生成一份名为"学生业绩表现指标"的报告。该报告向大学和公众介绍了58所社区大学的表现。包括以下八个关键绩效指标[14]：

- 学生基本技能
- 学生在大学英语课程中的通过率
- 第一年进展
- 许可和认证合格率
- GED文凭通过率

- 学生在大学数学课程中的通过率
- 学生课程完成情况
- 大学转学情况

需求报告

开发**需求报告**（demand reports）是为了根据要求提供某些信息。换句话说，这些报告是按需生成的，而不是定期生成的。像本节中讨论的其他报告一样，它们通常来自组织内的数据库系统。例如，执行人员可能想知道特定项目的生产状态。可以通过查询公司的数据库来生成需求报告，以提供所请求的信息。供应商和客户也可以使用需求报告。例如，联邦快递在其网站上提供需求报告，使客户能够从货源到最终目的地跟踪包裹。

异常报告

异常报告（exception reports）是在异常情况或需要管理操作时自动生成的报告。例如，经理可以设置一个参数，该参数生成所有库存项目的报告。当某库存项目的销售额少于 5 天的销售额时，需要立即采取行动，以避免商品耗尽。这个参数生成的异常报告将只包含库存量少于 5 天销售量的项目。

Capital One 360 是一家大型储蓄银行，其客户在线进行大部分交易。该银行在整个运营过程中密切监视着几个关键数据文件。例如，一个保存有关计划在隔夜发送给其他银行和金融机构的付款数据的文件。修改该文件时，会有一个截止时间。如果在截止时间之后请求更改，则会生成一个异常报告，该报告标识何时请求更改以及由谁请求。然后，一名员工手动检查该报告，以确保所有更改均已得到适当授权并正确执行。该报告确保没有数据被篡改或交易受到干扰。[15]

与关键指标报告一样，异常报告最常用于监视对组织成功至关重要的方面。通常，当产生异常报告时，经理或主管人员将采取行动。对于异常报告，应仔细设置参数或触发点。触发点设置得太低可能会导致异常报告过多。触发点设置得太高可能意味着需要采取措施的问题被忽略了。例如，如果一家大型制造公司的采购经理想要一份异常报告，若显示所有超过 100 美元的原材料采购，则系统几乎可以检索到所有采购数据。100 美元的触发点可能太低。设置 10 000 美元为触发点可能更合适。

下钻报告

下钻报告（drill-down reports）是提供有关情况详细数据的报告。使用这些报告，分析人员可以首先查看较高级别的数据（例如整个公司的销售额），然后查看更详细的级别（例如公司某个部门的销售额），再后是更为详细的级别（例如一位销售代表的销售额）。各种规模和类型的公司和组织都适合使用下钻报告。

管理信息系统的特征

仪表盘、常规报告、关键指标报告、需求报告、异常报告和下钻报告均有助于经理和主管们做出更好、更及时的决策。通常，MIS 实现以下功能：

- 提供固定和标准格式的报告
- 生成硬拷贝和软拷贝报告
- 使用存储在计算机系统中的内部数据
- 允许用户开发自定义报告
- 要求用户请求系统人员开发的报告

执行仪表板：用于显示一组关于特定时间点的流程状态的关键性能指标的图表，以使管理人员能够做出更好的实时决策。

常规报告：定期产生的报告，例如每天、每周或每月。

关键指标报告： 总结前一天的关键活动，通常在每个工作日开始时提供。

需求报告： 该报告是按需生成的，而不是定期生成的。

异常报告： 异常情况或需要管理操作时自动生成的报告。

下钻报告： 提供有关情况详细数据的报告。

管理信息系统的功能

大多数组织是按照职能领域（例如财务、制造、营销、人力资源和其他业务领域）进行组织的。MIS 也可以按照这些功能划分，以生成针对各个功能的报告。如图 6-8 所示。

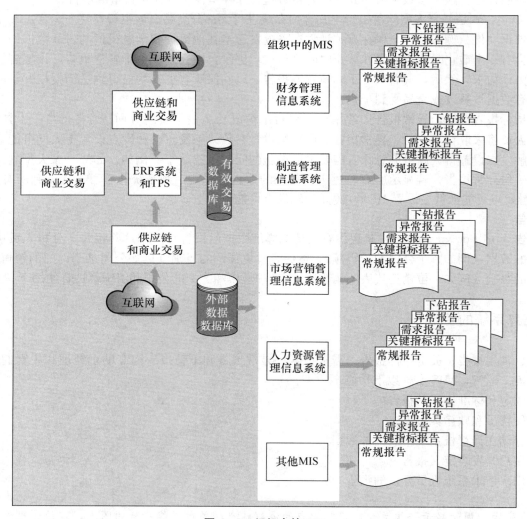

图 6-8　组织中的 MIS

注：MIS 是业务信息系统的集合，每个信息系统都支持特定的业务领域。

财务管理信息系统

财务管理信息系统（financial MIS）为需要每天做出更好决策的员工提供财务信息。大多数财务管理信息系统执行以下功能：

- 将来自多个来源（包括互联网）的财务和运营信息集成到单个系统中。
- 为金融和非金融用户提供方便的数据访问，通常通过使用公司内联网访问公司的金融数据和信息网页。
- 使财务数据立即可用，以缩短分析周转时间。
- 支持从多个维度（时间、地理位置、产品、工厂和客户）进行财务数据分析。
- 分析历史和当前的财务活动。
- 长期监控资金使用情况。

总分类账定义了企业的会计分类，是财务管理信息系统的关键组成部分。它通常被分为：资产、负债、收入、费用和权益。这些分类又进一步细分为分类账，以记录诸如现金、应付账款和应收账款等细节。获取和报告这些会计细节所需的业务流程对组织的任何运作都是必不可少的。对总分类账的输入与对特定模块的业务交易的输入同时发生：

- 订单业务员记录了一笔销售，生成了一个应收账款分录，表明客户应付货款。
- 买方输入采购订单，从而在总分类账中生成应付账款条目，表明公司有义务为将来某个时候收到的货物付款。
- 码头工人输入从供应商处购买的物料收据，生成总分类账条目以增加现有库存。
- 生产工人从库存中提取原材料以支持生产，从而产生记录以减少现有库存。

事务处理系统或企业系统获取工作人员在业务职能领域中输入的交易。然后，这些系统创建相关的总账记录，以跟踪交易的财务影响。这组记录是非常宝贵的资源，用以支持财务和管理会计。

财务会计包括获取和记录所有影响公司财务状况的交易，然后使用这些记录为外部决策者（如股东、供应商、银行和政府机构）准备财务报表。这些财务报表包括损益表、资产负债表和现金流量表。如表 6-2 所示。这些表格必须严格按照美国证券交易委员会、美国国税局和美国财务会计准则委员会等机构的规则和准则进行编制。为财务会计收集的数据也可以作为税收会计的基础，因为它涉及向外部的地方、州和联邦税务机构报告公司的活动。

管理会计包括使用历史数据和估计数据来提供管理所需的信息，以进行日常运营，计划未来的运营，并制定整体的业务战略。管理会计提供数据，使公司的管理人员能够评估给定产品线或特定产品的盈利能力、确定表现不佳的销售地区、建立预算、进行利润预测并衡量营销活动的有效性。

表 6-2 损益表 单位：美元

顶峰制造 利润表			
填表日期：2017 年 7 月 3 日			
财政年度	2016 年	2015 年	2014 年
总收入	28 365 000	25 296 000	22 956 000
销货成本	5 191 000	3 455 000	3 002 000
毛利	23 174 000	21 841 000	19 954 000
营业支出			
研究与开发	4 307 000	4 379 000	3 775 000
销售费用、常规费用和管理费用	6 957 000	5 742 000	5 242 000

续表

营业收入		
营业收入	11 910 000	11 720 000	10 937 000
其他收入和支出净额合计	（397 000）	（195 000）	3 338 000
息税前利润	11 513 000	11 525 000	14 275 000
利息支出	不适用	不适用	不适用
税前收入	11 513 000	11 525 000	14 275 000
所得税费用	3 684 000	3 804 000	4 854 000
净收入	7 829 000	7 721 000	9 421 000

注：损益表显示组织的业务结果，包括收入和成本（含税）。

所有影响公司财务状况的交易都将被获取并记录在财务 MIS 中。数据用于准备各个地区所需的声明。数据还可以与各种假设和预测一起用于 MIS 系统的管理会计模块中，以执行不同的分析，例如生成预测的损益表以评估公司的未来盈利能力。财务和管理会计可以使用 MIS 为公司的成功做出重大贡献。

宝马开发了财务 MIS，以计划其未来业务的数量和盈利能力。这些分析的结果被集成到了整个企业的报告系统中，同时满足了监管机构的要求，并减少了财务经理的工作。[16]

图 6-9 显示了财务管理信息系统的典型输入、各功能的子系统和输出，包括损益、审计、资金使用和管理。

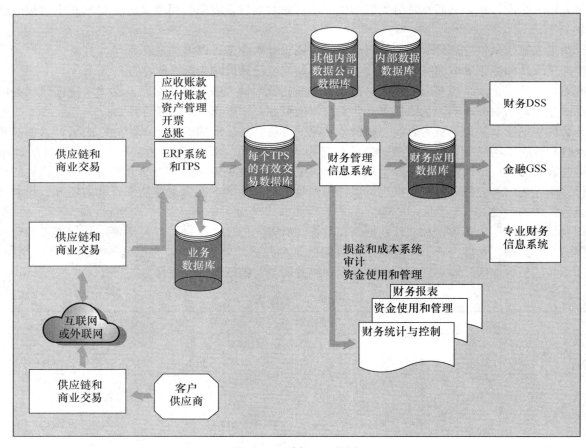

图 6-9　财务 MIS 概述

注：财务 MIS 显示了损益、审计以及资金的使用和管理。

一些财务管理信息系统子系统和输出包括：

● **损益和成本系统。**利润中心（profit center）是一个独立的业务部门，被视为一个独立的实体，可以确定其收入和支出，并可以测量其盈利能力。出于会计目的，利润中心是独立的，以便管理层可以监视每个中心赚取多少利润，并比较它们的相对有效性。利润中心的经理要对收入和成本负责。大型保险公司的投资部门和汽车经销商的服务部门就是利润中心的例子。**收入中心**（revenue center）是从产品或服务的销售中获得收入的组织单位。收入中心的经理仅负责创收。其他组织单位，例如制造或研发，也可以是**成本中心**（cost center），它们是公司内不直接产生收入的部门。信息系统用于计算收入、成本和利润。

● **审计。**审计（auditing）提供对组织的会计、财务和运营程序以及信息的客观评估。可以执行几种类型的审计。**财务审计**（financial audit）是对组织财务信息及其处理方法的可靠性和完整性的全面评估。**运营审计**（operational audit）是对管理层如何良好地利用组织的资源，以及组织计划的执行效率的评估。**内部审计**（internal auditing）是对组织内个人执行的审核。例如，一家公司的财务部门可能会雇用一组员工对其应付账款进行审计，以确保其遵守公司的标准和政策。**外部审计**（external auditing）是由外部团体（普华永道会计师事务所、德勤会计师事务所或其他主要的国际会计师事务所）执行的审核。计算机系统用于内部和外部审计的所有方面。对纽约州共同退休基金（CRF）的审计发现了州审计署（OSC）办公室的几个信息系统问题。如果不加以缓解，这些问题可能会给依赖 OSC 管理和分配退休储蓄的纽约人带来灾难。金融服务部（DFS）的审计显示，处理退休金交易的大型计算机已有 25 年的历史，并且使用的是 1950 年代的计算机语言。更糟糕的是，用于养老基金管理的关键软件不再受其制造商的支持，因此不会对其进行安全补丁更新以防御新的安全威胁。[17]

● **资金的使用和管理。**内部资金使用包括购买额外的存货、更新工厂和设备、雇用新员工、收购其他公司、购买新的计算机系统、增加营销和广告、购买原材料或土地、投资新产品、增加研究和开发。个人理财软件也可以帮助个人管理支出和制定财务决策。如图 6-10 所示。

图 6-10 Mint 个人理财软件

mint. com
注：Mint 个人理财软件可以帮助个人对支出进行整理和分类，以便个人了解每一角钱流向何处，并帮助个人进行财务决策。

制造管理信息系统

　　毫无疑问，信息系统的进步彻底改变了制造。在过去十年中，许多制造业务得到了显著改善。从车间到行政层，在制造的各个级别都强调使用计算机系统。

　　戴姆勒集团生产梅赛德斯-奔驰汽车、戴姆勒卡车、梅赛德斯-奔驰面包车和戴姆勒客车。戴姆勒在德国斯图加特的轻金属铸造厂每天生产 10 000 个气缸盖。如果气缸盖不符合严格的标准，则必须将其淘汰，熔化并重新制造。该公司使用制造 MIS 来收集与生产相关的 500 多个因素，使工人能够监视和控制制造过程。使用该系统可将生产率提高 25% 以上。[18] 图 6 - 11 概述了制造 MIS 的输入、处理和输出。

　　制造 MIS 的子系统和输出用于监视和控制组织中物料、产品和服务的流动。当原材料转换为成品时，制造 MIS 会在每个阶段监视过程。组织的成功取决于制造职能。下面列表介绍一些用于制造 MIS 的通用子系统和输出：

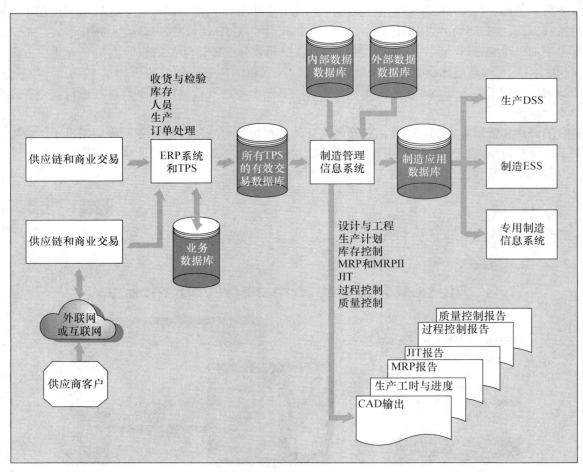

图 6 - 11　制造 MIS 概述

注：制造 MIS 的子系统和输出用于监视和控制组织中材料、产品和服务的流动。

　　● **设计与工程。**制造公司经常对新产品或现有产品使用计算机辅助设计（CAD）。例如，波音公司采用 3D CAD / CAM（计算机辅助设计/计算机辅助制造）技术在计算机辅助三维交互式应用程序（CATIA）系统中将飞机零件建模为 3D 实体。如图 6 - 12 所示。该系统与波音公司的多项专有应用程序一起，使波音公司的工程师能够模拟飞机设计的几何形状，而无须花费大量时间和精力来制作物理模型。[19]

- **主生产计划**。计划生产对于任何制造公司来说都是至关重要的活动。主生产计划的总体目标是为制造设施的短期和长期计划提供详细的计划。住田公司（Sumida AG）设计、制造和销售用于汽车、工业和消费者的电子零件。该公司位于德国莱厄斯滕（Lehesten）的工厂的制造部门有大约 175 名员工，他们必须完成生产订单，以满足长期合同以及临时接到的订单。这家工厂实施了一种新的生产计划系统来改进其生产计划过程。现在，新系统不再将生产订单作为一个整体来考虑，而是将订单的每个流程步骤化。这意味着在计划生产时要考虑开始时间、结束时间和处理时间。该系统还能够根据现有的工作人员和设备来优化将要生产的产品数量，为所有三个工作班次的每台设备生成各项生产计划。

图 6-12　设计与工程

ANTHONY BOLANTE/Reuters/Landov
注：波音公司在飞机的开发和设计中使用了计算机辅助设计（CAD）和计算机辅助制造（CAM）。

- **库存控制**。大多数库存控制技术用于最小化库存成本。美国飞世尔科技公司（Fisher Scientific International，Inc.）向全球实验室的研究人员和临床医生提供所需的仪器、设备和实验室用品。它为制药和生物技术公司、大学和医学研究机构、医院以及质量控制、过程控制和 R&D 实验室的 350 000 多个客户提供服务。[20] 飞世尔公司实施了库存管理系统，使总库存减少了 500 万美元。同时增加客户服务。这是通过改善其产品库存与客户需求之间的一致性来实现的。库存控制技术确定何时更新库存以及订购多少库存。确定订单库存量的一种方法称为**经济订货量**（economic order quantity，EOQ）。计算此数量是为了最小化总库存成本。提出解决"何时订购"的问题应当基于一段时间内的库存使用情况。通常，用**再订货点**（reorder point，ROP）来回答这个问题，该数量是关键的库存水平值。当特定项目的库存水平降至再订货点或关键水平时，系统会生成报告，以便按经济订货量下达产品订单。

- **即时（just-in-time，JIT）库存**和制造是一种将库存保持在最低水平而又不牺牲成品可用性的方法。通过这种方法，库存和材料在制造产品之前交付。哈雷戴维森（Harley Davidson）是一家效率极低的制造商，通过较高的库存来避免原材料缺货，从而避免生产问题。但是，库存投资导致过多的存储和处理成本，并占用了大量资金。该公司实施了 JIT，并成为能够满足客户需求并提供较短的交货时间来生产产品的敏捷制造商。JIT 的使用使哈雷戴维森可以提高生产率并将库存水平减少 75%。

- **过程控制**。管理人员可以使用多种技术来控制和简化制造过程。计算机可以使用计算机辅助制造（CAM）系统直接控制制造设备，譬如控制钻孔机、装配线等。如图 6-13 所示。**计算机集成制造**（computer-integrated manufacturing，CIM）使用计算机将生产过程的各个组成部分链接到一个有效的系统中。CIM 的目标是将生产的各个方面结合在一起，包括订单处理、产品设计、制造、检查和质量控制以及运输。**柔性制造系统**（flexible manufacturing system，FMS）是一种允许制造设施快速有效地从生产一种产品转变为生产另一种产品的方法。例如，在生产的过程中，可以更改生产过程以生产其他产品或更换制造材料。通过使用 FMS，可以大大减少更换制造工作的时间和成本，并且公司可以对市场需求和竞争做出快速反应。总部位于德国的 Willi Elbe 集团生产客车和商用车的转向模块和转向组件。该公司实施了一个灵活的制造系统，其中包括五个卧式加工中心。中心由机器人装卸，并通过定制的传送皮带连接到零件清洁系统。来自这些中心的工件被自动集成到后面的加工阶段。

图 6-13　计算机辅助制造

© iStockphoto. com/The Linke
注：计算机辅助制造系统控制装配线上的复杂过程，并为用户提供即时信息访问。

- **质量控制和测试**。随着消费者压力的增加以及对生产率和高质量的普遍关注，当今的制造组织越来越重视**质量控制**（quality control），这一过程可确保最终产品满足客户的需求。信息系统用于监视质量并采取纠正措施以消除可能的质量问题。

市场营销管理信息系统

市场营销（marketing）是确定消费者的需求和愿望，创造、沟通和交付满足这些需求和愿望的产品的过程。市场营销涵盖广泛的活动，包括：
- 进行市场调查以确定消费者的需求
- 设计对消费者有吸引力的产品或服务
- 确定对消费者有吸引力并对组织有利可图的价格
- 确定用于通知潜在客户有关产品或服务的各种媒体
- 使用选定的媒体形式进行广告宣传
- 决定产品或服务将通过哪些业务链和/或中介机构送达消费者（分销渠道）
- 确定货物从产地到消费地的搬运、移动和储存（物流）

市场营销管理信息系统（marketing MIS）是收集并使用来自组织内外部的数据，在市场营销的所有领域提供报告并帮助决策的系统。

图 6-14 显示了典型的营销 MIS 的输入、子系统和输出。市场营销 MIS 的子系统及其输出可帮助营销经理和行政人员提高销售额、减少营销费用并制定未来产品和服务的计划，以满足客户不断变化的需求。这些子系统包括市场调查、产品设计、媒体选择、广告、销售、渠道分销和产品定价。

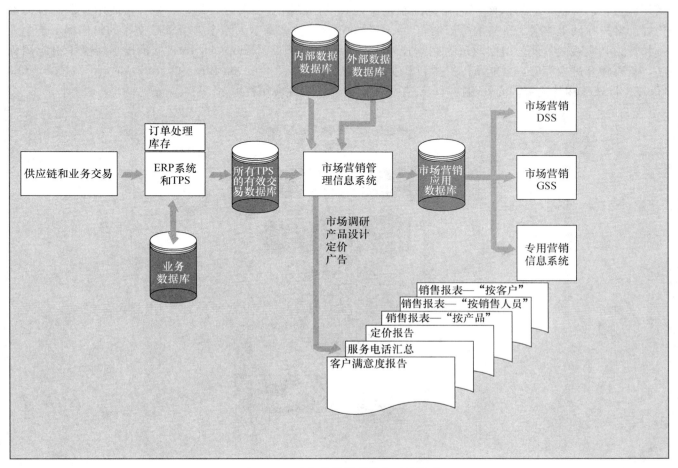

图 6-14　市场营销管理信息系统概述

注：市场营销管理信息系统可帮助营销经理和行政人员提高销售额、减少营销费用并制定未来产品和服务的计划，以满足客户不断变化的需求。

● **市场调研。**市场调研的目的是分析市场，以识别威胁、机会以及客户的需求。公司通过浏览社交媒体网站来查找有关其组织和产品的信息，从而将互联网用作市场调研数据的重要来源。网站请访问者填写在线调查表，并收集客户的在线反馈表。市场营销 MIS 用于汇总和报告调查、调查表、试点研究、消费者座谈会和访谈的结果。你可能会惊讶地发现，诸如脸谱网之类的公司，发布的内容被用于其他企业组织的市场调研，为其设计新产品或改进产品、开发更有效的广告提供信息。一家互联网营销公司在美国热棒协会（National Hot Rod Association，NHRA）的帮助下进行了市场调研，以增加观看比赛的人数。它们一起收集数据来建立一个市场营销管理系统，其中包括一个关于赛马购票者和 NHRA 成员的数据库，该数据库保存了赛马出场率和购票类型的数据。公司用这些数据发起一个电子邮件营销活动，帮助 NHRA 的成员购买更多门票。[21]

● **产品设计。**产品设计是产生一个新产品或服务并向顾客进行销售的过程。产品可能是全新的，也可能是现有产品的修订版。设计过程始于识别客户的需求和愿望，并要求清楚地了解该产品的功能和预期的性能。这些数据大部分存储在市场营销管理信息系统中。此外，产品设计人员的角色还得到了数字工具的帮助，这些工具使设计人员能够可视化、分析和交流，并以一种比过去投入更多精力和时间的方式产生新的产品思想。

- **定价。** 产品定价是另一个关键的营销功能，涉及设置零售价、批发价和价格折扣。市场营销管理信息系统通常用于存储显示价格和消费者购买行为之间关系的数据。雀巢公司使用了 Decision Insight 设计的在线虚拟购物平台 Simu-Shop，推出了一款新型的冰激凌产品。购物者被招募到网上，参与虚拟购物体验，并被密切监控，以确定产品的价格。[22]公司试图制定价格政策，使销售收入最大化。一些公司使用互联网行为定价，即客户在网上支付的价格取决于他们愿意支付的价格，这些基于大型个人信息数据库的价格揭示了个人购物行为和实践。其他公司则通过这些新技术来吸引顾客。例如，Shopkick Inc. 就推出了智能手机应用程序，只要顾客进入商店，就能获得折扣和奖励。如图 6 - 15 所示。在 Best Buy、Crate&Barrel、Macy's、Old Navy、Target 和其他零售商处购物时，有超过 600 万人使用此应用程序。[23]

图 6 - 15　Shopkick

注：Shopkick 制作智能手机应用程序，仅为进入商店的顾客提供折扣和奖励。

- **媒体选择。** 媒体组合是指各种广告渠道（广播、电视、广告牌、网络或报纸）的组合，用来满足营销计划的目标。媒体选择的目标是确定最佳的媒体组合，以满足营销的目标（例如，在 18～24 岁的人群中提高公司的品牌知名度，将潜在客户送到零售店，或为企业网站带来更多流量），而且成本最低。市场营销 MIS 可以存储必要的数据，以权衡如何选择媒体。大多数营销组织选择互联网和线下媒体的组合来实现它们的营销目标。然而，据估计，85％的买家会上网搜索他们的购买信息，互联网正成为媒体组合中越来越重要的组成部分。[24]互联网媒体渠道包括多个组成部分，你可以从数十种非常流行的社交媒体中进行选择。具体包括网站、电子邮件、博客或企业网页等。每个网络渠道都有自己的优势和劣势，这取决于营销活动的目标。调查显示，约 43％的小企业主每周花在社交媒体营销上的时间超过 6 小时，他们会在脸谱网、谷歌、照片墙（Instagram）、领英、拼趣（Pinterest）、推特和 YouTube 上发布信息。迈阿密市中心的 Daily Melt 的老板把他的店打造成了一家餐厅，通过美味的三明治、悠闲的氛围和令人愉快的工作人员来提升吸引力。店主雇用了一家社交媒体营销公司，通过每周特价的照片和一则鼓舞人心的信息来吸引网上的顾客。[25]

- **广告。** 任何营销活动最重要的功能之一都是促销和广告。产品成功与否直接取决于广告的类型和促销手段。越来越多的组织使用互联网、智能手机和其他移动设备来宣传与销售产品和服务。如图 6 - 16 所示。许多小企业都在利用像高朋（Groupon）这样的网站有效地宣传它们的产品和服务。有了高朋团购网站，用户每天都会收到来自当地公司的交易广告，折扣最高可达正常价格的 50％。许多公司在苹果 iPhone 和其他设备的游戏和其他应用程序上推广它们的产品。在某些情况下，广告隐藏在免费游戏应用程序中。当你下载并开始玩游戏时，广告就会出现在屏幕上。然而，有些人对网络广告并不满意。他们抱怨说，流行的互联网搜索程序经常显示完全不相关的搜索广告。例如，一些医生和牙医声称，他们的服务广告会显示给搜索出租车公司、理发师、发型师或其他不相关服务的人。

图 6 - 16　互联网广告

注：互联网是许多组织广告的重要组成部分。公司营销部门使用社交网站，例如脸谱网（www. facebook. com）来宣传其产品并进行市场调研。

- **销售。**市场营销管理信息系统可以生成报告，以识别对利润有贡献的产品、销售人员和客户以及对利润无贡献的客户。此分析可以用于销售并且有助于产生销售的广告。例如，参与度等级可以显示广告如何转化为销售。可以生成多个报告，以帮助营销经理制定良好的销售决策。如图 6 - 17 所示。"按产品"销售报告列出了指定时间段内的所有主要产品及其销售。该报告显示哪些产品运行良好，哪些需要改进或应完全丢弃。"按销售员"销售报告列出了每个销售员每周或每月的总销售额。该报告还可以按产品细分，以显示每个销售员正在销售哪些产品。"按客户"销售报告是一种可用于识别大批量和小批量客户的工具。瑞典银行（Swedbank）是一家大型金融机构，在斯堪的纳维亚半岛和波罗的海国家爱沙尼亚、拉脱维亚和立陶宛经营。该银行拥有 16 000 名员工，仅在瑞典就为 400 万客户提供服务。在大约一年的时间里，该银行开发了一种"客户分析"工具来分析客户的交叉销售并计划营销活动。客户顾问和分支机构经理使用该工具来计划何时满足哪些客户的哪些目的。[27]

- **分销渠道。**分销渠道优化包括定义产品流向最终消费者的中间组织链。分销渠道的参与者可以包括批发商、零售商、分销商和互联网。直接销售渠道是消费者能够直接从制造商那里购买产品的渠道。分销伙伴使制造商能够向客户提供产品和服务，并常常提供一些制造商不提供的客户服务形式（例如融资、维护或培训）。分销渠道优化是吸引客户（他们更喜欢购买产品）以及将销售扩展到新市场和新地区的主要因素。分销渠道优化分为三个阶段：1）评估当前渠道合作伙伴的有效性；2）识别新的、高增长的机会并选择合适的合作伙伴以抓住这些机会；3）持续评估和支持分销合作伙伴的业绩。一个组织的市场营销管理信息系统可以包含许多关于现有的和潜在的分销伙伴的数据，以及关于支持渠道优化的营销机会的数据。加拿大血液服务公司（CBS）负责在加拿大收集、检测、制造、采购和分发用于患者护理的安全血液和血液产品。该组织认识到，许多普通民众都想献血，但根本没有献血渠道。因此，哥伦比亚广播公司决定使用在线分发渠道来

(a) Sales by Product

Product	August	September	October	November	December	Total
Product 1	34	32	32	21	33	152
Product 2	156	162	177	163	122	780
Product 3	202	145	122	98	66	633
Product 4	345	365	352	341	288	1,691

(b) Sales by Salesperson

Salesperson	August	September	October	November	December	Total
Jones	24	42	42	11	43	162
Kline	166	155	156	122	133	732
Lane	166	155	104	99	106	630
Miller	245	225	305	291	301	1,367

(c) Sales by Customer

Customer	August	September	October	November	December	Total
Ang	234	334	432	411	301	1,712
Braswell	56	62	77	61	21	277
Celec	1,202	1,445	1,322	998	667	5,634
Jung	45	65	55	34	88	287

图 6－17　生成的报告可帮助市场经理做出正确的决策

注：（a）"按产品"销售（sales-by-product）报告列出了 8—12 月期间的所有主要产品及其销售额。（b）"按销售员"销售（sales-by-salesperson）报告列出了在同一时间段每个销售员的总销售额。（c）"按客户"销售（sales-by-customer）报告列出了该期间每个客户的销售。像所有 MIS 报告一样，系统会自动提供总计，一目了然地向经理显示他们做出正确决策所需的信息。

推动这项计划。该组织创建了一个名为 Operation LifeBlood 的在线社区，其目标是减轻潜在的捐赠者的忧虑，并告知他们有关捐赠的过程。它还建立了一个社交网站，供捐助者和潜在的捐助者分享经验并参与讨论。该计划将潜在捐助者的转化率提高到 16%，远高于 10% 的目标。[29]

- **产品分销。**产品分销包括确定将产品送达客户的最佳方式。组织使用它们的营销管理信息系统，以尽量减少配送成本，同时仍然满足客户的时间交付要求。大型超市，如塔吉特百货（Target）、沃尔玛和梅杰（Meijer）允许消费者在网上订购产品，然后在约定的时间提货或送货上门。玛贝电器（Mabe）是一家墨西哥公司，总部设在墨西哥，设计、生产和销售 15 个品牌的家用电器，其产品销往世界 70 多个国家。一个严重的问题是，当产品通过公司的分销网络从生产车间到多个仓库，经过多个货运公司运送到客户手中时，产品有可能掉落并受到损伤。Mabe 决定重新应用计算机辅助工程工具来优化产品包装。该公司开发了一种新的包装设计，在降低材料成本和包装重量的同时，尽可能减少潜在的损害。一些组织，如 Apple Store、Microsoft store、shop411、新蛋（Newegg）和 VioSoftware，使用互联网作为它们的主要分销渠道，并向它们的客户发送音频、视频、软件、视频游戏和书籍。

■ 人力资源管理信息系统

人力资源管理信息系统（human resource MIS，HRMIS）是涉及与组织以前的、当前的和潜在的员工相关的管理活动的 MIS。在过去十年中，人力资源管理职能的复杂性急剧增加，这主要是由于需要遵守新的法律法规。人力资源管理信息系统被越来越多地用于监督和管理兼职员工和虚拟工作团队，还可以进行除了传统的职务和职责外的职位共享。由于人力资源职能与企业中的其他职能领域相关，因此 HRMIS 在确保组织成功方面发挥着重要作用。这个重要的系统所执行的一些活动包括劳动力分析与计划、雇用、培训、工作与任务分配，以及许多其他与人员相关的问题。有效的 HRMIS 可让公司在为所需的业务流程提供服务的同时将人员成本保持在最低水平。尽管传统的人力资源信息系统着重于降低成本，但当今的许多 HRMIS 都集中于雇用和管理现有员工，以充分利用组织中的人才资源。图 6-18 显示了人力资源管理信息系统的一些输入、子系统和输出。

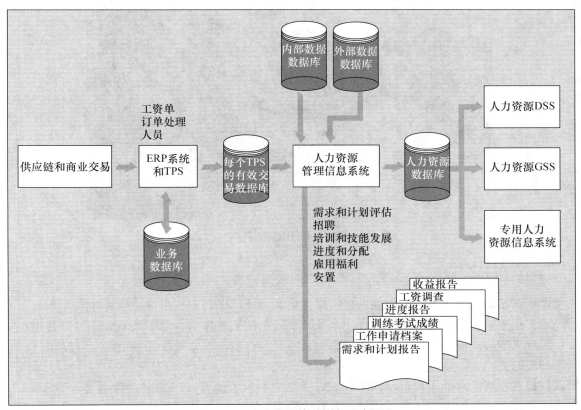

图 6-18　人力资源管理信息系统概述

注：人力资源管理信息系统可帮助确定人力资源需求并根据退休和安置来招聘员工。

　　人力资源 MIS 的子系统和输出包括确定人力资源需求并根据退休和安置来招聘员工。大多数大中型组织都有计算机系统来协助人力资源规划、雇用、培训和技能统计，以及工资和薪酬管理。如图 6-19 所示。人力资源管理输出的报告包括：人力资源规划报告、工作申请审查档案、技能清单报告和工资调查报告。大多数人力资源部门是从计划开始具体工作的，下面分别讨论。

　　● **人力资源规划。** 确定实现组织目标所需的人力资源，并制定满足这些需求的战略，是所有人力资源管理信息系统的首要任务。该模块的总体目的是在需要时将合适数量和类型的员工安置在合适的职位上，包括专门为组织工作的内部员工和需要时雇用的外部员工。确定现有员工的最佳使用方式是人力资源规划的关键内容。令人惊讶的是，由于缺乏人力资源规划，许多公司和行业面临严重的工人短缺。景观（Landscape）公司在科罗拉多州雇用了约 4 万名工人，为该州的经济贡献了约 20 亿美元，但许多部门表示，它们必须停止工作，因为它们没有足够的工人。[30] 美国航空公司正面临飞行员的严重短缺。石油和天然气生产行业劳动力短缺。管理良好的组织正在积极探索，规划它们的劳动力需求将如何随时间变化，然后制定计划来满足这些变化的需求。图拉丁河谷水区（TVWD）为俄勒冈州比弗顿的人们供水。TVWD 需要更多工人来跟上水需求的增长。但是，该公司 10% 的工人将在未来五年内退休。该组织面临着一些严重的挑战，包括继任规划、人员选择和招聘、培训和就业安置。人力资源规划模块使 TVWD 能够在造成人员危机之前很好地识别这些问题。TVWD 能够及时制定解决方案，使其平稳过渡，以满足其人员需求。[33]

图 6-19　HRMIS 用户

© iStockphoto. com/Josh Hodge
注：人力资源管理信息系统的子系统有助于确定人员需求，并使员工适应工作。

● **人员选拔和招聘。**如果人力资源规划显示需要增加人员，那么下一步就是招聘和选择人员。寻找新员工的公司经常使用电脑来安排招聘工作和行程，并测试潜在员工的技能。现在大多数公司都利用互联网发布招聘广告，筛选求职者。应聘者使用模板将简历放到网上。然后，人力资源经理可以查看这些简历，并确定他们感兴趣的应聘者。

● **培训和技能发展。**有些工作，例如编程、设备维修和税务准备，需要对新员工进行非常专门的培训。其他工作可能需要关于组织文化、公司定位、与其他员工和客户互动的规范以及组织期望的一般培训。培训结束后，通常会让员工参加电脑评分测试，以评估他们对技能和新材料的掌握程度。总部位于亚利桑那州斯科茨代尔的 TTI Success Insights 开发了一套完整的在线人才分析系统，该系统可以根据个人行为、激励因素、敏感度（一个人的敏锐程度和感知深度）和其他 25 项与商业环境直接相关的个人技能及情商指标来评估应聘者。该系统由一家全国性零售商使用，以帮助完善新连锁店的管理团队。该系统为助理经理、总经理和地区经理职位创建了工作标准，根据标准和现有员工对候选人进行评估。根据标准流程中发现的差距，该系统定义了针对现有员工的发展计划。

● **进度和工作安排。**HRMIS 为每个员工制定工作时间表，显示下一周或下一个月的工作分配情况。工作安排通常是根据技能清单报告来决定的。该报告显示了哪些员工最适合某项工作。复杂的日程安排程序通常用于航空业、军队和许多其他领域，以便在正确的时间为正确的人分配正确的工作。位于马里兰州森特维尔安妮女王县的 EMS 公司雇用了 40 多名轮岗的全职员工和额外的兼职员工来填补休假员工和特殊活动的空缺。安排这么多人来确保 24 小时不间断的工作是一个挑战。当有人打电话请病假、请假或要求加班时，工作安排就变得特别困难。该公司实施了一个在线的、基于网络的日程安排系统，并对所有员工进行了培训。EMS 的每个成员都可以查看自己的时间表，并在需要休假时提出申请。该系统执行公司的时间安排规则，并确保始终有足够的工人可用。所有这些都是在没有监督干预的情况下发生的。

● **工资和薪金管理。**另一个人力资源管理信息系统子系统涉及确定工资、薪金和福利，包括医疗支出、储蓄计划和退休账户。工资数据，如职位的行业平均工资，可以从公司数据库中获取，并由人力资源管理信息系统（HRMIS）进行操作，以便向更高级别的管理层提供工资信息和报告。大多数组织为它们的 HRMIS 加装了一个基于 Web 的自助服务系统组件，使得员工可以输入他们的时间、更改他们的 W-4 预提数据、更改他们对各种公司福利计划的选择，并要求 W-2 报表或打印出他们的工资单。

● **安置。** 员工离开公司的原因多种多样。许多公司都提供安置服务来帮助员工完成转变。安置可以包括工作咨询和培训、工作和管理职位搜索、退休和财务规划，以及各种遣散套餐和选择方案。许多员工通过 www. monster. com 和 www. linkedin. com 等求职网站来规划未来的退休生活或寻找新工作。

其他管理信息系统

除了财务、制造、市场营销和人力资源管理之外，一些公司还有其他功能的管理信息系统。例如，大多数成功的公司都有完善的会计功能和配套的会计管理信息系统。此外，许多公司使用地理信息系统以有用的形式显示数据。

会计管理信息系统

在某些情况下，会计与财务管理密切相关。**会计管理信息系统**（accounting MIS）执行许多重要的活动，提供关于应付账款、应收账款、工资和许多其他应用程序的汇总信息。组织的企业资源规划和事务处理系统捕获会计数据，大多数其他功能信息系统也使用会计数据。

一些较小的公司雇用外部会计公司来帮助它们完成会计职能。这些外部公司使用原始会计数据为公司生成报告。此外，许多优秀的综合会计程序可用于小型公司的个人电脑。根据小型组织的需要及其工作人员的计算机经验，使用这些计算机会计系统可能是管理信息的一种非常经济有效的方法。

地理信息系统

管理人员越来越希望看到以图形形式显示的数据。**地理信息系统**（geographic information system，GIS）是一种能够组合、存储、处理和显示地理信息的计算机系统，即根据地理位置识别数据的系统。美国住房和城市发展部（HUD）向各州和地方政府拨款，为人们提供住房。这些资助是基于对每个受助人管辖范围内的需求和市场状况评估的。社区规划和发展办公室（CPD）地图是一个地理空间应用程序，它提供数据和地图，帮助受助人了解如何根据最大的需求确定援助目标。例如，受助人现在可以在地图上看到集中的贫困数据。如图 6 - 20 所示。

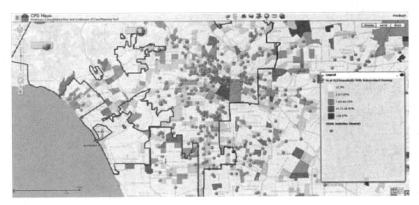

图 6 - 20　CPD Maps

www. esri. com
注：CPD Maps 是 HUD eCon Planning Suite（一种 GIS 应用程序）中的工具，用于制定经济适用房和社区发展规划决策。

Loopt 的移动应用程序和网站（http://looptworks.com）使用户能够利用当地的情报，轻松找到朋友，找到最划算的商店位置。WHERE 是另一个移动应用程序，它可以帮助你搜索和发现附近的实时信息，包括当地新闻和天气，以及餐馆、电影和购物地点。

 问题——伦理与社会

你想把它放在哪里？

土地使用通常是一个有争议的话题。每个人都希望机场、发电厂、监狱和通宵铁路货运站给社会带来好处。不过，很少有人愿意住在这些场所的隔壁。

幸运的是，地理信息系统可以帮助解决这些有关选址的问题。现实中，澳大利亚昆士兰州政府使用 GIS 来找出该州南部地区家禽养殖场的最佳位置。

鸡肉是澳大利亚人最喜欢吃的肉。昆士兰州约有 22% 的澳大利亚人口，生产的鸡肉约占 20%。养鸡业分为两个主要中心：北部的马里巴镇和南部的首都布里斯班。由于布里斯班附近土地资源紧缺，昆士兰州政府需要采用客观的方法来分配这种稀缺资源。

现代社会中，家禽养殖场的经营活动并不会令人反感，但许多因素仍然决定着养殖场的最佳选址。昆士兰州政府的高级空间分析师 William Mortimer 写道，"地理信息系统和空间分析工具使部门决策者能够在特定地点和区域范围的基础上可视化和理解复杂的问题"。在这些问题中有他所说的主要制约因素。家禽养殖场的位置不能：

- 离另一家禽养殖场太近（不到 1 公里，约 0.6 英里）
- 位于重点矿产资源开采区
- 位于城市或居民区（2 公里的缓冲区，大约 1.2 英里，是可取的）
- 位于生态意义重大的地区
- 位于低洼、容易发生洪水的地区
- 位于考拉保护区
- 位于指定的集水区
- 位于安伯利的澳大利亚皇家空军基地内

作为次要限制，家禽养殖场不应：

- 在过于陡峭的土地上（坡度超过 10%）
- 在水道旁
- 在优质农业土地上
- 在适合战略作物的土地上
- 在国家公园或其他保护区内
- 在石油或天然气管道上
- 在酸性硫酸盐土壤上

相反，家禽养殖场最好是：

- 在家禽加工厂附近
- 在铺好的道路附近
- 接近可靠的清洁水
- 接近电力供应站
- 在家禽饲料厂附近

昆士兰州政府使用这些限制条件和 ESRI's ArcGIS 软件，可以绘制昆士兰州南部的地图，显示适合新家禽养殖场的区域，自动计算每个州的可用土地数量，并显示不同区域的面积。大小以不同的颜色显示。这种地理信息系统为今后的规划提供了良好的基础，既有益于家禽业，也有益于受其影响的人。

问题讨论

1. 如何使用这种方法来帮助选择新风电场的位置？必须更改哪些主要约束？什么可以保持不变？

2. 在考虑将公共资源（如发电厂、监狱和公立学校）置于何处时，谁应该在确定选址的主要限制条件方面有发言权？

批判性思考

1. 昆士兰州关于在何处建立养殖场的决定是否令人满意？为什么是或者为什么不是？

2. 如何利用地理信息系统来促进公共和私人设施的选址，并解决有关选址的争议？还有哪些技术可以帮助解决这些有争议的问题？

资料来源：Australia Chicken Meat Federation Web site，*www.chicken.org.au*，accessed June 4，2014；Department of Local Government and Planning，Queensland Government，"Rural Planning：The Identification and Constraint Mapping of Potential Poultry Farming Industry Locations within Southern Queensland，" OZRI 2011 conference，*www10.giscafe.com/link/Esri-Australia-Rural-Planning-identification-constraint-mapping-potential-poultry-farming-industry-locations-within-Southern-Queensland./36838/view.html*，October 14，2011；Queensland Government Web site，*www.qld.gov.au*，accessed June 4，2014；ESRI ArcGIS software Web site，*www.esri.com/software/arcgis*，accessed June 4，2014.

财务管理信息系统：一个信息系统，为需要每天做出更好决策的员工提供财务信息。

利润中心：一个独立的业务部门，被视为一个独立的实体，可以确定其收入和支出，并可以测量其盈利能力。

收入中心：从产品或服务的销售中获得收入的组织单位。

成本中心：公司内不直接产生收入的部门。

审计：提供对组织的会计、财务和运营程序以及信息的客观评估。

财务审计：是对组织财务信息及其处理方法的可靠性和完整性的全面评估。

运营审计：是对管理层如何良好地利用组织的资源，以及组织计划的执行效率的评估。

内部审计：是对组织内个人执行的审核。

外部审计：是由外部团体执行的审核。

经济订货量（EOQ）：应重新订购，以最小化总库存成本的数量。

再订货点（ROP）：关键的库存水平值。

即时（JIT）库存：一种库存管理方法，在该方法中，库存和物料在制造产品之前交付。

计算机集成制造（CIM）：使用计算机将生产过程的各个组成部分链接到一个有效的系统中。

柔性制造系统（FMS）：是一种允许制造设施快速有效地从生产一种产品转变为生产另一种产品的方法。

质量控制：确保最终产品满足客户的需求。

市场营销：是确定消费者的需求和愿望，创造、沟通和交付满足这些需求和愿望的产品的过程。

市场营销管理信息系统：收集并使用来自组织内外部的数据，在市场营销的所有领域（市场调研、产品设计、定价、媒体选择、广告、销售、渠道分配和产品分配）提供报告并帮助决策的系统。

人力资源管理信息系统：涉及与组织以前的、当前的和潜在的员工相关的管理活动的 MIS。

会计管理信息系统：提供关于应付账款、应收账款、工资单和许多其他应用程序的汇总信息的信息系统。

地理信息系统（GIS）：一种能够组合、存储、处理和显示地理信息的计算机系统，即根据地理位置识别数据的系统。

决策支持系统概述

决策支持系统（DSS）是用于帮助做出解决决策问题的决策的人员、过程、软件、数据库和设备的有组织的集合。决策支持系统的重点是在面向非结构化或半结构化业务问题时决策的有效性。决策支持系统有可能产生更高的利润、更低的成本、更好的产品和服务。

决策支持系统虽然偏向高层管理人员，但可供所有级别的人员使用。DSS 还广泛用于商业、体育、政府、执法和非营利组织中。如图 6-21 所示。TDX 是一家总部位于英国的债务清算组织。它为银行、公用事业和政府债权人提供技术、数据和咨询解决方案，以优化其债务投资组合的回报。它管理着 84 亿英镑（大概 140 亿美元）的债务，并与 200 多个客户合作。[34] TDX 提供的一项服务是建议其客户应针对每种债务选择某个具体的债务托收机构。TDX 采用一个决策支持系统来优化托收机构的选择，以最大化债权人的净收益（从债务人处收到的金额减去债务托收机构的费用）。[35]

图 6-21 决策支持系统

© Graham Taylor/Shutterstock.com
注：决策支持系统在许多环境中被政府和执法专业人员使用。

决策支持系统的特征

决策支持系统具有许多特性，使其成为有效的管理支持工具。当然，并不是所有的 DSS 都执行同样的工作。以下是决策支持系统的一些重要特点：

● 提供对信息的快速访问。处理来自不同来源的大量数据。哈拉斯娱乐公司从其 21 家赌场的 1 900 万名客户那里收集数据，作为 DSS 的输入，DSS 有助于针对其营销活动并根据客户的个人游戏偏好向其提供量身定制的套餐。[36]

● 提供灵活的报告和演示文稿。

● 提供文字和图形。

● 支持深入分析。专业承保业务和保险公司的子公司 Canopius Managing Agents Unlimited 向 100 多个承保、理赔、精算和高级管理用户部署了具有追溯分析功能的 DSS。该系统使用户能够以他们喜欢的粒度级别查看数据——从汇总级别到个别保单和索赔的详细信息。[37]

● 使用高级软件包执行复杂的分析和比较。一些复杂的临床决策支持系统正在开发中，以提高临床医生区分各种复杂诊断的能力，并避免开药不当，这可能导致药物间的不良相互作用或过敏反应。[38]

● 支持优化模型、满意模型和启发式。如图 6-22 所示。

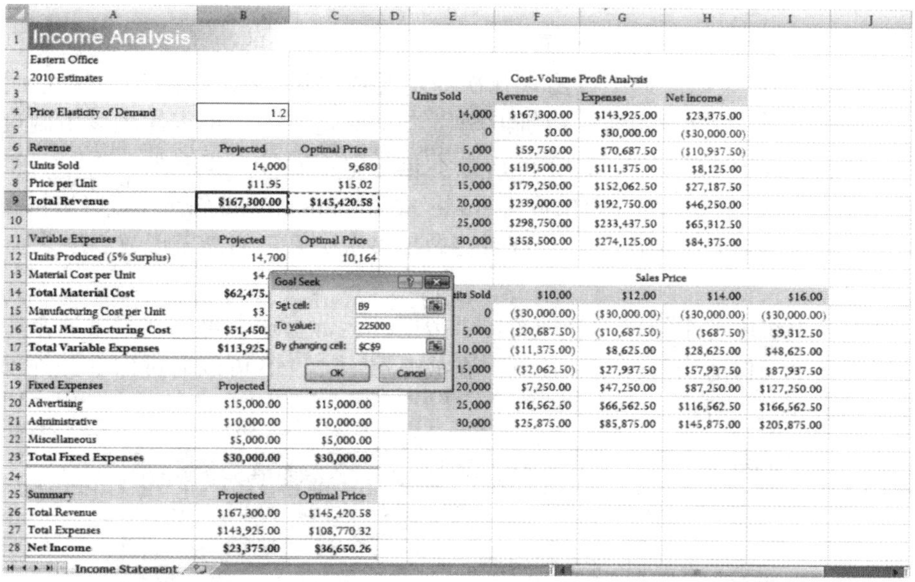

图 6-22 作为 DSS 工具的电子表格

微软产品截屏，经微软公司许可。
注：使用电子表格程序，管理者可以输入目标，并且电子表格将确定实现目标所需的输入。

● 执行仿真分析。DSS 能够复制涉及概率或不确定性的真实系统的功能。任何想提供捕鱼和租船、驾驶潜水船，进行观光旅游或担任大型远洋游轮船长的人，必须首先获得适当的执照。但是，没有执照的水手在真实船只上获得"练习时间"非常困难。因此，许多水手学校使用基于计算机的模拟系统使学生参与其中。该系统使候选人能够展示他们处理不同情况的能力以获得执照。由此他们可以申请新的工作或任务。

● 预测未来的机会或问题。美国史泰博公司（Staples）使用决策支持系统来减少客户流失。该系统跟踪数百万客户的购买行为，如果老客户的支出下降，它就会发送个性化的优惠，让他们再次购买。

决策支持系统的功能

开发人员努力使决策支持系统比管理信息系统更灵活，并使其有能力在各种情况下为决策者提供帮助。沃拉萨斯（Warathas）橄榄球队是澳大利亚新南威尔士州的专业橄榄球队。橄榄球不是温柔的游戏。这是身体上的对抗。在比赛过程中，玩家通常会参与 20~40 次剧烈的碰撞。在一个赛季中，一支团队中大约 25% 的球员会因受伤而无法参加一场或多场比赛。沃拉萨斯尝试使用决策支持系统来识别可能受伤的球员。该系统接收性能统计数据、医疗数据以及训练和比赛期间连接到运动员传感器的数据。该系统能够检测到受伤的预警迹象，并成功地识别出未来几周受伤的三名运动员。随着该系统的准确性得到证实，教练组现在将使用该系统来防止受伤，方法是修改个别球员的训练计划或在比赛期间让他们休息。[39]

除了具有灵活性之外，DSS 还可以协助决策的所有阶段或部分阶段、不同频率的决策和不同结构问题的决策。DSS 方法也可以在决策过程的各个层面上提供帮助。然而，单个 DSS 可能只提供其中的一些功能，这取决于它的用途和范围。

支持解决问题的各个阶段

大多数决策支持系统的目标是在问题解决阶段协助决策者。如前所述，这些阶段包括情报、设计、选择、实施和监控。特定的 DSS 可能仅支持一个或几个阶段。通过支持所有类型的决策方法，DSS 为决策者提供了极大的灵活性，可以为决策活动获取计算机支持。

支持各种决策频率

决策的范围可以从一个单一的决策到一个重复的决策。一个单一的决策通常由临时 DSS 处理。**临时性 DSS**（ad hoc DSS）涉及在组织生命周期中仅出现几次的情况或决策。在小型企业中，它们可能只会发生一次。例如，公司可能需要决定是否在该国另一个地区建立新的制造工厂。重复性决策由**制度化 DSS**（institutional DSS）解决。制度化 DSS 处理情况或决策的次数不止一次，通常每年有很多次，多年来反复使用和完善。制度化 DSS 的示例包括支持投资组合和投资决策以及生产计划决策的系统。这些决策在一年中可能需要多次决策支持。在这两种极端之间的情况是，管理者会做出多次决策，但尚未形成制度化决策。

支持各种决策级别

决策支持系统可以为组织内各个级别的管理者提供帮助。运营管理者可以在日常决策中获得帮助。战术决策者可以使用分析工具来确保适当的计划和控制。在战略层面，DSS 可以通过内部和外部信息的长期决策分析来帮助管理者。如图 6-23 所示。

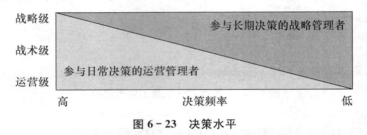

图 6-23　决策水平

注：战略管理人员参与长期决策，而这些决策通常很少。运营管理者参与更频繁的决策。

DSS 和 MIS 的比较

DSS 与 MIS 有很多不同，包括解决的问题类型、对用户的支持、决策重点和方法以及所用系统的类型、速度、输出和开发过程。表 6-3 简要说明了这些差异。

表 6-3　DSS 和 MIS 的比较

项目	DSS	MIS
方法	直接支持决策，可在计算机屏幕上提供交互式报告。	使用定期生成的报告的间接支持决策。
系统开发	通常具有直接参与开发的用户。用户的参与通常意味着系统能更好地支持决策。对于所有系统，用户参与是成功开发系统的最重要的因素。	使用年限比较长，并且通常是为了代替 MIS 执行人员的工作而开发的。
重点	强调实际决策和决策风格。	通常只强调信息。
输出	通常生成面向屏幕的报告，并且能够在打印机上生成报告。	生成面向打印的报告和文档。
问题类型	可以处理无法轻松编程的非结构化问题。	通常仅用于结构化问题。
速度	具有灵活性并且可以由用户实施，因此通常开发时间更少，并且能够更好地响应用户的请求。	系统响应时间通常比 DSS 长。
支持	支持决策的所有方面和阶段；它不能代替决策者，系统用户仍然需要做出决策。	在某些情况下，做出自动决策并替换系统用户。

续表

项目	DSS	MIS
系统	使用在线（直接连接到计算机系统）并且与实时相关（提供即时结果）的计算机设备。例如计算机终端和显示屏，这些设备可以提供即时信息和问题答案。	系统可能每周给经理发送一次打印报告，因此它无法提供即时结果。
用户	支持个人、小组和整个组织。在短期内，用户通常对 DSS 具有更多控制权。	主要支持组织决策。在短期内，用户对 MIS 的控制较少。

临时性 DSS：一种 DSS，它涉及组织生命周期中仅出现几次的情况或决策。

制度化 DSS：一种 DSS，处理情况或决策的次数不止一次，通常每年有很多次，多年来反复使用和完善。

决策支持系统的组件

DSS 的核心是数据库和模型库。此外，典型的 DSS 包含一个用户界面，也称为**对话管理器**（dialogue manager），它使决策者能轻松访问和操纵 DSS，并使用常见的业务术语和短语。最后，对互联网、网络和其他基于计算机系统的访问允许 DSS 绑定到其他强大的系统中，包括 TPS 或特定功能的子系统。图 6-24 显示了 DSS 的概念模型，特定的 DSS 可能没有该图中显示的所有组件。

图 6-24　DSS 的概念模型

注：DSS 组件包括模型库，数据库，外部数据库访问，访问互联网和企业内联网、网络以及其他计算机系统，以及用户界面或对话管理器。

数据库

DSS 数据库管理系统允许管理人员和决策者使用第 3 章介绍的数据挖掘和商业智能，对公司数据库、数据仓库和数据集市的大量数据进行定性分析。商业组织经常使用 DSS，政府机构和非营利组织也使用这类系统。确实，许多城市政府使用日常收集的数据来改善服务。

每年，纽约市 330 000 建筑物中约有 1% 发生大火（仅有一户和两户的建筑物不在统计之列）。纽约市消防局正在尝试使用数据挖掘来预测哪些房屋最有可能着火。分析人员已经确定了大约 60 个特征（例如，邻居收入水平、建筑物的年龄、洒水装置的存在以及建筑物是否空置或有人居住），这些特征表明哪些建筑物比其他建筑物更容易着火。DSS 使用此数据和算法为每个建筑物进行风险评分。现在当消防检查员开始进行每周检查时，DSS 会根据要检查的危险评分对建筑物进行优先排序。[40]

DSS 数据库管理系统还可以连接到外部数据库，为管理人员和决策者提供更多的信息和决策支持。外部数据库可以包括互联网、图书馆和政府数据库等。访问内部和外部数据库的组合可以提高 DSS 系统的性能。例如，推特生成了大量数据，它的数百万用户公开发送了 5 亿条推文。许多这样的推特都带有精确的位置和时间数据标记，如果处理得当，可以成为 DSS 系统的有价值的输入。例如，研究人员发现，在研究的 25 种犯罪类型中，利用推特数据可以提高对犯罪行为的预测能力。[41]

模型库

模型库（model base）允许管理者和决策者对内部和外部数据进行定量分析。一旦收集并存储了大型数据库，公司便会使用模型（分析）将数据转化为未来的产品、服务和利润。该模型库使决策者可以使用各种模型，以便他们可以探索不同的场景并查看其效果。最终，它可以帮助他们进行决策。

模型管理软件（model management software，MMS）可以协调 DSS 中模型的使用，包括财务、统计分析、图形和项目管理模型。根据决策者的需求，可以使用这些模型中的一种或多种。参见表 6-4。重要的是如何使用数学模型，而不是组织有多少模型。实际上，拥有太多基于模型的工具可能是不利的。MMS 通常可以帮助管理者有效地在 DSS 中使用多个模型。

表 6-4 模型管理软件

模型类型	描述	软件
金融	提供现金流、内部收益率以及其他投资分析	电子表格，例如 Microsoft Excel
统计	提供汇总统计、趋势预测、假设检验等	统计软件，例如 SPSS 或 SAS
图形化	协助决策者设计、开发以及使用数据和信息的图形显示	图形软件，例如 Microsoft PowerPoint
项目管理	处理和协调大型项目；还用于确定关键活动和任务，如果这些活动和任务未能及时且经济高效地完成，则可能延迟或危害整个项目	项目管理软件，例如 Microsoft Project

用户界面或对话管理器

用户界面或对话管理器允许用户与 DSS 交互以获取信息。它协助用户与构成决策支持系统的软硬件之间的通信。实际上，对于大多数 DSS 用户来说，用户界面就是 DSS。高层决策人员通常对信息的来源和收集方式不太感兴趣，他们更关心信息的可理解性和可访问性。

尼尔森公司（Nielsen）为其客户提供有关消费者观看广告和购买商品的数据。该公司正在测试一种称为 IBM Watson Engagement Advisor 的技术，该技术为企业中负责根据尼尔森收视率购买广告的员工提供支持。这些人可以询问有关如何汇总其结果的问题，也可以寻求有关如何最好地扩大广告收入的建议。其中的 Ask Watson 软件提供了一个界面，该界面使客户可以通过即时消息、短信、电子邮件、Web 聊天或手机上的专用应用程序与该系统技术进行通信。[42]

> **对话管理器**：使决策者能轻松访问和操纵 DSS，并使用常见的业务术语和短语。
> **模型库**：DSS 的一部分，允许管理者和决策者对内部和外部数据进行定量分析。
> **模型管理软件（MMS）**：协调 DSS 中模型的使用，包括财务、统计分析、图形和项目管理模型。

群体决策支持系统

DSS 方法为各个级别的个人用户带来了更好的决策。但是，某些 DSS 方法和技术不适用于群体决策环境。**群体决策支持系统**（group decision support system，GSS），又称群体支持系统或计算机协同工作系统，由决策支持系统中的大部分组件以及在群体决策环境中提供有效支持的软件组成。如图 6 - 25 所示。

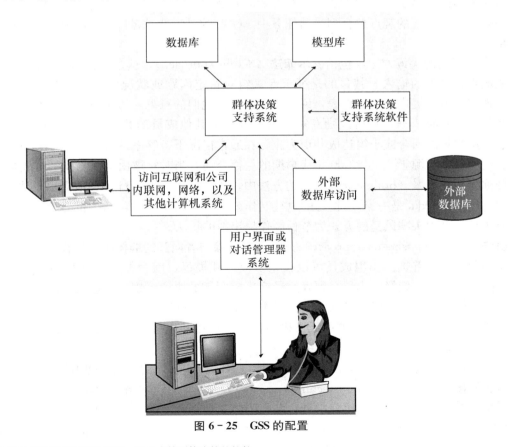

图 6 - 25　GSS 的配置

注：GSS 包含 DSS 中使用的大部分组件，以及支持群体决策的软件。

群体决策支持系统被用于商业组织、非营利性组织、政府单位和军队。如第 1 章所述，GSS 也被用于涉及同一供应链的不同公司之间。例如，一个组织可能从一家公司获得原材料和其他供应，然后使用另一家公司将成品分发给消费者。这些参与同一供应链的独立公司经常使用 GSS 来协调联合预测、规划和其他活动，这些活动对向客户交付成品和服务至关重要。

GSS 增强决策能力的特性

在决策方面，GSS 的独特特征有可能导致更好的决策。这些系统的开发人员试图利用 DSS 的优势，同时增加集体决策所独有的新方法。例如，一些 GSS 允许人们之间进行信息和专业知识的交换，而无须直接面对面的互动，尽管通常面对面开会是有益的。下面描述 GSS 改善和增强决策的特征。

设计特殊

GSS 方法承认在群体决策设置中需要特殊的程序、设备和方法。这些程序必须能培养创造性思维、有效沟通和良好的团队决策技巧。

易用

与单个 DSS 一样，GSS 必须易于学习和使用。复杂而难于操作的系统很少被使用。许多群体对系统便捷性的忍耐力比单个决策者要低。

灵活

处理同一问题的两个或多个决策者可能有不同的决策风格和偏好。每个管理者都有自己独特的决策方式，部分原因在于不同的经历和认知方式。一个有效的 GSS 不仅要支持管理者用来做决策的方法，而且必须找到一种方法来将他们不同的观点整合到当前任务中。GSS 的灵活性对客户和外部公司也很重要。

决策支持

GSS 可以支持不同的决策方法，包括**德尔菲法**（delphi approach），这是一种结构化、交互式和迭代的决策方法，它依赖于专家组的输入。其目的是征求专家组对特定问题或状况的回应，并希望能汇聚一个"正确"的答案。系统向专家提供一份调查表，说明问题并征求他们的意见。协调员收集答复并匿名提供专家预测的摘要以及他们的判断依据。然后鼓励专家根据专家小组其他成员的答复修改其先前的答案，重复此过程，直到完成预定数量的回合或小组达成共识为止。在通常情况下，答案的范围会缩小，群体会向一个共同的答案靠拢。这项技术起源于 20 世纪 50 年代早期的兰德公司，当时它被用于预测技术对战争的影响。

在另一种称为**头脑风暴**（brainstorming）的方法中，成员可以"天马行空"地提出想法，从而促进创造力和自由思考。How2Media 是一家 21 世纪的电视制作公司，其获奖节目包括"世界上最伟大的……（填补空白）"。该公司经常采用头脑风暴的方式为节目制作提出新的想法。[43]

群体共识法（group consensus approach）是一个寻求参与者同意的群体决策过程。同意并不意味着所考虑的解决方案是参与者的首选。小组成员可以投票赞成一项提议，因为他们选择与小组合作以取得某些结果，而不是坚持自己的个人偏好。小组必须确定最终决定所需的协议级别——意见一致、一致同意、绝对多数（三分之二）或简单多数。小组还必须决定小组中的哪些成员可以对该决定进行投票（例如所有成员或仅限执行委员会成员）。肯尼迪航天中心的航天飞机项目工程使用共识排名组织支持系统（CROSS）在小组环境中评估航天项目。如图 6-26 所示。

该方法分析了各种项目的收益及其成功的可能性。CROSS 用于评估高级空间项目并确定其优先级。

名义群体决策技术（nominal group technique，NGT）是一种用于小组集体讨论的结构化方法，鼓励所有人的贡献。与简单的头脑风暴法相比，它具有多个优势。它避免了由一个人主导的讨论，让所有参与者都参与到建议中来。它减少了为了"捍卫"别人不接受的观点而进行激烈讨论的可能性。参与者对解决方案有更多的"所有权"。它会产生一组优先的解决方案或建议。名义群体决策技术涉及的步骤如下：

1．主持人陈述头脑风暴会议的主题，并努力澄清问题陈述，直到每个人都理解为止。

2．每个参与者在指定的时间段内静默地识别并写下尽可能多的想法。

3．然后，主持人依次呼吁每个参与者大声说出他或她的想法之一。主持人将想法记录在活动挂图或白板上，以供所有人查看。同时，可以进行想法讨论以增加清晰度，但不会尝试评估或拒绝想法。重复的想法将被丢弃。可以更改措辞以增加清晰度。

图 6 - 26　使用 GSS 方法

NASA
注：NASA 工程师使用共识排名组织支持系统（CROSS）在小组环境中评估太空项目。

4．主持人继续轮询每个参与者，直到记录了所有参与者的想法为止。然后，参与者使用多重投票对想法进行优先排序。

多重投票（multivoting）是众多投票程序中的一种，目的是减少可供选择的选项数量。例如，在完成上述名义群体决策会话的前四个步骤之后，小组可能确定了 14 个选项供考虑。一种多重投票的方法是让每个参与者对确定的选项投一半的票。根据主持人的提示，参与者走到白板前，在他们认为最好的七个选项旁边各投一票。然后主持人为每个选项统计投票。得票最多的七个选项用于创建新的投票列表。再次，讨论这些想法以增加清晰度，并重复类似上述过程的投票。该过程将继续进行，直到剩余的选项数量被该小组接受为止。

匿名输入

许多 GSS 允许匿名输入，成员不知道提供输入的人。例如，某些组织使用 GSS 来帮助对管理者的绩效进行排名。匿名输入使团队决策者可以专注于输入的优点，而无须考虑是谁提供的。换句话说，高层管理人员提供的输入与员工或团队其他成员的输入应给予相同的考虑。一些研究表明，与不使用匿名输入的组相比，使用匿名输入的组可以做出更好的决策并获得更好的结果。

减少负面团体行为

GSS 的一个关键特征是能够抑制或消除不利于有效决策的群体行为。在某些小组环境中，占主导地位的个人可以主持讨论，从而阻止小组中的其他成员参加。在其他情况下，个别小组成员可能使小组偏离或颠覆到无用的领域，无助于解决眼前的问题。在其他时候，一个小组的成员可能会假设他们已经做出了正确的决定，而没有研究替代方案，这种现象称为"团体迷思"。如果小组会议的计划执行不当，可能会浪费大量时间。如今，许多 GSS 设计人员正在开发软件和硬件系统，以减少此类问题。可以将有效计划和管理小组会议的程序纳入

GSS方法中。通常聘请训练有素的会议主持人来帮助领导团队的决策过程并避免团体迷思。如图 6 - 27 所示。

图 6 - 27　受训主持人的重要性

© iStockphoto. com/Golden KB

注：训练有素的会议主持人帮助领导团队的决策过程，避免团体迷思。

并行通信和统一通信

在传统的小组会议中，人们必须轮流解决各种问题。通常一次只能一个人讲话。使用 GSS，每个小组成员都可以同时通过向 GSS 输入文本消息来解决问题或发表评论。这些评论和问题将显示给每个小组成员，以便立即查看。并行通信（parallel communication）可以缩短会议时间并做出更好的决策。组织正在使用统一通信来支持团队决策。统一通信（unified communication）联系在一起并集成了各种通信系统，包括传统电话、手机、电子邮件、文本消息和互联网。借助统一通信，决策团队的成员可以使用多种沟通方法来帮助他们协作并做出更好的决策。

自动保存记录

小组成员输入的每条意见都可以被记录下来。在某些情况下，可以存储数百条意见以供将来查看和分析。此外，大多数 GSS 包都有自动投票和排名功能。在小组成员投票后，GSS 记录每个投票并做出及时的排名更改。

■ GSS 的硬件和软件工具

如今，高管和公司管理者正在与智能手机和平板电脑进行更大程度的合作。GSS 软件（通常称为群件（groupware）或工作组软件（workgroup software））可帮助进行联合工作组的计划、通信和管理。一种流行的软件包 IBM Lotus Notes 可以捕获、存储、操纵和分发在小组项目期间开发的备忘和通信。一些公司标准化了消息和协作软件，例如 Lotus Notes。Lotus Connections 是 Lotus Notes 的一项功能，允许人们在互联网上发布文档和信息。该功能类似于流行的社交网站，例如脸谱网和领英，是专为企业使用而设计的。微软已经在 GSS 软件上投资了数十亿美元，以将协作功能整合到其 Office 套件和相关产品中。例如，Office Communicator 是一款 Microsoft 产品，旨在允许更快更好的协作。其他 GSS 软件包括 Collabnet、Open-Mind 和 TeamWare。所有这些工具都可以帮助进行群体决策。共享的电子日历可用于协调决策团队的会议和时间表。使用电子日历，团队领导者可以为决策团队的所有成员分配时间。

　　还有许多其他的协作工具。例如 SharePoint（www. microsoft. com）、WebEx WebOffice（www. webof-fice. com）和 Base-Camp（www. basecamp. com）等。Fuze（www. fuze. com）在互联网上提供视频协作工具。该服务可以自动使参与者进行实时聊天，允许工作人员在其计算机屏幕上共享信息，并以高清方式展现视频内容。Twitter（www. twitter. com）和 Google＋（plus. google. com）是一些用来帮助人们与团体保持联系和协调工作安排的网站。Yammer（www. yammer. com）是一个帮助企业为常见问题提供简短答案的网站。如图 6 - 28 所示。管理者和员工必须先登录他们在 Yammer 上的私人网络，才能得到所提问题的答案。Teamspace（www. teamspace. com）是另一个协作软件包，可帮助团队成功完成项目。这些互联网包中的许多都包含 Web 2.0 技术的使用。当然，一些高管也在担心新技术的安全性和由此带来的公司合规性等问题。

图 6 - 28　Yammer

www. yammer. com
注：Yammer 帮助组织为常见问题提供简短答案。

可供选择的 GSS

　　根据群体的需要、要支持的决策和群体成员的地理位置，群体支持系统可以采用多种网络配置。GSS 可以用来提高决策的速度和质量。GSS 备选方案包括决策室、局域网、电话会议和广域网的组合：

● **决策室**（decision room）是为处在同一建筑物内的决策者提供的支持决策的空间，将面对面的言语互动与技术相结合，从而使会议更加有效。它非常适合于位于同一建筑或地理区域内的、偶尔使用 GSS 的决策者使用。图 6 - 29 展示了一个典型的决策室。

● 当小组成员位于同一建筑物或地理区域内并且在频繁进行小组决策时，可以使用局域决策网络（local area decision network）。在这种情况下，用于 GSS 方法的技术和设备将直接置于小组成员的办公室中。

● 当决策频率较低且小组成员的位置较远时，将使用电话会议（teleconferencing）。这些距离遥远而偶尔进行的小组会议可以将全国或世界各地的多个 GSS 决策室联系在一起。视频游戏创建者 Activision Pub-lishing 使用视频会议和协作工具将其开发人员召集在一起，以解决视频游戏设计中的问题。这项技术的使用大大加快了创建新游戏的时间。

● 当决策频率较高且群体成员的位置较远时，将使用广域决策网络（wide area decision network）。在这种情况下，决策者需要频繁或持续使用 GSS 方法。这种 GSS 替代方案使人们可以在**虚拟工作组**（virtual workgroups）中工作，在这里世界各地的团队可以共同解决常见问题。

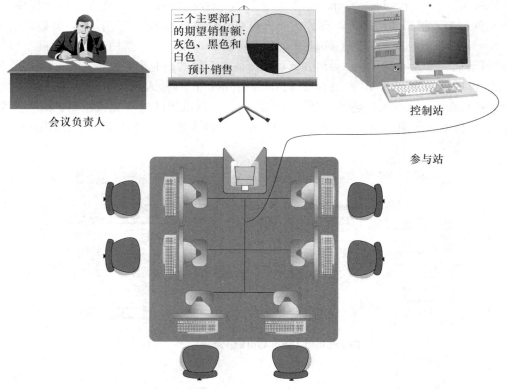

图 6 - 29　GSS 决策室

注：对于位于同一地理位置的小组成员，决策室是 GSS 的最佳选择。这种方法既可以使用面对面的交流，也可以使用计算机进行交流。通过使用联网的计算机和计算机设备（例如项目屏幕和打印机），会议主持人可以向小组提出问题，立即收集成员的反馈，并通过控制软件的帮助，将此反馈处理为有意义的信息，以帮助进行决策。

 信息系统——实践篇

群体支持系统中的缺陷

1986 年 1 月 28 日上午 11：38，航天飞机"挑战者"号从佛罗里达州卡纳维拉尔角发射升空。不到一秒钟，灰色的烟雾就从火箭发动机中喷出。火炬点燃了燃料箱内的液态氢和氮，该航天飞机在起飞后 73 秒爆炸。"挑战者"号被撕裂时，机上所有七名宇航员都死亡了。

在灾难发生后的一段时间，人们才清楚地得知，原本用来分离火箭助推器各部分的两个 O 形密封环出了故障。为航天局工作的工程师曾警告过这样的失败。他们曾表示，担心当外部温度下降到华氏 53 度以下时，O 形密封环可能失效。1 月 28 日上午，气温为华氏 36 度。发射台被坚固的冰覆盖着。

群体支持系统有助于员工之间进行重要决策的沟通和数据交换。实际上，美国宇航局已经建立了这样一个系统，可以与航天飞机的固体火箭发动机制造商莫顿·蒂霍克（Morton Thiokol）公司的工程师协调工作，其中包括有故障的 O 形密封环。

1986 年 1 月 27 日晚上，蒂霍克的工程师对在如此寒冷的天气条件下发射航天飞机表示担忧。他们的群体决策支持系统提供的数据表明，O 形密封环可以承受如此低的温度。但是，工程师们对数据库分析的准确性表示怀疑。他们建议 NASA 等待外界温度达到华氏 53 度时再发射。可是一位 NASA 主管问道："我的天哪,你们希望我在明年四月才发射吗?"同时,这位 NASA 主管请另外一位 NASA 主管发表意见。NASA 的第二位主管说道:"对蒂霍克工程师的建议感到震惊,但不会因承包商的反对而停止发射。"NASA 主管们继续坚持认为蒂霍克工程师提出的论点尚无定论。蒂霍克公司的经理随后要求下线五分钟与工程师讨论该问题。当蒂霍克代表重新登录系统时,他们支持发射决定,NASA 对此决定表示欢迎。

灾难发生后,总统下令委员会调查灾难并找出问题原因。该委员会采访了参与决策过程的人员,并查看了文件,包括群体支持系统记录的文件。一名蒂霍克工程师向负责调查事故的总统委员会解释说,工程师们只是没有足够的数据来确定 O 形环在较低的温度下是否能正常密封。与其他蒂霍克管理人员不同的是,这位工程师没有在 1 月 27 日那个重要的夜晚签署发射协议。结果,他留在了公司,负责重新设计固体火箭发动机,并成功参与了第 110 次航天飞机发射任务。

问题讨论

1. 群体支持系统记录了蒂霍克和 NASA 团队之间的互动。该记录的交互作用是什么?
2. 可以通过什么其他方式跟踪个人对 GSS 的贡献来支持组织的目标?

批判性思考

1. 蒂霍克工程师怀疑他们对系统数据进行分析的可靠性。为什么人们认为蒂霍克和 NASA 主管很难相信工程师可能是正确的,而系统输出可能是错误的呢?
2. 从"挑战者"号灾难中可以吸取到什么教训?这些教训可以应用于其他群体决策支持系统的实施吗?

资料来源:Oberg,James,"7 Myths About the Challenger Shuttle Disaster," NBC News,January 25,2011,*www.nbc-news.com/id/11031097/ns/technology_and_science-space/t/myths-about-challengershuttle-disaster#.U2AsyIFdUrU*,accessed April 29,2014;"Engineer Who Opposed Challenger Launch Offers Personal Look at Tragedy," Researcher News,NASA Web site,October 5,2012,*www.nasa.gov/centers/langley/news/researchernews/rn_Colloquium1012.html*,accessed April 29,2014;Challenger Disaster,History Channel,*www.history.com/topics/challenger-disaster*,accessed April 29,2014;"Failure as a Design Criteria:Human Systems Interaction-Flawed Decision Making:Challenger Space Shuttle," *www.tech.plym.ac.uk/sme/interactive_resources/tutorials/failurecases/hs1.html*,accessed April 29,2014.

群体决策支持系统(GSS):又称群体支持系统或计算机协同工作系统,由决策支持系统中的大部分组件以及在群体决策环境中提供有效支持的软件组成。

德尔菲法:是一种结构化、交互式和迭代的决策方法,它依赖于专家组的输入。

头脑风暴:一种决策方法,成员可以"天马行空"地提出想法,从而促进创造力和自由思考。

群体共识法:是一个寻求参与者同意的群体决策过程。

名义群体决策技术(NGT):一种用于小组集体讨论的结构化方法,鼓励所有人的贡献。

多重投票:是众多投票程序中的一种,目的是减少可供选择的选项数量。

决策室:为处在同一建筑物内的决策者提供支持决策的空间,将面对面的言语互动与技术相结合,从而使会议更加有效。

虚拟工作组:世界各地的团队可以共同解决常见问题。

小结

准则:良好的决策和解决问题的能力是开发高效的管理信息系统和决策支持系统的关键。

每个组织都需要有效的决策和解决问题的方法来实现其目标。问题解决始于决策。赫伯特·西蒙(Herbert Simon）开发的著名模型将问题解决的决策过程分为三个阶段：情报、设计和选择。

决策是解决问题的一个组成部分。除了决策的情报、设计和选择步骤外，问题解决还包括实施和监控。实施使解决方案生效。在执行决策之后，将对其进行监控并在必要时进行修改。

决策可以是程序化的，也可以是非程序化的。程序化决策是使用规则、程序或定量方法做出的。当库存水平下降到低于再订货点时，订购更多的库存是一个程序化决策的示例。非程序化决策用于处理不寻常或异常的情况。例如，为新员工确定最佳的培训方案。

结构化决策是指影响决策的变量已知，并且可以度量的决策。非结构化决策是指影响决策的变量无法度量的决策。半结构化决策是一种只能测量部分变量的决策。

决策可以使用优化模型、满意模型或启发式。优化是找到最佳解决方案。优化问题通常有一个目标，例如在给定的生产和材料约束条件下使利润最大化。当一个问题太复杂而无法最优化时，常常使用满意模型。满意方案是一个好的决定，虽然不一定是最好的决定。最后，启发式是用于确定良好决策的"经验法则"或通用准则。

准则：管理信息系统（MIS）必须在正确的时间以正确的格式提供正确的信息。

管理信息系统是人员、过程、数据库和设备的集合，可为管理者和决策者提供有助于实现组织目标的信息。管理信息系统可以帮助一个组织实现它的目标，通过向管理者提供洞察组织的常规操作，使他们能够更有效地控制、组织和计划。TPS 和 ERP 系统生成的报告与 MIS 生成的报告的主要区别在于，MIS 报告支持高层管理人员的管理决策。

进入 MIS 的数据来自组织内部和外部。MIS 的最重要的内部数据源是组织的各种 TPS 和 ERP 系统。数据仓库和数据集还为 MIS 提供重要的输入数据。MIS 的外部数据源包括外部网、客户、供应商、竞争对手和股东。

大多数 MIS 的输出是分发给管理人员的报告的集合。这些报告包括执行仪表板、常规报告、关键指标报告、需求报告、异常报告和下钻报告。执行仪表板提供了一组有关特定时间流程状态的关键绩效指标，以使管理人员能够做出更好的实时决策。常规报告定期生成每天、每周或每月的报告。关键指标报告是一种特殊类型的计划报告。需求报告是为了根据经理的要求提供某些信息。当出现异常情况或需要管理措施时，将自动生成异常报告。下钻报告提供了有关情况的详细数据。

越来越多的 MIS 报告正在通过互联网和移动设备（例如手机）传递。

大多数 MIS 都是按照企业的职能组织的。典型的职能管理信息系统包括财务、制造、市场营销、人力资源和其他专用系统。每个系统都由输入、处理子系统和输出组成。功能性 MIS 的主要输入来源包括公司战略计划、ERP 系统和 TPS 的数据、供应链和业务交易的信息以及互联网和外联网等。这些功能性 MIS 的主要输出是摘要报告，用来协助管理决策。

地理信息系统（GIS）是一种计算机系统，能够组合、存储、处理和显示地理参考信息，即根据其位置标识的数据。

准则：决策支持系统（DSS）主要面对非结构化或半结构化问题的决策。

决策支持系统（DSS）是工作人员、过程、软件、数据库和设备的有组织的集合，旨在支持管理决策。DSS 的特性包括处理大量数据的能力，从各种来源获取和处理数据，提供灵活性的报告和演示文稿，支持深入分析，进行复杂的统计分析，提供文字和图形，支持优化、满意模型和启发式方法。

DSS 在解决问题的各阶段均提供支持。不同决策频率的问题需要不同的 DSS 支持。临时性 DSS 解决独特的、很少发生的决策情况，而制度化的 DSS 处理例行决策。DSS 可以支持高度结构化的问题、半结构化的问题和非结构化的问题。DSS 还可以支持不同管理级别的人员，包括战略层、战术层和运营层。公司的 TPS、MIS 和 DSS 是由通用数据库连接起来的。

DSS 的组件包括：数据库、模型库、用户界面或对话管理器以及与外部数据库、互联网、公司内联网、外联网和其他系统的链接。其中的数据库可以使用数据仓库和数据集。数据驱动的 DSS 主要根据公司的数据库进行定性分析。数据驱动的 DSS 利用公司数据库中包含的大量信息，检索有关库存、销售、人员、生产、财务、会计和其他领域的信息。数据挖掘通常用于数据驱动的 DSS 中。模型库包含决策者使用的模型，例如财务、统计、图形和项目管理模型。由模型驱动的 DSS 主要执行数学或定量分析。模型管理软件（MMS）通常用于协调 DSS 中模型的使用。用户界面提供对话管理工具，以协助系统与用户之间的通信。通过访问其他基于计算机的系统，DSS 可以绑定到 TPS 或其他特定功能的子系统中。

准则：群体决策支持系统（GSS）使用 DSS 的整体方法来改进团队的决策过程。

群体决策支持系统（GSS），也称为小组支持系统和计算机化的协同工作系统，由 DSS 中的大多数组件以及在群体决策环境中提供有效支持的软件组成。GSS 通常易于学习和使用，并且可以提供特定的决策支持。GSS 软件（也称为群件）是专门设计用于帮助生成决策选择列表并执行数据分析的软件。这些软件包使人们可以通过网络处理联合文档和文件。目前，短信和互联网也普遍用于 GSS。

使用 GSS 的频率和决策者的位置将影响 GSS 方案的选择。决策室支持处于单一位置的不需要频繁进行决策的用户。当小组成员位于同一地理区域且需要定期频繁决策时，可以使用局域决策网络。当决策频率较低且群体成员位置较远时，可以选择远程会议。当决策频率高且群体成员位置较远时，采用广域决策网络。

关键术语

会计管理信息系统	群体共识法
临时性 DSS	群体决策支持系统（GSS）
审计	启发式
头脑风暴	人力资源管理信息系统
选择阶段	实施阶段
计算机集成制造（CIM）	制度化 DSS
成本中心	情报阶段
决策室	内部审计
决策阶段	即时（JIT）库存
德尔菲法	关键指标报告
需求报告	市场营销
设计阶段	市场营销管理信息系统
对话管理器	模型库
下钻报告	模型管理软件（MMS）
经济订货量（EOQ）	监控阶段
异常报告	多重投票
执行仪表板	名义群体决策技术（NGT）
外部审计	非程序化决策
财务审计	运营审计
财务管理信息系统	优化模型
柔性制造系统（FMS）	解决问题
地理信息系统（GIS）	利润中心

程序化决策　　　　　　　　　　　常规报告
质量控制　　　　　　　　　　　　半结构化决策
再订货点（ROP）　　　　　　　　结构化决策
收入中心　　　　　　　　　　　　非结构化决策
满意模型　　　　　　　　　　　　虚拟工作组

第6章：自我评估与测试

良好的决策和解决问题的能力是开发高效的管理信息系统和决策支持系统的关键。

1. 在解决问题过程的哪个阶段，要识别和定义潜在问题并调查资源和环境约束？
a. 起始阶段　　　　　b. 情报阶段　　　　　c. 设计阶段　　　　　d. 选择阶段

2. 通过实施和监控来扩大决策的三个阶段，以解决问题。对或错？

3. _____决策通常会处理难以量化的一次性决策。
a. 结构化决策　　　　　　　　　　b. 非结构化决策
c. 程序化决策　　　　　　　　　　d. 非程序化决策

4. 当库存水平降至再订货点以下时，应订购库存的决定是_____的一个示例。
a. 半结构化决策　　　　　　　　　b. 非结构化决策
c. 非程序化决策　　　　　　　　　d. 程序化决策

5. 令人满意的模型可以找到一个好的问题解决方案，尽管不一定是最好的问题解决方案。对或错？

管理信息系统（MIS）必须在正确的时间以正确的格式提供正确的信息。

6. _____提出了一组有关特定时间流程状态的关键绩效指标，以使管理人员能够做出更好的实时决策。
a. 关键指标报告　　　b. 需求报告　　　c. 异常报告　　　d. 执行仪表板

7. _____定义了企业的会计类别，并且是财务 MIS 的关键组成部分。

8. 财务会计和管理会计基本上是同一回事。对或错？

9. _____是一个独立的业务部门，被视为一个独立的实体，可以确定其收入和支出，并可以测量其盈利能力。
a. 利润中心　　　b. 收入中心　　　c. 成本中心　　　d. 销售中心

决策支持系统（DSS）主要面对非结构化或半结构化问题的决策。

10. 决策支持系统被设计为仅供高层管理人员使用。对或错？

11. 什么是保证决策支持系统在面对非结构化或半结构化业务问题时的决策有效性的重点组件？
a. 知识库
b. 模型库
c. 用户界面或对话管理器
d. 模型管理软件

群体决策支持系统（GSS）使用 DSS 的整体方法来改进团队的决策过程。

12. _____方法是一种结构化的、交互式的、反复的决策方法，它依靠专家小组的意见。

13. _____是一种集思广益的结构化方法，可鼓励所有人的贡献。

14. 有多种多重投票程序可用于减少要考虑的选项数量。对或错？

第6章：自我评价测试答案

1. b	8. 错
2. 对	9. a
3. d	10. 错
4. d	11. c
5. 对	12. 德尔菲
6. d	13. 名义群体决策技术
7. 总账	14. 对

知识回顾

1. 决策和解决问题有什么区别？
2. 什么是令人满意的模型？什么是优化模型？描述模型使用的情况。
3. 确定并简要描述决策的三个阶段。
4. 结构化和非结构化决策之间有什么区别？分别给出示例。
5. 举例说明你在决策中使用的启发式方法。
6. 识别并简要描述 MIS 生成的基本报告类型。
7. 描述利润中心、收入中心和成本中心之间的区别。
8. 如何在 DSS 中使用社交网站？
9. 市场营销管理信息系统支持哪些主要活动？
10. 描述人力资源管理信息系统的功能。
11. 什么是地理信息系统？举一个这种系统的例子。
12. 在市场调研管理信息系统中如何使用位置分析？
13. 列出群体支持系统中使用的一些软件工具。
14. 确定并简要描述决策支持系统的主要组成部分。
15. 陈述群体支持系统（GSS）的目标，并确定其区别于 DSS 的三个特征。
16. 确定并简要描述 GSS 经常使用的五种决策方法。
17. 什么是决策室？何时使用决策室？

问题讨论

1. 考虑一下最近几个月必须解决的重要问题。描述如何使用本章中讨论的问题解决步骤来解决问题。你是否选择让其他人参与解决此问题？你采用了哪些数据源来帮助做出决定？

2. 确定一个将社交网站的数据作为决策支持系统的输入而受益的问题。在获取和尝试使用这些数据时可能会遇到什么困难？

3. 描述管理咨询公司的人力资源管理信息系统的关键功能。主要的输入和输出是什么？有哪些子系统？

4. 为什么审计在财务管理信息系统中如此重要？请给出一个未能披露公司财务状况真实性质的审计案例。结果怎么样？

5. 描述两个市场营销管理信息系统对销售和成功至关重要的行业。

6. 选择一家公司并研究其人力资源管理信息系统。描述系统如何工作。可以进行哪些改进？

7. 在何种情况下，对于何种类型的问题，你会建议使用群体决策支持系统而不是单个用户决策支持系统？

8. DSS 在业务组织中支持什么功能？DSS 与 TPS 和 MIS 有何不同？

9. 群体环境中的决策与个人决策有何不同？在群体环境中提供帮助的信息系统有何不同？群体决策的优缺点是什么？

10. 假设你已被雇用为你的大学开发群体支持软件。描述你将在新 GSS 软件中包含的功能。

问题解决

1. 利用互联网识别两个可用于促进团队决策的 GSS 软件解决方案。使用电子表格程序可以并排比较各个软件解决方案的关键特性和功能，以及所需的硬件。使用图形程序制作一组幻灯片，以对两个解决方案进行对比演示。

2. 查看制造公司的汇总收益表，其数据如表 6-5 所示。利用图形软件准备一组柱状图，将今年的数据与去年的数据进行对比。

a. 今年，营业收入增长了 1.5%，而营业费用增长了 1.0%。

b. 其他收入和支出减少至 12 000 美元。

c. 利息和其他费用增加到 285 000 美元。

表 6-5　制造公司的经营业绩　　　　　　　　　　　　　　　　　单位：百万美元

营业收入	2 924 100
营业费用（含税）	2 483 600
营业利润	440 500
其他利润与费用	13 400
息税前利润	453 900
利息及其他费用	262 800
净利润	191 100
平均已发行普通股	145 000
每股收益	1.32

如果你是一名跟踪这家公司的财务分析师，你需要什么额外的数据来执行更完整的财务分析？写一份简短的备忘录，总结你的数据需求。

3. 你是一家大型超市连锁店的首席采购员，制造商和分销商不断要求你购买新产品。每周推出 50 多种新产品。很多时候，这些产品都是通过全国性的广告活动和针对零售商的特殊促销补贴推出的。要添加新产品，必须减少分配给现有产品的线性货架空间，或者必须完全淘汰旧物品。开发一个简单的电子表格 DSS 程序，你可以使用该程序来估计从库存中添加或删除物品带来的利润变化。你的分析应包括输入，例如估计的每周销售量（单位）、分配给库存物品的线性货架空间（以英寸为单位）、每单位的总成本以及每单位的销售价格。你的分析应按项目计算年度总利润，然后根据年度总利润进行降序排列。

团队活动

1. 使用互联网识别三个可用于促进群体决策的 GSS 软件解决方案。作为一个小组，要决定三个软件解决方案中哪一个最适合像你的团队这样的小型团队使用。记录你的决定以及做出决定所遵循的过程。

2. 让你的团队做出集体决定，找出提高本课程成绩的方法。秘密指派一到两名团队成员，用消极的团队行为扰乱会议。会后，让你的团队描述如何防止这种消极的群体行为。你建议使用哪些 GSS 软件特性来防止你的团队观察到这些负面群体行为？

3. 让你的团队为中型零售店设计人力资源管理信息系统。描述你的人力资源管理信息系统的特征和特性。如何通过卓越的人力资源管理信息系统在类似的零售商店中获得竞争优势？

网络练习

1. 在网络上进行研究，找到一个发现组织中严重问题的外部审计示例。简要总结审计结果，并针对这些问题提出纠正建议。

2. 使用网络搜索引擎查找可用于决策的智能手机和平板电脑应用程序。编写报告或将你的发现发送给老师。

3. 通常使用诸如 Microsoft Excel 之类的软件来寻找最佳解决方案，以实现利润最大化或成本最小化。使用雅虎、谷歌或其他搜索引擎查找互联网上提供优化功能的其他软件包。撰写一份报告，描述一个或两个优化软件包。

职业训练

1. 在你感兴趣的职业中，哪些决定对成功至关重要？什么样的报告能帮助你在工作中做出更好的决定？举三个具体的例子。

2. 假设你是一家消费品公司的品牌助理，负责公司某个品牌的市场营销，请描述你想要的决策支持系统的特征。

案例研究

案例 1 DSS 仪表板促进爱尔兰人寿业务增长

爱尔兰人寿（Irish Life）成立于 1939 年，是爱尔兰最大的人寿保险公司，同时为私营企业和公共部门提供雇员福利解决方案。此外，该公司还为 595 000 名爱尔兰工人提供退休金管理，并且是爱尔兰最大的投资管理公司。

目前，爱尔兰人寿遇到了问题。它拥有的众多软件无法帮助它分析收集到的大量数据。爱尔兰人寿的 IT 经理 Paul Egan 解释说："许多工具只是 IT 工具，只有 IT 人员可以使用它们，但是这些工具永远无法满足企业的需求。"爱尔兰人寿需要的是其业务经理可以用于决策的软件，使用者没必要成为 IT 技术专家。

在查看了现有供应商和其他软件供应商提供的 DSS 软件包后，爱尔兰人寿寻求了高德纳咨询公司（Gartner Group）顾问的建议。然后，爱尔兰人寿从华盛顿州西雅图市的 Tableau Software 公司选择了软件，并聘请 Tableau 合作伙伴 MXI Computing 帮助实施该软件。

使用 Tableau 商业智能分析软件后，爱尔兰人寿可以更清晰地以图形方式了解整个组织中的数据、映射模式和发展趋势。Tableau 仪表板可被 300 个用户同时使用。同时，这些用户能够构建自己的仪表板，还可以在 Web、Android 或 iOS 等移动设备上分发结果。爱尔兰人寿认为，较好的数据可用性和对数据更好的洞察力改善了公司的决策制定。决策的情报和设计阶段都从这一洞察中受益。

例如，爱尔兰人寿发布了个人生活方式策略计划，用于在公司养老金计划的框架内自定义退休计划。制定此程序所涉及的决策需要对劳动力数据进行详细分析，这正是数据可视化所适合的。

"管理者可以根据自己所需的数量设计自己的仪表板。前端的 IT 工作量变少。IT 现在只需要关注数据仓库，这是我们可以增加价值的地方。我们不必担心视觉效果，"Egan 补充道。在 DSS 工具的帮助下，爱尔兰人寿将其管理团队的重心转移到需要密切关注的产品线或客户账户上。

爱尔兰人寿最终改进了产品和服务。客户可以与消息更灵通的金融专家交谈，也可以上网获取自己的养老金信息，并根据自己的养老金选择来估计未来的财务资源。从而，自爱尔兰人寿首次采用该系统以来，客户群几乎增加了两倍。

问题讨论

1. 爱尔兰人寿的商业软件只有 IT 部门的成员才能使用。这是什么问题？
2. 公司可以采取什么步骤来确保 DSS 系统的用户能够有效地使用它？

批判性思考

1. 爱尔兰人寿等公司的金融专家必须分析哪些数据并提供给客户？DSS 系统必须向专家提供什么分析才能帮助客户？
2. 爱尔兰人寿现在提供在线工具，使客户能够自己访问养老金信息。向客户提供这些在线工具的好处是什么？除了这些在线工具之外，金融专家还可以使用更复杂的决策支持系统工具，这有什么好处呢？

资料来源：Irish Life Web site, *www.irishlife.ie*, accessed April 29, 2014; Savvas, A., "Irish Life Deploys New BI System," *Computerworld UK*, *www.computerworlduk.com/news/applications/3321944/irish-lifedeploys-new-bi-system*, November 30, 2011; Smith, G., "Irish Life Chooses Tableau to Deliver Business Intelligence Dashboards," *Silicon Republic*, *www.siliconrepublic.com/strategy/item/25782-irish-lifechooses-tableau*, February 14, 2012; Tableau Software Web site, *www.tableausoftware.com*, accessed June 4, 2014.

案例 2　万都公司：改进中的流媒体库存管理

万都公司（Mando Corporation）是韩国最大的汽车转向、制动和悬架组件制造商。该公司最初是汽车制造商现代公司的子公司，尽管这两家公司之前都曾隶属于同一韩国集团公司，但现在已经独立了。万都公司为许多汽车公司提供服务，包括中国汽车制造商和通用汽车。其 2014 年的收入约为 70 亿美元。在中国、印度、马来西亚、土耳其、波兰、巴西以及韩国制造广泛的机械和电子产品，所以库存管理对其成功至关重要。

考虑到库存以及其他更多管理的需要，万都公司选择了甲骨文的一个集成 ERP 系统 E-Business Suite 来连接公司的所有部门。从而减少了使用单个企业数据库的错误。例如，它使万都公司能够标准化一个通用的编号系统，从而消除了在应用设计变更时由于零件编号差异而导致的库存跟踪错误。

正如你在本章中所读到的，库存管理决策使用各种报告。因此，如果你看到万都公司在库存跟踪方面达到 99.9％的准确性，你可能会认为部分原因是管理信息系统及其报告。你是对的。电子商务套件软件可以生成各种类型的报告。

跟踪库存或知道你所拥有的只是答案的一部分。你必须拥有正确的库存，这通常在报告中指定。库存管理决策也依赖于报告。

一些库存管理决策可以编制程序。当库存下降到再订货点时，将按订货数量下订单。在这种情况下，管理人员使用报告来确保程序正确运行并满足组织的需要。

还有一些库存管理决策的结构性较差。例如：新产品没有使用历史记录作为再订货点或数量的依据。必须管理要更换的产品的库存，以确保生产，在生产结束之前，管理层不希望剩下大量多余的零件或关键部件短缺。从机械控制到电子控制的过渡不仅仅是零件的更新替代。在做出库存决定时，必须将报告与销售预测以及深度分析一起使用，以确保手头上有适当的正确的物料。

除了报表，万都公司还使用甲骨文商业智能软件的功能来创建实时决策环境。库存信息和其他数据每天和每月通过仪表板提交给高级管理人员。仪表板以一种易于查看的格式提供关键信息，并帮助管理者确定业务发展趋势。

万都公司的 CIO Park ByoungOk 对这些软件功能很满意。他说："ERP 系统使我们能够在全球标准化 200 多个流程，从而使高级管理人员可以在企业范围内对销售、财务、库存和质量管理进行全面的了解。"总之，任何管理信息系统的目的都是让管理人员对公司有一个总体的了解。

问题讨论

1. 作为经理，你必须在两个库存管理软件包之间进行选择。一种是仅管理库存的独立软件包。它允许用户无需太多培训即可定义自己的报告。另一个则需要专业的程序员来编写新报告，但这是 ERP 系统的一部分，它处理的不仅仅是库存管理。描述如何在两个软件包之间进行选择。

2. 作为万都公司工厂的经理，你可能需要对新产品进行库存决策。请描述你将采取哪些步骤来平稳地将库存系统从机械控制过渡到电子控制。一旦到位，你需要采取什么后续措施来监控电子库存系统？

批判性思考

1. 万都公司的管理者每天和每月都会收到报告。描述管理者每天需要审查的报告类型，以及他们每月需要审查的报告类型。

2. 解释一下，如果所有工厂的数据库不同，并且同一零件使用不同的编号，那么万都公司管理库存就会更加困难。请给出一个可能出现问题的具体例子。

资料来源："Mando：New Orders Are Winning Over Investors," KDB Daewoo Securities, downloaded from *www.kdbdw.com/bbs/download/82746.pdf? attachmentId = 82746*, December 20, 2011; Mando Corporation English Web site, *www.mando.com/200909_mando/eng/main.asp*, accessed April 15, 2012; "Mando Corporation Achieves 99.9% Accuracy in Inventory Tracking," Oracle Corporation, Information for Success, p.50, downloaded from *innovative.com.br/wp-content/uploads/2011/06/ebsr12referencebooklet-354227.pdf*, March 2011; Mando Corp（060980.KS）Financials, Reuters Web site, *www.reuters.com/finance/stocks/financialHighlights? symbol = 060980.KS*; accessed April 29, 2014.

参考文献

【花絮】资料来源：Directorate of Economics and Statistics，"Uttarakhand at a Glance（2012—2013）" and "Uttarakhand at a Glance（2010—2011），" Government of Uttarakhand，*http://uk. gov. in/files/ pdf/Uttarakhand_at_a_glance_in_english_2012-13. pdf*，accessed April 30，2014；Uttarakhand Power Corporation Ltd. Web site，*www. upcl. org*，accessed April 30，2014；Uttarakhand Power Corporation Ltd. powers up a smarter network（USEN），IBM Systems and Technology Smarter Computing Web site，*www-01. ibm. com/common/ssi/cgi-bin/ssialias? subtype＝AB&infotype＝PM&appname＝STGE_OI_ OI_USEN&htmlfid＝OIC03038USEN&attachment＝OIC03038USEN. PDF*，accessed April 30，2014.

1. "O. R. Transforms Baosteel's Operations，"*www. informs. org/Sites/Getting-Started-With-Analyt- ics/Analytics-Success-Stories/Case-Studies/Baosteel*，accessed March 23，2014.

2. Simon，Herbert，Administrative Behavior：A Study of Decision-Making Processes in Administrative Organizations，4th ed. The Free Press，1997.

3. Huber，G. P. ，Managerial Decision Making，Glenview，IL，Scott，Foresman and Co，1980.

4. Macrabrey，Jean-Marie，"The Dutch Strive To Make Their Country 'Climate Proof'，" *New York Times*，June 1，2009，*www. nytimes. com/cwire/2009/06/01/01climatewire-the-dutch-strive-to-make- their-country-clima-44710. html? pagewanted＝all*.

5. "Dutch Delta Commissioners Use Economically Efficient Standards to Protect the Netherlands Against Flooding，"*www. informs. org/Sites/Getting-Started-With-Analytics/Analytics-Success-Stories/Case-Studies/ Dutch-Delta-Commissioners*，accessed March 24，2014.

6. Ibid.

7. "Success Stories：Kraft，" Logility Web site，*www. logility. com/library/success-stories/kraft*，ac- cessed March 25，2014.

8. Gorry，A. and Morton，Scott M. ，"A Framework for Management Information Systems，" *Sloan Management Review*，pages 55-70，Fall 1971.

9. "Südzucker，" IBM Success Story，July 2012，*https://www. ibm. com/developerworks/community/ blogs/sca/resource/Sudzuckerfinal7-30. pdf? lang＝en*.

10. Wohlsen，Marcus，"The Astronomical Math Behind UPS' New Tool to Deliver Packages Faster，" Wired，June 13，2013，*www. wired. com/2013/06/ups-astronomical-math/*.

11. Ibid.

12. ESET Technology Web page，*www. eset. com/int/about/technology/*，accessed March 26，2014.

13. "IntelliView Success Story：Aarogyasri Health Care Trust，"*www. synaptris. com/pdf/Synaptris_ IntelliVIEW_Success-Story_Aarogyasri. pdf*，accessed March 29，2014.

14. "2013 North Carolina Community College Creating Success，"*www. nccommunitycolleges. edu/ Publications/docs/Publications/2013% 20Performance% 20Measures% 20Report. pdf*，accessed March 29，2014.

15. "VARONIS Case Study：ING Direct，" *http://info. varonis. com/hs-fs/hub/142972/file- 566784889-pdf/docs/case_studies/en/Case_Study_-_ING_DIRECT. pdf*，accessed March 29，2014.

16. BMW Financial Services，February 21，2014，*www-01. ibm. com/software/success/cssdb. nsf/ CS/STRD -9GHF45? OpenDocument&Site＝corp&cty＝en_us.*

17. Anderson，Matt，"DFS Audit Uncovers Serious Information Technology Problems at State Pension Fund That Put Retirees and Taxpayers at Risk," Department of Financial Services Press Release，August 20，2013，*www. dfs. ny. gov/about/press2013/pr1308201. htm.*

18. "Auto Manufacturer Increases Productivity for Cylinder-Head Production by 25 Percent," February 21，2014，*www-01. ibm. com/software/success/cssdb. nsf/CS/STRD -9GJH7J ? OpenDocument&Site＝ corp&ct＝en_us.*

19. "Computing & Design/Build Processes Help Develop the 777," *www. boeing. com/boeing/commer- cial/777family/compute/compute2. page*，accessed April 3，2014.

20. Fisher Scientific Corporate Profile，*www. fishersci. ca/aboutus. aspx? id ＝ 61*，accessed April 3，2014.

21. "Client Success Stories: Automotive Market Research and Marketing," *http://hedgescompany. com/marketresearch-and-client-work*，accessed April 6，2014.

22. "Nestlé's Merchandising Location Strategy Wins with Retailers," *www. decisioninsight. com/con- tent/pdf/Nestle-Dreyers. pdf*，accessed April 6，2014.

23. "About Shopkick," *www. shopkick. com/about*，accessed April 6，2014.

24. Goodman，Cindy Krischer，"Tweet Success: Small Businesses Turn to Social Media Marketing to Build Brands," *Miami Herald*，January 26，2014，*www. miamiherald. com/2014/01/26/3891535/tweet- success-small-businesses. html.*

25. Ibid.

26. "Groupon Launches Elite Deal Series," Groupon Press Release，April 1，2014，*http://investor. groupon. com/releasedetail. cfm? ReleaseID＝836857.*

27. "Swedbank Empowers 5,000＋ Users with Customers Analysis Tool Using Qlikview," *www. qlik. com/us/explore/solutions/industries/financial-services/banking*，accessed April 9，2014.

28. "Growth Process Toolkit: Distribution Channel Optimization," Frost & Sullivan，*www. frost. com/prod/servlet/cpo/189738462*，accessed April 8，2014.

29. "More Than Just Collecting Blood," *www. delvinia. com/expertise/success-stories/canadian-blood- services-operation-lifeblood/*，accessed April 9，2014.

30. Lofholm，Nancy，"Colorado Landscapers Face a Shortage of Workers," The Denver Post，Febru- ary 24，2014，*www. denverpost. com/news/ci_25219697/colorado-landscapers-face-shortage-workers.*

31. Brancatelli，Joe，"How Miserly Airlines Created Their Own Pilot Shortage," *The Business Jour- nals*，February 20，2014，*www. bizjournals. com/bizjournals/blog/seat2B/2014/02/commuter-airlines- face-pilot-shortage. html? page＝all.*

32. Peixe，Joao，"Oil and Gas Projects Face Labor Shortage," *OilPrice. com*，February 17，2014，*http:// oilprice. com/Latest-Energy-News/World-News/Oil-and-Gas-Projects-Face-Labor-Shortage. html.*

33. "Tualatin Valley Water District，OR," *www. ema-inc. com/success-stories/people-workforce/tu- alatin-valley-water-district-workforce-succession-planning*，accessed April 9，2014.

34. "About TDX," *www. tdxgroup. com/images/Press%20releases/PP%20win. pdf*，accessed April 19，2014.

35. "TDX Builds a Flexible Platform for Automated Decision-Making," IBM Success Story，February

12，2013，*www-01. ibm. com/software/success/cssdb. nsf/CS/STRD -94UMRZ ? OpenDocument&Site = corp&cty=en_us*.

36. "Harrah's Entertainment Confirms Cognos BI Solution," *www. tgc. com/dsstar/01/0417/102928. html*, accessed April 19，2014.

37. "QlikView Customer Success Story: Canopius Improves Performance Analysis Across Syndicates With Qlikview," *www. qlik. com*, accessed April 19，2014.

38. Cerrato, Paul, "Clinical Decision Support Needs to Get Smarter," *InformationWeek*, *January 9*, *2014*, *www. informationweek. com/healthcare/analytics/clinical-decision-support-needs-to-get-smarter/d/ d-id/1113365? print=yes*.

39. Masters, Haydn, "How Predictive Analytics Is Helping New South Wales Rugby Sideline Injuries," A Smarter Planet (blog)，February 3，2014，*http://asmarterplanet. com/blog/2014/02/smarter-analytics. html*.

40. Dwoskin, Elizabeth, "How New York's Fire Department Uses Data Mining," *New York Times*, January 24，2014，*http://blogs. wsj. com/digits/2014/01/24/how-new-yorks-fire-department-uses-data-mining/*.

41. Gerber, Matthew S. , "Predicting Crime Using Twitter and Kernel Density Estimation," Decision Support Systems，Volume 61，May 2014，Pages 115 − 125，*www. sciencedirect. com/science/article/ pii/S0167923614000268*.

42. Klie, Leonard, "IBM's Watson Boosts Customer Engagement," Sci Tech Today，April 2，2014，*www. sci-tech-today. com/story. xhtml ? story_id=0100011K1Q6K*.

43. Babcock, Liza, "Ideas to Go Featured on "World's Greatest! …" TV Series," IdeasToGo (blog)，March 25，2014，*www. ideastogo. com/itg-on-worlds-greatest*.

第 7 章

知识管理系统与专用信息系统

准则	学习目标
● 知识管理支持组织中的员工分享知识和经验。	● 讨论数据、信息和知识之间的差异。 ● 描述首席知识官（CKO）的角色。 ● 列出用于知识管理的工具和技术。
● 人工智能技术形成了一系列广泛而多样的系统，可以复制人类对某些定义明确的问题的决策。	● 定义术语"人工智能"，并说明开发人工智能系统的目标。 ● 列出智能行为的特征，并比较自然智能系统和人工智能系统的性能。 ● 识别人工智能领域的主要组成部分，并提供每种类型系统的一个示例。
● 专家系统可以使新手在专家级别上执行任务，但专家系统的开发和维护必须非常仔细。	● 列出专家系统的特点和基本组成部分。 ● 概述并简要说明开发专家系统的步骤。 ● 确定使用专家系统的好处。
● 多媒体和虚拟现实系统可以通过提供新的方式来交流信息、可视化过程和创造性地表达想法，从而重塑人与信息技术之间的界面。	● 讨论多媒体在商业环境中的应用。 ● 定义术语"虚拟现实"和"增强现实"，并提供这些应用的三个示例。
● 专用系统可以帮助组织和个人实现他们的目标。	● 讨论组织和个人使用的专用系统的示例。

【花絮】 全球经济中的信息系统——马佐尔（Mazor）

在耶路撒冷、莫斯科，甚至在佛罗里达州的杰克逊维尔，文艺复兴机器人马佐尔（Mazor Robotics Renaissance™）导引系统正在全球范围内革命性地提高脊柱手术的准确性和效果。马佐尔作为外科医生的助手，能够精确定位患者脊柱的切口点，如脊柱侧弯和其他复杂脊柱畸形。

它的工作原理如下。手术前几天，对病人的脊柱进行 CT 扫描，以建立脊柱的三维模型。由于脊柱会移动，而且与 CT 扫描时的位置不完全相同，所以当病人躺在手术台上获得实时 3D 图像时，技术人员将脊柱的实时 X 射线输入机器人的软件。机器人被安置在病人的背部，托住切口处。然后外科医生在那个位置植入一个螺钉。螺钉用于连接或重新定位椎骨以稳定脊柱。一旦植入螺钉，机器人就会移动到下一个切口。

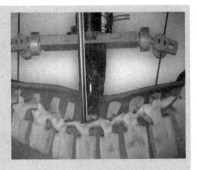
用机器人技术革新脊柱手术

如果没有马佐尔的帮助，脊柱外科医生就有可能切断脊髓或神经管。结果是，约有10%的患者最终被植入错误的螺钉，其中一半患者遭受长期的神经损伤。在使用马佐尔进行的最初4 000例手术中，没有一名患者受到长期神经系统损伤。

该系统还有其他优点。研究表明，使用该系统后，患者平均住院时间减少了27%，并发症率减少了48%。在手术中建立脊柱静态模型时，病人暴露在X射线辐射下的强度远低于标准值。最后，该系统可以减少许多外科手术的侵入性。

因此，马佐尔迅速获得成功，被快公司（Fast Company）评为全球第四大创新机器人公司。该公司在美国和德国设有办事处，并派员工到世界各地培训外科医生使用复兴机器人。作为一家初创公司，该公司原本计划开发髋关节、膝关节和其他手术的机器人解决方案，但费用迫使其缩小了关注范围。现在，得益于其最近在纳斯达克上市带来的大量资金注入，该公司正在扩大发展。公司现在正在研究一种用于脑部手术的机器人导航系统。

阅读本章时，请考虑以下问题：

● 专业化的IT系统和设备如何提供比通过人类努力获得的专业技能更高的专业技能？

● 为收集知识和提供专业知识而设计的IT系统有哪些用途？

为什么要学习组织中的信息系统？

几乎每个行业都使用知识管理系统和专用信息系统。如果你是一名管理者，就可以使用知识管理系统获取有关如何处理组织中其他人已经遇到的问题的建议。如果你是一家汽车公司的高管，就可能会监督那些将挡风玻璃固定在汽车上或给车身喷漆的机器人。如果你是一个年轻的股票交易者，就可能会使用一个叫作神经网络的特殊系统来发现交易模式，并通过股票和股票期权赚取数百万美元。如果你是一家PC制造商的营销经理，就可以在网站上使用虚拟现实向客户展示最新的笔记本电脑和平板电脑。如果你是一名军人，就可以使用计算机模拟作为训练工具，为战斗做准备。如果你是一家石油公司的雇员，就可以使用一个专用系统来决定在哪里开采石油和天然气。本章将介绍许多使用这些专用信息系统的附加示例。了解这些系统将帮助读者发现在日常工作中使用信息系统的新方法。

与信息系统的其他章节一样，本章讨论知识管理系统和专用系统的总体目标是帮助用户和组织实现其管理目标。在本章中，我们将探讨知识管理系统、人工智能和许多其他专用信息系统，包括专家系统、机器人、视觉系统、自然语言处理、学习系统、神经网络、遗传算法、智能代理、多媒体、虚拟现实和增强现实。

知识管理系统

第1章定义并讨论了数据、信息和知识。回顾一下，数据（data）由原始事实组成，如员工编号、每周工作小时数、库存零件编号或销售订单。库存中所有物料的可用数量列表就是一个数据示例。当这些事实以有意义的方式被组织或安排时，它们就变成了信息。第1章指出信息（information）是一组事实的集合，它的组织使其具有超出事实本身价值的附加价值。例如，因需求量增大，有可能导致部分库存物品在一周内缺货，一份列出一周内可能缺货的库存异常报告就是一份信息。知识（knowledge）是对一组信息的认识和理解，以及使信息用以支持特定任务或作出决定的方式。例如，了解避免缺货情况应该采用的库存订购程序就是一种知识。从某种意义上说，信息告诉你当前的情况是什么（有些商品的库存水平很低），而知识告诉你需要采取什么行动来应对这种情况（打两个重要电话给合适的人，让他们在一夜之间运送所需的库存）。如图 7 - 1 所示。

数据	零售店中现有个人电脑（PC）20 台
信息	如果今天不进行采购，一周内该货物会售罄
知识	拨打电话 800 - 555 - 2222 订购更多库存

图 7 - 1　数据、信息与知识之间的区别

注：数据由原始事实组成，信息用来解释当前情况，知识用于发展应对该情况所需的操作。

知识管理系统（knowledge management system，KMS）是一个将人员、流程、软件、数据库和设备组织在一起的集合，用于创建、存储、共享和使用组织的知识和经验。KMS 包括很多类型的系统，从包含一些知识管理系统组件的软件到专门为获取、存储和使用知识而设计的专用系统。

知识管理系统概述

一个有效的知识管理系统能使一个组织更好地利用它所收集的知识。这样可以避免浪费时间来寻找有价值的信息，并防止"重新发明"车轮①。使用 KMS 可以减少资源浪费，提高客户满意度，提高组织在市场上的竞争力，并提高其规划过程的成功率。生物制药公司阿斯利康（AstraZeneca）实施了 KMS，对约 2 亿份文件进行索引，以便其全球研发机构的科学家能够找到有关药物、疾病和基因的相关信息。[1]

对于许多组织来说，知识管理意味着提供更好的客户服务或满足个人和群体的特殊需求。如图 7 - 2 所示。Legato 支持系统（最近被 EMC② 收购）在全球范围内从事库存软件产品和服务的开发、营销和支持。该公司实施了 KMS，以使客户能够获得自助服务，并将必须由支持人员处理的电话数量减少了 25％。

图 7 - 2　知识管理软件

www. advent. com

注：亚帝文软件公司（Advent Software）使用知识管理系统帮助其员工找到关键的投资信息。

---

① "re-inventing" the wheel：指做别人做过的事情。——译者注
② EMC：易安信，美国信息存储资讯科技公司，2015 年 10 月被戴尔收购。——译者注

知识可以分为显性知识和隐性知识两种类型。显性知识（explicit knowledge）是客观的，可以在报告、论文和规则中被衡量和记录。例如，当一条主要公路关闭时，知道最好的道路以尽量减少从家到办公室的驾驶时间就是显性知识。它可以记录在报告或规则中，例如"如果 I-70 关闭，走 6 号公路到办公室"。隐性知识（tacit knowledge）很难衡量和记录，通常不是客观的或形式化的。例如，了解与外国政府就核裁军或动荡的人质局势进行谈判的最佳方式往往需要一生的经验和高水平的技能。同时，很难写出一份详细的报告或一套在每种人质被俘情况下都能奏效的规则。许多组织积极尝试将隐性知识转化为显性知识，以使知识更易于度量、记录和与他人共享。

■ 数据和知识管理工作者与实践社区

参与知识管理系统的人员包括知识工作者[2]（knowledge workers，这一术语最初由管理大师彼得·德鲁克（Peter Drucker）创造），指通过创造、使用和传播知识谋生的人。这涵盖了当今大多数工作群体。如图 7-3 所示。据 Cotap 公司（一家信息应用软件初创公司）的联合创始人兼首席执行官 Jim Patterson 表示："世界上有 6.15 亿名知识工作者，但还有 21 亿人不是'知识工作者'。"

图 7-3　知识工作者

© iStockphoto. com/wavebreakmedia
注：知识工作者是创造、使用和传播知识的人，包括科学、工程、商业和其他领域的专业人士。

首席知识官（chief knowledge officer，CKO）是以清晰和有效的方式提出组织知识管理愿景的个人，努力实现该愿景，是组织中实施和维持知识管理的高层领导，是组织中知识创造、共享和应用的最高核心焦点。CKO 负责组织的 KMS，通常与其他高管和副总裁合作，包括首席执行官（CEO）和首席财务官（CFO）等。

按要求，美国宇航局（NASA）的每个中心都必须任命一名首席知识官并实施知识管理计划。美国宇航局的总 CKO 爱德华·霍夫曼（Edward Hoffman）博士和美国宇航局戈达德（NASA-Goddard）中心 CKO 爱德华·罗杰斯（Edward Rogers）博士是首批任命的 CKO 中的两位。罗杰斯博士被公认为美国宇航局案例研究学习机构的专家，他帮助开发了 50 多个研究案例，使任务型知识充满趣味，并具有吸引力。[3]

一些组织和行业会使用**实践社区**（communities of practice，COP），它是一群有共同兴趣的人聚集在一起创建、存储和共享特定主题的知识。一组研究气候变化的海洋学家或一组寻找治疗肺癌新方法的医学研究人员就是 COP 的例子。实践社区经常将一些本来没有机会互动的人联系在一起，社区中的人有的会经常联系，有的根本不会相互联系。因此，一个有效的实践社区可以导致具有共同利益的人之间合作的一个重大飞跃。实践社区通过提供一个论坛来共享信息、故事、个人经历和常见问题的解决方案，帮助个人增强其专业领域的知识。

石油和天然气行业内的公司在建立实践社区系统方面一直处于领先地位。一个实践社区的成员聚在一起，就一个特定的话题互相分享和学习。早期的两个实践社区是勘探和生产。最终，在健康与安全、能源效率和工艺工程等主题上形成了更多实践社区。雪佛龙德士古（Chevron Texaco）拥有 100 多个活跃的实践社区。[4]

知识的获取、存储、共享和使用

获取、存储、共享和使用知识是任何知识管理的关键。竞争总司负责为欧盟制定和执行明确的竞争政策。作为总司，它必须审查所有拟议的合并和收购行为是否有可能违反反垄断法，并核实是否有滥用市场支配地位或组成非法卡特尔①的嫌疑。总司必须迅速作出决定，以尽量减少对消费者和受影响的竞争对手的所有不利影响。每一个案件都可能涉及审查数千份文件和考虑复杂的法律问题。竞争总司实施了一个 KMS，以帮助贸易代表发现所有相关信息，并跟踪与每个案件相关的关键信息。[5]

使用 KMS 通常会引发额外知识的创建、存储、共享和使用。例如，制药公司和医学研究人员投资数十亿美元创造治疗疾病的知识。知识管理系统还可以减少对书面报告的依赖，从而降低成本并有助于保护环境。虽然知识工作者可以单独行动，但他们经常在团队中创造或获取知识。如图 7-4 所示。

图 7-4 知识管理系统

注：获取、存储、共享和使用知识是所有知识管理系统的关键。

知识被创建后，它通常存储在包含文档、报告、文件和数据库的知识库（knowledge repository）中。知识库可以位于组织内部，也可以位于组织外部。Bio Botanica 公司生产化妆品、个人护理产品和医药产品，需要大量监管数据、研发文件和规范数据。该公司必须能够证明，它是根据联邦药品管理局（Federal Drug Administration）和其他机构规定的标准管理所有数据和相关的工作流程。公司从内部的许多来源收集这些数据，并将其存储在其 KMS 管理的知识库中。

某些类型的软件可以存储和共享文档和报表中包含的知识。例如，Adobe 支持的可移植文档格式文件（PDF）允许用户存储公司报告、纳税申报表和其他文档，并通过互联网将它们发送给其他人。本书的出版商和作者使用 PDF 文件来存储、共享和编辑每一章。传统的数据库、数据仓库和数据集市通常可用于存储组织的知识。专家系统中的专门知识库也可以用于存放知识，本章后面将讨论。

由于知识工作者经常在小组或团队中工作，所以他们可以使用协作工作软件和小组支持系统来共享知

---

① 卡特尔（cartel）是指，生产同类商品的企业为了获取高额利润，在划分市场规定商品产量、确定商品价格等一个或几个方面达成协议而形成的垄断性联合。——译者注

识，例如群件、会议软件和协作工具。内联网和受密码保护的互联网站点也提供了共享知识的方法。同时，许多企业采用专利、版权、商业秘密、互联网防火墙和其他措施，以防止那些昂贵且难以创造的重要知识被窥视。

使用知识管理系统首先要定位组织的知识。此过程通常使用知识地图（knowledge map）或知识目录来完成，该地图或目录将知识工作者指向所需的知识。医学研究人员、大学教授、甚至教科书作者都使用 LexisNexis 数据库来定位重要的知识。企业经常使用互联网或企业门户网站帮助其知识工作者找到存储在文档和报告中的知识。

支持知识管理的技术

KMS 使用了本书中讨论的许多工具。例如，在第 1 章中，我们探讨了组织学习（organizational learning）和组织变革（organizational change）的重要性。一个有效的知识管理系统是建立在学习新知识和改变过程与方法的基础上的。例如，一家制造公司可能会学习新的方法，在工厂里为机器人编程，以提高精度并减少有缺陷的零件。这一新知识可能会导致这家制造公司改变其机器人的编程和使用方式。第 3 章研究了数据挖掘（data mining）和商业智能（business intelligence）的应用，这些强大的工具对于获取和使用知识非常重要。企业资源规划工具（如 SAP）包括知识管理功能。在第 6 章中，我们展示了群件如何改进群体决策和协作。群件也可以用来帮助捕获、存储和使用知识。当然，第 2 部分讨论的硬件、软件、数据库、通信和互联网是支持大多数知识管理系统的重要技术。

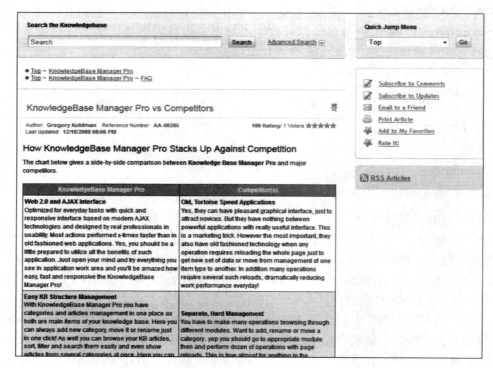

图 7-5　知识管理技术

www. web-site-scripts. com
注：Knowledgebase Manager Pro 旨在帮助组织创建知识库。

目前有上百家组织提供特定的知识管理产品和服务。如图 7-5 所示。此外，高校的研究人员开发了支持知识管理的工具和技术。美国公司每年在知识管理技术上花费数十亿美元。像 IBM 这样的公司在各种产品中都有许多知识管理工具，包括第 6 章中讨论的 IBM Lotus Notes（现在称为 IBM Connections Mail）。休斯克里斯坦森（Hughes Christensen）是一家石油和天然气钻井工具供应商，其工程师拥有丰富的钻井专业知识。该组织基于 IBM Domino/Notes 构建了一个称为"钻取性能指南"的知识共享工具。该工具使公司内的专家能够向公司内的其他人以及外部客户公布和分享他们的知识和经验。休斯克里斯坦森在吸引新客户方面非常成功，这些客户需要对困难的钻井项目提出建议。该公司的一位客户，石油钻井专家系统诺奇（BP Norge），在挪威的一个钻井项目上节省了近 700 万美元。[6]

微软提供了许多知识管理工具，包括基于 Microsoft Office 套件的数字仪表板（Digital Dashboard），集成了各种来源信息，包括个人、小组、企业以及组织外部的信息与文档。微软的其他工具还包括 Web Store 技术，它使用无线技术随时将知识传递到任何位置；Access Workflow Designer 帮助数据库开发人员创建有效的系统来处理事务并保持工作在组织中的流动。其他相关产品还有很多。

一些规模较小、知名度较低的软件公司也提供知识管理软件工具，使建立知识库变得容易，并使员工和客户能够找到所需的正确的知识、答案和信息。表 7 - 1 总结了此类知识管理软件解决方案的示例。

表 7 - 1　知识管理软件

软件	供应商	客户
Bloomfire	Bloomfire	瑞麦地产（Re/Max） 康卡斯特有线电视公司（Comcast）
Communifire	Axero Solutions	Electronic Music Alliance
Intelligence Bank	Intelligence Bank	德勤会计师事务所（Deloitte） 太阳银行（SunCorp Bank）
Moxie Knowledgebase（莫西知识库）	莫西软件（Moxie Software）	达灵顿学生贷款公司（Student Loans Company） Infusionsoft（跨境电商自动营销公司）
Oxcyon	Oxcyon CentralPoint CMS 内容管理系统	丹纳健康（Tanner Health） VCA Antech
Smart Support[①]	Safe Harbor Knowledge Solutions	太阳信托银行（SunTrust Bank）

首席知识官（CKO）：以清晰和有效的方式提出组织知识管理愿景的个人，努力实现该愿景，是组织中实施和维持知识管理的高层领导，是组织中知识创造、共享和应用的最高核心焦点。

实践社区（COP）：一群有共同兴趣的人聚在一起创造、存储和共享特定主题的知识。

人工智能综述

在 1956 年达特茅斯学院（Dartmouth College）的一次会议上，约翰·麦卡锡（John McCarthy）提出使用**人工智能**（artificial intelligence，AI）这个术语来描述具有模拟或复制人脑功能的计算机。他在会议上发表了一篇论文，提出了一项关于人工智能的研究，该论文基于这样一种猜想："原则上，学习的各个方面或智能的任何其他特征都可以被精确地描述，以至于可以制造一台机器来模拟它。"[7]许多人工智能先驱参加了

---

① Safe Harbor 推出了统一且具有成本效益的知识管理解决方案 Smart Support，这是一个面向内部和外部的知识库和社区平台，可在六个月或更短的时间内提供投资回报。——译者注

第一次会议；有少数人预测，到 20 世纪 60 年代计算机将和人类一样"聪明"，这一预测尚未实现，但今天可以看到人工智能的许多应用，并且研究仍在继续。

沃森（Watson）是 IBM 开发的一款具有人工智能功能的超级计算机，它能够击败热门电视游戏节目《危险边缘》（*Jeopardy！*）的前两位冠军。如图 7-6 所示。人工智能计算机可以处理人类的语音，搜索其庞大的数据库以寻找可能的响应，并以人类的语音进行应答。现在，肿瘤学家将使用一个基于云计算的沃森系统来对抗胶质母细胞瘤，这是一种侵袭性的脑癌，每年在美国造成 13 000 多人死亡。该系统将每个病人的疾病相关 DNA 数据与医学期刊、最新研究、临床记录的最新发现相关联，以开发高度个性化的治疗方案。沃森的目标是通过针对不同的疾病 DNA 制定独特的护理方案，以增加受益的患者数量。随着对每一个新病例的处理与解决，沃森将不断学习和改进，并使得新的医学研究变得更可用。

图 7-6 IBM 机器人沃森

CAROLINE SEIDEL/EPA/Landov
注：沃森是一个人工智能系统，它可以在几乎无限的知识范围内回答用自然语言提出的问题。

 ## 信息系统——实践篇

知识管理改善佳能的客户支持

数百万美国消费者拥有佳能（Canon）数码相机、复印机、打印机、双筒望远镜、传真机、摄像机和计算器。位于弗吉尼亚州切萨皮克的佳能信息技术服务公司（CITS）以每月 20 万个电话、5 万封电子邮件和 1 000 封信件的速度支持客户请求，每年大约有 300 万个客户请求。CITS 雇用了 500 多个客服人员来处理这些客户请求。

佳能存在的问题是，直到最近，它还没有中央知识库。产品信息分散在 CITS 内部网、佳能美国网站、硬拷贝手册和内部开发的知识系统上。CITS 无法确保所有内容均正确无误，且与手册或其他系统不冲突。客服人员只能使用不可搜索的知识系统，提供客户服务时需要检查所有产品的多个信息源。这个过程很麻烦，客服人员很恼火，浪费了宝贵的时间。

为了解决这个问题，佳能安装了 Consona 公司提供的知识驱动支持（KDS）。KDS 将知识管理与案例管理软件集成在一起，案例管理软件是第 5 章中研究的一种客户关系管理软件。

作为集成的一个例子，KDS 支持进程内创作（inprocess authoring）。一个刚刚给客户写了一篇关于如何解决问题的冗长而复杂的解释的客服人员可以直接将该解释输入知识库，而不必重新创建，甚至不必复制和粘贴它。当客服人员可以通过接另一个电话来改进他们的绩效报告时，他们不必在接到电话后花时间去创造新的知识。正如 Consona 所宣称的，"知识不是你除了解决问题之外所做的事情，而是你解决问题的方式。"

结果是，在该系统投入使用的前 6 个月，不通过拨打电话而是直接在线解决问题的客户比例从 51％上升到 71％。这节省了客户服务的时间，同时为客户提供了更好的服务。另一项衡量客服需求的指标是申请升级的电子邮件比率较上年同期下降了 47％。在 1～10 分的满意度量表中，总体客户满意度得分从 6.5 分上升到 7.1 分，客服问题解决率从 50％上升到 60％。

CITS 知识管理和交付部助理主管 Jay Lucado 说："Consona CRM 知识库对我们的服务代理商和客户都有很大帮助。它让客户自己获得'简单'问题的答案，同时让代理商专注于更难的问题。"

CITS 还利用知识库改进了客服代理培训。新的培训课程侧重于教导客服人员如何在系统中找到答案，而不是如何解决客户可能遇到的任何问题。此外，基于系统的培训是远程提供的，这与 CITS 的"在家工作"计划配合得很好。客服人员每周在家工作四天，也能远程完成训练。

问题讨论

1. 分析知识管理系统（KDS）的成本效益比会随着企业规模的扩大而提高的两个原因。除了知识管理之外，这些原因还会要求使用什么其他应用程序？

2. 可搜索的知识管理系统允许轻松访问用户手册和其他文档中的内容，讨论其他哪些行业还可以从这些系统中获益。

批判性思考

1. 让佳能的客户在线访问可搜索的知识管理系统如何影响 CITS 的通话量和客户满意度？

2. 如果佳能的每一个产品线（包括相机和打印机）都由不同的公司销售，那么对 KDS 这样的系统的需求会发生什么变化？

资料来源：Briggs, M., "New Consona Report Uncovers Best Practices for Easier and More Effective Knowledge Management," Consona press release, August 4, 2011, *www.prweb.com/releases/Consona/Knowledge-Management/prweb8697920.htm*; Canon ITS Web site, *www.cits.canon.com*, accessed May 19, 2014; Canon USA Web site, *www.usa.canon.com/cusa/home*, accessed February 11, 2012; Consona, Inc., Knowledge-Driven Support Web site, *crm.consona.com/software/products/knowledge-driven-support.aspx*, accessed June 4, 2014; Johnson, S., "Canon Information Technology Services, Inc./Consona Knowledge Management," *Office Product News*, October 24, 2011, *www.officeproductnews.net/case_studies/canon_information_technology_services_inc_consona_knowledge_management*.

解析人工智能

计算机最初被设计用来执行简单的数学运算，使用固定的编程规则，最终以每秒数百万次的运算速度运行。当涉及快速准确地执行数学运算时，计算机轻而易举地击败了人类。然而，计算机在识别模式、适应新情况以及在不能提供完整信息的情况下得出结论等方面存在困难——而在所有这些情况下，人类能够很好地执行任务。人工智能系统则解决了这些问题。**人工智能系统**（artificial intelligence systems）包括开发能够模拟人类智能过程的计算机系统和机器所需的人员、程序、硬件、软件、数据和知识，包括学习（获取信息和使用信息的规则）、推理（使用规则得出结论），以及自我修正（使用一个场景的结果来提高其在未来场景中的性能）。

人工智能是一个复杂的跨学科领域，涉及生物学、计算机科学、语言学、数学、神经科学、哲学和心理学等多个专业。对人工智能系统的研究引起了人们对哲学问题的思考，如人类思维的本质和创造具有类人智能的物体的伦理。如今，人工智能系统在许多行业和应用中都得到了应用。研究人员、科学家和人类思维方式的专家经常参与这些系统的开发。

智能的本质

从早期人工智能的开创阶段开始，研究的重点就放在以下几个方面：能够从经验中"学习"并应用从这些经验中获得的知识来开发机器；处理复杂的情况；在重要信息丢失时解决问题；确定什么是重要的，并对新情况作出迅速而正确的反应的能力；理解视觉图像，处理和操作符号，富有创造力和想象力；以及使用启发法。它们在一起被称为**智能行为**（intelligent behavior）。

图灵测试（Turing Test）是由英国数学家艾伦·图灵（Alan Turing）设计的，它试图确定计算机是否能成功地模拟人类。人类评委通过即时通信系统与电脑和另一个人相连，选手和评委之间唯一的信息是文字。评委就从艺术到动物学的各种话题提问，甚至是关于个人历史和社会关系的问题。为了通过测试，计算机必须通过即时通信这种媒介进行有效的通信，以至于评委无法区分计算机的反应和人类的反应之间的差别。[8] 经过多年的软件开发失败，2014 年 6 月，俄罗斯的一个团队开发的一个计算机程序成功通过了测试。[9] 罗布纳奖（Loebner Prize）是一项人工智能年度竞赛奖项，旨在为模拟智能对话的计算机系统颁奖，评委认为这是最人性化的对话。[10]

智能行为的一些具体特征包括以下几种能力：

● **从经验中学习并应用从经验中获得的知识。**从过去的情况和事件中学习是智能行为的一个关键组成部分，是人类通过不断试错来学习的一种自然能力。然而，这种能力必须慎重而严谨地编入计算机系统。如今，研究人员正在开发可以从经验中"学习"的系统。网站 www. 20q. net（20Q，20 个问题网），如图 7-7 所示，是一个机器学习系统的例子。[11] 该网站提供一个人工智能游戏，机器在人们玩游戏的过程中实现学习。

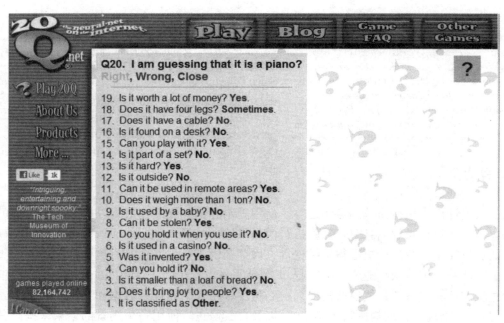

图 7-7　20Q

www. 20q. net

注：20Q 是一款流行的在线游戏，用户可以回答 20 个问题，对抗人工智能敌人。

● **处理复杂的情况**。在商业环境中，最高决策者和高层管理者必须处理纷繁杂杳的市场、虎视眈眈的竞争对手、错综复杂的政府法规和要求严格的劳动力。即使是人类专家在处理这些问题时也会犯错误。为了开发能够处理复杂情况的系统，必须非常仔细地规划和精心地编制计算机程序。

● **在重要信息缺失时解决问题**。决策的一个组成部分是处理不确定性。在通常情况下，决策必须使用很少或不准确的信息，因为获取完整的信息成本太高或不可能。今天，即使信息丢失，人工智能系统也可以进行重要的计算、比较和决策。

● **确定什么是重要的**。知道真正重要的是什么，是一个好的决策者的标志。开发支持计算机系统与机器来识别重要信息的程序和方法不是一项简单的任务。

● **对新情况做出迅速而正确的反应**。例如，一个小孩可以从某个地点的边缘看过去，知道不能冒险走得太近。这个孩子对新情况反应迅速而正确。但对于机器而言，如果没有复杂的编程，机器就不可能拥有这种能力。

● **理解视觉图像**。即使对于复杂的计算机来说，解释视觉图像也是极其困难的。在一个由椅子、桌子和其他物体组成的房间里移动对人来说是微不足道的，但对机器、机器人和计算机来说却是极其复杂的。这种机器需要理解视觉图像的扩展，称为**感知系统**（perceptive system）。拥有感知系统能使机器像人一样看到、听到和感觉物体。

● **处理和操作符号**。人们每天都看到、操作和处理符号。视觉图像为我们的大脑提供源源不断的信息流。相比之下，计算机很难应对符号处理和推理。尽管计算机擅长数值计算，但在处理符号和三维物体方面却远不如人类。不过，一些机器视觉硬件和软件的最新发展使计算机已经能够进行部分符号的处理和操作了。

● **富有创造力和想象力**。纵观历史，有些人通过富有的创造力和想象力，把困难的处境变成了优势。例如，当中间有洞的有缺陷的薄荷糖运到一家糖果厂时，一位有进取心的企业家决定将这些新薄荷糖作为救命药销售，而不是退回给制造商。冰激凌蛋卷是在圣路易斯世界博览会上发明的，当时一位富有想象力的店主为了便于携带，决定用烤架上的华夫饼包装冰激凌。从现有的（也许是负面的）情况开发延展出新的产品和服务是人类的特性。目前，虽然已经开发出了能让计算机写短篇小说的软件，但很少有计算机能拥有像人类一样的想象力和创造力。

● **使用启发法**。对于某些决策，人们使用启发法（通过经验产生的经验法则），甚至采用猜测。在找工作时，人们能够根据每个雇员的收入来考虑公司排名。今天，已经有一些计算机系统使用近似解来形成正确的程序，并获得良好的解决方案，而不再试图寻找技术上困难且耗费大量时间的最优方案。

这一系列特征只是部分地定义了智能。人工智能所面临的另一个挑战是如何将人脑与计算机连接起来。

脑机接口

在人脑和计算机之间建立联系是另一个涉及人工智能各个方面的令人兴奋的领域。所谓脑机接口（brain computer interface，BCI），是指将人脑直接连接到计算机上，使人类的思维控制计算机的活动。一个例子是"脑门"（BrainGate）①，它可以用来连接人脑和计算机。如果成功，BCI 实验就可以让人们单独通过思考来控制计算机以及人工手臂和腿。目的是让没有说话或移动能力的人（称为闭锁综合征，Locked-in Syndrome）可以使用先进的 BCI 技术与假肢交流和移动假肢。本田汽车公司开发了一种 BCI 系统，可以让人以 90％ 的精确度完成某些操作，比如弯曲腿。如图 7-8 所示。新系统使用一种特殊的头盔，可以测量大脑活动并将其传输到计算机。

---

① 脑门（BrainGate）：人脑遥控器，由 96 根电极组成，被植入大脑运动皮层中。——译者注

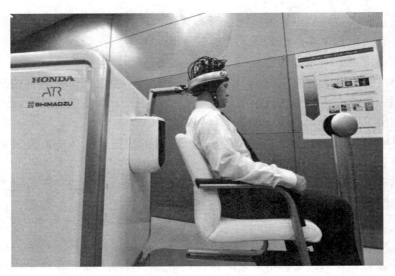

图 7 - 8　脑机接口

YOSHIKAZU TSUNO/AFP/Getty Images
注：本田汽车公司（Honda Motors）开发了一种脑机接口，可以测量大脑中的电流和血流变化，并使用这些数据控制本田机器人阿西莫（ASIMO）。

人工智能的主要分支

人工智能是一个广泛的领域，包括一些专业领域，如专家系统、机器人学、视觉系统、自然语言处理、学习系统和神经网络。如图 7 - 9 所示。其中许多领域是相关的；一个领域的进步可以与其他领域的进步同时发生或导致其他领域的进步。

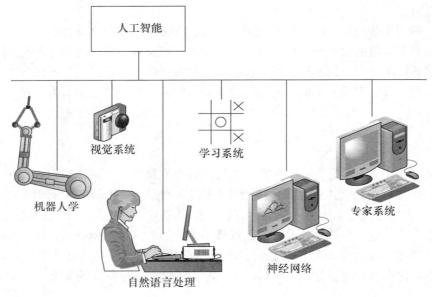

图 7 - 9　人工智能的概念模型

注：人工智能是一个广泛的领域，包括一些专业领域。

340

专家系统

专家系统由硬件和软件组成，存储知识并进行推理，使新手能够在专家的级别上执行任务。专家系统有许多业务应用程序，本章稍后将对其进行讨论。

机器人学

机器人学（robotics）技术涉及开发机械或计算机装置，这些设备可以对汽车进行喷漆、精确焊接，以及执行其他需要高度精确或对人类来说乏味或危险的任务。卡雷尔·卡佩克（Karel Capek）在 1921 年的剧本 **R. U. R**（Rostrum 的通用机器人（Rostrum's Universal Robots）的缩写）中引入了"机器人"一词。这出戏讲的是一个岛屿工厂，它生产的人造机器被称为"机器人"，它们被委托做苦工，最终反叛并推翻了他们的创造者，导致了人类灭绝。[12] 如今的组织确实使用机器人来执行枯燥、肮脏和/或危险的工作。它们通常用于提升和移动仓库中的重型货盘、执行焊接操作、为查看人们无法接近的电厂放射性污染区域提供一种方式。

目前，机器人的使用范围已经扩大，未来可能还会继续增长。机器人正越来越多地被用于外科手术中，从前列腺切除到心脏直视手术。如图 7 - 10 所示。机器人可以为医生提供更高的精确度、更高的灵巧度和更好的视觉效果。美国海军"蓝鳍 21"（Navy's Bluefin 21）号机器人潜艇在印度洋海面下多次航行，扫描海床，寻找失踪马航 370 航班的任何可能踪迹。iRobot（www. irobot. com）是一家制造各种机器人的公司，其产品包括用于地板吸尘的 Roomba Floorvac、用于清洁排水沟的 Looj 以及用于帮助和保护士兵的无人驾驶车辆 PackBot。[13]

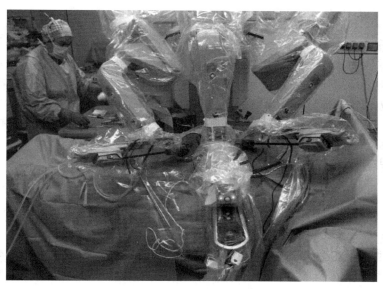

图 7 - 10 手术机械人

EPA/University Hospital AOUP/Landov
注：机器人达·芬奇（Da Vinci）的手臂协助肾脏移植。外科医生从手术室的一角遥控机器人。

一些机器人，如 Intelitek 的 ER 系列，可用于培训或娱乐。[14] Play-i 是一家初创公司，它创建了机器人 Bo 和 Yana，帮助 5 岁以上的幼儿学习编程概念和创造性地解决问题。[15] 如图 7-11 所示。

一些人担心机器人将越来越多地从人类雇员手中夺走工作。例如，第 1 章讨论过，一旦政府制定了政策并发展了所需的基础设施，以适应自动驾驶汽车的使用，今天公路上近 600 万卡车司机、专职汽车司机和出租车司机中的一些或全部可能会发现自己将失业。

图 7-11　Play-i 公司的教育机器人 Bo 和 Yana

https://www.play-i.com
注：Play-i 公司创造了机器人，帮助幼儿学习编程概念和发展创造性地解决问题的技能。

视觉系统

人工智能的另一个领域涉及视觉系统。**视觉系统**（vision systems）包括允许计算机捕获、存储和操作视觉图像的硬件和软件。三维机器视觉系统用于提高零件工业检测的精度和速度。自动水果采摘机采用独特的真空夹持器结合视觉系统来采摘水果。脸谱网正在开发一个新的人工智能视觉系统，称为 DeepFace，它可以创建照片中人脸的 3D 模型。这项技术比目前的面部识别软件有了很大的改进。DeepFace 能正确判断两张照片显示的是否为同一个人，准确率为 97.25%。这几乎达到了 97.53% 的人类识别正确率。[16]

 问题——伦理与社会

- -

下一代身份数据库

联邦调查局（FBI）正在开发和部署下一代身份识别（NGI），这是地球上最大的生物特征数据库。2015 年，该系统能够查询多达 5 200 万张照片和超过 1 亿张指纹，包括指纹、掌纹和视网膜扫描。该系统将建立并改进联邦调查局的自动指纹识别系统（IAFIS）服务。NGI 的目标是确保公共安全和国家安全，与国家和地方政府合作，提供生物识别领导地位，提高生物特征数据检索和分析的效率，确保隐私和数据保护，并允许现有系统之间的平滑过渡。例如，一个已开发出的搜索引擎具有一项令人震惊的新功能，它可以根据其纹身、疤痕和其他标记查询图片以识别个体。此外，NGI 还提供了先进的面部识别技术。

NGI 还显著提高了 IAFIS 存储和共享数据的能力；加强了州际照片系统，城市和州可以直接将照片上传到系统。例如，纽约警察局从 2010 年起就开始扫描被捕者的虹膜。它们收集的数据现在是 NGI 的一部分。

该系统更快的反应时间将对刑事司法系统产生积极影响。使用 IAFIS 系统获取犯罪嫌疑人指纹匹配需要两小时，使用 NGI 则减少到 10 分钟。此外，NGI 允许探员和警察指定搜索类型是紧急的、常规的还是非紧急的。紧急请求可以在 10 分钟内得到满足，而非紧急请求允许系统在一周内做出响应。NGI 还实现了质量检查自动化。使用 IAFIS，多达 98% 的打印匹配需要人工核检。有了 NGI，这个比率下降到 15%。

然而，隐私保护组织有反对意见。在 5 200 万张照片中，只有 4 600 万张是罪犯图片，有 21.5 万张来自特别关注的个人的资料库。大约 430 万是州政府和地方政府在刑事诉讼中收集的图像。隐私权拥护者想知道剩下的大约 150 万张照片的来源。一些组织，如电子隐私信息中心（EPIC），也担心该系统可能与驾驶执照照片、闭路电视（CCTV）监控摄像头的实时信息和录音相连接。国土安全部与国家和地方政府合作，在全国各地安装了大约 3 000 万个闭路电视监控摄像头。EPIC 还担心联邦调查局依赖私人公司开发该系统，它们可能会访问数据库。

NGI 的目的是让执法部门减少犯罪和防止恐怖袭击。美国不能对恐怖组织发动常规战争，因为它们是国际非政府组织。收集和分享情报对防止恐怖袭击至关重要。美国公众必须考虑的问题是，如何在打击犯罪和恐怖主义的需要与隐私权保护之间取得平衡。

问题讨论

1. 洛克希德马丁公司、IBM 公司和埃森哲公司都是帮助开发和实施 NGI 的私人承包商。它们参与这个项目会引起哪些隐私问题？

2. 一些隐私权倡导者担心，这一制度将导致"误报"的认定，即将无辜平民卷入犯罪或恐怖活动。联邦调查局可以采取哪些措施来减少误报个人身份的可能性？

批判性思考

1. NGI 使用面部识别软件，可以让闭路电视摄像头识别人群中的人。这种做法会引起哪些隐私问题？

2. 这样的制度有什么好处？收益大于成本吗？为什么是或者为什么不？

资料来源："EPIC v. FBI-Next Generation Identification," Epic Web site, *http://epic.org/foia/fbi/ngi*, accessed May 20, 2014; "Next Generation Identification," FBI Web site, *www.fbi.gov/about-us/cjis/fingerprints_biometrics/ngi*, accessed May 20, 2014; Love, Dylan, "The FBI's Facial Recognition System Is a Privacy Nightmare That Collects Your Data Even If You've Never Broken the Law," *Business Insider*, April 15, 2014, *www.businessinsider.com/fbi-ngi-facial-recognition-system-2014-4#.ixzz30fPWcusH*, accessed May 20, 2014.

自然语言处理与语音识别

自然语言处理（natural language processing）涉及计算机理解、分析、操作和/或生成英语等"自然"语言。许多公司通过电话使用自然语言系统处理客户服务。当用户拨打帮助电话时，通常会为客户提供一个选项菜单，并要求客户说出选项。然而，许多人在与机器而不是人交谈时很容易感到沮丧。Dragon Systems 的"自然语言"使用连续语音识别（或称自然语言），允许用户以正常的速度与计算机对话，而无须在字词之间停顿。口语立即被转录到电脑屏幕上。如图 7-12 所示。

在有些情况下，语音识别与自然语言处理一起使用。语音识别包括将声波转换成文字。在将声音转换成文字之后，自然语言处理系统通过执行各种任务来对文字或命令做出反应。经纪人服务业务非常适合使用语音识别和自然语言处理技术来取代现有的"按 1 购买或出售股票"触摸板电话菜单系统。语音识别还可以将录音转换为文本。一些公司声称，语音识别和自然语言处理软件已经非常成熟，以至于客户忘记了他们正在和电脑交谈，开始讨论天气或运动成绩。

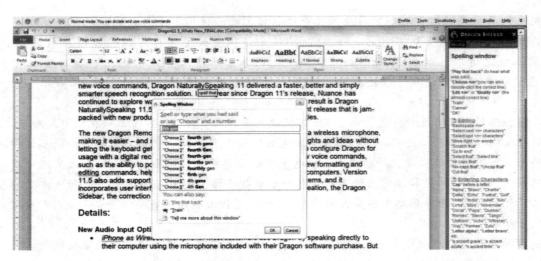

图 7 - 12　自然语言系统 Dragon Systems

Nuance Communications，Inc.；微软产品截屏，经微软公司许可。
注：使用自然语言应用程序 Dragon Systems，计算机用户可以将语音的命令或文本转录到 Microsoft Word 等软件中。

学习系统

人工智能的另一部分涉及**学习系统**（learning systems），即一种软件和硬件的组合，它允许计算机根据收到的反馈改变其功能或对情况的反应。例如，一些电脑游戏有学习能力。如果电脑没有赢得一场比赛，它就会记住在同样的条件下不会再做同样的动作。**强化学习**（reinforcement learning）是一个学习系统，它包括在每个决策之间进行学习的顺序决策。强化学习通常涉及复杂的计算机编程和优化技术，在第 6 章中首次讨论。计算机做出决策，对结果进行分析，然后在分析的基础上做出更好的决策。这个过程通常被称为动态规划（dynamic programming），反复进行，直到无法对决策进行改进为止。

学习系统软件需要对行动或决定的结果进行反馈。至少，反馈需要指出结果是可取的（赢得一场比赛）还是不可取的（输掉一场比赛）。然后使用反馈来改变系统将来的工作。

谷歌在其 Android 智能手机操作系统中将自然语言处理与学习系统相结合，以减少 25% 的单词错误。[17]通过这种结合的技术，语音助手会提出问题，以澄清用户在寻找什么。

神经网络

人工智能的一个越来越重要的方面涉及神经网络。**神经网络**（neural network）是一种计算机系统，它能识别和处理在大量数据中检测到的模式或趋势。神经网络在基于人脑自身网状结构的体系结构中使用大量并行处理器。因此，神经网络可以同时处理多条数据，并学会识别模式。

人工智能三部曲（AI Trilogy），可从沃德系统集团（www.wardsystems.com）获得，是一个神经网络软件程序，可在标准 PC 机上运行。该软件可使用 NeuroShell 预测器进行预测，并使用 NeuroShell 分类器对信息进行分类。如图 7 - 13 所示。该软件包还包含 GeneHunter，它使用一种称为遗传算法的特殊算法从神经网络系统中获得最佳结果。（接下来讨论遗传算法。）一些模式识别软件通过预测新借款人偿还贷款的可能性，利用神经网络做出信贷决策。神经网络也被用来识别银行或信用卡交易是欺诈的可能性。大型呼叫中心使用神经网络通过预测呼叫量来创建人员配置策略。

德国斯图加特凯瑟琳医院的何塞·R. 伊格莱西亚斯·罗萨斯（José R. Iglesias Rozas）博士是研究神经

网络诊断肿瘤恶性程度的领导者。在他的早期研究中，他收集了 786 个不同的人脑肿瘤的显微切片。神经网络工具 NeuralTools 被用来根据 10 个组织学特征预测恶性程度。神经网络准确预测了 95％以上的样本病例。罗萨斯博士计划扩大他的研究范围，对 8 000 多名患有不同脑瘤的患者的 30 多年的数据进行分析。[18]

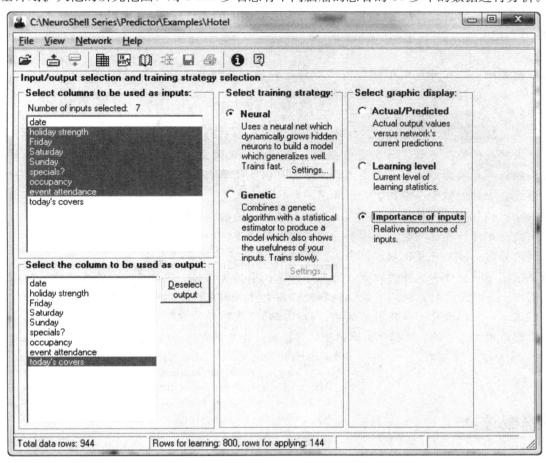

图 7 - 13   神经网络软件

Ward Systems Group，Inc.
注：NeuroShell Predictor 使用公认的预测方法来寻找数据的未来趋势。

其他人工智能应用

除了以上讨论的应用之外，目前已经开发了其他一些人工智能应用程序。**遗传算法**（genetic algorithm）是一种基于进化论的解决问题的方法，它以适者生存的概念作为解决问题的策略。遗传算法使用一个适应度函数来定量评估一组初始候选解。得分最高的候选解决方案可以通过引入随机更改来"重现"以创建新的候选解决方案。这些数字后代将接受第二轮适应度评估。再次选择最有希望的候选解决方案，并用于创建具有随机更改的新一代，并且该过程重复数百轮甚至数千轮。人们的期望是，每一轮方案的平均适应度都会提高，最终会找到很好的解决问题的办法。

遗传算法已被用于解决大型复杂的调度问题，例如安排航空公司机组人员以满足飞行要求，同时最大限度地降低总成本，而不违反联邦关于机组人员最大飞行时间和最小休息时间的指导原则。遗传算法还被用于设计反射镜，将太阳光导入太阳能集热器，以及设计用于接收太空信号的无线电天线。

智能代理（intelligent agent），也称为智能机器人或机器人，由程序和知识库组成，用于为个人、进程或其他程序执行特定任务。像一个为顶级运动员寻找最佳代言合同的体育经纪人一样，一个聪明的经纪人经常寻找最佳价格、最佳日程安排或问题的最佳解决方案。当知识库优化搜索或适应用户偏好时，智能代理使用的程序可以搜索大量数据。智能代理通常用于搜索互联网上的大量资源，可以帮助人们查找任何主题的信息，例如新数码相机或二手车的最佳价格。

人工智能系统：包括开发能够模拟人类智能过程的计算机系统和机器所需的人员、程序、硬件、软件、数据和知识，包括学习（获取信息和使用信息的规则）、推理（使用规则得出结论），以及自我修正（使用一个场景的结果来提高其在未来场景中的性能）。

智能行为：从经验中学习并应用从这些经验中获得的知识的能力；处理复杂的情况的能力；在重要信息丢失时解决问题的能力；确定什么是重要的，并对新情况做出迅速而正确的反应的能力；理解视觉图像，处理和操作符号的能力，富有创造力和想象力；以及使用启发法。

感知系统：一种近似于人看到、听到和感觉物体的方式。

机器人学：执行要求高度精确或对人类来说乏味或危险的任务的机械或计算机装置。

视觉系统：允许计算机捕获、存储和操作视觉图像的硬件和软件。

自然语言处理：涉及计算机理解、分析、操作和/或生成英语等"自然"语言。

学习系统：一种软件和硬件的组合，它允许计算机根据收到的反馈改变其功能或对情况的反应。

神经网络：一种计算机系统，它能识别和处理在大量数据中检测到的模式或趋势。

遗传算法：一种以进化论和优胜劣汰理论为基础的解决问题的方法。

智能代理：用于为个体、进程或其他程序执行特定任务的程序和知识库；也称为智能机器人或机器人。

专家系统概述

如前所述，专家系统使新手能够在特定领域中以人类专家的级别执行任务。与人类专家一样，计算机化的专家系统使用启发式或经验法则得出结论或提出建议。由于专家系统的开发难度大、成本高、耗时长，因此只有在潜在收益高或显著降低下行风险且组织希望获取和保留不可替代的人类专业知识时，才开发专家系统。

巨人（Colossus）是一个专家系统，美国前百家保险公司中有25％使用它来帮助公司理赔人员准确、一致地处理人身伤害索赔。当事故发生时，理赔员是处理事故的关键人员。理赔员的调查、评估和谈判都基于其个人的知识和经验，以及许多以前的索赔案例，以实现公平解决。当索赔处理程序输入有关当事人受伤的详细信息时，巨无霸通过定义的业务规则确定的一系列问题来指导数据输入过程，以确保准确、完整地捕获所有相关数据。一旦输入了所有索赔详细信息，巨无霸将根据相关医疗信息评估当事人的索赔，并向理赔员建议一系列适合受伤情况的理赔金额。索赔处理程序使用建议的金额与当事人协商要支付的金额。由于大部分保险公司使用相同的系统，因此对于相似的人身伤害，索赔的赔付差异缩小，使客户能得到更一致的对待。

▣ 专家系统的组成

专家系统由相关组件集成，包括知识库、推理机、解释工具、知识库获取工具和用户界面。典型专家系统图如图 7-14 所示。在这个图中，用户与接口交互，接口与推理机交互。推理机与其他专家系统组件交互。这些组成部分必须共同提供专业知识。该图还显示了协调知识流到专家系统其他组件的推理机。请注意，知识可以以不同的方式流动，这取决于专家系统正在做什么以及所涉及的特定专家系统。

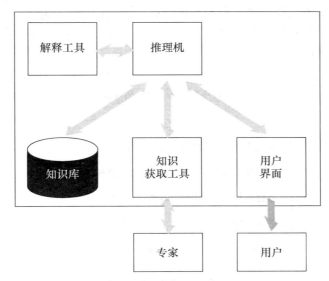

图 7-14　专家系统的组成部分

注：专家系统包括知识库、推理机、解释工具、知识获取工具和用户界面。

知识库

知识库存储专家系统使用的所有相关信息、数据、规则、案例和关系。如图 7-15 所示，知识库是数据库（见第 3 章）和信息与决策支持系统（见第 6 章）的自然扩展。知识库必须为每个独特的应用程序独立开发。例如，医学专家系统包含有关疾病和症状的事实。规则和案例通常用于创建知识库。**规则**（rule）是将条件链接到操作或结果的条件语句。在许多情况下，这些规则存储为 **IF-THEN 语句**（IF-THEN statements），这些语句是给出结论性建议的规则。基于辅助规则的美国运通授权人（American Express Authorizer's Assistant）专家系统于 1988 年开发，至今仍在使用。它用于处理信贷申请，决定是授权贷款还是拒绝贷款，该系统涉及大约 35 000 条规则。[20] 图 7-16 显示了如何使用专家系统规则来确定一个人是否应该从银行获得抵押贷款。这些规则使用 IF-THEN 语句可以被放在几乎任何标准编程语言（在第 2 章中讨论过）中，也可以放在本章后面讨论的特殊专家系统的内核和产品中。一般来说，随着专家系统所知道的规则数量的增加，专家系统的精度也相应提高。

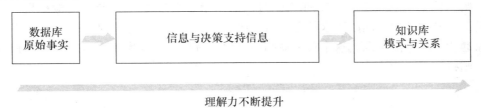

理解力不断提升

图 7-15　数据、信息与知识之间的关系

注：知识库存储专家系统使用的所有相关信息、数据、规则、案例和关系。

专家系统还可以使用案例来开发当前问题或情况的解决方案。每个案例通常都包含问题的描述、解决方案和/或结果。基于案例的解决过程包括：（1）查找知识库中存储的与当前问题或情况相似的案例；（2）重用案例以尝试解决当前问题；（3）在必要时修改建议的解决方案；（4）将新的解决方案保留为新案例的一部分。一个洗衣机修理工在修理一台洗衣机时，回忆起另一台出现类似症状的洗衣机，这就是在使用基于案例的推理。在基于法律先例的审判中主张特定结果的律师也是如此。一家公司可以使用基于案例的专家系统来确定新墨西哥州新增服务设施的最佳位置。专家系统可能会识别出两个先前涉及服务设施位置的案例，其中劳动力和运输成本很重要，一个在科罗拉多州，另一个在内华达州。专家系统可以修改这两种情况的解决方案，以确定在新墨西哥州的新设施的最佳位置。

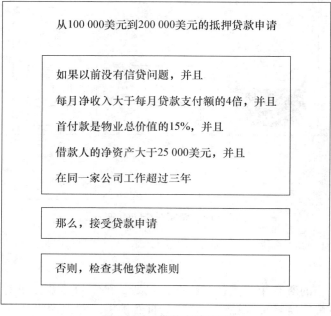

图 7 - 16　贷款申请规则

注：专家系统规则可以确定一个人是否应该从银行获得抵押贷款。

推理机

推理机（inference engine）的总体目的是从知识库中寻找信息和关系，并提供类似于人类专家的答案、预测和建议。换句话说，推理机是提供专家建议的组件。考虑一下预测产品未来销售的专家系统，可以采用的一种方法是从一个事实开始，比如从"上个月对该产品的需求量为 20 000 台"开始，专家系统搜索包含产品需求参考的规则。例如，采用规则："如果上个月产品需求量超过 15 000 台，则检查竞争产品的需求量"，这样专家系统就可以利用竞争产品的需求信息进行预测。下一步，在搜索其他规则之后，专家系统可以使用个人收入或国家通货膨胀率的信息。这个搜索规则的过程一直持续到专家系统能够使用用户提供的数据和应用于知识库的规则得出结论为止。

解释工具

专家系统的一个重要组成部分是**解释工具**（explanation facility），它使用户或决策者理解专家系统是如何得出某些结论或结果的。例如，一个医学专家系统可能会得出这样的结论：由于某些症状和对病人的测试结果，病人的心脏瓣膜有缺陷。解释工具允许医生找出专家系统诊断的逻辑或基本原理。利用解释工具，专家系统可以显示得出结论时使用的所有事实和规则，医生可以查看这些事实和规则，以确定专家系统是否正确、有逻辑地处理了数据和信息。

知识获取工具

开发专家系统的一个困难的任务是知识库的创建和更新。在过去，当使用传统的编程语言时，开发一个知识库是冗长和耗时的过程。每个事实、关系和规则都必须编入知识库。在大多数情况下，经验丰富的程序员必须创建和更新知识库。

如今，专用软件允许用户和决策者通过**知识获取工具**（knowledge acquisition facility）创建和修改自己的知识库，如图 7－17 所示。知识获取工具的目的是提供一种方便、高效的方法来获取和存储知识库的所有组件。知识获取软件可以为用户和决策者提供易于使用的菜单。在输入适当的属性之后，知识获取工具会将信息和关系正确地存储在知识库中，从而使知识库的建立和维护变得更容易，成本更低。

图 7－17 知识获取工具

注：知识获取工具是专家和知识库之间的接口。

用户界面

用户界面的主要目的是使专家系统更易于用户和决策者开发和使用。曾经，熟练的计算机人员创建和操作了大多数专家系统。今天，用户界面允许决策者开发和使用自己的专家系统。如图 7－16 所示，信贷申请的用户和专家系统之间的典型用户界面如下：

专家系统：以前有没有信用问题？

用户：没有。

专家系统：申请人的净收入是否大于每月贷款支付额的 4 倍？

用户：是的。

专家系统：首付是否超过房产价值的 15％？

用户：是的。

专家系统：借款人净资产是否超过 2.5 万美元？

用户：是的。

专家系统：借款人在同一家公司工作三年以上吗？

用户：是的。

专家系统：接受贷款申请。

开发和使用专家系统的参与者

通常，有几类人需要参与开发和使用专家系统，如图 7－18 所示。

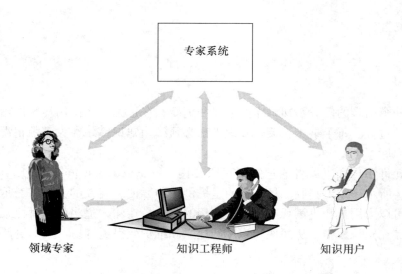

图 7 - 18　专家系统开发和使用的参与者

注：领域专家、知识工程师和知识用户使用专家系统来工作。

　　领域专家（domain expert）是指具有专家系统试图获取的专业（领域）知识或知识的个人与群体。在大多数情况下，领域专家是一组人类专家。研究表明，好的领域专家可以提高专家系统的整体质量。**知识工程师**（knowledge engineer）是指在专家系统的设计、开发、实现和维护方面受过培训或有经验的人，包括在专家系统外壳方面受过培训或有经验的人。知识工程师可以帮助知识从专家系统转移给知识用户。**知识用户**（knowledge user）是使用专家系统并从中受益的个人或群体。知识用户不需要任何计算机或专家系统方面的培训。

专家系统的开发工具和技术

　　从理论上讲，专家系统可以从任何一种编程语言发展而来，自从计算机系统被引入以来，编程语言变得更易用、更强大、更能处理专门的需求。专家系统在开发的早期使用了传统的高级语言，包括 Pascal、FORTRAN 和 COBOL。LISP 是最早开发并用于人工智能应用的特殊语言之一，PROLOG 也是为人工智能应用开发的。不过，自 20 世纪 90 年代以来，其他专家系统产品（如 shells）已经面世，它们消除了编程的负担，允许非程序员开发专家系统并从中受益。

　　一些制药、生物技术、医疗器械公司和研究机构使用甲骨文西贝尔临床软件系统进行临床试验。该软件通过在一个系统中提供一个用于管理所有临床试验数据的应用程序，使这些组织能够更好地管理其关键临床试验活动，从而提高数据准确性和数据可见性。[21] iHelp 是西贝尔系统附带的一个交互式可配置用户指南。iHelp 采用专家系统技术，在用户使用系统时，逐步引导用户完成任务。[22]

专家系统外壳和产品

　　专家系统外壳（expert system shell）是一套软件，允许通过使用推理机构建知识库并与该知识库交互。专家系统外壳可用于个人计算机和主机系统，有些外壳价格便宜，成本不到 500 美元。此外，即买即用的专家系统外壳软件已经完成开发，可以直接运行。用户输入适当的数据或参数，专家系统就能为问题或情况提供输出。表 7 - 2 列出了一些专家系统产品。

表 7 - 2　主流的专家系统产品

产品名称	应用程序与功能
Clips 剪辑	在个人计算机上建立专家系统的工具。
Cogito	语义智能软件，帮助组织从电子邮件、文章、网站、文档和其他非结构化信息中的文本中提取知识。
Exsys Corvid	模拟与来自 Exsys（www.exsys.com）的人类专家对话的专家系统工具。
ESTA（Expert System Shell for Text Animation）	一种专家系统外壳，提供除知识库以外的所有必要组件。
Imprint Business Systems	帮助印刷和包装公司管理业务的专家系统。
Lantek Expert System	帮助金属制造商减少浪费和增加利润的软件。
OpenExpert	主要用于开发法律专家系统的专家系统工具。
Prolog Expert System	用于建立专家系统知识库的免费软件。

规则：将条件链接到操作或结果的条件语句。

IF-THEN 语句：给出结论性建议的规则。

推理机：专家系统的一部分，从知识库中寻找信息和关系，并提供类似于人类专家的答案、预测和建议。

解释工具：专家系统的重要组成部分，使用户或决策者理解专家系统是如何得出某些结论或结果的。

知识获取工具：专家系统的一部分，它提供了一种方便、高效的方法来获取和存储知识库的所有组件。

领域专家：具有专家系统试图捕获的专业（领域）知识或知识的人与群体。

知识工程师：在专家系统的设计、开发、实现和维护方面受过培训或有经验的人。

知识用户：使用专家系统并从中受益的个人或群体。

多媒体与虚拟现实

多媒体和虚拟现实的使用帮助许多公司获得了竞争优势并增加了利润。多媒体的方法和技术通常是虚拟现实系统的基础，这一部分将在后面讨论。虽然并非所有组织都使用这些专门的信息系统，但它们可以为许多组织发挥关键作用。下面从讨论多媒体开始。

多媒体概述

多媒体（multimedia）是文本、图形、视频、动画、音频和其他媒体，可用于帮助组织有效地实现其目标。多媒体可以用来制作精美的小册子、演示文稿、报告和文档。许多公司使用多媒体方法开发令人兴奋的卡通和视频游戏，以帮助宣传产品和服务。例如，政府员工保险公司（Geico）在一些电视广告中使用动画，Xtranormal 和 GoAnimate 等动画网站可以帮助个人和公司开发此类动画。虽然并非所有组织都使用多媒体的全部功能，但大多数组织使用文本和图形功能。

文本和图形

所有大型组织和大多数中小型组织都使用文本和图形来编制报告、财务报表、广告片以及其他内部和外部使用的文件。在内部，组织使用文本和图形向管理者和员工传达政策、指导方针等。在外部，它们使用文本和图形与供应商、客户、联邦和州组织以及各种其他利益相关者进行沟通。文本可以有不同的大小、字体和颜色，图形可以包括照片、插图、绘图、各种图表和其他静止图像。图形图像可以以多种格式存储，包括JPEG（联合图像专家组格式）和GIF（图形交换格式）。

虽然标准字处理程序是使用文本、图形形成文档和报告的一种廉价而简单的方法，但大多数组织使用专用软件。如图7-19所示。例如，使用Adobe Illustrator可以用来创建具有吸引力和信息量的图表、插图和小册子。该软件还可用于开发数字艺术、参考手册、损益表以及州政府和联邦政府要求的各种报告。Adobe Photoshop是一个复杂而流行的软件包，可以用来编辑照片和其他视觉图像。创建后，这些文档和报告可以保存在Adobe PDF文件中，并通过互联网发送，或保存在CD或类似的存储设备上。

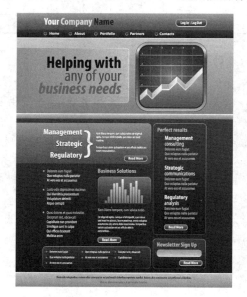

图7-19　数字图形

© Yes Man/Shutterstock.com
注：企业使用Adobe Photoshop或Adobe Illustrator等软件创建图表、插图和小册子等图形。

Microsoft Silverlight是一个强大的开发工具，用于为Web和移动应用程序创建引人入胜的交互式用户体验。易捷航空是欧洲领先的低成本航空公司之一，在30多个国家运营600多条航线，拥有200多架空客飞机。[23]易捷航空使用互联网作为主要的机票分销渠道。易捷航空利用Microsoft Silverlight设计其旅游网站，试图为客户提供他们所经历过的最直观的网站。公司希望这个独特的网站能吸引大量新客户，并大大增加易捷航空的预订量。[24]

PowerPoint，也由微软公司开发，可以用来开发一个演示文稿，将其声音和动画显示在一个大屏幕上。其他图形程序包括微软的Paint和PhotoDraw以及Corel公司的CorelDraw。

许多图形程序也可以创建三维图像。詹姆斯·卡梅隆（James Cameron）的电影《阿凡达》（Avatar）使用了先进的电脑和3D成像技术，创造了历史上最赚钱的电影之一。3D技术曾经主要用于电影，现在也可以被公司用来设计产品，比如摩托车、喷气式发动机和桥梁。例如，Autodesk制作了令人兴奋的3D软件，公司可以使用它来设计从Sunkist[25]的扁平水果包装机到大型摩天大楼和建筑公司的其他建筑的所有东西。用于制作3D电影的技术也将与一些电视节目一起被提供。任天堂开发了任天堂3DS，它是第一款以3D方式显示图像的便携式游戏设备之一。

音频

音频包括音乐、人声、录制的声音和各种计算机生成的声音。它可以以多种文件格式存储，包括MP3

（电影专家组音频层 3）、WAV（波形格式）和 MIDI（乐器数字接口）。当音频文件在从互联网上下载的过程中播放时，称为流式音频（streaming audio）。

　　音频软件的输入包括音频记录设备：麦克风、从 CD 或音频文件导入的音乐或声音、可以直接创建音乐和声音的 MIDI 乐器以及其他音频源。一旦被存储，音频文件就可以使用音频软件进行编辑和增强，包括 Apple QuickTime、Microsoft Sound Recorder、Adobe Audition 和 Source Forge Audacity。如图 7 - 20 所示。编辑后，音频文件还可以用于增强演示文稿、创建音乐、广播卫星无线电信号、开发有声书籍、录制 iPod 和其他音频播放器的播客、为电影提供真实感以及增强视频和动画的效果（下一步讨论）。

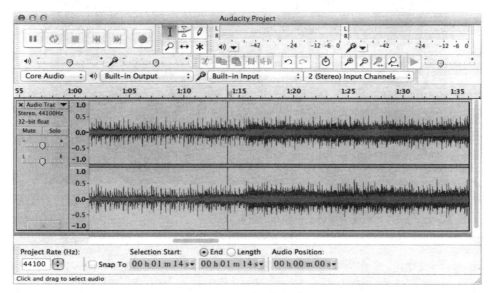

图 7 - 20　音频编辑软件

Audacity
注：Audacity 提供了编辑和生成各种格式的音频文件的工具。

视频和动画

　　视频和动画的运动图像通常是通过快速显示一个又一个静止图像来创建的。视频和动画可以存储在许多 Microsoft 应用程序使用的 AVI（音频—视频交错格式）文件、MPEG（电影专家组格式）文件和许多 Apple 应用程序使用的 MOV（QuickTime 格式）文件中。当视频文件在从互联网上下载的过程中播放时，称为流式视频（streaming video）。例如，网飞公司（Netflix）允许人们将电影和电视节目流式传输到个人电脑上，它正成为在视频商店租赁 DVD 的一种流行选择。在互联网上，Java 小程序（可下载的小程序）和动画 GIF 文件可用于动画或创建"移动"图像。

　　许多视频和动画软件产品可用于创建和编辑视频和动画文件。许多视频和动画程序可以创建逼真的三维运动图像。Adobe 的 Premiere 和 After Effects 以及苹果的 Final-Cut-Pro 可以用来编辑从摄像机和其他来源拍摄的视频图像。例如，Final-Cut-Pro 已经被用于编辑和制作电影院放映的全长电影。Adobe Flash 和 Live-Motion 可用于向网页添加运动和动画。

　　视频和动画有很多商业用途。开发基于计算机或互联网培训材料的公司通常使用视频和音频软件。机场或购物中心的信息亭可以使用动画帮助客户办理航班登记或获取信息。

　　视觉效果包括整合实景镜头和生成的图像，以创建看起来完全逼真，但在现实中是非常危险或极其昂贵的电影拍摄场景。RenderMan 是皮克斯（Pixar）的技术规范，用于 3D 计算机图形程序和渲染程序之间的标准通信接口。（渲染是动画过程中的最后一步，为动画提供最终外观和视觉效果，如着色、纹理映射、阴影、反射和运动模糊）。RenderMan 软件被广泛用于为故事片和广播电视制作优秀的图形。事实上，在过去的 15 年里，每一位视觉特效学院的获奖者都使用过它。[26] 如图 7-21 所示。

图 7-21　为皮克斯创建动画

AP Images/Disney/Pixar
注：皮克斯使用名为 RenderMan 的先进专有动画软件来制作诸如《勇敢传说》（*Brave*）这样的尖端 3D 电影。

文件转换和压缩

如前所述，大多数多媒体应用程序都是以数字文件格式创建、编辑和分发的。然而，这些应用程序的旧有的输入可以来自旧家庭电影、磁带、乙烯基唱片或类似来源的模拟格式。此外，一些旧的数字格式不再流行或使用。在这些情况下，模拟的和旧的数字格式必须转换成新的数字格式后，才能被当今的多媒体软件编辑和处理。这种转换可以用程序或专用的硬件来完成。前面讨论过的一些多媒体软件，如 Adobe Premium、Adobe Audition 和许多其他软件，都具有这种模数转换能力。这种转换也可以使用独立软件和专用硬件来实现。例如，Grass Valley 是一种硬件设备，可用于将模拟视频转换为数字视频或将数字视频转换为模拟视频。使用此设备，你可以将旧的 VHS 磁带转换为数字视频文件，或将数字视频文件转换为模拟格式。

由于多媒体文件可能很大，有时需要压缩文件，使其更易于从互联网下载或作为电子邮件附件发送。前面讨论的许多多媒体软件程序可用于压缩多媒体文件。此外，独立的文件转换程序（如 WinZip）可用于压缩许多文件格式。

设计多媒体应用程序

设计多媒体应用程序需要仔细的思考和系统的方法。在下一章系统开发中将讨论修改现有应用程序或开发新应用程序的总体方法。然而，开发多媒体应用程序需要额外的考虑。多媒体应用程序可以打印在漂亮的小册子上，放入有吸引力的公司报告中，上传到互联网上，或显示在大屏幕上供查看。因为这些应用程序通常比在字处理程序中准备文档和文件要花费得多，所以花时间设计最好的多媒体应用程序是很重要的。设计多媒体应用程序需要仔细考虑文档或文件的最终用途。例如，一些文本样式和字体是专门为互联网显示而设计的。由于不同的计算机和 Web 浏览器显示信息的方式不同，因此最好根据可能显示多媒体应用程序的计算机和浏览器选择样式、字体和演示文稿。由于大文件加载到网页中可能需要更长的时间，因此较小的文件通常是基于 Web 的多媒体应用程序的首选。

虚拟现实概述

虚拟现实（virtual reality）这个术语是由 VPL 研究公司创始人拉尼尔（Jaron Lanier）于 1989 年发明的。最初，这个术语是指沉浸式虚拟现实，用户完全沉浸在一个由计算机生成的人工三维世界中。通过沉浸，用户可以更深入地了解虚拟世界的行为和功能。波士顿学院的媒体网格支持广泛的基于虚拟现实的应用，如沉浸式教育；复杂数据的实时可视化（如工程、医疗、气象）；远程医疗（如药物设计、医疗成像、远程手术）；沉浸式多人游戏；以及车辆和飞机设计与模拟。[27]

虚拟现实系统（virtual reality system）使一个或多个用户能够在计算机模拟环境中移动和反应。虚拟现实模拟需要特殊的接口设备，将模拟世界的景象、声音和感觉传送给用户。这些设备还可以将参与者的语音和动作记录一并发送到仿真程序中，使用户能够像感知和操作真实对象一样感知和操作虚拟对象。这种自然的互动方式给参与者一种沉浸在模拟世界中的感觉。例如，汽车制造商可以使用虚拟现实来帮助其模拟和设计工厂。

为了证明脸谱网斥资 20 亿美元收购虚拟现实公司 Oculus VR 的合理性，马克·扎克伯格说："虽然移动是当今的关键平台，但虚拟现实将是未来的主要平台之一。想象一下，在一场游戏中享受一个场边的座位，在师生来自世界各地的教室里学习，或是在家里戴上护目镜，与医生面对面会诊。"[28]

接口设备

在虚拟世界中，用户经常戴着一个头戴式显示器（HMD），其屏幕对着每只眼睛。HMD 还包含一个位置跟踪器，用于监视用户头部的位置和用户观察的方向。利用这一信息，计算机生成虚拟世界的图像——每只眼睛的视图略有不同，以匹配用户的观察方向，并在 HMD 上显示这些图像。许多公司出售或租赁虚拟现实接口设备，包括虚拟现实（www. vrealities. com）、Amusitronix（www. amusitronix. com）和 I-O 显示系统（www. i-glassesstore. com）等。

伊利诺伊大学芝加哥分校的电子可视化实验室（EVL）引进了一个由三面墙上的大屏幕和投影图形的地板构成的房间。这个 CAVE，也就是这个房间的名字，通过在有一个房间大小的立方体的墙壁和地板上投射立体图像来提供沉浸的错觉（www. evl. uic. edu）。几个戴着轻便立体眼镜的人可以在 CAVE 里自由出入。头部跟踪系统不断地将立体投影调整到观看者的当前位置。CAVE 的最新版本称为 CAVE2，它具有响应用户交互的真实高分辨率图形。如图 7－22 所示。

图 7－22 大规模虚拟现实环境

AP Images/Charles Rex Arbogast
注：CAVE2 虚拟现实系统有 72 块立体液晶面板，环绕观察者 320 度，创造出一个 3D 环境，可以模拟美国企业号星际飞船的舰桥、火星的飞越或大脑血管的旅行。

用户通过耳机在虚拟世界中听到声音，位置跟踪器报告的信息也被用来更新音频信号。当虚拟空间中的一个声源不在用户的正前方或正后方时，计算机将声音传送到一只耳朵，比在另一只耳朵早一点或晚一点到达，并且声音要大一点或柔和一点，音调稍有不同。

触觉（haptic）界面，在虚拟世界中传递触觉和其他物理感觉，是最不发达的，也许也是最具挑战性的。一家虚拟现实公司开发了一种触觉接口设备，可以放在人的指尖上，为游戏玩家、外科医生和其他人提供准确的感觉。目前，计算机使用手套和位置跟踪器定位用户手的位置并测量手指的运动。用户可以接触到虚拟世界并处理对象。但是，很难产生一个人轻敲硬表面、捡起物体或用手指在有纹理的表面上划动的感觉。触摸感受也必须与视觉和声音用户体验同步。如今，一些虚拟现实开发人员甚至试图将味觉和嗅觉融入虚拟现实应用程序中。

虚拟现实的形式

除了沉浸式虚拟现实之外，虚拟现实还可以指非完全沉浸式的应用，例如鼠标控制在图形监视器上的三维环境中导航、通过立体眼镜从监视器上立体观看以及立体投影系统。增强现实（augmented reality）是一种较新的虚拟现实形式，具有将数字数据叠加到真实照片或图像上的潜力。如图 7-23 所示。增强现实技术正被用于各种场合。例如，一些豪华车制造商在挡风玻璃上显示仪表板信息，如车速和剩余燃油。该应用程序用于某些军用飞机，通常称为平视显示器。在足球比赛期间，电视屏幕上首先显示的黄色线条是增强现实的另一个例子，计算机生成的黄色线条叠加在足球场的真实图像上。GPS 地图可以与商店和街道的真实图片相结合，帮助你定位或找到通往新目的地的道路。使用增强现实技术，可以将智能手机摄像头指向历史性地标，如城堡、博物馆或其他建筑，并在屏幕上显示有关地标的信息，包括地标的简要说明、门票价格和营业时间。尽管增强现实技术仍处于实施的早期阶段，但它有可能成为未来智能手机和类似移动设备的重要功能。

图 7-23　增强现实

注：当增强现实技术通过智能手机等设备上的摄像头捕捉图像时，它会显示额外的信息。

虚拟现实的应用

现在已经有成千上万的虚拟现实应用，随着硬件和软件成本的下降以及人们对虚拟现实潜力的开发，更多的虚拟现实应用正在开发中。虚拟现实正在医学、教育培训、商业和娱乐等领域得到应用。

医学

虚拟现实通过帮助自闭症儿童掌握社交线索，提高他们的运动技能，并学习现实生活中的经验教训（例如过马路前要两眼朝前看），在治疗自闭症方面取得了成功。自闭症儿童似乎能很好地与科技互动，因为科技具有可预测性、可控性和难以置信的耐心。如图 7 - 24 所示。虚拟现实也被用来帮助训练医学生模拟各种形式的手术，从脑部手术到婴儿分娩。[29]

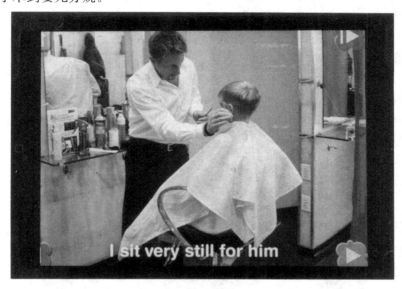

图 7 - 24　治疗自闭症儿童

LIPO CHING/MCT/Landov
注：应用程序 Model Me Going Places 可以帮助自闭症儿童在各种环境（例如理发店）下学习适当的行为。

教育和培训

虚拟环境在教育中被用来给课堂带来令人兴奋的新资源。数千名管理人员、教职员工、研究人员、员工和学生是沉浸式教育计划的成员，这是一个由学院、公司、研究机构和大学组成的非营利性国际合作伙伴关系，旨在定义和开发开放的标准、最佳实践、学习平台，以及支持虚拟现实与基于游戏的学习和训练系统的社区。以下是目前波士顿学院伍兹进修学院提供的完全沉浸式课程：[30]

- MT 35101 探索计算机图形学
- MT 35801 电子游戏与虚拟现实
- MT 38101 沉浸式教学与虚拟现实的自主学习
- MT 34101 Web 2.0：Web 技术的新时代
- MT 34801 信息系统：应用概述
- MT 34901 信息系统：协同计算

虚拟技术也被用来训练军人。为了帮助飞机维修，一个虚拟现实系统被开发出来以模拟飞机，给用户一种触觉，而计算机图形学则提供一种视觉和听觉。用户在训练期间可以看到、触摸和操纵虚拟飞机的各个部分。此外，五角大楼正在利用虚拟现实训练实验室为军事危机做准备，利用虚拟现实系统模拟各种战争场景。

商业应用

虚拟现实在商业中有许多用途，可以提供工厂和建筑物的虚拟参观，可以 360°观看产品或机器，并培训员工。福特使用虚拟现实技术来改进其汽车设计。该公司的虚拟现实和高级可视化技术专家 Elizabeth Baron

表示："我们希望能够在实际生产之前看到汽车和我们的设计，并体验它们。"也许可以让来自设计部和工程部的 30～40 人参加一个典型的虚拟现实会议，会议可以持续几个小时。工人们能够仔细检查汽车设计的内部和外部。如果他们愿意，甚至可以解剖一个特定的部件，比如侧后视镜或前保险杠，看看它是如何设计的。这是可能的，因为虚拟现实技术直接绑定到福特的 Autodesk 计算机辅助设计（CAD）系统中。[31]

百事可乐利用增强虚拟现实技术，将伦敦的一个公交候车亭变成了一个虚拟窗口，飞碟、巨大的海怪、老虎和其他不太可能的物体似乎正从窗口沿着街道移动。等待巴士的人们被他们所看到的东西吸引住了，并观看了整个过程，在最后的场景中，显示了百事可乐的标志和"百事可乐最新无糖口味，令人难以置信！"的句子。[32]

Microsoft 正在开发一款虚拟现实耳机，供企业员工与 Office 生产效率软件交互。[33] 使用此耳机和相关软件，用户可以看到 Microsoft Excel 数据透视表，这些数据透视表实际上是以三维方式进行透视的，可以发送在完全沉浸式环境中显示的每周状态报告，并生成 PowerPoint 演示文稿，支持全方位头部跟踪，为听者提供 3D 立体音效。Oculus Rift 等虚拟现实耳机可用于在模拟环境中漫游。如图 7-25 所示。

图 7-25　虚拟现实耳机

figuredigital. com/Rex Features
注：一家英国创意机构开发了一款使用 Oculus Rift 虚拟现实耳机的杂货店沉浸式漫游，以增强在线购物能力。

> **多媒体**：文本、图形、视频、动画、音频和其他媒体，可用于帮助组织有效地实现其目标。
> **虚拟现实系统**：使一个或多个用户能够在计算机模拟环境中移动和反应的系统。

其他专用系统

除了人工智能、专家系统和虚拟现实之外，还出现了其他有趣的专用系统，包括辅助技术系统、博弈论和信息学。现在将讨论这些问题。

辅助技术系统

辅助技术系统（assistive technology systems）包括一系列辅助、适应和康复设备，帮助残疾人完成他们以前无法完成或难以完成的任务。

许多辅助技术产品都是为了增强人机界面而设计的。提供电子指向设备，使用户无须使用超声波、红外线光束、眼球运动，甚至神经信号和脑电波就可以控制屏幕上的指针。吸塑系统通过吸气或呼气激活。盲文压纹机可以将文本翻译成压纹盲文后输出。屏幕阅读器可用于说出计算机屏幕上显示的所有内容，包括文本、图形、控制按钮和菜单。语音识别软件支持用户使用他们的声音发出命令，而不是依靠鼠标或键盘输入指令。文本—语音合成器可以"说出"输入计算机的所有数据，以允许视力受损或学习困难的用户听到他们正在输入的内容。[34] 斯蒂芬·霍金（Stephen Hawking）是英国理论物理学家和宇宙学家，被许多人认为是当今最聪明的人。霍金几乎完全瘫痪了，他使用辅助技术系统来传达他的思想，并与电脑互动。如图 7-26 所示。

图 7-26　斯蒂芬·霍金

EVERT ELZINGA/EPA/LANDOV
注：斯蒂芬·霍金使用许多辅助技术系统来支持他的活动。

个人辅助听力设备帮助人们在杂乱的情况下理解语言。它们通过提高所谓的"语音噪声比"来分离人们想听到的语音和背景噪声。虽然解决方案类型各不相同，但各种个人辅助学习设备都至少有三个组件：麦克风、传输技术以及接收信号并将声音传到耳朵的装置。根据技术的不同，用户只需要一个耳机即可连接到设备。[35]

个人应急响应系统使用连接到报警系统的电子传感器来帮助任何一个独自生活、有跌倒风险、从疾病或手术中康复的人保持安全、独立和平静。这些系统包括坠落探测器、心脏监测器和未点燃的气体传感器。当触发警报时，消息会发送给医务人员或联系人中心，他们可以做出适当的响应。

博弈论

博弈论（game theory）是一种数学理论，用于在遵循给定规则和约束的情况下，最大化收益和最小化损失。博弈论经常被用于解决各种决策问题，其中两个或两个以上的参与者面临着行动选择，根据其他人选择做什么或不做什么，每个人都可能通过行动选择得失。因此，游戏的最终结果是由所有参与者选择的策略共同决定的。这些决定涉及一定程度的不确定性，因为没有一个参与者确切知道其他参与者将采取什么行动。在零和博弈中，玩家的命运是负相关的，因此一方的收益是另一方的损失。在非零和博弈中，参与者的合作是明智的，这样一来一个参与者采取的行动可以使两个参与者都受益。军事战略家使用两人零和博弈。多人非零和博弈被用于许多商业决策环境中。Game Theory Explorer 和 Gambit 是用于构建、分析和探索博弈模型的软件工具的集合。[36]

在电视游戏节目《危险边缘》中，参赛者通常只选择一个类别，然后从第一个问题（最简单的和最低的美元价值）逐步向下移动到最后一个问题（最困难的和最高的美元价值）。这为参赛者和观众提供了一个容易理解的难度升级。但最近一个玩家利用博弈论的基本原理开发了一种截然不同的策略。这个玩家寻找隐藏的"双赌法"问题，通常是每类问题中的三个最高报酬和最困难的问题。因此，这个策略不是选择某个类别来逐步增加难度，而是从某个类别中挑选最难的两个问题开始。一旦两个最难的问题在该类别中被删除，策略就跳到另一个类别，以寻找"双赌法"。事实证明，这一策略非常成功。[37]

美国海岸警卫队采用了一种称为"保护"（Port Resiliency for Operational/Tactical Enforcement to Combat Terrorism，PROTECT）的博弈论系统，为打击恐怖主义的作战/战术执行提供保护和港口恢复能力，该系统使巡逻随机化，并能同时达到非常高的安全水平，从而给予最大的威慑。美国 361 个港口的所有高价值潜在目标没有足够的资源来提供 24 小时全面的安全保障。这意味着敌人可以观察巡逻和监视活动，并采取行动，以避免巡逻。PROTECT 生成巡逻和监视计划，其中考虑到了每个港口不同目标的重要性，以及敌人可能的监视和对这些巡逻的预期反应。[38]

信息学

信息学（informatics）是将信息技术与传统学科（如医学或科学）结合起来，同时考虑对个人、组织和社会的影响。信息学非常强调人与技术之间的相互作用，工程信息系统的目标是为用户提供尽可能最佳的用户体验。事实上，信息学代表了人、信息和技术的交互。如图 7-27 所示。信息学领域非常广泛，涵盖了生物医学、卫生、护理、医学和药学信息学等许多专业领域。学习信息学的人学习如何建立新的计算工具和应用程序。他们了解人们如何与信息技术互动，以及信息技术如何塑造我们的关系、组织和世界。

生物医学信息学（或生物信息学）专门开发、研究及应用基于生物医学数据、信息和知识的生成、存储、检索、使用与共享的理论、方法和过程。生物信息学已经被用来帮助绘制人类基因组图和进行生物有机体的研究。利用先进的数据库和人工智能，生物信息学有助于解开人类基因组的秘密，最终可以预防疾病和拯救生命。一些大学开设生物信息学课程，并提供生物信息学认证。

健康信息学是研究如何利用数据、信息和技术改善人类健康和提供医疗服务的科学。健康信息学将计算机和信息科学的原理应用于病人护理、生命科学研究、健康专业教育和公共卫生的发展。医疗信息学等期刊报道了当前应用计算机系统和技术减少医疗差错和改善医疗保健的研究。

2013 年，新泽西州医院参与了一项全国性的质量和患者安全计划，为患者预防了 9 206 起不良事件，并将相关医疗成本降低了 1 亿多美元。数据收集在确定这一质量改进过程所针对的 13 种医院获得的条件方面发挥了关键作用。[39]

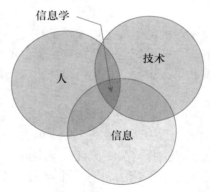

图 7-27　信息学

注：信息学是人、信息和技术的交互。

辅助技术系统：一系列辅助、适应和康复设备，帮助残疾人完成他们以前无法完成或难以完成的任务。

博弈论：一种数学策略，用于在遵循给定规则和约束的情况下，最大化收益和最小化损失的策略。

信息学：将信息技术与传统学科（如医学或科学）结合起来，同时考虑对个人、组织和社会的影响。

小结

准则：知识管理支持组织中的员工分享知识和经验。

知识是对一组信息的认识和理解，以及将信息用于支持特定任务或做出决定的方式。知识管理系统（KMS）是一个有组织的人员、过程、软件、数据库和设备的集合，用于创建、存储、共享和使用组织的知识和经验。显性知识是客观的，可以在报告、论文和规则中被衡量和记录。隐性知识很难被衡量和记录，而且通常不是客观的或形式化的。

知识工作者是创造、使用和传播知识的人，包括各种各样的工作者。首席知识官（CKO）是以清晰和有效的方式代表组织的知识管理愿景，努力实现该愿景，提供执行级领导以实施和维持知识管理的个人，是知识创造、分享和应用的最终焦点。一些组织和职业使用实践社区（COP），这是一群有共同兴趣的人，他们聚集在一起创建、存储和共享关于特定主题的知识。

获取、存储、共享和使用知识是任何知识管理系统的关键，使用知识管理系统通常会带来附加的知识创建、存储、共享和使用。许多工具和技术可用于创建、存储和使用知识。这些工具和技术可从 IBM、Microsoft 以及其他公司和组织获得。

准则：人工智能技术形成了一系列广泛而多样的系统，可以复制人类对某些定义明确的问题的决策。

人工智能一词用来描述具有模仿或复制人脑功能的计算机。建立人工智能系统的目的不是要取代人类的决策，而是要复制某些定义明确的问题的决策。

智能行为包含几个特征，包括从经验中学习并将这些知识应用于新经验的能力、处理复杂情况和解决可能丢失信息问题的能力、在给定情况下确定相关信息的能力、以逻辑和理性的方式思考并做出快速而正确的反应的能力、理解视觉图像和处理符号的能力。计算机在传递信息、快速准确地进行一系列计算、进行复杂的计算等方面都优于人类，但在智力的所有其他属性上，人类都优于计算机。

人工智能是一个广泛的领域，包括几个关键组成部分，如专家系统、机器人、视觉系统、自然语言处理、学习系统和神经网络。专家系统由硬件和软件组成，用于生成在特定领域（如信用分析）中表现为人类专家的系统。机器人技术使用机械或计算机设备来执行高精度的任务，或者对人类而言乏味或危险的任务（例如，将纸箱堆放在托盘上）。机器人越来越多地被用于外科手术。

视觉系统包括允许计算机捕获、存储以及操作图像和图片的硬件和软件（例如，人脸识别软件）。自然语言处理允许计算机理解并对以"自然"语言（如英语）发出的语句和命令做出反应。学习系统使用软件和硬件的组合，允许计算机根据其收到的反馈（例如，计算机化的国际象棋游戏）改变其功能或对情况的应对。神经网络是一种计算机系统，它能识别和处理大量数据中检测到的模式或趋势。遗传算法是一种基于进化论和优胜劣汰概念的解决问题的方法。智能代理由程序和知识库组成，用于为个人、流程或其他程序执行特定任务。

准则：专家系统可以使新手在专家级别上执行任务，但专家系统的开发和维护必须非常仔细。

专家系统由集成的相关组件组成，包括知识库、推理机、解释工具、知识获取工具和用户界面。知识库是第 3 章讨论的数据库的扩展，也是第 6 章讨论的信息和决策支持系统的延伸。它包含专家系统中使用的所有相关数据、规则和关系。规则通常由 IF-THEN 语句组成，用于得出结论。

推理机处理存储在知识库中的规则、数据和关系，以提供类似于人类专家的答案、预测和建议。专家系统的解释功能使用户了解系统在做出决策时使用了哪些规则。知识获取工具帮助用户在知识库中添加或更新知识。用户界面使专家系统的开发和使用更加方便。

参与专家系统开发的人员包括领域专家、知识工程师和知识用户。领域专家是指拥有为系统捕获的专业知识或知识的人或群体。知识工程师是开发人员，其工作是从领域专家那里提取专业知识。知识用户是指从所开发系统的使用中受益的人。

专家系统可以通过多种方式实现。传统上，使用高级语言，包括 Pascal、FORTRAN 和 COBOL。LISP 和 PROLOG 是专门为从头开始创建专家系统而开发的两种语言。获取专家系统的一种更快、更便宜的方法是购买专家系统外壳或现有软件包。外壳程序是用于设计、开发、实现和维护专家系统的软件包和工具的集合。

准则：多媒体和虚拟现实系统可以通过提供新的方式来交流信息、可视化过程和创造性地表达想法，从而重塑人与信息技术之间的界面。

多媒体是文本、图形、视频、动画、音频和其他媒体，可用于帮助组织有效地实现其目标。多媒体可以用来制作精美的小册子、演示文稿、报告和文档。虽然并非所有组织都使用多媒体的全部功能，但大多数组织使用文本和图形功能。多媒体的其他应用包括音频、视频和动画。在多媒体应用中，通常需要对文件进行压缩和转换，以导入或导出模拟文件，并在存储和发送多媒体文件时减小文件大小。设计多媒体应用程序需要仔细考虑以获得最佳结果并实现公司目标。

虚拟现实系统允许一个或多个用户在计算机模拟环境中移动和反应。虚拟现实模拟需要特殊的接口设备，将模拟世界的景象、声音和感觉传送给用户。这些设备还可以将参与者的语音和动作记录下来并发送到仿真程序中。因此，用户可以像感知和操作真实对象一样感知和操作虚拟对象。这种自然的互动方式给参与者一种沉浸在模拟世界中的感觉。

虚拟现实也可以指并非完全沉浸式的应用程序，例如利用鼠标控制在图形监视器上的三维环境中的导航、通过立体眼镜从监视器上立体观看以及立体投影系统。一些虚拟现实应用程序允许使用叠加的虚拟对象查看真实环境。增强现实是一种较新的虚拟现实形式，它可以将数字数据叠加在真实的照片或图像上。虚拟现实已应用于医学、教育和培训、房地产和旅游业以及娱乐业。

准则：专用系统可以帮助组织和个人实现他们的目标。

最近出现了一些专用系统，以前所未有和令人兴奋的方式帮助组织和个人。辅助技术系统包括一系列辅助、适应和康复设备，帮助残疾人完成以前无法完成或难以完成的任务。博弈论是一种数学理论，有助于制定策略，以最大化收益和最小化损失，同时坚持一组给定的规则和约束。信息学是将信息技术与传统学科（如医学或科学）结合起来，同时考虑对个人、组织和社会的影响。它代表了人、信息和技术的交互。

关键术语

人工智能系统	信息学
辅助技术系统	智能代理
首席知识官（CKO）	智能行为
实践社区（COP）	知识获取工具
领域专家	知识工程师
解释工具	知识用户
博弈论	学习系统
遗传算法	多媒体
IF-THEN 语句	自然语言处理
推理机	神经网络

感知系统　　　　　　　　　　　　　　　　虚拟现实系统

机器人学　　　　　　　　　　　　　　　　视觉系统

规则

第 7 章：自我评估与测试

知识管理支持组织中的员工分享知识和经验。

1. _____ 知识很难被衡量和记录，而且通常不是客观的或形式化的。

2. 什么样的人创造、使用和传播知识？

a. 信息工作者　　　　　　　　　　　b. 知识工作者

c. 领域专家　　　　　　　　　　　　d. 知识工程师

3. 代表组织的知识管理愿景是组织_____ 的关键作用。

a. 首席执行官（CEO）　　　　　　　b. 首席知识官（CKO）

c. 首席财务官（CFO）　　　　　　　d. 首席技术官（CTO）

4. 世界上知识型员工的数量远远超过非知识型员工的数量。对或错？

人工智能技术形成了一系列广泛而多样的系统，可以复制人类对某些定义明确的问题的决策。

5. 图灵测试试图确定计算机能否在需要逻辑和推理的游戏（如国际象棋或跳棋）中击败人类。对或错？

6. _____是由经验甚至猜测产生的经验法则。

7. _____不是智力行为的重要特征。

a. 接收传感器输入的能力

b. 从经验中学习的能力

c. 决定什么是重要的能力

d. 对新形势做出迅速、正确反应的能力

8. _____系统近似于人看到、听到和感觉物体的方式。

9. 研究人员正在探索将大脑直接连接到计算机并让人类的思维控制计算机活动的可能性。对或错？

10. _____是一种能够识别数据模式或趋势并对其采取行动的计算机系统。

专家系统可以使新手在专家级别上执行任务，但专家系统的开发和维护必须非常仔细。

11. 规则和案例通常用于建立专家系统的知识库。对或错？

12. _____是用于开发专家系统的软件包和工具的集合，可以在大多数流行的 PC 平台上实现，以减少开发专家系统所需的时间和成本。

13. _____的总体目的是从知识库中寻找信息和关系，并提供类似于人类专家的答案、预测和建议。

a. 领域专家　　　　　　　　　　　　b. 解释工具

c. 知识获取工具　　　　　　　　　　d. 推理机

14. 专家系统使用的所有相关信息、数据、规则、案例和关系存储在哪里？

a. 解释工具　　　　　　　　　　　　b. 知识库

c. 推理机　　　　　　　　　　　　　d. 获取工具

15. _____是指具有专家系统试图捕获的专业知识或知识的人。

16. 专家系统的哪个组件使用户或决策者能够理解系统是如何得出某个结论或结果的？

a. 领域专家　　　　　　　　　　　　b. 推理机

c. 解释工具　　　　　　　　　　　　　d. 知识库

17. _____的目的是提供一种方便、有效的方法来捕获和存储知识库的所有组件。

18. _____是指在设计、实现和维护专家系统方面受过培训并具有丰富经验的人员。

a. 首席知识官　　　　　　　　　　　　b. 领域专家

c. 知识工程师　　　　　　　　　　　　d. 知识用户

多媒体和虚拟现实系统可以通过提供新的方式来交流信息、可视化过程和创造性地表达想法，从而重塑人与信息技术之间的界面。

19. _____有可能将数字数据叠加到真实的照片或图像上。

20. _____是一种常用于存储图形图像的文件格式。

a. GIF、JPEG

b. MP3、WAV、MIDI

c. AVI、MPEG、MOV

d. DOC、DOCX

21. 什么样的虚拟现实被用来让人感觉自己仿佛置身于一个三维环境中，比如一座建筑、一个考古发掘点、一个人体解剖、一座雕塑或一个犯罪现场的重建？

a. 云　　　　　　　b. 相对的　　　　　　　c. 沉浸式　　　　　　　d. 视觉的

专用系统可以帮助组织和个人实现他们的目标。

22. _____包括一系列设备，帮助残疾人完成他们以前无法完成或有困难的任务。

23. _____涉及利用信息系统为个人、组织甚至国家制定竞争战略。

第 7 章：自我评估与测试答案

1. 隐性
2. b
3. b
4. 错
5. 错
6. 启发式
7. a
8. 感知
9. 对
10. 神经网络
11. 对
12. 专家系统外壳

13. d
14. b
15. 领域专家
16. c
17. 知识获取工具
18. c
19. 增强现实
20. a
21. c
22. 辅助技术系统
23. 博弈论

知识回顾

1. 简要解释数据、信息和知识之间的区别。

2. 简要说明显性知识和隐性知识的区别。举一个例子。

3. 首席知识官的作用是什么？

4. 什么是实践社区？举个实践社区的例子。参加实践社区有什么好处？

5. 什么是知识库？

6. 图灵测试是什么？

7. 如何定义人工智能？

8. 识别智能行为的几个具体特征。

9. 确定人工智能的六个主要分支。

10. 什么是遗传算法？给出一个使用遗传算法的例子。

11. 识别并简要描述专家系统的五个组成部分。

12. 识别并简要描述定义知识库的两种方法。

13. 什么是领域专家？他们在专家系统的开发中扮演什么角色？

14. 什么是知识工程师？

15. 什么是专家系统外壳？

16. 确定并简要描述可用于帮助组织实现其目标的五种媒体形式。

17. 什么是虚拟现实系统？确定虚拟现实应用的四个领域。

18. 什么是辅助技术系统？

19. 什么是博弈论？找出博弈论的两个应用。

20. 什么是信息学？

问题讨论

1. 计算机展示人类智能的要求是什么？我们要多久才能有技术设计出这样的计算机？你认为我们应该推动这样的发展吗？为什么是或者为什么不？

2. 假如你是一家大型软件制造公司的客户软件支持台的初级经理。软件支持专家既需要显性知识，也需要隐性知识。描述对这些工人有用的显性和隐性知识的类型。你将如何获取每种类型的知识？

3. 我们中的许多人每天都用启发式方法来完成日常活动，比如计划膳食、执行锻炼计划或者确定开车去学校或上班的路线。假设你正在为专家系统开发规则，以便在特定活动中为你提供帮助。你会包括哪些规则或启发式方法？

4. 如何利用一个实践社区来帮助工作或学习？如何确定邀请谁加入实践社区？

5. 机器人擅长的任务有哪些？机器人很难掌握哪些人类任务？开发一个真正有感知能力的机器人需要人工智能的哪些领域？

6. 描述如何在医疗办公室环境中使用自然语言处理。

7. 讨论学习系统和神经系统的异同。举例说明如何使用这些技术。

8. 数据库和知识库之间的关系是什么？

9. 描述博弈论在商业环境中的应用。

10. 描述如何在课堂上使用增强现实。增强现实如何用于工作场合？

11. 描述辅助生活系统如何使疗养院的居民受益。

问题解决

1. 你正在调查如何使用自动水果采摘机来降低 600 英亩的瓦伦西亚橘子园的劳动力成本，该园每季度的水果产量约为 24 万磅（约合 8 万个橘子）。你现在雇用了 10 名民工在三天的时间里手工采摘水果，每小时需要付给他们 8 美元。这台水果采摘机售价 25 000 美元，需要两个人操作，它能够以每 10 秒一个橘子的速度从树上摘下橘子。这台机器相当复杂，采用真空手爪结合视觉系统从树上摘成熟的水果。购买自动水果采摘机有经济意义吗？

2. 考虑一个专家系统，它根据前一天晚上的天气预报，建议你应该穿什么衣服。利用文字处理程序列出并描述要使用的 IF-THEN 规则或实例。

3. 使用图形程序，如 PowerPoint，为一家小餐馆制作一本小册子。将小册子与使用专门的多媒体应用程序开发的小册子进行对比。使用文字处理应用程序编写报告，说明多媒体应用程序与图形程序相比的优势。

团队活动

1. 与你的团队一起进行研究，找出机器人取代人类员工的几个例子。你的团队认为政府应该鼓励还是阻止机器人的使用？为什么？写一页纸的文件总结你的发现和意见。

2. 与你的团队一起设计一个专家系统来预测一个典型的学生从你的学院或大学毕业需要多少年。一些需要考虑的因素包括学生选择的专业、学生的 SAT 成绩、每学期选修的课程数量以及学生每月参加的聚会或社交活动的数量。找出应该考虑的另外六个因素。开发用于专家系统的六个 IF-THEN 规则或实例。

3. 让你的团队成员探索退伍军人使用辅助技术系统的近况。写一篇短文，总结你的发现以及这些类型系统的优缺点。

网络练习

1. 利用互联网识别神经网络的几种应用。对这些应用程序编写一个简短的摘要。

2. 做一些研究来发现关于接受（或缺乏）自然语言处理系统的信息。在你看来，这些制度得到广泛接受了吗？

3. 使用互联网查找有关专家系统的当前应用程序的信息。写一份关于你的发现的报告。

职业训练

1. 制定三条经验法则，供个人选择适合自己的职业。制定三条个人可以用来确定不适合自己的职业的规则。

2. 想象一下，你正在形成一个实践社区来处理如何选择职业的问题。从你的经验和其他你可能知道的人中找出你希望其成为会员的人。确定你希望社区处理的三个关键主题。

案例研究

案例1　知识管理促进能源创新

雷普索尔（Repsol）是一家西班牙石油天然气公司，2013 年收入超过 760 亿美元。雷普索尔的业务范围从勘探、精炼和化学制造到 7 000 多个服务站的零售营销。

雷普索尔认识到，"雷普索尔这样的研发机构的关键资产是研究人员和技术人员，他们受过培训，拥有经验、知识、创造力和动力。他们是发现、改进和吸收新技术的要素。"没有这些知识工作者，雷普索尔价值链的每一个阶段都会枯竭。

这些人的价值在于他们所知道的。中国的海隆集团（Hilong Group）是能源工业的供应商，它列举了一些例子：地质学家和地球物理学家利用他们的知识来确定地球表面下哪些岩石可能含有石油或天然气，钻井工程师为有效的石油开采规划井位，平台设计师必须降低成本以提高钻井平台开采效率等。所有这些人都从事需要专门知识的工作。在理想情况下，这些知识应该提供给公司中任何需要这些知识的人。

以石油勘探为例，这是雷普索尔的核心方向之一。地质学家在一个点上激发振动，在另一个点上记录它们。他们测量接收端的振动强度，振动到达接收端所需的时间，以及强度和延迟如何随振动频率而变化。根据这些测量，地质学家推断出地表下有多少石油以及开采起来有多困难。石油公司利用他们的结论来确定在一个地区开采权的出价。了解这些指标的公司可以对一个地区的石油产量做出合理的预测，创造出准确的报价并盈利。不了解这些测量值的公司则会为一个贫瘠的油田出高价而导致赔钱，或者不为一个富饶的油田出高价而被其他搞清楚其真实价值的公司驱逐出局。

了解如何解释这些测量或如何在任何其他领域做专门的工作源于多年的研究和经验。即使最好的专家也有知识缺口。例如，专家可能不知道某个事实或过程，而公司的其他人可能知道。这就是知识管理（KM）的由来。有了知识管理系统，整个公司的专家都可以利用他们的同事所知道的信息，不管他们或那些同事身在何处。

2011 年之前，雷普索尔的知识管理是随意的；它取决于每个人是否知道其他人可能知道一些东西，外加一些本地化的知识库。2011 年，雷普索尔选择了来自英国剑桥的 Autonomy 公司的 IDOL 和 Virage 软件来支持其企业的知识管理。该公司解释说，"Autonomy 的企业搜索系统使雷普索尔员工能够跨越不同部门、不同操作系统、不同地理位置和不同语言进行搜索，以及时找到相关信息，无论数据类型或格式如何。软件通过代理提供个性化信息，这些代理了解用户的兴趣并监控关键业务信息，以提供自动化警报，帮助雷普索尔更高效、快速地确定市场趋势、风险或机遇。"

雷普索尔公司的新的知识管理系统和创新的技术方法帮助其取得了成功。在过去的五年里，雷普索尔已经发现了 40 多个石油，其中包括世界上最大的 8 个。该公司利用其收入为未来做准备，不仅在石油和天然气领域，而且在新能源和可持续发展领域投入了大量研发资金。

问题讨论

1. 雷普索尔的员工需要访问哪些类型的知识？

2. 在你所从事的职业领域里，人们使用什么知识？知识管理系统能如何帮助你的雇主充分利用每个人的知识？

批判性思考

1. 知识管理系统，比如雷普索尔所使用的，与你在本书中读到的其他类型的信息系统有何不同？

2. 雷普索尔在 50 个不同的国家有业务。知识管理系统如何帮助其克服语言障碍和其他使知识交流复杂化的障碍？

资料来源："Financials Information for Repsol S. A. ," Hoovers Web site, *www. hoovers. com/company-information/cs/revenue-financial. Repsol__SA. 9bc3284ea358226f. html*, accessed May 19, 2014; "Company Profile—An Overview," *www. repsol. com/es_en/corporacion/conocer-repsol/como-somos/perfil-compania/default. aspx*, accessed May 19, 2014; Hilong Group, "Why Do So Many Oil Companies Walk in the Forefront of Knowledge Management?" *www. hilonggroup. net/en/news/showNews. aspx?classid=1449596130059878408&id=68*, February 18, 2011; Orton, E. , "Autonomy Selected by Repsol to Transform Knowledge Management System," *www. prnewswire. com/news-releases/autonomy-selected-by-repsol-to-transform-knowledge-management-system-125795713. html*, July 19, 2011; Savvas, A. , "Repsol Deploys Knowledge Management," *Computerworld UK*; July 23, 2011, *www. computerworlduk. com/news/it-business/3292947/repsol-deploys-knowledge-management*; Repsol Web site, *www. repsol. com/es_en*, accessed February 3, 2012; Repsol Knowledge Management, *www. repsol. com/es_en/corporacion/conocer-repsol/canal-tecnologia/ctr_investigadores/gestion-conocimiento*, accessed June 4, 2014.

案例 2　视觉技术使城市检查自动化

超过 400 万英里（650 万公里）的公路横穿美国，在其他国家还有数百万英里的公路。适当的维护对确保这些道路使用者的安全至关重要。经常性的修理费用太高，但是为了彻底防止问题的发生，若是依据口碑、居民投诉和抽查来制定修理工作计划，也确实并不可靠。因此，有必要对所有道路进行系统检查，但这很昂贵。更糟糕的是，需要定期进行系统检查，跟踪并分析随时间变化的情况，以预测何时需要修路并提前安排工作。因此，资金紧张的城市和地区政府需要一种经济的方式来管理正在进行的道路维护和维修。

幸运的是，视觉系统就能帮上这个忙。城市、城镇和地区政府可以使用视觉系统帮助市政当局维护其在世界道路上的份额。AVT（Allied Vision Technologies）是一家领先的高性能视觉摄像机制造商。根据 AVT 的网站，视觉系统可以"收集现场数据并评估所有道路和路面特征的状况，如纵向裂缝、横向裂缝、鳄鱼裂缝、边缘裂缝、坑洞和车辙。与传统的手工调查相比，基于图像的系统提供的解决方案更省力、更可靠，并允许存储数据以供将来参考。"

一个由 AVT 开发并在佛罗里达州使用的系统包含了 AVT 的两个摄像头和 NorPix Inc. 的软件。摄像头安装在一辆车的车顶上，一个面向前方，一个面向后方，当车辆在公路上行驶时，每 5～10 英尺（1.5～3 米）拍摄一次道路图像，总计可达每天 180 000 张图片。将图像数据链接到 GPS 系统中并将其添加到实际位置上。图像经过几何展平，从照片的角度消除透视失真，叠加在地图上进行分析，并与往年同一位置的图像进行比较，确定变化率。尽管 AVT 系统的图像处理能力简化了人们的工作，但它仍然依赖于工作人员进行最终的数据解释。

其他视觉系统也可以分析路面。加拿大魁北克省的 Pavemetrics 系统公司提供了一种系统，该系统使用激光和高速摄像机，通过定制的光学系统，以超过 60 英里/小时（100 公里/小时）的速度不分昼夜地在所有类型的路面上检测裂缝、车辙和表面劣化。Pavemetrics 系统将裂缝分为三类并评估其严重性。该系统还可以测量和报告车道标线的状况。

在未来几年，视觉系统在路面检测中的应用将更加广泛。当然，路面检测给视觉系统带来了独特的挑战。检查必须迅速进行，以免检查车辆妨碍交通。在低对比度条件下，系统必须能够区分裂纹和其他表面缺陷（如油渍）之间的差异。总之，路面检测中的视觉系统有一个很高的要求，但填补它节省了政府机构的大量资金，在适当的时间，在计划而不是紧急的基础上进行道路维修。

视觉系统正在迅速发展。对底层硬件和软件技术的改进以及对这些组件在各种基于视觉的应用中的使用和研究将有助于更好地获取、存储和分析图像。

问题讨论

1. 市、州和国家政府还执行哪些常规检查？如何将视觉技术与知识管理系统相结合以提高效率？

2. 视觉系统与知识管理系统结合，如何提高政府的责任感，并帮助公民评判政府的表现？

批判性思考

1. 假设你在市公路局工作。你的工作是开车经过各条道路，注意它们的状况，以确定哪些必须修理，哪些必须监测，哪些可以等一段时间。市长建议该市购买一个视觉系统并征求你的意见。选项包括（a）无需新的系统，（b）一个如前面提到的 AVT 系统，（c）高价购买一个类似于 Pavemetrics 的系统。写一份备忘录给市长，说明你的建议，并证明它是正确的。

2. 一辆装有路面检查系统的货车一年的费用大约相当于一名全职公路部门雇员的费用。公路部门的雇员可以使用该部门已经拥有的汽车。此外，使用和维护检查系统也需要持续的费用。从信息可用性和成本两方面，尽可能深入地比较路面检查系统可能的好处。

资料来源：Allied Vision Technologies, "Mobile Machine Vision System Featuring AVT GigE Cameras Surveys Pavement Condition," *www. alliedvisiontec. com/emea/products/applications/application-case-study/article/mobile-machine-vision-system-featuring-avt-gige-cameras-surveys-pavement-condition. html*, accessed May 18, 2014; Allied Vision Technologies, GC 1350 camera information, *www. alliedvisiontec. com/emea/products/cameras/gigabit-ethernet/prosilica-gc/gc1350. html*, accessed May 18, 2014; Chambon, S. and Moliard, J. -M., "Automatic Road Pavement Assessment with Image Processing: Review and Comparison," *International Journal of Geophysics*, *www. hindawi. com/journals/ijgp/2011/989354*, June, 2011; Norpix Web site, *www. norpix. com*, accessed May 18, 2014; Pavemetrics Systems, Inc., "LCMS—Laser Crack Measurement System," *www. pavemetrics. com/en/lcms. html*, accessed May 18, 2014; Salari, E. and Bao, G., "Automated Pavement Distress Inspection Based on 2D and 3D Information," 2011 IEEE International Conference on Electro/Information Technology, Mankato, MN, May 15–17, 2011; SSMC, "Pavement Mapping/Condition Assessment," *www. southeasternsurveying. com/pavement_mapping. html*, accessed May 18, 2014.

参考文献

【花絮】资料来源：Mazor Robotics Web site, *http://mazorrobotics. com*, accessed May 19, 2014; Sofge, Erik, "The World's Top 10 Most Innovative Companies in Robotics," FastCompany. com, *www. fastcompany. com/most-innovative-companies/2013/industry/robotics*, accessed May 19, 2014; Keighley, Paul Sanchez, "Mazor Robotics: Revolutionizing the World of Surgery with Robot Side-Kicks," NoCamels, June 7, 2013, *http://nocamels. com/2013/06/mazor-robotics-revolutionizing-the-world-of-surgery-with-robot-side-kicks*, accessed May 18, 2014.

1. "Search Solution Supports R&D," KMWorld, February 24, 2014, *www. kmworld. com/Articles/News/KM-In-Practice/Search-solution-supports-RandD -94993. aspx*.

2. Drucker, Peter, "The Landmarks of Tomorrow," New York: Harper and Row, 1959, p. 122.

3. "NASA Sponsors JPL KM Sessions," JPL Knowledge Management Newsletter, Issue1-Spring 2014.

4. Grant, Robert M., "The Development of Knowledge Management in the Oil and Gas Industry," Universia Business Review, Cuarto Trimestre 2013, *http://ubr. universia. net/pdfs_revistas/articulo_352_1381330772384. pdf*.

5. "Improving Management of Competition Cases," KM World, October 2, 2013, *www. kmworld. com/Articles/News/KM-In-Practice/Improving-management-of-competition-cases-92385. aspx*.

6. "Case study: Drilling For Success and Hitting Knowledge-Management Gold for Baker Hughes," Transition, *www. transition. co. uk/clients/baker-hughes*.

7. McCarthy, J., Minsky, M. L., Rochester, N., Shannon, C. E., "A Proposal for the Dart-

mouth Summer Research Project on Artificial Intelligence," August 31，1955，*www-formal. stanford. edu/jmc/history/dartmouth/dartmouth. html*.

8. "By 2029 No Computer—or 'Machine Intelligence' —Will Have Passed the Turing Test," *http:// longbets. org/1/*, accessed May 2，2014.

9. Griffin, Andrew，"Turing Test Breakthrough as Supercomputer Becomes First to Convince Us It's Human," *The Independent*，June 8，2014，*www. independent. co. uk/life-style/gadgets-and-tech/computer-becomes-first-to-pass-turing-test-in-artificial-intelligence-milestone-but-academics-warn-of-dangerous-future-9508370. html*.

10. Gee，Sue，"Mitsuku Wins Loebner Prize 2013," I-Programmer, September 15，2013，*www. i-programmer. info/news/105-artificial-intelligence/6382-mitsuku-wins-loebner-prize-2013. html*.

11. 20 Q Web site，*www. 20q. net*，accessed May 2，2014.

12. Capek，Karel，"Beyond the Robots," Legacy. com，*www. legacy. com/news/legends-and-legacies/karel-capek-beyond-the-robots/302♯sthash. RQyp1B1R*，accessed May 3，2014.

13. iRobot Web page，*www. irobot. com/us/learn/home. aspx*，accessed May 3，2014.

14. "Robotics Engineering Curriculum," *www. intelitek. com/engineering/robotics/rec-for-cortex-robotics-engineering-curriculum*，accessed May 3，2014.

15. Gupta，Vikas，"A Look At Play-i's Successful Crowdfunding Campaign," TechCrunch, April 26，2014，*http://techcrunch. com/2014/04/26/how-to-run-a-successful-crowdfunding-campaign/*.

16. "Facebook's New Face Recognition Knows you from the Side," CNN Money，April 4，2014，*http://money. cnn. com/2014/04/04/technology/innovation/facebook-facial-recognition/*.

17. D'Orazio，Dante，"Google Now and Speech Recognition Get Big Updates in Android 4. 4 Kitkat," The Verge，October 31，2013，*www. theverge. com/2013/10/31/5051458/android-kit-kat-bring-big-updates-to-google-now-and-speech-recognition*.

18. "NeuralTools Used for Tumor Diagnosis," Palisade Case Studies，*www. palisade. com/cases/katherinenhospital. asp ? caseNav=byIndustry*，accessed May 3，2014.

19. "Motor Insurers' Bureau Gets Consistent Claims with Colossus," *www. csc. com/success_stories/flxwd/78768-case_study ? article=http://www. csc. com/p_and_c_general_insurance/success_stories/87826-motor_insurers_bureau_gets_consistent_claims_with_colossus. js&searched=expert system*，accessed May 3，2014.

20. "Reasoning Systems Rules Based Systems," University of Stirling，*www. cs. stir. ac. uk/courses/ITNP60/lectures/2%20Decision%20Support/1%20-%20Rule%20Based%20Systems. pdf*，accessed June 5，2014.

21. "Powering Clinical Studies with Oracle Clinical," *www. oracle. com/us/industries/life-sciences/045788. pdf*，accessed May 5，2014.

22. "Products: Siebel Clinical iHelp Package," *www. biopharm. com/products/ascend/siebel-clinical-ihelp-package. aspx*，accessed May 5，2014.

23. "About Us," EasyJet PLC，*http://corporate. easyjet. com/about-easyjet. aspx ? sc_lang=en*，accessed May 6，2014.

24. "EasyJet," *http://download. microsoft. com/documents/uk/government/80593_v7-SQL-Server-Cust-Stories. pdf*，accessed May 6，2014.

25. "KEITV Customer Success Stories—Sunkist Growers," *http://ketiv. com/company/customer-suc-

cess-stories/sunkist，accessed May 6，2014.

26. Seymour，Mike，"Pixar's RenderMan Turns 25（Exclusive），" fx Guide，July 25，2013，*www. fxguide.com/featured/pixars-renderman-turns-25/*.

27. "About the Media Grid，" *www. mediagrid.org*，accessed May 7，2014.

28. King，Leo，"Facebook，Oculus，and Businesses' Thirst for Virtual Reality，" Forbes，March 30，2014，*www. forbes. com/sites/leoking/2014/03/30/facebook-oculus-and-businesses-thirst-for-virtual-reality*.

29. Casti，Taylor，"6 Ways Virtual Reality Is Already Changing the World（No Facebook Required），" Huffington Post，March 28，2014，*www. huffingtonpost. com/2014/03/28/virtual-reality-uses-medicine-autism-ptsd-burn-amputee-victims_n_504517. html*.

30. "Immersive Education @Boston College，" *http://im mersiveeducation. org/@/bc*，accessed May 7，2014.

31. King，Leo，"Ford，Where Virtual Reality Is Already Manufacturing Reality，" Forbes，May 3，2014，*www. forbes. com/sites/leoking/2014/05/03/ford-where-virtual-reality-is-already-manufacturing-reality/*.

32. Kastrenakes，Jacob，"Pepsi's Bus Stop Ad in London Might Be the Best Use of Augmented Reality Yet，" The Verge，March 25，2014，*www. theverge. com/2014/3/25/5545842/pepsi-bus-stop-ad-augmented-reality*.

33. Hart，Brian，"Microsoft Targets Enterprise Virtual Reality with Business Oriented VR Headset，" Road to VR，April 1，2014，*www. roadtovr. com/microsoft-enterprise-virtual-reality-business-vr-headset/*.

34. "Microsoft Accessibility—Types of Assistive Technology Products，" *www. microsoft. com/enable/at/types. aspx*，accessed May 12，2014.

35. "Assistive Listening Systems and Devices，" *http://nad. org/issues/technology/assistive-listening/systems-and-devices*，accessed May 12，2014.

36. Savani，Rahul and von Stengel，Bernhard，"Game Theory Explorer-Software for the Applied Game Theorist，" March 16，2014，*www. maths. lse. ac. uk/Personal/stengel/TEXTE/largeongte. pdf*.

37. Levinson，Eric，"Jeopardy's New Game-Theory Devotee Is One to Keep an Eye on，" Jan 31，2014，The Wire，*www. thewire. com/entertainment/2014/01/jeopardys-newest-star-proves-optimal-strategy-really-unfriendly/357609/*.

38. "Port Resilience Operational / Tactical Enforcement to Combat Terrorism（PROTECT）Model for the United States Coast Guard，" *http://teamcore. usc. edu/projects/coastguard/*，accessed May 13，2014.

39. DeGaspari，John，"N. J. Hospital Quality Effort Averts 9，206 Adverse Events and $100 Million in Costs in 2013，" Healthcare Informatics，May 13，2014，*www. healthcare-informatics. com/news-item/nj-hospital-quality-effort-averts-9206-adverse-events-and-100-million-costs-2013*.

第 4 部分
系统开发

系统开发

准则	学习目标
● 有效的系统开发需要利益相关者、用户、管理层、系统开发专家和各种支持人员的通力合作，而且这种合作始于信息系统最初的规划制定阶段。	● 确定系统开发过程中的关键参与者，并讨论他们在确保项目成功中的作用。 ● 讨论信息系统规划的重要性，并概述此过程的步骤。
● 传统的系统开发过程是一个连续的多阶段过程，其中下一个阶段的工作要等到上一阶段结束，并进行必要的审查和批准或修改后才能开始。	● 概述并陈述传统系统开发过程中每个阶段的目的。 ● 明确传统系统开发过程的优缺点。 ● 讨论做出选型决策的重要性，并概述执行此活动的过程。
● 软件开发团队经常使用许多强大的技术。	● 确定并简要讨论系统开发过程中使用的一些工具和技术的用途。
● 系统开发团队必须选择适当的系统开发方法来满足项目的需求。	● 确定替代系统生命周期开发模式的其他开发方法的关键特征，包括原型法、敏捷开发法、面向对象方法、移动应用程序开发和终端用户系统开发。 ● 明确原型法和敏捷开发法的优缺点。
● 系统开发团队必须采取特殊措施以确保项目成功。	● 确定信息系统项目开发失败的六个常见原因。 ● 简要讨论避免项目失败的必要措施。

【花絮】 全球经济中的信息系统——荷兰，数字三角洲

在荷兰，55%的人口居住在容易发生大规模洪灾的地区。该国20%的地区位于海平面以下，其50%的国土面积位于海平面以下1米之内。目前，政府每年在水管理上的支出大约为95亿美元。随着海平面上升、干旱加剧、降雨增加以及河流涌入的水量减少，荷兰的未来将面临更多挑战，预计这些挑战将使本已庞大的水预算每年再增加30亿美元。

许多私营公司、教育机构和政府机构都参与了防洪、水质管理和与水有关的多项研究。数字三角洲（Digital Delta）项目旨在利用基于云的水数据管理系统共享信息来改善所有相关群体之间的沟通与合作。目前，从堤防传感器、泵站、雷达和天气预报、水径流监测器和其他

阻止洪水泛滥

设备中收集的数据达到数十 TB。防洪大堤数据服务中心（The Dike Data Service Center，DDSC）每年收集 2PB 的数据。IT 系统开发人员面临的首要问题是，如何智能地组合和分析这些数据来改善水资源的管理。其次是，开发出的系统仪表板和其他工具如何使利益相关者能更方便地访问这些数据。其最终目标就是使荷兰当局可以更快地做出响应并有效地应对洪水、干旱和水质威胁。开发人员基于对上述问题的考虑，设计和开发出了基于 IBM 智能水务运营和智慧水资源管理解决方案的新系统。

成立的第一年，数字三角洲开始从小型项目寻找答案。它的首要任务之一是弄清楚如何促进荷兰政府水道和水系统维护机构 Rijkswaterstaat（荷兰一家公共建设公司）与其他 25 个地方水务部门之间的合作。即使一个地区的行为会影响其他地区，每个地区的水位也需要得到优化。某一水域会对其他区域的决定做出反应，它可以通过电话或电子邮件让另一个区域接收到信息。数字三角洲提供了一种实时共享数据的机制，使各区域汇聚在一起。这样不仅可以优化水的排放，节省 40% 的能源成本，还可以改善干旱时期的水资源调度并防止海水入侵，破坏农业。

数字三角洲正在与每个利益相关者合作，寻找可以克服沟通障碍的业务流程。通过这样做，项目的参与者希望最终能够获得在合适的时间向大海排放水的能力，能预测隧道何时会发生洪水，能防止污水外溢，能提高水位预测能力，并为航运更准确地监测河流深度。

阅读本章时，请考虑以下问题：

- IT 系统开发人员在开始设计新产品之前需要采取哪些步骤？
- 用户和利益相关者在数字三角洲等新系统的开发中应扮演什么角色？

为什么要学习组织中的信息系统？

在本书中，你已经看到了许多行业使用信息系统的示例。连锁酒店的经理可以使用信息系统来查询客户的偏好；企业家可以构建新的信息系统来支持新业务的开展；制造公司的会计师可以使用信息系统来分析新工厂的成本；鞋店的销售代表可以在智能手机上使用移动应用程序来获取最新的销售信息。信息系统目前几乎已经应用于每个职业和每个行业。同时，个人可以使用软件来开发用于智能手机和平板电脑的应用程序，以获取利润或休闲享受。但是，你从哪里购买这些软件或进行开发呢？你如何与 IS 人员（例如系统分析师或程序员）一起工作，以获取工作取得成功所需的一切？本章为你提供答案。你将看到如何开始系统开发过程并在 IS 人员的帮助下分析需求。你还将学习如何规划项目、与公司目标保持一致及快速开发等。我们将首先从系统开发过程的概述开始。

当组织需要完成新任务或更改工作流程时，该如何进行？通常，它需要开发新系统或修改现有系统。系统开发是创建新系统或修改现有系统的具体活动。它涉及该过程的各个方面，从确定要解决的问题到利用机会去解决它，再到细化选择的解决方案。美国信息技术和咨询公司高德纳（Gartner）预测，全球每年的 IT 支出将从 2014 年的 3.8 万亿美元增长到 2018 年的 4.4 万亿美元。其中大约三分之二将用于软件和 IS 服务。[1] 因此，可以预计未来几年开发支出将继续保持高水平增长。同时，许多 IS 部门和系统开发人员将专注于为其企业和组织创建更多的移动应用程序。

系统开发概述

在当今的企业中，所有职能领域的经理和员工都可以协同工作并使用商业信息系统。他们被期望提供帮助，并且在许多情况下，提供项目领导。用户可能要求系统开发团队确定是否应该购买新的移动计算设备或创建一个有吸引力的 Web 站点。在另一种情况下，一个企业家可能使用系统开发来构建一个移动应用程序以与大公司竞争。本章为你提供了对系统开发过程的更深入的理解。

公司和非营利性组织经常利用系统开发过程来开发信息系统以期实现它们的目标。辛辛那提动物园开发了一个信息系统，将整个动物园的票务信息、销售网点的系统数据和会员信息与按照游客的邮政编码分组的地理数据汇集在一起。该系统能生成报告和可视仪表板。通过总结这些数据，经理和员工能够采取行动以改善整体客户体验，并消除效果不佳的促销活动。上述系统的实现为动物园节省了 10 多万美元的推广费用，并使游客人数在一年之内增加了 5 万多人。[2]

■ 系统开发的参与者

有效的系统开发需要团队合作。开发团队由利益相关者、用户、管理层、系统开发专家和各种支持人员组成。该团队负责确定信息系统的目标，并交付满足这些目标的系统。为系统开发项目选择强大的团队对于项目成功至关重要。

项目经理（project manager）是组织指派的负责项目工作和实现项目目标的人员。项目经理负责协调成功完成项目所需的所有人员和资源。项目经理需要具备技术、业务和管理技能。如图 8-1 所示。除了按时并在指定预算内完成项目外，项目经理通常还负责控制项目范围、确保项目质量、人员培训、促进沟通、风险管理以及购买任何必要的设备（包括办公用品和复杂的计算机硬件与软件系统等）。通常，不同的任务被委派给项目团队的不同成员。

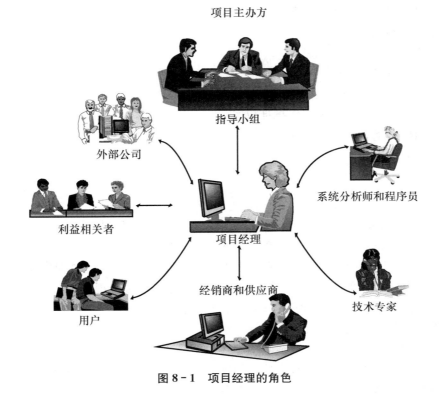

图 8-1　项目经理的角色

注：项目经理在系统开发项目中扮演着关键角色。

在系统开发中，**利益相关者**（stakeholders）是最终将受到系统开发项目（无论好坏）影响的人员。**用户**（users）是在完成工作后将定期与系统交互的人员。他们可以是员工或非员工，例如客户、供应商或组织外的其他人。

信息系统开发团队还包括系统分析师和程序员。**系统分析师**（systems analyst）是专注于分析和设计业务系统的专业人员。系统分析师在与利益相关者和用户、管理层、经销商和供应商、外部公司、程序员和其他 IS 支持人员进行交互的同时，扮演着多种角色。就像架构师为新建筑制定蓝图一样，系统分析师也为新系统或修改后的系统制定详细的计划。

程序员（programmer）负责修改或开发程序以满足用户需求。就像承包商根据建筑师的图纸建造新建筑或翻新现有建筑一样，程序员从系统分析团队那里获取系统设计并构建或修改必要的软件。

开发团队的其他成员可能包括技术专家，如数据库和电信专家、硬件工程师以及软件或硬件供应商代表。项目的各个成员可能会不断调整，取决于项目的阶段及其对某些专家的需求。

除了开发团队之外，每个项目都应该有一个高级经理**指导小组**（steering team），代表企业和 IS 组织的高级经理小组，为项目提供指导和支持。指导小组的成员人数应加以限制（3～5 个），以简化决策过程，并减轻安排给有效的管理者的工作。项目经理和开发团队的选定成员通常根据需要，在项目每个阶段结束时或每几个月与指导小组会一次面。

项目主办方（project sponsor）是指导委员会的关键成员和领导者，他起着至关重要的作用，缺少这个关键人物会增加项目失败的可能性。项目主办方的主要职责如下：

- 使项目目标与组织目标一致
- 获取项目的预算、人员和其他必要资源
- 作为项目的主办者和支持者来获得其他人的支持
- 找出并消除阻碍项目成功的障碍
- 解决项目经理无法控制的所有问题
- 向项目团队提供指导和建议
- 随时了解项目的主要活动和发展
- 具有对项目范围、预算和进度的最终批准权
- 在每个后续项目阶段的审核文件上签字

信息系统规划

信息系统规划（information systems planning）确定支持组织战略目标所需的信息系统开发计划。系统开发计划来自组织的各个级别，包括事先考虑到的和未考虑到的。启动系统开发项目的目的是满足战略计划中的组织目标，如图 8-2 所示。长期的 IS 计划对于确保实现战略目标以及组织从其 IS 资源中获得最大价值至关重要。特定的系统开发计划可以源于 IS 计划。同时，IS 计划还必须提供一个广泛的框架，以确保未来的成功。随着时间的流逝，IS 计划应指导整个 IS 基础设施的开发。

通常引发信息系统项目展开的机会和问题包括：

- 新技术的可用性为改善现有业务流程或吸引新客户创造了机会。一家新英格兰修复公司从过去的基于纸张的处理方式过渡到了基于智能手机的移动应用程序处理方式。新系统大大提高了响应客户的能力，这是处理因烟雾、火灾损坏或者地板被水淹没的房屋或企业时的重要考虑因素。[3]

- 企业并购要求组织将系统、人员和程序集成到单个 IS 功能中。当美联航和美国大陆航空并购时，合并它们的预订系统数据导致航班延误，忠诚会员数据丢失。实际上，联合大陆航空的首席运营官詹姆斯·康

普顿（James Compton）声称，经常性的 IS 整合问题给其运营和员工带来了很大压力，同时损害了公司的业绩。[4]

图 8 - 2　信息系统规划

注：信息系统规划将战略规划中概述的组织目标转变为特定的系统开发活动。

● 目前，新的法律法规也鼓励公共和私营企业开发新的系统项目。《美国纳税人减税法案》（ATRA）包含一项规定，允许小型企业在第一年内支出新软件的全部成本，而不是在三年内计提折旧费用。[5] 这种税收减免鼓励了许多小型公司投资计算机软件。

未能使信息系统目标与业务需求保持一致可能会造成灾难性的后果。格雷格·斯泰因哈费尔（Gregg Steinhafel）因发生大规模数据泄露事件而辞职，该事件可能影响了 1.1 亿客户，并损害了塔吉特集团的声誉。斯泰因哈费尔对违规行为"负有个人责任"。[6] 两个月前，首席信息官贝丝·雅各布（Beth Jacob）也辞职。为了更好地使 IS 工作与公司目标保持一致，塔吉特集团正在提高分配给信息安全和合规性结构与实践的优先级。该公司还在外部寻找新的首席信息官、首席信息安全官和首席执行官。[7]

> **项目经理：**组织指派的负责项目工作和实现项目目标的人员。
> **利益相关者：**最终将受到系统开发项目（无论好坏）影响的人员。
> **用户：**将定期与系统交互的人员。
> **系统分析师：**专门分析和设计业务系统的专业人员。
> **程序员：**负责修改或开发程序以满足用户需求。
> **指导小组：**代表企业和 IS 组织的高级经理小组，为项目提供指导和支持。
> **项目主办方：**指导委员会的关键成员和领导者，他起着至关重要的作用，缺少这个关键人物会增加项目失败的可能性。
> **信息系统规划：**确定支持组织战略目标所需的信息系统开发计划。

传统的系统开发生命周期

系统开发过程也称为**系统开发生命周期**（systems development life cycle，SDLC），因为与此相关的活动都在不断成长、发展和变化。在构建每个系统时，项目都有时间表和最后期限，直到最后安装并使用系统为止。系统开发的一个关键事实是，在 SDLC 中检测到错误的时间越晚，纠正错误的成本就越高。如果在 SDLC 的后续阶段发现错误，则必须对先前的阶段进行一定程度的重新设计。因此，经验丰富的系统开发人员更喜欢一种可以在项目生命周期的早期发现并消除错误的方法。

常见的系统开发生命周期包括传统方法、原型法、敏捷法、面向对象方法、移动应用程序开发和终端用户系统开发。对于某些公司，这些方法已被正式化并记录在案，以便系统开发人员有一个明确定义的流程可以遵循。但有些公司使用不太正式、没有文档记录的方法开发系统。本章的第一部分介绍了传统的系统开发生命周期，本章的第二部分将讨论原型法、敏捷法、面向对象方法、移动应用程序开发和终端用户系统开发的生命周期。

传统的系统开发生命周期（traditional systems development life cycle）是一个连续的多阶段过程，下一个阶段的工作要等到对上一阶段的结果进行必要的审查、批准或修改后才能开始。传统的系统开发生命周期的各个阶段可能会因公司不同而不同，大多数组织使用的方法分为六个阶段：调查阶段、分析阶段、设计阶段、构建阶段、集成与测试阶段、实施阶段。整个系统构建完成后，还会有维护和处置等其他操作步骤。如图 8-3 所示。

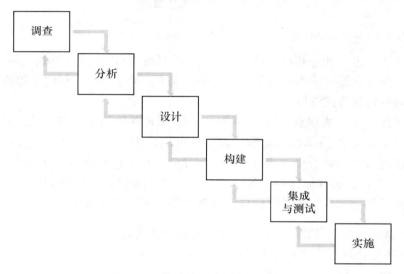

图 8-3　传统的系统开发生命周期

注：传统的系统开发生命周期也称为"瀑布式"开发方法。

如图 8-3 所示，系统的开发从一个阶段转移到下一个阶段。在每个阶段结束时，都要进行审核，以确保与该阶段相关的所有任务和可交付的成果均已产生，并且都质量良好。此外，还需审查与项目相关的整个项目范围、成本、进度和收益，以确保该项目仍然具有吸引力。因此，传统的系统开发生命周期允许高度的管理控制。然而，该方法的主要问题是，用户直到集成和测试阶段几乎完成时才能与解决方案交互。表 8-1 列出了传统的系统开发生命周期的其他优缺点。

表 8-1　传统的系统开发生命周期的优缺点

优点	缺点
在每个阶段结束时进行正式审查，可以实现最大限度的管理控制。	用户得到一个满足开发人员所理解的需求的系统，而这可能不是用户真正需要的。
这种方法创建了大量的系统文档。	创建文档既昂贵又耗时，实时性差。
正式文档确保系统需求可追溯到最初的业务需求。	通常，用户需求没有得到说明，或者被错误传达或被误解。
这种方法生产了许多中间产品，可以对它们进行审查，以确定它们是否满足用户的需求且符合标准。	用户无法轻松地查看中间产品并评估特定产品（例如数据流程图）是否满足其业务需求。

　　系统调查（systems investigation）的目的是对要解决的问题或要处理的细节有一个清晰的理解。问题的范围是什么？谁受到影响以及如何受到影响？这种情况多久发生一次？在对问题有了很好的理解之后，下一个问题是："这个问题值得解决吗？"鉴于组织的人力和财力资源有限，这个问题值得仔细关注。一次性的潜在成本是多少？初始费用和经常性费用是多少？该项目有哪些风险？如果成功，系统将提供哪些有形的（可衡量的）和无形的（不容易衡量的）好处？系统调查阶段的主要步骤是可行性分析，它评估技术、经济、法律、运营和进度的可行性。如图 8-4 所示。在系统开发的这个阶段，**可行性分析**（feasibility analysis）是初步的。在分析和设计阶段，当了解更多关于系统及其需求的细节后，将以更准确的方式再次进行可行性分析。

图 8-4　可行性分析

© Carballo/Shutterstock. com
注：可行性分析检查了拟开发系统的技术、经济、法律、运营和进度的可行性。

　　在项目完成调查并获得批准以供进一步研究之后，下一步是回答以下问题："信息系统必须做什么才能解决问题？"**系统分析**（systems analysis）的总体重点是收集现有系统的数据，确定新系统的需求，在确定的约束范围内考虑备选方案，并研究备选方案的可行性。系统分析的主要结果是一个按优先级排列的系统需求列表和一个关于如何继续项目的建议。

　　系统设计的目的是回答："信息系统将如何解决问题？"系统设计阶段的主要结果是详细描述系统输出、输入、控制和用户界面的技术设计；确定硬件、软件、数据库、通信、人员和流程；并展示这些组件如何相互关联。换句话说，**系统设计**（systems design）创建了一套完整的技术规范，用于构建信息系统。范围、用户和业务需求在传统的系统开发生命周期的设计阶段结束时被冻结。在此之后确定或建议的任何潜在更改都必须经过正式变更流程的批准，然后才能开始相关工作。

 信息系统——实践篇

昆士兰州卫生薪资管理系统崩溃

　　2013 年 8 月 7 日，澳大利亚第二大州昆士兰州禁止 IS 巨头 IBM 与州政府签订任何新合同。政府声称，IBM 为昆士兰州医疗系统设计了一个有缺陷的薪资管理系统，在几个月内导致了数千条薪资错误。昆士兰州卫生局为解决这一问题雇用了 1 000 多名员工来重新处理数据，并最终建立了一个工作流程系统。据昆士兰州政府估计，在接下来的 8 年中，新系统的实施将花费政府 12 亿澳元（约合 11.2 亿美元）。

但是，昆士兰州的问题并非始于 IBM。2003 年，政府制定了"共享服务计划"，以协调和提高其多个部门和机构的信息服务效率。政府求助于一家名为 CorpTech 的公司来提供人力资源和薪资服务。然而，CorpTech 几乎没有取得任何进展。它雇用了各种各样的承包商，只有一家名为 Logistica 的公司成功地为 12 个代理机构部署了金融服务，并为住房管理部门成功地提供了薪资服务。结果，政府决定将合同授予一个负责整个共享服务计划的总承包商。2007 年 IBM 赢得合同时，开发新的薪资管理系统已成为当务之急。维护其旧系统 LATTICE 的公司表示，它将在 2008 年 6 月 30 日之后不再维护或更新该系统。根据昆士兰州的一项查询，到 2008 年 10 月，IBM 尚未实现其任何共享服务目标。该公司预测，在已获得 9 800 万美元合同中的 3 200 万美元后，该公司预计实现合同目标的实际成本将高达 1.81 亿澳元（约合 1.7 亿美元）。政府决定放弃其共享服务目标，而只专注于为昆士兰州卫生部门建立新的薪资系统。

什么地方出了错？昆士兰州卫生薪资调查委员会发布了一份 264 页的报告，概述了澳大利亚最严重的公共行政失误事件。第一个问题出现在定义项目范围上。昆士兰州政府承认，昆士兰州卫生部门没有就新系统的业务要求进行充分沟通。在 IBM 记录系统需求时，政府向 IBM 施加了压力，要求其直接开始设计和开发系统。IBM 在其工作说明书中指出，在开发过程中多次重新定义了项目范围。昆士兰州在项目的管理和监督中还涉及大量不断变化的参与方和个人。一份基于昆士兰州调查的正式报告指出，该系统开发没有明确的管理流程。与此同时，业务需求方面的沟通失误导致原合同出现了 220 个变更单，数量之大令人震惊。这导致系统开发时间比预期长了三倍。最后，新系统进行了测试。在用户验收测试（UAT）过程中竟然发现了数千个缺陷，测试总监警告昆士兰州不要实施该系统。但是政府不顾他的建议，于 2010 年实施了该计划。当这种崩溃引起公众的注意时，各方选择执行手工"变通方法"来改进系统。然而，程序中的缺陷并没有被全部识别出来。

为了纠正错误，昆士兰州要求 IBM 修复程序中的"错误"。IBM 回答说该程序不包含任何"编程"错误，因此，IBM 对系统问题不承担任何责任。2011 年 11 月，CorpTech 公司承担了该项目的责任，该项目现称为"薪资稳定项目"。昆士兰州雇用了更多员工来支持新的薪资系统。自该项目开始以来，项目雇佣人员从 650 人增加到 1 010 人。

作为对昆士兰州政府的回应，IBM 发言人说："作为复杂项目的总承包商，IBM 必须对系统于 2010 年投入运行时遇到的问题承担一些责任。但是，正如委员会的报告所承认的那样，由于政府未能正确阐明其需求，该项目几乎不可能实现。IBM 在一个复杂的治理结构中运行，交付了一个技术上可靠的系统。当系统上线时，它主要受到业务流程和数据迁移问题的阻碍，这些问题超出了 IBM 的合同和实际控制范围。"

昆士兰州于 2013 年 12 月将 IBM 诉诸法院，希望将系统故障的部分费用转嫁给 IBM。但是，由于双方都找到了折中办法，因此诉讼很可能在庭外解决。

问题讨论

1. 只有四家公司申请了昆士兰州卫生部门的薪资管理项目，其中一家在投标过程中退出了。在 IBM 接受合同之前和之后，昆士兰州政府的哪些管理惯例为 IBM 设置了危险警示？

2. 案例中哪一方应对 IS 项目的失败承担更多责任？为什么？

批判性思考

1. 识别在软件开发过程的每个阶段所犯的错误。

2. IBM 可以采取什么措施来防止发布有缺陷的薪资系统？

资料来源：Chesterman, The Honourable Richard N., "Queensland Health Payroll System Commission of Inquiry," The Government of Queensland Web site, July 31, 2013, *www. healthpayrollinquiry. qld. gov. au/__data/assets/pdf_file/0014/207203/Queensland-Health-Payroll-System-Commission-of-Inquiry-Report-31-July-2013. pdf*; Sharwood, Simon, "Australian State to Sue IBM over ＄AUD1bn Project Blowout," *The Register*, December 6, 2013, *www. theregister. co. uk/2013/12/06/australian_state_to_sue_ibm_over_aud1bn_project_blowout/*; Charette, Robert N., "Queensland Government Bans IBM from IT Contracts," *IEEE Spectrum*, August 7, 2013, *http://spectrum. ieee. org/riskfactor/computing/it/queensland-government-bans-ibm-from-it-contracts*.

系统构建（system construction）通过获取和安装硬件和软件、编码和测试软件程序、创建和将数据加载到数据库以及执行初始程序测试，将系统设计转换为可以操作的系统。

集成测试（integration testing）（有时称为集成与测试，I&T）涉及将所有单个组件链接在一起，并作为整体进行测试，以发现一个组件与其他组件接口中存在的缺陷（例如，组件 1 未能将关键参数传递给组件 2）。即使单元测试成功完成，开发人员也不能假定他们将单个组件组合到整体系统中时不会出现任何问题。遗憾的是，一个功能不正确的组件可能会影响另一个组件，如果这些问题未被发现，可能会在以后引起严重的故障。成功完成集成测试后，系统投入使用之前还将执行其他测试，表 8－2 中进行了概述。

表 8－2　对信息系统进行的各种测试

测试形式	测试内容	测试目的	测试主体
用户验收测试	测试完整的集成系统（硬件、软件、数据库、人员和过程）。	验证信息系统可以在实际操作环境中完成所需的任务，并根据系统设计规范执行此操作。	训练有素的系统用户
容量测试	在现实和变化的工作量及操作条件下评估信息系统的性能。	确认导致系统性能开始下降的工作负载，并消除所有导致系统无法达到所需的服务性能的问题。	系统开发团队和运营组织成员
系统测试	测试完整的集成系统（硬件、软件、数据库、人员和过程）。	验证信息系统是否满足所有指定要求。	由独立的测试团队、软件开发团队分别执行
集成测试	测试将所有单个单元连接在一起的整体信息系统。	发现信息系统各个组件之间的所有缺陷。	软件开发人员或使用黑盒测试方法的独立软件测试人员

系统实施（system implementation）涉及成功地将信息系统引入组织。它需要良好的组织变革技能和技术技能的结合。如第 1 章所述，成功实施信息系统的主要挑战通常是行为上的问题而不是技术上的问题。需要强大且有效的领导才能克服行为上对变革的抵制并顺利地将系统成功地引入组织。第 1 章还介绍了几种有用的用户变更管理模型，其中包括勒温（Lewin）和舍因（Schein）的三阶段方法①，它用来放弃不再使用的旧习惯和营造易于接受的氛围。莱维特（Leavitt）的钻石理论认为每个组织系统都是由人员、任务、结构和技术组成的，这四种要素之间存在相互作用，因此任何一种要素的改变都必然会导致另外三种要素的改变。技术接受模型（TAM）规定了哪些因素可以导致对新信息系统的使用产生更好的态度，以及其更高的接受度和使用率。创新扩散理论解释说，对目标人群的所有成员来说，采用任何创新都不是一下子发生的；相反，这是一个漫长的过程，有些人比其他人更快地接受创新。

 问题——伦理与社会

树莓派（微型电脑）与建立编程协会

在本章中，你将阅读有关计算机编程的专业知识。你每天使用或与之交互的大多数程序都是由专业程序员编写的。计算机的操作系统、用于编写学期论文的文字处理器、用于跟踪费用的电子表格程序以及用于上网的浏览器都是由专业人员编写的。

但是，如果每个人都能开发自己的应用程序，将会对社会产生什么影响？如果想教孩子编程，该怎么办？这会有助于他们的创造力、职业前景或其他方面吗？约翰·诺顿（John Naughton）教授在英国的开放大学教授公众对技术的理解。他写道："从小学开始，具有背景的来自英国各个地方的孩子都应该有机会学

---

① 勒温组织变革过程模型将变革看作一种对组织平衡状态的打破，即解冻，并将组织变革过程描述为解冻、变革、再冻结三个阶段。——译者注

习一些计算机科学的关键思想，理解计算思维，学习编程，并有机会持续发展。"他总结说："如果我们现在不采取行动，这将亏待我们的孩子。……他们将成为封闭式设备和服务的被动消费者，过着被大型公司（例如谷歌、脸谱网等）的精英创造的技术所限制的生活。实际上，我们将成为笼子里繁殖的仓鼠。而这些闪闪发光的笼子是由马克·扎克伯格（Mark Zuckerberg）及其同行建造的。"诺顿教授所言是否正确，或者计算机能否成为另一个已经充斥了太多内容和预算不足的学校课程？

尽管对于这些问题可能还没有确切的答案，但许多人和组织正在努力寻找这些答案，并致力于儿童编程的教育事业。他们认为这样可以让儿童和整个社会都受益。

编程需要计算机。并非所有学校在教室里都有足够的计算机供学生使用，更不用说确保儿童将它们用于家庭作业了。树莓派（微型电脑）项目可以为任何想要的人提供35美元的信用卡大小的计算机。该项目的单板计算机运行Linux操作系统，并连接电视机作为其显示器和输入键盘。存储则利用廉价的SD卡。大多数数码相机都使用SD卡。这种由于内存太小且过时而被摄影师丢弃的SD卡就绰绰有余。

下一个条件是软件。编程需要一种编程语言。虽然原则上可以向儿童讲授诸如C++之类的专业语言，但他们需要投入大量的学习时间才能编写出有趣的程序。这使得学习一种专业的编程语言不适合那些除了最积极的学生之外的其他所有学生。为此目的，教育工作者设计了诸如Logo（第一个这类语言）①、Kodu和Scratch等简单的语言。专业人士不会使用这些语言来编写文字处理程序或CRM应用程序，但儿童可以使用它们来快速开发简单的游戏和动画。这些语言在没有让学生意识到发生了什么的情况下进行授课，将一个过程分解成逻辑组件、计划操作顺序以及弄清楚程序需要哪些数据来实现其目的思维。

现在，诸如CNET.com这样的网站包括许多项目，小学生可以使用树莓派（微型电脑）计算机和教育性编程语言来完成这些项目。这些微型计算机可以用于编程、用作街机游戏机、作为Web服务器或可穿戴计算机太阳镜。即使该项目没有造就出任何一个"马克·扎克伯格"，也确实能激发许多人的想象力。

问题讨论

1. 软件公司正在不断地改进编程语言。在小学学习一门编程语言，能让你在十多年后步入职场时掌握所需的技能吗？为什么能或为什么不能？

2. 假设一个大型学区决定在其小学课程中增加编程，却很少有老师可以编程。学区如何解决这个问题？与这些资金较少的学区相比，有更多钱的学区在这些项目中的表现会更好吗？

批判性思考

1. 学校应该教授什么类型的计算机技能、媒体技能和道德规范？

2. 你是否认可约翰·诺顿的话，即未来受过教育的人应该知道如何编写计算机程序？

资料来源：Turtle Logo Web site, Codeplex, *logo.codeplex.com*, accessed July 23, 2014; Scratch Web site, Massachusetts Institute of Technology, *scratch.mit.edu*, accessed July 23, 2014; Kodu, Microsoft Research, *www.kodugamelab.com/*, accessed July 23, 2014; Naughton, J., "Why All Our Kids Should Be Taught How to Code," The Guardian, *www.guardian.co.uk/education/2012/mar/31/why-kids-should-be-taught-code*, March 31, 2012; Raspberry Pi Web site, *www.raspberrypi.org*, accessed July 23, 2014; Simple Web site, *www.simplecodeworks.com/website.html*, accessed July 23, 2014; Watters, A., "5 Tools to Introduce Programming to Kids," MindShift (blog), KQED, *blogs.kqed.org/mindshift/2011/05/5-tools-to-introduce-programming-to-kids*, May 16, 2011; Wayner, P., "Programming for Children, Minus Cryptic Syntax," *The New York Times*, *www.nytimes.com/2011/11/10/technology/personaltech/computer-programming-for-children-minus-cryptic-syntax.html*, November 9, 2011; Obscura, Audrey, Raspberry Pi Projects, Instructables Web site, June 20, 2014, *www.instructables.com/id/Raspberry-Pi-Projects/*.

北美最大的巧克力制造商好时公司（Hershey's）提供了系统实施失败的经典示例。该公司计划将大量

---

① Logo一词源于希腊文，原意为"文字"或"思考"、"想法"。它是一种过程性语言，是1976年美国麻省理工学院（MIT）Seymour Papert教授指导下的一个研究小组在LISP语言基础上，专门为儿童研制开发的编程语言。——译者注

的遗留信息系统升级到多个最先进软件的集成环境中，这些软件来自领先的供应商，包括用于 ERP 功能的 SAP、用于供应链管理的 Manugistics 和用于客户关系管理的 Siebel。这项过渡计划于 7 月进行，这是该公司最繁忙的月份之一，当时该公司正为万圣节和圣诞节接送订单。遗憾的是，由于好时公司的准备工作还不够充分，交接工作惨败。结果，好时公司无法处理价值超过 1 亿美元的订单。由此造成的运营瘫痪导致季度利润下降近 20%，股价下跌 8%。[8]

系统的运行和维护（systems operation and maintenance）涉及在各种操作条件下使用新的或改良的系统。对许多组织来说，在新系统或改良的系统运行期间充分利用它是系统运行中最重要的方面。为了提供足够的用户支持，许多公司为员工和客户建立了正式的帮助平台。帮助平台由计算机系统、手册、具有专业技术知识的人员以及其他解决问题和给出准确答案所需的资源组成。如果你在访问或使用组织的信息系统时遇到困难，你可以向帮助平台请求支持。

系统维护（systems maintenance）涉及更改和增强系统，使其更有助于实现用户和组织的目标，或使组织能够利用技术的进步。

对于较旧的软件而言，维护过程尤其困难。遗留系统是一种旧系统，多年来可能花费数百万美元来开发、修补或改良。旧系统的维护成本可能会变得非常昂贵，并且在某些时候，切换到新程序和应用程序比修复和维护旧系统更具成本效益。

苏格兰皇家银行（RBS）和国民威斯敏斯特银行（NatWest）是英国两家最大和最成熟的银行。但是，由于传统银行系统的问题，这些银行的客户被禁止使用 ATM 或借记卡。其某些应用系统已有 30 多年的历史，最初设计用于处理简单的分行银行业务。这些年来，银行不得不进行更改以支持 ATM、在线银行和移动银行，并进行系统调整以适应新的法规要求。这些更改是由不同的开发团队在不同计算机和操作系统上运行的不同编程语言实现的。一个人或一个团队不可能完全理解整个系统。[9] 最近，这两家银行宣布，它们将花费 10 亿英镑（约合 17 亿美元）来改善其个人和小型企业银行服务，以使客户更容易操作。[10]

有时候，现有的信息系统可能变得过时，从而导致操作和维护不经济或无法修复。信息系统通常会发展到生命周期的这个阶段，因为无法再对其进行修改而不能适应不断变化的用户和业务需求。过时的技术导致系统运行缓慢与不可靠，或者供应商不再有能力或不愿意继续维护该系统。**系统处置**（system disposal）涉及确保系统有序解散的活动，包括终止合约、按照适用的档案管理政策将信息从一个系统安全地转移到另一个系统或存档，以及以环保方式处置所有设备。

政府、环保机构和领先的硬件制造商正在努力减少电子产品中有害物质的使用。但是，某些硬件组件仍包含对环境有毒的材料。无论硬件是出售、赠送还是丢弃，都应使用负责任的处置技术。如第 2 章所述，包括戴尔和惠普在内的许多计算机硬件制造商已经开发了一些程序来帮助其客户处置旧设备。

有用的软件开发技术

软件开发团队经常使用许多强大的软件开发技术。这些技术包括联合应用程序开发（JAD）、功能分解、数据流程图和招标书。下面分别介绍这些技术。

联合应用程序开发

联合应用程序开发（joint application development，JAD）是一个结构化的会议过程，不仅可以加速和改进调查阶段，而且可以提升分析和设计阶段系统开发项目的效率和有效性。JAD 涉及经过精心计划和设计的会议，在这些会议中，用户、利益相关者和 IS 专业人员共同合作以分析现有系统、定义问题、确定解决方案要求，并提出和评估可能的解决方案（包括成本和收益）。如图 8-5 所示。JAD 流程在完成这些任务方面被证明是极其有用且高效的。此外，会议的高度参与性对于确保利益相关者和用户认可系统结果大有帮助。借助当今的技术，例如群体决策支持系统和视频会议，可以与许多地方的人们进行有效的实时 JAD 会话，而无须花费昂贵的差旅费用。[11]

图 8 - 5　JAD 会话

wavebreakmedia/Shutterstock. com
注：JAD 不仅可以加速和提高系统开发项目的调查阶段，而且可以提升分析和设计阶段的效率和有效性。

　　JAD 会议的成功或失败取决于 JAD 主持人如何计划和管理该会议。主持人花费三个小时计划和准备一小时的 JAD 会议并不罕见。此外，必须仔细选择 JAD 会话的参与者，包括系统用户以及其他组织的人员。这些人员很可能会受系统影响，会为系统提供输入和输出通道。在理想情况下，操作级别和执行级别的人员都应参加。表 8 - 3 列出了 JAD 会议参与者以及他们的角色和应当具备的资质。[12]

表 8 - 3　JAD 参与者及其角色

角色	职责范围	资质
主持人	● 确定 JAD 会话目标 ● 计划 JAD 会议以实现目标 ● 主持 JAD 会议 ● 鼓励大家参与	● 出色的会议主持人 ● 公正无偏
决策者	● 解决冲突 ● 避免僵局	● 由项目主导方选择的利益相关者，制定决策 ● 有权力和意愿做决定
用户	● 按现状描述业务 ● 提供业务专业知识 ● 定义问题、识别潜在收益、分析现有系统、定义新系统的需求以及提出和评估可能的解决方案	● 代表所有受影响的主要业务领域 ● 业务领域专家
系统开发人员	● 仔细观察 ● 根据要求提供有关成本或可行性的技术意见 ● 深入了解客户的需求和愿望	● 系统开发团队的成员
抄写员	● 参与讨论以澄清要点并准确地记录它们 ● 在整个 JAD 会话中记录关键点、问题、后续步骤和决策 ● 发布 JAD 会话的结果并征求反馈	● 优秀的聆听技巧 ● 具有使用软件工程工具记录需求和创建系统模型的经验

　　咨询公司 Liquid Mercury Solutions 利用 JAD 与客户合作开发信息系统解决方案。[13] 该公司利用 JAD 技术与美国农业部生物技术管理服务部门合作，简化工作流程并实施系统，以消除大量积压的申请，解除对各种转基因生物的管制。[14]

功能分解

功能分解（functional decomposition）主要在调查阶段用于定义系统范围内的业务流程。回想一下第 1 章中的流程，它是一组为实现既定结果而执行的逻辑相关任务。流程通常是响应特定事件而启动的，需要输入才能进行处理以创建输出。通常会生成反馈，用于监视和优化流程。

创建功能分解图（如图 8-6 所示），要从系统名称开始，然后确定要执行的最高级别的过程。每个过程都应使用两个词"动词-主体"的名称[①]，以明确定义过程。接下来，将这些高级流程分解为较低级别的子流程。对于系统调查阶段，三层或四层的分解通常足以定义系统范围。

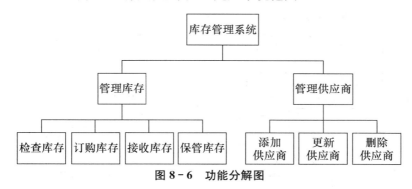

图 8-6 功能分解图

注：功能分解用于定义系统范围。

数据流图

数据流图（data flow diagram，DFD）在系统分析和设计阶段用于记录当前系统数据处理过程或提供新系统模型的图表。它不仅显示系统中的各种进程，还显示每个进程所需的数据来自何处、每个进程的输出将发送到何处、将存储哪些数据以及存储在何处。DFD 不提供任何关于过程时间先后的信息（例如，各种过程是按顺序发生还是并行发生）。

DFD 易于开发并且易于被非技术人员理解。数据流图使用四个主要符号，如图 8-7 所示：

1. **数据流线**（data-flow line）包括显示数据移动方向的箭头。
2. **处理符**（process symbol）列示正在执行的功能（例如，检查状态，发布状态消息）。
3. **实体符**（entity symbol）列示数据的来源或目的地（例如，客户，仓库）。
4. **数据存储符**（data store symbol）列示数据的存储位置（例如，待处理订单，应收账款）。

图 8-7 显示了顶层 DFD。图中显示的每个流程都可以被更详细地记录下来，以显示子流程并创建一个第 2 层的 DFD。通常 3 层的 DFD 图在分析和设计阶段创建和使用。

招标书

今天，大多数组织购买或租用他们所需要的软件，而不是自己制作软件，这是因为构建一个高质量的信息系统成本太高，耗时太长。组织仅在其信息系统需求真正独特的情况下选择构建专用系统。这可能是由于业务的性质，或因为组织试图建立一个信息系统来保证一个战略竞争优势。

软件应用程序可以是完全未经修改的商用现货软件包（COTS），也可以是完全定制的、从头开始编写的程序。如图 8-8 所示。在这两种极端之间，有一系列基于定制程度的选项。定制的数量越大，实现的成本就越高。两种极端方法的比较如表 8-4 所示。在系统分析过程中要回答的一个问题是：哪种解决方案最适合该特定系统？此决定通常称为**选型决策**（make-versus-buy decision）。

---

① 类似于中文中的"动宾"词组。——译者注

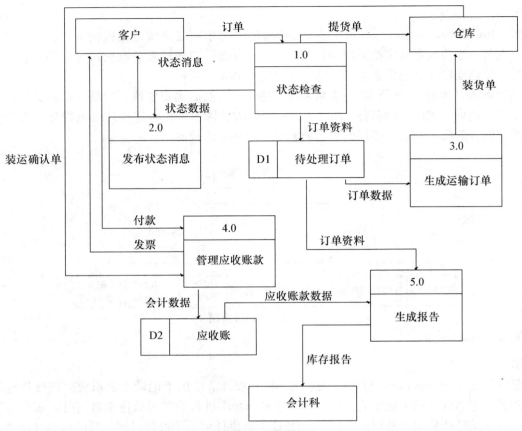

图 8-7 数据流图

注：数据流图记录了当前系统的数据处理过程或建议新系统的数据处理模型。

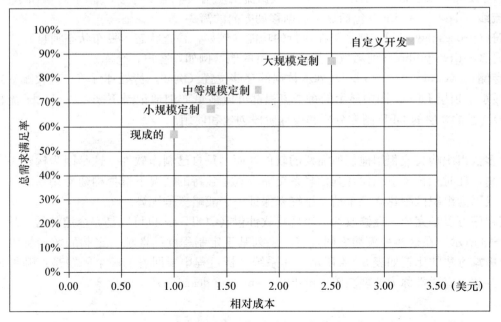

图 8-8 定制软件的相对成本

注：软件中的定制量越大，实现的成本就越高。

表 8-4　比较现成软件和开发软件

因素	开发（定制）	现成的（购买）
成本	构建系统的成本可能难以准确估算，并且通常比现有成本高	实施现成解决方案的真实成本难以准确估算，但可能比定制软件解决方案少
需求	定制软件更有可能满足你的需求	可能无法完全满足你的需求
流程改进	倾向于自动化现有业务流程，即使它们很差	采用现成的软件包可以简化流程或变革现有的不良业务流程
质量	质量会因开发团队而异	购买前可以评估质量
速度	可能需要数年才能开发完成	立即可以获取
人员配备和支持	需要内部具有开发经验的资源来构建和支持定制的解决方案	需要向供应商付款以获得支持
竞争优势	可以通过开发优秀的软件进行竞争优势	其他组织可以具有相同的软件和相同的优势

　　分析团队应评估软件市场，以确定预先存在的软件包是否可以满足组织的需求。做到这一点的主要工具是**招标书**（request for proposal，RFP），这是一份正式文件，概述了组织的硬件或软件需求，并要求供应商制定一份详细的建议书，说明他们将如何满足这些需求以及以什么成本来满足。如图 8-9 所示。方案征询概述了所需的系统及其要求。它还标识了软件供应商必须在方案中包括的数据。要求所有供应商以一致的方式提供相同的数据，能够大大减少比较供应商建议的时间和精力。该文档可以发送给能够提供所需软件的供应商。

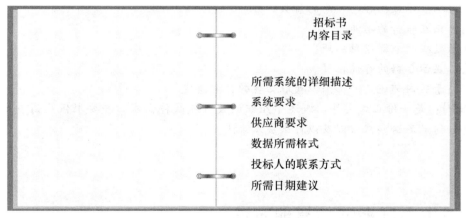

招标书
内容目录

所需系统的详细描述
系统要求
供应商要求
数据所需格式
投标人的联系方式
所需日期建议

图 8-9　招标书的具体内容

注：招标书概述了所需的系统及其需求，并确定了软件供应商在提案中必须包含的数据片段。

　　在发出 RFP 之前，团队应征求组织采购和法律部门的意见，以确定考虑中的供应商是否应该因为其财务状况、信用价值、软件行业内的声誉或与客户或政府的纠纷而被排除在外。

　　系统分析团队将评估供应商的建议，并将其选择范围缩小到最有希望的两个或三个解决方案，作为进一步评估的备选方案。通常，这可能需要访问供应商的业务场所，与经理见面，并观察供应商的系统演示。

　　接下来将讨论其他系统开发方法，包括敏捷法、原型法、面向对象方法、移动应用程序开发和终端用户开发系统。

> **传统的系统开发生命周期**：一个连续的多阶段过程，下一个阶段的工作要等到对上一阶段的结果进行必要的审查、批准或修改后才能开始。

系统调查：系统开发的这个阶段的目的是对要解决的问题或要处理的细节有一个清晰的理解。

可行性分析：评估项目的技术、经济、法律、运营和进度的可行性。

系统分析：系统开发的这一阶段涉及收集现有系统的数据，确定新系统的需求，在确定的约束范围内考虑备选方案，并研究备选方案的可行性。

系统设计：系统开发过程的一个阶段，为构建信息系统创建了一套完整的技术规范。

系统构建：通过获取和安装硬件和软件、编码和测试软件程序、创建和将数据加载到数据库以及执行初始程序测试，将系统设计转换为可以操作的系统。

集成测试：涉及将所有单个组件链接在一起，并作为整体进行测试，以发现一个组件与其他组件接口中的缺陷。

系统实施：成功地将信息系统引入组织。

系统运行：在各种操作条件下使用新的或改良的系统。

系统维护：系统开发的一个阶段，涉及更改和增强系统，使其更有助于实现用户和组织的目标。

系统处置：确保系统有序解散的活动，包括终止合同，以环保方式处置所有设备以及按照适用的档案管理政策将信息从一个系统安全地迁移到另一个系统或存档。

联合应用程序开发（JAD）：一个结构化的会议过程，不仅可以加速和改进调查阶段，而且可以提升分析和设计阶段系统开发项目的效率和有效性。

功能分解：在调查、分析和设计阶段使用的技术，定义系统范围内的业务流程。

数据流图（DFD）：在系统分析和设计阶段用于记录当前系统数据处理过程或提供新系统模型的图表。

数据流线：包括显示数据移动方向的箭头。

处理符：列示正在执行的功能。

实体符：显示数据的来源或目的地。

数据存储符：显示数据的存储位置。

选型决策：关于从内部还是外部来源获取必要软件的决定。

招标书（RFP）：是一份正式文件，概述了组织的硬件或软件需求，并要求供应商制定一份详细的建议书，说明其将如何满足这些需求以及以什么成本来满足。

替代系统开发生命周期法的其他方法

我们已经介绍了传统系统开发生命周期的所有阶段，下面将讨论其他替代方法，包括原型法，敏捷法、面向对象方法、移动应用程序开发和终端用户系统开发。

▣ 原型法

软件**原型**（prototype）是一个系统的可运行模型，开发该模型是为了使用户能够与之交互并提供反馈，以便开发人员能够更好地理解用户需要什么。构建和使用原型使开发人员和用户能够在花费大量精力实现系统之前测试概念模型并讨论替代方案。原型法可以分为抛弃式原型和演化式原型。[15]

原型法（prototyping）是一种迭代的软件开发方法，基于软件原型的使用，如图 8-10 所示。表 8-5 总结了原型法的优缺点。[16]

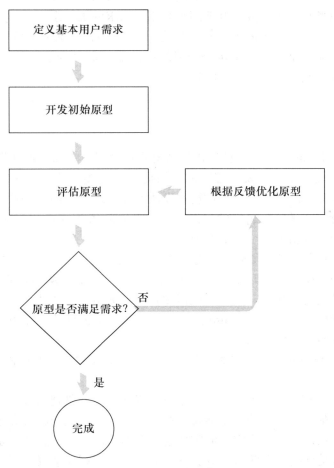

图 8-10 原型法

注：原型法是系统开发的一种迭代方法。每一代原型都是基于用户反馈对上一代产品的改进。

表 8-5 原型法的优点和缺点

优点	缺点
用户可以试用该系统并在开发过程中提供建设性的反馈。	每次迭代均基于前一个。最终解决方案可能只比初始解决方案好一点。
抛弃式原型可以在几天内完成。	可能不会进行正式的阶段结束审查。因此，要界定原型的范围是非常困难的，而且项目似乎永远不会结束。
随着解决方案的出现，用户对过程和结果变得更加积极。	由于主要关注原型的开发，因此系统文档通常不存在或不完整。
通过原型开发，可以尽早发现错误和遗漏。	急于开发原型时，可能忽略系统备份和恢复、性能和安全性问题。

抛弃式原型（throw-away prototype）用于帮助定义软件解决方案，但不成为最终解决方案的一部分。抛弃式原型为开发人员提供了一种非常有效的方式，以向客户端或用户展示他们对系统应该如何工作的理解。演示期间生成的反馈确定了被误解或忽略的用户需求。演示还为用户提供了一个机会，让他们看到原型系统运行时的具体状况以便进一步改进。[17]

一个有效的原型始于一个**演化式原型**（working prototype），该原型经过一系列演示、反馈和改进迭代，最终演变为最终的软件解决方案。通过提供持续的反馈，客户或用户将在整个开发过程中深入参与。每次迭代，演化式原型都从初始原型转变为可以更好地满足其用户需求的工作系统。

统一开发流程（rational unified process，RUP）是 IBM 开发的一种迭代系统开发方法，它包括许多工具和技术，这些工具和技术通常是为满足特定公司或组织的需求而量身定制的。RUP 强调软件随时间的变化和更新的质量。许多公司都利用 RUP 发挥了优势。[18]

敏捷开发法

敏捷开发法（agile development）是一种迭代的系统开发过程，它以"冲刺"的速度开发系统，这一过程持续两周到两个月。与传统的系统开发过程不同，敏捷开发法接受这样一个事实，即系统需求在不断发展，并且在项目开始时无法完全理解或定义。敏捷开发法专注于最大化团队的快速交付能力和对新出现的需求做出响应的能力——这就是"敏捷"名字的来源。当一个团队每两周到两个月就停下来重新评估系统时，它就有足够的机会来识别和实现新的或变更的系统需求。[19]

scrum 是一种用于保持敏捷系统开发工作能集中并快速进行的方法。**scrum 主管**（scrum master）是协调所有 scrum 活动的人，scrum 团队由十几个或更少的人组成，他们负责从调查到测试的所有系统开发活动。因此，与使用传统的系统开发过程相比，典型的敏捷项目中的人员流动更少。scrum 主管不适合传统项目经理的角色，也没有人员管理职责。相反，scrum 主管的主要职责是预见并消除阻碍，以及向项目团队提交满足项目进度、能保证成果按时交付的计划。[20]

产品主权人（product owner）代表项目利益相关者，是负责在利益相关者和开发团队之间沟通和调整项目优先级的人。

使用 scrum 方法，产品主权人与利益相关者和系统开发团队一起创建系统的需求优先级列表，称为待办事项优先级列表。接下来，举行冲刺行动计划会议，在此期间，团队从产品待办事项列表的顶部选择优先级最高的需求，以创建冲刺事项清单，并决定如何实现这些需求。该团队设置了一定的时间（通常是两周到八周）来完成工作。在冲刺行动期间，团队所有成员每天进行一次简短的会议（最多 15 分钟），以共享协调所需的信息。在会议上，团队成员描述前一天完成的工作，并确定阻碍完成当天活动的障碍。当团队提交了满足该需求、可以使用和评估的可运行的系统时，冲刺行动即告完成。在冲刺审查会议期间，团队将分享从当前的冲刺迭代中学到的知识，以便可以在下一个冲刺迭代中应用知识。如图 8 - 11 所示。在此过程中，scrum 主管使团队始终专注于其目标。[21]

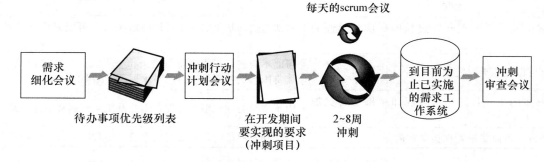

图 8 - 11　敏捷系统开发生命周期

注：敏捷法的目标是冲刺开发一个系统，时间从两周到两个月不等。

敏捷开发法需要与所有参与者（包括系统开发人员和用户）进行合作和频繁的面对面会议。共同修改、完善和测试系统的功能及其如何满足用户的需求。目前，组织在很大程度上使用敏捷开发来改进系统开发的过程。这些系统项目甚至包括分布在许多地方的全球项目。与大型信息系统相比，敏捷开发法更适合开发小型信息系统。在敏捷开发项目中，开发者和用户的参与程度远远高于其他方法。[22]

2005 年，英国电信（BT）承担了巨大的风险，BT 放弃了其传统的系统开发周期，开始采用敏捷开发法。以前，BT 将系统需求的收集工作外包给第三方公司，需要三到九个月的时间才能与客户和利益相关者见面并创建一份清单。然后项目将移到内部，程序员在组织中努力了解需求，然后在 18 个月内开发和测试系统（尽管项目有时会落后）。2005 年末，BT 推出了一个新的基于 Web 的电话流量监控系统，该系统的开发周期只有 90 天。该监控系统允许流量管理人员更快地更换交换机和其他物理设备，以应对英国电信网络中的负载变化。这个项目的成功在整个 IT 世界引起了巨大的反响，因为 BT 成为第一个采用敏捷开发法的电信巨头——在三个 30 天的迭代周期中开发系统产品。[23]

表 8-6 敏捷开发法的优点和缺点

优点	缺点
对于适当的项目，此方法比其他任何方法都更快地将应用程序投入生产。	紧张的开发周期可能会耗尽系统开发人员和其他项目参与者的精力。
文档是完成项目任务的副产品。	这种方法要求系统分析人员和用户精通敏捷系统开发工具和技术。
要求团队合作以及用户和利益相关者之间的大量互动。	与其他方法相比，敏捷法需要更多的利益相关者和用户时间。

极限编程（extreme programming，XP）是一种编写代码的方法，该方法可以使用较短的开发周期来促进系统的增量开发，从而提高生产率并适应客户的新需求。极限编程的其他基本要素包括成对编程、执行大量代码审查、所有代码的单元测试、推迟对系统功能的编程直到真正需要它们时、使用统一的项目管理结构、简洁明了的代码。同时，极限编程促进了客户以及程序员之间的沟通。随着项目的进行，该方法还能促进更好地理解解决方案，适应系统需求的变化。这些特性使极限编程与敏捷开发法可以相互兼容。[24]

表 8-7 比较了敏捷法、原型法和传统系统开发生命周期的主要特征。

表 8-7 系统开发生命周期的比较

特性	系统开发生命周期		
	敏捷法	原型法	传统方法
描述	以 2~8 周的冲刺增量开发系统；每个增量都专注于实现可以在指定时间内完成的最高优先级的需求	构建原型和/或使用应用程序框架的迭代过程	一个顺序的多阶段过程，其中下一阶段的工作要等到上一阶段的结果经过必要的审查和批准或修改后才能开始
基本假设	在项目开始时无法完全定义系统要求	在项目开始时无法完全定义系统要求	在项目开始时就可以完全定义所有关键系统要求
如何定义需求和设计	用户与系统分析师和可运行的系统进行交互	用户与系统分析师和原型进行交互	用户与系统分析师和系统文档与模型进行交互
相关流程	scrum	快速的应用开发	结构化系统分析与设计

■ 面向对象的系统开发

如第 3 章所述，对象由数据和可以对数据执行的动作组成。包含数据、指令和过程的对象是编程构件。对象可以与产品、输入例程或订单处理例程上的数据相关。面向对象方法（OO）经常用于系统开发的调查、分析和设计阶段。

考虑在夏威夷毛伊岛的皮划艇租赁业务，业主希望将其业务计算机化，包括向客户租赁皮划艇并将新的皮划艇添加到租赁计划中。如图 8-12 所示，皮划艇租赁业务员将皮划艇出租给客户，并在当前可供出租的库存中添加新的皮划艇。图 8-12 中的简笔小人是业务员的示例，椭圆分别代表不同的事件，称为用例。在此示例中，参与者（皮划艇租赁业务员）与两个用例进行交互（向客户出租皮划艇，并向库存添加新皮划艇）。用例图是面向对象系统开发中使用的统一建模语言（UML）的一部分。

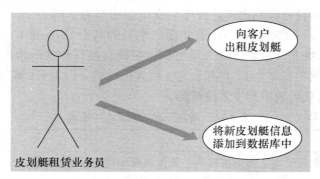

图 8-12　皮划艇租赁应用程序的用例图

注：皮划艇租赁业务员是一个与用例交互的参与者，用例利用椭圆代表动作。

在系统分析中也可以使用面向对象方法。与传统的分析一样，在面向对象的分析过程中，会检查问题或潜在的机会，并确定关键参与者和基本数据。团队使用面向对象方法，而不是使用数据流图来分析现有的系统。

对皮划艇租赁业务进行更详细的分析后发现，皮划艇分为两类：仅能容纳一个人的单人皮划艇和可容纳两个人的双人皮划艇。面向对象方法，利用"类"来描述不同类型的对象，例如单人皮划艇和双人皮划艇。皮划艇的类别可以在泛化/专业化的层次结构图中显示，如图 8-13 所示。"皮划艇"是一个对象，它将存储皮划艇"标识号（ID）"和皮划艇的"购买日期（datePurchased）"。

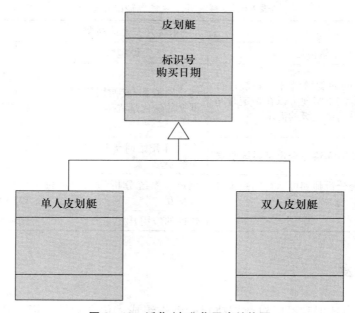

图 8-13　泛化/专业化层次结构图

注：这个泛化/专业化层次结构图描述了单人皮划艇和双人皮划艇。

当然，系统可以包含客户、救生衣、桨和其他物品的子类。例如，可以为老年人和学生提供皮划艇租金的价格折扣。因此，客户类可以分为常规、高级和学生客户子类。

可以在开发新系统或系统更新的设计阶段使用面向对象方法来设计重要对象和对象类。此过程包括考虑问题域、操作环境和用户界面。问题域涉及与解决问题或实现机会有关的对象类别。在皮划艇出租店示例中，图 8-13 中的"皮划艇"是一个问题域对象的示例，该问题域对象将在出租程序中存储有关皮划艇的信息。出租店系统的操作环境包括打印机、系统软件，以及其他软件和硬件设备。系统的用户界面包括与用户交互的对象，例如 Windows 程序中的按钮和滚动条。

在设计阶段，你还需要考虑系统正常运行中必然发生的事件的顺序。例如，你可能希望设计事件的顺序，以便将新的皮划艇添加到租赁程序中。事件序列通常被称为场景，它可以用序列图表示。如图 8-14 所示。

你会看到一个从顶部开始向下移动的序列图：

1. 顶部的 create 箭头是皮划艇租赁处职员向皮划艇对象发送的一条消息，用于创建一个新皮划艇的信息，并将其放入租赁程序。

2. 皮划艇对象知道它需要皮划艇的标识号（ID），并向职员发送请求信息的消息（如 getID 箭头）。

3. 办事员把皮划艇 ID 输入电脑。此操作通过 ID 箭头显示。数据存储在皮划艇对象中。

4. 接下来，皮划艇请求购买日期（datePurchased）。这在 getDatePurchased 箭头中显示。

5. 最后，店员将购买日期输入计算机。数据也被传输到皮划艇对象，如图 8-14 底部的 datePurchased 箭头所示。

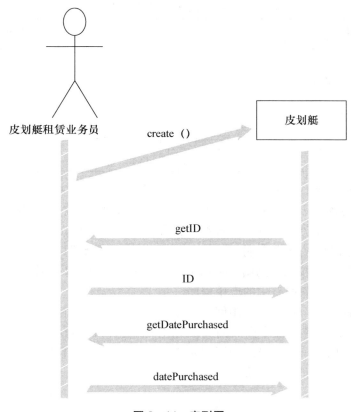

图 8-14　序列图

注：该序列图添加了一个新的皮划艇场景。

395

这个场景只是序列事件的一个例子。其他场景可能包括输入关于救生衣、冲浪板、防晒霜和其他附件的信息。可以为每个事件创建相同类型的用例和泛化/专业化层次关系图，还需要绘制其他的序列关系图。

移动应用开发

如今，越来越多的组织正在为其经理和员工开发或购买移动应用程序。B2C 应用与 B2B 应用对移动应用程序开发人员的需求正在上升。在理想情况下，这些应用程序可在各种设备上运行，包括 iPhone、Android 手机、BlackBerry 手机、平板电脑和其他移动设备。要创建成功的移动应用程序，开发人员应考虑谁将使用该应用程序以及他们的目标是什么。这意味着开发人员必须在开发应用程序之前获得用户的意见。[25]

与传统的系统开发项目相比，移动设备上系统开发的总体方法是相同的，也有一些主要区别。包括用户界面不是第 2 章中讨论的典型图形用户界面，大多数移动设备使用触摸用户界面，称为自然用户界面（natural user interface，NUI）或多触摸界面。用于移动设备的系统开发团队通常较小，从而使其更灵活、更敏捷。目前，找到具有良好的移动应用程序开发技能和开发经验的 IS 人员比较困难。使应用程序与互联网或公司计算机通信是另一个必须解决的问题。还需要考虑在运行应用程序的过程中如何处理电话呼入和呼出。

表 8-8 列出了一些可用于移动应用程序的系统开发工具。[26]

表 8-8　移动环境的应用程序开发工具

工具	目标环境
Alpha Anywhere	iOS，Android，Windows Phone
App Press	iPhone，iPad，Android
iBuildApp	iPhone，iPad，Android
Mobile Chrome Development Kit	iOS，Android，Chrome
Salesforce1	iOS，Android
ViziApps	iOS，Android

伊桑·尼古拉斯（Ethan Nicholas）是 iPhone 应用程序独立开发者中的传奇人物。他的坦克大炮游戏 iShoot 没有取得立竿见影的效果，因此尼古拉斯决定开发该应用程序的免费版本 iShoot Lite，并在其中宣传售价 3 美元的完整版 iShoot。在短短几周内，该游戏的免费版本在 Apple Store 中被下载了 240 万次，并导致 32 万 iShoot Lite 玩家为 iShoot 付费。[27] 除了 Apple Store 之外，谷歌拥有 Google Play 商店，BlackBerry 拥有 App World。尽管大多数人从授权的网站购买单个应用程序，但智能手机或蜂窝电话公司不支持的未授权应用程序商店也可以用于购买或获取有用的应用程序。

除了开发创新的应用程序外，组织还使用创新的方法将这些应用程序交付给员工和经理。例如，一些首席信息管（CIO）正在调查使用应用程序商店向员工和主管提供公司信息和应用程序的情况。与智能手机、平板电脑和其他移动设备的用户一样，员工和管理人员可以去应用程序商店下载最新程序、决策支持系统或其他与工作相关的应用程序。如图 8-15 所示。

终端用户开发系统

几十年来，专业的软件开发人员一直无法满足当今的工人、经理和高管对越来越多的信息、报告和分析的近乎无止境的需求。用户已经厌倦了冗长的软件开发过程，这些过程太频繁地导致系统的实现花费太多，但又不能满足他们的期望。因此，越来越多的用户在进行自己的软件开发，现在有超过 25% 的新业务应用程序是由用户自己开发的。[28]

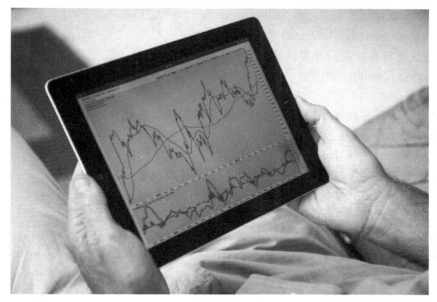

图 8 - 15　移动应用程序开发

© iStockphoto. com/franckreporter
注：一些组织正在使用应用商店向员工和主管提供公司信息和应用程序。

终端用户开发系统（end-user systems development）是指由非专业软件开发人员创建、修改或扩展软件。如图 8 - 16 所示。全球数以千万计的人自己创建电子表格可能是终端用户开发的最常见的示例。用户还可以使用高级编程语言（例如 Cognos BI、Crystal Reports、Focus 和 SaS）来创建报告、仪表板和图形。用户还可以使用简单的脚本语言（例如 ASP、JavaScript、Perl、PHP、Python、Ruby 和 Tcl）为网页添加功能。他们使用诸如 Visual Basic for Applications 之类的软件来扩展 Microsoft Office 程序并为其添加功能。[29]

图 8 - 16　终端用户开发系统

© iStockphoto. com/Sean Locke
注：许多用户通过设计和实现自己的基于 PC 的系统来展示其系统开发能力。

通过示例编程（PbE 或 PbD）用于演示编程，涉及通过演示新行为，而不是通过使用机器命令对其编程，教导信息系统或机器人以某种方式执行。系统记录用户的动作并推断出一个通用程序，该程序随后可与新示例一起使用。麻省理工学院媒体实验室（web. media. mit. edu/～lieber/PBE/）的学生和教授正在尝试将 PbE 语言（例如 Cocoa、Eager、Pygmalion 和 Mondrian）提供给系统用户使用。[30]

终端用户开发的系统与专业人员开发的软件一样，会受到可靠性、性能和质量问题的困扰。必须谨慎执行对终端用户开发的软件代码的仔细检查，包括严格的代码检查和测试。

原型：是一个系统的可运行模型，开发该模型是为了使用户能够与之交互并提供反馈，以便开发人员能够更好地理解用户需要什么。

原型法：是一种迭代的软件开发方法。

抛弃式原型：用于帮助定义软件解决方案，但不成为最终解决方案的一部分。

演化式原型：从初始原型开始的原型，该原型经过一系列演示、反馈和改进迭代，最终演变为最终的软件解决方案。

统一开发流程（RUP）：一种由 IBM 开发的迭代系统开发方法，包括许多工具和技术，这些工具和技术通常是为满足特定公司或组织的需求而量身定制的。

敏捷开发法：一种迭代的系统开发过程，它以"冲刺"的速度开发系统，这一过程持续两周到两个月。

scrum：一种用于保持敏捷系统开发工作能集中并快速进行的方法。

scrum 主管：协调所有 scrum 活动的人。

产品主权人：代表项目利益相关者，负责在利益相关者和开发团队之间沟通和调整项目优先级的人。

极限编程（XP）：一种编写代码的方法，该方法可以使用较短的开发周期来促进系统的增量开发，从而提高生产率并适应客户的新需求。

终端用户开发系统：由非专业软件开发人员创建、修改或扩展软件。

避免项目失败的提示

成功的系统开发意味着按时且在预算范围内交付可满足用户及组织需求的系统。但是，失败和面临挑战的项目（延迟、超出预算或缺少必需功能的项目）的比例为 61%。另一项研究发现，其中一半大型信息系统软件开发项目的成本超过 1 500 万美元，超出预算的 66%，交付的价值比预期少 17%，这令利益相关者感到失望。

以下是项目失败的主要原因：

- 高管未能提供领导和指导
- 项目范围不明确
- 期望管理不善
- 用户参与不足
- 组织没有为变革做好准备
- 计划不周

表 8-9 讨论并总结了这些因素。

图 8-17　项目失败

注：项目失败的主要原因有六个：缺乏高管领导、项目范围不明确、对利益相关者的期望管理不善、用户参与不足、组织准备不足、计划不周。

表 8-9　项目失败的因素

因素	潜在原因	应对措施
业务主管无法为项目团队提供领导和指导	项目与业务策略不一致，或者处理的问题或时机不恰当 没有确定或招募正确的业务发起人来提供领导	系统调查小组必须努力工作，以确保问题或时机与业务战略相一致，并值得进行 项目经理必须坚持指定项目指导团队，包括正确的业务发起人
项目范围不明确	要解决的问题的根本原因或处理的时机还没有很好地确定	系统调查小组必须与利益相关者合作，正确定义项目的范围 缩小项目范围，只关注最重要的商业机会
期望管理不善	项目经理错误地认为利益相关者和终端用户最初提出的期望是完整的、不变的	项目经理必须定期与利益相关者和最终用户会面，以讨论期望，记录项目成功标准、沟通项目结果和状态
用户参与不足	用户很忙，看不到参与的价值	关键用户应成为项目团队的一部分，并在确保其需求和业务需求得到满足方面持续发挥作用 使用原型法
组织没有为变革做好准备	项目团队专注于项目的技术方面	项目指导团队应协助组织准备接受变更
计划不周	项目团队无法为复杂项目定义时间表	使用项目管理工具来确定和记录谁需要在什么时候做什么

高管未能提供领导与指导

任命代表企业和 IS 组织的高级经理指导团队为项目提供指导和支持对于任何项目的成功都绝对是必要

的。但是，企业高管经常忙于解决占用他们注意力的许多优先事项，想要获得高管的支持，必须向他们展示潜在的信息系统项目如何与企业战略明确地结合在一起，并将有助于实现重要的组织目标。否则，他们将没有兴趣，也没有时间为项目提供领导和支持。

系统调查团队必须努力工作，以确保问题或时机与业务战略相一致并值得继续努力；否则，他们将无法期望未来的管理支持。实际上，如果该项目与业务战略不符，则应终止该项目。

有时，高层管理人员会被错误地任命为指导团队的一员。当大型项目对组织的某个部分产生重大影响，而对组织的其他部分影响较小时，就会发生这种情况。

指导团队的正确管理者是组织中受影响最大的人。因此，调查小组应确认是否为指导小组任命了正确的管理人员。项目团队通常会在调查阶段结束时对指导团队提出一些更改建议。

■ 项目范围不明确或无法管理

如果没有明确定义要解决的问题，就不可能有好的解决方案。系统调查团队必须与利益相关者和用户一起使用功能分解之类的技术来正确定义项目范围。

即使在定义了初始范围之后，项目团队也应该努力缩小项目的焦点，只处理最重要的业务机会。缩小项目范围可以帮助开发团队专注于 20％的项目需求，这将满足 80％的收益要求。这种方法降低了项目成本并缩短了进度。范围的缩小还会降低项目的复杂性，并能极大地增加项目成功的可能性。

随着项目的发展，团队成员常常想要扩展项目的范围，这称为范围蠕变（scope creep），以添加更多特性和功能。范围蠕变是导致项目危险的因素之一。如果处理不当，可能会导致成本和进度超支。项目的范围应该在指导委员会的正式批准下谨慎管理，以允许在一定范围内的变更。

■ 期望管理不善

在没有来自开发团队的明确、完整和最新信息的情况下，项目利益相关者和用户将对信息系统项目形成自己的期望，例如交付的内容、准备使用的时间、将旧系统转换为新系统的容易程度，以及将提供什么级别的支持。

因为项目经理在系统调查阶段与利益相关者和用户曾经面谈并定义了期望，所以就认为这些期望的初始陈述是完整和不变的，这种假设是幼稚的。随着项目的进展，情况会发生变化。

项目经理必须定期与利益相关者和用户会面，讨论期望，记录项目成功标准，并共享项目结果和状态。如果不这样做，当项目进展与他们的期望不一致时，参与者和用户就会感到沮丧，并对系统最终实现的时间和方式感到失望。有效和持续的沟通应该是项目经理最重要的任务之一。虽然有必要举行正式会议和报告，但也可以通过与一群用户开会喝咖啡或吃午餐等非正式方式来传达有用的信息。这样的会议也有助于建立融洽的关系和信任。

■ 用户参与不足

用户很忙，常常不理解他们参与系统开发的价值，他们认为这是一个纯粹的技术项目。开发团队应向用户说明，他们的参与对项目的成功至关重要。

另外，必须向用户表明，他们的参与对于确定项目进度是必需的。用户必须能够完成诸如提供原型反馈、用户验收测试、用户培训和系统转换等任务。此外，这些活动应该被安排，以避免业务量和活动达到高峰。

关键用户应该是项目团队的一部分，并在确保他们的需求和业务需求得到满足方面扮演持续的角色。使用原型法和敏捷系统开发方法可以有效地提高用户的参与度。

■ 组织没有为变革做好准备

组织应该认识到用户的关注点和需求，并在它们成为新系统的成功威胁之前进行处理。这意味着组织的所有成员都做好了准备，并有动力从旧的做事方式转变为新的做事方式。项目指导团队的成员可以通过传达迫切的变更需求来帮助组织做好准备。管理人员还可以明确指出，使用新信息系统是不可逃避的，并且希望用户根据完成任务的新方式来修改其行为。通常需要采取激励措施，以激励用户采用新的行为和程序。

许多较大的项目都会从人力资源部门指派一名变革管理专家到项目团队。一些组织聘请专业培训师来开发用户培训材料，设计并提供培训课程。

■ 计划不周

项目越大，不良的计划就越有可能导致重大问题。管理良好的项目使用有效的计划工具和技术，包括进度表、时间表和截止日期。

项目进度表（project schedule）是有关何时执行项目活动的详细说明。时间表包括每个项目活动、人员和其他资源的使用以及预期的开始和完成日期。**项目里程碑**（project milestone）是完成项目主要部分的关键日期，例如程序设计、编码、测试和转换。**项目截止日期**（project deadline）是指整个项目应该完成并投入运行的日期，即组织开始从项目中获益的时间。

在系统开发中，每个活动都有最早的开始时间、最早的完成时间和空闲时间，这是活动可以延迟而不延迟整个项目的时间。关键路径包括某些活动，这些活动如果被延迟，则会延迟整个项目。这些活动的闲暇时间为零。**关键路径**（critical path）活动的任何问题都会推迟整个项目。为了确保关键路径活动按时完成，项目经理使用某些方法和工具（例如 Microsoft Project）来帮助计算这些关键活动。

尽管系统开发的步骤看起来很简单，但是较大的项目可能会变得复杂，需要成百上千个独立的活动。对于这些系统开发工作，正式的项目管理方法和工具是必不可少的。一种正式方法叫作**程序评估和审查技术**（program evaluation and review technique，PERT），它为活动创建三个时间估算：最短的可能时间、最有可能的时间和最长的可能时间。**甘特图**（Gantt chart）是用于计划、监视和协调项目的图形工具。它实际上是一个列出活动和截止日期的网格。每次完成任务时，都会在适当的网格单元格中放置诸如黑线之类的标记，以指示任务已完成。如图 8-18 所示。

PERT 技术和甘特图都可以使用项目管理软件来实现。项目管理软件帮助管理人员确定以最小的成本减少项目完成时间的最佳方法。流行的软件包括 Deltek 的 OpenPlan、Microsoft Project 和 Skire 的 Unifier。

> **范围蠕变**：试图向原始系统中添加更多特色和功能。
> **项目进度表**：是有关何时执行项目活动的详细说明。
> **项目里程碑**：是完成项目主要部分的关键日期。
> **项目截止日期**：指整个项目应该完成并投入运行的日期。
> **关键路径**：如果该活动延迟，将会推迟整个项目。
> **程序评估和审查技术（PERT）**：一种用于制定项目进度表的正式方法，该计划为活动创建三个时间估算。
> **甘特图**：用于计划、监视和协调项目的图形工具。

项目规划文件																页码	1/1
系统　　仓库库存系统（修改）																日期	12/10
系统 ——活动计划完成			分析员							签名							
——活动实际完成			塞西尔·杜鲁门														

活动*	人员分配	周次													
R-定义需求		1	2	3	4	5	6	7	8	9	10	11	12	13	14
R.1 项目团队的需求	副总裁,塞西尔,贝弗	▬													
R.2 定义目标和限制	塞西尔	▬													
R.3 与仓库员工面谈以获取需求报告	贝弗		▬▬												
R.4 汇总需求	项目团队				—▬										
R.5 副总裁审定	副总裁,项目团队				—▬										
D-设计															
D.1 修改程序规范	贝弗					—▬									
D.2.1 详述屏幕输出	贝弗					—▬									
D.2.2 详述报告内容	贝弗						—▬								
D.2.3 详述文档更改	塞西尔						▬								
D.4 经理审定	项目团队							—							
I-实施															
I.1 程序代码更改	贝弗									—					
I.2.1 生成测试文件	项目团队									—					
I.2.2 生成程序文件	贝弗										—				
I.3 修改程序文件	塞西尔										—				
I.4.1 单元测试	贝弗									—					
I.4.2 系统测试	塞西尔											—			
I.5 经理审定	项目团队											—			
I.6 系统安装**															
I.6.1 系统培训	贝弗												—		
I.6.2 系统安装	贝弗													—	
I.6.3 经理审定	项目团队														—

＊项目团队每周审查内容不在此列示
＊＊完成仓库 2 至仓库 5 的安装并生成报告

图 8-18　甘特图示例

注：甘特图通过在适当的单元格中显示一个横条来显示系统开发活动的进度。

小结

准则：有效的系统开发需要利益相关者、用户、管理层、系统开发专家和各种支持人员的通力合作，而且这种合作始于信息系统最初的规划制定阶段。

系统开发团队由利益相关者、用户、管理层、系统开发专家和各种支持人员组成。开发团队确定信息系统的目标，并将满足其目标的系统交付给组织。

利益相关者是那些最终从系统开发项目中受益的人，他们代表自己或者其所在的组织。用户是定期与系统交互的人。他们可以是雇员、管理层、客户或供应商。项目经理是组织为完成项目目标而开展工作的人员。系统分析员是专门分析和设计业务系统的专业人员。程序员负责修改或开发满足用户需求的程序。开发团队中的其他支持人员包括来自 IS 部门的员工或外部技术专家顾问。

除了开发团队之外，每个项目都应该有一个高级经理指导小组，代表业务和 IS 组织为项目提供指导和支持。项目主导方是指导委员会的关键成员和领导者，他起着至关重要的作用，缺乏这个重要的个体会增加项目失败的可能性。

信息系统规划涉及将战略和组织目标转换为系统开发计划。信息系统规划的好处包括对信息技术使用和更好地利用信息系统资源有长远的看法。未能将信息系统项目目标与业务需求保持一致可能会产生灾难性的后果。

准则：传统的系统开发过程是一个连续的多阶段过程，其中下一个阶段的工作要等到上一阶段结束，并进行必要的审查和批准或修改后才能开始。

系统调查的目的是评估业务问题解决方案中的技术、经济、法律、运营和进度的可行性。

系统分析涉及对现有系统的检查，以进一步了解系统的弱点，并检查输入、输出、处理、安全性和控制以及系统性能。

应该确定几个解决方案选项，并进行可行性分析，以确定一个候选解决方案，并将其推荐给项目指导团队。

系统设计创建了一套完整的技术规范，可用于构建信息系统。

系统的范围、用户和业务需求在传统系统开发生命周期的设计阶段结束时被冻结。在此之后确定或建议的任何潜在更改都必须经过正式的变更流程的批准，然后才能开始相关工作。

系统构建通过获取和安装硬件和软件、编码和测试软件组件、创建和将数据加载到数据库以及执行初始程序测试，将系统设计转换为可以操作的系统。

集成和测试涉及将所有单个组件链接在一起，并进行整体测试，以发现单个组件之间的任何缺陷。

系统实施将业务从正在使用的旧的信息系统切换到新的信息系统。转换对于组织的成功至关重要，因为如果执行不当，结果可能是灾难性的。

系统运行包括在各种运行条件下使用新系统或修改后的系统。对许多组织来说，在新系统或修改后的系统运行期间充分利用它是系统运行中最重要的方面。

系统维护包括更改和增强系统，使其在实现用户和组织的目标时更有用。

旧系统的维护成本可能会变得非常昂贵，在某种程度上，与修复和维护旧系统相比，切换到新程序和应用程序的成本更低。

系统处置包括确保系统的有序分解，包括以环保的方式处置所有设备、终止所有合同，并根据适用的记录管理策略安全地将信息从本系统迁移到另一个系统或将其归档。

准则：软件开发团队经常使用许多强大的技术。

事实证明，联合应用程序开发（JAD）在分析现有系统、定义问题、确定解决方案要求以及提出和评估可能的解决方案（包括成本和收益）方面非常有效。

功能分解用于定义包含在新系统范围内的业务流程。

数据流程图用于记录当前系统数据处理过程，或提供新系统数据处理过程的模型。

大多数组织购买或租用它们需要的软件而不是构建它们。因此，在分析阶段进行初步的对比分析很重要。进行此操作的主要工具是招标书。

准则：系统开发团队必须选择适当的系统开发方法来满足项目的需求。

原型是一个系统的可运行模型，它可以使用户与系统交互并提供反馈，以便开发人员更好地理解用户需要什么。原型可以分为抛弃式原型和演化式原型。

统一开发流程（RUP）是一个由 IBM 开发的迭代系统开发方法，它包含许多工具和技术，这些工具和技术通常是为适应特定公司或组织的需求而定制的。

敏捷开发是一个迭代过程，以"冲刺"增量开发系统，周期从两周到两个月。与传统的系统开发过程不同，敏捷开发接受这样一个事实，即系统需求是不断发展的，并且不能在项目开始时被完全理解或定义。

scrum 是一种用于保持敏捷系统开发工作集中并快速进行的方法。scrum 主管是负责协调所有 scrum 活动的人，而 scrum 团队由十几个或更少的人组成。他们负责从调查到测试的所有系统开发活动、负责与产品主权人及项目利益相关者沟通，并调整所有者和开发团队之间的项目优先级。

敏捷开发需要与所有参与者（包括系统开发人员和用户）进行合作，他们进行频繁的面对面会议，共同修改、改进和测试系统功能，讨论系统如何满足用户需求。

极限编程是一种编写代码的方法，该方法可以使用较短的开发周期来促进系统的增量开发，从而提高生产率并适应客户的新需求。

面向对象的方法经常用于系统开发的调查、分析和设计阶段。

创建成功的移动应用程序需要开发人员考虑谁将使用该应用程序以及他们的目标是什么。系统开发工具可用于移动应用程序。

移动设备的系统开发项目与传统的相比，系统开发的总体方法是相同的，但有一些明显的区别。

终端用户开发系统是由非专业的软件开发人员创建、修改或扩展软件。终端用户开发的系统与专业人员开发的软件面临同样的可靠性、性能和质量问题。终端用户开发的软件代码必须通过严格的代码审查和测试进行仔细的检查。

准则：系统开发团队必须采取特殊措施以确保项目成功。

项目失败的主要原因是：1）高管无法提供领导和指导；2）项目范围不明确；3）对项目的预期管理不善；4）用户参与不足；5）组织没有为变化做好准备；6）项目计划不周。

关键术语

敏捷法	数据流符
关键路径	数据存储符
数据流图（DFD)	终端用户开发系统

实体符	统一开发流程（RUP）
极限编程（XP）	招标书（RFP）
功能分解	范围蠕变
可行性分析	scrum
甘特图	scrum 主管
信息系统规划	利益相关者
联合应用程序开发（JAD）	指导小组
集成测试	系统调查
选型决策	系统分析
关键任务过程	系统分析师
处理符	系统构建
产品主权人	系统处置
程序员	系统设计
程序评估和审查技术（PERT）	系统调查
项目截止日期	系统维护
项目经理	系统运行
项目里程碑	技术可行性
项目进度表	抛弃式原型
项目主导方	传统系统开发生命周期
原型	用户
原型法	演化式原型

第 8 章：自我评估与测试

　　有效的系统开发需要利益相关者、用户、管理层、系统开发专家和各种支持人员的通力合作，而且这种合作始于信息系统最初的规划制定阶段。

　　1. 以下哪些人最终将从系统开发项目中受益？

　　a. 电脑程序员　　　　　b. 系统分析师　　　　c. 利益相关者　　　　　d. 高级经理

　　2. _____是指导团队的关键成员和领导者，扮演着至关重要的角色，以至于缺乏这个重要的角色会增加项目失败的可能性。

　　传统的系统开发过程是一个连续的多阶段过程，其中下一个阶段的工作要等到上一阶段结束，并进行必要的审查和批准或修改后才能开始。

　　3. 在系统调查阶段，需确定业务问题解决方案的可行性，包括技术、经济、运营、进度和_____的可行性。

　　4. 可行性分析通常在哪个系统开发阶段进行？

　　a. 调查　　　　　　　　b. 分析　　　　　　　c. 设计　　　　　　　　d. 上述所有阶段

　　5. 在设计阶段之后，必须_____，从而确定系统中的任何潜在更改。

　　a. 在进行系统范围变更之前要经过正式的范围变更流程

　　b. 根据系统范围变更如何影响系统性能进行评估

c. 进行可行性分析

d. 上述所有

6. 旧系统的维护成本可能变得非常昂贵，以至于切换到新程序比修复和维护旧系统更具成本效益。对或错？

软件开发团队经常使用许多强大的技术。

7. _____是在系统调查阶段用于识别系统范围内包含过程的一种技术。

8. 数据建模通常使用_____完成。

a. 实体关系图　　　　　b. 数据流图　　　　　c. 功能分解图　　　　　d. 活动图

系统开发团队必须选择适当的系统开发方法来满足项目的需求。

9. _____是系统的工作模型，其开发目的是使用户能够与系统进行交互并提供反馈，以便开发人员可以更好地理解需求。

10. _____是 IBM 开发的一种迭代系统开发方法。

a. 敏捷法　　　　　b. scrum　　　　　c. 原型法　　　　　d. 统一开发流程

11. _____是一个迭代的系统开发过程，它以"冲刺"增量开发系统，该过程持续两周到两个月。

a. 敏捷法　　　　　b. scrum　　　　　c. 原型法　　　　　d. 统一开发流程

系统开发团队必须采取特殊措施以确保项目成功。

12. 为了激励高层管理人员加入信息系统项目的指导团队，有必要显示项目目标与战略业务目标的一致性。对或错？

13. _____包括的各种活动如果被延迟，则会拖延整个项目。

第 8 章：自我评估与测试答案

1. c
2. 项目主导方
3. 法律
4. d
5. d
6. 对
7. 功能分解

8. a
9. 原型
10. d
11. a
12. 对
13. 关键路径

知识回顾

1. 项目指导团队的目的是什么？谁是团队成员？项目主导方的作用是什么？
2. IS 规划的目的是什么？进行 IS 规划有什么好处？
3. 确定传统系统开发生命周期的三个优点和三个缺点。
4. 描述可行性分析涉及的内容。
5. 系统分析的目的是什么？确定此阶段的主要步骤。

6. 系统分析的结果是什么？接下来发生什么？

7. 识别并简要讨论在信息系统上执行的四种类型的测试。

8. 什么是选型决策？简要说明如何做出此决策。

9. 简要说明 scrum 流程及其工作方式。

问题讨论

1. 有效的项目主导方应具备哪些个性特征？

2. 你已被选择参加系统调查团队，以研究你所在业务领域的新系统。你如何为系统的成功做出贡献？你如何使用关键成功因素来确定重要的系统需求？

3. 你必须与组织中的一名中层管理人员联系，并说服她指派一名关键人员来领导重要项目的系统调查。该项目的这一阶段预计将持续三个月，在调查过程中将需要全职人员。你认为这个关键人员会遇到什么阻力？你可以提出如果不指派此人有可能造成的哪些后果来说服她指派此人？

4. 你的公司希望开发或购买新的客户关系管理系统，以帮助销售代表确定潜在的新客户。描述一下在决定是内部开发应用程序还是购买软件包来满足此需求时应该考虑的因素。

5. 沟通技能对系统开发团队的 IS 成员有多重要？请考虑以下声明："IS 人员需要技能的组合，包括三分之一的技术技能、三分之一的业务技能和三分之一的沟通技能。"你认为这是真的吗？这将如何影响信息系统人员的选择和培训？

6. 你已被雇用为大城市的一家印度餐馆老板执行系统调查。她正在考虑为开设的新餐厅选用最先进的计算机管理系统，该系统将使客户可以在网上或餐桌上下订单。请描述你将如何确定餐厅及其将开发系统的技术、经济、法律、运营和进度的可行性。

问题解决

1. 对于你所选择的业务，使用图形软件来开发其某个主要流程的数据流图，并绘制其涉及至系统内数据的实体关系图。

2. 一个项目团队估算了开发和维护新系统的相关成本。一种方法需要更完整的设计，并且将导致稍高的设计和实现成本，但在系统的整个生命周期中却降低了维护成本。第二种方法减少了设计工作，节省了一些成本，但维护成本可能会增加。

a. 在电子表格中输入以下数据。打印结果。

好的设计的好处

	好设计	不良设计
设计成本（美元）	14 000	10 000
实施成本（美元）	42 000	35 000
年度维护成本（美元）	32 000	40 000

b. 创建一个堆叠的条形图，显示总成本，包括设计、实现和维护成本，预期系统寿命为 7 年。确保图表有标题，并将成本标注在图表上。

　　c. 使用文字处理软件编写一段文字来阐述建议选用该方法的原因。

团队活动

　　1. 让你的团队采访当地公司或大学中参与过系统开发项目的人员。确定每个团队成员并记录他们在项目中的角色。征求他们对项目的反馈，以及他们参与项目的感受。事后来看，他们的想法有什么改变？

　　2. 你的团队被雇用为一家小型供暖和空调公司的新计费程序执行系统调查。请使用功能分解工具定义系统的范围。

　　3. 作为一个团队，找两三个项目经理，就项目失败的原因进行小组访谈。确定并优先考虑导致项目失败的首要原因。他们列出的原因与本章所述的原因相比如何？

网络练习

　　1. 使用互联网为你选择的企业或行业探索最有用的移动应用程序。探索目前尚未用于该企业或行业的可用的移动应用程序。编写一份报告，描述你的发现。

　　2. HealthCare. gov 是由美国联邦政府运营的健康保险交易网站。它旨在支持根据《患者保护与平价医疗法案》而获得福利的公民。该网站为 36 个州的居民服务，这些州没有自己的健康保险交易网站。该网站可以出售私人健康保险计划，向低收入公民提供补贴，并为那些有资格申请医疗补助的人提供帮助。

　　Healthcare. gov 网站于 2013 年 10 月 1 日上线。请进行研究以识别用户可能遇到的特定问题。确定为保证系统顺利启动应当采取的步骤。可采用什么方法来了解此网站的性能？

职业训练

　　1. 选择你要考虑的职业。确定该职业领域中人们经常使用的信息系统。讨论你如何以用户或利益相关者的身份参与公司的这种系统的开发。确定你可以做的三件事，由此可以极大地提高该项目的成功率。为了极大地降低此类项目成功的可能性，确定你可以做（或不能做）的三件事。

　　2. 研究项目经理的角色。项目经理通常具有哪些个人特征、教育背景和工作经验？有项目经理类的证书吗？企业对项目经理的需求是什么？项目经理的起薪是多少？

案例研究

案例 1　系统测试揭示了拦截导弹程序中的问题

　　2014 年 6 月 23 日，美国导弹防御局报告了人们期待已久的好消息。其外太空摧毁飞行器（EKV）增强 II 型导弹成功拦截了从马绍尔群岛发射的导弹。该导弹是从加利福尼亚范登堡空军基地发射的飞弹，在飞行过程中击中了洲际弹道导弹。虽然空军基地的工程师几乎不可能输入目标的精确坐标来拦截导弹，但这次试验是一次重大的成功。2008 年至 2014 年间执行的前三次实验均以失败告终。实际上，在地面中段防御（GMD）系统的 17 次测试中，只有 8 次击中了目标，该项目的成功率达到 47%，该项目到 2017 年将花费美国纳税人的 400 亿美元。

1983 年，美国总统罗纳德·里根（Ronald Reagan）首次支持建立导弹防御技术，该技术会使核武器过时。战略防御计划（SDI）通常被称为星际大战（Star Wars），在该项目被放弃之前，已经花费了纳税人的 300 亿美元。1999 年，美国国会决定开始研发 GMD 系统，以保护美国免遭某些国家发射的核导弹的威胁。2006 年，朝鲜首次成功进行了核导弹试验。同时，伊朗和伊拉克也都竞相发展核技术。国会没有设定完成 GMD 系统的日期，只是简单地规定，只要在技术上可行，就应该尽快部署。

但是，恐怖分子于 2001 年 9 月 11 日袭击了双子塔和五角大楼。2002 年 12 月 16 日，总统乔治·W. 布什发布了一项指令，要求在 2004 年之前部署 GMD 系统，尽管对该系统的两次测试都在一周前失败了。导弹防御局没有继续研究原型和测试系统，而是开始在发射井中部署导弹。大约 38% 的拦截导弹的软件没有经过飞行测试的验证。"9·11"袭击后外界政治压力压倒了人们对软件和其他组件故障的担忧。2004 年和 2005 年，拦截导弹由于软件故障而停留在发射仓中，导弹防御局中止了 GMD 系统的测试。2010 年，拦截导弹实验由于海基雷达系统被导弹脱落的金属碎片干扰而失败（海基雷达系统为拦截导弹计算洲际导弹的弹道）。失败的原因在于每次新的测试之前，工程师都会重新设计有缺陷的部件。而导弹防御局没有进行全面的重新设计，也没有精心计划开发新原型的系统。

2013 年 2 月，国防部负责采购、技术和后勤事务的副部长弗兰克·肯德尔（Frank Kendall）成为第一个承认并宣布拦截导弹开发流程失败的人，他说道："失败的根本原因是希望能够以非常快速且廉价的方式进行拦截导弹部署。坦率地说，我们看到了很多糟糕的工程，欲速则不达。"

显然，如果拦截导弹只能在事先获得坐标的情况下才能击中洲际导弹，那么当弹头的发射时间和位置都未知时，这些弹头很可能无法击落由敌对国家发射的核导弹。问题仍然是美国能否在某个敌对国家或恐怖组织发射能够打到美国的核导弹之前，开发出一套实用的 GMD 系统。

问题讨论

1. 导弹防御局在 GMD 系统开发中犯了什么错误？
2. 促使政府发布 GMD 的因素与促使开发业务软件的因素相比如何？

批判性思考

1. 企业可以采取哪些步骤来确保工程师报告开发过程中出现的所有潜在问题？
2. IT 专业人员可以采取哪些步骤使业务经理意识到遵循完整的系统开发流程的重要性？

资料来源："First in 6 Years：Troubled US Missile Defense System Hits Test Target," *RT Network*，June 23，2014，*http://rt.com/usa/167728-gmd-launch-successful-failure/*；Willman，David，"$40-Billion Missile Defense System Proves Unreliable," *LA Times*，June 15，2014，*www.latimes.com/nation/la-na-missile-defense-20140615-story.html#page=1*；"Timeline on North Korea's Nuclear Program," *New York Times*，August 6，2013，*www.nytimes.com/interactive/2013/02/05/world/asia/northkorea-timeline.html?_r0##time238_7085*.

案例 2　改善霍尼韦尔的系统需求

如本章所述，确定系统需求是任何信息系统开发的重要组成部分。复杂的信息系统有许多需求。因此，必须有系统的方法来确定它们。

霍尼韦尔技术解决方案实验室（HTSL）通过其 IT 服务和解决方案业务部门，为霍尼韦尔公司的其他部门开发软件解决方案。HTSL 位于印度班加罗尔，并在中国的北京和上海、捷克共和国的布尔诺、印度的海得拉巴和马杜赖设有中心。

2010 年，该公司发现了一个问题：在 HTSL，不同的团队，例如需求提出者、开发者、质量保证（QA）以及项目管理团队，在不同的"孤岛"中独立工作。很难追踪项目要求及其执行情况。HTSL 需要一个系统来管理需求及其相互之间的关系。

除了管理需求之外，HTSL 还需要一个能够协调测试用例、设计元素和缺陷的应用程序。需求撰写者将为软件创建需求，HTSL 客户（其他霍尼韦尔部门）将审查和批准这些需求。一旦被批准，开发团队将实现它们，而 QA 团队将基于它们生成测试用例。在执行测试用例中发现的任何缺陷也将被跟踪。

HTSL 在开发航空航天、自动化控制、特种材料和运输系统的软件方面有丰富的经验。但是，它没有开发软件来管理开发过程本身的经验。该公司认识到这一不足，并求助于专家。

来自加州圣克拉拉的 Kovair 就是这样一位专家。他利用应用程序生命周期管理（ALM）包实现软件开发生命周期（SDLC）过程，在整个开发周期中协作，并跟踪实现到原始规范。同时，确保所有开发人员都在同一指南下工作……而且不会出现代价高昂的意外事件。

ALM 模块负责需求管理。HTSL 可以利用它来收集需求，对它们进行排序，管理它们的变更，并将它们与系统测试用例进行协调。需求管理模块还可以生成各种各样的报告，包括格式化的需求规格说明，以及根据类型、临界性、源或任何其他描述符显示需求分布的报告。

霍尼韦尔已经确认了一个名为"审查、批准、基准、技术设计、测试设计、实施和测试"的正式开发流程。Kovair 的 ALM 解决方案已针对该流程进行了定制。将需求输入 ALM 后，它会标记为"已提交"，然后开始审核过程。ALM 为利益相关者生成审查任务，以确保他们对新需求发表意见。当他们批准后，其状态将更改为"已批准"，并为其所有者输入一个任务，以将其添加到基准系统设计中。完成此步骤后，将创建两个新任务：一个新任务针对开发团队，先开发技术规范，然后开发软件；一个新任务针对质量保证团队，开发测试用例，以确保开发过程可以继续。

最终结果如何？HTSL 减少了由于不正确的需求而导致的返工并加快了开发速度。开发团队的生产率提高了约 20%，与需求相关的损失减少了至少 1%。

问题讨论

1. 霍尼韦尔为什么向 Kovair 求助？Kovair 帮助霍尼韦尔实现了哪些目标？

2. ALM 软件旨在帮助公司管理软件开发步骤。软件开发只是企业每天使用的流程之一。ALM 软件包主要包括哪些有用的功能特征？

批判性思考

1. 霍尼韦尔报告说，它提高了团队 20% 的生产力，减少了 10% 的需求错误。ALM 的哪些功能可能使霍尼韦尔能够实现这一点？

2. 许多组织需要跟踪软件开发项目，所以除了 Kovair 之外，其他公司也提供了这样的软件包。假设你被分配了选择这样一个包的任务，请列出至少四个用于比较不同包的标准。把你清单上的项目按从最重要到最不重要的顺序排列。

资料来源：Kovair, Inc., "Requirements Management Case Study for Honeywell," *www.kovair.com/whitepapers/Requirements-Management-Case-Study-for-Honeywell.pdf*, August 2011, accessed July 14, 2014; HTSL Web site, http://aerospace.honeywell.com/services/maintenance-and-monitoring/depot-partnerships/life-cycle-management, accessed July 3, 2014; Kovair ALM Web site, *www.kovair.com/alm/application-lifecycle-management-description.aspx*, accessed July 3, 2014.

参考文献

【花絮】资料来源：Feron, Raymond, "Digitale Delta: Integrated Operations for Water Management," September 2013, *www.slideshare.net/RaymondFeron/digital-delta-eng-sept-2013*; Wolpe, Toby, "Big

Data Deluge: How Dutch Water Is Trying to Turn the Tide," *ZDNet*, October 1, 2013, *www. zdnet. com/ big-data-deluge-how-dutch-water-is-trying-to-turn-the-tide-7000021385/*; "Digital Delta Transforms Dutch Water System Using Big Data," IBM Smarter Cities, November 21, 2013, *https://www. youtube. com/ watch? v=O8gsNsgFYBo*.

1. "Gartner Worldwide IT Spending Forecast," *www. gartner. com/technology/research/it-spending-forecast/*, accessed May 19, 2014.

2. "Cincinnati Zoo Transforms Customer Experience and Boosts Profits," IBM Case Study, *http:// public. dhe. ibm. com/common/ssi/ecm/en/ytc03380usen/YTC03380 USEN. PDF*, accessed May 22, 2014.

3. Gatto, Joe, "Cleaning and Restoration Company Deploys Mobile Apps on iPhone and BlackBerry Using Canvas," Canvas, May 14, 2014, *www. gocanvas. com/content/blog/post/cleaning-and-restoration-company-deploys-mobile-apps-on-iphone-and-blackber*.

4. Schectman, Joel, "Airline Merger Glitches Inevitable 'Cost of Doing Business'," *CIO Journal*, February 19, 2013, *http://blogs. wsj. com/cio/2013/02/19/airline-merger-glitches-inevitable-cost-of-doing-business/*.

5. Suelzer, Marcia Richards, "Extended Bonus Depreciation, Expensing and Tax Credits Aim to Stimulate Business Growth," Business Owner Toolkit, January 3, 2013, *www. bizfilings. com/toolkit/news/ tax-info/bonus-depreciation-expensing-credits-fiscal-cliff. aspx*.

6. Dignan, Larry, "Target CEO Departure Watershed for IT, Business Alignment," ZDNet, May 5, 2014, *www. zdnet. com/target-ceo-departure-watershed-for-it-business-alignment-7000029069/*.

7. Dignan, Larry, "Target CIO Jacob Resigns Following Data Breach," ZDNet, March 5, 2014, *www. zdnet. com/target-cio-jacob-resigns-following-data-breach-7000027020/*.

8. "ERP Implementation Failure at Hershey's Foods Corporation," *www. slideshare. net/fullscreen/ OlivierTisun/erp-lmplementation-failure-at-hersheys-food-cooperation/2*, accessed August 3, 2014.

9. Osborne, Hilary, "Why Do Bank IT Systems Keep Failing?" *The Guardian*, January 27, 2014, *www. theguardian. com/money/2014/jan/27/bank-it-systems-keep-failing-lloyds-rbs-natwest*.

10. "More Than £1bn Committed to Improve Banking Services," June 27, 2014, *www. rbs. com/ news/2014/06/more-than-p1bn-committed-to-improve-banking-services. html*.

11. "JAD Guidelines," IT Project Management Certificate Program, Version. 0, © 1998—2004 Knowledge Structures, Inc. , *www. ksinc. com/itpmcptools/JADGuidelines. pdf*.

12. "Joint Application Development Guide," June 14, 2010, *https://acc. dau. mil/adl/en-US/ 511192/file/64088/SWGD044. docx*.

13. "Joint Application Development," *www. liquidmercury solutions. com/whatwedo/spdev/Pages/ Joint-Application-Development. aspx*, accessed June 1, 2014.

14. "Liquid Mercury Solutions Modernizes Business Critical Petition Process for the U. S. Department of Agriculture Using SharePoint with AgilePoint BPMS," *http://agile point. com/solutions/liquid-mercury-solutions/*, accessed June 2, 2014.

15. Nickols, Fred, "Prototyping: Systems Development in Record Time," Distance Consulting LLC, 2012, *www. nickols. us/prototyping. htm*, accessed August 11, 2014.

16. Janus, Marion A. and Smith, Douglas L. , "Prototyping for Systems Development: A Critical Appraisal," *MIS Quarterly Review*, 1985, *http://misq. org/prototying-for-systems-development-a-critical-appraisal. html? SID=v72ecviamkepsgsebt7nitrrd5*, accessed August 11, 2014.

17. Vennapoosa, Venna, "Throwaway Prototyping Model," Exforsys, Inc., January 14, 2013, *www. exforsys. com/career-center/project-management-life-cycle/throwaway-prototyping-model. html*.

18. "Rational Unified Process: Best Practices for Software Development Teams," *www. exforsys. com/career-center/project-management-life-cycle/throwaway-prototyping-model. html*, accessed August 3, 2014.

19. "What is Agile?" Agile Methodology, *http://agilemethodology. org/*, accessed August 3, 2014.

20. "Why Scrum?" Scrum Alliance, *www. scrumalliance. org/why-scrum*, accessed August 3, 2014.

21. "Scrum Methodology," *http://scrummethodology. com/*, accessed August 3, 2014.

22. De Sousa, Susan, "The Advantages and Disadvantages of Agile Development," My PM Expert, *www. my-project-management-expert. com/the-advantages-and-disadvantages-of-agile-software-development. html*, accessed August 3, 2014.

23. "BT Switches to Agile Techniques to Create New Products," *ComputerWeekly. com*, January 29, 2010, *www. computerweekly. com/news/1280091969/BT-switches-to-agile-techniques-to-create-new-products*.

24. "The Rules of Extreme Programming," *www. extremeprogramming. org/rules. html*, accessed August 3, 2014.

25. Kapustka, Paul, "Four Pitfalls Hindering Mobile App Success," *http://resources. idgenterprise. com/original/AST-0121105_OutSystems_Four_Pitfalls_Hindering_Mobile_App_Success. pdf*, accessed July 25, 2014.

26. Heller, Martin, "10 Simple Tools for Building Mobile Apps Fast," InfoWorld, March 20, 2014, *www. infoworld. com/slideshow/144802/10-simple-tools-building-mobile-apps-fast-238653*.

27. Chen, Brian X., "Coder's Half-Million Dollar Baby Proves iPhone Gold Rush Is Still On," Wired, February 12, 2009, *www. wired. com/2009/02/shoot-is-iphone/*.

28. Paternò, Fabio, "End User Development: Survey of an Emerging Field for Empowering People," Hindawi Publishing Company, ISRN Software Engineering, Volume 2013, Article ID 532659, *www. hindawi. com/journals/isrn. software. engineering/2013/532659/*.

29. Burnett, Margaret M. and Scaffidi, Christopher, "End-User Development," Interactive Design Foundation, *www. interaction-design. org/encyclopedia/end-user _ development. html*, accessed August 3, 2014.

30. "What Is Programming by Example?" *web. media. mit. edu/~lieber/PBE/*, accessed August 3, 2014.

31. "CHAOS Manifesto 2013, Think Big, Act Small," *www. versionone. com/assets/img/files/CHAOSManifesto2013. pdf*, accessed June 11, 2014.

32. Bloch, Michael, Blumberg, Sven, and Laartz, Jürgen, "Delivering Large-Scale IT Projects on Time, On Budget, and On Value," McKinsey & Company, October 2012, *www. mckinsey. com/insights/business_technology/delivering_large-scale_it_projects_on_time_on_budget_and_on_value*.

第 5 部分
商务及社会中的信息系统

计算机对个人和社会的影响

准则	学习目标
● 为了避免滥用和错误，必须建立与计算机相关的政策和程序。	● 描述信息系统环境中的一些滥用和错误的例子、形成的原因以及可能的解决方案。 ● 确定有助于消除滥用和错误的政策和程序。
● 计算机犯罪是一个严重且快速增长的领域，需要管理者的关注。	● 解释计算机犯罪的种类及其影响。 ● 确定防止计算机犯罪的具体措施。
● 隐私是与信息系统相关的重要社会问题。	● 讨论个人隐私权的原则和限制。
● 工作设备和工作条件的选择与设计必须避免计算机对健康的负面影响。	● 列举计算机对工作环境的重要负面影响。 ● 确定必须采取的具体行动，以确保员工的健康和安全。
● 许多行业的从业人员都遵守一套道德规范，其中阐述了对他们的工作至关重要的原则和核心价值观。	● 概述使用信息系统的道德规范。

【花絮】 全球经济中的信息系统——日本，门头沟交易所

在 2008 年和 2009 年全球金融危机之后，一种名为"比特币"的全新货币出现在网上市场。与战俘集中营使用香烟作为货币类似，这种完全数字化的货币利用了点对点（P2P）技术。最初只有一小部分个人团体和公司在彼此之间交易比特币，随着更多的货币被创造出来并投入流通，快速增长的线上交易者和现实世界的商人们开始接受它们并用于支付。

比特币基金会（Bitcoin Foundation）首席科学家加文·安德列森（Gavin Andresen）表示："我们的使命实际上是为互联网创造一种稳定的全球货币。让世界各地的人们像发电子邮件通信一样容易地进行交易。"

数百万比特币消失了

随着市场上比特币数量的增加，人们开始在比特币交易所购买它们。位于日本东京的主要交易所门头沟（Mt. Gox）交易所成为早期的领导者，占据了近 80% 的市场。

尽管人们可以使用信用卡或现金转账购买比特币，但许多人只去位于世界各地的千余个当地比特币交易所，并用本国货币购买比特币。人们可以通过互联网将比特币转移到家庭成员或商人的钱包中。

比特币交易所允许个人在全球范围内转账或进行国际支付，这种方式比较便宜，因为比特币切断了中间商、银行和信用卡公司。与信用卡交易不同的是，消费者和企业都不需要支付交易费，所有购买行为都像现金支付一样匿名。这些交易所可以为没有银行账户的人提供服务，包括发展中经济体中有抱负的企业家。其缺点是，比特币和现金一样，没有保险，可能会丢失、被黑客偷走或被病毒摧毁。

事实证明，这些不利条件对门头沟交易所来说是压倒性的。2014 年 2 月 10 日，该公司发布新闻稿称，门头沟交易所已经损失了 850 000 万枚比特币，每枚价值 827 美元。其中，有 750 000 枚属于客户。门头沟交易所声称，公司因一个扩展功能缺陷而受损，黑客愚弄了公司，让公司以为比特币转账失败了，而事实并非如此，公司实际上转账了两次。

一直在网络中监测比特币这类欺诈交易的计算机科学家认为，欺诈交易的数量不可能解释门头沟交易所声称的损失额。门头沟交易所内部人士透露，该公司的管理非常糟糕。事实上，一个多月后，该公司愉快地报告说，它在硬盘上的一个旧比特币钱包中发现了 200 枚丢失的比特币。但最终，门头沟交易所被迫申请破产，仍有大约 10 万美元的比特币"丢失"。

起初，在 2014 年初，比特币的价值下降了。然而，第二市场公司开始购买货币。很快，其他交易所，如总部位于伦敦的比特币交易平台（Bitstamp），在比特币市场占据了更大份额。事实证明，数字货币比任何人都更有弹性。

阅读本章时，请考虑以下问题：

- 比特币等新技术如何改变社会和经济？
- 如果有的话，政府应该采取什么行动来确保新技术帮助消费者而不是伤害消费者？

为什么要学习组织中的信息系统？

机遇和威胁都围绕着与使用信息系统和互联网有关的一系列非技术性问题。这些问题涉及的范围很广，从防止计算机滥用和错误到避免侵犯隐私，从遵守有关收集客户数据的法律到监控员工。如果你成为一个组织内的人力资源部门、信息系统或法律部门的成员，你可能会负责组织并处理这些问题以及本章所涉及的其他问题。此外，作为信息系统和互联网的用户，精通这些问题也符合个人的自我利益。了解本章中的主题可以帮助公司和个人避免成为犯罪、欺诈、侵犯隐私和其他潜在问题的受害者。本章首先讨论如何防止计算机滥用和错误。

前几章详细介绍了基于计算机的信息系统在商业中的重大好处，包括增加利润、提升商品和服务的品质以及提高工作生活质量。计算机已经成为如此有价值的工具，以至于今天的商人很难想象没有它们该如何工作。然而，信息时代也给工人、公司和整个社会带来了以下潜在问题：

- 计算机滥用和错误
- 计算机犯罪
- 隐私问题
- 工作环境问题
- 伦理问题

本章讨论了一些社会和伦理问题，提醒人们在设计、构建和使用基于计算机的信息系统时要考虑这些重要因素。没有一个商业组织和信息系统在真空中运作。所有信息系统专业人员、业务经理和用户都有责任确保充分考虑信息系统使用的潜在后果。即使是企业家，特别是那些使用计算机和互联网的个人，也必须意识到计算机对个人和社会的潜在影响。

计算机滥用和错误

与计算机相关的滥用和错误是导致计算机使用问题的主要原因，造成了不必要的高成本和利润损失。与计算机相关的滥用包括组织运行未集成的信息系统、购置冗余系统和浪费信息系统资源。与计算机有关的错误是指使计算机输出不正确或无用的错误、故障和其他问题，其中大多数是由人为错误引起的。本节探讨计算机滥用和错误可能造成的损害。

计算机滥用

一些组织持续使用未集成的信息系统来运营它们的业务，这使得决策者很难协作和共享信息。这种做法会导致错失机会、增加成本和失去订单。例如，地方卫生部门同时使用州政府提供的和当地实施的多个信息系统来收集、管理和报告病人数据。系统效率低下，生成报告困难，数据可访问性有限，因此需要系统解决方案。使用"影子系统"来维护一组重复的信息是很常见的。[1] 这样低效的系统促使了医疗成本的增长。

许多组织在不知情的情况下浪费资金来购买在不同部门中执行几乎相同功能的系统。这种重复购置和不必要的实施增加了硬件和软件的成本。美国政府每年在信息系统上花费数十亿美元，仅 2013 年就花费了 800 亿美元。其中一些支出用于提供信息系统，以便在政府的各个分支机构中提供类似的功能。美国政府会计办公室（GAO）对信息技术（IT）预算最大的三个联邦部门——国防部、国土安全部以及卫生与公众服务部进行了检查。它发现，在 2008 年至 2013 年的六年间，共支出 3.21 亿美元，用于执行在这些机构内重复其他工作的项目。[2]

还有一个不那么引人注目但仍然相关的例子是员工在玩电脑游戏、发送个人电子邮件、上网冲浪、网上购物、在照片墙上为新照片点赞以及在领英上查看他们的状态等方面所花费的时间和金钱。约 60% 的员工每天都查看自己的脸谱网页面。[3] 因此，许多公司，包括美国信达思（Cintas）、通用电气航空、美国克罗格、宝洁和 TriHealth 都发现有必要限制员工访问与工作无关的网站。[4]

与计算机相关的错误

尽管许多人不信任它们，但是计算机几乎很少出错。如果用户不遵守适当的程序，即使是最先进的硬件也不能产生有意义的输出。错误可能是由不明确的期望、不充分的培训、缺乏反馈造成的。程序员也可能开发包含错误的程序，或者数据输入人员可能输入错误的数据。除非及早发现错误并加以纠正，否则计算机的速度会加剧错误。随着信息技术变得更快、更复杂、更强大，组织和计算机用户面临着越来越多的风险，这些风险来自与计算机相关的错误。最近这些与计算机相关的错误有：

● 据联邦机构报告，2013 年估计有 1 060 亿美元的不当支付。这包括本不应该支付的款项、金额错误的支付或没有足够的文件支持的款项。这些资金来自 18 个机构的 84 个项目。[5] 如图 9-1 所示。

● 佛罗里达综合评估测试（Florida Comprehensive Assessment Test，FCAT）针对 3 至 11 年级的学生进行评估测试，其结果会对学生、教师和学校产生巨大的影响。考试成绩差会使学生裹足不前。考试分数也是教师评价的一个主要因素。那些考试分数低的学校被迫进行重大改革，甚至可能被关闭。一系列普遍的计算机故障使得全州成千上万的学生无法登录电脑参加考试。与此同时，许多开始考试的学生被打断。有些人质疑考试结果是否可靠，是否所有学生都应该重新参加考试。[6]

● 一架 U-2 侦察机的飞行揭示了美国空中交通管制系统的一个设计问题，该系统曾暂时关闭，导致洛杉矶地区数百架航班或停飞或延误。洛克希德马丁公司（Lockheed Martin Corporation）开发的价值 24 亿美元的在途自动化现代系统（En Route Automation Modernization system）失败了，因为它限制了每架飞机向系统发送的数据量。大多数商用飞机的飞行计划都很简单，所以它们不会接近这个极限。然而，U-2 是在高空飞行，某天在执行一次复杂的飞行计划时，传输的数据超出了系统的限制，导致当天许多航班被延误或取消，幸运的是，没有造成任何事故或人员受伤。[7]

● 美国医疗保险和医疗补助服务中心（CMS）是负责实施《患者保护与平价医疗法案》的主要机构。该机构正致力于帮助 22 000 名美国人纠正注册错误，错误数据将人们纳入错误的医疗计划，或导致补助费用过高，或无法为他们提供医疗保险。[8]

图 9-1 与计算机相关的错误

© mikeledray/Shutterstock.com
注：联邦机构最近报告了大约 1 060 亿美元的不当支付。

防止与计算机相关的滥用和错误

为了在竞争环境中保持盈利，组织必须明智地使用所有资源。为了高效和有益地使用信息系统资源，员工和管理者都应该努力减少浪费和错误。这项工作包括建立、执行、监测和审查有效的政策和程序。

■ 制定政策和流程

防止与计算机有关的滥用的第一步是制定有效获取、使用和处置系统与设备的政策和程序。今天，计算机已经渗透到各个组织中，对组织来说，确保系统充分发挥其潜力是至关重要的。因此，大多数公司对购置计算机系统和设备采取了严格的政策，包括要求在购买计算机设备之前提供正式的理由陈述，定义标准计算平台（操作系统、计算机芯片类型、最低纪录和档案管理数量等），以及在所有购置活动中使用首选供应商。

预防与计算机相关的错误首先要确定最常见的错误类型，其中很少有出人意料的错误。如图 9-2 所示。与计算机相关的错误包括：

- 数据输入或数据捕获错误。
- 计算机程序错误。
- 处理文件的错误，包括错误地格式化磁盘、复制旧文件替换了新文件以及错误地删除文件。
- 错误地处理计算机输出。
- 对设备故障的计划和控制不足。
- 对环境问题（如电气和湿度问题）的规划和控制不足。
- 安装的计算能力不足以满足任务级别。
- 未添加新 Web 链接和未删除旧链接，未能提供对最新信息的访问。

图 9-2　防止常见计算机错误

© stockyimages/Shutterstock.com
注：防止与计算机相关的错误首先要确定最常见的错误类型。

为了控制和预防由计算机相关错误引起的潜在问题，公司制定了涉及计算机购买和使用的政策和程序。对个人和工作小组的培训计划以及关于使用和维护计算机系统的手册和文件也有助于预防问题。错误预防研究所提供关于预防人为错误的在线培训，解释人类犯错的根本原因以及如何预防这些错误。[9] 其他预防措施包括在实施和使用某些系统和应用程序之前对其进行批准，以确保兼容性和成本效益，并要求对某些应用程序进行记录和说明，包括用于预写表的所有单元格公式，以及数据库系统中所有数据元素和关系的描述，应归档或提交给中央办公室。这种标准化可以方便所有人员的访问和使用。

许多组织已经制定了强有力的政策来防止员工在工作中不恰当地使用电脑浪费时间。如图 9-3 所示。

在公司规划和制定政策和流程之后，它们必须考虑如何最好地执行这些政策和流程。在某些情况下，违反这些政策可能导致终止合同。

精灵（Genius）是一款苹果手机应用程序，用户可以通过它为歌词、新闻故事、诗歌和其他文本提供注释和解释。据称，精灵的共同创始人马胡德·莫哈代姆（Mahbod Moghadam）在解读埃利奥特·罗杰（Elliot Rodger）留下的长达 141 页的宣言并发表了一些奇怪的评论后，被要求离开这家公司。罗杰是一名 22 岁的男子，他在加利福尼亚州圣巴巴拉疯狂杀人后自杀。[10]

图 9 - 3　计算机使用政策

© Warren Goldswain/Shutterstock.com
注：组织建立政策以防止员工浪费时间。

政策和流程的执行

执行恰当的政策和流程可以减少浪费和错误，根据业务的不同，政策和流程会有所不同。大多数公司在制定这些政策和程序时，都会征求公司内部审计小组或外部审计公司的意见。这些策略通常集中于源数据自动化的实现，使用数据编辑来确保数据的准确性和完整性，以及在每个信息系统中分配明确的数据准确性职责。以下是一些减少浪费和错误的有用策略：

- 应该严格控制对关键表、HTML 和 URL 的更改，所有更改都应该记录在案，并由负责任的所有者进行授权。
- 应提供一份用户手册，其中应包括操作程序和对应用程序的管理和控制的记录。
- 每个系统报告应在其标题中标明其一般内容，并指定所涵盖的时间段。
- 该系统应具有防止无效和不合理数据输入的控制措施。
- 控件的存在应确保数据输入、HTML 和 URL 是有效的、适用的，并在正确的时间框架内发布。
- 用户应当执行适当的流程，以确保输入正确的数据。

培训是执行的另一个关键方面。许多用户在使用应用程序方面没有得到适当的培训，他们的错误可能会造成很大损失。因为越来越多的人在日常工作中使用计算机，他们应该知道如何使用它们。培训往往是接受和执行政策与程序的关键。如图 9 - 4 所示。由于维护准确的数据和人们理解其职责的重要性，故将要切换到 ERP 和电子商务系统的公司会为系统各模块的关键用户投入数周的培训。

监控政策及流程

为了确保整个组织的用户都遵循既定的程序，下一步是监控日常行为，并在必要时采取纠正措施。通过了解日常活动中发生的事情，组织可以做出调整旧系统或者开发新系统的决定。许多组织执行审计，根据既定的目标度量实际结果，使用的指标包括：按时生成最终用户报告的百分比、检测到的数据输入错误的百分

420

比、每八小时轮班输入的输入事务数等。

毕马威会计师事务所（KPMG）对波士顿再开发局进行了审计，发现该机构未能从开发商那里收取数百万美元的租赁费和保障性住房费用。波士顿再开发局将其大部分记录保存在纸面上，并且缺乏足够的系统来监测和执行与开发商达成的改善道路和公园的协议，以换取城市对其项目的批准和对公共财产收取租金。[11]

图 9-4　计算机培训

© Goodluz/Shutterstock.com
注：培训有助于确保政策和流程的接受与实施。

审查政策和流程

最后一步是审查现行政策和流程，并确定这些政策和程序是否适当。在审查过程中，人们应该提出以下问题：

- 现行政策是否充分涵盖了现有做法？在监控过程中是否发现任何问题或机会？
- 组织是否计划在未来开展任何新的活动？如果是，是否需要新的政策或流程来决定由谁处理这些问题，以及必须采取哪些行动？
- 是否涵盖意外事故和灾难？

这种审查和计划允许公司采取积极主动的方法来解决问题，这可以提高公司的业绩，例如提高生产力和改善客户服务。在这样的审查过程中，公司会被警告信息系统即将发生的变化，这些变化可能会对许多商业活动产生深远的影响。

未经审查和计划的政策和流程的改变可能会导致灾难性的后果。例如，沃尔玛拥有消费品行业中最先进的供应链管理系统。该公司采用自动补货系统，以便在全国范围内采购货物时，总部的电脑会生成补货订单，以确保从邦蒂纸巾到西红柿的所有东西都能以惊人的效率送到商店。沃尔玛需要工人使用托盘千斤顶和手推车将货物从沃尔玛的后屋搬到货架上。然而，该公司最近决定削减业务费用 7.4 亿美元，主要是通过减少这些工人的人数。[12] 政策和流程的这些变化对公司产生了负面影响，导致在美国顾客满意度指数中，沃尔玛在百货公司和折扣店中排名垫底。沃尔玛顾客对空空如也的货架和糟糕的顾客服务的抱怨越来越多。如图 9-5 所示。[13]

图 9 - 5　审查政策和流程

© dailin/Shutterstock. com

注：沃尔玛降低运营成本对顾客服务产生了负面影响。

　　信息系统专业人员和用户还需要意识到整个组织中资源的滥用。防止错误是一项措施。另一项措施是实施内部安全措施和法律保护，以发现和防止一种危险的滥用行为：计算机犯罪。

计算机犯罪

　　即使是好的信息系统政策也可能无法预测或预防计算机犯罪。计算机能够在不到一秒的时间内处理数百万个数据，这使得窃贼能够窃取价值数百万美元的数据。与用枪抢劫银行或零售商店会带来的人身危险相比，计算机犯罪的危险性要小得多，因为计算机罪犯只要有适当的设备和技术，就可以在不离开家的情况下盗取大量金钱。

　　互联网犯罪计算机中心（Internet Crime Computer Center，IC3）是一个由白领犯罪中心和联邦调查局（FBI）组成的联盟，成立于 2000 年。它为互联网犯罪受害者提供了一个中心站点，使其能够报告罪犯所犯罪行，并向有关机构发出警报。截至 2014 年 5 月，IC3 共受理消费者网络犯罪投诉 300 万起。过去五年，平均每月接收 25 000 宗投诉。仅在 2013 年，向 IC3 提交的投诉中可核实的美元损失就接近 8 亿美元。如图 9 - 6 所示。[14]

　　遗憾的是，这些数字只占计算机犯罪总数的一小部分，因为许多犯罪没有报道，因为公司不想损害公众形象或者认为执法没用，缺乏宣传使得执法工作更加困难，此外，大多数遭到电子攻击的公司都不愿与媒体对话。一个很大的担忧是丧失公众的信任和形象，更不用说害怕鼓励了模仿黑客的行为。

　　今天，计算机罪犯是一个比以往任何时候都更大胆和更有创造力的新问题。随着互联网的日益普及，计算机犯罪已成为全球性犯罪，执法部门必须打击网络犯罪，不仅仅是在美国。计算机犯罪的不同之处在于它的非暴力形象，这只是因为使用了计算机，但仍然是犯罪。计算机犯罪之所以独特而难以打击，原因在于其双重属性——计算机既是犯罪的工具，又是犯罪的对象。

图 9-6　计算机犯罪

dean bertoncelj/Shutterstock. com
注：计算机犯罪是一个严重且日益受到全球关注的问题。

> **互联网犯罪计算机中心（IC3）：** 白领犯罪中心和联邦调查局组成的联盟，为互联网犯罪受害者提供一个中央站点，使其能够报告罪犯所犯罪行并向有关机构发出警报。

计算机作为犯罪工具

计算机可以被用作获取有价值信息的工具，也可以被用作窃取数百万美元的手段。这也许是一个动机问题——许多从事计算机相关犯罪的人声称他们这样做是为了挑战，而不是为了钱。信用卡诈骗——罪犯通过窃取信用卡号码非法获取他人的信用额度——是当今银行和金融机构关注的主要问题。一般来说，大多数计算机犯罪需要两种能力。

首先，犯罪需要知道如何访问计算机系统。有时，获取访问权限需要知道身份证号和密码。此外，罪犯必须知道如何操纵这个系统来产生想要的结果。在通常情况下，一个关键的电脑密码会被一个人说出来，这种做法被称为**社会工程**（social engineering）。社会工程经常通过电话模仿权威人士并试图逐步从用户那里获取信息来实施。黑客声称是受害者组织或互联网服务提供商的帮助台的成员。以下是一些避免成为社会工程受害者的小技巧。

● 永远不要提供你的用户名、登录 ID、密码、社会安全号码、账号或安全问题的答案（例如，你最好的朋友住的那条街的名字）。

● 高度怀疑任何主动联系你的电脑的人或电脑服务人员。

● 如果有人打电话声称来自公司的另一个办公室或是一个供应商，要求提供敏感信息，你需要对方提供身份证明。例如，分机号码，以便你可以回电话。如果他们声称是执法机关的，就让对方提供一个警徽号码。

你认为没有人会低头在你的垃圾堆里搜寻你已经付过的账单吗？错了！垃圾箱对于身份窃贼来说是一个很好的信息来源。从被丢弃的账单、信用卡批准书或财务报表中获得的数据可以提供所有需要的信息，以盗取访问身份。有时，攻击者只需在垃圾堆中寻找有助于破解计算机或说服公司人员给予他们更多访问权限的重要信息，即**垃圾搜寻**（dumpster diving），如图 9-7 所示。此外，2 000 多个网站提供免费数字工具，让人们窥探、破坏计算机、劫持机器控制权或检索每一次按键的副本。虽然其中一些工具旨在合法使用，以提供远程技术支持或监测计算机使用情况，但黑客利用这些工具获得对计算机或数据的未经授权的访问。

图 9-7 垃圾搜寻

© IVL/Shutterstock.com
注：身份窃贼不遗余力地搜索组织的垃圾来寻找机密信息。

网络恐怖主义

网络恐怖主义（cyberterrorism）通过使用信息技术破坏重要的国家基础设施（如能源、交通、电信、银行和金融、执法和应急响应），以达到政治、宗教或意识形态目标，对政府或平民进行恐吓。网络恐怖主义日益受到世界各国和各组织的关注。

美国政府认为网络恐怖主义的潜在威胁非常严重，因此在 1998 年 2 月成立了国家基础设施保护中心。这一职能后来被移交给国土安全部信息分析和基础设施保护局，它是威胁评估、预警、调查和应对该国关键基础设施威胁或攻击的中心，这些基础设施提供电信、能源、银行和金融、供水系统、政府运作和紧急服务。对提供这些服务的设施进行成功的网络攻击可能会对美国社会的正常功能造成广泛和大规模的破坏。如图 9-8 所示。

网络恐怖分子（cyberterrorist）是通过对计算机、网络及其存储的信息发动基于计算机的攻击，恐吓或胁迫政府或组织以推进其政治或社会目标的人。以下是来自世界各地的网络恐怖分子袭击的一些最新实例：

● 美国和以色列政府合作开发了震网（Stuxnet）软件，这是一种计算机恶意软件，旨在攻击控制工业机械的工业可编程逻辑控制器（PLC）。震网恶意软件被用来感染控制离心机的计算机，这些离心机用于分离伊朗核项目的核材料。据政府估计，震网软件的袭击使伊朗的核计划推迟了两年之久，尽管外部专家对这一说法表示怀疑。[15]

● 俄罗斯黑客侵入了至少三家工业控制软件制造商的网络，并在它们的产品软件中植入了恶意软件。石油和能源行业的许多公司都使用该软件，使其员工能够远程访问工业控制系统。据估计，约有 250 家公司在不知不觉中下载了受恶意软件感染的软件。虽然没有迹象表明黑客意图实施网络恐怖主义行为，如炸毁石油钻塔或炼油厂，但存在破坏的可能性。[16]

图 9-8　网络恐怖主义

© Burben/Shutterstock.com
注：网络恐怖主义包括对国家关键基础设施的威胁或攻击，如空中交通管制系统。

● 艾莉美公司（Ellie Mae，Inc.）为住宅按揭行业提供端到端的业务自动化软件。大约有 20％ 的抵押贷款债务在其系统中流动。2014 年 3 月 31 日和 4 月 1 日，也就是一个月的关键处理期结束时，贷款发放系统无法运行，贷款人无法结束贷款。此次中断是可疑的，并引发了人们对旨在测试关键银行系统防御能力的网络攻击的猜测。[17]

身份盗窃

身份盗窃（identify theft）是一种犯罪行为，冒名顶替者获取个人的关键身份信息（如社会保险或驾照号码）以冒充他人。然后，这些信息被用来以受害者的名义获取信贷、商品或服务，或者向窃贼提供虚假的证件。2013 年，超过 1 300 万名美国成年人成为身份盗窃的受害者，比 2012 年增加了 50 万人。如图 9-9 所示。[18]

这些罪行的实施者采用了如此广泛的方法，因此很难对他们进行调查。获取个人身份信息的一种方法是黑客未经授权访问组织的员工和客户记录。从 2005 年身份盗窃资源中心开始追踪安全漏洞，到 2014 年 7 月，共收集到 4 652 起漏洞，影响了 6.33 亿人。（有些人多次受到影响，有些人很幸运，没有受到影响。）[19]

受身份盗窃影响的美国纳税人人数从 2010 年的 27 万人增加到 2013 年的 160 万人，增长了 6 倍。这些盗窃案已导致数十亿美元的潜在欺诈退款。例如，佛罗里达州一位三个孩子的母亲承认利用盗用的身份骗取国税局 300 万美元，但这是在她买了一辆价值 9.2 万美元的奥迪并宣称自己是百万富翁，并且愚蠢地在其脸谱网页面上宣布她是"国税局税务欺诈女王"之后。[20]

另一个快速增长的身份盗窃领域涉及儿童身份盗窃。最近的一项调查发现，有 18 岁以下儿童的美国家庭中，有 2.5％ 的家庭在孩子成长年代的某个时候经历过儿童身份欺诈。[21] 儿童的社会安全号码被认为是"干净的"，他们的盗窃行为可能多年都不会被发现。潜在的儿童身份盗窃情况包括：接到打给儿童的电话、以儿童的名义开立银行账户、收到儿童的账单或银行对账单、青少年因已获发身份证或驾驶执照而被拒发身份证或驾驶执照等。发现类似的情况，父母应该为孩子申请信用报告，以确保一切正常。

图 9-9　身份盗窃

© kentoh/Shutterstock. com

注：2013 年，超过 10 万名美国成年人成为身份盗窃的受害者。

　　在某些情况下，身份窃贼利用个人信息开立新的信用账户，建立手机服务，或开立新的支票账户以获得空白支票。在其他情况下，身份窃贼使用个人信息来访问该人的现有账户。在通常情况下，窃贼会更改账户的邮寄地址，在身份被盗用的人意识到有问题之前，就会累积一大笔账单。互联网使身份盗用者更容易使用被盗信息，因为交易无需任何个人互动。

■ 计算机盗窃

　　自 1991 年达到高峰以来，银行抢劫案的数量减少了 60％，仅在 2011 年至 2012 年间，抢劫案就减少了 23％。传统的银行抢劫正在被取款机和其他网络犯罪取代。[22] Ploutus（也称为"Plotos"）是一种恶意软件，旨在

图 9-10　计算机盗窃

© Matthew Ennis/Shutterstock. com

注：Ploutus 恶意软件，被设计用来直接从自动取款机上偷钱。

直接从 ATM 上窃取资金。如图 9-10 所示。该恶意软件撬开电脑上的锁，访问 CD-ROM 驱动器，将恶意软件通过 CD-ROM 上传到 ATM 上。窃贼可以通过 ATM 键盘接口向恶意软件发送一个命令来分发现金。2013 年 9 月，墨西哥警方在墨西哥逮捕了两名涉嫌使用恶意软件的委内瑞拉男子，首次发现了这种软件。[23]

金融机构还担心可能出现"砖头攻击"，黑客会感染存储客户数据的服务器，使其完全无用，无法开启。美国国家安全局（NSA）报告称，该局在 2013 年底挫败了针对全美电脑的此类砖头攻击。[24]

> **社会工程**：利用社会技能让计算机用户提供信息，从而允许黑客访问信息系统或其数据。
> **垃圾搜寻**：在一个组织的垃圾中寻找秘密或机密信息，包括访问信息系统或其数据所需的信息。
> **网络恐怖主义**：通过使用信息技术破坏重要的国家基础设施（如能源、交通、电信、银行和金融、执法和应急响应），以达到政治、宗教或意识形态目标，对政府或平民进行恐吓。
> **网络恐怖分子**：通过对计算机、网络及其存储的信息发动基于计算机的攻击，恐吓或胁迫政府或组织以推进其政治或社会目标的人。
> **身份盗窃**：冒名顶替者获取个人的关键身份信息（如社会保险或驾照号码）以冒充他人的犯罪行为。

计算机作为打击犯罪的工具

计算机也被用作打击计算机犯罪的工具。信息系统在许多方面被用来打击犯罪，包括帮助找回被盗的财产，监控犯罪者，以及帮助更好地了解和减少犯罪风险。

■ 追回被盗财物

LeadsOnline 是一个基于网络的服务系统，它是执法部门用来追回被盗财产的几个信息系统之一。该系统的数据库中包含数亿条记录。6.8 亿笔交易从典当经纪人、二手交易商和废品回收场进入了这个系统。在一些地区，州或地方法律要求所有此类企业在线注册（对企业主不收费）该系统。该系统允许执法人员根据项目序列号或由个人搜索数据库。它甚至还与 eBay 建立了合作伙伴关系，这样就有可能找到已经在网上出售或正在出售的被盗商品。

LeadsOnline 系统经常帮助抓获罪犯，并将赃物归还给其合法所有者。警察接到一起盗窃案件，涉及铝卷和铁链围栏的盗窃。为了在网上搜索线索，他使用了受害者提供的一个可能的嫌疑人的名字，发现嫌疑人最近在当地的一个废料场销毁了大量金属。警察在废品场进行了追踪，获得了嫌疑人和他丢弃的物品的照片。受害者已确认了这些物品，对此案的指控仍在审理中。[25]

■ 监控罪犯

JusticeXchange 是一个基于网络的数据共享系统，它将数百万全国范围内的预订记录置于执法官员的掌握之中。该系统使得与其他执法人员合作查找相关人员变得容易。

该系统通过与现有监狱管理系统的接口，接收来自登记和收容罪犯的机构的数据。用户可以搜索关于囚犯的历史和当前信息，创建一个"监视"，以便系统通过电子邮件通知他们特定的罪犯的记录或释放情况，并将有关当前被监禁罪犯的行为信息添加到数据库中。[26]

Watch Systems 是美国执法机构的技术合作伙伴和顾问。其"罪犯监视"（Offender Watch）方案是为执法机构提供的一个性罪犯管理和社区通报解决方案。大约 4 500 个地方、县和州机构使用它来管理全国 60％的性犯罪者。这个基于 Web 的系统存储了违法者的地址、物理描述和车辆信息。公众可以通过 www.com-munitynotification.com 访问这些信息。可获得的信息因县和州而异。例如，在俄亥俄州的汉密尔顿县，数据是由治安部门提供的，允许用户根据乡镇、学区、邮政编码或输入地址的一英里范围搜索已记录的性犯罪者。显示的信息包括所有已登记的性犯罪者的照片、他们的描述和当前地址。执法机构可以根据完整或部分车牌号码或车辆描述搜索数据库。[27]

■ 评估特定区域的犯罪风险

个人电脑的普及，加上绘图和分析软件的发展，使得执法机构能够利用与犯罪有关的数据、强大的分析技术和地理信息系统（GIS）来更好地了解甚至减少犯罪风险。这种软件的使用使执法机构、组织安全部门的成员和个人能够快速了解给定地址或特定地点的犯罪风险。

CAP 指数公司的犯罪预测报告对美国、加拿大和英国所有地点的犯罪风险提供了一个快速而全面的概述。CAP 提供详细的风险评分地图和电子表格，能区分和识别特定地点附近与犯罪有关的问题。《财富》100强企业中，80％以上都是 CRIMECAST 的客户，包括美国银行（Bank of America）、卡贝拉（Cabela's）、卡夫（Kraft）、劳氏（Lowe's）、美国全国保险公司（Nationwide）、万豪国际集团（Marriott）等。公司和政府组织使用 CRIMECAST 的数据评估其设施的犯罪风险水平，选择新的场所，分配安全资源，并针对与营业场所安全有关的诉讼进行辩护。[28]

通过地理信息系统，执法机构可以分析犯罪数据与其他因素的关系，包括常见犯罪现场的位置（如便利店和加油站）和某些人口数据（如年龄和收入分配）。地理信息系统普遍包括以下内容：

● 国家设备登记局在发生设备盗窃高峰的地区绘制移动设备盗窃图，以便设备所有人和警察能够采取适当行动。其中包括 1 500 多万份建筑物记录和农业设备所有权记录。[29]

● 计算机统计（CompStat）（computer statistics 的缩写）程序使用地理信息系统软件来绘制犯罪地图和识别问题区域。该项目在减少波士顿、洛杉矶、迈阿密、纽瓦克、新奥尔良、纽约和费城的犯罪方面有可靠的记录。其他城市也在探索使用它，包括旧金山。[30]

● CargoNet 是一个全国性的数据库，它帮助执法部门和运输行业跟踪货物犯罪，识别货物盗窃模式，提高被盗财产的回收率。传统的台式电脑、笔记本电脑、平板电脑甚至智能手机都可以访问这个数据库。

计算机作为犯罪的对象

计算机也可以成为犯罪的目标，而不是犯罪的工具。每年有价值数千万美元的计算机时间和资源被盗。非法获取系统访问、数据或计算机设备被盗或被销毁、软件被非法复制，都是以计算机为对象的犯罪。这些犯罪可分为以下几类：非法获取和使用、数据篡改和销毁、信息和设备盗窃、软件和互联网盗版、计算机相关诈骗以及国际计算机犯罪。具体内容见表 9-1。

表 9 - 1　实施计算机犯罪的常用方法

方法	例子
添加、删除或更改计算机系统的输入	删除学生的缺席记录
修改或者开发犯罪的计算机程序	改变银行计算利息的程序，将金额存入罪犯的账户
改变或修改计算机系统中的数据文件	把学生成绩从 C 改到 A
操作计算机系统的方式会导致计算机犯罪	进入受限制的政府电脑系统
从计算机系统中转移或误用有效输出	从公司的垃圾桶里偷出废弃的客户记录打印件
窃取计算机资源，包括硬件、软件和计算机设备上的时间	非法复制软件而不付费
在网上销售无价值的产品	发送电子邮件，要求购买毫无价值的头发生长产品
敲诈主管人员以阻止发布有害信息	窃听组织的无线网络以获取竞争数据或丑闻信息
敲诈公司以防止丢失计算机信息	安装一个逻辑炸弹，并发出一封信，威胁要引爆它，除非支付一大笔钱

🔲 非法访问和使用

　　涉及非法进入和使用电脑服务的罪行是政府和商界所关注的问题。自从信息技术出现以来，计算机一直受到黑客犯罪的困扰。最初，**黑客**（hacker）是指喜欢计算机技术并花时间学习和使用计算机系统的人。**犯罪黑客**（criminal hacker），也被称为"cracker"，指的是精通计算机的人，他们试图获得未经授权或非法访问计算机系统的权限，窃取密码、破坏文件和程序，甚至转移资金。在许多情况下，犯罪黑客是那些寻找刺激的人，即击败系统的挑战。今天，许多人把"黑客"和"骇客"这两个词互换使用。**"脚本兔"**（script bunny）是一个贬义词，指的是那些下载了所谓"脚本"程序的没有经验的黑客。**局内人**（insider）是指员工，不管他们是心怀不满还是其他原因，要么独自工作，要么与外人合作，以破坏公司制度。对许多公司来说，最大的威胁不是外部的黑客，而是他们自己的员工。局内人有额外的知识，这使得他们成为特别危险的人——他们知道登录 ID、密码和帮助他们逃避检测的公司程序。

　　2014 年 3 月，载有 239 名乘客和机组人员的马来西亚航空公司 370 航班在印度洋上空失踪。如图 9 - 11 所示。

图 9 - 11　内部威胁

注：马航 370 航班的失踪可能是内部犯罪。

对失踪事件的调查令人怀疑，一名内部人员（其中一名飞行员）负责使向地面管制员发出飞机位置和速度信号的转发器失效，并对飞机的飞行管理系统进行重新编程，使飞机偏离预定的飞行路线。[31]

犯罪黑客的抓捕与定罪始终是一项艰巨的任务。这些犯罪行为背后的方法往往很难确定，即使犯罪方法是已知的，追踪罪犯也仍有可能要花很多时间。

由于承包商通常必须得到信任，才能使用登录名和密码，并访问安全的信息系统，以完成它们的工作分配，因此它们也可以被视为内部威胁。一名男子因谋杀罪被判 20 年监禁，但在服刑 10 年后，他顺利通过了筛选程序，成为芝加哥奥哈拉机场某承包商的一名雇员。随后，监控录像发现他从一个鞋柜里偷了两台笔记本电脑。[32]

数据和信息是宝贵的企业资产。故意使用非法的、破坏性的程序来改变或破坏数据与破坏有形商品一样都是犯罪。这些程序中最常见的是病毒和蠕虫，这些软件程序在被装入计算机系统时，将破坏、中断或导致处理过程中的错误。这类程序也被称为**恶意软件**（malware），而且这类程序的增长速度非常快。据估计，每天都有数百种以前不为人知的病毒和蠕虫出现。表 9-2 描述了最常见的恶意软件类型。

表 9-2　常见的电脑恶意软件

恶意软件类型	描述
逻辑炸弹	当特定条件发生时执行的一种特洛伊木马。逻辑炸弹的触发器可以包括由特定的一系列击键或者在特定的时间或日期在文件中的更改。
后门软件	使其用户能够获得对计算机或网络的管理员级访问权限的恶意程序。一旦安装，攻击者就可以获得系统的完全控制，甚至从合法的系统管理员那里隐藏后门软件的存在。
特洛伊木马	伪装成有用的应用程序或游戏的恶意程序，有目的地做用户不希望做的事情。
变异体病毒	病毒的修改版本，由病毒作者或其他人通过修改原始病毒代码而产生。
电脑病毒	一种恶意程序，它自我复制并感染计算机，在文件被复制或共享时，从一个文件传播到另一个文件，然后从一个计算机传播到另一个计算机。大多数病毒都将自己附加到可执行文件上，但有些病毒可以针对主引导记录、自动运行脚本或 Microsoft Office 宏。
蠕虫	一种恶意程序，它可以在计算机之间传播，但与病毒不同，它可以在没有任何人工操作的情况下传播。例如，蠕虫病毒可以向电子邮件地址簿中列出的每个人发送自己的副本。

在某些情况下，病毒或蠕虫可以终止计算机系统或网络的正常运行达数天之久，直到发现并修复问题。在其他情况下，病毒或蠕虫可以破坏重要的数据和程序。如果备份不充分，数据和程序就可能再也不能完全正常工作。这些成本包括识别和消除病毒或蠕虫，恢复计算机文件和数据，以及由于计算机意外停机而损失的业务价值。

特洛伊木马程序 Pandemiya 监控其主机的输入和输出的数据流，寻找银行和金融账户的用户名和密码。它还扫描社会安全号码、信用卡信息和其他对身份窃贼有用的数据。所有有利害关系的数据都被转发到网络罪犯的电脑，然后罪犯将这些数据打包转售给其他网络罪犯。[33]

最近，黑客们将注意力转向了智能手机，尤其是运行流行的安卓操作系统的智能手机。原因有二：首先，人们可以通过智能手机下载几乎无限的应用程序；然而，看似无害的程序却能让黑客轻而易举地进入你的手机。此外，很少有智能手机有足够的安全和反病毒软件保护，这为开发恶意软件创造了条件。恶意软件制造者可以访问电子邮件和联系人列表，监控个人通信，并获取重要数据，如用于访问移动银行应用程序的密码。

一种智能手机黑客技术正在使用一种流行的应用程序，如 JetpackJoy Joyride 或 4Pics、1 Word，在其代码中插入一系列恶意命令。然后在一个第三方应用程序站点上重新使用它，这个站点没有像 GooglePlay 或

Apple Store 那样严格的应用程序流程。当用户从第三方应用程序商店下载他们认为价格低廉的应用程序时，他们反而会遇到问题。[34]

▣ 间谍软件

间谍软件（spyware）是安装在个人计算机上的软件，在用户不知情或未经用户许可的情况下，对用户与计算机的交互进行拦截或控制。某些形式的间谍软件秘密地记录击键，以便捕获用户名和密码。其他形式的间谍软件会记录用户的上网习惯和访问过的网站信息。还有其他形式的间谍软件改变个人电脑设置，使用户连接速度减缓或被重定向到预期以外的网页。间谍软件类似于特洛伊木马，因为当用户从互联网上下载软件或共享软件时，他们并不知道木马的存在。

黑客小组（Hacking Team）是一家意大利电脑间谍软件公司，据称外国政府使用该公司的软件窥探持不同政见者和记者。其软件可以从硬盘上窃取文件，偷听视频聊天，扫描电子邮件，窃取联系人列表，远程打开摄像头和麦克风来监视电脑上毫无防备的用户。受害者包括迪拜的一名人权活动人士、摩洛哥的一群批评政府的记者，以及美国的一名埃塞俄比亚记者。所有人都被黑客袭击了，他们的电子邮件在不知情的情况下被阅读。许多人担心，如果落入不法分子之手，黑客小组的软件可能成为高度侵入性的工具，将持不同政见者和活动人士置于危险之中。[36] 这样的软件也可以被工业间谍和那些怀疑他们的人使用。

▣ 信息和设备盗窃

数据和信息是可以被盗窃的资产或商品。非法访问系统的人经常这样做是为了盗窃数据和信息。为了获得非法访问权限，犯罪黑客需要身份证号和密码。一些罪犯尝试识别各种号码和密码，直到他们找到有效的。使用密码嗅探器是另一种方法。**密码嗅探器**（password sniffer）是隐藏在网络或计算机系统中的一个记录身份证号和密码的小程序。几天之内，密码嗅探器就可以记录数百或数千个身份证号和密码。使用密码嗅探器，犯罪黑客可以进入电脑和网络去窃取数据和信息，侵犯隐私，植入病毒，扰乱电脑操作。

面具（Mask）是一组恶意软件，它会感染运行 Windows、OS 和 Linux 操作系统的计算机。它被认为是迄今为止发现的最复杂的恶意软件驱动的间谍活动。该恶意软件会捕获击键、Skype 对话和其他形式的敏感数据。它针对的是拥有独特的数据或者具有国家战略或业务价值能力的个人或组织。它的主要目标似乎是个人活动家、能源公司、政府机构和大使馆、私人股本公司和研究机构。考虑到它的攻击目标和复杂程度，专家认为它是由一个资金充裕的国家资助的黑客制造的。[37]

除了数据和软件被盗外，所有类型的计算机系统和设备都是从家庭、办公室、学校和车辆中被盗的。有软件可以让你在笔记本电脑丢失或被盗时找到它。如图 9 - 12 所示。例如，MyTheftProtection 让你能利用 GPS 技术和谷歌地图追踪、跟踪并监视你的计算机。你甚至可以通过网络摄像头获得小偷的照片，还可以与小偷或用户进行交流。[38]

在许多情况下，这些系统中存储的数据和信息比设备更有价值。个人数据可能被用于身份盗窃。此外，受害组织收到大量的负面宣传，可能导致它失去现有的和潜在的未来客户。通常，受害者组织会为那些受影响的人提供信用监测服务，以恢复客户的信誉，避免诉讼。

▣ 侵犯专利和版权

思想的作品，如艺术、书籍、电影、公式、发明、音乐，以及由一个人或一个团体创造的独特的、"拥有"或"创造"的过程，被称为"知识产权"。版权法保护艺术、书籍、电影和音乐等作品。专利法保护工艺、机器、人类或机器制造的物体、物质的组成以及这些物品的新用途。软件被认为是知识产权，可能受到版权或专利法的保护。

图 9 - 12　保护计算机

ghassem khosrownia/Getty Images
注：为了打击计算机犯罪，许多公司使用可以使磁盘驱动器失效或将电脑锁在办公桌上的设备。

软件盗版（software piracy）是指未经授权复制、下载、共享、出售或安装受版权保护的软件的行为。当你购买软件时，你是在购买使用它的许可证，但你不拥有实际的软件。许可证规定了你可以安装软件的次数。如果你复制的软件数量超过许可证允许的数量，你就是在盗版。

商业软件联盟（BSA）已经成为一个著名的反盗版软件组织。包括奥多比（Adobe）、苹果（Apple）、惠普（HP）、国际商用机器公司（IBM）、英特尔（Intel）和微软（Microsoft）在内的软件公司为商业软件联盟的运营提供资金。据商业软件联盟估计，2013 年全球未经授权的个人电脑软件使用率为 43%，全球商业价值为 627 亿美元。未经授权软件的总体使用率最低的地区是北美，为 19%；未经授权软件的总体使用率最高的地区是亚太地区，为 62%。[39]

数字版权管理（digital rights management，DRM）是指使用多种技术中的任何一种来执行控制对数字媒体（如电影、音乐和软件）的访问的策略。许多数字内容出版商表示，它们需要数字版权管理技术来防止由于非法复制它们的版权作品而造成的收入损失。虽然盗版电影的损失只能不精确地估计，但是美国电影协会（MPAA）估计有 2 900 万美国成年人看过非法拷贝的电影或电视节目。据估计，每月有超过 3 亿用户使用 BitTorrent（一种常用的点对点文件共享服务）下载免费内容。[40] 另外，许多数字内容用户认为数字版权管理和相关技术会导致用户权利的丧失。例如，用户可以通过苹果的 iTunes 音乐商店以不到 1 美元的价格在线购买一首音乐曲目。然后他们可以把这首歌刻录到 CD 上，再把它传到 iPod 上。然而，购买的音乐文件是由 iPods 支持的 AAC 格式编码，并由苹果开发的数字版权管理技术 FairPlay 保护。令音乐爱好者吃惊的是，大多数音乐设备都不兼容 AAC 格式，也不能播放 iTunes 的受保护文件。如图 9 - 13 所示。

对软件盗版的惩罚可能是严厉的。如果版权所有者对某人提起民事诉讼，所有者就可以立即阻止此人使用其软件，还可以要求金钱赔偿。然后，版权所有者可以在实际损害赔偿和法定损害赔偿之间做出选择，前者包括因侵权人的侵权行为而造成的损失以及可归责于侵权行为的任何利润，后者则是每复制一个程序最高可获得 15 万美元的赔偿。此外，政府可以在刑事法庭起诉侵犯版权的软件盗版者。如果罪名成立，他们就可能会被判处最高 25 万元的罚款或被判处最高 5 年的监禁，或者两者同时进行。

英国的一家工程设计公司 Project Options Ltd 被发现使用了数个未经授权的 Autodesk 软件进行计算机辅导设计（CAD）。该公司被责令支付 3.3 万英镑（超过 5.5 万美元）的相关罚款。通过其网站提交的一份机密的在线报告引起了商业软件联盟的注意。商业软件联盟鼓励举报软件盗版，并承诺对匿名举报给予现金奖励。[41]

图 9 - 13　数字版权管理

© Bloom Design/Shutterstock. com
注：由于数字版权管理（DRM）技术的存在，iTunes 用户购买和下载的音乐文件只能在 iPods 和其他与 AAC 兼容的设备上播放。

　　有关版权侵犯的另一个主要问题是受版权保护的音乐的下载。对于盗版音乐给唱片业带来的损失，各方估计相差甚远。自 1999 年点对点（p2p）文件共享网站纳普斯特（Napster）出现以来的十年间，美国的音乐销售额下降了 47％，从 146 亿美元降至 77 美元。政策创新研究所估计，美国全球唱片业每年因音乐盗版损失约 125 亿美元的收入。据预测，这将导致美国 7.1 万人失业，美国工人工资损失 27 亿美元。[42]

　　一名来自路易斯安那州的男子因制造和分销盗版电影和音乐专辑被判在联邦监狱服刑两年。这个人用家里的 DVD/CD 刻录机复制了受版权保护的电影和音乐，然后从他停放的车上以 10 美元的价格出售这些非法拷贝物。在搜查他家期间，调查人员查获了 1 000 多张盗版 DVD 和 CD，估计零售价超过 12 000 美元。[43]

　　专利侵权也是计算机软硬件制造商面临的主要问题。它发生在某人未经授权使用他人的专利时。如果法院认定专利侵权是故意的，就可以判赔专利权人所要求的损害赔偿金的 3 倍。专利侵权赔偿金超过 1 000 万美元并不罕见。

　　苹果和三星卷入了一系列有关智能手机和平板电脑设计的专利侵权法律战。这些问题始于 2010 年春季，当时三星推出了新进入智能手机市场的 Galaxy S。苹果的设计师认为，Galaxy S 的整体外观、屏幕、图标甚至盒子都与 iPhone 非常相似。如图 9 - 14 所示。此外，苹果还声称，它的许多专利功能，如"点按变焦"都

三星 Galaxy S　　　　　苹果 iPhone

图 9 - 14　专利侵权

© Zeynep Demir/Shutterstock. com，© Bloom Design/Shutterstock. com，© In Green/Shutterstock. com
注：苹果和三星卷入了一系列有关智能手机和平板电脑设计的专利侵权诉讼。

在 Galaxy S 中被复制。而三星则声称，苹果侵犯了其 22 项以上的专利。到 2011 年 10 月，苹果和三星已经在 10 个国家提起了 19 起诉讼。迄今为止，这两家公司的诉讼费用已超过 10 亿美元。[44]

要获得一项专利或确定一项专利是否存在于一家公司寻求开发的某个领域，需要美国专利局进行检索；这些可以持续 25 个月以上。事实上，专利程序如此具有争议性，以至于制造企业、金融界、消费者和公共利益集团以及政府领导人都在要求进行专利改革。

计算机相关诈骗

人们在房地产、旅游、股票和其他商业诈骗中损失了数十万美元。如今，许多此类骗局都是与计算机有关的。利用互联网，诈骗者提供快速致富的计划，包括虚假的房地产交易、兜售隐性成本巨大的"免费"假期、进行银行诈骗、提供假的彩票电话、出售一文不值的廉价股票，以及推广非法避税计划等。

许多网络欺诈案件涉及在互联网上出售未交付的汽车广告。诈骗者在网上贴出了出售车辆的照片和描述。当感兴趣的买家做出回应时，受害者就被告知车辆位于海外。然后，诈骗者告诉受害者通过电汇发送一笔押金以启动发货流程。一旦转账完成，买家就再也听不到诈骗者的任何信息了。在这个骗局的一个迂回变化中，诈骗者告诉受害者最初的电汇有问题。为了纠正这个问题，诈骗者给受害者寄去一张银行本票（伪造的），并告诉受害者将支票兑换成现金，然后给另一个账户发送第二条电汇。受害人没有意识到收银员的支票是伪造的，并按照指示行事，导致第二次被欺骗。[45]

另一个常见的投诉涉及爱情诈骗，即诈骗者将个人作为目标，在网上寻找伴侣或爱情。诈骗者经常利用盗取的身份来显示自己的声誉，并开始与潜在的受害者"交朋友"，试图与受害者建立在线关系。受害者认为他们在"约会"一个善良、诚实的人，却从未见过他们。随着关系的发展，诈骗者透露他们正处于困境，需要现金。也许他们在国外有急事，家里有人生病了。他们需要钱回家。受害者最终将资金（有时反复）汇给诈骗者，以示自己是在真心实意地交往。[46]

在过去的几年里，各种银行的信用卡客户都成为诈骗分子的目标，诈骗分子试图获得使用信用卡时所需的个人信息。这一骗局的工作原理是诈骗分子向信用卡客户发送一封电子邮件，其中包含一个链接，这个链接似乎可以将客户引向他们银行的网站。在网站上，他们会看到一个弹出框，询问他们完整的信用卡卡号、个人身份证号和信用卡到期日期。问题是该网站是假的，由试图获取客户私人信息的人运营，这是一种被称为**网络钓鱼**（phishing）的计算机诈骗形式。

网络钓鱼攻击在全球范围内正不断增加，并在 2014 年第一季度创下了 125 215 次攻击的纪录。攻击支付服务网站的诈骗者占 47%，20% 的攻击针对金融服务公司，11% 的攻击针对零售/服务公司。[47]

当前这一轮的网络钓鱼诈骗非常复杂，看起来就像从你期待的一家大银行发送的电子邮件。消息显示一个熟悉的银行徽标，单击它可以进入真正的银行网站。这封电子邮件使用的是来自银行的真实无回复电子邮件地址，而不是一个明显伪造的雅虎或 Hotmail 地址。但是，这些消息会通知收件人，因为银行发现他们的账户存在严重问题，所以他们必须填写一个表格，并提供账户号码、个人身份证号和其他诈骗者冒充他们所需的关键信息。如图 9-15 所示。网络钓鱼已经成为一个非常严重的问题，美国银行、脸谱网、富达投资、谷歌、摩根大通、领英、微软、PayPal、雅虎和其他组织已经成立了基于域的消息验证、报告和一致性（DMARC）组，以提供更好的电子邮件安全性并防止网络钓鱼。[48]

电话钓鱼（vishing）类似于网络钓鱼。然而，它不是使用受害者的电脑，而是使用受害者的手机。受害者通常会收到通知或消息，要求他们打电话核实账户信息。如果受害者回复消息，他们就会被要求提供个人信息，如信用卡账号或姓名和地址。获取的信息可以用于身份盗窃，以受害者的名义获取和使用信用卡。电话钓鱼犯罪分子甚至可以使用这种欺骗卡，在网上以低于 5 美元的价格出售 25 个电话。它使电话显示来电者指定的来电标识号，而不是实际的电话号码。[49]

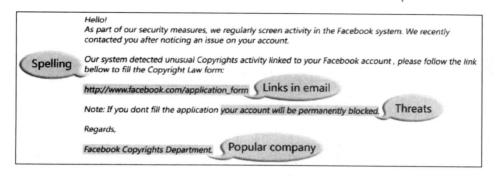

图 9-15　网络钓鱼电子邮件信息

微软产品截屏，经微软公司许可。
注：钓鱼攻击正在世界范围内不断增加。

短信诈骗（smishing）类似于网络钓鱼和电话钓鱼。当罪犯假扮成金融机构，试图通过短信、拨打电话号码或访问欺诈性网站来欺骗手机用户提供个人信息时，就会发生短信诈骗。

国际计算机犯罪

当计算机犯罪跨越国界时就会变得更加复杂。洗钱是将非法获得的资金伪装成合法资金的行为。随着电子现金和资金转移的增加，一些人担心恐怖分子、国际毒贩和其他犯罪分子正在利用信息系统非法获得资金。

联邦检察官起诉了四名俄罗斯人和一名乌克兰人，这是美国历史上最大的计算机犯罪案之一。这五人密谋了一个针对大型企业网络的全球计划，窃取了超过 1.6 亿个信用卡号码，造成了数亿美元的损失。[50] 遭到黑客攻击的公司包括法国公司家乐福和杰西潘尼，以及捷蓝航空、纳斯达克和维萨等多家美国公司。其中，两名犯罪分子侵入网络；一名犯罪分子挖掘数据用以窃取用户名和密码、个人身份资料、信用卡和借记卡号码；一名犯罪分子提供匿名网络托管服务，隐瞒该团伙的行为；另一名把偷来的数据卖掉，然后分配利润。[51]

黑客：喜欢计算机技术并花时间学习和使用计算机系统的人。

犯罪黑客：精通电脑的人，试图获得未经授权或非法访问计算机系统的权限，窃取密码、破坏文件和程序，甚至转移资金。

脚本兔：一个贬义词，指没有经验、下载了"脚本"程序的黑客。

局内人：独自工作或与外人合作以破坏公司制度的员工，不论他是否心怀不满。

恶意软件：当被装入计算机系统时，会破坏、中断或导致处理过程中的错误的软件程序。

间谍软件：安装在个人计算机上的软件，在用户不知情或未经用户许可的情况下，对用户与计算机的交互进行拦截或控制。

密码嗅探器：隐藏在网络或计算机系统中的一个记录身份证号和密码的小程序。

软件盗版：未经授权复制、下载、共享、出售或安装受版权保护的软件的行为。

数字版权管理（**DRM**）：指使用几种技术中的任何一种来执行控制对数字媒体（如电影、音乐和软件）的访问的策略。

网络钓鱼：一种通过假网站尝试收集访客私人信息的计算机诈骗形式。

电话钓鱼：一种试图通过拨打电话号码和输入个人数据来窃取个人信息的骗局。

短信诈骗：试图通过短信窃取个人隐私信息的诈骗行为。

预防计算机犯罪

由于如今计算机使用的增加，预防和侦测计算机犯罪的工作受到了更大的重视。虽然所有州都通过了计算机犯罪立法，但一些人认为这些法律并不总是有效的，因为公司并不总是积极地侦察和追查计算机犯罪，安全措施不足，已定罪的罪犯不会受到严厉的惩罚。然而，在美国各地，私人用户、公司、雇员和政府官员都在以个人和集体的方式努力遏制计算机犯罪，并且最近的努力取得了一些成功。

各州及联邦机构预防犯罪

州和联邦机构已经开始积极地攻击计算机罪犯，包括各个年龄段的犯罪黑客。1986 年，国会通过了《计算机欺诈与滥用法案》（Computer Fraud and Abuse Act），要求根据受害者损失的金钱进行惩罚。

美国计算机紧急应变小组（United States Computer Emergency Readiness Team，US-CERT）是美国国土安全部的一部分。美国计算机紧急应变小组领导美国努力改善国家的网络安全态势，协调网络信息共享，并积极管理国家面临的网络风险。它试图在保护美国人民宪法权利的同时，做到这一切。美国计算机紧急应变小组与私营部门关键基础设施所有者和运营商、学术界、联邦机构、信息共享和分析中心（ISAC）、州和地方合作伙伴以及国内和国际组织合作，以提高国家的网络安全地位。[52]

有关提供良好计算机及网络安全的建议，以及各州计算机相关立法的详细清单，请访问美国计算机紧急应变小组网站 https://www. us-cert. gov/ncas，以及在线安全网站 www. onlinesecurity. com/forum/article46. php。最近一些涉及计算机犯罪的法庭案件和警方报告显示，立法者准备出台更新、更严厉的计算机犯罪立法。

组织预防犯罪

公共和私人组织也正在为打击犯罪做出很大的努力。许多企业已经设计了程序和专门的软硬件来保护公司的数据和系统。专门的软硬件（如加密设备）可以用来对数据和信息进行编码，以防止未经授权的使用。加密是将原始电子信息转换成只有指定收件人才能理解的格式的过程。密钥是一个变量值，它将一种算法应用于未加密文本的字符串或块，以生成加密文本或解密加密文本。加密方法的有效性依赖于计算能力的限制：如果破解一个代码需要太多计算能力，那么即使是最坚定的代码破解者也不会成功。用于编码和解码消息的密钥的长度部分决定了加密算法的强度。

超过 75％的美国组织认为数据保护活动是企业风险管理的重要组成部分。因此，越来越多的人开始使用加密技术来保护存储在备份文件和笔记本电脑上的数据，以及外部传输的数据。实施加密的主要理由是保护组织的品牌或声誉不受严重数据泄露的损害。

作为《平价医疗法案》（Affordable Care Act）的结果，政府现在正在执行医疗数据安全法，并对违规的组织处以巨额罚款。例如，当一台载有 441 名病人健康信息的笔记本电脑从爱达荷州北部的收容所被盗时，该组织被美国卫生与公众服务部罚款 5 万多美元。[53]

马里科帕县社区学院区因计算机安全漏洞被提起集体诉讼，该漏洞暴露了大约 30 年前 240 多万在校和往届学生、员工和供应商的个人信息。其中，银行信息、社会安全号码和学术信息被曝光。这起诉讼声称，该地区疏忽大意，没有保护这些人的个人信息。该地区已经拨出 1 700 万美元的预算来处理这一事件，其中包括为受影响者支付的 1 000 万美元的信用监测费用。[54]

当员工在公司中从一个职位转到另一个职位时，如果不充分的安全程序无法撤销访问权限，他们就可以建立对多个系统的访问权限。显然，对于那些已经改变了职位和职责的人来说，仍然能够访问他们不再使用的系统是不合适的。为了避免此问题，许多组织创建了基于角色的系统访问列表，以便只有担任特定角色的人员（例如，发票审批人）才能访问特定程序。

黑客有时会通过利用不活跃的用户账户来访问系统。终止离开公司或长期残疾的雇员或者承包商的账户是至关重要的。一名被解雇的前新墨西哥州州长竞选管理者承认了两项重罪，即拦截了该州现任州长的电子邮件。检方指控，在现任州长就任后，此人利用现任州长的密码和用户名信息，更改了这位州长 2010 年竞选组织活动的计算机账户。结果，现任州长和她的助手通过竞选电子邮件系统发送的信息被直接转移到了由此人控制的计算机账户上。[55]

此外，良好的内部控制的一个基本概念是对与关键流程相关的任务和职责进行仔细的划分，使这些职责必须由多个人员来执行。**职责分离**（separation of duties）对于任何涉及处理金融交易的流程都是至关重要的，因此，欺诈需要两个或两个以上的当事人相互勾结。例如，在设计应收账款信息系统时，职责分离要求你将收款、批准核销、存放现金和核对银行对账单的责任分开。

在任何审计过程中，经常审查职责的适当分离。县选举办公室的一名副手在利用县委服务器为他上司的连任竞选活动服务后，被停职 5 天。此外，县政官员本人还使用县服务器做了竞选工作。该州的竞选信息披露法要求职责分离，这样候选人和竞选工作人员就不能将纳税人的资源用于政治目的。[56]

打击犯罪的程序通常需要对信息系统进行额外的控制。在设计和实施控制之前，组织必须考虑可能发生的与计算机相关的犯罪类型、这些犯罪的后果以及所需控制的成本和复杂性。在大多数情况下，组织得出结论，犯罪与额外成本和复杂性之间的权衡有利于更好的系统控制。了解一些用于犯罪的方法也有助于预防、检测和开发抵抗计算机犯罪的系统。一些公司甚至会雇用以前的罪犯来阻止其他罪犯。

许多现行的和拟使用的生物识别系统都是为了预防犯罪而设计的。例如，指纹认证设备通过使用指纹识别而不是密码来保护 PC 环境中的安全性。联想、东芝和其他公司的笔记本电脑都有内置的指纹识别器，用于登录并访问电脑系统及其数据。此外，许多新的生物识别系统正在考虑用于智能手机。事实上，据预测，到 2015 年底，将有 6.19 亿人在移动设备上使用生物识别技术。如图 9 - 16 所示。随着智能手机对我们的价值越来越高，对安全手机访问的需求变得至关重要。[57]

图 9 - 16　生物智能手机

注：许多新的生物识别系统正在考虑用于智能手机。

以下列表提供了一套有用的准则，以保护公司电脑免受黑客攻击：

- 在公司防火墙上安装强大的用户身份验证和加密设备。
- 安装最新的安全修补程序，这些修补程序通常可在供应商的网站上找到。
- 禁用允许入侵者在没有密码的情况下访问网络的来宾账户和空用户账户。
- 不要为远程用户提供过于友好的登录程序（例如，一个组织在其最初的登录屏幕上使用了"欢迎"一词，它发现很难起诉一个犯罪黑客）。
- 限制对服务器的物理访问，并对其进行配置，以便闯入一台服务器不会危及整个网络。
- 为每个应用程序指定一个服务器（电子邮件、文件传输协议和域名服务器）。打开审核跟踪。
- 在公司网络和互联网之间安装企业防火墙。
- 在所有电脑上安装杀毒软件，并定期下载供应商更新。
- 定期进行信息系统安全审核。
- 对关键数据进行频繁的数据备份。

使用入侵检测系统

入侵检测系统（intrusion detection system，IDS）监视系统和网络资源及流量，并在检测到可能的入侵时通知网络安全人员。可疑活动的例子包括多次登录失败、试图将程序下载到服务器上以及在不寻常的时间访问系统。这类活动生成在日志文件中捕获的警报。当检测到明显的攻击时，入侵检测系统通常通过电子邮件或寻呼机向网络安全人员发送警报。遗憾的是，许多入侵检测系统经常提供错误的警报，导致浪费精力。如果攻击是真实的，网络安全人员必须对其进行必要的防范。任何反应的延迟都会增加损坏的可能性。使用许多入侵检测系统提供了另一层保护，以防入侵者通过外部安全层——密码、安全过程和公司防火墙。

马德里地铁是西班牙马德里的公共轨道交通系统。如图 9-17 所示。它有 175 英里的轨道，300 个车站，每年乘客超过 10 亿，是世界上最大的大都会铁路系统之一。它的信息系统控制和管理网络上的所有设备，从自动售票机到后台业务系统，再到旋转门和轨道管理系统。确保这些网络的安全对马德里地铁提供安全、高效、可靠的服务至关重要。马德里地铁公司实施了一个入侵检测系统，以监控其成千上万的设备和应用服务器，并防止不受欢迎的黑客入侵。[58]

图 9-17 马德里地铁

注：马德里地铁使用入侵检测系统来监控其网络上的设备和应用服务器，并保护它们免受黑客的攻击。

安全仪表板

许多组织使用**安全仪表板**（security dashboard）软件在单个计算机屏幕上全面显示与组织的安全防御相关的所有重要数据，包括威胁、泄露、策略遵从性和事件警报。其目标是减少监控所需的工作，并及时识别威胁。数据来自各种来源，包括防火墙、应用程序、服务器以及其他软件和硬件设备。

麦克森（McKesson）公司是世界上最大的制药公司，最近年销售额达 1 370 亿美元，在全球设有 50 个办事处，拥有 37 000 多名员工。[59] 该公司安装了一个安全仪表板，以获得其网络脆弱性状态在企业范围内的清晰视图。仪表板提供可操作的信息，使安全团队能够对其全球网络上已知的和正在出现的漏洞进行优先级排序。[60]

使用托管安全服务提供商

跟上计算机犯罪分子的步伐——以及新的监管规定——对组织来说可能是一项艰巨的任务。犯罪黑客不断地试图攻破公司的安全防御。此外，HIPAA、《萨班斯-奥克斯利法案》和《美国爱国者法案》等要求企业证明它们正在保护自己的数据。对于大多数中小型组织来说，保护其业务运作所需的内部网络安全专业知识可能相当昂贵，难以获得和维护。因此，许多公司将其网络安全业务外包给**托管安全服务提供商**（managed security service providers，MSSP），如 AT&T、计算机科学公司（CSC）、戴尔安全工作室、IBM、赛门铁克和威瑞森。托管安全服务提供商监视、管理和维护硬件和软件的网络安全。这些公司为信息系统部门提供了有价值的服务：这些部门通常被淹没在来自虚拟专用网络 VPN 的大量警报和假警报中；防病毒、防火墙和入侵检测系统；以及其他安全监控系统。此外，另外一些服务商提供漏洞扫描和 Web 阻塞及过滤功能。

OnCue Express 在美国中西部经营着 50 多家加油站和便利店。每年有近 1 000 万笔信用卡交易通过其网络进行。该公司必须遵守支付卡行业数据安全标准（PCI DSS），该标准要求其实现最低程度的信息安全，否则将面临巨额罚款。此外，如果网络中断，OnCue 每小时的收入将至少损失 1.2 万美元。面对这些严重的风险，OnCue 决定聘请一家 MSSP 来评估其网络安全，并提供改进建议。OnCue 现在生成面向外部系统（如销售点（POS）服务器）的 PCI 扫描报告，以识别和纠正检测到的任何漏洞。在 MSSP 的帮助下，OnCue 升级了网络安全而没有增加人员。[61]

防止设备和数据被盗

各组织需要采取强有力的措施来防止计算机硬件和存储在计算机上的数据被盗。以下是一些需要考虑的措施：

● 就哪些类型的数据（以及其中的多少）可以存储在易受攻击的笔记本电脑上制定明确的指导方针。在许多情况下，私人数据或机密公司数据可能不会被下载到办公室之外的笔记本电脑上。

● 要求对存储在笔记本电脑上的数据进行加密，并进行抽查，以确保遵守这一政策。

● 要求所有笔记本电脑都要用锁和链条装置保护起来，这样它们就不能轻易地从办公区域中被拿出来。

● 为员工和承包商提供安全操作笔记本电脑及其数据的培训。例如，笔记本电脑不应该放在公众可以看到的地方，比如汽车的前座。

● 考虑在笔记本电脑上安装跟踪软件。该软件通过无线网络将信息发送到指定的电子邮件地址，确定其位置并拍摄小偷的照片（对于那些安装了集成网络摄像头的电脑来说）。

个人和员工预防犯罪

本节概述个人可以采取的行动，以防止成为计算机犯罪的受害者，包括身份盗窃、恶意软件攻击、设备和数据失窃以及计算机诈骗。

身份盗窃

美国国会于 1998 年通过了《身份盗窃与假冒法》，以打击身份盗窃行为。根据这项法案，联邦贸易委员会（FTC）有责任帮助受害者恢复信用，消除诈骗者的影响。它还使身份盗窃成为联邦重罪，可判处 3～25

年不等的刑期。

消费者可以通过以下手段来保护自己免受身份盗窃：定期与主要的信用机构联系检查他们的信用报告；如果他们的账单没有按时到达，他们就可以追查债权人；在收到未经请求的电子邮件或电话（尤其是社会安全号码和信用卡账号）时，不泄露任何个人信息；以及销毁包含敏感信息的账单和其他文件。

一些消费者与提供欺诈监视服务的公司签订合同，帮助提交所需的报告，并对账户中未经授权的交易提出异议。一些服务甚至提供高达 100 万美元的身份盗窃担保。一些比较流行的服务包括 TrustedID、Life-Lock、ProtectMyID、IDWatchdog 和 Identity Guard。这些服务每个月的费用在 6~20 美元之间。

恶意软件攻击

被恶意软件（病毒、蠕虫、间谍软件等）感染的个人电脑数量已经达到流行病的程度。由于恶意软件的威胁越来越大，大多数计算机用户和组织都在他们的计算机上安装了**防病毒程序**（antivirus program）。如图 9-18 所示。此类软件在后台运行，以保护你的计算机免受潜伏在互联网和其他可能的受感染文件来源上的危险的侵害。当你连接到互联网时，将自动下载最新的病毒定义，以确保你的 PC 受到最新的保护。为了保护你的电脑，防止它向你的朋友和同事传播恶意软件，一些杀毒软件会扫描和清除传入和传出的电子邮件信息。表 9-3 列出了 2014 年排名最高的杀毒软件。[62,63,64]

表 9-3　排名最高的杀毒软件

Windows 系统	Mac 系统
Webroot Secure Anywhere Antivirus （19.99 美元）	Kromtech MacKeeper （59.95 美元）
Norton Antivirus （诺顿）（49.99 美元）	Intego Mac Internet Security （39.95 美元）
Bitdefender Antivirus Plus （39.95 美元）	Kaspersky Internet Security for Mac （39.95 美元）
Kaspersky Antivirus （卡巴斯基）（34.95 美元）	Norton Antivirus （诺顿）（免费）
AVG Antivirus （免费）	Avira Free MacSecurity （免费）
Malwarebytes Anti-Malware 2.0 （免费）	

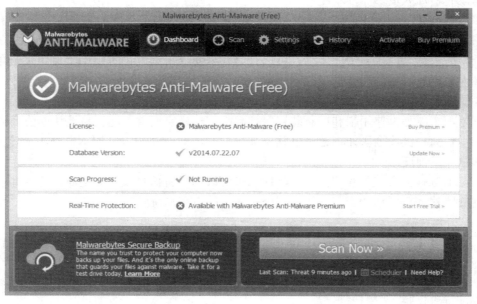

图 9-18　杀毒软件

Malwarebytes
注：应经常使用和更新杀毒软件。

正确使用杀毒软件需要以下步骤：

1.　**安装杀毒软件并经常运行。**许多这样的程序会在你每次启动电脑或插入磁盘或 CD 时自动检查病毒，有些甚至会监视所有的电子邮件、文件传输和复制操作。

2.　**经常更新杀毒软件。**新病毒不断产生，杀毒软件供应商不断更新它们的软件，以检测和采取行动对付这些新病毒。

3.　**在复制或运行程序之前，扫描所有可移动媒体，包括 CD。**病毒隐藏在磁盘或 CD 上，经常在系统之间移动。如果你在学校或公司的电脑和你的家庭系统之间的可移动媒体上携带文档或程序文件，一定要扫描它们。

4.　**只从密封的软件包或知名软件公司的安全网站安装软件。**甚至软件发布者也可能在不知情的情况下在其程序磁盘或软件下载中散布病毒。大多数病毒扫描自己的系统，但病毒仍然可能存在。

5.　**小心下载。**如果你从互联网或公告板上下载软件，那么在完成传输后立即检查电脑是否有病毒。

6.　**如果你发现了病毒，就立即采取行动。**早期检测通常能让你在病毒造成严重损害之前将其清除。

许多电子邮件服务和网络服务提供商提供免费的防病毒保护。例如，美国在线和 MWEB（南非领先的网络服务提供商之一）提供来自 McAfee 的免费杀毒软件。

计算机诈骗

以下是帮助你避免成为计算机诈骗受害者的提示列表：

● 不要在高压会议或研讨会上同意任何事情。坚持花时间仔细考虑，并与你信任的人讨论你的决定。如果一家公司不给你时间让你检查一份报价并进行仔细的思考，那么你就不要考虑和它做生意。如果现在谈得好，就意味着明天也能谈得好；而它催促你的唯一原因是公司没什么需要隐瞒的。

● 不要根据外表来判断一个公司。华而不实的网站可以在几天内创建并发布。在赚钱的几星期后，一个网站可能在几分钟内消失得无影无踪。你可能会发现，网站上提供的最佳赚钱机会对骗子来说是赚钱的机会，而对你来说是赔钱的机会。

● 避免任何只为招募更多分销商而支付佣金的计划。你的主要收入来源应该是你自己的产品销售。如果你的主要收入不是来自向消费者销售商品或服务，或者由你手下的经销商销售，那么你可能正在从事非法的传销活动。

● 谨防"托儿"——公司雇用的谎报其收入及计划实施难易程度的人。要进行独立来源信息的核实，以确保该公司及其报价是有效的。

● 要小心那些声称可以让你建立一个以家庭为获利基础的生意的公司，要求你先参加一个付费研讨会并购买昂贵的材料。在通常情况下，研讨会都是压力很大的推销活动，内容过于笼统并且毫无价值。

● 如果你对在家创业感兴趣，在寄钱之前要对所涉及的工作有一个完整的了解。不然你可能会发现，在你付款后要求你做的事情与广告上所说的有很大不同。你永远不应该为工作描述或所需材料付费。

● 以书面形式向任何与你打交道的公司提出退款、回购和取消政策。不要依赖口头承诺。

● 做你的工作。在介入之前，一定要咨询美国商业改善局、州司法部长和美国国家欺诈信息中心（NFIC），特别是当产品或潜在收益的宣传看起来太好而不真实的时候。

如果你需要有关互联网或在线征集的建议，或者如果你想举报可能发生的欺诈，请使用国家欺诈信息中心网站 http://fraud.org 上的在线报告表或在线问题和建议表功能，或者拨打 NFIC 热线 1-800-876-7060。

美国计算机紧急应变小组（US-CERT）：美国国土安全部的一部分，领导美国努力改善国家的网络安全态势，协调网络信息共享，并积极管理国家面临的网络风险。

　　职责分离：对与关键流程相关的任务和责任进行仔细的划分，以便它们必须由多个人员来执行。

入侵检测系统（IDS）：监控系统和网络资源及流量，并在检测到可能的入侵时通知网络安全人员。

安全仪表板：该软件在一个计算机屏幕上全面显示与组织的安全防御有关的所有重要数据，包括威胁、泄露、策略遵从性和事件警报。

托管安全服务提供商（MSSP）：监视、管理和维护其他组织的硬件和软件的网络安全的组织。

防病毒程序：在后台运行的软件，以保护你的计算机免受潜伏在互联网和其他可能的受感染文件来源上的危险的侵害。

隐私问题

隐私权是与信息系统相关的一个重要社会问题。1890 年，美国最高法院大法官路易斯·布兰代斯（Louis Brandeis）指出，"独立自主的权利"是"最全面的权利之一，也是文明人最重视的权利之一"。基本上，隐私问题涉及的是独处权或从公众视野中退出的权利。在信息系统中，隐私涉及数据的收集、使用或滥用。我们每个人都在不断地收集和存储数据。这些数据通常分布在易于访问的网络上，而不需要我们的知情或同意。所以必须解决与这些数据有关的隐私问题。一个很难回答的问题是"谁拥有这些信息和知识？""如果一个公共或私人组织花费时间和资源来获取关于你的数据，该组织是否应该拥有这些数据？它是否可以以任何它期望的方式使用这些数据？"政府立法在一定程度上回答了联邦机构的这些问题，但是私人组织仍然没有回答这些问题。如今，许多企业不得不处理来自执法机构的许多关于其雇员、客户和供应商的信息请求。事实上，一些电话和互联网公司的雇员的全职工作是处理来自地方、州和联邦执法机构的信息请求。

隐私与联邦政府

联邦政府已经实施了许多涉及个人隐私的法律，如表 9 - 4 所示。然而，最近披露的一些以前联邦政府秘密收集数据的计划引起了支持数据收集以提高安全性的人以及认为这类计划侵犯宪法和权利法案保障的权利的人之间的关注和争论。

表 9 - 4　重要的联邦隐私法及其条款

法律	条款
1970 年的《公平信用报告法》（FCRA）	规范信贷汇报局的运作，包括如何收集、储存及使用信贷资料。
1974 年的《家庭教育权利和隐私法》	限制联邦资助的教育机构收集和使用数据，包括收集的数据类型、家长和学生访问数据的规范，以及对披露的限制。
1976 年的《税收改革法案》	限制美国国税局收集和使用某些信息。
1978 年的《金融隐私权法》	限制政府获取金融机构持有的某些数据。
1978 年的《外国情报监视法案》	规定了对代表外国对美国从事间谍活动或国际恐怖主义活动的人员进行电子监视的司法授权程序。
1986 年的《电子通信隐私法》	定义了对电子通信的访问、使用、披露、截取和隐私保护的条款。
1988 年的《计算机匹配和隐私法案》	规范了联邦机构计算机文件之间的交叉引用（例如，验证联邦程序的资格）。
1992 年的《电报法》	管理提供无线通信服务（包括移动电话）的公司及机构。
1999 年的《格雷姆-里奇-比利雷法案》	要求所有金融机构保护客户的非公开数据，防止未经授权的访问或使用。

续表

2001 年的《美国爱国者法案》	如果联邦调查局声称这些记录与恐怖主义调查有关，就要求互联网服务提供商和电话公司在没有法庭命令的情况下提供客户信息，包括被呼叫的电话号码。
2002 年的《电子政府法案》	要求联邦机构在其网站上发布机器可读的隐私政策，并对 10 人或更多人的所有新数据集合执行隐私影响评估。
2003 年的《公平与准确信用交易法》	旨在打击日益猖獗的身份盗窃犯罪；允许消费者每 12 个月从三大消费者信用报告机构中的每一个获得免费信用报告，并在某些情况下对其信用记录发出警报。
2008 年的《涉外情报监视法修正案》	更新美国政府对国外外国人的电子通信进行监控的权限，并授权美国国家安全局（NSA）的类似于棱镜计划（PRISM）的外国监控项目和一些早期的数据收集活动。

● 美国国家安全局在 2001 年 9 月 11 日美国遭受恐怖袭击后不久，就开始从数百万个电话通话中收集元数据（通话各方的电话号码、通话时长、通话地点、通话时间和日期，以及其他数据）。这些数据使美国国家安全局能够为每个呼叫者创建一个关联网络。《美国爱国者法案》第 215 条为许多数据收集支持者提供了一切必要的法律依据。这些数据被用来帮助政府"连接"海外恐怖分子和美国境内的同谋者，这为支持者们提供了充分的道德理由。如图 9-19 所示。[65]

图 9-19　犹他州的美国国家安全局数据中心

Reuters/Landov

注：该数据中心代号为 Bumblehive，是第一个国家综合网络安全倡议情报系统（IC CNCI）数据中心，旨在支持情报系统监测、加强和保护国家的努力。数据中心的设计是为了应对伴随着全球网络的崛起而出现的数字数据的巨大增长。

● "棱镜"（PRISM）是美国国家安全局和联邦调查局用来收集私人电子数据的工具，这些数据属于美国在线（AOL）、苹果、脸谱网、谷歌、微软、Skype、雅虎、优兔等主要互联网服务的用户。"棱镜"计划允许美国国家安全局访问这些组织的服务器，以收集资料，包括搜索历史消息、电子邮件、视频、照片、文件传输和实时聊天的内容。与电话通话记录的收集不同，这种监视包括通信内容，而不仅仅是元数据。有了"棱镜"计划，美国国家安全局无须向服务提供商提出请求，也无须获得单独的法庭命令，就能获得有针对性的通信数据。[66]

● 美国国家安全局的另一个名为"神秘"（MYSTIC）的项目被用来拦截和记录所有在阿富汗、巴哈马、墨西哥、肯尼亚和菲律宾的电话交谈。[67,68] 因为没有切实可行的办法将他们排除在外，所以那些打电话到目标国家或从目标国家打来电话的美国人的对话也被拦截。[69]

工作中的隐私

工作中的隐私权也是一个重要问题。雇主们正在使用技术和公司政策来管理工人的生产力和保护信息系统资源的使用。雇主们最关心的是不适当的网上冲浪，超过一半的雇主监控他们雇员的网络活动。公司还会监控员工的电子邮件，其中一半以上会被保留和查看。诸如此类的统计数据已经引起了员工隐私方面的担忧。在很多情况下，员工们声称他们的隐私权比公司监控员工使用信息系统资源的权利更重要。然而，如今大多数雇主都有一项政策，明确规定当雇员使用任何公司拥有的计算机、服务器或电子邮件系统时，都不应期望有隐私。法院裁定，在没有合理的隐私预期的情况下，就不存在《第四修正案》对雇员的保护。加州一家上诉法院在"霍姆斯诉彼得罗维奇开发公司"（Holmes v Petrovich development company）案中裁定，一名雇员通过雇主电脑发给她的律师的电子邮件不是"客户与律师之间的保密通信"。俄亥俄州联邦地方法院在"摩尔诉克利夫兰大学医院医疗中心"（Moore v University Hospital Cleveland Medical Center）案中裁定，一名雇员可能因在其雇主的电脑上向同事展示色情照片而被解雇。[70]

欧盟（EU）制定了严格的法规，在该组织的所有成员国中强制执行数据隐私标准。根据这些规定，个人资料只能在严格的条件下合法收集，而且只能用于合理的目的。此外，收集和管理个人信息的个人或组织必须保护其不被滥用，并且必须尊重数据所有者的某些权利，这些权利受到欧盟法律的保障。这些规定几乎影响到在欧洲做生意的所有公司。[71]

隐私与电子邮件

电子邮件还引发了一些关于工作隐私的有趣问题。如图 9-20 所示。联邦法律允许雇主监控雇员收发的电子邮件。此外，从硬盘上删除的电子邮件信息可以被检索并用于诉讼，因为发现法则要求公司提供所有相关的商业文件。另外，公务人员使用电子邮件可能违反"公开会议"法。这些法律适用于许多地方、州和联邦机构，防止政府官员私下讨论影响州或地方的问题。

2013 年 7 月，亚利桑那州格伦代尔市议会投票通过了一项耗资 2.25 亿美元的复杂交易，支付给凤凰城郊狼冰球队至少五年的费用。[72] 然而，一年后，有人指控一些委员会成员可能违反了亚利桑那州的公开会议法，如果被证明属实，可能会使格伦代尔与该球队的交易无效。据称，在投票之前，一些议会成员分别单独会面，用手机进行讨论，并通过电子邮件讨论竞技场停车、免税市政债券，以及允许该市驱逐郊狼的免责条款。[73]

图 9-20　电子邮件和工作隐私

© iStockphoto. com/Daniel Laflor
注：电子邮件改变了员工和经理在同一栋大楼或世界各地的沟通方式。然而，电子邮件可以被监视和拦截。与手机等其他服务一样，电子邮件的便利性必须与侵犯隐私的可能性平衡。

隐私与即时通信

使用即时通信（IM）来发送和接收消息、文件和图像也会带来与电子邮件相关的隐私问题。与电子邮件一样，联邦法律允许雇主监控雇员发送和接收的即时信息。雇主最关心的是雇员通过雇主的即时通信网络或雇主提供的电话发送即时通信。因此，为了保护你的隐私和雇主的财产，不要在工作时发送个人或私人的即时通信。以下是一些其他提示：

- 选择一个非还原的、非特定的、非发声的即时通信传递产品（Sweet 16、2hot4u、UCLAMBA 都未通过此测试）。
- 不要给家人、同事或朋友发短信，这样会让他们觉得很尴尬。

- 不要打开不认识的人的文件或单击邮件中的链接。
- 切勿通过即时通信发送敏感的个人数据，如信用卡号码、银行账号或密码。

隐私与个人传感设备

RFID 标签，本质上是带有天线的微芯片，被嵌入我们购买的许多产品中，从医药容器、服装、书籍到计算机打印机、汽车钥匙和轮胎。RFID 标签会产生无线电传输，如果不采取适当措施，可能会导致潜在的隐私问题。一旦这些标签与购买物品的个人信息相关联，就可能会有人通过与 RFID 芯片相关联的唯一标识符跟踪个人。

少数几个州已经通过立法来应对 RFID 标签可能被滥用的问题，通过立法禁止未经批准将 RFID 芯片植入人体皮肤。然而，RFID 芯片植入的倡导者认为，它们在追踪儿童或罪犯方面有潜在价值，以及在携带个人医疗记录方面也存在一定的价值。

移动人群感知（MCS）是通过增强传感器的移动设备获取数据（即位置、噪音水平、交通状况和污染水平）并与个人、医疗保健提供商、公用事业公司以及地方、州和联邦政府机构共享这些数据以供决策的一种手段。

隐私与互联网

有些人认为在互联网上没有隐私，你使用它的风险应由你自己承担。另一些人认为，拥有网站的公司应该有严格的隐私保护程序，并对侵犯隐私的行为负责。不管你怎么看，在互联网上隐私被侵犯的可能性是巨大的。想要侵犯你隐私的人可能是任何人，从犯罪的黑客到营销公司再到公司老板。你的个人和专业信息可能会在你不知情或未经你同意的情况下在互联网上被窃取。如前所述，电子邮件是首要目标。发送电子邮件就像在一个大房间里进行一场开放的谈话——人们可以听到你的信息。当你在互联网上访问一个网站时，有关你和你的计算机的信息可以被捕获。当这些信息与其他信息相结合时，公司就能知道你读了什么，买了什么产品，以及你的兴趣是什么。

大多数在网上购买产品的人都说，网站有一个解释如何使用个人信息的政策是非常重要的，政策声明必须让人们感到舒适，并且必须清楚收集到了什么信息，以及将用这些信息做什么和不会用这些信息做什么。然而，许多网站仍然没有明确地显示它们的隐私政策或采取与该政策完全一致的做法。互联网用户需要关注的真正问题是，内容提供商希望如何处理这些个人信息？如果一个网站要求你提供姓名和地址，你就有充分的权利知道为什么需要你提供这些信息和将用这些信息做什么。如果你买了东西并提供了送货地址，信息会被卖给其他零售商吗？你的电子邮件地址会在活跃的网上购物者名单上被出售吗？如果会的话，你应该意识到，这个电子邮件列表与你从零售商处订购的目录列表没有什么不同。并且，你有权从任何邮件列表中删除这些信息。

美国国会于 1998 年 10 月通过了《儿童在线隐私保护法》（COPPA）。该法案针对的是为儿童服务的网站，它要求网站所有者发布全面的隐私政策，并在收集 13 岁以下儿童的任何个人信息之前征得其父母的同意。违反这一规定的网站运营商可能面临最高 1.1 万美元的民事罚款。《儿童在线隐私保护法》对面向儿童的网站设计和运营有重要影响。例如，Skid-e-kids 网站未经父母事先同意，向约 5 600 名儿童收集个人信息，违反了该法案。负责执行该法案的联邦贸易委员会要求删除这些信息。[74]

社交网络服务利用网络和软件将人们联系起来，无论其出于什么目的。已经有成千上万的这种网络在青少年中流行起来。一些更受欢迎的社交网站包括脸谱网、推特、领英、拼趣（Pinterest）、谷歌＋、汤博乐（Tumblr）和照片墙，这些网站的每月访问量都超过了 1 亿。[75] 这些网站中的大多数站点都允许你轻松地创建一个提供个人详细信息、照片甚至视频的用户配置文件，以便其他访问者查看。一些网站有年龄限制，或者要求父母通过提供信用卡来验证父母的身份，以便为他们的未成年子女做登记。青少年可以提供关于他们生活的地方、上学的地方、他们最喜欢的音乐以及他们的兴趣等信息，以期可以结交到新朋友。遗憾的是，他们也会在这些网站上遇到心怀不轨的陌生人。许多记录在案的遭遇都是成年人假扮成青少年，企图为非法目的与年轻人见面。建议家长可以意识到潜在的危险，从而检查孩子的资料，并监督他们在这些网站上的活动。

脸谱网拥有超过 9 亿用户的惊人信息量。此外，许多成员并不是单独地透露他们的健康状况和治疗方法等不同信息；某一天他们会在哪里（有助于潜在的窃贼）；他们家庭成员的个人资料；他们的性别、种族、宗教和政治倾向；以及他们的朋友和家人的其他个人信息。每当你访问一个带有"Like"按钮的网站时，无论你是否点击了"Like"按钮，当你登录脸谱网或者你是脸谱网用户时，脸谱网都会收到一个通知。用户和观察人士对脸谱网如何处理这些有时候会是非常私人的信息表示担忧。例如，如果执法人员对你的脸谱网信息发出传票，他们就可以获得所有细节，以及你的帖子记录、你上传的照片、你被标记的照片，以及你所有脸谱网好友的列表。那么，在何种情况下，脸谱网可以将这些信息提供给第三方用于营销或其他目的？

隐私与网络诽谤问题

诽谤是指故意发表虚假的书面声明来损害个人或组织的声誉。网络诽谤的例子包括：一名男子在博客上发布关于他前妻的谎言，一名心怀不满的前雇员在留言板上发布关于公司的谎言，以及一名被抛弃的女孩在她前男友的脸谱网账户上发布虚假陈述。中国香港地区的一家法院甚至裁定，当地的一名亿万富翁可以起诉谷歌，因为其自动完成的搜索结果显示，他与有组织犯罪有关。在谷歌拒绝删除诸如"黑社会"等自动补全建议后，这位大亨提起了诉讼。这位亿万富翁坚称自己的声誉受到了"严重损害"，希望得到赔偿。[76]

个人可以使用匿名电子邮件账户或网名在互联网上发布信息。这种匿名性增加了识别诽谤者的难度，但并非不可能。被侵犯的一方可以提起所谓的"某个身份不明的人（John Doe）"诉讼，并使用它授予的传唤权迫使网络服务提供商提供关于匿名发布消息者的任何信息，包括 IP 地址、姓名和街道地址。（根据美国《通信规范法》第 230 条，互联网服务提供商通常不对其用户的不良行为负责。）

美国国家冰球联盟（NHL）现任主席兼卡尔加里火焰队总经理布赖恩·伯克（Brian Burke）和美国国家冰球联盟其他几支球队的前总经理向不列颠哥伦比亚省最高法院提起诉讼，指控 18 人在多个互联网留言板和博客上发表有关伯克的诽谤性言论。[77]

信息使用的私密性与公平性

把信息卖给其他公司是非常有利可图的，以至于许多公司将继续存储和出售它们收集的客户、员工和其他人的数据。这种信息的存储和使用对数据被存储和出售的人是公平合理的吗？人们是否有权知晓并决定关于个人的数据存储内容及使用范围？如表 9 - 5 所示，这些问题可以分为四个问题：知情权、控制权、通知和同意。

表 9 - 5　知情权和决定联邦隐私法律法规的能力

公平问题	数据库的存储	数据库的使用
知晓的权利	知情权	通知
决定的权利	控制权	同意
知情权。人们应该知道公司存储了什么数据吗？在某些情况下，人们被告知有关个人的信息存储在公司数据库中。在另一些情况下，他们不知道自己的个人信息存储在公司数据库中。		
控制权。人们能够纠正公司数据库系统中的错误吗？这种能力在大多数组织中都是可能的，尽管在某些情况下会比较困难。		
通知。使用个人资料作其他用途的机构是否应该预先通知本人？大多数公司不这样做。		
同意。如果有关个人的资料被用作其他用途，是否应该要求这些人在有关资料被使用前先表示同意？许多公司不允许人们决定这些信息是否被出售或用于其他目的。		

网络内容的隐私与过滤分类

为了帮助父母控制孩子在互联网上看到的内容，一些公司提供过滤软件来帮助过滤互联网内容。许多这样的筛选程序还阻止儿童通过电子邮件或聊天发送个人信息。这些程序阻止儿童在互联网上公布他们的姓名、地址、电话号码或其他个人信息。2014 年 Windows 和 Mac 系统上运行的顶级互联网**过滤软件**（filtering software）如表 9 - 6 所示。[78,79]

表 9 - 6　顶级互联网过滤软件

Windows 系统	Mac 系统
NetNanny（28.99 美元）	Net Nanny（29.99 美元）
McAfee Family Protection（49.99 美元）	Safe Eyes（49.95 美元）
PureSight PC（59.90 美元）	Spector Pro（99.95 美元）

各机构亦会安装过滤软件，防止雇员浏览与工作无关的网站，特别是涉及赌博及其他有攻击性内容的网站。在实施网站封锁之前，用户必须了解公司的政策以及它们存在的原因。为了提高法规遵从性，最好是机构的网络用户、管理层和信息系统组织共同定义要实施的策略。这项政策应该清楚地表明，试图规避封锁措施的员工会受到怎样的影响。

美国国会曾多次试图限制儿童接触网络色情制品，包括 1996 年颁布的《通信规范法》和 1998 年颁布的《儿童网络保护法》。在颁布后的两年内，美国最高法院发现这两项法案都违反了《第一修正案》（言论自由），并裁定它们违宪。美国《儿童互联网保护法》（CIPA）于 2000 年签署成为法律，随后在 2003 年获得最高法院的支持。根据《儿童互联网保护法》的规定，受《儿童互联网保护法》约束的学校和图书馆不会接受 E-Rate 项目提供的折扣，除非它们证明它们有一定的网络安全措施来屏蔽或过滤"淫秽、儿童色情或对未成年人有害的"视觉描述。（E-Rate 计划为许多学校和图书馆提供购买互联网接入和计算机的支持。）

在过去的几十年里，通过了许多关于个人隐私权的重要法律。其他涉及商业隐私权以及数据和信息的公平使用。以下各节简要讨论公司对隐私政策和个人隐私保护所做的努力。

公司的隐私政策

尽管针对私人组织的隐私法并不是很严格，但大多数组织对隐私问题和公平性都很敏感。它们意识到侵犯隐私会丢失客户，损害业务，并且会大幅减少公司的收入和利润。考虑一家大型国际信用卡公司。如果该公司将数百万客户的机密财务信息出售给其他公司，结果可能就是灾难性的。几天之内，公司的业务和收入可能会大幅减少。因此，大多数组织都会维护隐私政策，即使法律不要求这些政策。有些公司甚至制订了隐私权法案，规定如何保护雇员、客户和顾客的隐私。公司隐私政策应涉及客户本人对信息的存储及使用的知情、控制、通知和同意。还可以涵盖谁有权访问私有数据以及何时可以使用这些数据。

BBB 商业行为准则（BBB 认证标准①）要求认证企业在其网站上发布某种隐私声明。如图 9 - 21 所示。BBB 建议隐私声明应包含以下内容[80]：

- 政策：网站正在收集哪些个人信息
- 选择：关于如何以及是否收集和使用客户的数据，客户有哪些选择
- 访问：客户如何查看已收集的数据并在必要时更改并更正这些数据
- 安全：说明收集的数据是如何被存储及保护的

---

① BBB 认证是世界公认的行业最高标准认证，由美国提出，分为 1～14 级。该"准则"是关于企业如何对待客户的一套全面的政策、流程和最佳做法。这些标准要求建立信任，体现诚实。——译者注

- 纠正：如果不符合隐私政策，客户可以做什么
- 更新：如何传达策略的更改

 问题——伦理与社会

引领绿色行动的 IT 公司

1972 年，在企业社会责任（CSR）的理念得到广泛认同之前，IT 巨头国际商用机器（IBM）公司建立了一个可持续发展的计划。为了应对 20 世纪 60 年代末的环境灾难，IBM 为自己及其承包商制定了一项危险废物管理计划。1976 年，拉夫运河的灾难引起了美国全国的关注，因为附近出生的婴儿有出生缺陷和染色体疾病，当地的人们患上了白血病。由于化学污染，有 900 所房子被废弃。

当时，IBM 生产了大型计算机，增加了机器、打字机、电话路由系统，以及当时最先进的信息技术。它是世界上最大的公司之一。然而，它的组件制造过程产生了大量苯基材料，这些材料往往都是致癌的。为了在企业责任方面发挥带头作用，它建立了第一批此类环境保护项目之一。

三方计划试图追踪从产生到处置的废物，并减少其对有毒化学物质的依赖，减少在制造过程中有毒废物的排放量。IBM 逐步减少有毒废物。1987 年，该公司生产了 220 500 吨有毒废弃物。到 2011 年，公司产出的废弃物已下降到 7 700 吨，这是一个巨大的成就。IBM 实现这一目标的部分方法是回收制造过程中使用的 44% 的危险化学品。它还改变了生产工艺，用无毒材料取代了有毒化学品。

在整个 20 世纪后期，IBM 主动地发现了潜在的环境问题，并率先改善这些问题，20 世纪 80 年代，科学家们注意到，在夏季的几个月里，南极上空的平流层臭氧层出现了一个空洞。这一层用于保护地球免受有害的紫外线辐射。1989 年，IBM 带头反对使用消耗臭氧层的化学物质，如氯氟烃。

如今，该公司已将其行动范围扩大到有毒废物管理之外。现在它的项目寻求减少能源使用、节约水资源、创造节能产品以及应对气候变化的方法，并且在纳米技术的安全使用方面发挥先锋作用。IBM 还致力于使用对环境有利的物质和材料。IBM 继续努力减少或消除对重金属和致癌物质的依赖。该公司最近减少了 3.2% 的温室气体排放。

其他大型 IT 公司也纷纷效仿，推出了环保举措。例如，惠普在 70 个国家和地区实施产品退换和回收计划。该公司回收了超过 75% 的墨盒和 24% 的激光墨盒。该公司还为服务器、存储、网络产品和其他 IT 硬件运行了一个再制造程序，以减少因处理过时产品而造成的浪费。通过再制造，在惠普拥有和管理的工厂中，经过培训且有资格的再制造团队将使用过的惠普产品完全恢复到类似新标准的水平。惠普还提供以旧换新和现金返还计划，自 1987 年以来，这些计划已使惠普收回了 38 亿英镑的产品。

戴尔也有一项重大的绿色行动取得了显著成果。它已经回收了 2.309 亿英镑的二手电子产品，并有望在 2020 年达到 20 亿英镑的目标。与 2012 年相比，戴尔已经能够将其产品线的平均能耗降低 23%。实际排放量减少了 10%。戴尔在其产品中使用了超过 1 000 万英镑的消费后可回收塑料。

问题讨论

1. 为什么 IBM 在 20 世纪 70 年代启动可持续发展计划？
2. IT 公司及大型公司在推行环保措施时应制定哪些目标？

批判性思考

1. IBM、惠普和戴尔在绿色计划方面取得了哪些重大成就？
2. IBM 对 IT 行业内外的其他公司有什么影响？

资料来源："IBM and the Environment Report," *www. ibm. com/ibm/environment/annual/IBMEnv Report_2013. pdf*, accessed August 28，2014；"Corporate Responsibility Summary," IBM, *www. ibm. com/ibm/responsibility/2013/*, access August 28，2014；"Product Return and Recycling," HP Web site, *www8.hp.com/us/en/hp-information/environment/product-recycling.html#.U_TbsMVdUrU*，accessed August 20，2014；"Environment," Dell Web site, *www.dell.com/learn/us/en/uscorp1/dell-environment*，accessed August 21，2014.

　　跨国公司在执行数据收集和传播的过程及政策方面临着极其困难的挑战，因为各国或各区域的法规千差万别。例如，澳大利亚要求公司销毁客户数据（包括备份文件），或在不再需要客户数据后将其匿名化。将客户和人员数据转移出欧洲的公司必须遵守欧洲隐私法，允许客户和员工访问有关他们自己的数据，并让他们决定如何使用这些信息。

　　一些公司隐私政策的网站如表 9-7 所示。

隐私声明

本隐私公开声明＊＊＊＊＊网站的隐私做法。本隐私声明仅适用于本网站收集的信息。网站将通知你以下事项：

1. 通过网站向你收集了哪些个人身份信息、如何使用这些信息以及与谁共享了这些信息。
2. 关于你的数据的使用，你有哪些选择。
3. 为防止滥用你的信息而制定的安全程序。
4. 如何纠正信息中的错误。

信息的收集、使用和分享

我们是本网站所收集信息的唯一拥有人。我们只能访问/收集你通过电子邮件或你的其他直接联系方式自愿提供给我们的信息。我们不会将这些信息出售或出租给任何人。

我们将使用你的信息来回复你，解释你联系我们的相关事宜。我们不会与我们组织之外的任何第三方共享你的信息，除非是为了满足你的要求所必须做的，例如发送订单。

除非你要求我们不要这样做，否则在将来我们可能会通过电子邮件与你联系，告诉你关于特价产品、新产品或新服务的信息，或本隐私政策的变更。

对信息的访问权和控制权

你可以选择不与我们联系。你也可以通过我们网站上提供的电子邮件地址或电话号码随时与我们联系，并要求我们做到以下几点：

- 查看我们所拥有的与你有关的所有资料，如果有的话。
- 更改或更正我们拥有的关于你的任何数据。
- 让我们删除关于你的任何数据。
- 表达你对我们使用你的数据的任何担忧。

安全性

我们会采取预防措施来保护你的信息。当你通过网站提交敏感信息时，你的信息将会受到在线和离线保护。

无论我们在何处收集到一些敏感信息（如信用卡数据），这些信息都会被加密，并以安全的方式传输给我们。你可以通过在网络浏览器底部查找一个锁闭的挂锁图标，或者在网页地址的开头查找 https 来验证这一点。

当我们使用加密技术保护在线传输的敏感信息时，我们也会保护你的离线信息。只有需要这些信息来执行特定工作（例如，账单或客户服务）的员工才被允许访问个人身份信息。我们储存个人身份资料的计算机及服务器存放在安全的环境中。

如果你认为我们不遵守此隐私政策，马上拨打＊＊＊＊＊＊＊＊电话，或者发送邮件至＊＊＊＊＊＠＊＊＊.＊＊＊来联系我们。

图 9-21　隐私声明示例

urce：The Better Business Bureau
注：BBB 提供了此隐私声明示例，作为企业在其网站上发布隐私声明的指南。

表 9-7　公司隐私政策

公司	URL 地址
英特尔	www.intel.com/sites/sitewide/en_US/privacy/privacy.htm
喜达屋酒店及度假村	www.starwoodhotels.com/corporate/privacy_policy.html
环联征信	www.transunion.com/corporate/privacyPolicy.page
联合包裹服务公司	www.ups.com/content/corp/privacy_policy.html
维萨	http://usa.visa.com/legal/privacy-policy/index.jsp
华特迪士尼互联网集团	https://disneyprivacycenter.com/

一个好的数据库设计实践是为每个客户分配唯一的标识符，这样每个客户都有一个单独的记录来描述其所有业务部门与公司之间的所有关系。这样，组织就可以在所有数据库中一致地应用客户的隐私偏好。如果不这样做，除了让选择退出某些手机实践的客户感到不安之外，还可能使组织面临法律风险。同样，1999 年的《金融服务现代化法案》再次要求所有金融服务机构传达其数据隐私规则并尊重客户偏好。

■ 个人保护隐私的努力

尽管许多州和联邦法律都涉及隐私问题，但这些法律并没有完全保护个人隐私。此外，并非所有公司都有隐私政策。因此，许多人正在采取措施加强自己的隐私保护。你可以采取以下步骤来保护个人隐私：

● **查找现有数据库中存储的关于你的信息。** 打电话给各大信用局，要一份你的信用报告。你有权每 12 个月获得一份免费信用报告（见 www.freecreditreport.com）。如果你在过去 60 天内被拒绝贷款，你还可以获得免费报告。主要征信公司有艾贵发征信（Equifax，800-685-1111，www.equifax.com）、环联征信（TransUnion，800-916-8800，www.transunion.com）和益百利（Experian，888-397-3742，www.experian.com）。当你怀疑联邦机构可能存储了你的信息时，你还可以向联邦机构提交《信息自由法案》（*Freedom of Information Act*）请求。

● **分享自己的信息时要小心。** 除非绝对必要，否则不要分享你的信息。每当你通过 800、888 或 900 电话提供有关你自己的信息时，你的隐私就会受到威胁。在没有你的书面同意的情况下，你的医生、银行或金融机构不能与他人分享你的信息。

● **主动保护你的隐私。** 你可以得到一个未列出的电话号码，并要求电话公司阻止来电显示系统读取你的电话号码。如果你更改了地址，请不要向美国邮政管理局填写地址变更表；你可以通知你想给予新地址的人和公司。将你的收费卡账单的复印件销毁，并在将其扔进垃圾桶之前将月结单撕成碎片。通过公司电子邮件系统发送个人电子邮件时要小心。你还可以通过访问直接营销协会网站 www.thedma.org 来避免垃圾邮件和电话推销。访问该网站，在消费者帮助栏目下查看并从列表中删除你的信息。

● **从网站上购买任何东西时都要格外小心。** 一定要保护好你的信用卡号码、密码和个人信息。不要与网站做生意，除非你知道它能安全地处理信用卡信息。（在网上找一下商业促进局或 TRUSTe[①] 等机构的批准印章。当你打开要输入信用卡信息或其他个人数据的网页时，确保网址以 https 开头，并检查地址栏或状态栏中是否出现锁闭的挂锁图标）。在审查网站的数据隐私政策前，请勿提供个人信息。许多信用卡公司会根据客户的要求发放一次性信用卡号码。通常账单上都会显示费用，但号码在使用一次后就会被销毁，从而消除了信用卡号码被盗的风险。

> **过滤软件：** 过滤互联网内容的软件。

工作环境

计算机信息系统的使用改变了劳动力的构成。需要了解信息系统知识的工作岗位增加了，许多低技能的

---

① TRUSTe 是美国加利福尼亚州旧金山的一家公司，其在线隐私封条闻名于世。——译者注

职位被取消了。企业规划，如重组和持续改进，带来了这样的担忧：随着业务流程的重组和信息系统的集成，参与这些流程的人员将被替代。即使是最简单的任务也得到了计算机的帮助，使顾客结账更快，简化了订单处理，并允许残疾人更积极地参与工作。随着计算机和其他信息系统组件的成本下降和使用便捷，更多工人将受益于计算机提供的生产率和效率的提高。然而，尽管生产率和效率有所提高，信息系统仍会引起其他问题。

健康问题

组织可以通过关注当今工作环境中的健康问题来提高员工的生产力。对一些人来说，使用电脑会导致职业压力。对工作没有安全感而产生焦虑、失去控制、无能和被降职只是员工可能经历的恐惧中的一部分。在某些情况下，压力可能会变得非常严重，以至于工人们会避免参加学习如何使用新的计算机系统和设备的培训。监控员工的压力可以提醒公司注意潜在的问题。培训和咨询通常可以帮助员工解决问题。

大量使用电脑也会影响一个人的身体健康。需要坐在办公桌前，每天使用电脑好几个小时的工作属于久坐型工作。这类工作可使坐姿不动血栓栓塞（SIT）的风险增加一倍，即腿部或肺部形成血栓。久坐不动的生活方式还可能导致不良的体重增加，从而导致疲劳加剧，并增加患 2 型糖尿病、心脏病和其他严重疾病的风险。

重复性压迫损伤（RSI）是由于重复性运动而引起肌肉、神经、肌腱、韧带或关节的损伤或紊乱。重复性压迫损伤是一种非常常见的工伤。肌腱炎是由于肌腱重复运动引起的肌腱炎症。腕管综合征（CTS）是一种连接前臂和手腕手掌的神经炎症。腕管综合征包括手腕疼痛、刺痛感和麻木感，以及难以抓握物体。

避免健康和环境问题

导致与电脑相关的健康问题的两个主要原因是：工作环境设计不佳、没有定期休息以伸展肌肉和让眼睛休息。由于眩光和对比度差，电脑屏幕可能很难阅读。桌椅也会让人不舒服。键盘和电脑屏幕可能是固定的或难以移动的。与这些不利条件相关的危险活动统称为工作压力。尽管这些问题可能不是计算机系统的普通用户关心的主要问题，但持续的压力源，如重复的动作、笨拙的姿势和眼睛疲劳，可以导致更严重和长期的伤害。如果没有其他问题，这些问题会严重限制生产力和生产性能。

设计机器、产品和系统以最大限度地提高使用者的安全性、舒适性和效率的科学，即**人体工程学**（ergonomics），它已提出了一些减少这些健康问题的方法。人体工程学专家仔细研究键盘的坡度、显示屏的定位和设计、电脑桌椅的摆放和设计。灵活性是人体工程学的重要组成部分，也是计算机设备的一个重要特征。每个人有不同的尺寸，有不同的偏好，需要不同的设备才能获得最佳效果。例如，有些人想把键盘放在腿上；而另一些人则喜欢把它放在坚实的桌子上。由于这些个体差异，计算机设计师正试图开发具有很大灵活性的系统。如图 9 - 22 所示。

停止不健康的电脑工作习惯永远不嫌早。长期在恶劣的工作条件下使用电脑会导致腕管综合征、滑囊炎、头痛和永久性的眼睛损伤。紧张和恶劣的办公条件不能不加控制。遗憾的是，有时我们都会被一些紧迫的问题分散注意力，比如组织需要提高生产力、提高质量、满足最后期限和削减成本。我们变得满不在乎，忽视了健康工作条件的重要性。表 9 - 8 列出了对存在严重健康问题的计算机用户的一些常见补救措施。

以下是一个有用的检查表，帮助确定你是否以正确的坐姿坐在键盘前[81]：
- 肘部以开放的角度靠近身体，让血液循环到手臂和手的下部。

图 9 - 22 人体工程学

© Marcin Balcerzak/Shutterstock. com
注：使用电脑时，养成符合人体工程学的正确习惯可以减少使用电脑时对健康造成不利影响的风险。

表 9 - 8 与大量使用电脑相关的常见不适及预防

与大量使用电脑有关的常见不适	预防行为
眼睛又红又干并且发痒	每隔 20～30 分钟，将你的注意力从屏幕上转移开，向远处看，并将注意力集中在一个物体上 20～30 秒； 有意识地多眨眼； 考虑使用人工泪液； 使用 LCD 屏幕，为你的眼睛提供更好的观看体验，屏幕几乎消除闪烁，并且明亮而不强烈。
颈肩痛	在电脑前工作时要保持正确的姿势； 每小时站起来，伸展身体，四处走动几分钟； 偶尔耸耸肩并转动肩膀。
手部疼痛、麻木或刺痛	在电脑前工作时要保持正确的姿势； 不要把肘部放在坚硬的表面上； 在你的电脑键盘和你的桌子之间放置一个腕垫； 偶尔休息一下，手指分开，保持手腕伸直； 偶尔休息一下，手臂放在身体两侧，轻轻地握手。

资料来源：Pekker, Michael, "Long Hours at Computer: Health Risks and Prevention Tips," http://webfreebies4u. blogspot. com/2011/01/long-hours-at-computer-health-risks-and. html, January 4, 2011.

- 你的手臂几乎垂直于地面。
- 你的手腕几乎是直的。
- 支撑键盘和鼠标的平面的高度在大腿上方 1～2 英寸。
- 把键盘放在身体前面。
- 与显示器相距大约一臂的距离（20～26 英寸）。
- 你的显示器的顶部与眼睛水平。
- 你的椅子有一个靠背来支撑你的腰部。

人体工程学：设计机器、产品和系统以最大限度地提高使用者的安全性、舒适性和效率的科学。

信息系统中的伦理问题

正如你在本书的"问题——伦理与社会"专栏中看到的，伦理问题涉及的是通常被认为对或错的事情。法律并没有为道德行为提供一个完整的指南。仅仅因为一项活动被定义为合法的并不意味着它是合乎道德的。因此，许多行业的从业人员都遵守一项**道德规范**（code of ethics），该规范规定了对他们的工作至关重要的原则和核心价值观，从而规范了他们的行为。该规范可以成为衡量什么是合法的和什么是道德的一个参照点。例如，医生遵循并诵读 2 000 年前不同版本的《希波克拉底誓言》（*Hippocratic Oath*），作为一种见证医学院学生毕业的仪式。

一些信息系统专业人士认为他们的领域为不道德行为提供了很多机会。他们还认为，通过高层管理人员制定、讨论和执行道德规范可以减少不道德行为。各种与信息系统有关的组织和协会敦促以负责任的方式使用信息系统，并制定了有用的道德规范。美国计算机协会（ACM）成立于 1947 年，是最古老的计算机协会，在 100 多个国家拥有超过 10 万名会员。[82] 美国计算机协会有一套道德和职业行为准则，其中包括八项基本道德规范，可用于帮助指导信息系统专业人员的行动。这些指导方针也可被那些雇用信息系统专业人员来监督和指导他们的工作人使用。以下列出了这些要求[83]：作为计算机协会的一员，我愿意……

1. 为社会和人类福祉做出贡献。
2. 避免伤害他人。
3. 诚实守信。
4. 要公平，不要歧视。
5. 尊重包括版权和专利在内的产权。
6. 对知识产权给予应有的重视。
7. 尊重他人的隐私。
8. 保守秘密。

本章讨论的社会问题包括计算机的滥用和错误、犯罪、隐私、健康和道德，这些问题如果处理不当，可能会毁掉一个组织。预防这些问题并从中恢复是管理信息和信息系统作为关键企业资产的重要方面。越来越多的组织认识到，人是计算机信息系统的最重要的组成部分，长期的竞争优势可以来自一支训练有素、积极主动、知识渊博的员工队伍，这支队伍始终坚持一套有助于指导员工行动的原则和核心价值观。

> **道德规范**：一种对一群人来说至关重要的原则和核心价值观，规范了这群人的行为。

小结

准则：为了避免滥用和错误，必须建立与计算机相关的政策和程序。
计算机滥用是指公共及私营机构不适当地使用电脑科技及资源。计算机滥用与错误、故障和其他导致输出不正确且没有价值的问题有关。在企业层面，计算机滥用和错误会给信息系统带来不必要的高成本，且会降低利润。滥用往往是由于信息系统组件的整合性差，导致工作重复和产能过剩。低效的程序也浪费了资源，对有用资源的轻率处理以及把电脑时间浪费在游戏和个人使用上也是如此。信息系统中不恰当的处理指令、不准确的数据输入、对输出的错误处理以及糟糕的系统设计都会导致计算机出错。

防止滥用和错误涉及建立、实施、监测和审查有效的政策和程序。公司应该制定手册和培训计划以避免浪费和错误。应该严格控制对关键表、HTML 和 URL 的更改。

准则：计算机犯罪是一个严重且迅速增长的领域，需要管理者的关注。

有些犯罪会利用计算机作为工具。例如，罪犯可以使用计算机来操纵记录、伪造货币和文件，通过电信网络进行诈骗，以及进行未经授权的电子转账。

犯罪分子可以通过垃圾搜寻和社会工程技术获取一些信息，帮助他们入侵计算机系统。

网络恐怖分子是指通过对计算机、网络及其存储在其中的信息发动基于计算机的攻击，恐吓或胁迫政府或者组织以推进其政治或社会目标的人。

身份盗窃是指冒名顶替者获取重要的个人身份信息以冒充他人的犯罪行为。然后身份盗窃者利用这些信息以受害者的名义获取信贷、商品和服务，或提供虚假的证件。

计算机也被用作打击犯罪的工具。这套基于网络的系统有助于执法人员追回被盗财产。JusticeXchange 为执法人员提供了快速、方便地获取监狱关押的有前科的罪犯和初犯的信息的途径。罪犯观察追踪系统登记在册的性犯罪者。执法机构使用 GPS 跟踪设备和软件来监控已登记的性犯罪者的活动。执法机构利用与犯罪有关的数据和强大的分析技术，再加上地理信息系统，可以更好地了解甚至减少犯罪风险。

犯罪黑客是计算机高手，也被称为"cracker"，他们试图获得未经授权或非法的访问计算机系统的权限，以窃取密码，破坏文件和程序，甚至转移资金。脚本兔是缺乏技术悟性的疯子。局内人是指公司员工，不管他们是对组织心怀不满还是其他原因，要么独自工作，要么与外人合作，以破坏公司制度。许多组织最担心的是了解系统登录 ID、密码和公司流程的内部人员可能造成的潜在危害。

计算机犯罪的目标是计算机系统，包括犯罪黑客非法访问计算机系统、用病毒对数据和程序进行篡改和破坏，以及对计算机资源的简单盗窃。

"恶意软件"是对有害或破坏性软件的统称。恶意软件有多种形式，包括病毒、变体、蠕虫、特洛伊木马、逻辑炸弹和后门软件。间谍软件是安装在个人计算机上的软件，它可以在用户不知情或未经用户许可的情况下，拦截或部分控制用户与计算机的互动。密码嗅探器是隐藏在网络或计算机系统中的一个小程序，它可以记录身份证号和密码。

数字版权管理是指使用几种技术中的任何一种来实施数字媒体访问控制的策略。

软件盗版可能是最常见的计算机犯罪。美国唱片业每年因音乐盗版损失约 125 亿美元的收入。专利侵权也是计算机软硬件制造商面临的一大难题。

与计算机相关的诈骗，包括网络钓鱼、电话钓鱼和短信诈骗，已经让个人和公司损失了数千美元。计算机犯罪是一个国际性问题。

良好的内部控制的一个基本观点与措施是对关键流程的相关职责进行仔细分离，以便将它们分散给多个人员。

使用入侵检测系统（IDS）可以在入侵者通过外部安全层（密码、安全程序和公司防火墙）时提供另一层保护。使用入侵检测系统监视系统和网络资源，并在检测到可能的入侵时通知网络安全人员。许多中小型组织正将其网络安全业务外包给托管安全服务提供商（MSSP），后者负责监视、管理和维护网络安全硬件和软件。

安全措施，如使用密码、识别号码和数据加密，有助于防止非法的计算机访问，特别是在有效的控制程序支持的情况下。病毒扫描软件识别并移除破坏性的计算机程序。组织可以使用安全仪表板来全面显示与安全防御和威胁相关的重要数据。组织和个人可以使用杀毒软件来检测各种恶意软件的存在。

准则：隐私是与信息系统相关的重要社会问题。

在隐私权与防范恐怖主义和网络攻击所需的额外监控之间取得平衡是一个特别具有挑战性的问题。

隐私问题涉及电子邮件、即时消息和个人传感设备。

美国联邦政府已经实施了许多涉及个人隐私的法律；然而，数据收集计划已经引起了那些支持数据收集以提高安全性的人和那些认为这类计划侵犯了他们权利的人之间的关注和争论。

雇主利用技术和公司政策来管理工人的生产力和保护信息系统资源的使用。这项活动包括监视员工的网络冲浪、电子邮件和即时消息。如今大多数雇主都有一个明确的政策，当雇员使用公司的任何电脑、服务器或电子邮件系统时，他们不希望有任何隐私。

企业应该为客户制定一个清晰而彻底的隐私权政策，包括数据库访问权。该政策还应涉及雇员的权利，包括电子监测系统和电子邮件。隐私权信息使用的公平性强调数据库中所列人员的知情、控制、通知和同意。人们应该知道关于个人的哪些数据被存储，并能够纠正公司数据库系统中的错误。如果个人信息被用于其他目的，应事先征得个人同意。每个人都有知情权和决定权。

准则：工作、设备和工作条件的选择与设计必须避免计算机对健康的负面影响。

大量使用电脑的工作将导致久坐的生活方式，这增加了出现健康问题的风险。一些批评家指责电脑系统造成了臭氧的排放和电磁辐射。

设计和定位计算机设备的研究，称为"人体工程学"，它提出了一些减少这些健康问题的方法。人体工程学的设计原则有助于减少有害影响并提高信息系统的效率。重复性压迫损伤（RSI）的预防包括保持良好的姿势，不要忽视疼痛或问题，进行伸展运动和加强练习，并寻求适当的治疗。

准则：许多行业的从业人员都遵守一套道德规范，其中阐述了对他们的工作至关重要的原则和核心价值观。

道德规范规定了对一个职业或组织成员至关重要的原则和核心价值观。有道德的计算机用户对可接受的行为的定义比仅仅不犯罪更为严格；他们还考虑信息系统活动（包括互联网的使用）对其他人和组织的影响。计算机协会制定了准则和道德规范。许多信息系统专业人员加入了与计算机相关的协会，并同意遵守详细的道德规范。

关键术语

防病毒程序　　　　　　　　　　局内人
道德规范　　　　　　　　　　　　网络犯罪计算机中心（IC3）
犯罪黑客　　　　　　　　　　　　入侵检测系统（IDS）
网络恐怖主义　　　　　　　　　　恶意软件
网络恐怖分子　　　　　　　　　　托管安全服务提供商（MSSP）
数字版权管理（DRM）　　　　　　密码嗅探器
垃圾搜寻　　　　　　　　　　　　网络钓鱼
人体工程学　　　　　　　　　　　脚本兔
过滤软件　　　　　　　　　　　　安全仪表板
黑客　　　　　　　　　　　　　　职责分离
身份盗窃　　　　　　　　　　　　短信诈骗

社会工程
软件盗版
间谍软件

美国计算机紧急应变小组（US-CERT）
电话钓鱼

第 9 章：自我评估与测试

为了避免滥用和错误，必须建立与计算机相关的政策和程序。

1. 美国政府会计办公室（GAO）发现，六年间，在重复其他工作的信息系统项目上总计花了_____。

a. 800 亿美元
b. 32 亿美元
c. 3.2 亿美元
d. 8 000 万美元

2. 防止滥用和错误包括制定、实施、监控和_____政策和程序。

3. 很少有公司发现有必要限制员工访问与工作无关的网站。对或错？

计算机犯罪是一个严重且迅速增长的领域，需要管理者的关注。

4. _____是白领犯罪中心和联邦调查局之间的一个联盟，为网络犯罪受害者提供了一个中心站点，以报告和提醒有关机构所犯的罪行。

5. 说服某人泄露他或她的登录名和关键的计算机密码就是_____的一个例子。

6. 据认为，美国和_____合作开发了 Stuxnet，这是一种旨在攻击工业可编程逻辑控制器的计算机恶意软件。

a. IBM

b. 以色列

c. 英国秘密情报局（也称军情六处）

d. 土耳其

7. 儿童身份盗窃是一个快速增长的计算机犯罪领域。对或错？

8. 据估计，2013 年有超过_____名美国纳税人受到身份盗窃的影响。

a. 1 600 万　　　　　b. 16 000　　　　　c. 1.6 亿　　　　　d. 160 万

9. LeadsOnline 是基于 Web 的服务系统，利用地理信息系统软件来绘制犯罪地图和识别问题区域。对或错？

10. _____是一种在特定情况下执行的特洛伊木马。

11. _____是指使用几种技术中的任何一种来执行控制数字媒体访问的策略。

a. 软件盗版
b. 数字版权管理
c. 版权
d. 专利

12. _____是良好内部控制的基本概念，它确保流程中关键步骤的责任由多个人员承担。

隐私是与信息系统相关的重要社会问题。

13. 与欧盟相反，美国实施了很少涉及个人隐私的法律。对或错？

14. "_____"计划是美国国家安全局和联邦调查局用来访问脸谱网、谷歌、YouTube 等主要互联网服务的服务器的工具，也用来收集电子邮件、视频、照片、文件传输和实时聊天的内容。

工作、设备和工作条件的选择与设计必须避免计算机对健康的负面影响。

15. 大量使用电脑会对一个人的身体健康产生负面影响。对或错？

16. 设计和定位计算机设备的研究被称为_____。

许多行业的从业人员都遵守一套道德规范，其中阐述了对他们的工作至关重要的原则和核心价值观。

17. 仅仅因为一项活动被定义为合法的并不意味着它是合乎道德的。对或错？

18. 美国计算机协会（ACM）成立于 1977 年，是最古老的计算机协会，在 120 多个国家拥有 20 多万会员。对或错？

第 9 章：自我评估测试答案

1. c
2. 审查
3. 错
4. 网络犯罪计算机中心
5. 社交工程
6. b
7. 对
8. d
9. 错
10. 逻辑炸弹
11. b
12. 职责分离
13. 错
14. 棱镜
15. 对
16. 人体工程学
17. 对
18. 错

知识回顾

1. 使用未集成的信息系统会引起什么问题？
2. 什么是 US-CERT？它可用来做什么？
3. 定义"网络恐怖主义"这个术语。美国政府认为网络恐怖主义威胁严重有多久了？
4. 什么是托管安全服务提供商？这样的组织提供什么服务？
5. 什么是社会工程？什么是垃圾搜寻？
6. 为什么有些人认为承包商会对他们组织的信息系统构成严重威胁？
7. 请给出两个理由，说明智能手机是黑客攻击的目标。
8. 如何区分黑客和犯罪黑客？
9. 可以采取什么措施来避免成为身份盗窃的受害者？
10. 什么是安全仪表板？它是如何使用的？
11. 短信诈骗是什么？你可以采取什么行动来减小你成为这一罪行的受害者的可能性？
12. 什么是过滤软件？为什么组织要使用这样的软件？使用本软件可能会遇到什么反对意见？
13. 入侵检测软件可用来做什么？使用这个软件有哪些问题？
14. 人体工程学是什么？如何将其应用于办公室？
15. 什么是数字版权管理？
16. 什么是道德规范？举个例子。

问题讨论

1. 确定并简要讨论私有组织为减少员工在非生产性信息系统的使用中浪费的公司资源与时间可能采取的一些措施。

2. 确定并简要讨论四种用于打击犯罪的特定信息系统。

3. 简要讨论软件盗版是什么，有多普遍以及谁会受到伤害。

4. 假设你正在创建一个约会网站，以帮助匹配的情侣。你需要收集哪些个人资料？需要采取什么措施来保护这些敏感数据？潜在用户可能希望在本网站的私隐声明中看到哪些关键语句？

5. 概述一种方法，包括你可以用来获取班级成员个人数据的特定技术（如垃圾搜寻、网络钓鱼、社会工程）。

6. 你 12 岁的侄女给你看了十几张她自己的天真照片和一份简短的个人简介，包括她打算在脸谱网上发布的地址和手机号码。对于上传个人信息和照片到网络上，你有什么建议吗？

7. 你能提出什么措施来加强 ATM 的安全性，使它们免受恶意软件的攻击？

8. 简要讨论网络恐怖主义对你日常生活造成重大破坏的可能性。网络恐怖分子可能的袭击目标有哪些？网络恐怖分子会对这些目标采取什么行动？

9. 什么是职责分离？这个概念在什么时候开始发挥作用？提供一个业务实例来说明职责分离很重要。

10. 一个人必须采取什么措施来避免成为智能手机黑客的受害者？

11. 你认为合乎道德的行为和合法的行为之间有区别吗？解释一下。

问题解决

1. 做一些研究，找出关于长时间坐在电脑前工作的负面影响的最新发现。准备一个简短的报告，总结你的发现，并确定可以采取什么行动来抵消这些负面影响。

2. 访问美国电影协会（MPAA）的网站和其他网站，以了解至少在过去五年中全世界电影盗版的金额估计值。使用电子表格软件以及适当的预测方法和假设来预测未来三年的电影盗版量。记录下你在制定预测时所做的假设。

3. 访问互联网犯罪投诉中心，网址为 www.ic3.gov/default.aspx。编写一个简短的演示文稿，确定并简要描述最常见的互联网计算机犯罪。

团队活动

1. 假设你的团队被雇用来对你所在的学校或大学的信息系统政策和程序进行审查。制定一个至少包含 10 个具体问题的清单，供你的团队用来评估这些政策和程序在减少浪费和成本方面的有效性。

2. 让你的团队中的每个成员访问 6 个不同的网站，并根据数据隐私政策声明的存在情况总结他们的发现。每个网站都有这样的政策吗？容易找到吗？它看起来完整且容易理解吗？它是否充分涵盖了你作为该站点的访问者可能存在的所有顾虑？

网络练习

1. 在网络上进行研究，找出世界各地网络恐怖主义的最新例子。你认为网络恐怖主义已经达到了严重的国际问题的程度吗？为什么是或为什么不？准备一份简短的报告，总结你的发现和结论。

2. 访问电子前沿基金会（EFF）的网站 https://www.eff.org/ 并了解其目的。通过研究，记录它对国家安全局收集电话和互联网通信数据的立场。你同意 EFF 的立场吗？为什么是或者为什么不？准备一组幻灯片，记录你和 EFF 的立场。

3. 向环联征信（TransUnion）、艾贵发征信（Equifax）或益百利征信（Experian）公司索取信用报告的最新副本。（这应该是免费的。）仔细检查报告是否有不准确之处。按照必要的步骤来消除这些不准确的地方。

职业训练

1. 美国国家安全局邀请你加入一个信息系统小组，该小组将使用高性能计算机和先进的分析技术来研究电话元数据和其他数据，以识别恐怖分子并阻止即将发生的恐怖行为。显然，你不能和任何人谈论你的工作；然而，你的总薪酬将比你申请的任何职位高出 10% 以上。你愿意接受这个职位吗？为什么接受或为什么不接受？

2. 做一些调查，找出与你当前或未来职业相关的任何专业组织或职业道德规范。加入这样一个专业组织有什么好处？一份职业道德规范如何帮助你在职业决策中做出正确的选择？

案例研究

案例 1　欧盟和美国的网络中立

2014 年 4 月 3 日，欧洲议会投票明确支持网络中立。网络中立是指无论内容、用户、网站、平台或通信方式如何，对互联网上的所有数据流都一视同仁。在过去，当 Skype 和 Netflix 的数据流经互联网服务提供商（ISP）的管道时，它们会屏蔽或减慢它们的速度，影响了大约 1 亿用户。新的欧盟法规只允许 ISP 在保护网络安全、缓解临时拥堵或遵守法院命令时减慢或阻塞管道。

网络中立的倡导者也有许多共同的担忧。如果互联网服务提供商和电信公司被允许随意阻止或干扰数据传输，它们可能会阻碍竞争、抬高价格、损害消费者和自由市场。然而，有些人反对网络中立，或者至少他们不同意对向第三方收取更快的网络接入的费用设置严格限制。

2007 年，当今最大的宽带提供商康卡斯特（Comcast）阻止了来自文件共享网络（如 BitTorrent）的互联网内容。虽然 BitTorrent 为用户提供了分享有版权的电影和音乐的途径，但该公司也提供了传播非法内容的途径。当用户试图上传或下载文件时，康卡斯特会向每台电脑发送一条信息，看起来像是来自另一台电脑，但用户看不见。这条信息命令另一台计算机停止通信。康卡斯特采取这一措施可能是为了防止 p2p 技术减慢其网络速度。一些人批评康卡斯特的决定违反了网络中立性，因此康卡斯特自愿终止了这种做法。然而，康卡斯特反对对电信公司施加太多限制。该公司指出，不公平的法律限制可能会阻止 IT 公司投资于基础设施以提高速度、扩展服务和提高效率。

2011 年，当康卡斯特与媒体内容巨头 NBC 环球（NBC Universal）合并时，许多人担心合并会破坏在线视频市场。他们担心，这家巨大的康卡斯特- NBC 环球公司会被诱惑屏蔽其他内容或支持自己的内容。事实上，到 2014 年初，网飞的在线视频租赁服务的流媒体速度下降了 27%。该公司勉强同意与康卡斯特签署"互利互联协议"。网飞曾希望连接到康卡斯特的宽带网络，而无须补偿网飞用户带来的沉重流量。

欧盟法律不会禁止此类协议，因为它允许互联网服务提供商以更高的价格提供一份简短的专业服务清单。但这些服务仅限于视频点播、数据密集型云应用和其他高负载活动。许多人希望欧盟的决定会在大西洋彼岸引起反响，因为联邦通信委员会（FCC）正在重新制定其网络中立规则。欧盟立法要求，任何缓解临时网络拥堵的干预都必须是"透明、非歧视和适当的"。因此，像康卡斯特这样的电信巨头将不得不公开表示要减慢某个特定网站或应用程序传输数据的速度。欧盟立法的目的是让互联网继续推动经济增长、技术创新和社会发展。

问题讨论

1. 什么是网络中立？它对互联网用户、小型初创企业和大型电信公司意味着什么？
2. 网络中立对政府意味着什么？你希望哪种类型的政府接受网络中立，哪种不接受？

批判性思考

1. 康卡斯特和网飞的协议是否符合消费者的最大利益？为什么符合或为什么不符合？
2. 康卡斯特所谓的秘密减慢或停止数据流向占用宽带的网站的做法是合乎道德的吗？为什么符合或为什么不符合？

资料来源：Svensson, Peter, "Comcast Blocks Some Internet Traffic," *NBC News*, November 19, 2007, *www. nbcnews. com/id/21376597/#.U-Uc4eNdUrU*; Reardon, Marguerite, "What the Comcast-NBC Deal Means to You (FAQ)," *CNET*, January 11, 2011, *www. cnet. com/news/what-the-comcast-nbc-deal-means-to-you-faq/*; Musil, Steven, "Netflix Reaches Streaming Traffic Agreement with Comcast," *CNET*, February 23, 2014, *http://www. cnet. com/news/netflix-reaches-streaming-traffic-agreement-with-comcast/*; McCullagh, Declan, "FCC Formally Rules Comcast's Throttling of BitTorrent Was Illegal," *CNET*, August 1, 2008, *www. cnet. com/news/fcc-formally-rules-comcasts-throttling-of-bittorrent-was-illegal/*.

案例 2　保护医疗隐私

美国《健康保险可携性和责任法案》（HIPAA）解决了健康信息的隐私问题（该法案还包括其他内容）。它的第 2 条对受保护的健康信息（PHI）的使用与披露进行了规定，如医疗服务提供商、保险公司、雇主和商业伙伴的账单服务。

电子邮件通常是医院与异地专家和保险公司沟通病人情况的最佳方式。遗憾的是，标准的电子邮件是不安全的。它会被窃听、之后会被从不受保护的备份中检索、会在收到之前被修改并且通过提供对发送计算机的身份和位置的访问来侵犯发送方的隐私，等等。由于医疗服务提供商的电子邮件通常带有受保护的健康信息，所以医疗机构必须确保其电子邮件系统满足 HIPAA 的隐私和安全要求。

位于华盛顿特区的国家儿童医院的国家儿童医疗中心（CNMC）尤其关注隐私问题，因为所有这些问题在儿童身上都得到了强化。当面临一个专业问题时，国家儿童医疗中心采取了许多机构都采取的行动：它没有试图成为专家或聘用医院没有长期全职需求的专家，而是求助于一家专业公司。

国家儿童医疗中心选择了加州森尼韦尔市的 Proofpoint 公司①，是因为它的安全即服务（SaaS）电子邮件隐私保护服务。国家儿童医疗中心高级安全分析师 Matt Johnston 表示，儿童是"身份盗窃的最高目标。一个小孩的记录在黑市上价值连城。保护这些信息不是医生的职责。这是我的工作"。Johnston 解释说，他喜欢 Proofpoint 服务的几个方面：

- "我不需要担心备份。" Proofpoint 会处理这些问题。

- "我不需要担心服务器是否发生故障。（如果是国家儿童医疗中心的服务器，我将不得不担心。）让我的员工加快速度，启动另一台服务器。Proofpoint 为我们做了这些，减少了一个令我们头痛的麻烦。"

- "我们以前有一个内部产品。它需要几个服务器，需要一个全职的 FTE（全职员工）来管理这个产品。这花了太多时间。"

- "垃圾邮件一直在增加。自从有了 Proofpoint，垃圾邮件的数量就大大减少了。它会自动清除垃圾，最终客户将收到精简的内容。"

- 电子邮件可以加密或不加密，根据规则，最终用户不需要亲自关心。

- "它的技术支持非常棒。"

Proofpoint 并不是唯一的为医疗服务提供商提供电子邮件安全服务的公司。马萨诸塞州剑桥市的 LuxSci 和其他几家公司一样，也提供符合 HIPAA 标准的电子邮件托管服务。它们都具有相同的基本功能：用户身份验证、传输安全性（加密）、日志记录和审计。在供应商的电脑上运行的软件也可以提供媒体控制和备份。在用户组织的服务器上运行的软件必然依赖于该组织来管理存储；例如，根据 HIPAA 的要求，邮件在四周后将从服务器中被删除。

随着人们对与标准电子邮件相关的隐私风险越来越重视，使用诸如此类的安全解决方案无疑将在未来变得更加普遍。

问题讨论

1. 通过电子邮件传输医疗信息会引发哪些隐私问题？
2. 美国 HIPAA 对保护病人隐私有何要求？

批判性思考

1. 大学使用电子邮件交流私人信息。例如，老师可能会给你发一封电子邮件，解释你必须做些什么来提高成绩。《家庭教育权利和隐私法》（FERPA）对这些信息的保护规定不像 HIPAA 那样严格。你认为它们应该和 HIPAA 的要求一样严格吗？为什么应该或为什么不应该？

2. Proofpoint 如何保护患者隐私？Proofpoint 对大学邮件和公司邮件也可以这样做吗？为什么可以或为什么不可以？

资料来源：Children's National Medical Center Web site, *www. childrens national. org*, accessed August 28, 2014；LuxSci Web site, *www. luxsci. com*, accessed August 28, 2014；Proofpoint Web site, *www. proofpoint. com*, accessed August 28, 2014；Staff, "HIPAA Email Security Case Study: Children's National Medical Center," Proofpoint, *www. youtube. com/ watch ? v＝RVaBaNvwkQE*, accessed August 7, 2014.

参考文献

【花絮】资料来源："What Is Bitcoin?" CNN Money, *http：//money. cnn. com/infographic/technolo-*

---

① Proofpoint 是创立于 2002 年 6 月的网络安全及垃圾邮件防护公司。——译者注

gy/what-is-bitcoin/, accessed August 11，2014；Bosker，Bianca and Andresen，Gavin，"Bitcoin Architect：Meet the Man Bringing You Bitcoin（And Getting Paid in It），" *Huffington Post*，April 16，2013，*www. huffingtonpost. com/2013/04/16/gavin-andresen-bitcoin_n_3093316. html*；Bustillos，Maria，"The Bitcoin Boom，" April 1，2013，*www. newyorker. com/tech/elements/the-bitcoin-boom*；"The Troubling Holes in MtGox's Account of How It Lost ＄600 Million in Bitcoins，" *MIT Technology Review*，April 4，2014，*www. technologyreview. com/view/526161/the-troubling-holes-in-mtgoxs-account-of-how-it-lost-600-million-in-bitcoins/*；Dougherty，Carter，"Bitcoin Price Plunges as Mt. Gox Exchange Halts Activity，" *Bloomberg. com*，February 7，2010，*www. bloomberg. com/news/2014-02-07/bitcoin-price-falls-as-mt-gox-exchange-halts-activity. html*；Durden，Tyler，"Mt Gox Files for Bankruptcy after ＄473 Million in Bitcoins 'Disappeared'，" *Zero Hedge*（blog），February 28，2014，*www. zerohedge. com/news/2014-02-28/mt-gox-files-bankruptcy-after-473-million-bitcoins-disappeared*.

1. Vest，Joshua R. ，Issel，L. Michele，and Lee，Sean，"Experience of Using Information Systems in Public Health Practice：Findings from a Qualitative Study，" *www. ncbi. nlm. nih. gov/pmc/articles/ PMC3959909/*.

2. Gallagher，Sean，"De-Dupe Time：GAO Finds ＄321 Million in Redundant Government IT Spending，" *Ars Technica*，September 17，2013，*http://arstechnica. com/information-technology/2013/09/de-dupe-time-gao-finds-321-million-in-redundant-government-it-spending/*.

3. Conner，Cheryl，"Who Wastes the Most Time at Work?" *Forbes*，September 7，2013，*www. forbes. com/sites/cherylsnappconner/2013/09/07/who-wastes-the-most-time-at-work/*.

4. Holthaus，David，"P&G Tries to Close Online Pandora's Box，" *The Cincinnati Enquirer*，April 3，2012，p. A1.

5. "Improper Payments，" GAO-14-737T，July 9，2014，*www. gao. gov/products/GAO-14-737T*.

6. Vasquez，Michael，Smiley，David，and McGrory，Kathleen，"FCAT Computer Glitches Halt Testing for Thousands of Students，" *Miami Herald*，April 22，2014，*www. miamiherald. com/2014/04/22/4073816/fcat-computer-glitches-halts-testing. html*.

7. Scott，Alwyn and Menn，Joseph，"Glitch in Air Traffic Control System Caused by Computer Memory Shortage，U-2 Spy Plane，" *Huffington Post*，July 11，2014，*www. huffingtonpost. com/2014/05/12/glitch-in-air-traffic-control-system_n_5307552. html*.

8. Morgan，David and Cornwell，Susan，"Obamacare Computers Still Can't Correct Previous Errors：Report，" *Huffington Post*，April 5，2014，*www. huffingtonpost. com/2014/02/03/obamacare-computers-broken_n_4714928. html*.

9. "Corporate E-Learning，" Error Prevention Institute，*smartpeopledumbthings. com/e-learning/corporate-training/*，accessed July 21，2014.

10. Levy，Karyne，"Rap Genius' Cofounder Has Been Fired after Comments about California Shooter，" *Business Insider*，May 26，2014，*www. businessinsider. com/rap-genius-cofounder-fired-2014-5#ixzz 386mJPcFZ*.

11. Ross，Casey，"BRA Left Millions in Fees Untaken，Audit Says，" *Boston Globe*，July 17，2014，*www. bostonglobe. com/business/2014/07/16/bra/uTnJ8ySWs47QAeKJxOKDjO/story. html*.

12. Saporito，Bill，"The Trouble Lurking on Walmart's Empty Shelves，" *Time*，April 9，2013，*http://business. time. com/2013/04/09/the-trouble-lurking-on-walmarts-empty-shelves/*.

13. Chesser，Paul，"Walmart Prefers Political Correctness to Profitability，" National Legal and Policy Center，October 22，2013，*http://nlpc. org/stories/2013/10/22/walmart-continues-stumble-focus-re-*

mains-political-correctness.

14. "The Internet Crime Complaint Center Receives 3 Millionth Complaint," May 19，2014，*www. ic3. gov/media/2014/140519. aspx.*

15. "Obama Administration Sped Up Cyberattacks on Iran after Stuxnet Disclosure," *Info Security*，June 4，2012，*www. infosecurity-magazine. com/view/26138/obama-administration-sped-up-cyberattacks-on-iran-after-stuxnet-disclosure.*

16. Perlroth, Nicole, "Russian Hackers Targeting Oil and Gas Companies," *New York Times*，June 30，2014，*www. nytimes. com/2014/07/01/technology/energy-sector-faces-attacks-from-hackers-in-russia. html ? _r＝0.*

17. Swanson, Brenda, "Was Ellie Mae Attack the Work of Cyberterrorists?" *Housingwire*，April 4，2014，*www. elliemae. com/about-us/company-overview/.*

18. "Annual Identity Fraud Report Finds More than 13 Million Consumers Were Victims in 2013," *PRWeb*，February 5，2014，*www. prweb. com/releases/2014/02/prweb11556963. htm.*

19. Identity Theft Resource Center，*www. idtheftcenter. org/id-theft/data-breaches. html*，accessed July 29，2014.

20. Kranish, Michael, "IRS Is Overwhelmed by Identity Theft Fraud," *The Boston Globe*，February 16，2014，*www. bostonglobe. com/news/nation/2014/02/16/identity-theft-taxpayer-information-major-problem-for-irs/7SC0BarZMDvy07bbhDXwvN/story. html.*

21. "2012 Child Identity Fraud Report," Identity Theft Center，*www. identitytheftassistance. org/pageview. php ? cateid＝47# childIDfraudReport*，accessed July 29，2014.

22. Glassberg, Jason, "The Future of Crime：8 Cyber-Crimes to Expect in Next 20 Years," *FOX Business*，May 14，2014，*www. foxbusiness. com/personal-finance/2014/05/14/future-crime-8-cybercrimes-to-expect-in-next-20-years/.*

23. "Ploutus/Plotos," Kaspersky Labs，*http://go. kaspersky. com/rs/kaspersky1/images/Ploutos_and_ploutus. pdf*，accessed July 23，2014.

24. Glassberg, Jason, "The Future of Crime：8 Cyber-Crimes to Expect in Next 20 Years," *FOX Business*，May 14，2014，*www. foxbusiness. com/personal-finance/2014/05/14/future-crime-8-cyber-crimes-to-expect-in-next-20-years/.*

25. "LeadsOnline Identifies Ohio Suspect Selling Stolen Scrap Metal," *www. leadsonline. com/main/success/metal-theft. php*，accessed July 29，2014.

26. "Justice Xchange," *www. appriss. com/justicexchange. html*，accessed July 29，2014.

27. "Community Notification," *www. communitynotification. com/*，accessed July 31，2014.

28. "Client Testimonials," CAP Index，*www. capindex. com /Testimonials/Testimonials. aspx*，accessed July 30，2014.

29. NER Web site，*www. ner. net/*，accessed July 30，2014.

30. COMPSTAT，*www. lapdonline. org/crime_mapping_and_compstat/content_basic_view/6363*，accessed July 30，2014.

31. Chabrow, Eric, "370 Investigation：Cyber Ties," *Bank Info Security*，March 22，2014，*www. bankinfosecurity. com/blogs/flight-370-investigation-cyber-ties-p-1641.*

32. Schmadeke, Steve, "O'Hare Worker Charged with Stealing from Military Footlockers," *Chicago Tribune*，July 25，2014，*www. chicagotribune. com/news/local/breaking/chi-ohare-military-theft-20140725,*

0，7023986. story.

33. Rankin，Bob，"Pandemiya：The New Trojan Horse," http://askbobrankin.com/pandemiya_the_new_trojan_horse.html，accessed July 30，2014.

34. Mayer，Andre，"Smartphones Becoming Prime Target for Criminal Hackers," *CBC News*，March 6，2014，www.cbc.ca/news/technology/smartphones-becoming-prime-target-for-criminal-hackers-1.2561126.

35. Dorner，Stephan，"Chinese-Made Smartphone Comes with Spyware，Security Firm Says," *Wall Street Journal*，June 17，2014，http://blogs.wsj.com/digits/2014/06/17/chinese-made-smartphone-comes-with-spyware-security-firm-says/.

36. Nakashima，Ellen and Soltani，Ashkan，"Italian Spyware Firm Relies on U. S. Internet Servers," *Washington Post*，March 3，2014，www.washingtonpost.com/world/national-security/italian-spyware-firm-relies-on-us-internet-servers/2014/03/03/25f94f12-9f00-11e3-b8d8-94577ff66b28_story.html.

37. Goodin，Dan，"Meet Mask，Possibly the Most Sophisticated Malware Campaign Ever Seen," *Ars Technica*，February 10，2014，http://arstechnica.com/security/2014/02/meet-mask-possibly-the-most-sophisticated-malware-campaign-ever-seen/.

38. "MyTheftProtection," www.mysecuritycenter.com/products/my-theft-protection，accessed July 31，2014.

39. "The Compliance Gap：BSA Global Software Survey," June 2014，http://globalstudy.bsa.org/2013/downloads/studies/2013GlobalSurvey_Study_en.pdf.

40. Ruen，Chris，"Bored with Hollywood Blockbusters? Blame Digital Piracy," *New Republic*，July 25，2014，www.newrepublic.com/article/118858/digital-piracy-ruining-pop-culture.

41. Paulson，Matt，"Software Piracy 'Bytes' Back：Engineering Design Company Fined over ＄55k," Software Licensing Report，June 13，2014，www.softwarelicensingreport.com/articles/381253-software-piracy-bytes-back-engineering-design-company-fined.htm.

42. "For Students Doing Reports," RIAA，www.riaa.com/faq.php，accessed August 1，2014.

43. News release，"Louisiana Man Gets 2 Years in Prison for Selling Pirated Movies，Music," September 20，2013，www.ice.gov/news/releases/1309/130920neworleans.htm.

44. Eichenwald，Kurt，"The Great Smartphone War," *Vanity Fair*，June 2014，www.vanityfair.com/business/2014/06/apple-samsung-smartphone-patent-war.

45. "2013 Internet Crime Report," Federal Bureau of Investigation and the Internet Crime Complaint Center，www.ic3.gov/media/annualreport/2013_IC3Report.pdf.

46. Ibid.

47. Rapport，Marc，"Phishing in 2014 Upswing," *Credit Union Times*，July 8，2014，www.cutimes.com/2014/07/08/phishing-in-2014-upswing.

48. "DMARC—What Is It?" www.dmarc.org/，accessed August 4，2014.

49. "SpoofCard," https://www.spoofcard.com/，accessed August 4，2014.

50. Voreacos，David，"5 Hackers Charged in Largest Data-Breach Scheme in U. S.," *Bloomberg*，July 26，2013，www.bloomberg.com/news/2013-07-25/5-hackers-charged-in-largest-data-breach-scheme-in-u-s-.html.

51. Post，Ashley，"Five Hackers Charged in Biggest Cyber Crime Case in U. S. History," *Inside Counsel*，July 26，2013，www.insidecounsel.com/2013/07/26/five-hackers-charged-in-biggest-cyber-crime-case-i.

52. "US-CERT," *www. us-cert. gov/about-us*，accessed August 14，2014.

53. Maliyil，Tim，"Why Encryption Is Crucial to Your Organization," *Healthcare IT Times*，July 8，2014，*www. healthcareitnews. com/blog/why-encryption-crucial-your-organization*.

54. Faller，Mary Beth，"Lawsuit Filed over Maricopa District's Security Breach," *Arizona Republic*，*May 2，2014*，*www. azcentral. com/story/news/local/phoenix/2014/05/02/lawsuit-filed-maricopa-districts-security-breach/8619189/*.

55. Contreras，Russell，"Guilty Plea in Gov. Susana Martinez Hacked Email Case," *The Washington Times*，June 16，2014，*www. washingtontimes. com/news/2014/jun/16/hearing-set-in-governors-hacked-email-case/*.

56. Schory，Brenda，"Cunningham Used County Email Address for Campaign：'I Was Wrong'" May 6，2014，*Kane County Chronicle*，*www. kcchronicle. com/2014/05/06/cunningham-used-county-email-address-for-campaign-i-was-wrong/abruk63/*.

57. Bhatia，Pooja，"Biometric Identification That Goes Beyond Fingerprints," *USA Today*，April 19，2014，*www. usatoday. com/story/news/world/2014/04/19/ozy-biometric-identification/7904685/*.

58. "AlienVault Unified Security Management Platform Protects Metro Madrid's Public Rail System," *www. alienvault. com/docs/case-studies/MetroMadrid_CaseStudy. pdf*，accessed August 5，2014.

59. "McKesson Key Facts," *www. mckesson. com/about-mckesson/key-facts/*，accessed August 5，2014.

60. "McKesson：Empowering Healthcare," *www. tenable. com/case-studies/mckesson*，accessed August 5，2014.

61. "Retailer Delivers on Customer Promise with Dell Secureworks PCI Services," *www. secureworks. com/assets/pdf-store/white-papers/OnCue_Case_Study_April_2014. pdf*，accessed August 5，2014.

62. Rubenking，Neil J.，"The Best Antivirus for 2014," *PC Magazine*，April 21，2014.

63. Sutherland，Randall，"Mac Antivirus Software Review," Top Ten Reviews，March 14，2014.

64. Rubenking，Neil J.，"12 Antivirus Apps for the Mac," *PC Magazine*，April 7，2013.

65. Rampton，Rebecca，"Obama to Propose Ending NSA Bulk Collection of Phone Records：Official," *Reuters*，March 24，2014，*www. reuters. com/article/2014/03/25/us-usa-security-obama-nsa-idUSBRE A2O03O20140325*.

66. "NSA Prism Program Taps into User Data of Apple，Google and Others," *The Guardian*，June 6，2013，*www. theguardian. com/world/2013/jun/06/us-tech-giants-nsa-data*.

67. "NSA Reportedly Recording All Phone Calls in a Foreign Country," *Associated Press*，March 19，2014，*www. foxnews. com/politics/2014/03/19/nsa-reportedly-recording-all-phone-calls-in-foreign-country/*.

68. Makarechi，Kia，"Julian Assange Goes Where Glenn Greenwald Wouldn't," *Vanity Fair*，May 19，2014，*www. vanityfair. com/online/daily/2014/05/julian-assange-glenn-greenwald-nsa-afghanistan*.

69. "NSA Reportedly Recording All Phone Calls in a Foreign Country," *Associated Press*，March 19，2014，*www. fox news. com/politics/2014/03/19/nsa-reportedly-recording-all-phone-calls-in-foreign-country/*.

70. Miller，Ron，"Employees Have No Reasonable Expectation to Privacy for Material Viewed or Stored on Employer-Owned Computers or Servers," Wolters Kluwer，November 24，2011，*www. employmentlawdaily. com/index. php/2011/11/24/employees-have-no-reasonable-expectation-to-privacy-for-materials-viewed-or-stored-on-employer-owned-computers-or-servers/*，access August 28，2014.

71. "Protection of Personal Data," *http：//ec. europa. eu/justice/data-protection/*，accessed August 17，2014.

72. Giblin, Paul, "Glendale Approves Deal That Will Keep Coyotes in Town," *USA Today*, July 3, 2013, *www. usatoday. com/story/sports/nhl/coyotes/2013/07/03/phoenix-coyotes-glendale-city-council-vote/2485295/.*

73. Corbett, Peter, "Glendale Mayor: Council Members Violated Open Meeting Law," *The Republic*, July 22, 2014, *www. azcentral. com/story/news/local/glendale/2014/07/21/glendale-mayor-council-members-violated-open-meeting-law/12956523/.*

74. "COPPA-Children's Online Privacy Protection Act," *www. coppa. org/coppa. htm*, accessed August 7, 2014.

75. "Top 15 Most Popular Social Networking Sites | August 2014," *www. ebizmba. com/articles/social-networking-websites*, accessed August 7, 2014.

76. Worstall, Tim, "Now Google Autocomplete Could Be Found Guilty of Libel in Hong Kong," *Forbes*, August 6, 2014, *www. forbes. com/sites/timworstall/2014/08/06/now-google-autocomplete-could-be-found-guilty-of-libel-in-hong-kong/.*

77. Matthew, Lee, "Defamation, Celebrities, and the Internet," *Harvard Journal on Sports and Entertainment Law*, April 17, 2014, *http://harvardjsel. com/2014/04/defamation-internet/.*

78. "Internet Filter Software Review," *http://internet-filter-review. toptenreviews. com/*, accessed August 13, 2014.

79. "2014 Mac Internet Filter Software Product Comparisons," *http://internet-filter-review. toptenreviews. com/mac-internet-filter-software/*, accessed August 13, 2014.

80. "BBB Sample Privacy Policy," *www. bbb. org/dallas/for-businesses/bbb-sample-privacy-policy1/*, accessed August 14, 2014.

81. "How to Sit at a Computer," American Academy of Orthopedic Surgeons, *http://orthoinfo. aaos. org/topic. cfm ? topic＝a00261*, accessed August 14, 2014.

82. "What Is ACM?" *www. acm. org/about*, accessed August 14, 2014.

83. "ACM Code of Ethics and Professional Conduct," *www. acm. org/about/code-of-ethics*, accessed August 14, 2014.

Supplements Request Form (教辅材料申请表)

Lecturer's Details（教师信息）

Name: (姓名)		Title: (职务)	
Department: (系科)		School/University: (学院/大学)	
Official E-mail: (学校邮箱)		Lecturer's Address / Post Code: (教师通讯地址/邮编)	
Tel: (电话)			
Mobile: (手机)			

Adoption Details（教材信息）　原版□　　翻译版□　　影印版 □

Title: (英文书名) Edition: (版次) Author: (作者)	
Local Publisher: (中国出版社)	

Enrolment: (学生人数)		Semester: (学期起止日期时间)	

Contact Person & Phone/E-Mail/Subject:
(系科/学院教学负责人电话/邮件/研究方向)
（我公司要求在此处标明系科/学院教学负责人电话/传真及电话和传真号码并在此加盖公章.)

教材购买由 我□　我作为委员会的一部份□　其他人□[姓名：　　　　] 决定。

Please fax or post the complete form to（请将此表格传真至）:

CENGAGE LEARNING BEIJING
ATTN : Higher Education Division
TEL: (86) 10-82862096/ 95 / 97
FAX : (86) 10 82862089
EMAIL: asia.infochina@cengage.com
www. cengageasia.com
ADD: 北京市海淀区科学院南路 2 号
融科资讯中心 C 座南楼 12 层 1201 室　100190

Note: Thomson Learning has changed its name to CENGAGE Learning